D. Wolter · K. Seide (Hrsg.)

Berufsbedingte Erkrankungen der Lendenwirbelsäule

Springer

Berlin
Heidelberg
New York
Barcelona
Budapest
Hongkong
London
Mailand
Paris
Singapur
Tokio

D. Wolter · K. Seide (Hrsg.)

Berufsbedingte Erkrankungen der Lendenwirbelsäule

Mit 170 Abbildungen

Springer

Professor Dr. D. Wolter
Professor Dr. K. Seide

Berufsgenossenschaftliches
Unfallkrankenhaus
Bergedorfer Str. 10
21033 Hamburg

ISBN-13:978-3-540-64549-8   e-ISBN-13:978-3-642-72235-6
DOI: 10.1007/978-3-642-72235-6

Die Deutsche Bibliothek – CIP-Einheitsaufnahme

Berufsbedingte Erkrankungen der Lendenwirbelsäule / Hrsg.
D. Wolter ; K. Seide. – Berlin ; Heidelberg ; New York ; Barcelona ;
Budapest ; Hongkong ; London ; Mailand ; Paris ; Singapur ;
Tokio : Springer, 1998
  ISBN-13:978-3-540-64549-8

Einbandentwurf: design & production GmbH, Heidelberg
Satz: Fotosatz-Service Köhler GmbH, Würzburg

SPIN: 10670629   24/3020 – 5 4 3 2 1 0 – Gedruckt auf säurefreiem Papier

Vorwort

Die wissenschaftliche Diskussion um die berufsbedingten Bandscheibenerkrankungen der Lendenwirbelsäule wird seit ihrer Einführung im Jahre 1993 kontrovers geführt. So hat das Landessozialgericht Niedersachsen kürzlich in einem – noch nicht rechtskräftigen – Urteil bezweifelt, daß die epidemiologischen Grundlagen für die Aufnahme der bandscheibenbedingten Erkrankungen in die Berufskrankheitenliste gegeben seien. Der ärztliche Sachverständigenbeirat, Sektion Berufskrankheiten, des Bundesministeriums für Arbeit und Sozialordnung hat daraufhin seine damalige Auffassung, welche zur Einführung der BK 2108 führte, bekräftigt. Im Rahmen eines internationalen Symposiums zu den berufsbedingten Bandscheibenerkrankungen der Lendenwirbelsäule, welches am 17. und 18. März 1997 am Berufsgenossenschaftlichen Unfallkrankenhaus Hamburg stattfand, trafen sich Experten aus dem In- und Ausland zum fachübergeifenden Meinungsaustausch. Dieser Kongressband macht die einzelnen Beiträge zur Epidemiologie, Biomechanik und Begutachtung der Öffentlichkeit zugänglich. Prävention und Rehabilitation von berufsbedingten Bandscheibenerkrankungen sind weitere wichtige Themen. Wir möchten mit diesem Buch sowohl Unfallchirurgen, Orthopäden und Arbeitsmediziner als auch Mitarbeiter der Sozialversicherungsträger und -gerichtsbarkeit sowie politische Entscheidungsträger über den aktuellen Wissensstand zur Berufskrankheit 2108 informieren.

D. Wolter   K. Seide

Inhaltsverzeichnis

Teil IV. Begutachtung 263

Autorenverzeichnis

Dr. Michael Amling
Universitätskrankenhaus Eppendorf
Abt. Osteopathologie/Zentrum Biomechanik
Martinistraße 52
D-20251 Hamburg

Dr. S.J. Bigos
University of Washington
Harborview Medical Center
Dept. Of Orthopedics, 325
9th Avenue, Box 35 97 98
Seattle, WA 98104
USA

PD Dr. U. Bolm-Audorff
Hessisches Ministerium für Frauen,
Arbeit und Sozialordnung
Dostojewskistraße 4
D-65187 Wiesbaden

Prof. O. Bongwald
Institut für Arbeitsphysiologie
Universität Dortmund
Ardeystraße 67
D-44139 Dortmund

V. Bonin
TU Hamburg-Harburg
Arbeitsbereich Biomechanik
Harburger Schloßstraße 30
D-21073 Hamburg

Dr. S. Brandenburg
BG Gesundheitsdienst und Wohlfahrts-
pflege
Bochum
Postfach 10 02 24
D-44787 Bochum

Prof. Dr. L. Claes
Abt. für Unfallchirurgische Forschung
und Biomechanik
Universität Ulm
Helmholtzstraße 14
D-89081 Ulm

Dr. G.E. Davis
University of Washington
Harborview Medical Center
Dept. Of Orthopaedics, 325
9th Avenue, Box 35 97 98
Seattle, WA 98104
USA

Prof. Dr. G. Delling
Abt. Osteopathologie/Zentrum Biomechanik
Universitätskrankenhaus Eppendorf
Martinistraße 52
D-20251 Hamburg

Prof. U. Dettmer
Institut für Arbeitsphysiologie
Universität Dortmund
Ardeystraße 67
D-44139 Dortmund

Dr. G. Deuretzbacher
Orthopädische Klinik/Klinische Biomechanik
Universität Hamburg
Martinistraße 53
D-20251 Hamburg

Prof. Dr. C. Eggers
Allgemeines Krankenhaus St. Georg
Abt. für Unfall-, Wiederherstellungs- und
Handchirurgie
Hamburg
Lohmühlenstraße 5
D-20099 Hamburg

Dr. R. Eisele
Klinik für Unfall-, Hand- und
Wiederherstellungschirurgie
Universität Ulm
Steinhövelstraße 9
D-89075 Ulm

Dr. R. Ellegast
Berufsgenossenschaftliches Institut
für Arbeitssicherheit – BIA
Alte Heerstraße 111
D-53754 Sankt Augustin

Dr. R. Feeser
Berufsgenossenschaftliches
Unfallkrankenhaus Hamburg
Abt. für Unfall- und Wiederherstellungs-
chirurgie
Bergedorfer Straße 10
D-21033 Hamburg

Dr. K. Fischer
BG-Kliniken „Bergmannsheil"
Chirurgische Klinik und Poliklinik
Bürkle-de-la-Camp-Platz 1
D-44789 Bochum

Dr. W. Gaber
Medizinische Dienste
Flughafen Frankfurt Main AG
Terminal 1, Gebäude 201
D-60547 Frankfurt am Main

Dr. V. Grosser
Berufsgenossenschaftliches
Unfallkrankenhaus Hamburg
Bergedorfer Straße 10
D-21033 Hamburg

Dr. R. Haaker
Orthopädische Universitätsklinik
St.-Joseph-Hospital
Gudrunstraße 56
D-44791 Bochum

Dr. M. Hahn
Abt. Osteopathologie/Zentrum Biomechanik
Universitätskrankenhaus Eppendorf
Martinistraße 52
D-20251 Hamburg

Prof. Dr. M. Hansis
Klinik und Poliklinik für Unfallchirurgie
Universität Bonn
Sigmund-Freud-Straße 25
D-53105 Bonn

Dr. E. Hartung
Süddeutsche Metallberufsgenossenschaft
Hauptverwaltung/Abt. Arbeitssicherheit
und Gesundheitsschutz
Wilhelm-Theodor-Römheld-Straße 15
D-55130 Mainz

Dr. E. Hartwig
Klinik für Unfall-, Hand- und
Wiederherstellungschirurgie
Universität Ulm
Steinhövelstraße 9
D-89075 Ulm

Dr. P.-M. Hax
Berufsgenossenschaftliche Unfallklinik
Großenbäumer Allee 250
D-47249 Duisburg

Dr. G. Hege
Abt. für Anästhesiologie
Sektion Schmerztherapie
Chirurg. Universitätsklinik Ulm
Steinhövelstraße 9
D-89075 Ulm

Dr. B. Heinz
Klinik und Poliklinik für Unfallchirurgie
Universität Bonn
Sigmund-Freud-Straße 25
D-53105 Bonn

Dr. J. Heinze
Allgemeines Krankenhaus St. Georg
Abt. für Unfall-, Wiederherstellungs-
und Handchirurgie
Hamburg
Lohmühlenstraße 5
D-20099 Hamburg

Prof. Dr. G. Hierholzer
Berufsgenossenschaftliche Unfallklinik
Großenbäumer Allee 250
D-47249 Duisburg

Prof. Dr. F. Hofmann
Lehrstuhl für Arbeitsphysiologie,
Arbeitsmedizin und Infektionsschutz
Bergische Universität – Gesamthochschule
Wuppertal
Gaußstraße 20
D-42097 Wuppertal

Dr. M. Jäger
Institut für Arbeitsphysiologie
Universität Dortmund
Ardeystraße 67
D-44139 Dortmund

C. Jordan
Institut für Arbeitsphysiologie
Universität Dortmund
Ardeystraße 67
D-44139 Dortmund

Dr. P. Katzmaier
Klinik für Unfall-, Hand- und
Wiederherstellungschirurgie
Universität Ulm
Steinhövelstraße 9
D-89075 Ulm

O. Kempendorf
AB Arbeitswissenschaft/Biokybernetik
Universität Hamburg
Vogt-Kölln-Straße 30
D-22527 Hamburg

Prof. Dr. L. Kinzl
Klinik für Unfall-, Hand- und
Wiederherstellungschirurgie
Universität Ulm
Steinhövelstraße 9
D-89075 Ulm

B. Kowald
Berufsgenossenschaftliches
Unfallkrankenhaus Hamburg
Bergedorfer Straße 10
D-21033 Hamburg

Dr. M. Kramer
Klinik für Unfall-, Hand- und
Wiederherstellungschirurgie
Universität Ulm
Steinhövelstraße 9
D-89075 Ulm

Prof. Dr. J. Krämer
Orthopädische Universitätsklinik
St.-Joseph-Hospital
Gudrunstraße 56
D-44791 Bochum

Prof. Dr. J. Kupfer
Berufsgenossenschaftliches Institut
für Arbeitssicherheit – BIA
Alte Heerstraße 111
D-53754 Sankt Augustin

Prof. Dr. W. Laurig
Institut für Arbeitsphysiologie
Universität Dortmund
Ardeystraße 67
D-44139 Dortmund

Dr. E. Ludolph
Institut für Ärztliche Begutachtung
Brunnenstraße 8
D-40223 Düsseldorf

Dr. J. Ludwig
Orthopädische Universitätsklinik
St.-Joseph-Hospital
Gudrunstraße 56
D-44791 Bochum

Prof. Dr. A. Luttmann
Institut für Arbeitsphysiologie
Universität Dortmund
Ardeystraße 67
D-44139 Dortmund

Prof. Dr. F. Magerl
Orthopädie am Rosenberg
Rorschacherstrasse 150
CH-9006 St. Gallen

Dr. F. Mehrhoff
Hauptverband der gewerblichen
Berufsgenossenschaften
Alte Heerstraße 111
D-53757 Sankt Augustin

H. Michaelis
Orthopädische Klinik/Klinische Biomechanik
Universität Hamburg
Martinistraße 52
D-20251 Hamburg

Dr. M. Michaelis
Freiburger Forschungsstelle
Arbeits- und Sozialmedizin (FFAS)
Sudermannstraße 2
D-79114 Freiburg

S. Molatta
Orthopädische Klinik/Klinische Biomechanik
Universität Hamburg
Martinistraße 52
D-20251 Hamburg

Dr. M. Morlock
Arbeitsbereich Biomechanik
TU Hamburg-Harburg
Harburger Schloßstraße 30
D-21073 Hamburg

Prof. Dr. A.L. Nachemson
Dept. of Orthopaedics
Sahlgren Hospital
S-41345 Göteborg

Dr. M. Nübling
Freiburger Forschungsstelle
Arbeits- und Sozialmedizin (FFAS)
Sudermannstraße 2
D-79114 Freiburg

U. Peretzki-Leid
Ilsfelder Weg 2
D-71717 Beilstein

Prof. Dr. M.H. Pope
Dept. of Orthopaedic Surgery – JPP
University of Iowa Hospitals and Clinics
200 Hawkins Drive
Iowa City, IA 52240-7516
USA

Prof. Dr. K. Rall
Arbeitsbereich Werkzeugmaschinen und
Automatisierungstechnik
TU Hamburg-Harburg
Denickestraße 17
D-21073 Hamburg

PD Dr. U. Rehder
Orthopädische Klinik/Klinische Biomechanik
Universität Hamburg
Martinistraße Hamburg

Dr. B. Reimann
Allgemeines Krankenhaus St. Georg
Abt. für Unfall-, Wiederherstellungs-
und Handchirurgie
Hamburg
Lohmühlenstraße 5
D-20099 Hamburg

Dr. D. Reinert
Berufsgenossenschaftliches Institut
für Arbeitssicherheit – BIA
Alte Heerstraße 111
D-53754 Sankt Augustin

Dr. T. Remé
BG für Gesundheitsdienst und Wohlfahrts-
pflege
Technischer Aufsichtsdienst
Pappelallee 35 – 37
D-22089 Hamburg

Prof. Dr. H. Riihimäki
Institute of Occupational Health
Topesliuksenkatu 41a A
SF-00250 Helsinki

Dr. H. Ritzel
Abt. Osteopathologie/Zentrum Biomechanik
Universitätskrankenhaus Eppendorf
Martinistraße 52
D-20251 Hamburg

Prof. Dr. G. Rompe
Stiftung Orthopädische Universitätsklinik
Heidelberg
Schlierbacher Landstraße 200 a
D-69118 Heidelberg

Dr. W. Scheiderer
Rehabilitationsklinik Saulgau
Fachklinik für Orthopädie, Rheumatologie
und Sportrehabilitation
Siebenkreuzerweg 18
D-88343 Saulgau

Dr. H. G. K. Schmidt
Berufsgenossenschaftliches
Unfallkrankenhaus Hamburg
Abt. für Unfall- und Wiederherstellungs-
chirurgie
Bergedorfer Straße 10
D-210033 Hamburg

Prof. Dr. E. Schneider
Arbeitsbereich Biomechanik
TU Hamburg-Harburg
Harburger Schloßstraße 30
D-21073 Hamburg

P. von Schroeter
Arbeitsbereich Werkzeugmaschinen und
Automatisierungstechnik
TU Hamburg-Harburg
Denickestraße 17
D-21073 Hamburg

Dr. M. Schultheiß
Abt. für Unfall-, Wiederherstellungs-
und Handchirurgie
Universität Ulm
Steinhövelstraße 9
89075 Ulm

Dr. K. Seide
Berufsgenossenschaftliches
Unfallkrankenhaus Hamburg
Bergedorfer Straße 10
D-21033 Hamburg

Dr. M. Spallek
Volkswagen AG Gesundheitswesen
Brieffach 1599
D-38436 Wolfsburg

Dr. K. Stadtmüller
Abt. für Arbeits- und Sozialmedizin
Universität Ulm
Steinhövelstraße 9
D-89075 Ulm

Dr. U. Stößel
Abteilung für Medizinische Soziologie
Universität Freiburg
Hebelstraße 29
D-79104 Freiburg

Dr. F.B. Svarrer
Socialministeriet Arbejdsskadestyrelsen
Aebelogade 1
DK-2100 Copenhagen

Prof. Dr. M. Weber
Chirurgische Universitätsklinik
Abteilung Orthopädie
Hugstetter Straße 55
D-79106 Freiburg

Dr. M. Wiese
Orthopädische Universitätsklinik
St.-Joseph-Hospital
Gudrunstraße 56
D-44791 Bochum

Dr. K. Wilde
Landessozialgericht Niedersachsen
Postfach 1103
D-29201 Celle

PD Dr. H.-J. Wilke
Abt. für Unfallchirurgische Forschung
und Biomechanik
Universität Ulm
Helmholtzstraße 14
D-89081 Ulm

Dr. R. Willburger
Orthopädische Universitätsklinik
St.-Joseph-Hospital
Gudrunstraße 56
D-44791 Bochum

Dr. C. Willy
Bundeswehrkrankenhaus Ulm
Chirurgische Abteilung
Oberer Eselsberg 40
D-89081 Ulm

Dr. M.R. Wilson
University of Washington
Harborview Medical Center
Dept. Of Orthopedics, 325
9th Avenue, Box 35 97 98
Seattle, WA 98104
USA

Prof. Dr. D. Wolter
Abt. für Unfall- und Wiederherstellungs-
chirurgie
Berufsgenossenschaftliches
Unfallkrankenhaus Hamburg
Bergedorfer Straße 10
D-21033 Hamburg

1 Gesetzliche Grundlagen, Rechtsprechung und Epidemiologie

Erfahrungen der Berufsgenossenschaften mit der Umsetzung der Berufskrankheit Nr. 2108

S. Brandenburg

Vorbemerkungen

Nachdem die Erweiterung der Berufskrankheitenverordnung (BKV) um die Nrn. 2108–2110, die insgesamt 4 verschiedene Arten von berufsbedingten Wirbelsäulenverschleißerkrankungen betreffen [1], inzwischen mehr als 3 Jahre zurückliegt (in Kraft seit 1.1.1993, Bundesgesetzblatt 1992 I, 2343), liegt es nahe, auf diesem internationalen Symposium über Erfahrungen bei der Beurteilung angezeigter Fälle zu berichten. Ungeachtet der erheblichen Zahl von zwischenzeitlich bearbeiteten und entschiedenen Fällen kann es sich dabei nur um einen Zwischenbericht über den aktuellen Erfahrungsstand handeln. Zweifelsfrei stellen diese neuen BK-Tatbestände eine besondere Herausforderung an alle an der Entscheidungsfindung Beteiligten (Berufskrankheiten-Sachbearbeitung, technische und medizinische Sachverständige, Mitglieder der Rentenausschüsse und Widerspruchsstellen, Sozialgerichte) dar. Die Komplexität der Beurteilungskriterien war und ist Gegenstand einer kaum noch zu überschauenden Zahl von wissenschaftlichen Diskussionen sowie Fach- und Informationsveranstaltungen. Ungeachtet des allseitigen Bemühens um eine Entwicklung plausibler Beurteilungskriterien [2] kann dieser Prozeß bei weitem noch nicht als abgeschlossen betrachtet werden. Insbesondere gilt dies, wie nachfolgend näher darzulegen sein wird, für differenzierte arbeitstechnische Risikoanalysen und die darauf aufbauende Gesamtbeurteilung durch den medizinischen Sachverständigen. Im Anschluß an aktuelle statistische Daten sollen aber zunächst einige Hinweise für eine standardisierte Gestaltung der Verfahrensabläufe, die sich nach den bisherigen Erfahrungen bewährt hat, gegeben werden. Danach sollen einzelne Schritte der gutachterlichen Beurteilung angesprochen werden. Im Vordergrund steht dabei die Berufskrankheit Nr. 2108, deren besondere Bedeutung auch durch die statistischen Daten belegt wird.

Statistische Daten über angezeigte und entschiedene Fälle

Hauptverband der gewerblichen Berufsgenossenschaften (HVBG) Verdachtsanzeigen/entschiedene Fälle 1993–1996 (Tabellen 1.1–1.2)

Tabelle 1.1

BK-Nr.	Verdachtsanzeigen				Entschiedene Fälle			
	1993	1994	1995	1996	1993	1994	1995	1996
2108	22605	17425	13629	12606	4471	12306	14883	13952
2109	2584	1636	1429	1563	1067	1435	1549	1430
2110	1160	1111	997	840	177	542	905	982

Tabelle 1.2

BK-Nr.	Anerkannte Berufskrankheiten				Davon: Neue Renten				Berufliche Verursachung bestätigt			
	1993	1994	1995	1996	1993	1994	1995	1996	1993	1994	1995	1996
2108	16	153	308	465	14	113	208	312	43	115	213	152
2109	–	5	6	8	–	5	4	4	–	6	9	7
2110	4	6	21	22	4	6	12	17	–	2	12	2

Berufsgenossenschaft für Gesundheitsdienst und Wohlfahrtspflege (BGW): Verdachtsanzeigen/entschiedene Fälle 1993–1996 (Tabelle 1.3)

Tabelle 1.3

Jahr	BK-Verdachtsanzeigen	BK-Verdacht nicht bestätigt	Neue BK-Renten	Anerkannte BK ohne Rente	Berufliche Verursachung, kein Versicherungsfall	Entschiedene Fälle gesamt
1993	3270	1453	2	1	9	1465
1994	2700	2171	8	7	57	2243
1995	2137	2420	31	38	65	2554
1996	2237	2366	41	52	114	2573
Gesamt	10344	8410	82	98	245	8835

Empfehlungen zum Verfahrensablauf

Grundsätze der Verfahrensgestaltung

Im Auftrag des Heilverfahrensausschusses des Landesverbandes Rheinland-Westfalen der gewerblichen Berufsgenossenschaften wurde von einem Arbeitskreis ein Ablaufschema für die Bearbeitung von Anzeigen auf das Vorliegen berufsbedingter Wirbelsäulenverschleißerkrankungen erstellt [3], auf welchem die nachfolgenden Erläuterungen basieren. Eine Gestaltung der Verfahrensabläufe nach diesem Muster hat sich grundsätzlich bewährt. Das Schema beruht auf folgenden Grundprinzipien:

- Gestufte Prüfung der arbeitstechnischen und medizinischen Voraussetzungen zur Reduzierung des Ermittlungsaufwands im Einzelfall;
- Aufspaltung des Verfahrens in ein – generell durchzuführendes – Vorprüfungsverfahren, welches der Verfahrensbeschleunigung dient und – soweit wie möglich – schon zum Verfahrensabschluß führen soll; darauf aufbauend das sog. „Vollermittlungsverfahren" für die Fälle, in denen sowohl die „Grobbewertung" der Expositionsverhältnisse als auch die Prüfung der medizinischen Unterlagen durch einen beratenden Arzt konkrete Anhaltspunkte für das Vorliegen einer berufsbedingten Wirbelsäulenverschleißerkrankung ergeben haben.

Vorprüfungsverfahren

Gefährdende Tätigkeiten

Aufgrund einer Auswertung der vom Versicherten und vom Arbeitgeber zu beantwortenden Fragebögen ist festzustellen, ob überhaupt eine die Kriterien der BK 2108 erfüllende wirbelsäulenbelastende Tätigkeit vorgelegen hat; in Zweifelsfällen kann eine Kurzstellungnahme des Aufsichtsdienstes angezeigt sein. Das Verfahren wird in diesem Stadium abgeschlossen, wenn

- eine gefährdende Tätigkeit überhaupt nicht oder nur während eines nicht erheblichen Zeitraums vorgelegen hat; (weitere) Ermittlungen zur Krankheitsanamnese sind dann nicht erforderlich;
- sofern die festgestellten gefährdenden Tätigkeiten bereits vor dem 1.4.1988 endgültig unterlassen wurden (Ausschluß durch § 6 Abs. 2 BKV); eine Vorlage bei der für den medizinischen Arbeitsschutz zuständigen Stelle gemäß § 4 BKV ist auch in diesen Fällen notwendig.

Aktuelles Krankheitsbild

Ziel des Vorprüfungsverfahrens ist darüber hinaus eine möglichst frühzeitige Beurteilung durch einen medizinischen Sachverständigen, ob ein Krankheitsbild gegeben ist, welches die Definitionsmerkmale der BK 2108 erfüllt, und ob Anhaltspunkte für eine berufliche Verursachung bestehen, so daß die vollständigen Ermittlungen (Vollermittlungen) mit nachfolgender Begutachtung durchzuführen sind.

Bandscheibenbedingte Erkrankungen sind solche Erkrankungen der Bewegungssegmente der LWS, die in einem ursächlichen (wechselseitigen) Zusammenhang mit einem Bandscheibenschaden stehen. Die in dem Merkblatt zu BK 2108 [5] genannten typischen Beschwerdebilder (lokales Lumbalsyndrom; mono- und polyradikuläre lumbale Wurzelreizsyndrome; Kaudasyndrom) müssen mit auffälligen radiologischen Befunden, die einen bandscheibenbedingten Verschleißschaden kennzeichnen, korrespondieren. Dies sind Chondrose, Osteochondrose, Spondylose, Spondylarthrose, Bandscheibenprotrusion und Bandscheibenvorfall. Morphologische Auffälligkeiten ohne klinische Relevanz erfüllen nicht den Begriff der bandscheibenbedingten Erkrankung. Vielmehr sind chronische oder chronisch-rezidivierende Beschwerden sowie funktionelle Beeinträchtigungen für die Anerkennung als Berufskrankheit erforderlich.

Um eine möglichst frühzeitige Beurteilung des aktuellen Krankheitsbildes durch einen beratenden Arzt zu ermögliche, kann es zweckmäßig sein, die (Erst-)ermittlungen zur Krankheitanamnese zunächst auf die aktuellen Befunde bzw. auf Befunde aus jüngster Zeit zu beschränken. Diese Unterlagen reichen in der Regel für eine Beurteilung durch den beratenden Arzt, ob ein Krankheitsbild im Sinne von BK 2108 vorliegt, aus. Ergibt die Beurteilung durch den beratenden Arzt, daß das geforderte Krankheitsbild nicht vorliegt, erübrigen sich weitergehende Ermittlungen zur Krankheits- und Berufsanamnese. Kommt der beratende Arzt zu einer positiven Beurteilung des Krankheitsbildes, kann das weitere Ermittlungsverfahren aufgrund entsprechender Empfehlungen des beratenden Arztes zielgerichtet durchgeführt werden.

Vollständige Ermittlungen zur Arbeits- und Krankheitsanamnese (sog. Vollermittlungen)

Erläuterungen zu den medizinischen und arbeitstechnischen Voraussetzungen der neuen Berufskrankheiten enthalten die vom BMA veröffentlichten Merkblätter für die ärztliche Untersuchung bei den BK 2108, 2109 und 2110 [5]. Diese Merkblätter besitzen keine Rechtsverbindlichkeit und richten sich

als Empfehlungen in erster Linie an den Arzt, der nach § 202 SGB VII zu entscheiden hat, ob der begründete Verdacht auf das Vorliegen einer Berufskrankheit nach den BK 2108–2110 zu bejahen und deshalb eine Berufs-
krankheitenanzeige zu erstatten ist. Dies schließt nicht aus, die Merkblätter
auch als Leitlinie bei der Durchführung der Ermittlungen und auch als zusätzliche Erkenntnisquelle bei der versicherungsrechtlichen Entscheidung
des Unfallversicherungsträgers heranzuziehen. Ausschlaggebend für die
Verwertbarkeit der Merkblätter bei der Einzelfallprüfung ist der wissenschaftliche Aussagegehalt der darin wiedergegebenen Erkenntnisse.

Krankheitsanamnese

Die Ermittlungen zur Krankheitsanamnese umfassen insbesondere:

a) Angaben des Versicherten zu Art und Lokalisation der Beschwerden
   sowie zum Erkrankungsverlauf (z.B. erstmaliges Auftreten von Beschwerden und deren weiterer Verlauf, Erfolg von Behandlungs- und
   Kurmaßnahmen, Auswirkungen von Maßnahmen am Arbeitsplatz auf
   die Beschwerden); Angaben des Versicherten zu Sport- und Freizeit-
   tätigkeiten mit Wirbelsäulenbelastung.
b) Angaben des Unternehmers zu am Arbeitsplatz aufgetretenen Beschwerden (erstmaliges Auftreten, Verlauf, Tätigkeitsbezogenheit, krankheits-
   bedingte Arbeitsunfähigkeitszeiten).
c) Angaben des betriebsärztlichen Dienstes bezüglich Einstellungs- bzw.
   Personaluntersuchungen (erstmaliges Auftreten von Wirbelsäulenbeschwerden, Verlauf der Erkrankung, gefertigte Röntgenaufnahmen etc.).
d) Befund- und Behandlungsberichte über ambulante/stationäre Heilverfahren (soweit für die Beurteilung der Wirbelsäulen-Erkrankung möglicherweise relevant); Röntgenaufnahmen und Computertomogra-
   phien der Wirbelsäule und ggf. anderer Gelenke, Kernspintomogra-
   phien, Myelographien der Wirbelsäule.
e) Vorerkrankungsverzeichnisse der Krankenkassen.
f) Medizinische Unterlagen des Rentenversicherungsträgers und des Ver-
   sorgungsamtes.
g) Unterlagen über amtsärztliche Untersuchungen (z.B. Kreiswehrer-
   satzämter, Gesundheitsämter).

Arbeitsanamnese

Die Umschreibungen der schädigenden Einwirkungen in der BK 2108 sind
allgemein gehalten und bedürfen daher für die Praxis einer Konkretisie-

rung. Die nachfolgenden Erläuterungen der Begriffe geben zunächst den gegenwärtigen Erkenntnisstand wieder, der sich u. a. auch auf die Merkblätter [5] und auf Erkenntnisse aus der ehemaligen DDR stützt. Ergänzend wird im Abschn. „Beurteilung des Ursachenzusammenhangs" auf Methoden der Belastungsanalyse und Belastungsbewertung eingegangen.

Langjährige schädigende Einwirkung. Die BK-Tatbestände der BK 2108–2110 knüpfen zwar an unterschiedliche wirbelsäulenbelastende Tätigkeiten an, vorausgesetzt wird aber stets eine langjährige Einwirkung.

Unter Bezugnahme auf die Auslegung des auch in der Nr. 70 der Berufskrankheitenliste der DDR enthaltenen Begriffs der „Langjährigkeit" wird in den Merkblättern [5] dargelegt, daß 10 Berufsjahre als die untere Grenze der Dauer der belastenden Tätigkeiten zu fordern sind. Bis auf weiteres sollte in der Verwaltungspraxis und bei Begutachtungen für den Regelfall von der Empfehlung in den Merkblättern ausgegangen werden. Soweit allerdings im Einzelfall so intensive Belastungen der Wirbelsäule nachgewiesen sind, daß deren schädigende Auswirkungen schon nach weniger als 10 Jahren deutlich erkennbar sind, kann auch ein kürzerer Zeitraum das Merkmal der „Langjährigkeit" erfüllen.

Aufeinanderfolgende Zeiträume mit unterschiedlichen Belastungen im Sinne der BK 2108 und 2110 (Heben oder Tragen schwerer Lasten, Tätigkeiten in extremer Rumpfbeugehaltung, Tätigkeiten mit Einwirkung von vorwiegend vertikalen Ganzkörperschwingungen) sind für die Beurteilung des Merkmals „langjährig" zu addieren, da eine medizinische Differenzierung der durch die unterschiedlichen Einwirkungen verursachten Bandscheibenschäden nicht möglich ist. Im Ergebnis wird trotz verschiedenartiger Einwirkungen nur die Anerkennung einer Berufskrankheit nach den Nrn. 2108 und 2110 in Frage kommen.

Betroffene Berufe/Gewerbezweige. In dem Merkblatt zur BK 2108 [5] werden, gestützt auf epidemiologische Untersuchungen, als gefährdende Berufe im Sinne der 1. Alternative (Heben und Tragen schwerer Lasten) Tätigkeiten im Bergbau, im Hoch- und Tiefbau, im Warentransportgewerbe, in der Landwirtschaft und in der Kranken-, Alten- und Behindertenpflege genannt. Allein aus dieser allgemeinen Umschreibung von Risikobereichen läßt sich eine Bewertung der Schädlichkeit von belastenden Einwirkungen im Einzelfall nicht ableiten (s. Abschn. „Beurteilung des Ursachenzusammenhangs"). Im übrigen können auch bei einer Vielzahl anderer Berufstätigkeiten einschlägige Belastungen auftreten.

Nach derzeitigen Erkenntnissen sind Wirbelsäulenbelastungen im Sinne von BK 2108 insbesondere in folgenden Gewerbezweigen bzw. bei folgenden Tätigkeiten *möglich:*

- Untertägiger Bergbau;
- Baugewerbe, z. B. bei Maurertätigkeiten;
- Metallherstellung und -verarbeitung:
  - Tätigkeiten in Gießereien,
  - Kernmacher,
  - Gußputzer,
  - Be- und Verarbeitung von schweren Werkstücken;
- Werftbetriebe, insbesondere Transport oder Verarbeitung schwererer Werkstücke oder Geräte unter engen räumlichen Verhältnissen;
- Schlosserhandwerk beim eigenhändigen Umgang mit schweren Werkstücken;
- Kfz-Handwerk beim eigenhändigen Umgang mit schweren Maschinen oder Teilen (z. B. Getriebe, Motoren, Achsen);
- Lagerei- und Transportgewerbe:
  - Lagerist,
  - Arbeiter im Hafenumschlag,
  - Transportfahrer, die regelmäßig Be- und Entladearbeiten durchführen,
  - Möbelträger z. B. im Umzugsgewerbe,
  - Kohlenträger und andere Lastenträger (s. auch BK 2109);
- Land- und Forstwirtschaft, Fischereibetriebe, Garten- und Landschaftsbau;
- Gesundheitsdienst und Wohlfahrtspflege:
  - stationäre oder ambulante Kranken-, Alten- und Behindertenpflege beim regelmäßigen Heben, Umlagern und Mobilisieren von Patienten oder pflegebedürftigen Personen; insbesondere in der Grundpflege auf Krankenpflegestationen mit in der Mobilität stark eingeschränkten Patienten; in Altenpflegeheimen und Behindertenpflegeheimen mit schwerstpflegebedürftigen Bewohnern,
  - Krankentransportwesen.

Als konkurrierende Faktoren sind Fehlbelastungen der Wirbelsäule durch außerberufliche Tätigkeiten, die mit dem Heben und Tragen schwerer Lasten oder Tätigkeiten in extremer Rumpfbeugehaltung verbunden sind, zu berücksichtigen, wenn diese ebenso langjährig durchgeführt werden (z. B. Hausbau, schwere Gartenarbeit oder wirbelsäulenbelastende sportliche Aktivitäten).

Heben und Tragen schwerer Lasten – BK 2108, 1. Alternative. Zur näheren Definition des Begriffs der „schweren Last" wird in dem Merkblatt [5] die Überschreitung folgender Lastgewichte für eng am Körper getragene Lasten gefordert (Tabelle 1.4).

Tabelle 1.4. Lastgewichte, deren regelmäßiges Heben oder Tragen mit einem erhöhten Risiko für die Entwicklung bandscheibenbedingter Erkrankungen der LWS verbunden sind

Alter	Last in kg Frauen	Last in kg Männer
15 bis 17 Jahre	10	15
18 bis 39 Jahre	15	25
ab 40 Jahre	10	20

Diese unter Präventionsgesichtspunkten erstellte Grenzwerttabelle kann nur Anhaltspunkte für ein erhöhtes Risiko liefern, da für die Prüfung der Zusammenhangsfrage neben der Schwere der Last stets eine Vielzahl weiterer Umstände maßgeblich ist (s. Abschn. „Beurteilung des Ursachenzusammenhangs"). Biomechanisch ungünstige Bedingungen, wie insbesondere ein Vorbeugung und Verdrehung des Oberkörpers (z. B. bei Tätigkeiten im Krankenpflegebereich oder bei Verladearbeiten), spielen eine besondere Rolle bei der Beurteilung der Wirbelsäulenbelastung beim Heben oder Tragen von Lasten.

Die Lastgewichte müssen darüber hinaus mit einer gewissen Regelmäßigkeit und Häufigkeit in der überwiegenden Zahl der Arbeitsschichten (mehr als 50 %) gehoben der getragen worden sein.

Eine allgemeingültige Definition des Begriffs der „Regelmäßigkeit" ist wegen der komplexen Zusammenhänge zwischen Belastungsintensität und Belastungsfrequenz in den verschiedenen Tätigkeitsbereichen (s. unten) problematisch. Ein Vorteil des nachfolgend skizzierten Dosismodells kann darin gesehen werden, daß die zum Erreichen einer Mindestbelastung erforderliche Frequenz der Hebe- und Tragevorgänge variabel ist und mit der Dauer und Intensität der Belastungen in einer systematischen Wechselbeziehung steht.

Tätigkeiten in extremer Rumpfbeugehaltung – BK 2108, 2. Alternative. Eine extreme Rumpfbeugehaltung wird in dem ärztlichen Merkblatt wie folgt definiert:

1) Arbeiten in Arbeitsräumen, die niedriger sind als 100 cm und dadurch eine ständig gebeugte Körperhaltung erzwingen;
2) Arbeiten mit einer Beugung des Oberkörpers aus der aufrechten Haltung um mehr als 90°.

Tätigkeiten in vorgebeugter Haltung im Sitzen werden von der BK 2108 nicht erfaßt. Als betroffene Berufe werden außer Bergarbeitern auch

Stahlbetonarbeiter genannt. Wegen des geforderten extremen Winkels von > 90° ist der Anwendungsbereich für diese Tatbestandsalternative der BK 2108 derzeit relativ eng. Bei Tätigkeiten in extremer Rumpfbeugehaltung im Knien hängt die Belastung der LWS wesentlich davon ab, inwieweit die Tätigkeit es erlaubt, den Oberkörper durch Hände und Arme abzustützen.

Beurteilung des Ursachenzusammenhangs

Das Vorhandensein einer Einwirkung, welche die – allgemein gefaßten – Definitionsmerkmale der BK 2108 oder 2109 oder 2110 erfüllt, und die Diagnose einer bandscheibenbedingten Erkrankung der LWS oder HWS sind für die Bejahung der individuellen Kausalität erforderlich, aber als Beurteilungskriterien allein nicht ausreichend. Durch die Aufnahme eines neuen Berufskrankheitentatbestandes wird nur die generelle Eignung der darin genannten Einwirkungen zur Krankheitsverursachung festgestellt, so daß darauf die Prüfung des individuellen Kausalzusammenhangs aufbauen kann [4]. Dies gilt auch für Berufskrankheitentatbestände, in denen wie bei den BK 2108–2110 sowohl die Einwirkung als auch das Krankheitsbild umschrieben sind. Demgemäß wird in der Begründung der Bundesregierung zur 2. ÄVO [6] darauf hingewiesen, daß die Anerkennung der generellen Geeignetheit besonderer Einwirkungen zur Verursachung bestimmter Krankheiten nicht von der Verpflichtung entbindet, in jedem angezeigten Verdachtsfall auf das Vorliegen einer Berufskrankheit die individuelle Kausalität zu prüfen. Durch die Einführung der speziell das Berufskrankheitenrecht betreffenden Beweisführungsregelung des § 9 Abs. 3 SGB VII mit Wirkung vom 1.1.1997 [7] ist dieser dargestellte Beweisgrundsatz nicht in Frage gestellt worden [8, 9].

Den gegenwärtig verfügbaren epidemiologischen Untersuchungen kann nur eine begrenzte Aussagekraft im Hinblick auf eine differenzierte Beurteilung der in der Praxis anzutreffenden unterschiedlichen Fallkonstellationen beigemessen werden [10, 11]. Sonstige einzelfallbezogene Beurteilungskriterien und eine Gesamtschau aller für oder gegen einen Ursachenzusammenhang sprechenden Umstände des Einzelfalles gewinnen daher eine um so größere Bedeutung.

Beurteilungskriterien: Übersicht

Folgende Kriterien sind nach dem heutigen Erkenntnisstand bei der Kausalitätsbeurteilung wesentlich:

a) Krankheitsbild:
  – Art und Ausprägung,
  – Lokalisation;
b) Eignung der belastenden Einwirkung zur Verursachung (auch im Sinne einer Verschlimmerung) der Krankheit:
  – Schwere der Lasten (Durchschnitt, Spitzenwerte),
  – Gesamtzeit der belastenden Tätigkeiten im Arbeitsleben,
  – Häufigkeit belastender Vorgänge pro Arbeitsschicht und durchschnittliche Dauer,
  – Biomechanische Begleitumstände (insbesondere Körperhaltung, Hilfsmittel);
c) Individuelle Konstitution;
d) Zeitliche Korrelation zwischen Erkrankungsverlauf und beruflichen Überbelastungen.

Zu a: Für einen wahrscheinlichen Ursachenzusammenhang zwischen einer wirbelsäulenbelastenden Tätigkeit und einer bandscheibenbedingten Erkrankung der LWS oder HWS ist hinsichtlich des Krankheitsbildes in der Regel zu fordern (Besprechungsergebnisse im Arbeitskreis „Wirbelsäulenerkrankungen" beim HVBG):

aa: Die bildtechnisch (Röntgenbild, CT, MRT) nachweisbaren segmentalen Bandscheibenveränderungen und deren Folgen überschreiten das altersdurchschnittlich zu erwartende Ausmaß.

bb: Die Lokalisation der bildtechnisch nachweisbaren Veränderung korreliert mit der Funktionseinschränkung und der beruflichen Exposition. Dies bedeutet:

– Der nach dem anzuwendenden BK-Tatbestand mit einer bestimmten Einwirkung korrespondierende Wirbelsäulenabschnitt ist besonders betroffen; eine gleichmäßige – wenn auch vorzeitige – Degeneration über sämtliche Wirbelsäulenabschnitte spricht gegen eine wesentliche Mitursächlichkeit äußerer Einwirkungen.
– Bei einem Schadensbild, welches den auch in der allgemeinen Bevölkerung am häufigsten anzutreffenden Verschleißerkrankungen in dem betreffenden Wirbelsäulenabschnitt morphologisch entspricht (z. B. ein schwerpunktmäßig auf die beiden unteren Bewegungssegmente der LWS begrenzter Schaden) ist ein Ursachenzusammenhang mit einer bestimmten äußeren Einwirkung nur wahrscheinlich, wenn es dafür anhand des Erkrankungsverlaufs, der Art und der im Einzelfall festgestellten Intensität der Einwirkung sowie unter Berücksichtigung von verwertbaren epidemiologischen Erkenntnissen überzeugende Gründe gibt.

Zu b: Im Hinblick auf die gesetzlich geforderte individuelle Kausalitätsprüfung ist die Feststellung, daß der Versicherte einer Berufsgruppe angehört, für welche nach epidemiologischen Untersuchungen ein erhöhtes Risiko für den Eintritt einer LWS-Erkrankung anzunehmen ist, allein nicht genügend. Vielmehr beinhaltet die verordnungsrechtliche allgemeine Umschreibung der belastenden Einwirkungen vorrangig eine Aufforderung an die Unfallversicherungsträger, gemeinsam mit medizinischen und technischen Sachverständigen die für eine Beurteilung des Schädigungspotentials bestimmter Tätigkeiten relevanten Parameter exakt zu definieren. Im Interesse einer interindividuellen Vergleichbarkeit sollten darüber hinaus die Möglichkeiten zur Ermittlung einer Gesamtbelastungsdosis sowie zu einer Bewertung nach Risikoabstufungen unter Berücksichtigung epidemiologischer Erkenntnisse ausgeschöpft werden. Auf Initiative des Arbeitskreises „Wirbelsäulenerkrankungen" beim Hauptverband der gewerblichen Berufsgenossenschaften (HVBG) wurde im Juni 1996 im Rahmen eines verbandsinternen Fachgespräches ein unter der Federführung des berufsgenossenschaftlichen Instituts für Arbeitssicherheit entwickeltes Modell für eine einheitliche gewerbeübergreifende Belastungsanalyse und -bewertung bei der BK 2108 vorgestellt. Dieses Modell beruht auf folgenden Grundlagen:

– Die zu untersuchenden Tätigkeiten werden soweit wie möglich in einzeln bewertbare Tätigkeitsabschnitte aufgesplittet.
– Für die bei den einzelnen Tätigkeitsabschnitten auftretenden Wirbelsäulenbelastungen werden nach dem Rechenmodell von Jäger [12] die Druckkräfte bei L 5/S 1 sowie L 4/L 5 ermittelt.
– Nach einem festgelegten Schema werden zusätzliche erschwerende Umstände, die die Wirbelsäulenbeanspruchung verstärken können, berücksichtigt, und zwar durch spezifische Korrekturfaktoren.
– Auf der Basis der Ermittlungen zur Häufigkeit der relevanten Tätigkeitsabschnitte innerhalb einer Tagesschicht kann festgestellt werden, ob ein sog. Tagesrichtwert (geschlechtsspezifisch) überschritten ist oder nicht.
– Soweit die Tagesrichtwerte überschritten sind, kann eine Aufaddition der gesamten beruflichen Belastung („Lebensdosis") erfolgen; die ermittelte Lebensdosis kann in einem Risikostufenschema bewertet werden.

Zu c: Gegen die Annahme eines ursächlichen Zusammenhangs können anlagebedingte prädisponierende Faktoren sprechen, wie z. B. prädiskotische Deformitäten [13] und andere Systemerkrankungen mit relevantem Einfluß auf die Beanspruchbarkeit der Wirbelsäule sowie sonstige Risikofaktoren, welche die Entstehung oder Verschlimmerung einer Ver schleißerkrankung der Wirbelsäule begünstigen können. Durch den medizinischen Sachverständigen ist die Frage zu beantworten, ob der Erkrankungsverlauf unter Berücksichtigung der im Einzelfall festgestellten prädisponierenden Faktoren der zu erwartenden schicksalsmäßigen Entwicklung entspricht oder ob eine wesentliche Beeinflussung des Erkrankungsgeschehens durch die beruflichen Wirbelsäulenbelastungen wahrscheinlich ist.

Zu d: Darüber hinaus muß der zeitliche Zusammenhang zwischen Exposition und Erstmanifestation sowie dem Verlauf der bandscheibenbedingten Erkrankung nachvollziehbar sein. Zu beachten sind dabei insbesondere:

- der Zustand vor Aufnahme der belastenden Tätigkeit im Vergleich zum heutigen Zustand;
- der Zeitraum bis zur Erstmanifestation des Schadens;
- der Erkrankungsverlauf während belastungsfreier Intervalle sowie ggf. nach Aufgabe der belastenden Tätigkeit.

Versicherungsrechtlicher Tatbestand: Zwang zur Unterlassung gefährdender Tätigkeiten

Den neuen Berufskrankheitentatbeständen ist auch gemeinsam, daß die Krankheit zur Unterlassung aller Tätigkeiten, die für die Erkrankung ursächlich waren oder sein können, gezwungen haben muß. Nicht erforderlich ist, daß die bisherige Berufstätigkeit insgesamt aufgegeben werden muß. Die Tätigkeiten, deren Unterlassung geboten ist, müssen dem Arbeitsplatz auch nicht das bestimmende Gepräge geben [14]. Der Versicherungsfall tritt allerdings grundsätzlich erst ein, wenn der medizinisch begründete Unterlassungszwang vollständig vollzogen wird. Das Meiden außerberuflicher gefährdender Tätigkeiten führt nicht zur Tatbestandserfüllung [15].

Im einzelnen sind für den versicherungsrechtlichen Tatbestand folgende Fragen zu klären:

a) Welche Tätigkeitsbereiche der bisher ausgeübten Beschäftigung waren für die Erkrankung ursächlich oder sind geeignet, die Wirbelsäulenerkrankung zu unterhalten, zu verschlimmern oder wiederaufleben zu lassen?
b) Welche dieser Tätigkeiten können bei Beachtung von Verhaltensmaßregeln oder nach Änderungen der Arbeitsabläufe oder der Arbeitsorganisation (z.B. Benutzung von Hebehilfen beim Heben und Tragen

schwerer Lasten) weiter ausgeübt werden und bezüglich welcher Tätigkeiten ist bzw. war zur Gefahrbeseitigung eine Unterlassung geboten?
c) Sind auch Tätigkeitsbereiche einer vom Versicherten neu gewählten
   Beschäftigung zur Unterhaltung, Verschlimmerung oder Bewirkung
   des Wiederauflebens der Wirbelsäulenerkrankung geeignet?

Minderung der Erwerbsfähigkeit (MdE)

Der für den Rentenanspruch maßgebende Grad der MdE ist abhängig vom
Ausmaß der durch die Berufskrankheit bedingten Gesundheitsstörungen
sowie von dem Umfang der dem Versicherten dadurch verschlossenen
Arbeitsmöglichkeiten auf dem Gesamtgebiet des Erwerbslebens [16]. Maßgeblich für den Vergleich der verbliebenen Arbeitsmöglichkeiten des Versicherten ist dabei grundsätzlich die individuelle Erwerbsfähigkeit des Versicherten vor Eintritt des Versicherungsfalles, die rechnerisch mit 100 %
anzusetzen ist [17, 18]. Bei Berufskrankheiten, die durch allmähliche schädigende Einwirkungen entstehen und bei denen der Eintritt des Versicherungsfalles von der Aufgabe gefährdender Tätigkeiten abhängig ist, be-
stimmen im wesentlichen die durch die tatbestandsmäßigen beruflichen
Einwirkungen schon vor dem „formalen" Eintritt des Versicherungsfalles
verursachten Beeinträchtigungen der Erwerbsfähigkeit den Grad der MdE.
Für berufsbedingte Wirbelsäulenerkrankungen bedeutet dies, daß die individuelle Erwerbsfähigkeit des Versicherten bei Eintritt des Versicherungsfalles mit dem Zustand ohne die langjährigen schädigenden Einwirkungen zu vergleichen ist. Die Folgen krankhafter Vorschädigungen des
entsprechenden Wirbelsäulenabschnitts fließen dabei in die MdE-Bewer-
tung ein, sofern durch die beruflichen Einwirkungen eine richtunggebende
Verschlimmerung eingetreten ist. Entsprechendes muß für anlagebedingte
verschleißfördernde Faktoren gelten, soweit deren Auswirkungen mit den
Schädigungsfolgen der beruflichen Einwirkungen durch wechselseitige Beeinflussung in einer untrennbaren Beziehung stehen.
   In Anlehnung an die Anhaltspunkte für die ärztliche Gutachtertätigkeit
im sozialen Entschädigungsrecht und nach dem Schwerbehindertengesetz
[19] sind das Ausmaß der Funktionsbehinderung, die Ausprägung von
Nerven- und Muskelreizerscheinungen sowie etwaige zusätzliche Ausfalls-
erscheinungen an anderen Organen auch für die MdE nach § 56 SGB VII
maßgebend. Allerdings können die in den „Anhaltspunkten" genannten
Prozentsätze wegen der abweichenden rechtlichen Vorgaben nicht ohne
weiteres auf das Unfallversicherungsrecht übertragen werden.
   Empfohlen wird für das Unfallversicherungsrecht zum Beispiel eine Beurteilung der MdE nach folgendem Schema [20]:

Ausmaß der funktionellen Beeinträchtigung	MdE in %
Funktionseinschränkung der LWS	
Funktionell nicht bedeutsame neurologische Ausfälle	10
Starke Funktionseinschränkung der LWS	20
Funktionseinschränkung mit funktionell bedeutsamen motorischen Ausfällen und/oder ausgeprägtem, funktionell schwerwiegendem chronischem Wurzelreizsyndrom	30

Literatur

1. Vgl. im einzelnen Brandenburg S, Wirbelsäulenerkrankungen als Berufskrankheit, BG 1993, 791
2. Vgl. Wolter D, Seide K (Hrsg) (1995) Berufskrankheit 2108 – Kausalität und Abgrenzungskriterien – Expertengespräch im Juni 1994 in Hamburg. Springer, Berlin Heidelberg New York Tokyo
3. Siehe Rundschreiben des Landesverbandes Rheinland-Westfalen der gewerblichen Berufsgenossenschaften, Düsseldorf, vom 27.2.94
4. Siehe Bundessozialgericht, Urt. v. 18.11.1997 – 2 RU 48/96, Rundschreiben des Hauptverbandes der gewerblichen Berufsgenossenschaften v. 14.5. 1998, VB 61/98
5. Vgl. Merkblätter für die ärztliche Untersuchung bei den BK-Nrn. 2108–2110, Hrsg. Bundesministerium für Arbeit und Sozialordnung, Bundesarbeitsblatt 3/1993, S 50–58
6. BRat-Drucksache 773/92, Begründung zu Art. I Nr. 4
7. Art. 1 Unfallversicherungs-Einordnungsgesetz, Siebtes Buch Sozialgesetzbuch vom 7.8.1996, BGBl. I, 1254
8. Mehrtens G, Perlebach M (1997) Die Berufskrankheitenverordnung. Schmidt, Berlin, Stand 1997, Abschnitt E §9 Anm. 26
9. Brandenburg S (1997) Rechtliche und berufliche Voraussetzungen für die Anerkennung der Berufskrankheit 2108. In: Weber M, Valentin H (Hrsg) Begutachtung der neuen Berufskrankheiten der Wirbelsäule. Fischer, Ulm
10. Weber M, Krämer J (1995) Zur Beurteilung und Begutachtung der Berufskrankheiten 2108, 2109 und 2110. Orthop Praxis 31:731
11. Stößel U, Hofmann F, Mlangeni D (1990) Zur Belastung und Beanspruchung der Wirbelsäule bei Beschäftigten im Gesundheitsdienst – Ergebnisse einer Literaturrecherche. Berufsgenossenschaft für Gesundheitsdienst und Wohlfahrtspflege Hamburg (Hrsg), S 114
12. Jager M, Luttmann A, Laurig W (1990) Biomechanik der Lastenmanipulation. In: Konietzko J, Dupuis H (Hrsg) Handbuch der Arbeitsmedizin. Ecomed, Landsberg, Abschn V – 1.1.2.3
13. Krämer J, Brandenburg S (1995) Anerkennung von Wirbelsäulenschäden als Berufskrankheit, Dtsch Ärztebl 2482
14. Bundessozialgericht, Urteil vom 15.12.1981 – 2 RU 65/80, Breithaupt 71 (1982), 669
15. Mehrtens G, Perlebach M, a.a.O. (8), Abschnitt E §9 Anm 27.4
16. BSG, SozR 2200 Nr 22 zu §581 RVO, BSGE 1 174/178
17. Schönberger/Mehrtens/Valentin, a.a.O. (Anm 38), S 105; Brackmann, Handbuch der SozVers., S 566 y l m.w.N.

18. Oehme (1990) Grundsätze der MdE-Einschätzung in der gesetzlichen Unfallversicherung. In: Hierholzer G, Ludolph E (Hrsg) Gutachtenkolloquium 6, Springer, Berlin Heidelberg New York Tokyo, S 3, 4
19. Anhaltspunkte für die ärztliche Gutachtertätigkeit im sozialen Entschädigungsrecht und nach dem Schwerbehindertengesetz, Hrsg Bundesministerium für Arbeit und Sozialordnung, 1986
20. Mehrtens G, Perlebach E a. a. O. (8), Abschnitt M 2108, Anmerkung 9

Kapitel 2

Die BK 2108 in der Rechtsprechung

K. WILDE

Einleitung

Rechtsstreitigeiten, die die BK 2108 betreffen, sind häufig, für die Versicherten positive Urteile nach meiner Kenntnis eine Rarität. Wie sich aus informellen Gesprächen mit Richterkollegen, auch auf Tagungen, ergibt, wird die BK 2108 als höchst problematisch angesehen, letztlich wegen der weiten Verbreitung der Bandscheibenerkrankungen und der Schwierigkeit, sie einigermaßen überzeugend von allgemeinen Alters- und Verschleißerscheinungen abzugrenzen [1]. Das richterliche Unbehagen spiegelt auch die kontroverse Diskussion zur BK 2108 auf orthopädisch-chirurgischem und arbeitsmedizinischem Gebiet wider.

Versuch eines Überblicks über die Rechtsprechung

Ein verläßlicher Überblick über die Rechtsprechung ist nicht möglich. Denn von der Vielzahl der Entscheidungen sind nur wenige bekannt geworden. Dem Informationssystem JURIS ist zu entnehmen, daß die Gerichte selbst ihre Entscheidungen nicht veröffentlichen und hier eine sonst nicht geübte Zurückhaltung an den Tag legen. Die einzelnen Entscheidungen sind mir – bis auf eine Ausnahme [2] – aufgrund der Rundschreiben der Verbände der Unfallversicherungsträger und aufgrund eigener richterlicher Tätigkeit bekannt.

„Merkblattorientierung" der Rechtsprechung

Aus den mir bekannten Entscheidungen wird deutlich, daß sich die Gerichte, wenn sie einzelfallbezogen die Kausalität prüfen, eng am Merkblatt zur BK, das keinen normativen Charakter hat [3], orientieren. Das überrascht nicht. Denn die BK 2108 wird überhaupt nur aufgrund der im Merkblatt enthaltenen zusätzlichen Informationen „justitiabel" [4]. In einigen

Urteilen wurde hinsichtlich der flexiblen Expositionszeit von 10 Jahren und der Lastgewichte des Merkblattes in Anlehnung an eine Veröffentlichung von Becker [5] zugunsten der Versicherten ein „Sicherheitsabschlag" von 20 % eingeräumt. Darin mag sich die Skepsis ausdrücken, ob das Merkblatt auf gesicherter medizinischer Erfahrung beruht.

Deutlich wird an der Rechtsprechung der Sozialgerichte, daß die im Merkblatt exemplarisch genannten exponierten Berufe – z.B. des Maurers und der Krankenschwester – nicht von der Prüfung entheben, ob bei anderen Berufstätigkeiten ein vergleichbares Belastungsprofil vorliegt. Das wird bei Zahnärzten, Rechtsanwälten und Violinspielern leicht zu verneinen sein [6]. Keine solche Evidenz gibt es jedoch z.B. für die Tätigkeiten einer Packerin in der Zigarettenfabrik, eines Schiffsstewards, eines Schweißers, eines Schiffselektrikers oder eines Spitzendrehers [7]. Die „Merkblattorientierung" der Sozialgerichte bezieht sich auf mehrere Kriterien:

- Auf die Dauer der Wirbelsäulenbelastung, so daß z.B. die 3jährige Tätigkeit als Krankenschwester angesichts der unteren Grenze des Merkblattes von 10 Jahren nicht als ausreichend angesehen worden ist [8].
- Hinsichtlich der Lastgewichte orientieren sich die Sozialgerichte unter Vernachlässigung der Hebehaltung an den Merkblattgewichten von 10 – 20 kg, wissen freilich nicht, wann man davon sprechen kann, daß diese Gewichte in der jeweiligen Schicht „mit einer gewissen Regelmäßigkeit und Häufigkeit" getragen worden sind. Hier fehlt im Merkblatt eine auf die Arbeitsschicht bezogene zusätzliche zeitliche Konkretisierung. Verunsichernd wirkt auch, daß die Metallberufsgenossenschaften die Belastung aufgrund einer differenzierten Bewertung der Druckkräfte nach der sog. Hartungschen Formel [9] ermitteln und es sich fragt, ob dieses Modell empirisch abgesichert ist [10].
- Auch hinsichtlich der extremen Rumpfbeugehaltung wird das Merkblatt als verbindlich angesehen. Der Hinweis im Merkblatt, daß mit Arbeiten in extremer Rumpfbeugehaltung Arbeiten gemeint sind, bei denen der Oberkörper aus der aufrechten Haltung um mehr als 90° gebeugt wird, führte bei den Tätigkeiten der wesentlich im Knien arbeitenden Fliesen- und Parkettleger zur Verneinung der Wirbelsäulenbelastung – eine Argumentation, die bei den Betroffenen auf Unverständnis stieß.
- Die Sozialgerichte entnehmen dem Merkblatt auch das Erscheinungsbild der BK 2108. So wird in einem einen Landwirt betreffenden Urteil z.B. mit Recht herausgestellt, daß allein röntgenologische Veränderungen nicht ausreichen, um eine Berufskrankheit anzuerkennen. Es müssen chronische Beschwerden und v.a. Funktionseinschränkungen vorliegen, um von einer Berufskrankheit sprechen zu können [11]. Schließlich wird auch den differentialdiagnostischen Hinweisen auf

berufsfremde Gründe von Wirbelsäulenerkrankungen (Skoliose, M. Forestier etc.) große Aufmerksamkeit geschenkt.

Der monosegmentale Bandscheibenschaden

Besondere Aufmerksamkeit verdient das Urteil des LSG Nordrhein-Westfalen vom 26.9.1995 – L 15 U 89/95 –, das einen Maurer mit einem Bandscheibenvorfall bei L5/S1 betraf bei sonst nur leichten röntgenologisch nachweisbaren degenerativen Veränderungen in den übrigen Segmenten der LWS [12]. Das LSG hat hier zur Verletztenrate nach einer MdE um 20 % verurteilt. Dabei ist weniger die biomechanisch einleuchtende Erwägung bemerkenswert, daß schweres Heben zu Stoffwechsel- und Ernährungsstörungen der Bandscheiben führt. Aufmerksamkeit hat vielmehr die pointierte Argumentation gefunden, daß auch monosegementale Bandscheibenschäden mit Wahrscheinlichkeit auf berufsbedingt schweres Heben und Arbeiten in extremer Rumpfbeugehaltung zurückzuführen seien. Denn gerade die beiden unteren Lendenbandscheiben seien hierbei einer besonderen Druckbelastung ausgesetzt. Diesem „Pro" zum monosegmentalen Schaden steht das „Contra" in den mir sonst bekannten Urteilen [13] gegenüber, die der geradezu suggestiv wirkenden Argumentation von Ludolph und anderen Autoren folgen: Bei einer Hebe- und Tragebelastung sei die Einwirkung auf die Bandscheiben im unteren Bereich der LWS nicht wesentlich höher als in den oberen Segmenten. Folglich sei – unter Berücksichtigung des strukturell gleichen Bandscheibengewebes – zu erwarten, daß auch die oberen Segmente der LWS – wenn auch nacheilend – verändert sein müßten. Es sei ja richtig, daß die BK 2108 die gesamte LWS erfasse; im Rahmen der Kausalitätsprüfung sei das Verteilungsmuster der röntgenologisch nachweisbaren Veränderungen aber doch relevant [14]. Hier darf ich persönlich anmerken, daß der medizinische Laie zu zweifeln beginnt, wenn dieser Denkansatz nach Art einer Kompromißformel modifiziert und gesagt wird, daß vielleicht doch für bestimmte Belastungsformen der Nachweis eines vorwiegend mono- oder bisegmentalen Schadens geführt werden könne [15]. Gerade diese besonderen Belastungsformen müßte man doch biomechanisch plausibel aufzeigen können.

Das Bundessozialgericht zur „Bestimmtheit" der BK 2108

Das BSG hat die Nichtzulassungsbeschwerde gegen das vorerwähnte Urteil des LSG Nordrhein-Westfalen zurückgewiesen (Beschluß v. 31.5.1996 –

2 BU 237/95 –) [16]. Klarstellend ist darauf hinzuweisen, daß der Beschluß des BSG keinesfalls als Parteinahme für eine bestimmte Kausalitätsbeurteilung mißverstanden werden darf, hier für die Theorie des berufsbedingten monosegmentalen Bandscheibenschadens. Es ging allein um die prozessuale Frage, ob es der verurteilten Berufsgenossenschaft gelungen war, eine grundsätzlich klärungsbedürftige Rechtsfrage aufzuzeigen. Sie hatte hierzu geltend gemacht, die Tatbestandsvoraussetzungen der BK 2108 seien völlig offen, so daß der Verordnungsgeber das rechtsstaatliche Bestimmtheitsgebot (Art. 20 Abs. 3 Grundgesetz) verletzt habe. Hierzu hat das BSG ausgeführt, im Zusammenhang mit der BK 2108 seien zwar zahlreiche Zweifelsfragen entstanden, und in der Literatur sei noch keine herrschende Meinung vorhanden. Die Auslegungsbedürftigkeit nehme einer gesetzlichen Regelung aber noch nicht die rechtsstaatlich gebotene Bestimmtheit.

Gesetzeskonformität der BK 2108?

Erstaunlicherweise hat die Rechtsprechung eine unter den Richtern durchaus diskutierte Frage nicht problematisiert, die näherliegt als die nach der hinreichenden Bestimmtheit der BK 2108: Nämlich die, ob sich der Verordnungsgeber im Rahmen der gesetzlichen Ermächtigung gehalten hat. Es ist die Aufgabe der Gerichte zu prüfen, ob eine Rechtsverordnung mit dem höherrangigen Gesetz übereinstimmt [17]. Nach § 551 Abs. 1 RVO und seit dem 1.1.1997 nach § 9 Abs. 1 SGB VII ist der Verordnungsgeber ermächtigt, solche und nur solche Krankheiten in die Liste aufzunehmen, denen bestimmte Personengruppen durch ihre versicherte Tätigkeit in erheblich höherem Grad als die übrige Bevölkerung ausgesetzt sind. Das BSG [18] und ihm folgend das BVerfG [19] fordern für die sog. „Berufskrankheitenreife" den Nachweis einer Fülle gleichartiger Gesundheitsstörungen und die langfristige zeitliche Überwachung derartiger Krankheitsbilder anhand statistisch relevanter Zahlen, um mit der notwendigen Sicherheit auf die Erkrankungsursache im Arbeitsleben schließen zu können. Das klingt so, als dürfe der Verordnungsgeber die gruppentypische Gefahr nur aufgrund methodisch einwandfreier epidemiologischer Untersuchungen annehmen, die eine mindestens doppelte Krankheitshäufigkeit im Vergleich zur nicht exponierten Normalbevölkerung ergeben [20]. Die Rückfrage eines Senatskollegen beim Verordnungsgeber, dem Bundesministerium für Arbeit (BMA), nach den bei Einführung der Berufskrankheit zu Beginn 1993 vorliegenden epidemiologischen Studien hat unsere Zweifel noch nicht ausgeräumt. Wir sind auf eine umfangreiche synoptische Darstellung von Bolm-Audorff [21] hinge-

wiesen worden, die im Juli 1993, also nach der Einführung der Berufskrankheit, veröffentlicht worden ist, sowie auf die Sonderschrift der
Schriftenreihe der Bundesanstalt für Arbeitsmedizin zu dieser Thematik.
Es ist kaum möglich, verläßlich zu beurteilen, inwieweit die darin mitge-
teilten Untersuchungen auf hinreichend aussagekräftigen Befunden beruhen und welche Kriterien bei der Auswahl der getesteten Arbeitnehmer
und der entsprechenden Kontrollgruppen der Normalbevölkerung zugrundegelegt wurden.

Kurt Brackmann, der als langjähriger Vorsitzender des für die Unfallversicherung zuständigen BSG-Senats die Rechtsprechung wesentlich mit-
geprägt hat, hielt es vor 15 Jahren noch für unwahrscheinlich, daß der
Verordnungsgeber entgegen der gesetzlichen Ermächtigung, also vor der
Klärung durch die medizinische Wissenschaft, eine Krankheit in die Berufskrankheitenliste aufnehmen und den Richter vor die Notwendigkeit
stellen werde, zu prüfen, ob sich eine neue BKVO insoweit in den Grenzen
der Ermächtigung hält [22]. Jetzt könnte der Zeitpunkt für eine solche
Prüfung gekommen sein. Zu klären wäre allerdings in diesem Zusammenhang auch, ob der Verordnungsgeber sich nicht mit anderen Quellen
der Evidenz begnügen darf – ich denke an die biologische Plausibilität –,
wenn die Epidemiologie keinen hieb- und stichfesten Beitrag leisten kann
[23].

Schlußbemerkung

Die Richter der Tatsachengerichte haben bei der BK 2108 sowohl bei den
arbeitstechnischen als auch bei den medizinischen Voraussetzungen keinen auch nur annähernd sicheren Boden unter den Füßen. Vor allem sind
sie dringend darauf angewiesen, den gesicherten Erkenntnisstand der Medizin zu erfahren, mag dieser, um mit Karl Popper zu sprechen, auch nur
den Stand des gegenwärtig herrschenden Irrtums wiedergeben.

Literatur

1. Deshalb scheiden Krankheiten, die mehr oder weniger alle Berufsgruppen in gleicher
   Weise befallen, für die Bezeichnung als Berufskrankheit aus; s. zu den Kriterien für die
   Festlegung der „Aufnahmeschwelle" Koch in: Schulin, Handbuch des Sozialversiche-
   rungsrechts, Bd 2 Unfallversicherungsrecht, 1996, §35 Rz 12 ff.
2. Es handelt sich um das in Breithaupt 1996 S 918 veröffentlichte zusprechende Urteil
   des Landessozialgerichts – LSG – Nordrhein-Westfalen v. 26.9.1995 – L 15 U 89/95 –.
3. Die Merkblätter sind zwar eine wichtige Informationsquelle, geben den medizinischen
   Erkenntnisstand aber, schon weil sie veralten, nicht „authentisch" wieder, so daß – aufgrund wissenschaftlicher Auseinandersetzung – von ihnen abgewichen werden kann;

vgl. Koch, a.a.O. (Fn 1) § 35 Rz 2 f; Mehrtens/Perlebach, Die Berufskrankheitenverordnung (BeKV), Komm, MOO 90 S 1.

4. Die außerdem bestehenden Schwierigkeiten, über lange in der Vergangenheit liegende Zeiträume die häufig wechselnde berufliche Exposition biomechanisch verläßlich zu ermitteln, können hier nur erwähnt werden.

5. Becker, Die neuen Wirbelsäulen-Berufskrankheiten Nr. 2108 – 2110, Anmerkungen aus richterlicher Sicht, Soziale Sicherheit 1995 S 100.

6. Urteile des LSG Baden-Württemberg v. 2.3.1994 – 2 LU 1749/93 = BAGUV RdSchr 60/94 = HVBG-INFO 1994 S 1134 (Zahnarzt), des LSG Niedersachsen v. 4.11.1996 – L 6 U 206/95 – (Rechtsanwalt) und des LSG Rheinland-Pfalz v. 19.6.1996 – L 3 U 92/96 (Violinspieler) = BAGUV RdSchr 77/96 = HVBG-INFO 1996 S 2958.

7. Urteile des LSG Niedersachsen v. 6.2.1997 – L 6 U 82/96 – (Packerin), v. 19.9.1996 – L 6 U 356/96 – (Schiffssteward), v. 6.6.1996 – L 6 U 250/95 – (Schweißer), v. 18.5.1995 – L 6 U 40/95 – (Schiffselektriker) und 29.4.1996 – L 6 U 140/95 – (Spitzendreher).

8. Urteil des SG Ulm v. 20.4.1995 – S 2 U 166/95 – = BAGUV RdSchr 88/95 = HVBG-INFO 1995 S 2135.

9. Hartung, Verfahren zur Ermittlung und Beurteilung der beruflichen Belastung durch Heben oder Tragen schwerer Lasten in: Konietzko/Dupuis, Handbuch der Arbeitsmedizin, Stand September 1995.

10. Vgl. dazu das Urteil des LSG Schleswig-Holstein v. 18.9.1996 – L 8 U 95/95 –, das diese „den Anschein der mathematisch gesicherten Richtigkeit erweckenden" Belastungsdosisberechnung mit deutlichen Worten ablehnt.

11. Urteil des Hessischen LSG v. 15.12.1993 – L 3/U- 1031/92 = BAGUV RdSchr 24/94 = HVBG-INFO 1994 S 489; Urteil des LSG Niedersachsen v. 6.2.1997 – L 6 U 138/96 –.

12. a.a.O. (Fn 2).

13. Urteil des LSG Rheinland-Pfalz v. 26.2.1996 – L 7 U 190/95 = RdSchr VB 55/96 des Hauptverb. d. gewerbl. Berufsgenossenschaften; Urteil des LSG Niedersachsen v. 6.6.1996 – L 6 U 250/95 –. Ablehnende Entscheidungen werden regelmäßig nicht nur auf dieses Argument gestützt.

14. Ludolph/Spohr/Echtermayer, Die Berufskrankheit „Wirbelsäule" (BK Nr 2108, 2109, 2110), BG 1994 S 349.

15. Hansis/Heinz/Bruns/Rinke, BK 2108 – Erste Erfahrungen mit unserem Schema für die ärztliche Beurteilung, BG 1995 S 433; Schröter, die Berufskrankheit „Wirbelsäule", BG 1994 S 510; Seehausen, Gutachterliches Prozedere bei der Anwendung der Nummer 2108 Berufskrankheitenverordnung, MedSach 1995 S 203.

16. SozR 3 – 5680 Art 2 Nr 1.

17. Der von Schlegel, Orthopädische Praxis 1995, S 729, mit resignierendem Unterton herausgestellte Grundsatz des „legibus obsequimur" ist deshalb zu relativieren.

18. BSGE 59 S 295, 298 m.w.N.

19. SozR 2200 § 2200 § 551 Nr 11.

20. Im Anschluß an Bolm-Audorff (MedSach 1993 S 57), Triebig (MedSach 1996 S 97) und Woitowitz (BG 1994 S 156) verlangt das Urteil des LSG Niedersachen v. 20.6.1996 – L 6 U 230/91 – für die „Berufskrankheitenreife" eine Verdoppelung des Erkrankungsrisikos der exponierten Berufsgruppe im Vergleich zur Normalbevölkerung.

21. Bolm-Audorff, Berufskrankheiten der Wirbelsäule durch Heben oder Tragen schwerer Lasten in: Konietzko/Dupuis; Handbuch der Arbeitsmedizin, Stand Juli 1993.

22. Brackmann, Handbuch der Sozialversicherung Band II, 58. Nachtrag – Juni 1982 – S 490 b I – S zur Verpflichtung der Gerichte, die Übereinstimmung der BKVO mit der gesetzlichen Ermächtigung zu prüfen, auch den Beschluß des BSG vom 13.1.1978 = HVBG RdSchr 38/78.

23. Dafür plädiert Koch, a.a.O. (Fn 1) § 35 Rz 8.

Kapitel 3

Erfahrungen mit der Begutachtung zur BK 2108 im Sozialgerichtsverfahren aus ärztlicher Sicht

M. Hansis

Einleitung

Die ärztliche Begutachtung zur BK 2108 und 2110 ist, wie bereits mehrfach mitgeteilt, insofern problematisch, als die Grundlagenkenntnisse über verschiedene Belastungsformen und deren Auswirkung auf die Wirbelsäule wenig überzeugend sind. – Darüber hinaus sind für die ärztliche Begutachtung nur in Ansätzen positive gutachterliche Konsensus entwickelt; überwiegend wurden bislang in eingehenden Publikationen zahlreiche Ausschlußkriterien mitgeteilt [1, 2, 5, 6]. Schließlich ist bislang in der Bundesrepublik kein Informationssystem entwickelt, welches die Gutachter untereinander vernetzen und welches einen flächendeckenden und systematischen Austausch über Begutachtungsergebnisse und insbesondere auch die administrativen Endergebnisse von Antragstellungen zur BK 2108 möglich machen würde. In diesem Rahmen haben Sozialgerichtsverfahren nicht nur die Wirkung, inhaltlich strittige Grenzfragen zu klären oder in Einzelfällen bei klaren Sachverhalten die letzten Zweifel auf seiten des Klägers oder des Beklagten auszuräumen, vielmehr haben sie auch normativen Charakter – d. h. sie tragen maßgeblich zur Konsensfindung bei.

Unter diesem Aspekt ist es interessant, die eigenen Erfahrungen mit der Sozialgerichtsbegutachtung für die BK 2108 zu resümieren und insbesondere festzustellen, durch welche Hauptfaktoren diese Streitfälle mutmaßlich zustande gekommen sind.

Grundlage der folgenden Darstellungen sind die durch den Autor selbst erstatteten Sozialgerichtsgutachten des Jahres 1996 in der Thematik der BK 2108.

Ergebnisse

Im Jahre 1996 hat der Autor 66 Gutachten für Sozialgerichte (darunter 3 Gutachten für Landessozialgerichte) in Fragestellung der BK 2108 abgegeben. Zur Grundlage seiner medizinischen Beurteilung hat er die Konsens-

Tabelle 1. Konsenskriterien, die von den Autoren so genannte „Hamburger Formel" [3, 4]

„Krankheit" im umfassenden Sinne

- Belastungsanamnese
- Schmerzen
- Funktion

Röntgen

    LWS > Restliche Wirbelsäule
    LWS > "Altersnorm"
Ausschluß konkurrierender Erkrankungen

formel gemacht, welche auf Anregung der eigenen Klinik entwickelt wurde [2, 3] und über deren Anwendung in der regulären Begutachtung anhand von 405 Begutachtungsfällen bereits berichtet wurde [4] (Tabelle 1).

Diese Formel besagt, daß die medizinischen Bedingungen für eine BK 2108 dann gegeben seien, wenn sich an der LWS ein Krankheitsbild im weitesten Sinne darstelle, für welches der Ort der Lasteinwirkung, der Beschwerden, der klinischen Funktionseinschränkung sowie des röntgenologisch nachweisbaren Verschleißes kongruent seien. Dieses Krankheitsbild soll vorzugsweise ein mehrsegmentales sein. Es muß sich in seiner Gesamtschwere von den übrigen Abschnitten der Wirbelsäule erkennbar abheben und der Altersnorm vorauseilen. Schließlich müssen wesentliche andere konkurrierende Erkrankungen ausgeschlossen sein.

Unter Anwendung dieser Formel war in den hier zu berichtenden Fällen 12mal (in 18 %) aus medizinischer Sicht die Anerkennung einer BK 2108 zu empfehlen; 3 Fälle waren zum Berichtszeitpunkt noch nicht entscheidungsreif, in 51 Fällen konnte der Gutachter aus medizinischer Sicht eine BK 2108 nicht annehmen (Tabelle 2). Grundlage hierfür war in der Hälfte der Fälle die fehlende Ausbildung eines Krankheitsbildes im weiteren Sinne (insbesondere das Vorliegen lediglich geringer Verschleißerscheinungen, ohne den Nachweis einer Funktionseinschränkung) bzw. der Umstand, daß die Veränderungen an der LWS diejenigen an der übrigen Wirbelsäule in ihrer Schwere nicht erkennbar überschritten [4].

Tabelle 2. In den Gutachten ausgesprochene Empfehlung (a) und Rückmeldung (b) der angefragten Sozialgerichte (n = 66)

a)	SG-Gutachten	66
	Anerkennung empfohlen	12
	Noch offen	3
	Ablehnung empfohlen	51
b)	SG-Gutachten	66
	Klagerücknahme oder Bestätigung	8
	Unbekannt	58

In der retrospektiven Beurteilung ergaben sich folgende sichtbaren Auslöser für das Zustandekommen der Sozialgerichtsauseinandersetzungen:

In lediglich 14 der 66 Fälle lag eine auch aus Sicht des Gutachters medizinisch problematische und schwierige Abwägungsentscheidung vor: Hier handelte es sich um Krankheitsbilder, bei denen die Gewichtung zwischen mutmaßlich berufsbedingtem und mutmaßlich eigenständigem Schaden (Vorerkrankung) schwierig war oder bei denen die Abwägung zwischen Ausmaß der Schädigung an der LWS und Schädigung an den übrigen Wirbelsäulenabschnitten nicht offenkundig war. Hier konnte der abschließende medizinische Rat oft erst nach Anfertigung eigener weitergehender Untersuchungen, wie z. B. neuer Schnittbilduntersuchungen oder zusätzlicher neurologischer Untersuchungen erfolgen.

In 8 Fällen war das Sozialgerichtsverfahren u. a. deswegen zustande gekommen, weil im administrativen Vorverfahren zu keinem Zeitpunkt ein reguläres ärztliches Gutachten mit Untersuchung stattgefunden hatte. Dies ist nicht verständlich, da in all diesen Fällen die ärztliche Entscheidung (unter Anwendung der obengenannten Konsensformel) unproblematisch war.

In 13 Fällen wurde durch den Gerichtsgutachter das auch im bisherigen administrativen Verfahren getroffene ärztliche Urteil bestätigt; in all diesen Fällen war (unter Anwendung der Konsensformel) diese Entscheidung unproblematisch; hier handelte es sich offenbar um die Notwendigkeit, dem Kläger bzw. dem Beklagten nochmals die Vertretbarkeit dieser bereits getroffenen ärztlichen Entscheidung zu signalisieren.

In 31 Fällen (d. h. in fast der Hälfte aller Begutachtungsvorgänge) waren im administrativen Vorverfahren ärztliche Gutachten ergangen, welche die Konsensformel nicht angewandt oder in eigenen Quellen offenbar sogar nicht einmal gekannt hatten: So war hier z. T. lediglich eine Begutachtung nach röntgenologischem Befund erfolgt, und nicht etwa die Suche nach einem „Krankheitsbild" unternommen worden. In einigen Fällen war eine nutzlose und unfruchtbare Diskussion über den „monosegmentalen Schaden" vorausgegangen, obwohl alleine eine sorgfältige und vollständige Begutachtung eine fehlende Funktionseinschränkung ergeben hätte und damit die Entscheidung klar und leichter nachvollziehbar geworden wäre. In einigen Fällen war sogar versäumt worden, die übrigen Wirbelsäulenabschnitte einer röntgenologischen Untersuchung zu unterziehen, was v. a. dann ungünstig ist, wenn es um die Frage geht, ob der Schaden an der LWS demjenigen an der übrigen Wirbelsäule vorauseilen würde.

Nur in 8 Fällen konnten die Autoren Auskunft über den Ausgang der SG-Verfahrens erlangen, da eine systematisierte Rückmeldung nicht existiert, weder von seiten der Sozialgerichte noch von seiten der Berufsgenossenschaften (Tabelle 2).

Diskussion

Die Schwierigkeit in der Beurteilung der BK 2108 aus ärztlicher Sicht besteht nicht nur in relativ spärlich vorhandenen Grundlagenkenntnissen, sondern insbesondere auch darin, daß die Ausformulierung, die Weiterentwicklung und die Etablierung eines flächendeckenden gutachterlichen Konsenses parallel ging mit seiner Anwendung. Dies bewirkt, daß vor Sozialgerichten nicht nur Fälle verhandelt werden, bei denen es um die Klärung besonders schwieriger oder am Rande des Konsensrasters liegender Sachverhalte geht, und auch nicht nur Fälle, bei denen der ursprüngliche gedankliche Duktus zwar nachvollziehbar war, einer der beiden Parteien jedoch nicht unmittelbar ausreichend überzeugend gemacht werden konnte. Vielmehr geht – nach eigener und oben dargestellter Erfahrung – die Hälfte aller gutachterlichen Streitigkeiten auf Unstimmigkeiten zurück, welche im administrativen oder medizinischen Vorverfahren selbst liegen: So ist im Grunde nicht einzusehen, daß alleine in 8 Fällen überhaupt kein vollständiges medizinisches Gutachten abgegeben oder eingeholt wurde, bevor es zum SG-Verfahren kam. Ebenso ist es nicht einleuchtend, warum in 31 von 66 Fällen alleine die unvollständige Untersuchung, die unvollständige radiologische Befunderhebung oder die fehlende Anwendung der bereits existierenden Konsensformel zu einer Sozialgerichtsstreitigkeit führte, – dies dann deswegen, weil in solchen Fällen naturgemäß die Argumentation nicht stringent und überzeugend sein kann (Tabelle 3).

Für die weitere Entwicklung und insbesondere die Qualitätssicherung in der Begutachtung zur BK 2108 ist deswegen in Kenntnis der vorstehenden Mitteilungen folgendes vorzuschlagen (Tabelle 4):

- Die bereits bestehende Konsensformel muß weiter gepflegt, etabliert und konsequent angewandt werden – *oder*
- die vorhandene Konsensformel muß so abgewandelt oder variiert werden, daß sie dem aktuellen Kenntnisstand entspricht.
- Ärztliche Gutachten, welche sich erkennbar mit der genannten Konsensformel nicht auseinandersetzen oder insbesondere die Regularien der Begutachtung nicht adäquat berücksichtigen, sollten bereits im Verwaltungsverfahren ergänzt werden.

Tabelle 3. Ursachen der den durchgeführten Gutachten zugrundeliegenden Streitfälle (n = 66)

Medizinisch schwierige Entscheidung	14
Fehlendes medizinisches Vorgutachten	8
Nachprüfungsbedürfnis des Klägers	13
Fehlende Anwendung der Konsenskriterien	31

Tabelle 4. Konsequenzen für die weitere Entwicklung und Qualitätssicherung in der Begutachtung	Kein SG – Verfahren ohne adäquate Begutachtung Klare Benennung und Anwendung der Konsensformel Oder Entwicklung einer anderen Konsensformel Information über Begutachtungsergebnisse

- Keinesfalls sollten Verwaltungsverfahren in Sozialgerichtsverfahren übergehen, solange nicht wenigstens eine vollständige Begutachtung des Klägers stattgefunden hat.
- Insbesondere muß jedoch eine flächendeckende Kommunikation zwischen den Gutachtern etabliert werden: Die Gutachter müssen voneinander über ihre Erfahrungen mit der Begutachtung und insbesondere die Beurteilung von Grenzfällen lernen; die Gutachter müssen umfassend über ergangene SG- und LSG-Urteile informiert werden. Es muß dringend eine großflächige Aufarbeitung der bereits abgeschlossenen Verwaltungsverfahren erfolgen, um eine gute und für alle verfügbare Korrelation zwischen Befunden, gutachterlichen Empfehlungen und schlußendlichen Verwaltungsbescheiden zu erhalten. Es ist nicht nachvollziehbar, warum diese flächendeckende qualitätssichernde Arbeit bislang unterblieben ist.
- Darüber hinaus muß der Austausch über das Grundlagenwissen und die einschlägigen Publikationen intensiviert und verbessert werden; wie bereits in der Vergangenheit bieten hierzu die Autoren die dort installierten Datenbanken (http:/chir.meb.uni-bonn.de) an.

Literatur

1. Badke A, Bilos H (1995) BK 2108 – Praxis der Begutachtung. Akt Traumatol 25:279
2. Berufskrankheit 2108 (1995) Kausalität und Abgrenzungskriterien. Wolter D, Seide K (Hrsg) Springer, Berlin Heidelberg New York Tokyo
3. Hansis M (1993) BK 2108. Vorschlag für ein ärztliches Beurteilungsschema. BG 9:547
4. Hansis M, Heinz BC, Bruns J, Rinke F (1995) BK 2108. Erste Erfahrungen mit unserem Schema für die ärztliche Beurteilung. BG 8:433
5. Ludolph E, Schröter F (1993) Die Berufskrankheiten „Wirbelsäule". Gutachtliche Überlegungen. Arbeitsmed Sozialmed Umweltmed 28:457
6. Schröter F, Tändler P (1995) Die Berufskrankheiten „Wirbelsäule" – Leitfaden zur Begutachtung. Unfallchirurg 98:87

Die BK 2108 aus Sicht der Arbeitnehmerinnen und Arbeitnehmer und ihrer Interessenvertretung

U. Peretzki-Leid

In diesem Beitrag soll auf die folgenden Fragen eingegangen werden:

1. Welchen Anteil hat die Interessenvertretung der Arbeitnehmer an der Aufnahme von berufsbedingten Wirbelsäulenerkrankungen in die Berufskrankheitenliste?
2. In welchem Umfang wurden dadurch die Erwartungen der Arbeitnehmer erfüllt?
3. Woran ist aus Arbeitnehmersicht bezüglich des Anerkennungsverfahrens nach wie vor Kritik zu üben?
4. Worin besteht der eigentliche Stellenwert der Aufnahme von Wirbelsäulenerkrankungen in die Berufskrankheitenliste?

Vor kurzem überraschte die folgende Meldung aus dem Weltall: „Beim Raumfahrtprojekt „Mir" sollten u.a. die gehäuft bei Raumfahrern vorkommenden Wirbelsäulenbeschwerden unter den Bedingungen der Schwerelosigkeit untersucht werden. Mittels eines Sensorapparates wurden Bewegungsabläufe und Belastungen aufgezeichnet. Die Berufe, um die es bei der BK 2108 geht, arbeiten aber nicht unter den Bedingungen der Schwerelosigkeit, sondern – insbesondere was die Pflegeberufe und auch andere gehäuft von diesen Erkrankungen Betroffenen angeht – psychisch und physisch schwer.

Zu Frage 1. Die fürwahr nicht leichten Arbeitsbedingungen beim Pflegepersonal waren es, die seinerzeit – erstmals bereits im Jahre 1976 auf dem Gewerkschaftskongreß der ÖTV – zu dem Antragsbegehren führten, Wirbelsäulenerkrankungen bei dieser Berufsgruppe als Berufskrankheit anzuerkennen und gleichzeitig Vorsorge bezüglich des Abbaus der sie verursachenden Belastungen zu treffen. Dieser Antrag – und damit Auftrag, sich als Gewerkschaft auf der politischen Ebene, aber auch auf der Versichertenseite der zuständigen Berufsgenossenschaft dafür einzusetzen, wurde in der Folgezeit alle 4 Jahre auf den ÖTV-Kongressen erneuert und damit bestätigt.

In den Folgejahren wurde diese Thematik immer wieder von der Versichertenseite in den Organen der Selbstverwaltung der BGW problematisiert. Ende der 80er Jahre machte sich sodann der Vorstand der BGW diese Forderung insoweit zu eigen, als er einen Forschungsauftrag zur wissenschaftlichen Eingrenzung der Problematik erteilte. Auf der politischen Ebene wurde der zuständige Bundesminister von den Gewerkschaften mehrmals aufgefordert, das BK-Recht umfassend zu reformieren und in diesem Zusammenhang berufsbedingte Wirbelsäulenerkrankungen in die Berufskrankheitenliste aufzunehmen.

In meiner damaligen Funktion als hauptamtliche, u. a. für Gesundheitspolitik zuständige Gewerkschafterin, teilte mir der Bundesarbeitsminister mit Schreiben vom 16. Juli 1990 dazu u. a. mit:

> „Der ärztliche Sachverständigenbeirat … hat die Fragen der Wirbelsäulenerkrankungen in vorderer Priorität auf die Liste der beratungsbedürftigen Punkte gesetzt. Er hat auf seiner letzten Sitzung am 4.7.1990 nach eingehender Erörterung eine weitere Vertiefung zusammen mit Sachverständigen beschlossen.“

Am 4. Dezember 1991 erneuerte ich die Forderung mit Hinweis auf den im Einigungsvertrag festgelegten Rechtsharmonisierungsprozeß der beiden bisherigen deutschen Staaten und der selbst auferlegten politischen Absicht, hierbei die nach früherem DDR-Recht als Berufskrankheit anerkannten Wirbelsäulenerkrankungen in bundesdeutsches Recht umzusetzen.

Die mir daraufhin mit Datum 7. Januar 1992 vom Bundesarbeitsminister übermittelte Information schlug in Unfallversicherungskreisen wie eine Bombe ein. Norbert Blüm teilte mir nämlich mit, daß der zuständige Sachverständigenbeirat die Prüfung dieser Problematik weiter intensiviert habe und der schwierige Entscheidungsprozeß nunmehr so weit fortgeschritten sie, daß der Sachverständigenbeirat auf seiner für Anfang Februar 1992 terminierten nächsten Sitzung eine entsprechende Empfehlung an den Verordnungsgeber aussprechen werde.

Und so geschah es: Mit Wirkung 1.1.1993 wurden bestimmte Wirbelsäulenerkrankungen als BK Nr. 2108, 2109 und 2110 in die Berufskrankheitenliste aufgenommen.

Mag diese Entscheidung mit dem Rückenwind des Einigungsvertrages zunächst mehr eine politische Entscheidung gewesen sein, so hat sie doch bewirkt, daß sich nunmehr die gesamte gesetzliche Unfallversicherung, Fachärzte und Gutachter mit ganzer Kraft mit den berufsbedingten Wirbelsäulenerkrankungen bei allen in Frage kommenden Berufsgruppen sachlich und fachlich – auch wissenschaftlich – auseinandersetzen und viele noch offene Fragen beantworten mußten und weiterhin müssen.

Zu den Fragen 2 und 3. Die hohen Erwartungen der Betroffenen an die Aufnahme dieser Erkrankungen in die Berufskrankheitenliste wurden hinsichtlich der Anerkennung allerdings nicht erfüllt.

Das verhinderten v. a. die sehr hoch gehängten Anerkennungsvoraussetzungen in der Berufskrankheitenverordnung und das dazu erlassene Merkblatt des Bundesarbeitsministers.

Als Kritik- bzw. Problempunkte aus Sicht der Arbeitnehmerinnen und Arbeitnehmer sind v. a. zu nennen:

- Unklarheiten über den Rechtscharakter der 2. Verordnung zur Änderung der Berufskrankheitenverordnung, ihre Begründung sowie das vom BMA dazu herausgegebene amtliche Merkblatt und damit verbunden mitunter willkürliche Auslegungen durch die Berufsgenossenschaften,
- die Stichtagsregelung bezüglich der Rückwirkungen, die zwischenzeitlich auch das Bundessozialgericht beschäftigt hat und derzeit dem Bundesverfassungsgericht zur Entscheidung vorliegt,
- die Diagnosestellung auf der Grundlage der Vorgeschichte der klinischen, vorwiegend orthopädisch-neurologischen und der radiologischen Untersuchung unter Vernachlässigung der Arbeitsanamnese und genauer Erhebung des Belastungsprofils sowie Einbeziehung auch der psychosozialen Situation, von Arbeitshetze und Streß,
- Dauer des Ermittlungsaufwandes und damit Länge des Verfahrens,
- Definition des Begriffes „langjährig", der im Merkblatt mit 10 Berufsjahren angegeben wird und unbesehen aus der BK-Liste der DDR übernommen wurde,
- Festlegung der Werte für höchstzulässige Lastgewichte, die den Pflegedienst nicht hinreichend berücksichtigen. Menschen lassen sich nicht in 10-, 15- oder 20-kg-Lastgewichte aufteilen,
- Definition der „extremen Rumpfbeugehaltung".

Ein Beleg für die Enttäuschung der betroffenen Arbeitnehmerinnen und Arbeitnehmer läßt sich aus der bisherigen BK-Statistik der BGW zu den BK 2108 – 2110 ableiten:

- In den Jahren 1993 – 1996 erfaßte die BGW insgesamt 10 344 BK-Verdachtsanzeigen.
- Diesen stehen im gleichen Zeitraum lediglich 180 anerkannte Berufskrankheiten ohne bzw. mit Renten gegenüber.
- Einen etwas höheren Anteil – nämlich 245 – haben die beruflich verursachten Fälle, die aber nicht bzw. noch nicht ein Versicherungsfall sind. Darunter sind die sog. § 3-Fälle zu verstehen.

Für völlig überflüssig halte ich im Zusammenhang mit der Begutachtung den akademischen Streit, ob nun nur mono- oder nur polysegmentale Erkrankungslokalisationen zur Anerkennung führen dürfen. Auch hiermit befassen sich im übrigen die Gerichte.

Um v. a. für die Begutachtung möglichst gesicherte Erkenntnisse zu erhalten, erteilte die Selbstverwaltung der BGW zum 1. März 1993 an Professor Wolter einen umfassenden Forschungsauftrag zu den speziellen Fragestellungen von Ursache-Wirkung-Beziehungen mit verschiedenen Teilaufträgen.

Zu Frage 4. Den eigentlichen Stellenwert durch die Aufnahme von Wirbelsäulenerkrankungen in die Berufskrankheitenliste sehe ich natürlich darin, daß nunmehr bei den anzuerkennenden Fällen „mit allen geeigneten Mitteln"

- Heilverfahren eingeleitet werden,
- Rehabilitation gezielt betrieben und finanziert wird,
- Umschulungsmaßnahmen angeboten und finanziert werden,
- Rentenleistungen erfolgen.

Über die Gewährung dieser Leistungen entscheiden die Versichertenvertreter in den paritätisch besetzten Rentenausschüssen und Widerspruchsstellen mit.

Zum anderen aber ist von ganz entscheidender Bedeutung die dadurch erreichte Zuständigkeit der gesetzlichen Unfallversicherung für Präventionsmaßnahmen gemäß §3 Berufskrankheitenverordnung, „mit allen geeigneten Mitteln der Gefahr entgegenzuwirken, daß eine Berufskrankheit entsteht, wiederauflebt oder sich verschlimmert".

Nicht unwesentlich haben die Initiativen der BGW auf diesem Sektor dazu beigetragen, daß bei Betroffenen bzw. potentiell Betroffenen eine breite und erhöhte Sensibilität erreicht und damit z. B. die Motivation verbessert wurde, präventiv an der Rückenschule teilzunehmen und sich „richtige" Hebe- und Tragetechniken anzueignen.

Aber auch die Bereitschaft bei Arbeitgebern, den Gefährdeten ausreichend sinnvolle – v. a. aber akzeptable – Hebe- und Tragehilfen zur Verfügung zu stellen, wurde verbessert, denn es kommt v. a. auf die Akzeptanz und leichte Handhabbarkeit der Hebehilfen an. Und da hapert es zumeist. Aber auch dieser Aspekt wurde als ein Teilaspekt im Rahmen des Forschungsauftrages an Professor Wolter aufgegriffen mit dem Ziel, Hebehilfen zu konstruieren, die auf Akzeptanz stoßen und v. a. auch in der häuslichen Pflege angewendet werden können.

Eine weitere Initiative hat der Vorstand der BGW auf den Weg gebracht, indem er die gesundheitspolitisch Zuständigen aufgefordert hat, bereits bei der Planung von Krankenhäusern künftig den Einbau von Hebehilfen durch die Bereitstellung von öffentlichen investiven Fördermitteln zu ermöglichen.

Die vielen noch offenen Fragen zu dieser Thematik zeigen, daß es notwendig ist, die Gesetzgebung und das Berufskrankheitenverfahren – unter Berücksichtigung praktischer Erfahrungen, des gesunden Menschenverstandes (den v. a. die Selbstverwaltung einbringt) und der Wissenschaft – fortzuentwickeln.

Kapitel 5

Gesicherte Erkenntnisse und Probleme der Epidemiologie der LWS-Erkrankung bei verschiedenen Berufsgruppen

U. Bolm-Audorff

Einleitung

Im folgenden sollen die wesentlichen Studien dargestellt werden, die für die Aufnahme der bandscheibenbedingten Erkrankungen in Anlage 1 der Berufskrankheiten-Verordnung (BeKV) maßgeblich waren. Ich möchte mich in dem Beitrag wegen der besonderen Bedeutung auf die Studien beschränken, die für die Definition der BK 2108 maßgeblich waren. Die Übersicht möchte ich gliedern in Studien, die zur Häufigkeit von LWS-Beschwerden sowie speziellen bandscheibenbedingten Erkrankungen wie Bandscheibenvorfall, Osteochondrose, Spondylose oder Spondylarthrose Stellung nehmen.

In die folgende Übersicht von epidemiologischen Studien wurden nur solche Arbeiten einbezogen, die einen Mindeststandard in bezug auf die angewandte Methodik aufweisen. So wurden alle Querschnittstudien ohne Kontrollgruppe verworfen, da die Angabe einer bestimmten Krankheitshäufigkeit in einer rückenbelasteten Berufsgruppe ohne Gegenüberstellung der Ergebnisse einer nach Alter und Geschlecht vergleichbaren Kontrollgruppe ohne Exposition wertlos ist. Beispiele hierfür sind die Studien von Caplan et al. [10] und Havelka [22] bei Bergleuten, Viikeri et al. [76] bei Betonbauern, Schurno [64] bei Hafenumschlagsarbeitern, Kristen et al. [35] bei Auslieferungsfahrern, Undeutsch et al. [70] bei Ladearbeitern auf einem Flughafen, Viikari-Juntura [75] bei Schlachthausarbeitern sowie Leyshon u. Francis [41], Dehlin et al. [14], Stubbs et al. [67] und Skovron et al. [66] bei Krankenschwestern. Zum Teil wurden die Ergebnisse von Querschnittstudien zur Häufigkeit von Wirbelsäulenbeschwerden in verschiedenen Berufsgruppen auch ohne Altersstandardisierung dargestellt. Dies ist wegen der starken Altersabhängigkeit von Wirbelsäulenbeschwerden wenig aussagekräftig. Ein Beispiel hierfür ist die Pilotstudie der Bau-Berufsgenossenschaften [20] sowie die Studie von Kruse u. Rezai [36] bei Krankenschwestern, Stenotypistinnen und anderen Berufsgruppen.

Weiterhin blieben Studien unberücksichtigt, in denen die Alters- oder Geschlechtszusammensetzung der untersuchten Berufsgruppen nicht mitgeteilt wurden. Beispiele hierfür sind die Untersuchungen von Magora [48, 49] bei Krankenschwestern und verschiedenen anderen Berufsgruppen.

Dasselbe trifft für klinische Fallsammlungen von Patienten mit bestimmten Rückenerkrankungen, beispielsweise Patienten mit Zustand nach operiertem Bandscheibenprolaps, zu, denen keine nach Alter und Geschlecht vergleichbare Kontrollgruppe von rückengesunden Personen wie bei einer Fallkontrollstudie gegenübergestellt wurde. Die Angaben zur Häufigkeit bestimmter Berufsgruppen in solchen klinischen Fallsammlungen ist ohne Kontrollgruppe ohne Aussagewert. Beispiele hierfür sind die Kasuistiken von Severin [65], Rovig [58], Hakelius [21] und Gerhard et al. [19].

Ebenfalls bedenklich ist das vereinzelt anzutreffende methodische Vorgehen, die Berufe von Patienten mit einer bestimmten Rückenerkrankung mit den Ergebnissen von Volkszählungen zum Vorkommen bestimmter Berufe zu vergleichen. Hierbei ist zu berücksichtigen, daß bei den Patienten mit einer Rückenerkrankung in der Regel die lebenslange Arbeitsanamnese abgefragt wird, während die Volkszählung nur den gegenwärtigen Beruf erfaßt. Der ist aber bei Erkrankungen, die wie die Rückenerkrankungen häufig zu beruflichen Umsetzungen führen, oft nicht die wesentliche Tätigkeit. Insofern besteht beim Vergleich zwischen klinischen Kasuistiken und den Ergebnissen der Volkszählung keine Beobachtungsgleichheit. Auch gibt es bei diesem Ansatz Schwierigkeiten mit der Standardisierung nach Alter und Wohnort, so daß in der Regel nur ein unstandardisierter Vergleich vorgenommen werden kann. Beispiele hierfür sind die Untersuchungen von Frieberg u. Hirsch [17] sowie Lindemann u. Kuhlendahl [42].

Manche Autoren vergleichen die Häufigkeit von röntgenologischen Hinweisen für degenerative Wirbelsäulenerkrankungen bei rückenbelasteten Beschäftigen mit den Ergebnissen von pathologischen Untersuchungen zur Häufigkeit von Abnutzungserscheinungen der Wirbelsäule in der allgemeinen Wohnbevölkerung, beispielsweise der Untersuchungsreihe von Junghanns [31]. Ein solcher Vergleich ist sehr problematisch, weil sich bei Sektionen Degenerationszeichen an der Wirbelsäule nachweisen lasen, die im Röntgenbild nicht feststellbar sind [17]. Beispiele für solche Studien sind die Untersuchungen von Schlomka u. Schröter [61] bei Transportarbeitern und von Löhr [44] bei sog. Fachern einer Kupferhütte.

LWS-Beschwerden

In einer großen Zahl von Querschnittstudien wiesen Beschäftigte in Berufsgruppen mit erhöhter Belastung durch Heben oder Tragen schwerer Lasten oder Arbeiten in extremer Rumpfbeugehaltung, im weiteren Text wirbelsäulenbelastende Tätigkeiten genannt, im Vergleich zu einer unbelasteten Kontrollgruppe eine teilweise signifikant erhöhte Prävalenz von LWS-Beschwerden auf. Solche Untersuchungen wurden bei Hafenarbeitern und anderen Transportarbeitern durchgeführt [30, 45, 46, 53, 62], bei Maurern, Betonbauern, Steinmetzen und anderen Bauberufen [9, 30, 55, 56, 63, 78], bei Bergleuten [43], Waldarbeitern [29], Gießereiarbeitern [30, 39], Schmieden [52] und Beschäftigten in Pflegeberufen [1, 13, 15, 16, 25, 37, 51, 54]. In einigen Studien fand sich im Vergleich zur unbelasteten Kontrollgruppe eine teilweise signifikant erhöhte Prävalenz von ischialgieformen LWS-Beschwerden [30, 55, 56]. In einer Reihe von Studien beschrieben die Autoren bei wirbelsäulenbelasteten Beschäftigten im Vergleich zur unbelasteten Kontrollgruppe ein teilweise signifikant erhöhtes Risiko für Wirbelsäulenbeschwerden, die zu Arbeitsunfähigkeit [29, 30, 59, 73] oder Frühberentung [73] führten. Verschiedene Untersucher haben LWS-Beschwerden in Form von Beschwerden durch Verhebetraumata operationalisiert und beschrieben bei wirbelsäulenbelasteten Beschäftigten ein teilweise signifikant erhöhtes Risiko für solche Verhebetraumata im Vergleich zur unbelasteten Kontrollgruppe [1, 15, 72, 74]. Ein Beispiel hierfür stellt die Studie von Engkvist et al. [15] dar. Diese Autoren untersuchten mit Hilfe des nationalen Krankenhausentlassungsregisters in Schweden die Häufigkeit von Verhebetraumata bei 199 000 Schwesternhelferinnen während eines Zweijahreszeitraumes und verglichen diese mit der übrigen weiblichen Erwerbsbevölkerung. Schwesternhelferinnen hatten im Vergleich zur übrigen weiblichen Erwerbsbevölkerung ein um den Faktor 6,0 signifikant erhöhtes relatives Risiko für die Entwicklung von Verhebetraumata der Wirbelsäule.

Der Zusammenhang zwischen wirbelsäulenbelastenden Tätigkeiten und der Häufigkeit von LWS-Beschwerden wurde außer in den obengenannten Querschnittstudien auch in Fallkontrollstudien [2, 18] und Kohortenstudien [11, 15] bestätigt.

Hinweise für eine positive Dosis-Wirkungs-Beziehung zwischen Belastungen durch Heben oder Tragen schwerer Lasten und LWS-Beschwerden fanden sich in folgenden Studien.

Chaffin u. Park [11] führten eine prospektive Studie bei 411 Beschäftigten einer amerikanischen Elektronikfirma durch, deren Inzidenz von LWS-Beschwerden während eines Einjahreszeitraumes erfaßt wurde. Die Höhe der LWS-Belastungen durch Heben und Tragen bei verschiedenen Tätigkeiten in der Firma wurden anhand eines biomechanischen Modells erfaßt. Dabei wurde jeder Tätigkeit nach der relativen Belastung der LWS durch Heben und Tragen ein Wert zwischen 0 und 1 zugeordnet. Dabei ist 0 eine vernachlässigbare Belastung durch Heben und Tragen, und 1 die maximale, von einer kräftigen Person aufbringbare Hebearbeit. Die Einjahresinzidenz von LWS-Beschwerden zeigte eine deutliche Dosis-Wirkungs-Beziehung zwischen den Intensität der LWS-Belastung und der Inzidenz von Wirbelsäulenbeschwerden.

Estryn-Behar et al. [16] legten die Ergebnisse einer Querschnittsstudie bei 1505 französischen Krankenschwestern vor, bei denen die Häufigkeit von Wirbelsäulenbeschwerden in Abhängigkeit von der Höhe von beruflichen Belastungen ausgewertet wurde. Zwischen dem Ausmaß der Belastungen durch Heben, Tragen und Bücken sowie dem relativen Risiko für Wirbelsäulenbeschwerden bestand eine deutliche Dosis-Wirkungs-Beziehung. Diese Effekte blieben nach Adjustierung von Alter, beruflichem Status und psychischer Gesundheit erhalten.

Bandscheibenvorfälle

Braun [6] veröffentlichte eine Fallkontrollstudie bei 600 Patienten in der Bundesrepublik mit Zustand nach Operation eines Bandscheibenprolapses und 600 beschwerdefreien Vergleichspersonen. Bei beiden Gruppen wurde eine lebenslange Arbeitsanamnese zu der beruflichen Belastung durch Heben und Tragen und andere Wirbelsäulenbelastungen durchgeführt. Nach den Ergebnissen der Arbeitsanamnese wurden die Patienten und Kontrollprobanden in 3 Gruppen eingestuft: normale Belastung inklusive sitzende Tätigkeiten, stark belastet und übermäßig belastet. Als stark belastend wurden Tätigkeiten als Landwirte, Seeleute, Maurer, Tischler und Straßenarbeiter eingestuft, als übermäßig belastend Bergleute unter Tage, Arbeiter im Steinbruch, Schmiede, Zimmerer, Hafenlöscher und andere Transportarbeiter. Setzt man das relative Risiko der normal belasteten Gruppe gleich 1, haben übermäßig körperlich Belastete ein Risiko für Diskusprolaps von 5,4 bei Männern (p < 0,001) und 5,3 bei Frauen (n. s.). Dieser Befund ist wegen der geringen Fallzahl bei Frauen dort nicht signifikant. Bei der Kontrollgruppe handelt es sich um keine zufällig ausgewählten Krankenhaus- oder Populationskontrollen, so daß die Ergebnisse der Studie schwierig zu bewerten sind.

Heliövaara [23] beschrieb die Ergebnisse einer Fallkontrollstudie bei 592 männlichen Beschäftigten in Finnland, bei denen stationär ein Diskusprolaps festgestellt wurde, und einer Kontrollgruppe von 2368 Beschäftigten ohne Wirbelsäulenerkrankungen. Weiterhin wurde in einem Fragebogen der gegenwärtige Beruf erfragt bzw. bei Rentnern und Arbeitslosen der zuletzt ausgeübte. Schließlich wurden die Befragten gebeten, die Belastungen durch ihre Arbeit als sehr leicht, leicht, normal, schwer oder sehr schwer einzustufen. Eine genauere Definition dieser Belastungsgrade wurde nicht vorgegeben. Bauarbeiter hatten in der Untersuchung ein um den Faktor 3,0 erhöhtes alterstandardisiertes relatives Risiko für Diskusprolaps (p < 0,05). Eine Differenzierung der Ergebnisse nach verschiedenen Bauberufen wurde nicht vorgenommen. Ein signifikant erhöhtes altersstandardisiertes relatives Risiko (RR) für Bandscheibenvorfall fand sich bei Bauarbeitern (RR = 3,0, p < 0,05) und Waldarbeitern (RR = 3,0, p < 0,05). Bei Krankenschwestern fand sich ein relatives Risiko von 2,2, welches nicht signifikant erhöht war. Dagegen konnte keine eindeutige Abhängigkeit des relativen Risikos für die Entwicklung eines Diskusprolapses in Abhängigkeit von der oben beschriebenen subjektiven Einschätzung der Arbeitsschwere nachgewiesen werden.

Kelsey [33] veröffentlichte ein Fallkontrollstudie bei 217 amerikanischen Patienten mit Diskuprolaps und einer gleich großen, altersvergleichbaren Kontrollgruppe. Berufe, die mit Heben und Tragen verbunden sind, kommen bei den Patienten nur geringfügig häufiger vor als bei den Kontrollprobanden (RR = 1,25, n. s.). Dagegen waren sitzende Berufe (RR = 1,6, n. s.) und Fahrerberufe gehäuft (RR = 2,75, p < 0,02). In der Studie wird nicht mitgeteilt, welche Berufe als belastend in bezug auf Heben und Tragen eingestuft wurden. Von den Patienten wurden die Diagnosen Diskusprolaps bei 42 % durch einen Operationsbefund und der Rest aufgrund der Klinik gestellt. Die Kontrollprobanden bestanden aus 2 Gruppen. Zum einen handelt es sich um zufällig ausgewählte, nach Alter und Geschlecht vergleichbare Krankenhauspatienten ohne Wirbelsäulenerkrankungen. Zum anderen bestand die Kontrollgruppe aus Patienten, bei denen eine LWS-Röntgenaufnahme durchgeführt wurde und die keine LWS-Beschwerden mit einer Dauer von mehr als 1 Jahr hatten. Patienten mit Beschwerden, die für Diskusprolaps sprachen, waren ausgenommen. Problematisch ist insbesondere die 2. Kontrollgruppe. Patienten mit Wirbelsäulenbeschwerden, mit einer Dauer von < 1 Jahr, bei denen eine LWS-Aufnahme durchgeführt wurde, sind keine geeignete Kontrollgruppe für Patienten mit Diskusprolaps. Grundsatz in der Epidemiologie ist, daß die Kontrollgruppe gesund in bezug auf das in Frage stehende Krankheitsbild sein muß [69]. Dies begründet sich mit dem Umstand, daß die Ursachen der Wirbelsäulenbeschwerden der 2. Kontrollgruppe möglicherweise dieselben sind wie für die Patienten mit Diskusprolaps. Dadurch wird das relative Risiko für Diskusprolaps, beispielsweise durch Heben und Tragen, deutlich unterschätzt. In einer späteren Arbeit bezeichnet die Autorin ihre Studie als vorläufig und eher oberflächlich [34].

Kelsey et al. [34] legten weiterhin die Ergebnisse einer Fallkontrollstudie bei 232 Patienten mit klinisch, myelographisch oder chirurgisch bestätigtem Bandscheibenprolaps der LWS und einer nach Alter und Geschlecht vergleichbaren Kontrollgruppe von chirurgischen oder orthopädischen Patienten ohne wesentliche Wirbelsäulenbeschwerden vor. Häufigeres Heben von Lasten mit einem Gewicht von >11,3 kg (>25 am. Pfund) war mit einem signifikant um den Faktor 3,5 erhöhten Risiko für lumbalen Bandscheibenprolaps verbunden. Zwischen der Häufigkeit der Hebevorgänge und dem relativen Risiko fand sich ein signifikant positiver Trend. Drehbewegungen in der Taille ohne Heben von Lasten waren kein relevanter Risikofaktor für lumbalen Diskusprolaps. Weiterhin fand sich, daß Heben mit krummem Rücken das Prolapsrisiko stärker erhöht als Heben mit geradem Rücken aus den Knien heraus.

Osteochondrose, Spondylose und Spondylarthrose

In verschiedenen Studien wurden röntgenologische Untersuchungen von wirbelsäulenbelasteten Beschäftigten und nicht belasteten Kontrollprobanden zur Häufigkeit von degenerativen Veränderungen wie Osteochondrose, Spondylose oder Spondylarthrose durchgeführt. Ein erhöhtes Risiko für die Entwicklung degenerativer LWS-Veränderungen in Form von Osteochondrose und/oder Spondylose fand sich bei Hafenumschlagsarbeitern und anderen Transportarbeitern [30, 38, 47, 78], Betonbauern [56], Ofenmaurern [9], Bergleuten [3, 32, 39], Waldarbeitern [29, 59], Binnenfischern [4] und Gießereiarbeitern [30]. Beispielsweise führte Billenkamp [3] röntgenologische Untersuchungen der LWS bei 1000 untertägigen Bergleuten im Steinkohlenbergbau des Ruhrgebietes sowie 216 Handwerkern durch. Schwere und schwerste Spondylosen fanden sich bei Bergleuten deutlich häufiger als in der altersvergleichbaren Gruppe von Handwerkern. Beispielsweise wiesen Bergleute um den Faktor 2,4 häufiger Spondylosen in der Altersgruppe 49–58 Jahre auf (16,7 vs. 6,7%).

Untersuchungen zur Häufigkeit der Spondylarthrose wurden lediglich von Sairanen et al. [59] bei 226 finnischen Waldarbeitern und einer altersvergleichbaren Kontrollgruppe von 98 Handwerkern und Bürobeschäftigten ohne wesentliche Wirbelsäulenbelastung vorgelegt. Röntgenologische Hinweise für eine Spondylarthrose fanden sich bei Waldarbeitern etwa doppelt so häufig wie bei der nicht belasteten Kontrollgruppe (13 vs. 7%, p < 0,05).

Zur Verteilung degenerativer LWS-Veränderungen in verschiedenen Wirbelsegmenten machte Hult [30] Aussagen. In seiner Untersuchung bei 666 Beschäftigten mit ausgeprägten Wirbelsäulenbelastungen durch Heben oder Tragen schwerer Lasten und 471 nach Alter und Geschlecht vergleichbaren Kontrollprobanden ohne wesentliche Wirbelsäulenbelastungen fanden sich degenerative Veränderungen der LWS bei röntgenologischen Untersuchungen am häufigsten bei L3/L4, in Verbindung mit einer Verschmälerung des Zwischenwirbelraumes als Ausdruck einer Abnahme der Bandscheibenhöhe am häufigsten bei L5/S1. Stets fanden sich diese Veränderungen häufiger in der exponierten Gruppe mit Wirbelsäulenbelastungen als in der Kontrollgruppe. Weiterhin finden sich bei Beschäftigten mit ausgeprägten Wirbelsäulenbeschwerden deutlich häufiger ausgeprägte degenerative Wirbelsäulenveränderungen als in der beschwerdefreien Gruppe. Eine statistische Überprüfung der Ergebnisse wurde vom Autor nicht vorgenommen.

Diskussion

Für die Annahme einer kausalen Beziehung zwischen exogenen Noxen und einer Erkrankung müssen nach Hill [26] folgende Bedingungen gegeben sein:

- Stärke der Beziehung,
- Konsistenz der Beziehung,
- Spezifität der Beziehung,
- zeitliche Aufeinanderfolge von Exposition und Erkrankung,
- biologische Plausibilität,
- Dosis-Wirkungs-Beziehung,
- Interventionsstudien.

Stärke der Beziehung. Für die Stärke der Beziehung zwischen Heben oder Tragen schwerer Lasten oder Arbeiten in extremer Rumpfbeugehaltung und der Entwicklung bandscheibenbedingter Erkrankungen spricht der Umstand, daß sich in einer Vielzahl epidemiologischer Studien ein statistisch signifikant erhöhtes Risiko fand, welches häufig um den Faktor 2 über der unbelasteten Kontrollgruppe lag.

Konsistenz der Beziehung. Der Zusammenhang zwischen Heben oder Tragen schwerer Lasten oder Arbeiten in extremer Rumpfbeugehaltung und bandscheibenbedingten Erkrankungen wie Bandscheibenvorfall, Osteochondrose und Spondylose konnte in einer Vielzahl von Studien in verschiedenen Ländern gezeigt werden. Dieser Zusammenhang wurde sowohl in Querschnitts-, Fallkontroll- als auch Kohortenstudien nachgewiesen. Bei genauer Betrachtung existiert keine methodisch exakte Studie, die diesen Zusammenhang negiert.

Spezifität der Beziehung. Unter diesem Kriterium verstand Hill [26], daß eine Beziehung zwischen einer Exposition und Erkrankung als kausal einzustufen sei, wenn eine bestimmte Gruppe von Exponierten mit einer definierten Exposition eine spezifische Erkrankung entwickelt. Dieses Kriterium wird in neueren Übersichtsarbeiten zur beruflichen Epidemiologie als falsch eingestuft. Eine Vielzahl von beruflichen Expositionsmöglichkeiten verursacht nicht ausschließlich eine spezifische Erkrankung, sondern häufig mehrere. Beispiel hierfür ist eine berufliche Exposition mit Arsen, welche nicht nur Lungenkrebs, sondern auch Hautkrebs verursacht oder von Schwefelkohlenstoff, welches nicht nur koronare Herzkrankheit, sondern ebenfalls neurologische Erkrankungen wie periphere Polyneuropathie verursacht. Für eine Übersicht hierzu s. Hernberg [24].

Zeitliche Aufeinanderfolge von Exposition und Erkrankung. Unter diesem Kriterium verstand Hill [26], daß aufgrund der durchgeführten Studien die in Frage stehende Exposition der Erkrankung vorausgegangen sein muß. Dieser Zusammenhang wird am ehesten mit Hilfe von Kohortenstudien und Fallkontrollstudien überprüft. In beiden Studientypen ist die zeitliche Aufeinanderfolge zwischen beruflicher Exposition durch Heben oder Tragen schwerer Lasten oder Arbeiten in extremer Rumpfbeugehaltung und bandscheibenbedingten Erkrankungen klar erkennbar. Mehrere solcher Studien waren für den in Frage stehenden Zusammenhang positiv. Dagegen bleibt in Querschnittsstudien die zeitliche Aufeinanderfolge von beruflicher Exposition und Erkrankung unklar.

Biologische Plausibilität. Der Zusammenhang zwischen Heben und Tragen von schweren Lasten und degenerativen Wirbelsäulenerkrankungen ist biologisch plausibel. Dafür sprechen die intradiskalen Druckmessungen mit dem Nachweis einer hohen Druckbelastung der Bandscheiben beim Heben und Tragen. Für diesen Zusammenhang spricht auch, daß in experimentellen Studien an Wirbelsäulenpräparaten von Verstorbenen Deckplatteneinbrüche und Bandscheibeneinrisse bei Druckbelastungen, wie sie bei Hebetätigkeiten auftreten können, nachgewiesen werden konnten. Weiterhin liegen plausible pathophysiologische Vorstellungen vor, wie Druckbelastungen auf die Wirbelsäule über den Verschleiß der Bandscheiben zu Osteochondrose, Spondylose und Spondylarthrose sowie Diskusprolaps führen können.

Dosis-Wirkungs-Beziehung. Eine Dosis-Wirkungs-Beziehung zwischen der Höhe der beruflichen Belastungen der Wirbelsäule durch Heben oder Tragen und der Häufigkeit von Wirbelsäulenbeschwerden und -erkrankungen konnte Kelsey et al. [34] für Diskusprolaps, sowie Chaffin u. Park [11] und Estryn-Behar et al. [16] für LWS-Beschwerden nachweisen.

Interventionsstudien. Interventionsstudien, die eine Abhängigkeit von Wirbelsäulenbeschwerden oder -erkrankungen von einer Senkung der Wirbelsäulenbelastungen durch Heben und Tragen nachweisen, wurden bis auf eine Ausnahme bislang nicht durchgeführt. Videman et al. [74] konnten bei einer Gruppe von finnischen Krankenschwestern, die eine Art Rückenschule absolviert hatten, im Vergleich zu einer Kontrollgruppe ohne diese Intervention signifikant seltener Wirbelsäulenverletzungen wie Verhebetraumata und andere plötzliche Wirbelsäulenbeschwerden während des 1. Berufsjahres feststellen. Krankenschwestern, die die Rückenschule absolviert hatten, benutzen signifikant häufiger Hebehilfen als die Kontrollgruppe (53 vs. 2 %, p < 0,05).

Aufgrund der obigen Diskussion besteht in meinen Augen insgesamt kein Zweifel an einer kausalen Beziehung zwischen Heben und Tragen schwerer Lasten oder Arbeiten in extremer Rumpfbeugehaltung und der Entwicklung von bandscheibenbedingten Erkrankungen. In der Amtlichen Begründung der Bundesregierung zur BK 2108 wurden Bandscheibenvorfälle, Ostechondrose, Spondylose und Spondylarthrose als bandscheibenbedingte Erkrankungen subsumiert (BMA 1992).

Seit dem Beschluß des Ärztlichen Sachverständigenbeirates über die Empfehlung der BK 2108 im Jahre 1992 ist eine Reihe von Studien über den Zusammenhang zwischen wirbelsäulenbelastenden Tätigkeiten und bandscheibenbedingten Erkrankungen erschienen, die die damalige Empfehlung bestätigen [27, 28, 40, 57, 68, 69].

Beispielsweise legte Holmström et al. [28] eine Querschnittsstudie über 1773 zufällig ausgewählte schwedische Bauarbeiter vor. Maurer und Bodenverleger hatten ein signifikant um den Faktor 1,5 bzw. 1,9 erhöhtes Risiko für ausgeprägte LWS-Beschwerden. Zwischen der Häufigkeit von Belastungen durch Heben oder Tragen und LWS-Beschwerden fand sich kein signifikanter Zusammenhang. Kritisch ist zu bemerken, daß die Höhe der getragenen Last nicht erfragt wurde. Zwischen der Dauer von Arbeiten in gebückter Körperhaltung und dem relativen Risiko (RR) für ausgeprägte LWS-Beschwerden fand sich eine positive Dosis-Wirkungs-Beziehung: Dauer – 1 h/d : rr = 1,3; Dauer 1 – 4 h/d : RR = 1,9 (p < 0,05); Dauer > 4 h/d : RR = 2,6 (p < 0,05).

Suadicani et al. [69] beschrieben im Rahmen einer Querschnittsstudie bei 469 dänischen Stahlarbeitern eine positive Dosis-Wirkungs-Beziehung zwischen der Dauer wirbelsäulenbelastender Tätigkeiten durch Heben oder Tragen von Lasten und der Prävalenz von LWS-Beschwerden: keine Belastung: RR = 1, Dauer 1 – 4 Jahre: RR = 2, 4, Dauer 5 Jahre und mehr: RR = 2,5 (p < 0,0001).

Riihimäki et al. [57] legten die Ergebnisse einer prospektiven Studie bei 696 finnischen Zimmerleuten und einer Kontrollgruppe von 674 Bürobeschäftigten vor, bei denen die Neuerkrankungsrate (Inzidenz) in bezug auf ischialgieforme LWS-Beschwerden während eines Dreijahreszeitraumes erfaßt wurde. Weiterhin wurden in der Studie 852 Gabelstapler- und

Tiefbaumaschinenführer mit Ganzkörperschwingungsbelastung untersucht, deren Ergebnisse hier nicht dargestellt werden. Die untersuchten
Zimmerleute waren einer Belastung durch dynamische Muskelarbeit
durch Tragen von Lasten und durch Arbeiten in verdrehter und gebeugter
Körperhaltung ausgesetzt. Die untersuchten Zimmerleute wiesen im Vergleich zu der Kontrollgruppe eine um den Faktor 1,71 (p < 0,05) erhöhte
Inzidenz für ischialgieforme LWS-Beschwerden während des Untersu-
chungszeitraumes auf. Die Häufigkeit von Tätigkeit in verdrehter und gebeugter Körperhaltung war signifikant mit der Inzidenz von ischialgieformen LWS-Beschwerden verbunden. Die Studie leidet darunter, daß die
Häufigkeit von Hebevorgängen pro Schicht sowie die Lastgewichte der getragenen Lasten nicht erfaßt wurden.

Die Arbeitsgruppe von Hofmann et al. [27] in Freiburg führte eine
Querschnittsstudie bei 3332 Pflegekräften und 987 Büroangestellten durch.
Die Punktprävalenz für Lumoischialgie lag nach Adjustierung für Alter
bei Pflegeberufen deutlich höher als bei Bürobeschäftigten (z. B. 15,8 vs.
6,9 % bei > 41jährigen, p < 0,01). Bezüglich Lumbago waren die Unterschiede weniger deutlich, aber signifikant (63,5 vs. 50,5 % bei > 41jährigen,
p < 0,001). Beschränkt man die Untersuchung nur auf Beschäftigte, die
während ihres Arbeitslebens ausschließlich in Pflege- oder Büroberufen
gearbeitet hatten (n = 2207 bzw. 415), wurden die Unterschiede noch deutlicher. Die Punktprävalenz bezüglich Lumboischialgie bei Pflege- und
Büroberufen lag bei > 41jährigen bei 17,2 bzw. 4,9 % und bezüglich Lumbalsyndrom bei 66,0 vs. 45,1 %. Das relative Risiko von Beschäftigten in
Pflegeberufen im Vergleich zu Bürobeschäftigten für Lumboischialgie war
signifikant um den Faktor 2,59 – 4,47 erhöht, je nachdem, welche Altersgruppe betrachtet wurde.

Weiterhin wurde von der Arbeitsgruppe Hofmann eine krankenhaus-
bezogene Fallkontrollstudie bei 322 Patienten mit chronischem Lumbalsyndrom, bei denen ein LWS-Prolaps bzw. eine LWS-Protrusion im CT
oder MRT gesichert wurde, sowie einer gleich großen, nach Alter und Geschlecht vergleichbaren Kontrollgruppe von Patienten von 2 Augen- und
einer Zahnarztpraxis durchgeführt. Fälle und Kontrollen wurden bezüglich ihrer lebenslangen Arbeitsanamnese befragt. Bei Beschäftigen in
Kranken- und Altenpflegeberufen fand sich nach bis zu 10jähriger Tätigkeit ein um den Faktor 1,7 nicht signifikant erhöhtes Risiko für LWS-Prolaps und -Protrusion, das auf ein Risiko von 3,4 (p < 0,05) nach mehr als
10jähriger Expositionsdauer stieg [27].

Insgesamt hat somit die neuere Literatur seit 1992 den damals angenommenen Zusammenhang bestätigt.

Weber u. Morgenthaler [77] haben eine Studie über 101 Patienten mit
Antrag auf Vorliegen einer BK 2108 vorgestellt, darunter 44 Patienten, bei

denen die beruflichen Voraussetzungen erfüllt waren (Untersuchungsgruppe), und 57 Patienten, bei denen die vorberuflichen Voraussetzungen
nach den Ermittlungen der zuständigen Berufsgenossenschaft nicht vorlagen (Kontrollgruppe). In der Untersuchungsgruppe fanden sich seltener
monosegmentale röntgenologische Veränderungen der LWS als in der
Kontrollgruppe (11,6 vs. 17,5, vs.). Dies wird von den Autoren in dem Sinne
interpretiert, daß die Anerkennung monosegementaler Erkrankungen als
BK 2108 nicht in Frage komme. 88,4 % der Untersuchungs- und 82,5 % der
Kontrollgruppe wiesen polysegmentale röntgenologische Veränderungen
der LWS auf. Da die meisten Patienten neben den LWS- auch HWS-Verän-
derungen zeigten, äußern die Untersucher Zweifel daran, daß polysegmentale lumbale Veränderungen als Berufskrankheit in Frage kommen.

Die genannte Untersuchung von Weber und Morgenthaler weist aus arbeitsmedizinischer und epidemiologischer Sicht fundamentale Schwach-
punkte auf, die ich wie folgt zusammenfassen möchte:

Die Untersuchungs- und die Kontrollgruppe stammen aus der Gruppe
der Patienten mit BK-Verdacht und stellen eine hochselegierte Personen-
gruppe dar. Bei der Studie handelt es sich somit nicht um eine epidemiologische Untersuchung mit zufällig aus der exponierten und nicht exponierten Wohnbevölkerung ausgewählten Probanden.

Es ist nicht gewährleistet, daß es sich bei den Kontrollprobanden um
beruflich nicht exponierte Personen handelt, wie es bei einer Kontrollgruppe für eine Querschnittsstudie erforderlich ist [24, 50]. Vielmehr erfüllen sie lediglich die strengen Voraussetzungen zur Anerkennung der
arbeitstechnischen Voraussetzungen für die Anerkennung einer BK 2108
der verschiedenen BGen nicht, die noch dazu zwischen dem Unfallversicherungsträger stark variieren. Die Kontrollgruppe ist somit ungeeignet.

Fälle mit Expositionen werden mit Fällen ohne ausreichend hohe Exposition verglichen. Dieses Design einer Fall-Fall-Studie ist in der Epidemiologie unbekannt [24, 50].

In Weber u. Morgenthaler [77, (Abb. 1)] ist von der Inzidenz röntgenologischer Veränderungen bei den Probanden die Rede. Inzidenzen können
nur in prospektiven Studien ermittelt werden. richtig müßte es „Prävalenz" heißen.

Untersuchungs- und Kontrollgruppen sind nach Alter und Geschlecht
nicht vergleichbar. Die Ergebnisse werden jedoch ohne Adjustierung für
Alter und Geschlecht dargestellt. Im Text ist von einem höheren Prozentsatz von Probanden in der Untersuchungs- im Vergleich zur Kontrollgruppe in bezug auf polysegmentale Veränderungen der LWS die Rede, in
der entsprechenden Abbildung 1 ist jedoch das Gegenteil der Fall.

Die epidemiologische Fachliteratur, die ein erhöhtes Risiko für lumbalen Prolaps bei Beschäftigten mit beruflicher Wirbelsäulenbelastung

durch Heben und Tragen schwerer Lasten zeigt, wird zum großen Teil nicht diskutiert [6, 23, 27, 34]. Dabei wäre dies in diesem Zusammenhang von Bedeutung gewesen, da der lumbale Prolaps mit 98 % nahezu ausschließlich eine monosegmentale bandscheibenbedingte Erkrankung darstellt [7].

Insgesamt sind die Studienergebnisse von Weber u. Morgenthaler [77] wegen der genannten gravierenden methodischen Mängel nicht verwertbar. Die weitgehenden Schlußfolgerungen aus dem vorgelegten Datenmaterial, daß die Anerkennung monosegementaler Bandscheibenschäden nicht als Berufskrankheit in Frage komme und die Anerkennung polysegmentaler lumbaler Veränderungen als Berufskrankheit in Zweifel zu ziehen sei, sind wegen der methodischen Mängel unzulässig. Der Leser sei ausdrücklich auf das Leserforum in der Zeitschrift „Der medizinische Sachverständige" 93 (1997) Nr. 4, S. 131–134, hingewiesen, in dem sich ein Schlußwort von Weber findet.

Anforderungen an zukünftige epidemiologische Studien

Die oben aufgeführte Literaturübersicht zeigt, daß epidemiologische Studien, aus denen sich eine Dosis-Wirkungs-Beziehung zwischen der Häufigkeit von Hebevorgängen pro Schicht und der Höhe des Lastgewichtes auf der einen Seite, und dem Risiko in bezug auf die Entwicklung von bandscheibenbedingten Erkrankungen auf der anderen Seite nur in begrenztem Umfang vorliegen. Lediglich die Studie von Kelsey et al. [34] macht Aussagen zu dieser Fragestellung, die jedoch für eine abschließende Bewertung nicht ausreichen.

Die Unfallversicherungsträger sollten im Rahmen von §9 Abs. 8 SGB VII epidemiologische Studien unter Beteiligung von arbeitsphysiologisch-biomechanischem Sachverstand fördern, die Aussagen zur Dosis-Wirkungs-Beziehung machen können. Vom Design kommen im wesentlichen folgende 3 Studientypen dafür in Frage:

- Querschnittsstudien in hoch belasteten Kollektiven, beispielsweise Pflegepersonal, Transportarbeitern, Fensterbauern, Gußputzern, Betonbauern oder Maurern sowie einer nach Alter und Geschlecht vergleichbaren unbelasteten Kontrollgruppe, beispielsweise Bürobeschäftigten. In der exponierten Gruppe sollte eine biomechanische Einschätzung der kumulativen Dosis für jeden einzelnen Beschäftigten erfolgen. Die medizinische Untersuchung sollte ein bildgebendes Verfahren einbeziehen. Da Standardröntgen der LWS aufgrund der Röntgenverordnung im Rahmen von wissenschaftlichen Untersuchungen kaum möglich ist, empfiehlt sich hierfür die Magnetresonanztomographie.

- Fallkontrollstudien, wobei als Fälle Patienten mit einem orthopädisch diagnostizierten Krankheitsbild wie lumbalem Bandscheibenvorfall, Osteochondrose mit Bandscheibenverschmälerung oder Spondylarthrose einbezogen werden sollten und als Kontrollgruppe eine nach Alter, Geschlecht und Wohnregion vergleichbare Zufallsstichprobe aus der Wohnbevölkerung fungiert. Bei Fällen und Kontrollen wird eine lebenslange Anamnese zur beruflichen Vorgeschichte sowie zu sportlichen und privaten Aktivitäten mit Wirbelsäulenbelastung durchgeführt. Durch einen Biomechaniker erfolgt ein Expert rating zur kumulativen Belastung durch Heben oder Tragen schwerer Lasten oder Arbeiten in extremer Rumpfbeugehaltung, welches ohne Kenntnis des Fallkontrollstatus durchgeführt wird.
- Prospektive Kohortenstudie bei Beschäftigten in hochbelasteten Berufen. Normalerweise werden Kohortenstudien mit Hilfe von geeigneten Krankheitsregistern, beispielsweise in der Krebsepidemiologie mit Krebsregistern, durchgeführt, wobei die Neuerkrankungsrate in der exponierten Kohorte mit der Wohnbevölkerung verglichen wird. Dieses Design ist für bandscheibenbedingte Erkrankungen der LWS nicht geeignet, weil es in der Bundesrepublik keine Krankheitsregister für LWS-Erkrankungen gibt wie beispielsweise in einigen skandinavischen Ländern. In Frage kommt daher nur für prospektive Kohortenstudien ein Design mit Querschnittsstudien der exponierten Kohorte und der Kontrollgruppe vor Beginn der Studie und einer ersten oder zweiten Nachuntersuchung nach Ablauf von mehreren Jahren. In der exponierten Kohorte sollte wiederum eine detaillierte biomechanische Abschätzung der kumulativen Wirbelsäulenbelastung durch Heben oder Tragen oder Arbeiten in extremer Rumpfbeugehaltung erfolgen.

Eine Diskussion der Vor- und Nachteile der 3 genannten Studientypen würde den Rahmen dieses Beitrages sprengen. Generell ist zu sagen, daß das größte Problem der Epidemiologie bandscheibenbedingter Wirbelsäulenerkrankung die Selektion von Erkrankten aus dem Arbeitsprozeß darstellt. Dadurch wird das wahre Erkrankungsrisiko unterschätzt. Die geringste Anfälligkeit für diesen sog. „Healthy Worker-Effekt" haben Fallkontroll- und Kohortenstudien, letztere jedoch nur, wenn Aussteiger aus dem Arbeitsleben im Verlauf der Kohortenstudie erfaßt werden.

Literatur

1. Baldasseroni A, Tartaglia R, Biggeri A (1991) Lombalgia da sforzo: studio caso-controllo tra i lavoratori dei servizi sanitari di una unita sanitaria locale. Med Lav 82: 515–520
2. Bergenudd H, Nilsson B (1988) Back pain in middle age; occupational workload and psychologic factors: an epidemiologic survey. Spine 13:58–60
3. Billenkamp G (1972) Körperliche Belastungen und Spondylosis deformans. Fortschr Röntgenstr 116:211–216
4. Blankenburg H, Ruppe K, Veit B et al. (1992) Arbeitsbedingte degenerative Veränderungen und Funktionsstörungen der Wirbelsäule bei schwerer körperlicher Belastung, In: Schäcke G et al. (Hrsg) Verhandlungen der Deutschen Gesellschaft für Arbeitsmedizin. Genter, Stuttgart, S 299–301
5. Bolm-Audorff U (1993) Berufskrankheiten der Wirbelsäule durch Heben oder Tragen schwerer Lasten, In: Konietzko J, Dupuis H (Hrsg) Handbuch der Arbeitsmedizin, 10. Ergänzungslieferung. Ecomed, Landsberg
6. Braun W (1969) Ursachen des lumbalen Bandscheibenvorfalls. Hippokrates, Stuttgart
7. Brüske-Hohlfeld I, Merritt JL, Onofrio BM et al. (1990) Incidence of lumbar disc surgery, a population-based study in Olmsted County, Minnesota, 1950–1979 Spine 15:31–35
8. Burgmeier AC, Blindauer Bl, Hecht MT (1988) Les lombalgies en milieu hospitalier: aspects épidémiologiques et rôle des divers facteurs de risque. Rev Epidèm Sante Publ 36:128–137
9. Cai R, Laurig W, Schütte M et al. (1992) Ätiologische Faktoren von Wirbelsäulenerkrankungen in einem chinesischen Hüttenkombinat. Med Orthop Tech 112:296–300
10. Caplan PS, Freedman LJ, Connelly TP (1966) Degenerative joint disease of the lumbar spine in coal miners – a clinical and X-ray study. Arthr Rheumat 9:693–702
11. Chaffin DB, Park KS (1973) A longitudinal study of low-back pain as associated with occupational weight lifting factors. Am Ind Hyg Assoc J 34:513–525
12. Cust G, Perarson JCG, Mair A (1972) The prevalence of low back pain in nurses. Int Nurs Rev 19:169–179
13. De Gaudemaris R, Blatier JF, Quinton D et al. (1986) Analyse du risque lombalgique en milieu professionnel. Rev Epidèm Sante Publ 34:308–317
14. Dehlin O, Hedenrud B, Horal J (1976) Back symptoms in nursing aides in a geratric hospital. Scand J Rehab Med 8:47–53
15. Engkvist IL, Hagberg M, Linden A et al. (1992) Over-exertion back accidents among nurses' aides in Sweden. Safety Sci 15:97–108
16. Estryn-Behar M, Kaminski M, Peigne E et al. (1990) Strenuous working conditions and musculo-skeletal disorders among female hospital workers. Int Arch Occup Environ Health 62:47–57
17. Frieberg S, Hirsch C (1950) Anatomical and clinical studies on lumbar disc degeneration. Acta Orthop Scand 19:222–242
18. Frymoyer JW, Pope MH, Costanza MC et al. (1980) Epidemiologic studies of low-back pain. Spine 5:419–423
19. Gerhard L, Schlegel KF, Nau HE, Reinhardt V, John-Mukulajewski V, Blank M (1985) Analyse klinischer und morphologischer Befunde bei Patienten mit Bandscheibenerkrankungen. In: Laurig W, Gerhard L, Luttmann A, Jäger M, Nau HE (Hrsg) Untersuchungen zum Gesundheitsrisiko beim Heben und Umsetzen schwerer Lasten im Baugewerbe. Wirtschaftsverlag, Bremerhaven, S 181–285
20. Haas JH, Korb W, Weiler KJ (1979) Arbeitssicherheit und Arbeitsmedizin in der Bauwirtschaft, Pilotstudie 1, Ergebnis einer Befragung von Beschäftigten der Bauwirtschaft. Herausgegeben von der Arbeitsgemeinschaft der Bau-Berufsgenossenschaft, Frankfurt

21. Hakelius A (1970) Prognosis in sciatica, A clinical follow-up of surgical and non-surgical treatment. Acta Orthop Scand Suppl 129

22. Havelka J (1982) Der berufsunfähige Häuer von Streb – Beitrag der Arbeitsmedizin und Ergonomie im Prozeß der betrieblichen Rehabilitation im Mansfelder Kupferschieferbergbau. Z Ges Hyg 28:704–711

23. Heliövaara M (1987) Occupation and risk of herniated lumbar intervertebral discs of sciatica leading to hospitalization. J Chron Dis 40:259–264

24. Hernberg S (1992) Introduction to occupational epidemiology. Lewis, Boca Raton

25. Hikmet J (1990) Prevalence of backpain and varicose veins among the nurses in Baghdad city hospitals. Presented at the 23rd international congress on occupational health, Montreal, Canada, 22–28 September 1990, Abstracts, p 487

26. Hill AB (1965) The environment and disease: association or causation? Proc R Soc Med 58:1217–1222

27. Hofmann F, Michaelis M, Siegel A, Stößel U, Stroink U (1995) Bandscheibenbedingte Erkrankungen der Wirbelsäule – Untersuchungen zur Frage der beruflichen Verursachung. In: Wolter D, Seide K (Hrsg) Berufskrankheit 2108, Kausalität und Abgrenzungskriterien. Springer, Berlin Heidelberg New York Tokyo, S 47–61

28. Holmström EB, Lindell J, Moritz U (1992) Low back and neck/shoulder pain in construction workers: occupational workload and psychosocial risk faktors. Spine 17:663–671

29. Hult L (1954) The Munkfors investigation, a study of the frequency and causes of the stiff neck-brachialgia and lumbago-sciatica syndroms, as well as observations on certain signs and symptoms from the dorsal spine and the joints of the extremities in industrial and forest workers. Acta Orthop Scand Suppl 16:1–76

30. Hult L (1954) Cervical, dorsal and lumbar spinal syndromes, a field investigation of a non-selected material of 1200 workers in different occupations with special reference to disc degeneration and so-called muscular rheumatism. Acta Orthop Scand Suppl 17:1–120

31. Junghans H (1931) Altersveränderungen der menschlichen Wirbelsäule, 3. Häufigkeit und anatomisches Bild der Spondylosis deformans. Arch Klin Chir 166:120–126

32. Kellgren JH, Lawrence JS (1952) Rheumatism in miners, Part II: X-ray study. Br J Industr Med 9:197–207

33. Kelsey JL (1975) An epidemiological study of acute herniated lumbar intervertebral discs. Rheumatol Rehab 14:144–159

34. Kelsey JL, Githens PB, White AW et al. (1984) An epidemiologic study of lifting and twisting on the job and risk for acute prolapsed lumbar intervertebral disc. J Orthop Res 2:61–66

35. Kristen H, Lukeschitsch G, Ramach W (1981) Untersuchung der Lendenwirbelsäule bei Kleinlasttransportarbeitern. Arbeitsmed Sozialmed Präventivmed 9:226–229

36. Kruse N, Rezai M (1980) Frequenz und Intensität der bandscheibenbedingten Erkrankungen in 10 verschiedenen Berufen. Eine anamnestische Erhebung an 500 Berufstätigen. Medizinische Dissertation, Düsseldorf

37. Kumar S (1990) Cumulative load as a risk factor for back pain. Spine 15:1313–1316

38. Lawrence JS (1955) Rheumatism in coal miners, Part III: occupational factors. Br J Industr Med 12:249–261

39. Lawrence JS (1969) Disc degeneration, its frequency and relationship to symptoms. Ann Rheum Dis 28:121–138

40. Lei Y, Laurig W, Seidel-Fabian B (1994) Ergebnisse einer Feldstudie zu Muskel- und Skelettbeschwerden bei Mitarbeitern eines chinesischen Automobilwerks. Zentralbl Arbeitsmed 44:338–342

41. Leyshon GE, Francis HWS (1975) Lifting injuries in ambulance crews. Publ Health (London) 89:71–75

42. Lindemann K, Kuhlendahl H (1953) Die Erkrankungen der Wirbelsäule. Thieme, Stuttgart
43. Lloyd MH, Gauld S, Soutar CA (1986) Epidemiologic study of back pain in miners and office workers. Spine 11:136–140
44. Löhr E (1964) Ergebnisse einer Reihenuntersuchung von Fachern als Beitrag zur Frage des arbeitsbedingten Bandscheibenschadens. Dtsch Gesundheitswes 19:2383–2389
45. Luttmann A, Jäger M, Schoo KC, Laurig W, Puhlvers E (1985) Wirkung erhöhter Wirbelsäulenbelastung zum Lastentransport auf die Häufigkeit von Rückenbeschwerden. In: Laurig W, Gerhard L, Luttmann A, Jäger M, Nau HE (Hrsg) Untersuchungen zum Gesundheitsrisiko beim Heben und Umsetzen schwerer Lasten im Baugewerbe. Wirtschaftsverlag, Bremerhaven, S 123–180
46. Luttmann A, Jäger M, Laurig W et al. (1988) Orthopaedic diseases among transport workers. Int Arch Occup Environ Health 61:197–205
47. Mach J, Heitner H, Ziller R (1976) Die Bedeutung der beruflichen Belastung für die Entstehung degenerativer Wirbelsäulenveränderungen. Z Ges Hyg 22:352–354
48. Magora A (1970) Investigation of the relation between low back pain and occupation. Industr Med 39:465–471
49. Magora A (1972) Investigation of the relation between low back pain and occupation, 3. physical requirements: sitting, standing and weight lifting. Industr Med 41:5–9
50. Monson RR (1980) Occupational epidemiology. CRC Press, Boca Raton
51. Owen BD, Damron CF (1984) Personal characteristics and back injury among hospital nursing personnel. Res Nurs Health 7:305–313
52. Pangert R, Hartmann H (1991) Epidemiologische Bestimmung der kritischen Belastung der Lendenwirbelsäule beim Heben von Lasten. Zentralbl Arbeitsmed 41:193–197
53. Partridge REH, Duthie JJR (1968) Rheumatism in dockers and civil servants, a comparison of heavy manual and sedentary worders. Ann Rheum Dis 27:559–567
54. Prezant B, Demers P, Stand K (1987) Back problems, training experience, and use of lifting aids among hospital nurses. In: Asfour SS (ed) Trends in ergonomics/Human factors IV. Elsevier, Amsterdam, p 839–842
55. Riihimäki H (1985) Back pain and heavy physical work: a comparative study of concrete reinforcement workers and maintenance house painters. Br J Industr Med 42:226–232
56. Riihimäki H, Wickström G, Hänninen K et al. (1989) Radiographically detectable lumbar degenerative changes as risk indicators of back pain, a cross-sectional epidemiologic study of concrete reinforcement workers and house painters. Scand J Work Environ Health 15:208–285
57. Riihimäki H, Viikari-Juntura E, Moneta G, Kuha J, Videmann T, Tola S (1994) Incidence of sciatic pain among men in machine operating, dynamic physical work, and sedentary work, a three year follow-up. Spine 19:138–142
58. Rovig G (1949) Rupture of lumbar discs with intraspinal protrusion of the nucleus pulposus, A clinical study. Acta Chir Scand Suppl 144:1–420
59. Sairanen E, Brüshaber L, Kaskinen M (1981) Felling work, low-back pain and osteoarthritis. Scand J Work Environ Health 7:18–30
60. Schlegel KF (1992) Kreuzschmerzen und Beruf, Gedanken zur Berufskrankheit 2108. In: Piekarski C (Hrsg) Verhandlungen der Deutschen Gesellschaft für Arbeitsmedizin. Gentner, Stuttgart
61. Schlomka G, Schröter G (1953) Über die Bedeutung der beruflichen Belastung für die Entstehung der degenerativen Gelenkleiden, II. Mitteilung. Z Inn Med (Leipzig) 8:473–476
62. Schröter G, Schlomka G (1954) Über die Bedeutung beruflicher Belastungen für die Entstehung degenerativen Gelenkleiden, 2. Mitteilung. Z Inn Med (Leipzig) 9:1031–1037

63. Schütte M, Linke-Kaiser G (1992) Untersuchung der Auftretungshäufigkeit von Wirbelsäulen- und Gelenkbeschwerden bei Maurern. Med Orthop Tech 112:301–304
64. Schurno W (1981) Ergebnisse orthopädischer Untersuchungen von Umschlagarbeitern des Stückgutumschlages im Seehafen Rostock. Verkehrsmedizin 28:173–181
65. Severin E (1943) Degeneration of the intervertebral disks in the lumbar region, a clinicoroentgenologic study. Acta Chir Scand 89:353–378
66. Skovron ML, Nulvihill MN, Sterling RC et al. (1987) Work organization and low back pain in nursing personnel. Ergonomics 30:359–366
67. Stubbs BD, Buckle PW, Hudson MP et al. (1983) Back pain in the nursing profession, 1. Epidemiology and pilot methodology. Ergonomics 26:758–765
68. Stürmer T, Neth A, Karmaus W, Toussaint R, Rehder U (1995) Construction work and lumbar spine disorders; preliminary findings of the Hamburg construction worker study. Epidemiology 6:127
69. Suadicani P, Hansen K, Fenger AM, Gyntelberg F (1994) Low back pain in steelplant workers. Occup Med 44:217–221
70. Undeutsch K, Küpper R, Löwenthal I et al. (1982) Arbeitsmedizinische Untersuchungen über Ladearbeiten auf einem Großflughafen, III. Untersuchungen über orthopädische Beschwerden bei Ladern eines Großflughafens. Int Arch Occup Environ Health 50:59–57
71. Uyttendaele D, Vandendriessche G, Vercauteren M et al. (1981) Sick-listing due to low back pain at the Ghent State University and University Hospital. Acta Orthop Belg 47:523–546
72. Venning PJ, Walter SD, Stritt LW (1987) Personal and job-related factors as determinants of incidence of back injuries among nursing personell. J Occup Med 29:820–825
73. Videmann T, Nurminen T, Tola S et al. (1984) Low-back pain in nurses and some loading factors of work. Spine 9:400–404
74. Videman T, Rauhala H, Asp S et al. (1989) Patient-handling skill, back injuries, and back pain, an intervention study in nursing. Spine 14:148–156
75. Viikari-Juntura E (1983) Neck and upper limb disorders among slaughterhouse workers, an epidemiologic and clinical study. Scand J Work Environ Health 9:283–290
76. Viikeri M, Nummi J, Riihimäki H et al. (1978) Radiologically detectable lumbar disc degeneration in concrete reinforcement workers. Scand J Work Environ Health 4 (Suppl 1):47–53
77. Weber M, Morgenthaler M (1996) Röntgenologische Veränderungen der Wirbelsäule von Schwerarbeitern. Med Sach 92:112–116
78. Wiczyk S, Wojdat W, Matulewicz S (1958) Docker's lumbar region of spine. Biul Instytutu Morskiego 5:65–75
79. Yoshida T, Goto M, Nagira T et al. (1971) Studies on low back pain among workers in small scale construction companies, Report 1: Analysis of clinical and radiological findings. Jap J Industr Health 13:37–45

Kapitel 6

Kenntnisstand der Epidemiologie zu belastungstypischen Schadensmustern der LWS

B. Heinz und M. Hansis

Wir wissen, daß Rückenbeschwerden heutzutage in Industriestaaten ein weit verbreitetes Problem darstellen mit einer spürbaren Zunahme im Verlauf der letzten Jahrzehnte, auch abhängig von einer beruflichen Belastung. Die meisten verfügbaren epidemiologischen Daten betreffen die Prävalenz von Beschwerden an der LWS und stammen aus Fallstudien. An wenigen, der Übersichtsarbeit von Andersson entnommenen Zahlen beispielhaft aufgezeigt ergibt sich folgendes Bild [1]:

- in Europa bestehen 10–15% der Arbeitsunfähigkeitszeiten aufgrund von Rückenbeschwerden,
- die Einjahresprävalenz beträgt 25–45%,
- chronische Rückenbeschwerden findet man bei 3–7% der erwachsenen Bevölkerung,
- die lebenslange Prävalenz für Rückenbeschwerden in Industriestaaten beträgt mehr als 70%:
  - 25% davon als Ischialgie,
  - 1–2% als Bandscheibenvorfall.

Berufsbezogene Risikofaktoren sind schwer zu untersuchen, weil die Exposition oft unsicher ist, die Belastungsmechanismen unklar sind und die Beeinträchtigung beeinflußt wird durch arbeitsseitige, individuelle, rechtliche und soziale Faktoren.

Wir wissen jedoch, daß zwischen schwerer körperlicher Arbeit und dem Auftreten von Rückenbeschwerden ein Zusammenhang besteht. Die Studien, die dies oft auch mit großem Zahlenmaterial aufgezeigt haben, sind Legion. Hier seien auch wiederum beispielhaft einzelne erwähnt: Heliovaara et al. konnten bei mehr als 5000 Personen finden, daß physischer Streß bei der Arbeit direkt proportional zur Prävalenz von Ischiassymptomatik und Rückenschmerzen ist [6, 7]. Holmstrom et al. fanden bei 1800 Bauarbeitern eine Einjahresprävalenz von 54% für Rückenschmerzen und 7% für starke Schmerzen [8]. Jäger et al. fanden bei Transportarbeitern insgesamt 22% mehr orthopädische Erkrankungen als in der Kontrollgruppe, in 60% war die LWS betroffen [9]. Walsh et al. fanden bei schweren Hebearbeiten ein relatives Risiko von 2,0 für Männer und 2,2 für Frauen für das Auftreten von Rückenschmerzen [15]. Wickström et al. fanden bei Betonwerkern, daß geringfügige Rückentraumen 10mal so häufig angegeben wurden wie in der Kontrollgruppe von Malern und schließen daraus, daß die in der klinischen Untersuchung gefundenen vorauseilenden degenerativen Veränderungen der LWS bei den Betonwerkern offensichtlich Folgen der beruflichen Belastung sind [16].

Faktoren, die mit einem erhöhten Risiko für Rückenbeschwerden einhergehen, sind: schwere körperliche Arbeit, Heben, statische Arbeitshaltungen, Bücken und Drehen, Vibrationen. Überlagert werden die gefundenen Prävalenzunterschiede zwischen körperlich schwer arbeitenden Menschen und der Normalbevölkerung durch die ohnehin regelmäßig mit dem Alter zunehmenden Verschleißerscheinungen. Außerdem sind sie mit zunehmendem Alter weniger ausgeprägt. Hinzu kommt eine Verfälschung durch den „Healthy-worker-Effekt". Grob vereinfacht läßt sich anhand der epidemiologischen Literatur eine Steigerung der Prävalenz von Rückenbeschwerden durch schwere und schwerste körperliche Arbeit auf das Zwei- bis Dreifache zeigen.

Welche Hinweise gibt es nun aus dem epidemiologischen Untersuchungen auf die Morphologie des erwarteten Schadensbildes? Hinweise deshalb, weil verläßliche Zahlen, statistisch belegbare Ergebnisse, bekanntermaßen nicht vorliegen. Unberücksichtigt bleiben sollen biomechanische Untersuchungen, wie z.B. die intradiskale Druckmessung am lebenden Menschen, „Materialprüfungen" von Leichen-LWS-Segmenten, Modellrechnungen oder anthropometrische Ansätze. Es gibt nur wenige epidemiologische Arbeiten, die überhaupt morphologische Aspekte enthalten, wie die von Videmann et al., die eine Beziehung herstellt zwischen der fremdanamnestisch erfragten beruflichen Exposition und der bei der pathologisch-anatomischen Untersuchung der entsprechenden LWS-Präparate gefundenen Bandscheibenveränderungen. So erhöht u.a. schwere Arbeit die Häufigkeit von Osteophyten und von symmetrischer Bandscheibendegeneration, während die Arthrose der kleinen Wirbelgelenke und Endplattendefekte nur mit dem Alter korrelieren [14]. Oder die Arbeit von Riihimäki et al., die eine Intervertebralraumverschmälerung in 2 oder mehr Segmenten in 22 % bei den Betonwerkern und in 13 % bei den Malern fanden [11]. In der Arbeit aus 1990 wird die Lokalisation der Veränderungen spezifiziert: Hier zeigte sich bei L3 und L4 für die Zwischenwirbelraumverschmälerung und bei L1, L3 und L4 für die Spondylose ein signifikanter Unterschied zwischen den beiden Berufsgruppen [12]. Gantenberg fand bereits 1929 bei einer Untersuchung der Röntgenbilder von 470 Patienten verschiedener Berufs- und Altersgruppen ein gehäuftes Auftreten deformierender Wirbelsäulenveränderungen bei den Bergleuten mit gleichzeitigem Vorherrschen der schweren Prozesse [3]. Auch Schröter fand, daß bei den Bergleuten die Häufigkeit und Schwere der Spondylosen mit der Art der Arbeit korreliert [13]. Chan u. Tan [2] haben in einer Untersuchung bei 100 Dockarbeitern verglichen mit 50 Büroangestellten folgendes gefunden: Die Prävalenz von Bandscheibenveränderungen war bei den Dockarbeitern insgesamt größer, und auch in den einzelnen Segmenten (signifikant außer bei L5). Im weiteren versuchen die Autoren, auch ein typisches Verteilungsmuster herauszuarbeiten. Unter anderem fand sich bei den Dockarbeitern eine höhere Prävalenz von vorderen und hinteren Bandscheibenveränderungen, die mehr in Kombination als einzeln auftraten. Eine signifikante Erhöhung derartiger kombinierter Veränderungen – unter Einschluß des Befalls der gesamten Bandscheibe – fand sich bei Th12, L4 und L5, und nur bei L5 in der Kontrollgruppe [2]. Löhr fand bei einer Untersuchung bei 150 hochbelasteten Fachern in der Herstellung von Schlackenpflastersteinen Veränderungen an der gesamten LWS. Es zeigte sich, daß die Wirbelsäule der Facher vom ersten Lumbalsegment an abwärts nahezu gleichmäßig von Spondylose befallen ist, während sich normalerweise spondylotische Veränderungen ja v. a. im unteren LWS-Abschnitt finden [10].

Zusammenfassend scheint es so zu sein, daß schwere körperliche Arbeit dazu führt, daß bandscheibenbedingte Veränderungen an der LWS früher und stärker auftreten, eher in Form einer Spondylose zu finden sind, und offenbar einen größeren Abschnitt der LWS betreffen, u. U. bis hin zum thorakolumbalen Übergang. Solange aber niemand eine großangelegte, prospektive, statistisch abgesicherte, an morphologischen Kriterien orientierte epidemiologische Studie durchführt, werden wir weiter zarten Hinweisen im vorliegenden und kommenden Schrifttum nachjagen nach der Antwort auf die Frage: „Wiegestalt ist das Schadensbild einer bandscheibenbedingten Erkrankung durch langjähriges Heben oder Tragen schwerer Lasten?"

Literatur

1. Andersson GBJ (1991) The epidemiology of spinal disorder. In: Frymoyer JW (ed) The adult spine: Principles and practice. Raven, New York
2. Chan OY, Tan KA (1979) Study of lumbar disc pathology among a group of dockworkers. Ann Acad Med Singapore 8:81–85
3. Gantenberg R (1929) Die Bedeutung deformierender Prozesse der Wirbelsäule unter besonderer Berücksichtigung der Verhältnisse bei den Bergleuten. Fortschr Röntgenstr 39:650–656
4. Hansis M (1993) BK 2108: Vorschlag für ein ärztliches Beurteilungsschema. BG: 547–549
5. Hansis M, Heinz B, Bruns J, Rinke F (1995) BK 2108: Erste Erfahrungen mit unserem Schema für die ärztliche Beurteilung. BG:433–436

6. Heliovaara M (1987) Occupation and risk of herniated lumbar disc or sciatica leading to hospitalization. J Chronic Dis 40:259–264

7. Heliovaara M, Makela M, Knekt P, Impivaara O, Aromaa A (1991) Determinants of sciatica and low-back pain. Spine 16:608–614

8. Holstrom EB, Lindell J, Moritz U (1992) Low back and neck/shoulder pain in construction workers: Occupational workload and psychosocial risk factors, part 1: Relationship to low back pain. Spine 17:663–671

9. Jäger M, Luttmann A, Laurig W (1990) Die Belastung der Wirbelsäule beim Handhaben von Lasten. Orthopäde 19:132–139

10. Löhr E (1964) Ergebnisse der Reihenuntersuchung von Fachern als Beitrag zur Frage des arbeitsbedingten Bandscheibenschadens. Dtsch Gesundheitswes 51:2383–2389

11. Riihimaki H, Mattsson T, Zitting A, Wickstrom G, Hanninen K, Waris P (1989) Radiographically detectable lumbar degenerative changes as risk indicators of back pain: A cross-sectional epidemiologic study of concrete reinforcement workers and house painters. Scand J Work Environ Health 15:280–285

12. Riihimaki H, Mattsson T, Zittin A, Wickstrom G, Hanninen K, Waris P (1990) Radiographically detectable degenerative changes of the lumbar spine among concrete reinforcement workers and house painters. Spine 15:114–119

13. Schröter G (1970) Degenerative Wirbelsäulenveränderungen und berufliche Belastung. Beitr Orthop 17:687–690

14. Videman TA, Nurminen M, Troup JD (1990) 1990 Volvo Award in clinical sciences: Lumbar spinal pathology in cadaveric material in relation to history of back pain, occupation, and physical loading. Spine 15:728–740

15. Walsh K, Cruddas M, Coggon D (1991) Interaction of height and mechanical loading of the spine in the development of low-back pain. Scand J Work Environ Health 17:420–424

16. Wickstrom G, Niskanen T, Riihimaki H (1985) Strain on the back in concrete reinforcement work. Br J Ind Med 42:233–239

2 Bandscheibenschädigende Faktoren im Rahmen der spezifischen beruflichen Belastungen der LWS

Monitoring der lumbalen Wirbelsäulenbelastung beim Handhaben von Lasten über komplette Schichten[1]

M. Jäger, A. Luttmann, C. Jordan, U. Dettmer, O. Bongwald und W. Laurig

Problemstellung

Das Handhaben von Lasten kann zu einer hohen Belastung des Skelett- und Bewegungssystems führen. Darüber hinaus treten bei Personen, deren beruflicher Alltag durch Hebe- und Tragetätigkeiten geprägt ist, überzufällig häufig Beschwerden, Schmerzen oder Schädigungen im Bereich der Wirbelsäule, insbesondere im lumbalen Abschnitt, auf. Ein Zusammenhang zwischen Exposition und Erkrankungshäufigkeit scheint durch epidemiologische Untersuchungen (Zusammenstellungen bei Luttmann et al. [10] und Bolm-Audorff [2]) bestätigt zu sein, so daß die Ausführung von Lastenmanipulationen als „tätigkeitsspezifischer Risikofaktor" für das Auftreten von Wirbelsäulenerkrankungen angesehen werden kann [9].

Das erhöhte Gesundheitsrisiko bei Lastenhandhabungen hat zu einer Änderung der Berufskrankheitenverordnung [1] dahingehend geführt, daß unter bestimmten Bedingungen Erkrankungen der Lendenwirbelsäule (LWS) oder – in dieser Arbeit von nachrangiger Bedeutung – der Halswirbelsäule (HWS) als Berufskrankheit (BK 2108 bzw. 2109) anerkannt werden können. „Berufliche Belastungen der LWS" werden im Merkblatt für die ärztliche Untersuchung zu Nr. 2108 als „Gefahrenquelle" aufgeführt, wobei insbesondere „fortgesetztes Heben, Tragen und Absetzen schwerer Lasten oder häufiges Arbeiten in extremer Beugehaltung des Rumpfes" als wichtige Gefahrenquellen gelten und eine zusätzliche Gefährdung in einer gleichzeitig auftretenden „verdrehten Körperhaltung" gesehen wird.

Obwohl Tätigkeiten des beruflichen Alltags von einer Vielzahl von Einzelaktionen unterschiedlicher Dauer mit verschiedenen Zeitprofilen und Wirkungsrichtungen von Kräften und Momenten an der LWS geprägt sind, wird die i. allg. zeitvariante und in vielfältiger Form auftretende Belastung häufig lediglich durch einen einzigen Wert einer einzigen Kenngröße gekennzeichnet, beispielsweise durch das Maximum der Band-

---

[1] Durchgeführt mit finanzieller Unterstützung durch den Hauptverband der gewerblichen Berufsgenossenschaften, Sankt Augustin.

scheibenkompression während eines Handhabungsvorgangs. Außerdem beschränkt sich die Belastungsermittlung gemeinhin auf vermeintlich typische Situationen, von denen auf die Exposition über eine Schicht oder sogar auf das Berufsleben extrapoliert wird. Insgesamt sollten demnach die Aussagen des Merkblatts als ätiologische Hypothesen interpretiert werden, denen eine gesicherte Basis für das Auftreten dieser als gefährdend eingeschätzten Arbeitssituationen (noch) zu fehlen scheint.

Ziel der hier auszugsweise beschriebenen *Dortmunder Lumbalbelastungsstudie* [8] war, einige der erwähnten Defizite in der Expositionsermittlung zu verringern. Demzufolge sollte auf der Basis von Felduntersuchungen die mechanische Belastung der LWS während ganzer Arbeitsschichten bezüglich der Höhe, Dauer und zeitlichen Abfolge bei ausgewählten beruflichen Tätigkeiten, die mit dem Heben, Halten, Umsetzen, Ziehen oder Schieben von Lasten sowie mit der Beugung oder Verdrehung des Körpers verbunden sind, quantifiziert werden. Darüber hinaus sollten geeignete Belastungskennzahlen entwickelt und auf Basis der erhobenen Daten mit Werten belegt werden, um eine inhaltsgestützte Diskussion im Kontext der Beurteilung beruflicher Expositionen zu fördern. Im Rahmen dieser Publikation können Methodik, Ergebnisse und Diskussion nur exemplarisch dargestellt werden, so daß bei Fragen zu Details auf den Wissenschaftlichen Schlußbericht zum Forschungsvorhaben „Ermittlung der Belastung der Wirbelsäule bei ausgewählten beruflichen Tätigkeiten" verwiesen wird [8].

Methode zur Expositionsermittlung

Prinzipielle Vorgehensweise

Die Belastung der LWS bei verschiedenen mit Lastenhandhabungen verbundenen beruflichen Tätigkeiten wurde in der *Dortmunder Lumbalbelastungsstudie* wie folgt bestimmt: Zunächst wurden die zu untersuchenden Tätigkeitsfelder im Hochbau, in der Metallverarbeitung, in der Fleischwarenindustrie sowie bei der Müllentsorgung unter Mitwirkung der betroffenen Betriebe und der entsprechenden Berufsgenossenschaften (Bau-BGen, Frankfurt a. M. und Wuppertal; Süddeutsche Metall-BG, Mainz; Maschinenbau- und Metall-BG, Düsseldorf; Fleischerei-BG, Mainz; BG für Fahrzeughaltungen, Hamburg) sowie des Berufsgenossenschaftlichen Instituts für Arbeitssicherheit (Sankt Augustin) entsprechend einer Anfrage des Hauptverbandes der gewerblichen Berufsgenossenschaften (Sankt Augustin) ausgewählt. Je Tätigkeitsfeld wurden 2 Schichten weitestgehend lückenlos, d. h. mit Ausnahme von Abwesenheitszeiten oder Pausen, untersucht. Nach Übereinkunft mit der Arbeitsperson, deren Tätigkeit während einer Schicht analysiert werden sollte, wurden unter Berücksichtigung der erwähnten Ausnahmen ganzschichtige Videodokumentationen durchgeführt und das Gewicht gehandhabter Lasten – beispielsweise von Mauersteinen oder Gesenkschmiedestücken – bestimmt. Die Videoaufnahmen wurden nachträglich im Labor zunächst hinsichtlich Körperhaltungen und Aktionskräften ausgewertet, indem die Arbeitssituationen während der Schicht mit einem eigens entwickelten „Körperhaltungs- und Kraftcode" beschrieben wurden (s. unten). Dazu wurden die Videostandbilder derjenigen Situationen analysiert, bei denen die Arbeitsperson eine Last von mindestens 0,5 kg handhabt oder der Oberkörper seitgebeugt, verdreht oder um mindestens 30° vorgeneigt war. Für alle übrigen Situationen – mit Ausnahme von Abwesenheit oder Pause – wurde bei der Videoauswertung eine „Normalhaltung", d.h. aufrechtes Stehen mit hängenden Armen, angenommen. Entsprechend der zeitlichen Zuordnung der Arbeitssituationen ergibt sich somit eine Folge von bis zu etwa 20 Tsd. „Codewörtern" (s. unten), die die jeweilige Schicht bezüglich auftretender Körperhaltungen und ausgeübter Aktionskräfte beschreibt.

Auf Basis dieser Körperhaltungs- und Aktionskraftdaten wurde die Belastung der LWS mit Hilfe „biomechanischer Simulationsrechnungen" bestimmt, da eine direkte Messung der Wirbelsäulenbelastung – beispielsweise in Form von intradiskalen Druckmessungen – im Kontext einer ganzschichtigen Ermittlung unter Feldbedingungen nicht möglich erschien und erscheint. Die Modellrechnungen wurden mit dem System *Der Dortmunder* durchgeführt, das insbesondere die Berücksichtigung unsymmetrischer Körperhaltungen oder Lastpositionen sowie allgemeingerichteter Aktionskräfte, wie sie beispielsweise beim Schieben oder Ziehen von Müllbehältern auftreten, ermöglicht. Als Kenngrößen der lumbalen Belastung wurden die Momente und Kräfte am Lenden-Kreuzbein-Übergang nach Betrag und Wirkungsrichtung, d.h. sagittale und laterale Beuge- und Torsionsmomente sowie Kompressions- und sagittale und laterale Scherkräfte, für (weitestgehend) komplette Schichten bestimmt. Innerhalb der *Dortmunder Lumbalbelastungsstudie* wurden, zur Verdeutlichung der Belastungsverteilung „entlang der Lendenwirbelsäule", exemplarisch auch die mechanischen Belastungsindikatoren an den lumbalen Bandscheiben L1–L2 bis L4–L5 bestimmt.

Codierung von Körperhaltung und Aktionskräften

Sämtliche Belastungssituationen, in denen eine Last gehandhabt ($\geq$ 0,5 kg) oder der Rumpf vorgeneigt ($\geq$ 30°), seitgebeugt oder verdreht war, wurden entsprechend der in dem Videobild ersichtlichen Körperhaltung und der ausgeübten Aktionskräfte beschrieben. Dazu wurde ein Codierungssystem entwickelt, das jede Situation in einem 28stelligen Codewort charakterisiert. Die ersten 6 Codepositionen kennzeichnen die Zeit innerhalb der Schicht (je 2 Stellen für Stunde, Minute, Sekunde), 1 Stelle beschreibt den Situationstyp (z. B. Ende eines Handhabungsvorgangs), und der 21stellige „Körperhaltungs- und Kraftcode" beschreibt die Körpersegmentstellungen (10 Codepositionen) und die mit den Händen ausgeübten Aktionskräfte nach Richtung und Betrag (11 Positionen).

Die Beschreibung der Körperhaltung erfolgt für die einzelnen Körpersegmente getrennt mit Hilfe von 10 Indikatoren, die Beschreibung der Aktionskräfte mit Hilfe von 11 Indikatoren, wie im folgenden aufgeführt:

Pos. 1:	Sagittale Rumpfneigung, zusammengesetzt aus Beckenkippung und Wirbelsäulenkrümmung;
Pos. 2:	Krümmung der Wirbelsäule in der Sagittalebene;
Pos. 3:	Seitbeugung des Rumpfes durch Krümmung der Wirbelsäule und Seitkippung der Schultergelenkachse in der Frontalebene;
Pos. 4:	Torsion der Wirbelsäule, begleitet von einer Rotation der Schultergelenkachse um die Rumpflängsachse;
Pos. 5:	Linker Arm, Ober- und Unterarmkonfiguration in Seitenansicht;
Pos. 6:	Lage der linken Armkonfiguration im Raum;
Pos. 7:	Wie Pos. 5, jedoch rechts;
Pos. 8:	Wie Pos. 6, jedoch rechts;
Pos. 9:	Kopfhaltung relativ zum Rumpf;
Pos. 10:	Beinstellung;
Pos. 11:	Linker Arm, Komponente der Aktionskraft in der Sagittalebene;
Pos. 12:	Wie Pos. 11, jedoch links/Frontalebene;
Pos. 13:	Wie Pos. 11, jedoch rechts/Sagittalebene;
Pos. 14:	Wie Pos. 11, jedoch rechts/Frontalebene;
Pos. 15:	„Lasthändigkeit" bei der Kraftausübung;
Pos. 16–18:	Betrag der Aktionskraft links, 3stellig in Newton;
Pos. 19–21:	Betrag der Aktionskraft rechts, 3stellig in Newton.

Jede der obengenannten Codepositionen kann mit bis zu 10 Ausprägungen (Klassierungsstufen) verbunden sein. Beispielsweise wurde eine Klassierung der sagittalen Rumpfneigung in 15°-Schritten vorgesehen, so daß sich zwischen „aufrecht" (0°) und „weit vorgeneigt/horizontal gehalten" (90°) 7 Ausprägungen ergeben. Da zudem auch Rumpfstellungen zu berücksichtigen waren, bei denen der Oberkörper „ein wenig nach hinten" gehalten (Zuordnung –15°) oder auch „extrem weit vorgeneigt" (105°) ist, wurde die jeweilige im Videobild ersichtliche Rumpfneigung einer von insgesamt 9 Klassen zugeordnet. Die Armhaltung wird – rechts und links getrennt – jeweils durch Codepositionspaare beschrieben, bei denen einerseits 10 verschiedene Armkonfigurationen charakterisiert werden (z.B. Arm hängend, Arm horizontal/Ellenbogengelenke gestreckt, Oberarm hängend/Unterarm horizontal) und andererseits die räumliche Lage dieser Konfiguration (z.B. in der Frontal- oder Sagittalebene, schräg nach lateral oder medial) klassiert werden kann. Dadurch ergeben sich etwa 70 verschiedene Armhaltungen für die rechte und linke Seite, die entsprechend der realen Situation zu kombinieren sind (ca. 5000 Kombinationsmöglichkeiten). Übertragen auf den gesamten Körper und die Stellung der Körpersegmente im Raum resultiert aus den 10 Codepositionen mit jeweils 3–10 Ausprägungen eine Gesamtzahl von etwa 100 Mio. verschiedenen Codierungsmöglichkeiten zur Beschreibung einer videodokumentierten „realen" Körperhaltung.

Die mit dem rechten oder linken Arm ausgeübten Aktionskräfte werden einerseits durch den jeweiligen Betrag (Codepositionen 16–18, 19–21) sowie andererseits durch die Wirkungsrichtungen beschrieben. Eine zusätzliche Codeposition (15) wurde zur Kennzeichnung der „Lasthändigkeit" vorgesehen, so daß einhändig ausgeführte Lastenhandhabungen von beidhändigen unterschieden werden, oder auch, ob ein mit beiden Händen gefaßtes Lastobjekt oder 2 Lasten manipuliert werden. Die Wirkungsrichtungen der Aktionskräfte werden durch Positionspaare charakterisiert (11/12, 13/14), die die Komponenten der Aktionskraft in der Sagittal- bzw. Frontalebene darstellen: Drückt man beispielsweise mit der rechten Hand nach lateral, besitzt die „Aktionskraft rechts" keine Sagittal-, sondern nur ein Frontalkomponente. Schiebt man nach vorn, kann die Aktionskraft allein durch die Sagittalkomponente beschrieben werden. Schräges Schieben nach vorn seitlich beinhaltet sowohl eine Sagittal- als auch Frontalkomponente. Insgesamt wurden für beide Arme 26 verschiedene Wirkungsrichtungen vorgesehen, die in Abb. 1 skizziert sind: 6 Wirkungsrichtungen entsprechend der anatomischen Achsen (nach vorn oder hinten, nach rechts oder links, nach oben oder unten), 12 in Richtung der „Flächendiagonalen", die durch die anatomischen Ebenen charakterisiert werden (z.B. in der Sagittalebene: nach oben vorn oder hinten, nach unten vorn oder hinten), sowie 8 Wirkungsrichtungen entsprechend der „Raumdiagonalen", die durch die anatomischen Oktanten gekennzeichnet sind (z.B. nach rechts oben vorn oder links unten hinten).

Ein Beispiel für eine Codierung einer Arbeitssituation ist in Abb. 2 dargestellt: Abbildung 2a zeigt einen Maurer, der mit vorgeneigtem Rumpf (Zuordnung der Klasse „um 45°") und erkennbarer Sagittalflexion der

Codierte Kraftrichtungen

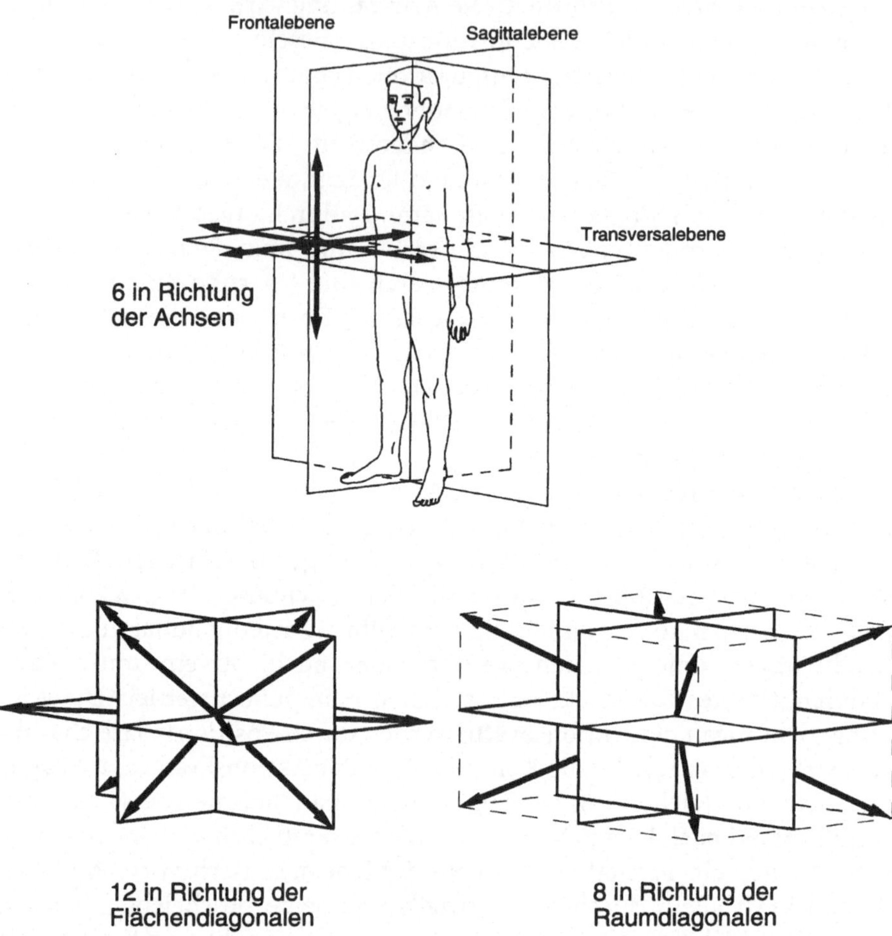

Abb. 1. Codierungsmöglichkeiten für die aus Videobildfolgen ableitbare Wirkungsrichtung von Aktionskräften, hier exemplarisch für den rechten Arm

Wirbelsäule die Kelle mit Mörtel (ca. 1 kg entsprechend 10 N) in der rechten Hand hält. Dabei ist der rechte Arm in der Sagittalebene um etwa 45° eleviert, der linke Arm nimmt eine hängende Position ein. Der Kopf wird etwa in Verlängerung der Rumpflängsachse gehalten, die Beine nehmen eine Schrittstellung an. Die derart codierte Körperhaltung ist in Abb. 2b anhand von Ganzkörperstrichfiguren skizziert, wobei jedoch aus Gründen der Verdeutlichung nur das jeweils relevante Körpersegment in der entsprechenden Stellung dargestellt ist: Beispielsweise zeigt das Piktogramm

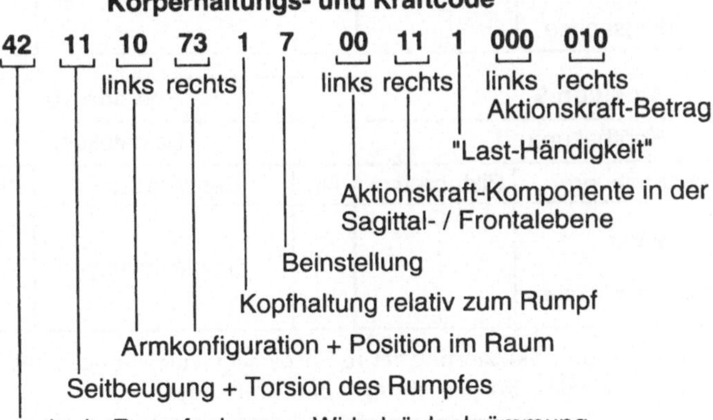

Abb. 2a. Belastungssituation bei Maurertätigkeiten zur Erläuterung der Codierung von Körperhaltung und ausgeübten Aktionskräften (Videoprint)

Position 1			Position 2		
Rumpfneigungswinkel			sagittale Wirbelsäulenkrümmung		
Nr.	Beschreibung	Piktogramm	Nr.	Beschreibung	Piktogramm
4	45°		2	Rundrücken 50 %	

Position 3			Position 4		
Seitbeugung			Verdrehung des Oberkörpers		
Nr.	Beschreibung	Piktogramm	Nr.	Beschreibung	Piktogramm
1	keine Seitenneigung		1	nicht verdreht	

Position 5			Position 6		
linker Arm in Seitenansicht			linker Arm, Position im Raum		
Nr.	Beschreibung	Piktogramm	Nr.	Beschreibung	Piktogramm
1	hängender Arm		0	nicht relevant	

Position 7			Position 8		
rechter Arm in Seitenansicht			rechter Arm, Position im Raum		
Nr.	Beschreibung	Piktogramm	Nr.	Beschreibung	Piktogramm
7	Arm gestreckt, 45° von Körperlängsachse		3	nach vorn	

Position 9			Position 10		
Kopfhaltung			Beinstellung		
Nr.	Beschreibung	Piktogramm	Nr.	Beschreibung	Piktogramm
1	Kopf in Rumpflängsachse		7	Schrittstellung	

Abb. 2b. Korrespondierende Skizzierung der 10 Körpersegmentstellungen und Zuordnung der Positionen innerhalb des „Körperhaltungs- und Kraftcodes"

zu Position 1 „Rumpfneigungswinkel" den Oberkörper um 45° vorgeneigt, die Beine jedoch vertikal, während das Piktogramm zu Position 10 „Beinstellung" die Schrittstellung illustriert, den Oberkörper jedoch aufrecht zeigt. Die zu jeder Codepositon angegebene Nummer (z. B. 4 in Pos. 1 „Rumpfneigungswinkel") gibt die der jeweiligen Segmentstellung zugeordnete Klasse an, so daß die Ziffernfolge „42 11 10 73 17" dem Ergebnis der Codierung der in Abb. 2a dargestellten Körperhaltung entspricht. Im unteren Teil von Abb. 2a ist das komplette situationsspezifische Codewort eingetragen, das neben dem Körperhaltungsanteil „42 11 10 73 17" insbesondere auch den Aktionskraftanteil enthält: Das letzte Tripel „010" zeigt an, daß mit der rechten Hand eine Aktionskraft von etwa 10 N ausgeübt wurde; das vorletzte Tripel „000" symbolisiert, daß links keine Kraft übertragen wurde. Dementsprechend wurde an Position 15 eine „1" codiert (= Aktionskraft nur rechts). Infolge der vertikalen Wirkungsrichtung der Gewichtskraft der rechts gehaltenen Mörtelkelle ergibt sich für das Positionspaar 13/14 in dieser Situation die Codierung „11", während für das Positionspaar 11/12 infolge der fehlenden Aktionskraft links die Codierung „00" resultiert.

Wie in diesem Beispiel erläutert, wurden sämtliche Belastungssituationen während einer Schicht durch entsprechende, um Angaben zur Zeit und Situationstyp ergänzte Codewörter beschrieben, so daß daraus – nach Rückwandlung dieser Daten in Winkel- und Kraftwerte und Übertragung an das System *Der Dortmunder* – insbesondere der Schichtverlauf der Wirbelsäulenbelastung berechnet werden konnte.

Biomechanische Modellierung – *Der Dortmunder*

Auf die biomechanischen Grundlagen zur Modellierung des Skelett- und Muskelapparates in sog. biomechanischen Modellen, bei denen Gesetze der Mechanik auf die Begebenheiten des menschlichen Körpers bei der Ausführung einer zu analysierenden und mechanisch zu charakterisierenden Lastenhandhabung angewendet werden (s. beispielsweise Jäger et al. [7]), wird im folgenden nicht näher eingegangen. Demzufolge wird auch auf eine Beschreibung der prinzipiellen Vorgehensweise zur Berechnung mechanischer Kenngrößen der Wirbelsäulenbelastung, wie Kräfte und Momente und deren Komponenten in Sagittal-, Frontal-, Transversal- oder Bandscheibenebenen, verzichtet. Die Modellrechnungen in der *Dortmunder Lumbalbelastungsstudie* erfolgten mit Hilfe des Analysesystems *Der Dortmunder*, dessen wesentliche Modellannahmen in früheren Publikationen erläutert wurden [6, 7]. *Der Dortmunder* ist dreidimensional dynamisch unter Einbeziehung der Wirkung des Intra-

Abdominaldrucks konzipiert, wobei allerdings die dynamische Komponente in dieser Arbeit bei der Analyse von mehreren tausend Körperhaltungen je Schicht nicht genutzt wurde. Somit war es möglich, auch unsymmetrische Körperhaltungen und Lastpositionen bezüglich der Medianebene, beispielsweise bei einhändig ausgeführten Tätigkeiten, in Hinsicht auf die resultierende Wirbelsäulenbelastung zu analysieren. Bei den Modellanwendungen wurden die individuellen Eigenschaften der Körperhöhe und des -gewichtes bei der (weitestgehend) ganzschichtigen Ermittlung der Wirbelsäulenbelastung berücksichtigt, nicht jedoch individuelle Körperproportionen.

Ausgewählte Ergebnisse

Die Ergebnisse der *Dortmunder Lumbalbelastungsstudie* werden hinsichtlich der Art und des Umfangs in diesem Kapitel lediglich exemplarisch erläutert, wobei auf die Ergebnisse von Körperhaltungsanalysen gänzlich verzichtet wird. Die Darstellung hier ist auch dahingehend eingeschränkt, daß die Ergebnisse nicht für sämtliche Tätigkeitsfelder vorgestellt werden. Außer Maurertätigkeiten beim Erstellen von Ein- bzw. Mehrfamilienhäusern wurden im Bereich der Metallverarbeitung die Tätigkeiten von Gesenkschmieden an einem Schmiedehammer, an dem Pleueln für PKW-Motoren hergestellt wurden, untersucht. Im Feld der industriellen Fleischverarbeitung wurden Tätigkeiten im Bereich „Räuchern oder Brühen von Würsten" sowie „Aufschneiden und Verpacken von Schinken oder Würsten" analysiert. Im Gegensatz zu diesen als weitgehend stationär einzustufenden Arbeitsplätzen waren die Untersuchungen bei der Entsorgung von Haus- oder Papiermüll an einem mobilen Arbeitsplatz durchzuführen. In diesem Bereich wurde die Tätigkeit derjenigen Person analysiert, die die Behälter vom und zum Müllfahrzeug manipuliert sowie den Entleerungsvorgang durchführt. Im folgenden werden ausgewählte Ergebnisse zur Belastung der Wirbelsäule aus dem Bereich der industriellen Wurstherstellung vorgestellt. Dazu ist in Abb. 3 eine typische Arbeitssituation dargestellt: Eine Person nimmt mehrere Würste, die nach Befüllen der Wurstdärme und deren Verschließung auf einer Ablage liegen, nacheinander auf und fädelt die Würste an entsprechenden Schlaufen auf Stangen von etwa 1 m Länge auf. Das Gewicht der Würste variierte zwischen etwa 1 und 6 kg, die Anzahl von Würsten je Stange zwischen 5 und 12 Stück. Die derart behängten Stangen (14–30 kg) – oder in geringer Anzahl auch einzelne Würste – wurden in unterschiedlicher Höhe in Metallgestelle eingehängt („Räucherwagen" s. Abb. 3, links), die anschließend zu Räucher- bzw. Brühkammern geschoben wurden.

Abb. 3. Typische Belastungssituation beim „Beschicken von Räucherwagen" im Tätigkeitsfeld „Industrielle Fleischverarbeitung" (Videoprint; Erläuterung s. Text)

Zeitprofil der Wirbelsäulenbelastung

Nach Auswertung der Videodokumentation in Form der sequentiellen Codierung von Körperhaltung und Aktionskräften für sämtliche Belastungssituationen während einer kompletten Schicht wurden mehrere Kenngrößen der Belastung der Wirbelsäule mit Hilfe des Systems *Der Dortmunder* berechnet (Einschränkungen s. Abschn. Prinzipielle Vorgehensweise, S. 58). Dazu ist in Abb. 4 ein etwa zweistündiger Ausschnitt für die Kräfte am Lenden-Kreuzbein-Übergang für das „Beschicken von Räucherwagen" (vgl. Abb. 3) dargestellt. Unterhalb der Zeitverläufe für die Kraftkomponenten für Bandscheibenkompression und -scherung nach vorn und hinten bzw. links (+) und rechts (–) ist das Zeitprofil für die Gesamtkraft an L5 – S1 aufgetragen, die sich in jedem Zeitpunkt durch vektorielle Addition der jeweiligen Komponenten ergibt. Die kontinuierlichen Zeitverläufe resultieren aus der Berechnung der biomechanischen Kenngrößen für die mehr als 2000 Situationen während dieses 2-h-Abschnitts, dem Eintragen dieser Werte in ein x-t-Diagramm und dem anschließenden graphischen Verbinden benachbarter Punkte.

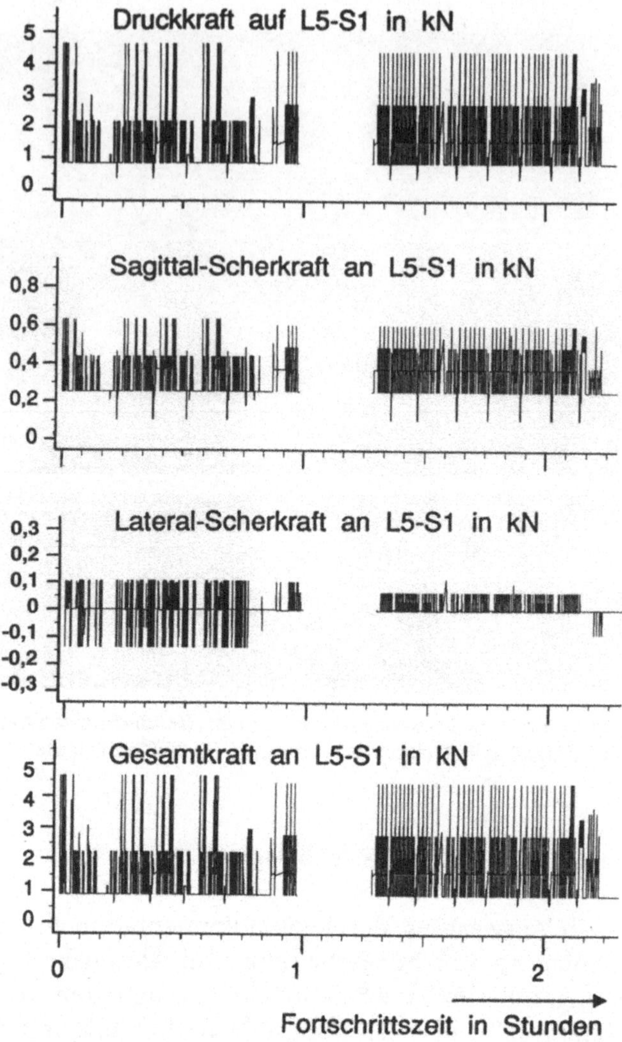

Abb. 4. Ausschnitt des Zeitverlaufs ausgewählter Kenngrößen der Wirbelsäulenbelastung beim „Beschicken von Räucherwagen"

Der Vergleich der in Abb. 4 dargestellten Zeitverläufe für die Bandscheibenkräfte zeigt, daß die berechneten Druckkräfte wesentlich größer sind als die Scherkräfte nach ventral und lateral. Demzufolge wird die Gesamtkraft im wesentlichen durch die Kompressionskraft geprägt. Während Druck- und Sagittalscherkräfte (fast) immer positive Werte annehmen – d.h. Zugkräfte oder nach dorsal gerichtete Scherung treten allenfalls in Ausnahmefällen auf –, nehmen die seitlichen Scherkräfte entsprechend der Ausübung von Aktionskräften nach links oder rechts in etwa gleichhäufig positive als auch negative Werte an. Dies kann nicht auf sämtliche Tätigkeiten verallgemeinert werden, da beispielsweise Einschränkungen des Greifraums oder die individuelle Rechts- oder Linkshändigkeit eine beidseits gleichverteilte Nutzung der Hände und Arme beeinflussen können.

Wie die Zeitverläufe verdeutlichen, bilden sich aufgrund repetitiver Anteile in der Tätigkeit beim Beschicken von Räucherwagen mit z. T. identischen Lastgewichten über längere Zeit deutlich erkennbare „Muster" aus, die sich jeweils über etwa 1 h erstrecken. Dieser Sachverhalt ist auf den Tätigkeitsinhalt zurückzuführen, der im ersten Teil in der Handhabung von 6-kg-Würsten bestand, im zweiten Teilabschnitt wurde mit Würsten à 3 kg hantiert. Durch die zeitliche Komprimierung der Verläufe scheinen sich „Plateaus" auszubilden, die sich bei zeitlicher Dehnung als Folge von Spitzen mit jeweils gleichem Wert identifizieren lassen: Mit Hilfe von Abb. 5 soll der repetitive Charakter der Tätigkeit anhand des Zeitverlaufs für die lumbosakrale Kompressionskraft verdeutlicht werden. Während dieses etwa zweiminütigen Abschnitts werden 3-kg-Würste aufgefädelt, die behängten Stangen angehoben und in entsprechende Aufnahmen im Metallgestell eingehängt. Dieser Tätigkeitenzyklus wird hier insgesamt sechsmal durchlaufen. Jeder Zyklus beginnt mit dem Aufnehmen der Stange seitlich vom Körper mit leicht vorgeneigtem Rumpf (1,6 kN) und deren Herannehmen zu einer frontalen Position (1,4 kN). Während des nachfolgenden, etwa 10 s dauernden Abschnitts werden jeweils 6 Würste aufgefädelt, was – da die Würste auf der Ablage liegenbleiben – zu keiner wesentlichen Kompressionsänderung führt. Diese Auffädelverrichtungen wurden, da lediglich

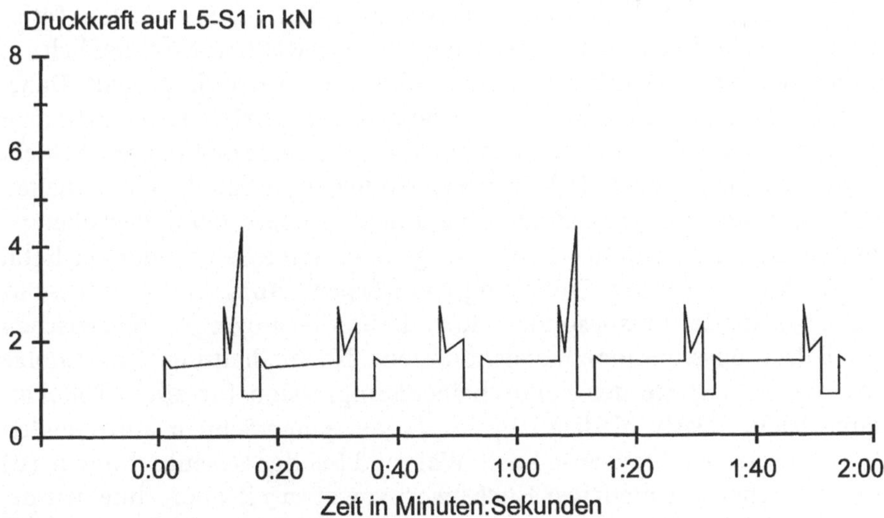

Abb. 5. Ausschnitt des Zeitverlaufs der Kompressionskraft am Lenden-Kreuzbein-Übergang beim „Beschicken von Räucherwagen"

ein Arm hin- und herbewegt wird, ohne Lasten zu handhaben, nicht gesondert codiert. Anschließend wurden die behängten Stangen mit einem Gewicht von 17 kg angehoben (2,7 kN), an den Körper herangenommen (1,7 kN) und in den Räucherwagen eingehängt. Daraus resultieren jeweils „M-förmige" Verläufe, wobei sich für die jeweils zweite Spitze verschiedene Druckkräfte je nach Einhängehöhe und korrespondierender Körperhaltung (Rumpfneigung/Armstellung) ergeben: bei niedriger Einhängehöhe ca. 4,3 kN, bei mittlerer ca. 2,3 kN und bei großer Einhängehöhe ca. 1,9 kN. Nach dem Einhänge- und anschließendem Aufrichtvorgang (0,8 kN) werden 3–4 s benötigt, um wieder an die Ablage zu treten und den nächsten Fädel-, Anhebe- und Einhängezyklus zu beginnen.

Die an obigem Beispiel aufgezeigte Repetitivität kann weder auf die gesamte Schicht bei der fleischverarbeitenden Industrie noch auf alle anderen in der *Dortmunder Lumbalbelastungsstudie* untersuchten Tätigkeitsfelder übertragen werden. Sowohl Maurer- als auch Müllwerkertätigkeiten führen zu vielen unterschiedlichen Körperhaltungen, bei denen z. T. auch verschiedenartige Lastobjekte unterschiedlichen Gewichts gehandhabt werden, so daß sich diese Tätigkeiten nicht ohne weiteres durch gleichförmige Zyklen charakterisieren lassen. Im Gegensatz dazu waren die untersuchten Schichten in der Gesenkschmiede äußerst repetitiv, sofern keine Rüst- oder Kontrolltätigkeiten durchgeführt wurden.

Ergebnisse zu verschiedenen Tätigkeitsfeldern

Zum Vergleich der Wirbelsäulenbelastung in den 4 untersuchten Tätigkeitsfeldern sind in Tabelle 1 exemplarisch ausgewählte, ausschließlich auf die lumbosakrale Druckkraft beschränkte Kennwerte dargestellt. Dabei wird deutlich, daß die Anzahl von Codierungen stark variiert: zwischen ca. 4000 in der 2. Schicht beim Hochbau (B) und ca. 22000 in der 1. Schicht bei der Gesenkschmiede (A). In diesen Codierungshäufigkeiten enthalten sind nicht nur die „Belastungssituationen" entsprechend der obengenannten Kriterien (Rumpf $\geq 30\,°C$ vorgeneigt, seitgebeugt oder verdreht; Last $\geq 0{,}5$ kg; s. Abschn. Codierung von Körperhaltung und Aktionskräften, S. 59), sondern insbesondere auch die Codierungen für die zwischen den Belastungssituationen angenommene Normalhaltung. Demzufolge sind die Mittelwerte der Bandscheibenkompression für alle 4 Untersuchungsfelder relativ niedrig. Die im Verlauf einer Schicht auftretenden Maximalwerte sind teilweise hoch: Während bei der Gesenkschmiede (B) ein vergleichsweise niedriger Höchstwert von etwa 3 kN berechnet wurde, ergab sich bei der Schichtauswertung für die Müllentsorgung („Papier") eine Maximalkompression von ca. 8 kN. Hohe Wirbelsäulenbelastungen

Tabelle 1. Ausgewählte statistische Kennwerte für die Bandscheibenkompression zur Beschreibung der Wirbelsäulenbelastung für die je 2 untersuchten Schichten in 4 Tätigkeitsfeldern

Untersuchungsfeld		Anzahl der Codierungen	Druckkräfte auf L5-S1 in kN		
	Schicht		Mittelwert	90. Perzentil	Maximum
Hochbau	A	7504	1,9	3,1	7,5
	B	3962	1,9	2,9	5,3
Gesenk-schmiede	A	21897	0,8	1,6	4,7
	B	19878	1,0	1,7	2,9
Fleisch-verarbeitung	„Räucherwagen"	11680	1,6	2,6	5,1
	„Aufschnitt"	13076	1,3	2,2	4,3
Müll-entsorgung	„Restmüll"	15728	1,7	2,9	7,4
	„Papier"	10243	1,5	2,6	7,9

treten bei der Müllentsorgung häufig dann auf, wenn unerwartet schwere Behälter in die nicht vollständig herabgelassene Entleerungsvorrichtung des Müllfahrzeugs eingehoben werden. Zur Charakterisierung der Belastungshöhe scheint das Maß „90. Perzentil" besonders geeignet, da dieser Kennwert insbesondere impliziert, daß 10% aller vorkommenden Bandscheibenkompressionen oberhalb dieses Wertes liegen. Bezogen auf die Schichtauswertungen bei der Gesenkschmiede bedeutet dies, daß etwa 2000 Situationen zu Druckkräften von mehr als etwa $1\frac{1}{2}$ kN führen. Die korrespondierenden Werte für die übrigen Untersuchungsfelder sind erheblich höher: Beispielsweise wurde bei der Restmüllentsorgung etwa 1500mal der Wert von 3 kN überschritten.

Diese wenigen Beispiele von Ergebnissen zeigen, daß zur Beschreibung auftretender Belastungen während einer Schicht die Angabe eines einzigen Maßes nicht ausreichend erscheint. Weder der Maximalwert, der auch auf untypische Nebentätigkeiten zurückzuführen sein könnte, noch der Mittelwert charakterisiert eine zeitvariante Größe treffend. Deshalb wurden in der *Dortmunder Lumbalbelastungsstudie* für alle 8 untersuchten Schichten je 7 deskriptive Kennwerte (Mittelwert/Standardabweichung; Minimum/Maximum; 10./50./90. Perzentil) für die Beuge- und Torsionsmomente sowie für die Kompressions- und Scherkräfte angegeben.

Diskussion

Die Beurteilung beruflicher Tätigkeiten des manuellen Lastentransports hinsichtlich des Überlastungsrisikos der LWS beschränkt sich gemeinhin auf den Belastungsindikator „Bandscheibenkompression", obwohl i. allg.

auch andere Belastungsformen wie Beuge- und Torsionsmomente sowie Bandscheibenscherung auftreten. Dennoch bietet selbst eine auf Kompressionskräfte reduzierte Beurteilungsmethodik vielfältige Möglichkeiten, um Belastungen über längere Zeitabschnitte (Schicht, Jahr, Berufsleben) angemessen zu erfassen und zu beurteilen.

Zur Beurteilung von ganzschichtig ermittelten Bandscheibenkompressionen wurden in der *Dortmunder Lumbalbelastungsstudie* vier Arten von „Belastungskennzahlen" abgeleitet:

1. Innerhalb der 1. Gruppe von Belastungkennzahlen wurden die berechneten Kompressionswerte mit Richtwerten der Literatur zur maximalen Kompressionsbelastung lumbaler Segmente beim Handhaben von Lasten verglichen. Als die Belastung kennzeichnende Größe wurde die Anzahl von Überschreitungen für die 8 untersuchten Schichten bestimmt. Als Richtwerte wurden zum einen das vom National Institute for Occupational Safety and Health der U.S.A. vorgestellte „Action Limit" [11], und zum anderen die alters- und geschlechtsspezifischen *Dortmunder Richtwerte* aus dem Institut für Arbeitsphysiologie [5] angewendet.

2. Die 2. Gruppe von Kennzahlen stellt zeitgewichtete Mittelwerte dar, bei denen die Dauer jeder Einzelbelastung berücksichtigt wird. Darüber hinaus wird der Vermutung Rechnung getragen, daß hohe Spitzenwerte ein höheres Schädigungspotential besitzen als mehrere Belastungssituationen mit zusammen gleichem Summenwert. Dazu werden sog. Äquivalenzkräfte berechnet, bei denen die Kompressionskraftwerte quadratisch bzw. in 4. Potenz („tetradisch") in die zeitgewichtete Mittelung eingehen. Dies bedeutet beispielsweise bei quadratischer Wichtung der Kraft, daß a) zunächst die Produkte aus Kraftquadrat und Dauer einer jeden Einzelexposition gebildet, b) aufsummiert werden, und c) diese Produktsumme auf die Gesamtdauer bezogen wird (= Division durch Summe der Einzelexpositionszeiten); d) anschließend ist daraus die Quadratwurzel zu ziehen. Analog dazu ist bei tetradischer Kraftwichtung 2mal zu quadrieren und die 4. Wurzel zu ziehen. Bei „linearer" Wichtung von Zeit und Kraft wird letztere unmodifiziert berücksichtigt und das Radizieren entfällt.

3. Die 3. Gruppe von Belastungskennzahlen greift den „Dosisansatz" auf [12, 13], bei dem das Produkt aus Kompressionskraft und Dauer der Einzelexposition über die Schicht aufsummiert wird. Demzufolge entsteht – bei Voraussetzung gleicher Expositionshöhe – ein höherer Dosiswert bei längeren Expositionszeiten. Während bisher lineare Dosisansätze üblich sind, wurden in der dieser Arbeit zugrundeliegenden Studie auch Belastungskumulationen entsprechend den Äquivalenzkräften durchgeführt.

4. Eine weitere Kennzahl besitzt ebenfalls Dosischarakter und berücksichtigt in Anlehnung an ein verbreitetes Verfahren [3] die zusätzliche Nebenbedingung, daß bei der Belastungskumulation nur diejenigen Zeitabschnitte eingehen, deren Bandscheibenkompression einen gesetzten Schwellenwert überschreitet. (Diese Kennzahl sollte nicht mit der Tagesdosis von Hartung u. Dupuis [3] verwechselt werden, da wesentliche Unterschiede bezüglich der Dauer der Einzelexposition [hier gemessen, dort einheitlich gesetzt] sowie der Berücksichtigung extremer Rumpfbeugehaltungen vorliegen.)

Im Zusammenhang verschiedenartiger Belastungskennzahlen zeigt Tabelle 2 die Auswertungen der jeweils 2 untersuchten Schichten in den vier verschiedenen Tätigkeitsfeldern hinsichtlich der Anzahl von Überschreitungen von Richtwerten zur maximalen Bandscheibenkompression. Diese sollte nach NIOSH [11] den Wert von 3,4 kN nicht überschreiten, wenn eine Personenauswahl oder Umgestaltungen der Arbeitsbedingungen vermieden werden sollen. Die NIOSH-Grenze wird z.T. kein einziges Mal während einer Schicht überschritten (Gesenkschmiede B), was auf das auch für die Gesenkschmiede relativ niedrige Gewicht der zu verarbeitenden Schmiedestücke während der Untersuchung zurückzuführen ist. In den anderen Tätigkeitsbereichen liegen die berechneten Kompressionskräfte einige hundert Mal (Hochbau A + B, Beschicken von Räucherwagen, Papiermüll-Entsorgung) oder sogar bis zu fast eintausend Mal höher als das NIOSH-Limit (Restmüllentsorgung). Dies bedeutet, daß entsprechend den NIOSH-Empfehlungen die Arbeitsplätze mit häufigen Limitüberschrei-

Tabelle 2. Anzahl von Richtwertüberschreitungen der Bandscheibenkompression zur Beschreibung der Wirbelsäulenbelastung für die je 2 untersuchten Schichten in 4 Tätigkeitsfeldern

Untersuchungsfeld		Anzahl der Codierungen	Anzahl von Richtwert-Überschreitungen			
			20jährige 6,0 kN	40jährige 4,1 kN	60jährige 2,3 kN	NIOSH 3,4 kN
Hochbau	A	7 504	4	58	2606	389
	B	3 962	0	85	1205	219
Gesenk-	A	21 897	0	1	15	1
schmiede	B	19 878	0	0	56	0
Fleisch-	„Räucherwagen"	11 680	0	261	1473	292
verarbeitung	„Aufschnitt"	13 076	0	3	1231	51
Müll-	„Restmüll"	15 728	15	310	3221	965
entsorgung	„Papier"	10 243	6	97	1615	330

tungen einer prüfenden Kontrolle hinsichtlich Personenauswahl oder Umgestaltung unterzogen werden sollten.

Aufgrund der nicht zu vernachlässigenden Alters- und Geschlechtsabhängigkeit der Belastbarkeit, d. h. Festigkeit der LWS, sowie gewisser Widersprüche und Unergründlichkeiten in der Ableitung des biomechanischen Kriteriums von NIOSH [4] wurden Richtwerte vorgestellt, die diese Eigenschaften zur Verringerung des individuellen Überlastungsrisikos berücksichtigen [5]. Da im Zusammenhang dieser Arbeit lediglich die Altersabhängigkeit der lumbalen Kompressionsfestigkeit von Männern relevant ist, wurden als Richtwerte 3 Beispiele für 20-, 40- und 60jährige (6,0/4,1/2,3 kN) ausgewählt. Diese empfohlenen Richtwerte werden, wie Tabelle 2 zeigt, je nach Untersuchungsfeld und unterstelltem Alter unterschiedlich häufig überschritten: Ein relativ hohes Alter der Arbeitsperson voraussetzend, liegen die berechneten Bandscheibenkompressionen in den analysierten Schichten einige Male (15 bei Gesenkschmiede A) oder auch bis zu wenige tausend Male oberhalb der 2,3-kN-Empfehlung. Bei niedrigem Alter ist die Anzahl der Richtwertüberschreitungen wesentlich geringer: Innerhalb fünf der acht untersuchten Schichten wird die 6-kN-Empfehlung kein einziges Mal überschritten, bei einer Müllwerkerschicht aber immerhin 15mal. Die Häufigkeiten für „mittleres" Alter (40 Jahre) zusätzlich berücksichtigend, kann insgesamt geschlossen werden, daß vordringlich die Tätigkeiten bei der Müllentsorgung, aber auch die Tätigkeiten im Hochbau und beim Beschicken von Räucherwagen nicht derart gestaltet zu sein scheinen, daß sie unbedenklich von jeder Person durchgeführt werden sollten.

Ergebnisse zur kumulierten Belastung für die 8 untersuchten Schichten sind in Tabelle 3 zusammengefaßt; dabei wurden einerseits verschiedene Wichtungen der berechneten Kompressionswerte und andererseits auch der Effekt einer „Kraftschwelle" ($\geq$ 3,4 kN) berücksichtigt. Bei unterschiedlicher Kraftwichtung ergeben sich unterschiedliche Werte für die kumulierte Kompressionsbelastung: Mit zunehmender Potenzierung steigt der berechnete „Dosiswert".

Je nach „Spitzenbehaftetheit" des jeweiligen Zeitverlaufs ist diese Zunahme unterschiedlich hoch; besonders ausgeprägt ist dieser Effekt bei der Gesenkschmiede „B" und der Papiermüllentsorgung. Insgesamt variieren die „Dosiswerte" je nach Untersuchungsfeld bzw. Schicht auffällig stark: Die höchsten Werte werden während derjenigen Schichten erreicht, bei denen die Expositionsdauer relativ groß war.

Die in Tabelle 3 rechts dargestellten Werte, denen eine Schwellensetzung von 3,4 kN zugrunde liegt, verdeutlicht, wie stark „Nebenbedingungen" bei der Berechnung von Kumulationswerten das Ergebnis beeinflussen: Selbst Tagesdosiswerte im Bereich von 13 kNh werden auf einen

Tabelle 3. Kumulierte Bandscheibenkompression (berechnet mit unterschiedlicher Wichtung der Kraftwerte und z.T. nach „Schwellensetzung") zur Beschreibung der Wirbelsäulenbelastung für die je 2 untersuchten Schichten in 4 Tätigkeitsfeldern

Untersuchungsfeld		Anzahl der Codierungen	Expositionsdauer	kumulierte Kompressionsbelastung Kraftwichtung:			
				linear	quadratisch	tetradisch	linear/ $\geq 3{,}4$ kN
			h	kNh	kNh	kNh	kNh
Hochbau	A	7504	6,8	10,8	11,7	13,3	0,3
	B	3962	3,8	6,2	6,8	7,7	0,4
Gesenk-	A	21897	3,8	3,3	3,5	3,8	0,0
schmiede	B	19878	4,1	3,7	4,0	4,6	0,0
Fleisch-	„Räucherwagen"	11680	7,9	12,1	12,6	13,5	0,1
verarbeitung	„Aufschnitt"	13076	6,3	7,9	8,2	9,3	0,1
Müll-	„Restmüll"	15728	6,7	9,0	9,8	11,4	0,3
entsorgung	„Papier"	10243	7,0	8,5	9,0	10,3	0,1

Bruchteil verringert (0,1–0,3 kNh), wenn lediglich die Zeitabschnitte berücksichtigt werden, bei denen die Bandscheibenkompression oberhalb 3,4 kN liegt. Obwohl diese ohne Schwellensetzung bestimmten kumulierten Belastungen in Höhe von 13 kNh je Schicht weit oberhalb des 1,7-kNh-Richtwertes nach Hartung u. Dupuis [3] liegen, unterschreitet die kumulierte Kompressionsbelastung diesen Richtwert bei einer 3,4-kN-Schwelle beträchtlich. Beim Vergleich mit dem Richtwert nach Hartung u. Dupuis sollte allerdings auch bedacht werden, daß dieser unter der Maßgabe einer Minimaldauer je Einzelexposition von 5 s gilt, während für die Werte in Tabelle 3 jeweils die reale, gemeinhin kürzere Dauer eingegangen ist. Wenn nicht von vornherein ein Schädigungspotential bei den untersuchten Tätigkeiten kategorisch ausgeschlossen wird, deutet dieser Sachverhalt darauf hin, daß der Schwellenwert anscheinend zu hoch gewählt wurde und daß der erwähnte Richtwert zur Schichtdosis bei der Berücksichtigung von Realzeiten modifiziert werden müßte.

Zusammenfassende Schlußfolgerungen

Die in der *Dortmunder Lumbalbelastungsstudie* [8] angewendete Vorgehensweise zur „indirekten" Bestimmung der Belastung der LWS mittels Codierung von videodokumentierten Körperhaltungen und ausgeübten Aktionskräften ermöglicht es, die bei Lastenhandhabungen auftretende

Wirbelsäulenbelastung nach Art, Höhe, Dauer und zeitlicher Abfolge für komplette Schichten nahezu lückenlos zu analysieren. Jede Lastenmanipulation setzt sich i. allg. aus mehreren Einzelaktivitäten wie Ziehen, Schieben, Heben oder Umsetzen zusammen, die mit unterschiedlichen Belastungen verbunden sind und bei einer auf den Hebevorgang begrenzten Analyse unzureichend berücksichtigt würden. Eine lückenlose Quantifizierung der Belastung der Wirbelsäule ist einer „punktuellen" Ermittlung vorzuziehen und stellt eine gesichertere Grundlage für die Beurteilung von Lastenhandhabungen hinsichtlich des resultierenden Überlastungsrisikos dar. In den untersuchten Schichten treten hohe Belastungsspitzen bei „Nebentätigkeiten" wie Umbau-, Rüst- oder Reparaturarbeiten auf, die jedoch nicht als „artfremd" oder „untypisch" interpretiert werden sollten. Die biomechanischen Analysen zu den Feldstudien bei der Müllabfuhr, beim Hochbau und in der Fleischwarenindustrie haben gezeigt, daß die auftretende Belastung in zahlreichen Situationen vorgegebene Richtwerte zur Bandscheibenkompression überschreitet. Im Sinne der gesundheitlichen Prävention sollten derartige Tätigkeiten insbesondere nicht von älteren Personen ausgeführt werden. Wegen des anzunehmenden höheren Schädigungspotentials von Belastungsspitzen sollte bei der Belastungskumulation in sog. Dosisansätzen eine beispielsweise quadratische Wichtung der Bandscheibenkräfte im Vergleich zur Expositionsdauer überdacht werden.

Literatur

1. BMA, Bundesminister für Arbeit und Sozialordnung (1993) Merkblatt für die ärztliche Untersuchung zu Nr. 2108. Bundesarbeitsblatt 3:50–53
2. Bolm-Audorff U (1989) Berufskrankheiten der Wirbelsäule durch Heben oder Tragen schwerer Lasten. In: Konietzko J, Dupuis H (Hrsg) Handbuch der Arbeitsmedizin. Arbeitsphysiologie – Arbeitspathologie – Prävention, Kap IV-7.8.3. ecomed, Landsberg, S 1–24 (10. Erg Lfg 7/93)
3. Hartung E, Dupuis H (1994) Verfahren zur Bestimmung der beruflichen Belastung durch Heben und Tragen schwerer Lasten oder extreme Rumpfbeugehaltungen und deren Beurteilung im Berufskrankheiten-Feststellungsverfahren. Die BG 7:452–458
4. Jäger M (1996) Biomechanical aspects concerning the assessment of lumbar load during heavy work and uncomfortable postures with special emphasis to the justification of NIOSH's biomechanical criterion. In: Problems and Progress in Assessing Physical Load and Musculoskeletal Disorders. Schriftenreihe der Bundesanstalt für Arbeitsmedizin, Berlin, Tagungsbericht 10. Wirtschaftverlag NW, Bremerhaven, pp 49–72
5. Jäger M, Luttmann A (1996) Biomechanisch begründete Richtwerte zur Begrenzung des Überlastungsrisikos der Lendenwirbelsäule beim Handhaben von Lasten unter besonderer Wertung des NIOSH-Kriteriums. In: Münzberger E (Hrsg) Verhandlungen der Deutschen Gesellschaft für Arbeitsmedizin und Umweltmedizin. Rindt, Fulda, S 125–128

6. Jäger M, Luttmann A, Laurig W (1991) Lumbar load during one-handed bricklaying. Int J Indust Erg 8:261–277

7. Jäger M, Luttmann A, Laurig W (1992) Ein computergestütztes Werkzeug zur biomechanischen Analyse der Belastung der Wirbelsäule bei Lastenmanipulationen: „Der Dortmunder". Med Orthop Tech 112:305–313

8. Jäger M, Jordan C, Luttmann A, Dettmer U, Bongwald O, Laurig W (1997) Dortmunder Lumbalbelastungsstudie: Ermittlung der Belastung der Wirbelsäule bei ausgewählten beruflichen Tätigkeiten. Hauptverband der gewerblichen Berufsgenossenschaften, Sankt Augustin

9. Laurig W, Gerhard L, Luttmann A, Jäger M, Nau H-E (1985) Untersuchungen zum Gesundheitsrisiko beim Heben und Umsetzen schwerer Lasten im Baugewerbe. Schriftenreihe der Bundesanstalt für Arbeitsschutz (Hrsg), Dortmund, Forschung – Fb Nr. 409. Wirtschaftsverlag NW, Bremerhaven

10. Luttmann A, Jäger M, Laurig W, Schlegel KF (1988) Orthopaedic diseases among transport workers. Int Arch Occup Environm Health 61:197–205

11. NIOSH, National Institute for Occupational Safety and Health (1981) Work Practices Guide for Manual Lifting. Dept. Health and Human Services, No. 81–122, Cincinnati, Ohio (USA)

12. Pangert R, Hartmann H (1991) Epidemiologische Bestimmung der kritischen Belastung der Lendenwirbelsäule beim Heben von Lasten. Zentralbl Arbeitsmed 41:193–197

13. Pangert R, Hartmann H (1994) Kritische Dosis für die berufliche Belastung der Lendenwirbelsäule als gutachterliche Entscheidungshilfe. Zentralbl Arbeitsmed 44:124–130

Kapitel 8

Biomechanische Analyse von Tätigkeiten in Pflegeberufen

U. Rehder, G. Deuretzbacher, O. Kempendorf, S. Molatta und H. Michaelis

Der chronische tiefsitzende Rückenschmerz hat eine multifaktorielle Genese [1, 3, 21, 23]. Nicht nur die manuelle Handhabung von Lasten, sondern auch psychosoziale Faktoren spielen in der Entwicklung des „low back pain" eine wichtige Rolle [2, 13].

Die BK 2108 bezieht sich jedoch nur auf eine Krankheitsentstehung, die durch die physikalische Einwirkung externer oder interner Kräfte auf die LWS gekennzeichnet ist. Zur Bestimmung der Kompressionskräfte, die auf die lumbalen Bandscheiben bei der Lastenhandhabung wirken, wurden bisher – neben intradiskalen Druckmessungen [18, 25] – Modellrechnungen verwendet [5–12, 14–16]. Vorwiegend handelte es sich um Berechnungen, die die individuellen Unterschiede in der Anthropometrie der Probanden und in der Arbeitstechnik nicht berücksichtigten. Gerade diesen Unterschieden kann aber eine erhebliche Bedeutung für die Größe der resultierenden Kräfte zukommen.

Daher wurden im Labor typische Schwesterntätigkeiten einer biomechanischen Bewertung unterzogen. Das Labor war mit dem dreidimensionalen Bewegungsanalysesystem VICON, bestehend aus 6 Videokameras, 2 Kraftmeßplatten und 10 EMG-Kanälen, ausgestattet. Die Probandinnen waren mit reflektierenden Kugeln markiert (Abb. 1), so daß die Bahnkurven dieser Marker mit einer räumlichen Auflösung von 1–2 mm und einer Zeitauflösung von 50 Hz verfolgt werden konnten.

Der Patient (70 kg) lag in einem höhenverstellbaren Krankenhausbett, das zu einem Meßbett umgebaut worden war. Über 4 Kraftmeßdosen an den Bettpfosten wurde das von der Pflegerin übernommene Patientengewicht bestimmt, mit Hilfe von 2 weiteren Kraftmeßdosen wurden die externen Kräfte beim Anlehnen der Pflegerin am Bettrand quantitativ gemessen. Bei einigen Pflegeaufgaben war das Abstützen mit dem Knie im Bett zugelassen, deshalb mußte dieser Bereich des Bettes mechanisch entkoppelt werden. Die im Labor untersuchten Pflegeaufgaben sind in Tabelle 1 aufgeführt, die Charakterisierung des Probandinnenkollektivs zeigt Tabelle 2.

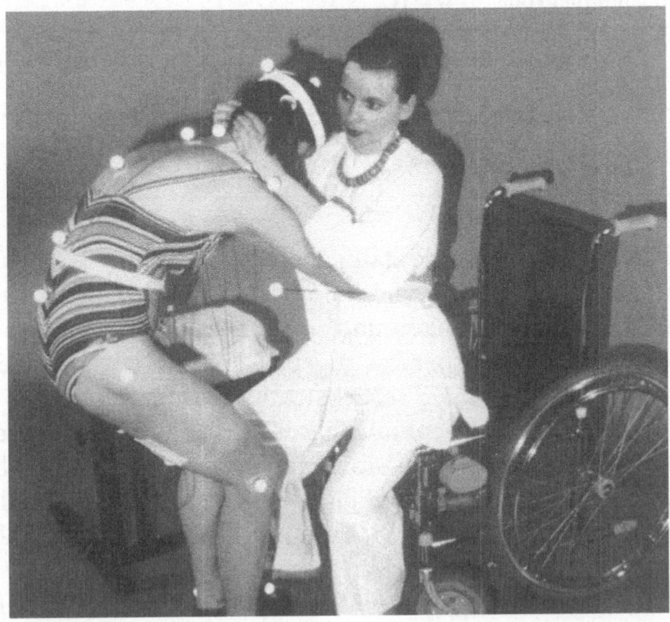

Abb. 1. Laborsituation zum Patiententransfer von der Bettkante in den Rollstuhl

Tabelle 1. Pflegeaufgaben

Nr.	Aufgabe	Zahl der Patienten	Stehend/ kniend
1	Unterziehen eines Stecklakens bei immobilem Patienten	1	K
2	Unterziehen eines Stecklakens bei angewinkelten Patientenknien	1	K
3	T-Shirt anziehen, Pflegerin kniet im Bett	1	K
4	Kopfteil hoch- und tiefstellen	1	S
5	Transfer vom Fußende zum Kopfende	2	S
6	Transfer vom Fußende zum Kopfende, wobei der Patient sich mit den Füßen abstößt	2	S
7	T-Shirt anziehen, Pflegerin steht neben dem Bett	1	S
8	Transfer des Patienten vom Bett auf die Trage	2	S
9	Aufrichten für den Rollstuhltransfer	1	S
10	Transfer von der Bettkante in den Rollstuhl	1	S

Tabelle 2. Probandinnenkollektiv n = 15

	Körpergewicht [kg]	Körpergröße [cm]	Alter [Jahre]	Berufserfahrung [Jahre]
Mittelwert	80,3	171	35,2	16,3
Streuung	18,4	5	10,6	9,3

Die bei den einzelnen Pflegeaufgaben gemessenen Bewegungsdaten wurden in ein dreidimensionales biomechanisches Ganzkörpermodell eingespeist, das aus 18 Gelenken und 19 Segmenten bestand [4]. Das Modell wurde an die Versuchsperson angepaßt, indem etwa 40 individuelle anthropometrische Parameter berücksichtigt wurden.

Mit Hilfe dieser Modellrechnungen konnten die bei den einzelnen Tätigkeiten aufgetretenen Kompressionskräfte in der Wirbelsäule bestimmt werden. Die über das Probandenkollektiv gemittelten Maximalkräfte in den lumbalen Bandscheiben L5/S1, L3/4 und Th12/L1 sind der Tabelle 3 zu entnehmen.

Für sechs Aufgaben liegen die Maximalwerte der Bandscheibenbelastung am lumbosakralen Übergang über einem Wert von 2600 N, der vom

Tabelle 3. Mittlere Maximalkräfte in N

Nr.	Aufgabe	L5–S1	S.D.	L3–L4	S.D.	Th12–L1	S.D.
1	Unterziehen eines Stecklakens bei immobilem Patienten	2068	487	1638	392	1188	343
2	Unterziehen eines Stecklakens bei angewinkelten Patientenknien	2011	655	1557	568	1088	531
3	T-Shirt anziehen, Pflegerin kniet im Bett	1976	443	1514	352	1052	378
4	Kopfteil hoch- und tiefstellen	2884	658	2277	449	1572	362
5	Transfer vom Fußende zum Kopfende	3795	725	3215	659	2554	719
6	Transfer vom Fußende zum Kopfende wobei der Patient sich mit den Füßen abstößt	3366	943	2810	820	2154	735
7	T-Shirt anziehen, Pflegerin steht neben dem Bett	2343	642	2006	603	1697	619
8	Transfer des Patienten vom Bett auf die Trage	3566	810	2901	638	2135	611
9	Aufrichten für den Rollstuhltransfer	2925	694	2502	637	2049	635
10	Transfer von der Bettkante in den Rollstuhl	3749	1208	3194	1045	2638	1033

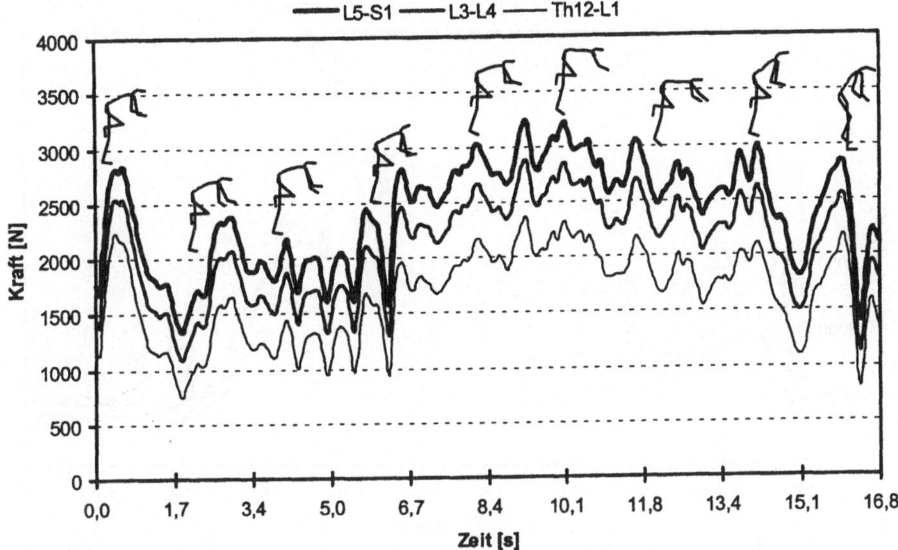

Abb. 2. Kompressionskräfte in der LWS: Stecklaken unterziehen

National Institute for Occupational Safety and Health (NIOSH) als ein Grenzwert für Frauen bei manueller Lastenhandhabung angesehen wird und möglichst nicht überschritten werden sollte [19, 20].

Aber auch beim Einziehen eines Stecklakens, ohne daß eine besondere Last gehoben würde, können erhebliche Kompressionskräfte in den Bandscheiben auftreten (Abb. 2). Die Probandin stützt sich bei dieser Tätigkeit mit einem Bein im Bett ab und beugt sich über den Patienten. Die Maximalwerte der axial wirkenden Kräfte liegen hier bei 3200 N für die Bandscheibe L5/S1. Über den relativ langen Zeitraum von fast 10 s werden Werte über 2600 N erreicht.

Transferaufgaben zu zweit führen nicht notwendig zu einer geringeren Belastung der einzelnen Pflegerin. Beim Transfer des Patienten vom Fußende in Richtung Kopfende wurden auch hier in Einzelfällen Maximalkräfte von über 5 kN auf die Bandscheibe L5/S1 berechnet (Abb. 3).

Als besonders belastend hat sich die Aufgabe des Patiententransfers in den Rollstuhl gezeigt. Diese Aufgabe führt für alle drei untersuchten Segmente der LWS zu Kompressionskräften über 3000 N, für L5/S1 sogar über 4000 N (Abb. 4).

Die häufig vorkommende Aufgabe, das Kopfteil des Bettes hoch- und tiefzustellen, führt ebenfalls zu kurzzeitigen Kompressionskräften über 3000 N. Außerdem ist diese Aufgabe mit einer Verdrehung in der Wirbelsäule verbunden, so daß auch nennenswerte Torsionsmomente um die Wirbelsäulenlängsachse auftreten, die in der Größenordnung um 30 Nm liegen.

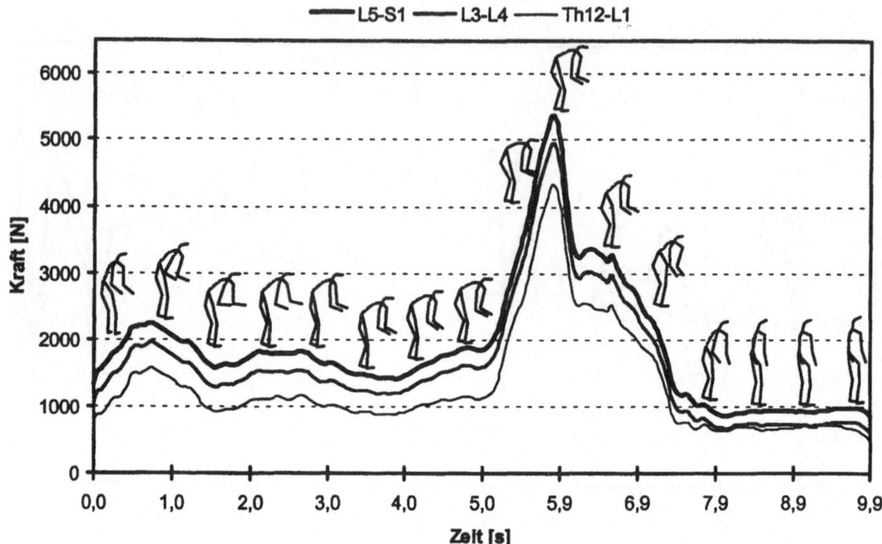

Abb. 3. Kompressionskräfte in der LWS. Transfer des Patienten in Richtung Kopfende

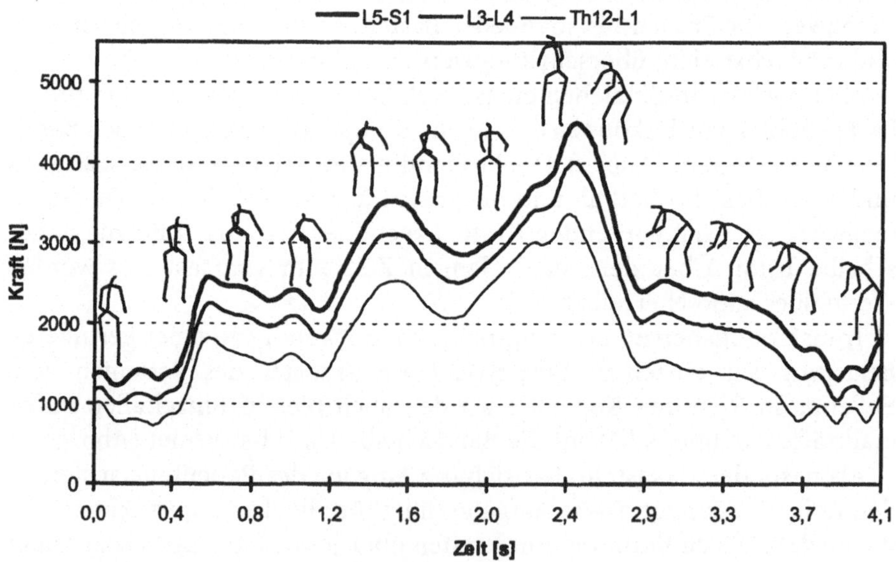

Abb. 4. Kompressionskräfte in der LWS. Patiententransfer Bettkante > Rollstuhl

Ein gleichzeitiges Auftreten von größeren Momenten um alle Haupt-achsen der Bewegung wird als eine besondere Gefährdung der Band-scheiben der LWS angesehen [24]. Beim Transfer von der Bettkante in den Rollstuhl trifft das Maximum des Inklinationsmomentes auf Reaktions-momente der Lateralflexion und Torsion (Abb. 5). Über die quantitative Bewertung dieser Momente liegen derzeit keine gesicherten Erkenntnisse vor, qualitativ kann man aber davon ausgehen, daß solche Situationen ein Schädigungspotential für die Bandscheiben darstellen.

Der Versuchsaufbau und die Modellrechnungen gestatten es auch, die an den Händen angreifenden äußeren Kräfte zu berechnen. Beim eigent-lichen Transfervorgang wirken etwa 250 N auf die Hände (Abb. 6).

Diese Last wirkt zwar nur kurzzeitig, trifft aber auf eine ungünstige, vornübergeneigte Körperhaltung (das Vorzeichen in Abb. 6 bezieht sich auf die Richtung der Kraft; Abstützen im Bett bedeutet eine Entlastung).

Die interindividuellen Schwankungen der Kompressionskräfte waren bei gleicher Aufgabenstellung außerordentlich groß. Die höchsten Werte wurden bei der Aufgabe 10 berechnet: Bei einer Probandin traten über 6000 N beim Transfer von der Bettkante in den Rollstuhl auf. Auch der Transfer des Patienten vom Bett auf die Trage hatte im Einzelfall Bela-stungen von über 5000 N auf die unterste Bandscheibe zur Folge. Relativ am wenigsten belastend waren die Tätigkeiten, bei denen sich die Pflege-rin durch Knien im Bett nahe am Patienten positionieren konnte.

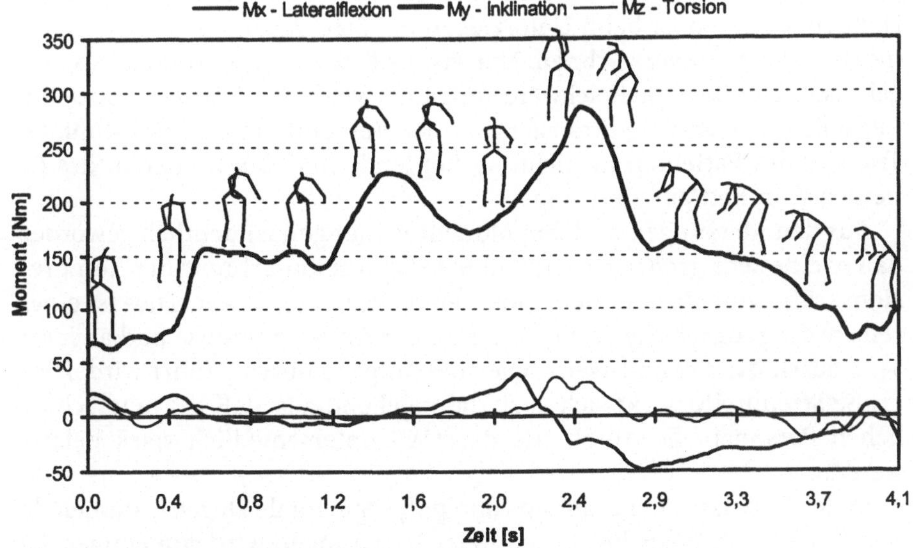

Abb. 5. Momente bei L5–S1. Patiententransfer Bettkante > Rollstuhl

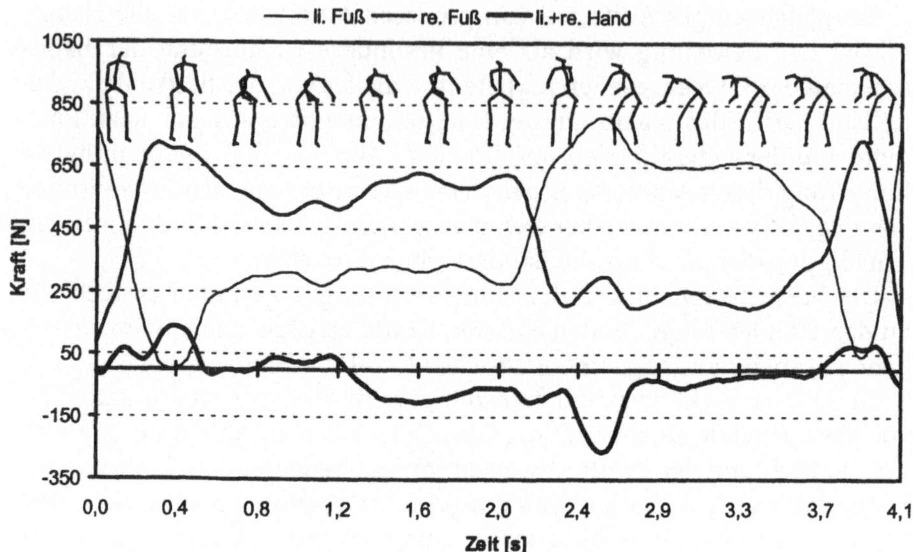

Abb. 6. Darstellung der externen Kräfte. Patiententransfer Bettkante > Rollstuhl

Analysiert man die Aufgaben bezüglich der an den Händen auftretenden externen Kräfte, so wird die unterschiedliche Schwere der verschiedenen Aufgaben deutlich (Abb. 7).

In etwa 20 % der Zeit, die für den Patiententransfer von der Bettkante in den Rollstuhl benötigt wird, wirkt ein Gewicht von mehr als 160 N an den Händen. Dagegen ist beim Unterziehen des Stecklakens kein Gewicht von mehr als 80 N zu verzeichnen. Nur etwa 5 % der Zeit wird mehr als 30 N gehoben. Diesbezüglich schwere Aufgaben sind: das Kopfteil hoch- und tiefstellen, der Patiententransfer von der Bettkante in den Rollstuhl, der Transfer des Patienten in Richtung Kopfende und das Umbetten des Patienten vom Bett auf eine Trage.

Aus den Messungen und den Modellrechnungen ist deutlich geworden, daß es eine sehr große interindividuelle Schwankungsbreite der Kompressionskräfte gibt, die auf die Bandscheiben der LWS wirken. Dies ist einerseits bedingt durch die große Variation der Anthropometrie und andererseits durch die Art und Weise, wie eine Aufgabe durchgeführt wird. Diese große Streubreite wirkt sich auch dahingehend aus, daß bei unterschiedlichen Personen die Abschnitte der LWS unterschiedlich stark belastet werden.

In der Diskussion über mono- und polysegmentale Degenerationen der Bandscheibe als Folge berufsbedingter Belastungen wird von einigen Autoren davon ausgegangen, daß die Belastung des Segmentes L3/4 etwa um

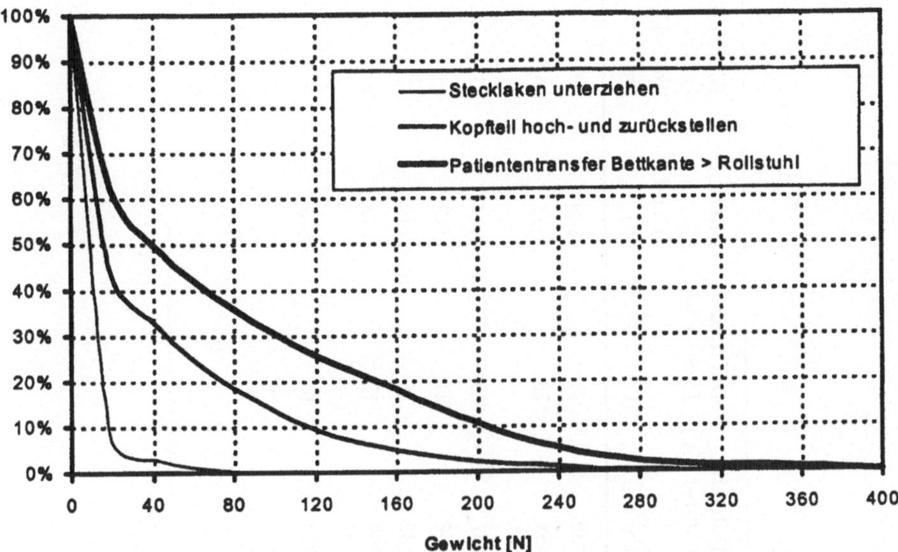

Abb. 7. Kumulierte relative Häufigkeiten der an den Händen auftretenden resultierenden Kräfte

30 % geringer als die bei L5/S1 sei [17]. Eine monosegmentale Schädigung sei daher nur nach einer traumatischen Einzelwirkung, die an einer einzigen Stelle die biomechanische Belastungstoleranz übersteigt, theoretisch nachvollziehbar.

Bei dieser Einschätzung wird übersehen, daß man bei Überlegungen zur Festigkeit der Lendenwirbelkörper aus physikalischen Gründen von einem Grenzwert ausgehen muß, oberhalb dessen gehäuft Mikrofrakturen auftreten. Ob ein realistischer Wert, wie von NIOSH angenommen, bei 3,4 kN für Männer und 2,6 kN für Frauen liegt, mag dahingestellt bleiben. Auf jeden Fall kann dieser Wert als Diskussionsgrundlage für die Beurteilung relativer Belastungen dienen.

Aus unseren Daten geht hervor, daß abhängig von der Aufgabe unterschiedlich hohe Kompressionskräfte auf die LWS wirken. Aus den Tabellen 3 und 4 ergibt sich, daß einige Kompressionskräfte als überschwellig nach NIOSH, andere als unterschwellig zu werten sind. Danach wären sechs Aufgaben als schädigend, vier als nicht schädigend anzusehen.

Auch auf die Bandscheibe L3/4 treten für vier Aufgaben noch Kompressionskräfte über 2600 N auf. Selbst in der Bandscheibe Th12/L1 wäre die Aufgabe „Transfer von der Bettkante in den Rollstuhl" noch als überschwellig anzusehen.

Umgekehrt wird aber auch deutlich, daß beispielsweise bei den Aufgaben 4 und 9 die Werte für die Bandscheibe L5/S1 überschwellig sind, je-

Tabelle 4. Differenz der mittleren Maximalkräfte in den lumbalen Bandscheiben zu L_5/S_1

Nr.	Aufgabe	$L5-S1$ (N)	Differenz L5/S1–L3/4 (N)	Differenz L5/S1–L3/4 (%)	Differenz L5/S1–Th12–L1 (N)	Differenz L5/S1–Th12–L1 (%)
1	Unterziehen eines Stecklakens bei immobilem Patienten	2068	430	21	880	43
2	Unterziehen eines Stecklakens bei angewinkelten Patientenknien	2011	454	23	923	46
3	T-Shirt anziehen, Pflegerin kniet im Bett	1976	462	23	924	47
4	Kopfteil hoch- und tiefstellen	2884	607	21	1312	45
5	Transfer vom Fußende zum Kopfende	3795	580	15	1241	33
6	Transfer vom Fußende zum Kopfende, wobei der Patient sich mit den Füßen abstößt	3366	556	17	1212	36
7	T-Shirt anziehen, Pflegerin steht neben dem Bett	2343	337	14	646	28
8	Transfer des Patienten vom Bett auf die Trage	3566	665	19	1431	40
9	Aufrichten für den Rollstuhltransfer	2925	423	14	876	30
10	Transfer von der Bettkante in den Rollstuhl	3749	555	15	1111	30

doch für die Bandscheiben L3/4 und Th12/L1 unterschwellig. Dabei kann es z. T. einen beträchtlichen Abfall der Kompressionskraft im kranialen Segment der LWS im Vergleich zum kaudalen Segment geben. Bei Aufgabe 8 „Transfer vom Bett auf die Trage" nimmt die Kompressionskraft von 3566 N auf 2135 N um 1431 N ab.

Es erscheint nach unseren biomechanischen Ergebnissen daher durchaus plausibel, daß die unterste Bandscheibe der LWS stark von der Degeneration betroffen sein kann, während die darüber liegenden Segmente nicht geschädigt sind. Dieses gilt insbesondere für Tätigkeiten mit relativ selten vorkommenden schädigenden Ereignissen, wie dem Patiententransfer in der Krankenpflege, im Vergleich zu hochrepetitiven Tätigkeiten mit Wirbelsäulenbelastung, wie beim Mauern mit schweren Einhandsteinen.

Nach den vorliegenden Ergebnissen sind viele Tätigkeiten des Schwesternberufs stark wirbelsäulenbelastend. Dieses ergibt sich sowohl aus der Beurteilung der Kompressionskräfte auf die lumbalen Bandscheiben als auch aus der Beurteilung der auftretenden Momente und der berechneten Handlasten. Allein aufgrund der Spitzenlasten steht es außer Zweifel, die Kranken- und Altenpflegeberufe auch aus biomechanischer Sicht als exponierte Berufe im Sinne der BK 2108 anzusehen.

Die Tätigkeiten, bei denen sich die Pflegerin beim Anheben weit nach vorn beugen muß, sind als besonders gefährdend anzusehen. Das Patientenbett bildet insofern einen Risikofaktor, da es ein körpernahes Heben und eine optimale Positionierung zur Last verhindert. Darüber hinaus ermöglicht das Bett durch Abstützen der Oberschenkel an der Bettkante ein weites Vorbeugen des Oberkörpers und damit eine erhebliche Vergrößerung des wirksamen Hebelarmes bezüglich der lumbalen Bandscheiben im Vergleich zum freien Heben.

Transfertechniken, bei denen der Patient mit Hilfe eines Stecklakens bewegt wird, erlauben es der Pflegerin, beim Transfer aufrecht zu stehen [21]. Die Verwendung eines solchen einfachen und immer verfügbaren Hilfsmittels reduziert die in der LWS auftretenden Kräfte erheblich.

Zusammenfassung

In Laborversuchen wurden bei 15 Pflegerinnen typische Aufgaben des Patiententransfers biomechanisch untersucht. Mit Methoden der dreidimensionalen Bewegungsanalyse und der inversen Mechanik konnten die Kräfte und Momente in den Bandscheiben der Lendenwirbelsäule berechnet werden. Die Ergebnisse zeigen:

- daß die Kräfte auf die lumbalen Bandscheiben z. T. sehr hoch sind,
- daß es große individuelle Unterschiede in der Größe der Kräfte gibt,

– daß diese Unterschiede z. T. durch die individuelle Anthropometrie, z. T. aber durch unterschiedliche Transfertechniken begründet sind,
– daß in der Analyse dieser Unterschiede ein großes Potential zu Prävention berufsbedingter LWS-Erkrankungen liegt.

Literatur

1. Andersson GBJ (1991) The epidemiology of spinal disorders. In: Frymoyer, JW et al. (eds) The adult spine, principles and practice. Raven, New York, pp 107–146
2. Bigos SJ, Battie MC, Spengler DM (1992) A longitudinal, prospective study of industrial back injury reporting. Clin Orthop Relat Res 279:21–34
3. Buckle P (1987) Epidemiological aspects of back pain within the nursing profession. Int J Nurs Stud 24 (4)
4. Deuretzbacher G, Rehder U (1995) Ein CAE-basierter Zugang zur dynamischen Ganzkörpermodellierung – Die Kräfte in der lumbalen Wirbelsäule beim asymmetrischen Heben. Biomed Technik 40:93–98
5. Deuretzbacher G, Rehder U (1996) Die Bestimmung der Kompressionskräfte in der lumbalen Wirbelsäule: Eine neue Methode für die orthopädische Risikobewertung von Arbeitsplätzen. Orthop Praxis 32:391–400
6. Deuretzbacher G, Rehder U (1996) Messung, Modellierung und Simulation von Bauarbeitertätigkeiten. In: Schneider E (Hrsg) Biomechanik des menschlichen Bewegungsapparates. Springer, Berlin Heidelberg New York Tokyo (Hefte z Unfallchir 261: 356–368)
7. Freivalds A, Chaffin DB, Garg A, Lee KS (1984) A dynamic biomechanical evaluation of lifting maximum acceptable loads. J Biomech 17:251–262
8. Gagnon M, Sicard C, Sirois JP (1986) Evaluation of forces on the lumbo-sacral joint and assessment of work and energy transfers in nursing aides lifting patients. Ergonomics 29:407–421
9. Gagnon M, Chehade A, Kemp F, Lortie M (1987a) Lumbo-sacral loads and selected muscle activity while turning patients in bed. Ergonomics 30:1013–1032
10. Gagnon M, Akre F, Chehade A, Kemp F, Lortie M (1987b) Mechanicak work and energy transfers while turning patients in bed. Ergonomics 30:1515–1530
11. Gagnon D, Gagnon M (1992) The influence of dynamic factors on triaxial net muscular moments at the L5/S1 joint during asymmetrical lifting and lowering. J Biomech 25:891–901
12. Garg A, Owen BD, Carlson B (1992) An ergonomic evaluation of nursing assistants' job in a nursing home. Ergonomics 35 (9):979–995
13. Hasenbring M (1992) Chronifizierung bandscheibenbedingter Schmerzen. Schattauer, Stuttgart New York
14. Jäger M, Luttmann A (1992) The load on the lumbar spine during asymmetrical bi-manual materials handling. Ergonomics 35:783–805
15. Kane TR, Levinson DA (1985) Dynamics: Theory and applications. McGraw-Hill, New York
16. Leskinen TPJ, Stalhammar HR, Kuorinka IAA, Troup JDG (1983) A dynamic analysis of spinal compression with different lifting techniques. Ergonomics 26:595–604
17. Ludolph E, Schröter F (1996) Anmerkungen zur Beurteilung und Begutachtung der Berufskrankheiten Nr. 2108 und 2110 der Anlage 1 zur BeKV. Arbeitsmed Sozialmed Umweltmed 31. 8
18. Nachemson A (1966) The load on lumbar disks in different positions of the body. Clin Orthop Relat Res 45:107–122

19. NIOSH (1981) Work practices guide for manual lifting. US Department of Health and Human Services, Division of Biomedical and Behavioral Science, Cincinnati, Ohio 45226
20. NIOSH (1994) Applications Manual for the Revised NIOSH Lifting Equation. US Department of Health and Human Services, Division of Biomedical and Behavioral Science, Cincinnati, Ohio 45226
21. Riihimäki H (1991) Low-back pain, its origin and risk indicators. Scand J Work Environ Health 17:81–90
22. Soyka M, Rehder U, Brinkmann G (1996) Rückengerechter Patiententransfer in der Kranken- und Altenpflege. Hrsg.: Bundesverband der Unfallversicherungsträger der öffentlichen Hand eV, München
23. Stössel U, Hofmann F, Mlangeni D (1990) Zur Belastung und Beanspruchung der Wirbelsäule bei Beschäftigten im Gesundheitsdienst. Ergebnisse einer Literaturrecherche im Auftrag der Berufsgenossenschaft für Gesundheitsdienst und Wohlfahrtspflege, Hamburg (Eigendruck der BGW)
24. White AA, Panjabi MM (1990) Clinical biomechanics of the spine. Lippincott, Philadelphia
25. Wilke HJ (1996) Persönliche Mitteilung zur Veröffentlichung eingereicht

Kapitel 9

Funktion und Einfluß der „Weichteilsäule" auf die Belastung der Wirbelsäule

D. WOLTER, K. SEIDE, H. G. K. SCHMIDT, R. FEESER und CH. WILLY

Einleitung

Das Heben und Tragen von Lasten durch einen Menschen stellt einen komplexen dynamisch geregelten Prozeß dar. Im Gegensatz zu einem technischen System, etwa einem Wagenheber oder Kran, finden im menschlichen Körper in Bruchteilen von Sekunden vielfältige Regelungs- und Anpassungsprozesse statt. Im Rahmen der Evolution hat sich ein System entwickelt, welches mit einem minimalen Einsatz von Material und Energie ein Maximum an Belastbarkeit und einen vielseitigen Einsatz ermöglicht. Neben der Lernfähigkeit ist die Anpassungsfähigkeit von Interesse. Die Anpassungamöglichkeit des muskuloneuroskelettalen Systems an höhere Leistungen wird beim „Aufwärmen" besonders offensichtlich. Die hierfür durchgeführten Maßnahmen führen beispielweise zu einer größeren Blutfülle und damit Nähr- und Sauerstoffreichtum im Gewebe, zu einer Dehnung der Kollagenfaserstruktur, zu einer Volumenvergrößerung des Organs und zu einer Aktivierung der neuralen Steuerungskreise. Schäden dieses Systems sind besonders dann zu erwarten, wenn Anpassungsvorgänge aufgrund einer plötzlich zu erbringenden Leistung nicht möglich sind oder wenn Dauerbelastungen zu einer chronischen Überforderung führen und Verschleißschäden eintreten.

Für die Bestimmung der Belastung der Wirbelsäule ist insbesondere die Lastverteilung zwischen Wirbelkörper, Wirbelgelenken und Bandscheiben einerseits, sowie der paraspinalen Muskulatur, der Bauchwandmuskulatur und des intraabdominellen Raumes andererseits zu berücksichtigen. Dabei wurde die Auffassung vertreten, daß die axiale Lastübertragung fast ausschließlich über das skelettale System erfolgt. Dem Muskelsystem wurde in erster Linie kraftentfaltende Funktion zugeordnet.

Im Rahmen eines vom Hauptverband der Berufsgenossenschaften geförderten Forschungsprojektes wurde der Frage nach der Lastverteilung im Ringfixateur bei Defektsituationen am Unterschenkel nachgegangen [18] (Abb. 1). Vor der Untersuchung erwarteten wir eine komplette Lastübertragung durch den Ringfixateur selbst. Es war ein überraschendes

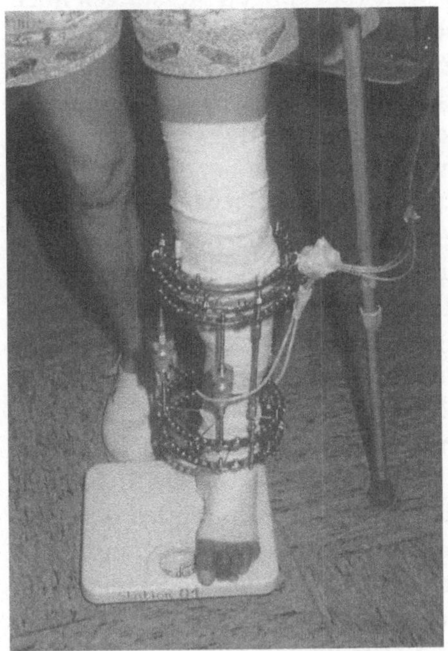

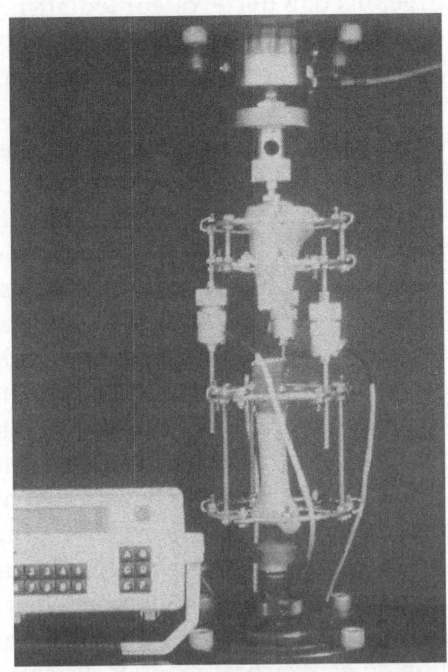

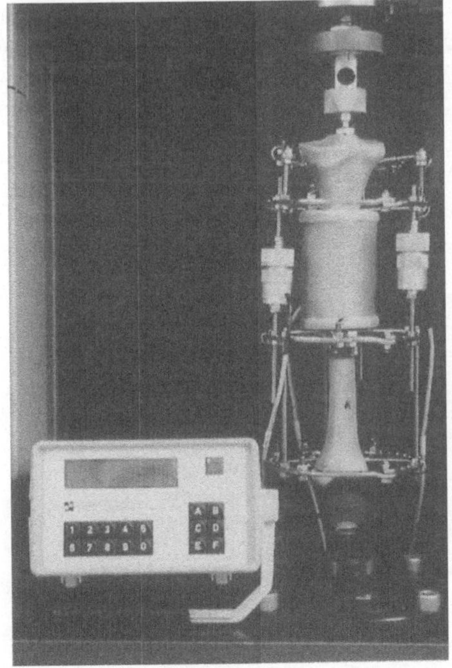

Abb. 1. a Mit Kraftmeßdosen versehener Ilisarow-Fixateur am Unterschenkel. **b** Modelluntersuchung des Kraftflusses bei Tibiadefekt, Stabilisierung mit Ilisarow-Fixateur, ohne Weichteilsimulation. **c** Untersuchung des Kraftflusses bei Tibiadefekt, Stabilisierung mit Ilisarow-Fixateur, Simulation einerl Weichteilsäule mit Schaumstoff

Ergebnis daß der Fixateur lediglich 33 – 41% (bei einigen Messungen noch deutlich weniger) übertrug. Die restliche Last mußte somit von anderen, den Defekt überbrückenden Strukturen übertragen werden. Dies sind am Unterschenkel in erster Linie die muskulären Strukturen und die umgebenden Faszien, in geringerem Maße aber auch Fettgewebe und Haut. Durch dieses Ergebnis wurden wir auf eine mögliche neue Funktion des muskulären Systems aufmerksam. Es lag nahe, daß die Muskulatur auch Druckkräfte überträgt und im Gegensatz zum statischen Lastübertragungssystem hier ein dynamisches adaptives System vorliegt (Abb. 2). Aufgrund der bekannten anatomischen und physiologischen Erkenntnisse sind wir von der These ausgegangen, daß die Muskel-Faszien-Gefäß-Nerven-Struktur einmal für die Entwicklung von Kräften verantwortlich ist, zum anderen aber durch eine Erhöhung des hydrostatischen Druckes in die Lage versetzt wird, axiale Lasten zu übertragen. Dabei stellt sich die Höhe des Druckes auf die jeweiligen Erfordernisse ein. Um die Richtigkeit dieser Annahme zu überprüfen, wurden Messungen am Modell durchgeführt, bei denen eine Weichteilmanschette simuliert werden konnte. Es zeigte sich, daß bei fehlender Weichteilmanschette die eingeleitete Last vollständig durch den Fixateur übertragen wird, während bei der Simulation eines Weichteilmantels durch festen Schaumstoff ähnliche Werte wie bei den aktuellen Patientenmessungen erreicht werden konnten.

Die lastübertragende Funktion des muskulo-faszialen Systems hat im Alltag viele Parallelen, welche das Verständnis dieser besonderen Funktion erleichtern. Besonders sind hier zu nennen Autoreifen, Bälle, Luftkissen u. a. (Abb. 3).

Muskeln sind in den neuromuskulären Regelkreis eingebunden. Einen Hinweis auf einen solchen Zusammenhang fanden wir z. B. in der Funktion

Abb. 2. Funktion der Weichteilsäule. Schematische Darstellung des Unterschenkels mit Defekt, Muskulatur als von Faszien und Knochen begrenzte flüssigkeitsgefüllte Kissen mit einem Innendruck P. Der hydrostatische Druck bewirkt eine Aufrichtung des Biegemoments M_B sowie eine Kraft entgegen der axialen Knochenbelastung $F_{axial} \cdot F_{Zug}$. Auf die Sehnen übertragene Zugkräfte bei Muskelkontraktion

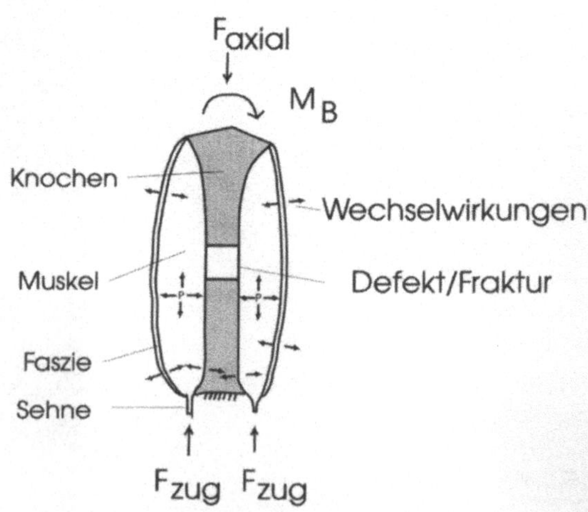

Abb. 3. Kraftübertragung durch einen druckgefüllten Körper mit straffer Hülle am Beispiel eines Luftballons

des vorderen Kreuzbandes. Dabei konnten wir zeigen, daß es einen vorderen Kreuzbandreflex [10] gibt. Die Anspannung des Kreuzbandes aktiviert die Muskulatur im Oberschenkelbereich. Wir verstehen das Kreuzband deshalb nicht nur als ein in erster Linie mechanisch funktionierendes Element, sondern auch als Sensor, welcher eintretende Kräfte mißt und diese Information an höhere Zentren weitergibt, damit eine adäquate Muskelantwort erfolgt. Dabei stellt das vordere Kreuzband nur einen wichtigen Anteil im Kniegelenk dar, da ähnliche Aufgaben auch von den übrigen Bändern und Kapselstrukturen wahrgenommen werden. Ähnlich wie im Kreuzbandbereich finden sich auch hier Nervenendenkörperchen (Vater Pacini). Sie liegen bevorzugt in der Nähe der knöchernen Insertion.

Die Ergebnisse unterstreichen die schon oben aufgeführte Fähigkeit des muskulären Systems, sich einer Lastübertragung adaptiv anzupassen. Wir haben damals den Begriff „Weichteilsäule" geprägt. Dieser Ausdruck hat zweifellos seine Schwächen. Er charakterisiert nicht in ausreichender Weise die aktive Komponente, weist jedoch darauf hin, daß nicht nur das muskuläre System hier von Bedeutung für die axiale Lastübertragung ist. Einzubeziehen in dieses System sind von Muskulatur und Knochen umschlossene Räume, wie wir sie im Bereich des Abdomens, aber auch des Brustkorbes finden. Bei der Analyse der Funktion wird offensichtlich, daß es sich hier um ein hoch differenziertes multifunktionelles System handelt, welches nerval gesteuert ist und bei dem die Muskelverfestigung durch Anspannung und das sich adaptierende Gefäßsystem mit der unterschiedlichen Blutfülle eine entscheidende Aufgabe wahrnehmen. Dieses System ist insbesondere auch in der Lage, bei Verletzungen, z. B. Frakturen, kompensatorisch einzugreifen, um eine Restfunktion der Gliedmaßen zu gewährleisten.

Um die Wirkungsweise besser verstehen zu können, war eine In-vivo-Untersuchung unverzichtbar. Der Autor hat sich daher für einen Pilotversuch zur Verfügung gestellt, um bei verschiedenen Tätigkeiten auftretende Drücke im Bereich der Rumpfweichteile und der Muskulatur zu messen und damit Anhaltspuntke für die mögliche tragende Funktion zu erhalten.

Methode

Bei einem 55jährigen Mann (190 cm, 92 kg, Bauchumfang 94 cm) wurden bei unterschiedlichen Tätigkeiten (Tabelle 1) simultan der intraabdominelle Druck, das integrierte Elektromyogramm des M. erector spinae lumbal und thorakal sowie die Bodenreaktionskräfte unter den Füßen mit einer Frequenz von 50 Hz aufgenommen. Weiterhin erfolgte die Registrierung des intramuskulären Druckes im M. erector spinae, im M. vastus lateralis sowie des M. gastrocnemius (Abb. 4).

Der intraabdominelle Druck wurde mittels eines katheterisierten Drucksensors gemessen (Milar Microtip, Modell PC 340, Milar Instruments Texas, USA). Dieser wurde durch eine Magensonde (16 Charr) für die Messungen des intraabdominellen Drucks im Magen plaziert (55 cm

Abb. 4. Versuchsaufbau. Dargestellt ist der instrumentierte Proband beim Heben einer 47-kg-Hantel

Tabelle 1. Maximale Drücke intraabdominell und intramuskulär sowie maximale Bodenreaktionskraft bei verschiedenen Übungen

Durchgeführte Übung	Intraabdomineller Druck (IAP) (mmHg)	Erector spinae Druck (mmHg)	Vastus lateralis Druck (mmHg)	Gastrocnemius Druck (mmHg)	Bodenreaktionskraft	
					Links (N)	Rechts (N)
Stehen auf beiden Beinen	10,8	46,0	32,5	20,9	436	453
Zehenstand auf beiden Beinen	9,5	58,5	40,7	33,8	866	686
Zehenstand auf dem rechten Bein	13,1	53,2	42,6	38,0	22	1127
Fersenstand auf dem rechten Bein	18,1	57,1	46,3	24,8	157	1031
Fersenstand auf beiden Beinen	10,5	54,8	41,6	30,3	465	634
Vorbeugen	33,0	64,6	43,8	43,8	384	534
Hüpfen auf dem rechten Bein	26,7	62,5	101,4	141,4	15	2746
Niedersprung vom niederen Kasten (beidbeinige Landung)	62,5	84,8	101,8	130,7	1594	1399
Niedersprung vom niederen Kasten (Landung auf rechtem Bein)	85,4	84,4	126,6	131,3	72	3410
Niedersprung vom hohen Kasten (beidbeinige Landung)	85,1	97,5	113,9	129,1	1714	1415
Niedersprung vom hohen Kasten (Landung auf rechtem Bein)	84,5	112,3	169,7	202,7	825	3243
Stemmen einer Hantel (27 kg)	151,5	94,5	102,7	138,9	795	1134
Stemmen einer Hantel (47 kg)	175,6	341,6	85,0	191,6	940	928
Treppensteigen auf Stairmaster	16,2	129,1	65,0	112,3	1168	1090

Tiefe). Die Meßergebnisse wurde auf den Druck beim Stehen normiert. Der intramuskuläre Druck wurde mit einem Kompartmentdruckmeßgerät (Mammendorfer-Institut für Physik und Medizin GmbH, Hattenhofen) gemessen. Dieses verwendet Miniaturpiezodrucksensoren, welche über eine Injektionskanüle intramuskulär eingebracht wurden. Die Meßwerte wurden über einen AD-Wandler im PC erfaßt und konnte so mit den anderen Meßwerten korreliert werden.

Zur Registrierung der Muskelaktivität wurden Oberflächenelektroden in bipolarer Konfiguration (Typ „blue sensor midi", Firma Medicotest) verwendet[1]. Durch eine kleine Auflagefläche und geringen Elektrodenabstand wurde eine selektive Aufnahme der Signale des jeweiligen Muskels erreicht. Vor der Elektrodenapplikation wurden die Hautstellen rasiert und mit Alkohol gereinigt. Die Datenaufnahme erfolgte mit einem portablen Datenlogger (Biostore, Fa. Ernst). Der eingangsseitige Bandpaß hatte eine untere Grenzfrequenz von 10 Hz und eine obere von 700 Hz. Das EMG-Signal wurde verstärkt, gleichgerichtet und mit einem Tiefpaß (obere Granzfrequenz 10 Hz) gefiltert. Da keine isometrischen Belastungen vorlagen, wurde eine quantitative Interpretation des EMG nicht durchgeführt, es erfolgte die qualitative Analyse.

Zur Messung der Bodenreaktionskräfte wurden kapazitive Einlegesohlen (Novel, München) verwendet, welche in die Schuhe eingelegt wurden. Jede dieser Sohlen von 154 cm² Gesamtfläche ist über eine Matrix in 99 Kondensatoren aufgeteilt. Die Größe entspricht der Schuhgröße 42. Da die Schuhgröße des untersuchten Probanden deutlich größer war (Größe 46), sind die gemessenen Kräfte um ca. 10 % niedriger als die wirklich aufgetretenen Kräfte anzusetzen. Erhöhte Kräfte wurden beim Zehenstand durch die Knickung des Schuhes auf Höhe der Metatarsalköpfchen und die dadurch bedingte Druckerhöhung im Schuh verursacht.

In zweidimensionalen Simulationsrechnungen wurde der Einfluß des Abdomens auf die Belastung der Bandscheibe berechnet. In Anlehung an Schulz et al. [19], Jäger u. Luttmann [12] sowie Marras u. Mirka [15] wurde ein Modellansatz gewählt, welcher unter Berücksichtigung der Kräfte und Hebelarme von Oberkörper, oberen Extremitäten, eines externen Lastgewichtes, des M. erector spinae und des intraabdominellen Druckes (IAP) die Kompressionskraft der Bandscheibe berechnet. Es wurde der symmetrische und statische Fall betrachtet, d.h. es war von einem Momenten-(M-) und einem Kräfte-(F-)Gleichgewicht in einer angenommenen Schnittebene in Höhe L 5/S1 auszugehen:

---

[1] Wir danken Herrn M. Morlock, Arbeitsbereich Biomechanik der Techn. Universität Hamburg-Harburg, für die Unterstützung und Bereitstellung des Instrumentariums zur Messung des EMG und der Bodenreaktionskräfte.

$$M_{Last} + M_{Oberkörper} + M_{Arm} - M_{Erektor} - M_{IAP} = 0,$$

$$F_{Last} + F_{Oberkörper} + F_{Arm} + F_{Erektor} - F_{IAP} - F_{Diskus} = 0.$$

Die Momente errechnen sich mit den jeweiligen Hebelarmen H als:

$$M = F \cdot H.$$

Die aufgrund des intraabdominellen hydrostatischen Druckes IAP durch die Bauchhöhle maximal zu übertragende Kraft F_{IAP} ergibt sich mit einer Querschnittsfläche des Abdomens A_{IAP} als:

$$F_{IAP} = IAP \cdot A_{IAP}.$$

Die Querschnittsfläche des intraabdominellen Raumes und der Hebelarm H_{IAP} wurden dabei aus den antropometrischen Maßen des Probanden abgeschätzt. Der äußere Querdurchmesser des Abdomens betrug 46 cm. Hieraus wurde eine elliptische Fläche A_{IAP} mit den Durchmessern 40 cm und 20 cm und einem Flächeninhalt von 0,628 m² geschätzt. Die Abb. 5. zeigt den linearen Zusammenhang zwischen dem intraabdominellen Druck und der senkrecht zur angenommenen Fläche maximal wirkenden Kraft unter den angenommenen Voraussetzungen. Für den Hebelarm H_{IAP} wurden 7 cm und für den Hebelarm des M. erector spinae in Höhe L5/S1 5 cm angesetzt.

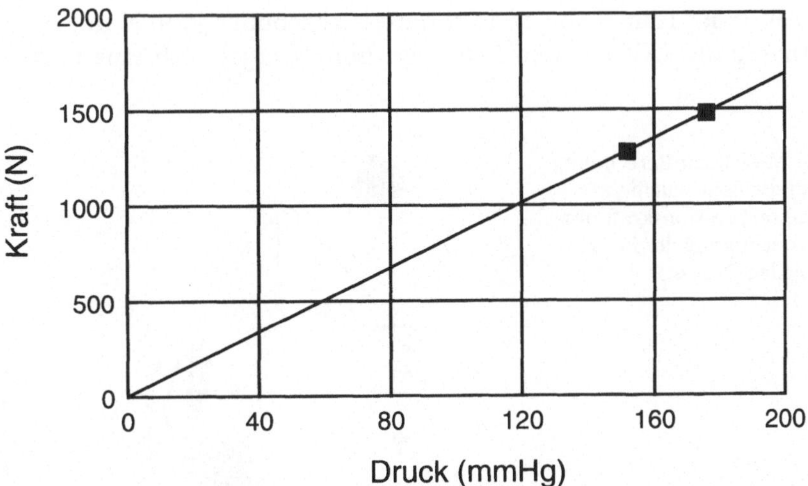

Abb. 5. Maximal mögliche axiale Kraft als Funktion des intraabdominellen Druckes. Die Querschnittsfläche des Abdomen wurde mit 0,628 m² eingesetzt

Ergebnisse

Während sich beim Stehen und beim einfachen Vorbeugen lediglich geringe Änderungen des intraabdominellen Druckes feststellen ließen, fan-
den sich beim Stemmen einer Hantel zum Zeitpunkt des Aufnehmens der
Hantel maximale Drücke IAP von 176 mmHg. Gleichzeitig ergaben sich im
M. erector spinae Werte von 341 mmHg. Der maximale intraabdominelle
Druck fand sich während der Phase des Anhebens. Hier waren auch im
M. erector spinae sowie im M. vastus lateralis und M. gastrocnemius
maximale Drücke zu verzeichnen. In der stationären Phase ging der intra-
abdominelle Druck nahezu auf Normalwerte zurück, um dann beim
Stoßen auf – allerdings geringere Werte als bei Anheben – anzusteigen.
Beim Niedersprung von einem Kasten fanden sich ebenfalls erhöhte
Werte intraabdominell und im M. erector spinae. Hier zeigte sich insbe-
sondere eine starke Druckerhöhung in dem Mm. vastus lateralis und
gastrocnemius.

Um eine Abschätzung des Einflusses des intraabdominelles Druckes
zu erhalten, wurde für das Heben der Hanteln (47 kg = 460 N und
27 kg = 265 N) die resultierende axiale Kraft in der Bandscheibe F_{Diskus} in
Modellrechnungen bestimmt. Als IAP wurde der unter Belastung mit der
entsprechenden Hantel gefundene Maximalwert (s. Tabelle 1) eingestetzt.
Die Modellrechnungen erfolgten dann mit und ohne Berücksichtigung
des Momentes M_{IAP} und der Kraft F_{IAP}, d.h. der abdominellen Weichteilsäule (Abb. 6 und 7). Für den IAP = 176 mmHg ergab sich eine maximale
axiale Kraft F_{IAP} = 1480 N, entsprechend einem Moment von M_{IAP} = 104 Nm.
Dies ergibt eine mögliche Verringerung der Bandscheibenkraft beim Heben der 47-kg-Hantel von 6800 N ohne – gegenüber 3400 N mit Berücksichtigung des IAP. Für den IAP = 152 mmHg ergab sich eine maximale

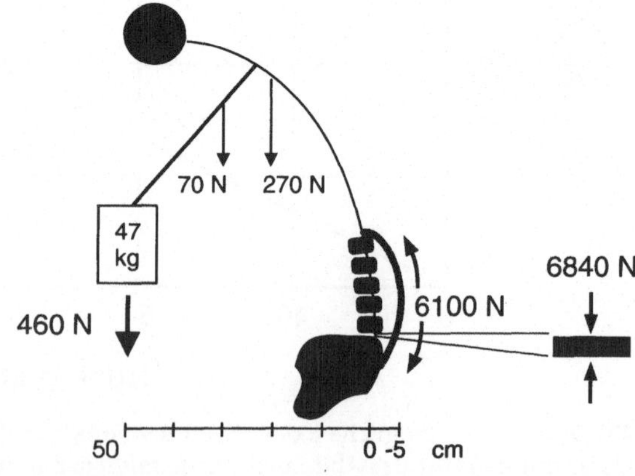

Abb. 6. Modell zur Berechnung
der auf die Bandscheibe wirkende Kompressionskraft ohne
Berücksichtigung des intraabdominellen Druckes

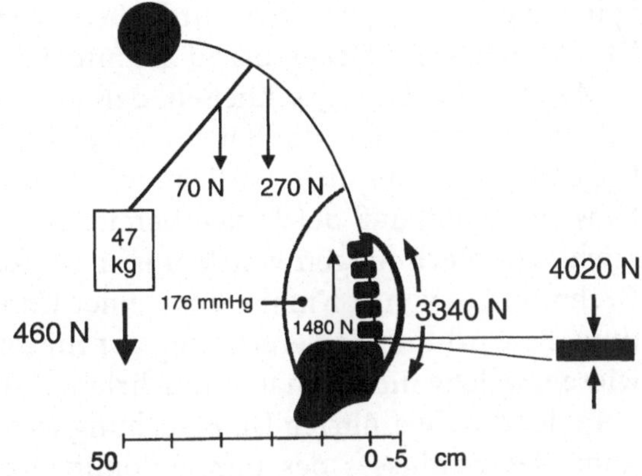

Abb. 7. Modell zur Berechnung der Bandscheibenkompressionskraft unter Berücksichtigung des abdominellen Druckes

axiale Kraft F_{IAP} = 1278 N, entsprechend einem Moment M_{IAP} von 89 Nm. Es resultiert eine mögliche Verringerung der Bandscheibenkraft beim Heben der 27-kg-Hantel von 4755 N ohne – gegenüber 1686 N mit Berücksichtigung der IAP.

Die Drücke des M. vastus lateralis und des M. gastrochemius korrelieren deutlich mit der Bodenreaktionskraft (s. Tabelle 1). Lediglich, wenn beispielsweise beim Niedersprung ein Fuß zuerst aufgekommen ist, findet sich hier ein starker Seitenunterschied zwischen der rechten und linken Seite.

Diskussion

Während das Autreten eines erhöhten intraabdominellen Druckes beim Heben schwerer Lasten unbestritten ist, wird der Einfluß des hydrostatischen Druckes im Sinne einer Verringerung der Kompressionskraft in der Bandscheibe seit langer Zeit kontrovers diskutiert [1–3, 5, 7, 9, 11, 14, 16, 20].

Untersuchungen an mathematischen Modellen [4, 16, 20] bestätigen die Möglichkeit der relevanten Kraftübertragung durch einen erhöhten intraabdominellen Druck. Zu berücksichtigen sind die physikalischen Zusammenhänge der Spannungsentwicklung in einer Hülle, welche unter innerem Druck steht, die wirksame Querschnittsfläche und die Zugrichtung der Muskulatur. Ein intraabdomineller Druck kann insbesondere eine tragende Funktion übernehmen, wenn eine Zylinderform der Bauchhöhle zwischen Thorax und Becken eingenommen und die Druckentwicklung durch die transversale Muskulatur hervorgerufen wird. Goldish [8] deutet die Entwicklung des intraabdominellen Druckes beim Heben im Sinne eines Stoßdämpfers, da das Maximum beim kurzzeitigen Auftreten einer

Spitzenbelastung gemessen wurde. Beschrieben werden intraabdominelle Druckwerte beim Heben bis zu 221 mmHg.

Maras u. Mirka [15] schließen, daß der intraabdominelle Druck lediglich ein „By-Product" der Bauchmuskelaktivierung ist. Als Indiz, daß eine tragende Funktion nicht vorliegt, wird u. a. der zeitliche Verlauf genannt. Es wird betont, daß der Druck bereits vor der Bewegung hohe Werte erreicht. Die Rechnungen von Maras u. Mirka [15] ergaben ein maximales Drehmoment von 31 Nm im Sinne einer Unterstützung der Rumpfaufrichtung. Es wird für die Berechnung auf mittlere antrometrische Werte verwiesen, welche nicht genauer beschrieben sind.

In der durchgeführten Untersuchung war insbesondere die Größenordnung des Einflusses des intraabdominellen Druckes bei verschiedenen Tätigkeiten abzuschätzen. Unsere Berechnungen ergaben Momente von 89 Nm bzw. 104 Nm. In dieser Größenordnung ist, wie bereits die einfachen Modellrechnungen zeigen, eine wesentliche Unterstützung beim schweren Heben und Tragen mit einem entsprechenden Schutz der Bandscheibe anzunehmen.

Gewichtheber zeigen sehr große Rumpfdurchmesser und kräftige Muskulatur, beim Heben werden Blutdruckwerte von über 300 mmHg registriert [6]. Diesen hohen Werte resultieren aus der Thorax- und Bauchpresse. In Kombination mit dem bei Gewichtshebern typischen großen Rumpfdurchmesser ist anzunehmen, daß diese eine sehr große Tragfähigkeitsreserve durch die Erhöhung des intraabdominellen/intrathorakalen Druckes mobilisieren können. Es ist allerdings anzunehmen, daß nicht immer die volle Tragfähigkeitsreserve der Weichteilsäule genutzt wird, da eine gleichzeitige Anspannung der Mm. abdomini obliqui und recti durch ihre Zugrichtung teilweise der Extension entgegenwirken. Es ist anzunehmen, daß durch Anspannung dieser Muskeln die in der Bandscheibe wirkende Kraft auf einem mittleren – optimalen – Level konstant gehalten werden kann. Durch kurzzeitiges Entspannen oder Anspannen dieser Muskeln lassen sich auf diese Weise Wechselbelastungen regulieren. Insofern ist es durchaus mechanisch „sinnvoll", den intraabdominellen Druck bereits vor der Bewegung aufzubauen. Ein hoher intraabdomineller Druck vor Durchführung der hebenden Bewegung spricht u. E. nicht gegen, sondern für eine tragende Funktion.

Es wäre auch im Sinne einer Ökonomie des Energiehaushaltes des Körpers unverständlich, wenn beim Heben aus gebückter Haltung, wie es im vorliegenden Fall beim Heben der Hanteln erfolgte, durch Anspannung etwa des M. rectus die Rumpfaufrichtung erschwert würde.

Wir gehen vielmehr davon aus, daß die Druckerhöhung im Bauch- und Brustraum gleichzeitig und synergistisch mit Kraftentfaltung und Bewegung von Muskelstrukturen möglich ist. Dieses kann man sich selbst leicht vor Augen führen, wenn man bei angespannter vorderer Bauchmuskulatur sich nach vorne und nach hinten bewegt. Dies ist ohne ein Gefühl des Wiederstandes durchaus möglich. Dafür spricht auch die Untersuchung von Schultz et al. [19], die beim Aufrichten eine Verstärkung des intraabdominellen Druckes fanden, welcher durch Anspannung des M. transversus abdominis bei gleichzeitiger Entspannung des M. rectus und M. obliquus zustande kommt.

Die festgestellten hohen Drücke von bis zu 342 mmHg in der paravertebralen muskulofaszialen Strukturen legen darüber hinaus nahe, daß hier zusätzliche tragende „Säulen" vorhanden sind.

Dabei ist allerdings zu unterscheiden zwischen den von uns gemessenen hohen Drücken über 300 mmHg, welche deutlich über dem systolischen Blutdruck liegen, und erhöhten Druckwerten von 95 mmHg, wie sie z. B. von Peck [17] bei körperlichen Übungen gemessen wurde. In unseren Messungen geht es um sehr kurze Druckspitzen während einer Hebetätigkeit, dort handelt es sich um länger dauernde Druckerhöhungen, welche allerdings durchaus in ihrer Höhe die Möglichkeit eines Kompartmentsyndroms nahelegen.

Geht mal also davon aus, daß die These der sog. „Weichteilsäule" als aktives, sich der jeweiligen Situation anpassendes Lastübertragungssystem durch die vorliegenden Resultate unterstützt wird, so stellt sich die Frage nach möglichen klinischen Konsequenzen. Zuerst muß einschränkend festgestellt werden, daß es sich hier um eine erste Untersuchung handelt. Die Komplexität dieses kraftentwickelnden und lastübertragenden Systems ist in seiner Vielfältigkeit noch nicht überschaubar. Die jahrhundertelange Erfahrung aus der Physiotherapie in der Behandlung von Rücken- und Wirbelsäulenproblemen weist darauf hin, wie nötig es ist, ein gut trainiertes muskuläres System als Kompensationsorgan für geschwächte oder krankhaft veränderte Wirbelsäulenstrukturen zu besitzen (z.B [12]). Die Erklärung dafür lag in erster Linie in einer zusätzlichen Stabilisierung der Wirbelsäule (Beispiel: Mast und Takelage). Betrachtet man diesen Kompensationseffekt unter dem Gesichtspunkt der Weichteilsäule, so liegt der Schluß nahe, daß durch ein gut trainiertes muskuläres System eine Verschiebung der Lastübertragung von den ossären und diskalen Strukturen hin zu den Weichteilstrukturen erfolgt. Geht man davon aus, daß ein großer Teil des Schmerzes durch eine Überlastung von Gewebestrukturen ausgelöst wird, so führt eine Entlastung automatisch zu einer Schmerzreduzierung (Belastung im „grünen" Bereich).

Das Gesetz der Ökonomie von Organsystemen ist im Bereich des muskuloskelettalen Systems besonders offensichtlich. Wird ein hochtrainierter Muskel nach einer Verletzung beispielsweise durch Gipsverbände immobilisiert, so kommt es innerhalb von wenigen Wochen zu einer dramatischen Reduzierung der muskuloskelettalen Elemente. Dieser Vorgang erfolgt schmerzfrei, wohingegen das erneute Aufbauen dieser Gewebe und das Heranführen an eine höhere Leistung als äußerst mühevoll und auch teilweise schmerzhaft empfunden wird. Diese Tatsache ist häufig ein unüberwindbares Hindernis, um bei chronischen muskulären Insuffizienzen und schmerzhafter Wirbelsäule einen ausreichenden Trainingszustand der Rücken- und Bauchmuskulatur zu erreichen. In diesem Zusammenhang stellt sich weiterhin die Frage, ob es nicht auch eine Korrelation zwischen Wirbelsäulenschäden im lumbalen Bereich und einer kompensatorischen abdominellen Vergrößerung gibt.

Muskulatur ist in besonderem Maße nervalen und humeralen Einflüssen ausgesetzt. Ein erhöhter Adrenalinspiegel in Streßsituationen, psychischen Belastungen und hohe Konzentrationen erhöhen den Muskeltonus. Muskulatur ist weiterhin ein Gewebe, welches einen permanenten Wechsel von Spannung und Entspannung benötigt, um nicht vorzeitig zu ermüden. Präventionssysteme, aber auch therapeutische Ansätze im Bereich der schmerzhaften und geschädigten Wirbelsäule müssen daher der Weichteilsäule vermehrte Aufmerksamkeit widmen.

Zusammenfassung

Die Annahme, daß muskulofasziale Strukturen oder Räume, die durch Muskulatur und Faszien mitgebildet werden, Last übertragen, konnten im Rahmen eines Pilotprojektes weiter untermauert werden. Im Gegensatz zum statischen Lastübertragungssystem des Knochens und der Gelenke handelt es sich beim muskulofaszialen System nicht nur um ein kraftentwickelndes System, sondern auch um ein Lastübertragungsorgan, welches sich der jeweiligen Situation anpassen kann. Auf vorhersehbare hohe Leistungen kann dieses System durch eine Druckerhöhung und Volumenvergrößerung vorbereitet werden, so daß etwa die Hälfte der zu übertragenden Last über die sog. „Weichteilsäule" geführt wird. Die Verstärkung der „Weichteilsäule" erfolgt dabei durch eine Volumenzunahme, eine Tonussteigerung der Muskelfasern, eine Dehnung der Kollagenfasern sowie eine verbesserte neurale Steuerung.

Somit kommt dem hydrostatischen Druck der Weichteile eine wesentliche Funktion bei der Übertragung axialer Lasten über den Rumpf bzw. der Verringerung der axialen Last in der Bandscheibe zu.

Literatur

1. Aspden RM (1988) The Spine as an arch. A new mathematical model. Spine 13:266–274
2. Andersson GBJ, Örtegren R, Nachemson A (1977) Intradiskal pressure, intra-abdominal pressure and myoelectric back muscle activity relatred to posture and loading. Clin Orthop Relat Res 129:156–163
3. Bartelink DL (1957) The role of abdominal pressure in relieving the pressure on the lumbar intervertebral discs. J Bone Joint Sur Br 39:718–725
4. Daggfeldt K, Thorstensson A (1964) The role of intra-abdominal pressure in spinal unloading. J Biomech 30 (11–12):1149–1155
5. Davis PR, Troup JD (1964) Pressure in the trunk cavity when pulling, pushing and lifting. Ergonomics 7:465–474
6. MacDougall D, Tuxon D, Sale D, Sexton J, Moroz J, Sutton J (1983) Direct measurement of arterial blood pressure during heavy duty resistance training. Med Sci Sprots Exerc 15 (1):158
7. McGill SM, Norma RW (1987) Reassessment of the role of intra-abdominal pressure in spinal compression. Ergonomics 30:1565–1588
8. Goldish GD, Quast JE, Blow JJ, Kuskowski MA (1994) Postural effects on intraabdominal pressure during valsalva maneurver. Arch Phys Med Rehabil 75 (3) 324:7
9. Gracovetsky S, Farfan H, Helleur C (1985) The abdominal mechanism Spine 10 (4):317–324
10. Grüber J, Wolter D, Lierse W (1986) Der vordere Kreuzbandreflex (LCA-Reflex). Unfallschirurg 89:551–554
11. Hemborg B, Moritz U, Loewing H (1985) Intra-abdominal pressure and trunk muscle activity during lifting. IV. The causal factors of the intra abdominal pressure rise. Scand J Rehabil Med 17 (1):25–38
12. Hultmann G, Nording M, Saraste H, Ohlsèn H (1993) Body composition, endurance, strength, cross-sectional area, and density of MM erector spinase in men with and without low back pain. J Spin Disord 6 (2):113–123
13. Jäger M, Luttmann A, Laurig W (1992) Ein computergestütztes Werkzeug zur biomechanischen Analyse der Belastung der Wirbelsäule bei Lastenmanipulationen: „Der Dortmunder". Med Orthop Tech 112 6:305–313
14. Lavender SA, Marras WS, Miller RA (1993) The development of response strategies in preparation for sudded loading to the torso. Spine 18 (14):2097–2105
15. Marras WS, Mirka GA (1996) Inta-abdominal pressure during trunk extension motions. Clin Biomech 11 (5):267–274
16. Morris JM, Lucas DB, Bresler B (1961) The role of the trunk in the stability of the spine. J Bone Joint Surg 43:327
17. Peck DP, Nicholls PS, Beard C, Allen SR (1968) Are there compantment syndromes in some patients with idiopathick back pain? Spine 11 (5):468–475
18. Schmidt HGK, Wolter D, Sasse S, Schneider E, Schümann U, Jürgens C (1995) Die Lastverteilung in Ringfixateur bei segmentalem Knochendefekt. In: Wolter D, Hansis M, Havemann D (Hrsg) Externe und interne Fixateursysteme. Springer, Berlin Heidelberg New York Tokyo, S 37–43
19. Schultz A, Andersson GBJ, Örtegren R, Björk R, Nording M (1982) Analysis and quantiative myoelectric measurements of loads on the lumbar spine when holding weights in standing posture. Spine 7 (4):390–397
20. Thomson KD (1988) On the bending moment capability of the pressurized abdominal cavaty during human lifting activity. Ergonomics 31:817–828

Biomechanische Untersuchungen zur Quantifizierung der Belastung der Wirbelsäule im Pflegeberuf

M. Morlock, V. Bonin und E. Schneider

Einleitung

Die Auftretenshäufigkeit der Beschwerden im Bereich der LWS hat in den letzten 20 Jahren beängstigende Ausmaße angenommen: 51% aller Männer und 56% aller Frauen klagen in ihrem Leben über Beschwerden im LWS-Bereich („Lumbar Back Pain", LBP) und 85% dieser Betroffenen haben mehr als einmal Beschwerden dieser Art [63] (andere Autoren setzen diese Zahlen noch bedeutend höher an: bis zu 70% der Bevölkerung haben einmal in ihrem Leben LBP [68]). Bei Menschen über 60 Jahren erhöht sich der Prozentsatz der Betroffenen auf 65–75% [13]. Neuere Studien berichten sogar über Werte von deutlich über 80% für die Gesamtbevölkerung [53].

Eine klare Differenzierung zwischen den Begriffen „Beschwerden im LWS-Bereich LBP" und den „berufsbedingten Rückenbeschwerden, welche zur Arbeitsunfähigkeit führen" (occupationally related low-back disability, LBD) ist schwierig. LBP stellt in der Zwischenzeit eine Art Volkskrankheit dar [53] und wird sogar schon als Art der „Befindungsäußerung" interpretiert [5]. Eine Aussage, ob diese epidemische Verbreitung durch eine Verschlimmerung der verursachenden Faktoren, durch eine Abnahme der Leidensgrenze oder durch die steigende Lebenserwartung verursacht wurde, ist nicht möglich. Sobald jemand aufgrund von LBP arbeitsunfähig geschrieben und die Ursache für das Entstehen dieser Rückenbeschwerden im beruflichen Umfeld vermutet wird (was in den meisten nicht traumatischen Fällen der Fall ist), spricht man von LBD. Die hier vorliegende Studie konzentriert sich auf diese LBD.

Die wirtschaftlichen Auswirkungen von LBD sind schwerwiegend: Die Entschädigungen für LBD in den Vereinigten Staaten sind in den letzten 20 Jahren um 2700% gestiegen [51]; in der Bundesrepublik stellte die Arbeitsunfähigkeit, verursacht durch Dorsopathien, 1989 den größten Prozentsatz der Arbeitsunfähigkeitsfälle dar (1679 je 10000 männlichen Mitglieder der gesetzlichen Krankenversicherungen [53]).

Besonders betroffen von LBD sind Berufe, die manuelle Tätigkeiten wie Heben, Schieben und Ziehen beinhalten, sog. „Manual-Material-Hand-

Berufsbedingte Erkrankungen
der Lendenwirbelsäule
Hrsg.: D. Wolter/K. Seide
© Springer-Verlag Berlin Heidelberg 1998

ling"-Tätigkeiten [33, 70]. Krankenpflegepersonal stellt eine der Berufsgruppen dar, welche eine erhöhte Auftretenshäufigkeit von bandscheibenbedingten LWS-Beschwerden aufweist:

- Heliövaara (1987) spricht von einem relativen Risiko für Krankenschwestern von 1,8 [20],
- Venning (1987) von einem relativen Risiko zwischen 1,0 und 4,3 abhängig von der jeweiligen Station (basierend auf einer Befragung von 4306 Krankenschwestern) [65],
- Hofmann (1994) von einem relativen Risiko zwischen 1,7 und 4,2 je nach Länge der Berufsausübung (basierend auf einem Kollektiv von ca. 25 Krankenschwestern) [21,22],
- in Israel, England und Schweden wurde der Beruf „Krankenschwester" als einer der Hauptverursacher von LBD identifiziert [67],
- 43 % aller Krankenschwestern haben jährlich mindestens einmal LBP [57].

Traditionell wird als kausale Hauptursache für diese Erhöhung die physische Belastung während der Arbeit gesehen [12, 17, 19, 24, 50], obwohl der direkte und eindeutige Zusammenhang in keiner Studie erwiesen wurde. Neuerdings werden nun neben der physischen Belastung immer öfter auch muskuläre Ursachen [6, 14, 29, 40, 58, 62] und psycho-somatische Faktoren [6, 8, 9, 31, 59 ,60] in der Ursachenanalyse berücksichtigt, jedoch jeweils meist isoliert ohne Berücksichtigung der anderen Faktorengruppen. Zusammenfassend kann festgestellt werden, daß zum derzeitigen Zeitpunkt wenig Klarheit darüber besteht, wodurch die Häufung von LWS-Beschwerden und damit verbundener Arbeitsunfähigkeit im Pflegeberuf verursacht wird.

Für die Begutachtung der Berufskrankheit BK 2108 („Bandscheibenbedingte Erkrankungen der Lendenwirbelsäule durch langjähriges Heben oder Tragen schwerer Lasten") ist die physische Belastungssituation am Arbeitsplatz ein wichtiges Kriterium. Die „arbeitstechnische Voraussetzung" für die BK 2108 wird anhand von gewissen Merkmalen der Arbeitsbelastung festgestellt [4]. Die Festlegung von minimalen Lastgewichten und bestimmten Häufigkeiten, mit denen Hebungen vorkommen müssen, um einen Arbeitsplatz als übermäßig belastend bezeichnen zu können, dürfen als mehr oder weniger willkürlich und wissenschaftlich ungesichert bezeichnet werden.

In der Literatur gibt es nur wenig Angaben zur physischen Belastungssituation am Arbeitsplatz im Wohlfahrtsdienst (wie außerdem in fast allen Berufen mit uneinheitlichen Tätigkeiten). Ganz allgemein werden zwischen 6 % [19] und 12 % [67] einer Schicht als belastend klassifiziert. Einzelne pflegerische Tätigkeiten wurden in Laborsituationen analysiert [18,

64], eine Vorstellung über die täglichen Variationen der Belastungen im wirklichen Arbeitsumfeld gibt es jedoch nicht. In der Begutachtung werden deswegen Arbeitsplatzbelastungen oft entsprechend des jeweiligen Stationstyps eingeschätzt [69]. Dieses Vorgehen stützt sich auf eine Untersuchung von Venning, der über 4000 Krankenschwestern von unterschiedlichen Stationen hinsichtlich der Auftretenshäufigkeit von Rückenbeschwerden befragte [65]. Festgestellt sei hier, daß sich diese Befragung auf keinerlei Untersuchungen oder Messungen der Belastung am Arbeitsplatz stützt, sondern allein die subjektiven Einschätzungen der Betroffenen wiedergibt.

Untersuchungen zur wirklichen Belastung und deren Variation am Arbeitsplatz im Pflegeberuf auf unterschiedlichen Stationen sind dringend erforderlich. Da entsprechend dem derzeitigen Stand des Wissens die physische Belastung am Arbeitsplatz nur einen von mehreren Faktoren in der Ätiologie von LBD darstellt, sollten gleichzeitig die wichtigsten anderen Faktoren erfaßt werden, um eine umfassendere Aussage zu ermöglichen.

Das Ziel dieser Studie umfaßt deshalb:

1. die Entwicklung einer Methode und eines Meßsystems zur Bestimmung der Belastung am Arbeitsplatz;
2. die Bestimmung der Belastung am Arbeitsplatz für Kollektive mit und ohne Vorgeschichte von LBD zur Identifikation der trennscharfen Faktoren mittels einer Fallkontrollstudie;
3. die Bestimmung anderer Faktoren, denen ein kausaler Zusammenhang mit dem Auftreten von LBD zugeschrieben wird, d.h.
   - der muskulären Leistungsfähigkeit,
   - den psycho-somatischen Faktoren, und
   - dem orthopädischen Status
   für die gleichen Kollektive, für die auch die Arbeitsplatzbelastung (2) bestimmt wurde.

Dieser Beitrag konzentriert sich auf die Darstellung des entwickelten Meßsystems, die Ergebnisse der Arbeitsplatzmessung sowie der psychosomatischen Analyse.

Material und Methode

Bestimmung der Belastung am Arbeitsplatz

Da der lumbosakrale Übergang (L5/S1) bei 77 % der LBD Fälle involviert ist, konzentriert sich die Analyse der Belastung am Arbeitsplatz auf diese Lokalisation [56]. Um die Belastung der Wirbelsäule und ihrer Strukturen auf dieser Höhe berechnen zu können, sind mehrere Schritte notwendig: Zuerst muß ein *invers-dynamisches Modell* zur Berechnung der externen Schnittkräfte und -momente erstellt werden. Die wirkliche Beanspruchung der Bandscheibe L5/S1 wird dann mittels eines *Verteilungsmodells*, welches die wichtigsten kraftübertragenden Strukturen berücksichtigt, berechnet. Zur Erfassung der benötigten Eingabeparameter müssen Messungen am Arbeitsplatz mit einem geeigneten *Arbeitsplatzmeßsystem* durchgeführt und schließlich muß das neue Modell und Meßsystem mittels eines etablierten Bewegungsanalysesystems im Labor validiert werden.

Parallel zur Entwicklung der Modelle zur Berechnung der Belastung der Wirbelsäule wurde ein zweiter Weg beschritten, da es sich früh bei der Entwicklung der Modelle abzeichnete, daß der Aufwand für derartige Messungen und Berechnungen gravierend sein wird. Deswegen wurde zusätzlich eine Methode zur Bestimmung der Belastung mittels Videoaufnahmen entwickelt.

Modell zur Berechnung der Belastung

Der menschliche Körper distal zum letzten Brustwirbel (Th12) wurde als 3-dimensionales System, bestehend aus acht festen Körpern, modelliert (Abb. 1). Die acht Segmente sind mit idealisierten Gelenken verbunden, welche nur rotatorische Bewegungen erlauben (Tabelle 1).

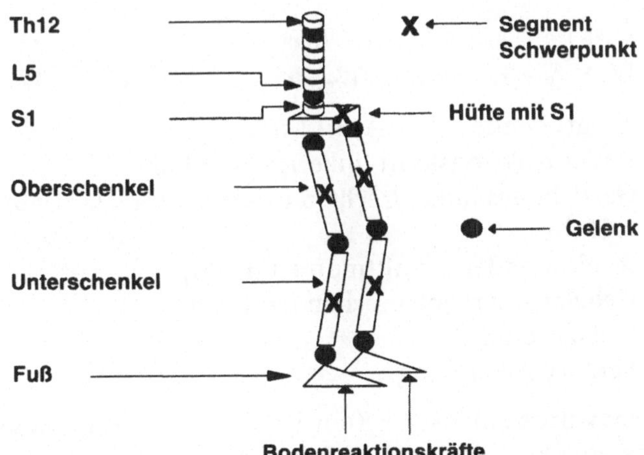

Abb. 1. Schematische Darstellung der Segmente für das invers-dynamische Modell zusammen mit den einwirkenden Bodenreaktionskräften

Tabelle 1. Definition der Modellsegmente mit den verbindenden Gelenken und den entsprechenden rotatorischen Freiheitsgraden

Segment	Distales Gelenk	Proximales Gelenk	Rotatorische Freiheitsgrade des proximalen Gelenkes
Rechter/linker Fuß	–	Rechtes/linkes Fußgelenk	(1) Flexion/Extension (2) Inversion/Eversion
Rechter/linker Unterschenkel	Rechtes/linkes Fußgelenk	Rechtes/linkes Kniegelenk	(1) Flexion/Extension
Rechter/linker Oberschenkel	Rechtes/linkes Kniegelenk	Rechtes/linkes Hüftgelenk	(1) Flexion/Extension (2) Abduktion/Adduktion
Hüfte mit Sakrum	Rechtes/linkes Hüftgelenk	L5/S1	(1) Flexion/Extension (2) Seitbeugung (3) Torsion
LWS	L5/S1	–	–

Für dieses System wurden die Bewegungsgleichungen nach dem Verfahren von Newton aufgestellt. Das Gewicht der Unterschenkel, der Oberschenkel und der Hüfte wurde berücksichtigt, das Gewicht des Fußes [44] sowie der Einfluß von Beschleunigungskräften wurde vernachlässigt (quasistatischer Ansatz) [30]. Die Gleichungen für die resultierenden Schnittkräfte und -momente und durch die Mitte der Bandscheibe zwischen Lendenwirbel 5 (L5) und Sakralwirbel 1 (S1) bezüglich dieses Mittelpunktes sind in Gl. 1 und 2 dargestellt:

$$\vec{F}_{R-L5/S1} = \vec{F}_{GRF-l} + \vec{F}_{GRF-r} - \vec{W}_P - \vec{W}_{T-l} - \vec{W}_{T-r} - \vec{W}_{C-l} - \vec{W}_{C-r}, \tag{1}$$

$$\vec{M}_{R-L5/S1} = \vec{F}_{GRF-l} \times \vec{r}_{GRF-l} + \vec{F}_{GRF-r} \times \vec{r}_{GRF-r} \tag{2}$$
$$- \vec{W}_P \times \vec{r}_P - \vec{W}_{T-l} \times \vec{r}_{T-l} - \vec{W}_{T-r} \times \vec{r}_{T-r} - \vec{W}_{C-l} \times \vec{r}_{C-l} - \vec{W}_{C-r} \times \vec{r}_{C-r},$$

wo: $\vec{F}_{R-L5/S1}$: resultierende Schnittkraft L5/S1,
$\vec{F}_{GRF-l/r}$: Bodenreaktionskraft linker/rechter Fuß,
$\vec{W}_{T-l/r}$: Gewicht des linken/rechten Oberschenkels ($_C$: Unterschenkel, $_P$: Hüfte),
$\vec{M}_{R-L5/S1}$: resultierendes Schnittmoment L5/S1,
r_*: Hebelarm der entsprechenden Kraft,
$\times$: Kreuzprodukt,
$\vec{*}$: Vektorbezeichnung.

Jedem Segment wurde ein lokales Koordinatensystem zugewiesen. Das lokale Koordinatensystem des lumbosakralen Überganges liegt in der Mitte der Bandscheibe L5/S1; die z-Achse ist von inferior nach superior gerichtet und steht senkrecht auf der Transversalebene in der anatomischen

Position. Die x-Achse liegt in der Frontalebene und zeigt auf die rechte Körperseite. Die y-Achse liegt in der mittleren Sagittalebene und zeigt von dorsal nach ventral. Die x-Achse stellt somit eine Annäherung an die Flexions-/Extensionsachse, die y-Achse an die Seitbeugungsachse und die z-Achse an die Torsionsachse dar.

Modell zur Berechnung der Beanspruchung

Knochenkontaktkräfte (bzw. Bandscheibenkräfte) auf der Höhe L5/S1 wurden aus den mit dem invers-dynamischen Modell berechneten externen Belastungen mittels eines 3-dimensionalen Kraftverteilungsmodells berechnet. In diesem Modell wurden acht Muskelgruppen des Rumpfes berücksichtigt: M. rectus abdominis, M. externus obliquus, M. latissimus dorsi und M. erector spinae, jeweils die linke und rechte Gruppe. Es wurde angenommen, daß die Kräfte in anderen Weichgeweben wie Bändern, Haut, Blutgefäßen, Nerven usw. vernachlässigt werden können und daß nur die berücksichtigten Muskelgruppen sowie die Endplatten der Wirbelkörper L5 und S1 Kräfte übertragen. Des weiteren wurde angenommen, daß die Kräfte in einem zentralen Punkt (dem Zentrum der Bandscheibe L5/S1) angreifen. Trotz dieser vereinfachenden Annahmen ist das Kraftverteilungsproblem immer noch unterbestimmt (Gl. 3). Das heißt, daß mehr Unbekannte vorliegen (in diesem Fall die 8 Muskelkräfte), als Gleichungen zur Verfügung stehen (eine Momentengleichung bzw. die 3 skalaren Momentengleichungen).

$$\vec{M}_{\text{R-L5/S1}} = \sum_{i=1}^{8} \vec{F}_{\text{M}}^{\,i} \times \vec{r}_{\text{M}}^{\,i}, \tag{3}$$

wo: $\vec{F}_{\text{M}}^{\,i}$: Kraft im Muskel i ($i = 1, \ldots, 8$ für die 8 Muskelgruppen).

Prinzipiell gibt es zwei Wege, um aus einem unterbestimmten ein bestimmtes Problem zu machen: die weitere *Reduzierung* der kraftübertragenden Strukturen oder die *Addition* von zusätzlichen Informationen. Da acht Muskelgruppen für den Rumpf schon eine gravierende Vereinfachung darstellen, wurde der zweite Weg gewählt und die Information über die elektrische Aktivität dieser Muskeln (Elektromyogramm) hinzugezogen um das Verteilungsproblem zu lösen. Antagonistische Muskeln (das sind Muskeln, die ein Moment erzeugen, welches gegenläufig zu dem Moment ist, das zu einem bestimmten Zeitpunkt benötigt wird, um den Gleichgewichtszustand zu erzeugen) wurden mit 5% ihrer maximalen Kraft (welche zu einem Zeitpunkt, als der Muskel ein agonistischer war, aufgetreten ist) beaufschlagt. Das Moment, welches von den antagonistischen Muskeln erzeugt wurde, wurde zum externen resultierenden Schnittmoment addiert (Gl. 4). Damit verbleiben 8 (Anzahl der antagonistischen Muskeln) unbekannte Muskelkräfte.

$$\vec{M}_R = \vec{M}_{R-L5/S1} + \sum_{k=l}^{x} \vec{F}_M^k \times \vec{r}_M^k + \sum_{i=l}^{8-x} \vec{F}_M^i \times \vec{r}_M^i \, , \tag{3}$$

wo: $\vec{M}_R$: resultierender Gelenkmoment korrigiert für antagonistische Muskelaktivität,

x: Anzahl der antagonistischen Muskeln,

k: Index für die antagonistischen Muskeln.

Die noch unbekannten Muskelkräfte wurden dann gemäß dem Momententwicklungspotential des jeweiligen Muskels berechnet. Das Momententwicklungspotential eines Muskels wird durch seine physiologische Querschnittsfläche (PCSA) und seinen Hebelarm bezüglich dem Zentrum der Bandscheibe L5/S1 bestimmt (Gl. 5). Dieser Ansatz begünstigt Muskeln mit großem Hebelarm und/oder großer PCSA.

Dieses Verteilungsmodell ermöglicht es, schrittweise den Einfluß der unterschiedlichen prinzipiellen externen Momente auf die berechneten Knochenkontaktkräfte zu berücksichtigen. Es können entweder nur die Flexions-/Extensionsmomente (Gl. 5), oder die Flexions-/Extensionsmomente zusammen mit den Seitbeugungsmomenten, oder alle drei Momente gleichzeitig berücksichtigt werden. Die Knochenkontaktkraft kann dann abschließend mit Gl. 6 berechnet werden.

$$\vec{F}_M^i = \frac{\dfrac{PCSA^m}{\sum\limits_{i=l}^{8-x} PCSA^i} * \dfrac{\vec{r}_M^m}{\sum\limits_{i=l}^{8-x} \vec{r}_M^i}}{\sum\limits_{j=l}^{8-x} \left(\dfrac{PSCSA^j}{\sum\limits_{i=l}^{8-x} PCSA^i} * \dfrac{\vec{r}_M^j}{\sum\limits_{i=l}^{8-x} \vec{r}_M^i} \right)} * M_{R-x}/\vec{r}_M^m \, , \tag{5}$$

$$\vec{F}_{b-t-b} = \sum_{m=l}^{8} \vec{F}_M^m + \vec{F}_{R-L5/S1} \, , \tag{6}$$

wo: $\vec{F}_M^m$:   Kraft in Muskel m,

$PCSA^m$: physiologische Querschnittsfläche des Muskels m,

M_{R-x}:   korrigiertes resultierendes Gelenkmoment um die x-Achse (Flexion/Extension),

$\vec{F}_{b-t-b}$: Kontaktkraft in der Bandscheibe L5/S1.

Die berechneten Muskelkräfte werden durch die maximale Kraft, die ein Muskel entwickeln kann, beschränkt. Die Werte für die PCSA und die maximale Muskelkraft pro Quadratzentimeter von 90 N/cm² wurden aus der

Literatur übernommen [37, 61]. Die Wirkungslinie der Muskeln und der Hebelarm zu L5/S1 wurde für jeden Zeitpunkt (d. h. für jede Oberkörperhaltung) mittels eines geometrischen Modells basierend auf den Werten für die Hebelarme auf der Höhe Th11/Th12 und L4/L5 aus der Literatur bestimmt [38].

Ein traditioneller Optimierungsansatz (z. B. [36, 45]) konnte wegen der kontinuierlichen Eigenschaft der Daten und der Menge der Datenpunkte nicht angewandt werden.

Meßsystem

Die Meßgrößen, die für die dynamische Berechnung der Belastung und Beanspruchung am lumbosakralen Übergang benötigt werden, können in zwei Gruppen unterteilt werden: temporale und individuelle Parameter. Die temporalen Parameter wiederum bestehen aus den kinetischen, kinematischen und den elektromyographischen Informationen. Diese temporalen Parameter werden normalerweise in einem Bewegungsanalyselabor mittels Film- oder Videoaufnahmen (bis zu sechs Kameras) sowie Kraftmessungen (2 oder mehr Kraftmeßplatten) bestimmt [45]. Die Nachteile eines solchen Ansatzes sind die Beschränkung des kalibrierten Raumvolumens (ca. $3 \times 3 \times 2$ m), die notwendige unbehinderte Sicht zwischen Kamera und Objekt, sowie die kurze maximale Meßdauer (ca. 30 s). Dieser Ansatz konnte für die vorliegende Studie nicht benutzt werden, da das zu kalibrierende Raumvolumen aus dem gesamten Krankenhaus bestand und die Meßdauer im Bereich von Stunden liegen sollte. Deswegen mußte ein völlig neues Meßsystem entwickelt werden (Abb. 2).

Mittels Winkelmessern, Kraftverteilungsmeßsohlen und EMG-Elektroden können die kinematischen-, kinetischen- und muskelaktivitätsparameter orts- und stromnetzunabhängig (d. h. beweglich im gesamten Haus) über lange Zeiträume (bis zu 8 h $\cong$ eine ganze Arbeitsschicht) dynamisch gemessen (20 bzw. 10 Hz) und gespeichert werden. Eine spezielle rucksackartige Weste dient der Befestigung der einzelnen elektronischen Komponenten an der Probandin (Abb. 3). An dieser Weste werden das Winkelmeßsystem, die 24-Kanal-Eingangsbox und die 16 Vorverstärker der Winkelkanäle sowie das System zur Kraftverteilungsmessung angebracht. Beide Systeme sind über eine Synchronisationsbox miteinander verbunden. Die Art der Kraftdatenübertragung erfordert, daß die Probandinnen über ein Kabel (10 m lang; Abb. 2 und 3) mit dem PC verbunden sind. Der PC steht auf einem fahrbaren Meßwagen, auf dem auch die Videokamera zur Dokumentation der aufgenommenen Tätigkeiten sowie die Batterie für die Stromversorgung des gesamten Meßsystems ange-

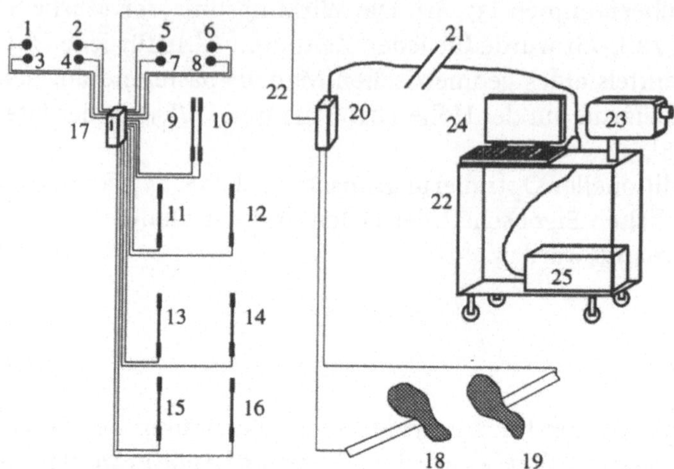

Abb. 2. Das komplette Arbeitsplatzmeßsystem mit *1–8* EMG-Elektroden, *9* Torsiometer, *10–16* Winkelmesser, *17* BIOSTORE-System mit RAM-Karte, *18–19* Kraftverteilungseinlegesohlen, *20* PEDAR-System, *21* Schleppkabel, *22* Meßwagen, *23* Videokamera, *24* PC, *25* Batterie

bracht sind. Mit diesem Wagen konnte der Probandin während ihres ganz normalen Arbeitsablaufes gefolgt werden (Abb. 2 und 3). Die Meßdauer wird nur durch die Größe der Festplatte des Rechners (bei einer Meßfrequenz von 20 Hz werden ca. 3,1 MByte/h benötigt) und der Ladung der Batterie (ca. 5 Ah/Meßstunde) beschränkt. Das Gewicht des Systems, welches von der Probandin getragen werden muß, beträgt ungefähr 2,6 kg. Die Instrumentierung einer Probandin benötigt ungefähr 30 min. Am Ende der Instrumentierung wird das System durch die normale Arbeitskleidung fast vollständig verdeckt (Abb. 4).

Kinetik. Kraftverteilungsmeßsohlen[1] mit jeweils 99 Sensoren, basierend auf dem kapazitiven Meßprinzip, wurden benutzt, um die Bodenreaktionskräfte zu erfassen. Diese Einlagesohlen messen die eindimensionalen Kräfte, welche normal zur plantaren Unterseite des Fußes wirken. Sie sind ungefähr 1,8 mm dick, weich und biegsam. Die passende Sohlengröße (insgesamt standen vier unterschiedliche Größen zur Verfügung) wurde in den Schuh der Probandin gelegt. Alle Probandinnen fühlten sich mit der Einlagesohle im Schuh wohl. Die Einlagesohlen wurden mit Kabeln mit der Datenaufnahmeeinheit an der rucksackartigen Weste der Probandin verbunden (Abb. 3).

---

[1] PEDAR System, novel GmbH, München.

Abb. 3. Eine Probandin
mit angelegtem Arbeits-
platzmeßsystem

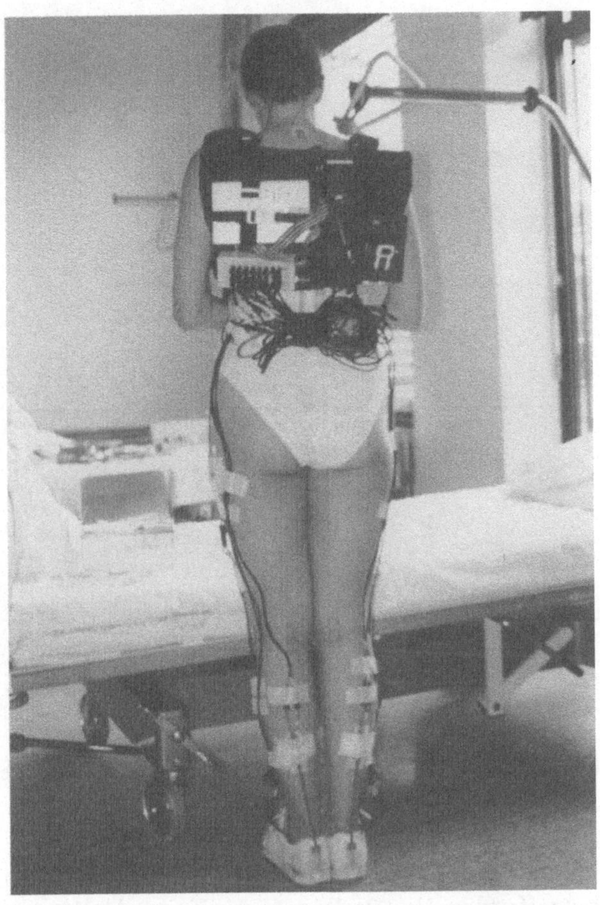

Kinematik. Die Winkel zwischen den acht Körpersegmenten (Tabelle 1,
Abb. 1) wurden mittels sieben zweiachsigen[2] und einem einachsigen[2] Winkelmessern gemessen (Abb. 3). An den Gelenken der beiden unteren
Extremitäten (Fuß-, Knie- und Hüftgelenke) wurden die zweidimensionalen Winkelmesser zur Messung der Extensions-/Flexionswinkel sowie der
Abduktions-/Adduktionswinkel verwendet. Die Bewegung der Wirbelsäule wurde mit einem zweidimensionalen Winkelmesser zur Erfassung
der Flexions-/Extensions- und Seitbeugungswinkel, sowie einem einachsigen Torsiometer zur Erfassung der Rotation (Torsion) aufgezeichnet.

Die Goniometer wurden auf den Gelenken so angebracht, daß das idea-
lisierte Drehzentrum des Gelenkes bei gestreckter Gelenkstellung (180°)
auf der Linie zwischen den Endblöcken der Winkelmesser lag. Vor An-

---

[2] PENNY & GILES, Gwent, UK.

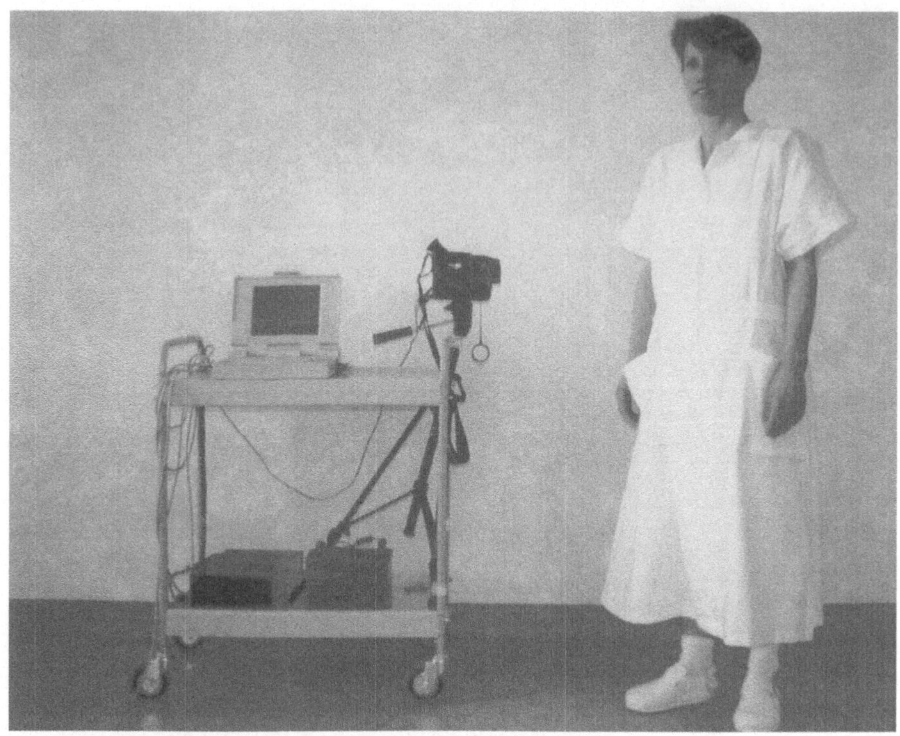

Abb. 4. Eine Probandin mit Arbeitsplatzmeßsystem unter dem Schwesternkittel

bringung der Winkelmesser mit doppelseitigem Klebeband wurden die betreffenden Hautstellen gereinigt und mit einem elastischen selbstklebenden Verbandmaterial[3] abgeklebt. Um ein Verrutschen der Winkelmesser während der Messung zu vermeiden, wurden die Endblöcke und die zuführenden Kabel zusätzlich mit Klebestreifen fixiert (s. Abb. 3, die Goniometer am Fußgelenk). Alle Goniometer wurden mittels Kabeln mit einem transportablen 24-Kanal-Datenlogger[4], welcher an der oben beschriebenen Weste angebracht war, verbunden (Abb. 3). Die Winkeldaten wurden mit einer Frequenz von 10 Hz A/D umgewandelt und auf einer auswechselbaren 2 mbyte RAM-Karte gespeichert. Diese Karte mußte alle 45 min ausgewechselt werden. Die Stromversorgung wurde über die Batterie auf dem Meßwagen gewährleistet. Nach der Beendigung einer Messung wurden die Daten von den RAM-Karten auf einen PC übertragen

---

[3] Fixomull stretch, Beiersdorf, Hamburg.
[4] BIOSTORE, Wehrheim.

und mit einem Butterworth-Tiefpassfilter vierter Ordnung geglättet (cut-off-Frequenz 1,8 Hz).

Elektromyogramm. Zur Registrierung der Muskelaktivität wurden Oberflächenelektroden[5] in bipolarer Konfiguration (jeweils 2 Elektroden pro Aufnahmestelle) verwendet. Die Elektroden haben eine Aufnahmefläche von 16 mm² und wurden im Abstand von 2 cm appliziert. Die kleine Aufnahmefläche sowie der geringe Elektrodenabstand ermöglichten eine selektive Aufnahme der Signale des jeweiligen Muskels und eine Verminderung des Cross-talk benachbarter Muskelgruppen. Vor der Elektrodenapplikation wurde die Haut mit Alkohol gereinigt und von alten Hornschichten befreit, um den Hautwiderstand zu reduzieren [35]. Die Plazierung der Elektroden wurde unter Berücksichtigung der folgenden Aspekte gewählt: Reproduzierbarkeit der Elektrodenpositionen, Orientierung an knöchernen Strukturen, Berücksichtigung der anatomischen Verhältnisse der einzelnen Probandinnen, hohe Signalqualität. Die Plazierung der Elektroden auf den vier untersuchten Muskelgruppen wurden symmetrisch für die rechte und linke Körperseite vorgenommen:

- M. rectus abdominis: 2,5 cm lateral des Umbilicus [32],
- M. obliquus externus: in die Mitte der gedachten Linie von Crista iliaca und den unteren Rippenbögen superior der anterioren Spina iliaca 1 cm superior vom Umbilicus [15],
- M. erector spinae: 3 cm lateral der Dornfortsätze auf Höhe von L3 [34],
- M. latissimus dorsi: 8 cm lateral der Dornfortsätze auf Höhe von Th12.

Die Elektroden wurden jeweils auf dem Muskelbauch parallel zum Muskelfaserverlauf aufgebracht. Die Referenzelektrode zur Erfassung des Körperpotentials wurde auf dem Sternum angebracht. Die selbstklebenden Elektroden sowie die zuführenden Kabel wurden zusätzlich mit Klebestreifen fixiert, um ein Verrutschen der Elektroden und Signalartefakte durch Bewegungen zu vermeiden.

Das EMG-Signal wurde nahe der Elektrode vorverstärkt, in einem Frequenzbereich von 10–700 Hz endverstärkt, mit 20 Hz 12-bit A/D gewandelt und gleichgerichtet. Die Eingangsimpedanz des Verstärkers betrug 10 GW, die Gleichtaktunterdrückung 120 dB bei 100 Hz. Der Rauschpegel war 1 µV Spitze-Spitze. Die Daten wurden auf dem selben Datenlogger bearbeitet und gespeichert wie die Winkeldaten.

---

[5] Blue sensor, Medicotest, Ølstykke, Dänemark.

Die bearbeiteten EMG-Signale wurden benutzt, um über die Aktivierung eines Muskels für das Kraftverteilungsmodell im Sinne von AN/AUS zu entscheiden. Zuerst wurde das Ruhesignal eines Muskels (für jeden Muskel bestimmt aus dem gemitteltem EMG-Signal gemessen während 2 s ruhigen Stehens) vom Signal vor der weiteren Analyse abgezogen. Danach wurde das EMG-Signal geglättet (16 Punkt Moving average) und der Mittelwert des Signals bestimmt. Der Anfang/Ende der Aktivität eines Muskels wurde als eine EMG Aktivität größer/kleiner als die mittlere Aktivität des Muskels definiert.

Transformation der lokalen Koordinatensysteme in ein globales Koordinatensystem. Sämtliche Bewegungsdaten wurden als Winkeldaten, also in lokalen Koordinatensystemen, aufgenommen. Diese lokalen Koordinatensysteme müssen in ein gemeinsames globales Koordinatensystem überführt werden, um eine absolute Orientierung des Gesamtsystems zu erhalten. Diese Orientierung wird benötigt, um die Gl. 1 und 2 lösen zu können. Zur Verdeutlichung: Ein Hüftwinkel von 90° gibt keinerlei Information über die absolute Orientierung der Hüfte; dieser Wert kann entweder bedeuten, daß die Probandin sitzt und die Hüfte vertikal ausgerichtet ist, oder aber er kann bedeuten, daß die Probandin steht und die Hüfte horizontal ausgerichtet ist.

Die relative Position der acht Körpersegmente (also die Winkel zwischen zwei aneinander grenzenden Segmenten) wurde benutzt, um eine Gliederkette der unteren Extremitäten, der Hüfte und der LWS zu rekonstruieren. Hierfür wurden neben den Winkeln nur die anthropometrischen Daten der Probandinnen benötigt. Die Orientierung dieser Segmentenkette im dreidimensionalen Raum wurde über die Lage des Kraftangriffspunktes in bezug auf den rechten bzw. linken Fuß bestimmt. Wenn sich der Kraftangriffspunkt im Bereich der hinteren 15 % der Fußfläche befindet, liegt ein positiver Winkel β zwischen Fuß und Boden vor (Situation A in Abb. 5). Zwischen 15 und 75 % der Fußlänge beträgt dieser Winkel 0° Grad (Situation B in Abb. 5) und für 75–100 % ist der Winkel β negativ (Situation C in Abb. 5). Die genaue Beziehung zwischen der Lage des Kraftangriffspunktes und dem Winkel β wurde empirisch bestimmt und in der Koordinatentransformation verwendet. Das Ergebnis dieses Rekonstruktions- und Transformationsprozesses, zusammen mit der berechneten kompressiven Knochenkontaktkraft, ist exemplarisch in Abb. 6 dargestellt.

Individuelle Parameter. Für den Rekonstruktionsprozess und die Berechnung der Lage der Teilkörperschwerpunkte [11] wurden die anthropometrischen Daten der modellierten Segmente individuell für jede

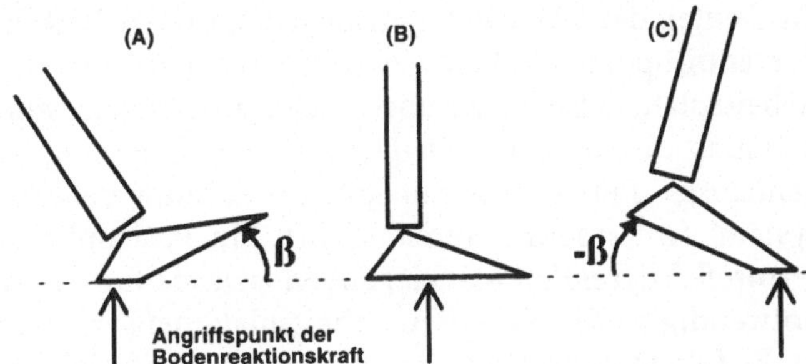

Abb. 5. Bezug des lokalen Koordinatensystems des Fußes zu einem globalen Koordinatensystem in Abhängigkeit von der Lage des Kraftangriffspunktes

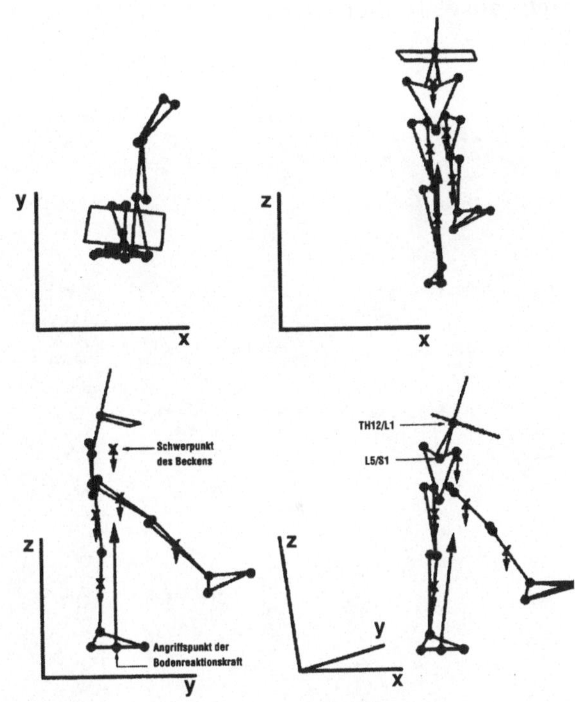

Abb. 6. Beispiel für die Echtzeitdarstellung der Modellergebnisse auf einem PC-Bildschirm in 4 Ansichten (*links oben* Projektion auf transversale Ebene, *unten* Projektion auf sagittale Ebene, *rechts oben* Projektion auf frontale Ebene, *unten* isometrische Projektion). Dargestellt ist eine Probandin beim Heben des rechten Beines. *Pfeile* Bodenreaktion und Gewichtskräfte der Teilkörperschwerpunkte

Probandin benötigt (z. B. Gewicht; Länge und Umfang der einzelnen Segmente). Diese wurden im Rahmen einer orthopädischen Untersuchung erfaßt.

Validierung des Meßsystems

Die Ergebnisse der Belastungs- und Beanspruchungsberechnung müssen unter Berücksichtigung der Genauigkeit der Bodenreaktionskraft- und Winkelmessungen interpretiert werden. Zu diesen Fehlern kommen noch die Fehler der Koordinatentransformationen bzw. Ungenauigkeiten bei der anthropometrischen Vermessung hinzu. Um den Gesamtfehler des Arbeitsplatzmeßsystems abschätzen zu können, wurde eine Vergleichsmessung im Labor der Orthopädischen Abteilung des Universitätskrankenhauses Eppendorf mit einem kommerziellen Bewegungsanalysesystem[6] (6 Kameras) durchgeführt. Ein Proband wurde gleichzeitig mit retroreflektierenden Markierungen (wie sie für das kommerzielle System notwendig sind) sowie dem Arbeitsplatzmeßsystem instrumentiert (Abb. 7). Er führte dann fünf unterschiedliche Aufgaben mit jeweils drei Wiederholungen durch. Die Ergebnisse der beiden Systeme wurden dann mittels ausgewählter gemessener bzw. berechneter Parameter verglichen.

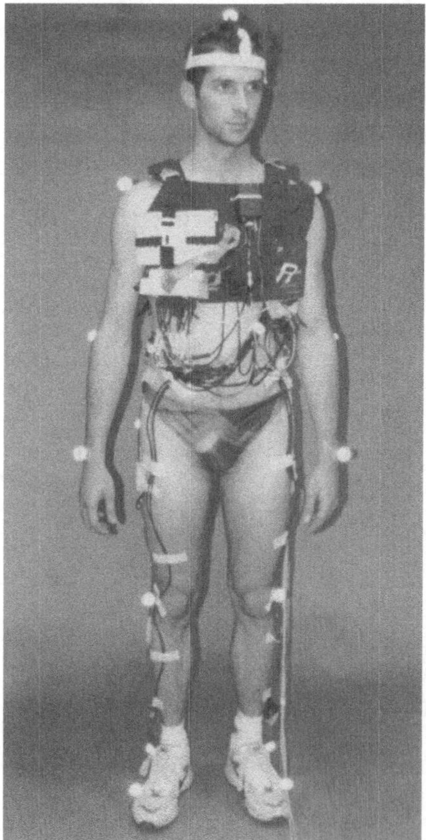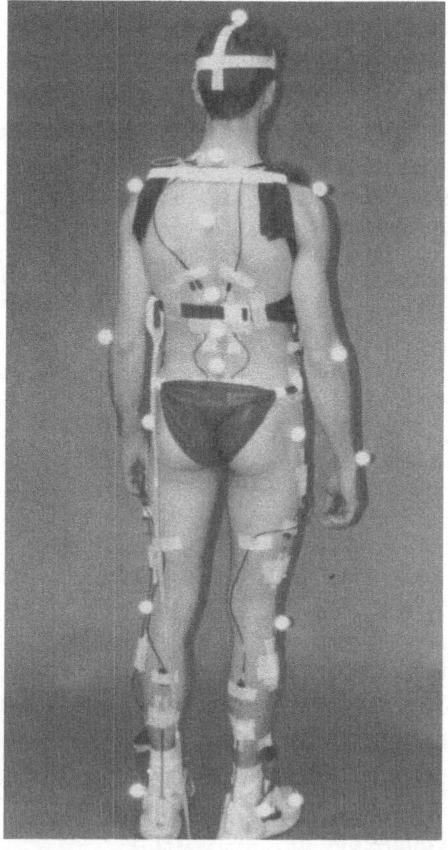

Abb. 7. Validierungsmessungen an einem Probanden im Ganglabor

---

[6] VICON, Oxford Metrics, Oxford, England.

Hierfür wurden die resultierenden Gelenkmomente auf der Höhe L5/S1, die Knochenkontaktkräfte in der Bandscheibe L5/S1 und die 3-dimensionalen Winkel der BWS bezüglich des Sakrums benutzt.

Exemplarisch werden hier die Ergebnisse für eine Tätigkeit vorgestellt. Der Vergleich für die Tätigkeit „Bierkiste anheben und abstellen" erbrachte Unterschiede in den Maximalwerten der Knochenkontaktkraft von $9 \pm 4\%$ in vertikaler Richtung, $3 \pm 58\%$ für die medio-laterale Richtung und $23 \pm 4\%$ für die anterior-posteriore Richtung. Für die Gelenkmomente betrugen die Differenzen $12 \pm 4\%$ für den Flexions-/Extensionsmoment, $36 \pm 7\%$ für den Seitbeugungsmoment und $67 \pm 14\%$ für den Torsionsmoment. Die LWS-Gesamtwinkel waren nahezu identisch in der Flexions-/Extensionsrichtung (Unterschied $1,8 \pm 1\%$), zeigten aber große Unterschiede in den anderen beiden Richtungen: Die Ergebnisse des Laborsystems waren um bis zu 100% höher als die des Arbeitsplatzmeßsystems. Diese Diskrepanz könnte von der Reihenfolge der Euler-Winkel, die vom Laborsystem verwendet wurden, verursacht worden sein [39]. Da das Arbeitsplatzmeßsystem die Winkel direkt mißt, die Genauigkeit der Winkelmesser detailliert überprüft wurde ($1 \pm 0,5\%$) und die mit dem Laborsystem bestimmten Winkel jenseits sinnvoller Werte für entsprechende Tätigkeiten liegen, kann davon ausgegangen werden, daß die Winkelbestimmung mit dem Arbeitsplatzmeßsystem genauer ist [39].

Zusammenfassend kann festgestellt werden, daß das Arbeitsplatzmeßsystem für die Gelenkbelastung in der sagittalen Ebene sehr befriedigende Ergebnisse (im Bereich der Genauigkeit der Winkelmesser und Kraftverteilungsmeßsohlen) und in der frontalen Ebene befriedigende Ergebnisse liefert. Die Ergebnisse in der transversalen Ebene sollten dagegen mit großer Vorsicht interpretiert werden. In bezug auf die Oberkörperwinkel sind die Ergebnisse des Arbeitsplatzmeßsystems deutlich besser als die des Laborsystems, was nicht verwunderlich ist, da diese beim Arbeitsplatzmeßsystem direkt gemessen und nicht erst über Projektionen oder Euler-Winkel berechnet werden müssen.

Belastungsbestimmung durch Videoanalyse

Zusätzlich wurde zur Dokumentation und zur semiquantitativen Auswertung der gesamte Meßzeitraum mit einer Videokamera[7] aufgezeichnet. Diese Videoaufnahmen wurden später in 15-s-Intervallen analysiert, welche jeweils 9 Haupttätigkeitskategorien mit bis zu 4 Untertätigkeitskategorien zugeordnet wurden [42]:

---

[7] Panasonic NVC-S90E.

Transport
- Ziehen von Bett, Duschliege
- Ziehen von Rollstuhl
- Schieben von Bett, Duschliege
- Schieben von Rollstuhl

Gehen
- Gehen mit frei schwingenden Armen
- Gehen mit Last (bewirkt Zwangshaltung der Arme)

Umlagern
- Von Bett in Rollstuhl (und umgekehrt) mit Lifter
- Von Bett in Rollstuhl (und umgekehrt)
- Von Bett auf Duschliege (und umgekehrt
- Umlagern im Bett

Arbeiten am (im Rollstuhl) sitzenden Patienten
- Kosmetik wie rasieren, Zähne putzen, Schuhe anziehen

Arbeiten im Sitzen
- Schreiben, Füttern, Verband anlegen

Arbeiten am Bett
- Betten machen
- Pflegerische Maßnahmen ohne Heben von Lasten (z. B. absaugen, Kanülen legen, Kosmetik)
- pflegerische Maßnahme mit Heben von Lasten (z. B. Verbandswechsel)
- Thrombosestrümpfe anziehen

Arbeiten (Schreiben) im Stehen
- Schreiben, auf niedrigen Tisch gebeugt
- Schreiben am Stehpult

Arbeiten im Stehen
- Gerätschaften am Patientenbett bedienen
- Waschraum (z. B. Nierenschalen, Toilettenstühle oder Wanne reinigen)
- Entnehmen oder Auffüllen von Materialien aus niedrigen Schränken (z. B. Verbandswagen, Pflegewagen, Medikamentenschränke)

Insgesamt wurden so für einen Meßzeitraum von 4 h etwa 960 Klassifizierungen für jede Probandin vorgenommen. Die Bewertung der Schwere der definierten 22 Tätigkeiten wurde mittels einer Befragung durchgeführt. Sämtliche Probandinnen, bei denen Arbeitsplatzmessungen durchgeführt wurden, wurden befragt, wie stark physisch belastend sie die unterschiedlichen Tätigkeiten empfinden (0 = nicht belastend, 1 = leicht, 2 = mittel, 3 = schwer belastend). Basierend auf diesen Bewertungen wurde jede Einzeltätigkeit mit einem Schweregrad belegt. Die Höhe der Arbeitsplatzbelastung wurde als Summe der Zeitanteile der einzelnen Tätigkeiten in Prozent der Arbeitszeit, multipliziert mit dem jeweiligen Schwerewert für jede Probandin, bestimmt. Als Schwerewert wurde hierfür der Mittelwert der Einschätzung aller beteiligten Probandinnen verwendet.

Bestimmung der psychosomatischen Faktoren

Zur Bestimmung psychosomatischer Faktoren wurde ein neuartiger Ansatz gewählt. Anstelle einer direkten Befragung wurde die individuelle Einschätzung der Schwere der 25 Tätigkeiten verwendet. Die Schwere der subjektiv empfundenen Gesamtarbeitsplatzbelastung wurde nach der gleichen Methode wie oben beschrieben berechnet. Es wurde jedoch nicht der aus den Aussagen von allen Probandinnen gemittelte Schwerewert einer Tätigkeit, sondern der jeweils individuell angegebene Schwerewert zur Berechnung der Gesamtbelastung herangezogen.

Kollektive und Meßzeitraum

Insgesamt erklärten sich 62 Probanden und Probandinnen bereit, an der Studie teilzunehmen. Nachdem die Probandinnen über die Risiken und Anforderungen der Studie aufgeklärt worden waren, nahmen noch 52 tatsächlich an der Studie teil. Die 3 männlichen Teilnehmer wurden aus statistischen Gründen ausgeschlossen. Die Probandinnen rekrutierten sich aus drei Hamburger Krankenhäusern von insgesamt acht unterschiedlichen Stationen (Tabelle 2).

Die Probandinnen waren zum Zeitpunkt der Messungen schmerzfrei und wurden einem Kollektiv gemäß ihrer Krankheitsvorgeschichte zugewiesen: Probandinnen, die in der Vergangenheit LBP bedingt vom Arzt ein- oder mehrmals arbeitsunfähig geschrieben worden waren, wurden dem LBD-Kollektiv zugeordnet. Alle anderen wurden dem Kontrollkollektiv zugeordnet (Tabelle 3). Die Teilnahme an der Studie war freiwillig und deswegen konnte ein gewisser Bias zwischen den Kollektiven nicht verhindert werden (Tabelle 3).

Bei insgesamt 35 der 49 Probandinnen wurden Arbeitsplatzmessungen durchgeführt. Als Meßzeitraum wurden die ersten 4 h der Frühschicht

Tabelle 2. Zusammensetzung der Kollektive für jede der untersuchten Stationen (QZ Querschnittszentrum)

Gruppe	Chirurgie			Neurologie	QZ	Ambulanz		Gesamt
	A	B	C			A	B	
Kontrolle	2	7	8	3	3	6	1	30
LBD	3	2	4	1	2	3	4	19
Gesamt	5	9	12	4	5	9	5	49

Tabelle 3. Persönliche Daten der Teilnehmerinnen. Sämtliche Unterschiede zwischen den Kollektiven sind signifikant

Persönliche Daten		LBD-Gruppe (n = 19)	Kontrollgruppe (n = 30)
Alter	[Jahre]	*33 ± 10	28 ± 5
Berufsdauer	[Monate]	*159 ± 107	99 ± 59
Stationsdauer	[Monate]	*80 ± 76	32 ± 34

ausgewählt, da dieser Zeitraum allgemein als am belastendsten angesehen wird. Bedingt durch Probleme mit der Meßelektronik konnten nur bei 15 Probandinnen vollständige Datensätze aufgenommen werden. Für die Belastungsanalyse mittels Videoauswertung standen 31 komplette Datensätze zur Verfügung.

Statistische Auswertung

Nur Zeiträume, in denen die Probandinnen auf den Füßen standen (mindestens 40 % Körpergewicht als Bodenreaktionskraft), wurden in die Analyse einbezogen. Drei Arten von Parametern wurden analysiert: Winkeldaten (1-, 2- und 3-dimensionale), resultierende Gelenkmomente (3d) und Knochenkontaktkräfte (3d). Bedingt durch die kontinuierliche Datenaufnahme war eine detaillierte Analyse bezogen auf Tätigkeiten nicht möglich (bei einer vierstündigen Messung mit einer Frequenz von 10 Hz fallen 144 000 Datenpunkte an). Die Auswertung konzentrierte sich deshalb auf maximale und minimale Werte, Mittelwerte, Impulse und Zeiträume, für die gewisse Schwellwerte überschritten wurden. Für alle Variablen wurden Klassen basierend auf dem Wertebereich der gemessenen oder berechneten Werte, definiert. Die Zeitdauer, die in einer bestimmten Klasse verbracht wurde (z.B. für welchen Zeitraum ist die Kompressionsbelastung größer als 13faches Körpergewicht?), und die Anzahl der Klassengrenzenüberschreitungen (z.B. wie oft beugt sich eine Schwester über 20° zur Seite?) wurden analysiert. Die Anzahl von Datenpunkten wurde jeweils in Prozentsätze der gesamten Meßdauer umgerechnet. Kraftvariable wurden entweder absolut (N) oder als Vielfaches des Körpergewichts (KG) berechnet. Der Rumpfwinkel (nur in Flexions-/Extensionsrichtung) wurde als Summe des LWS-Winkels und des gemittelten linken und rechten Hüftwinkels berechnet.

Varianzanalysen mit einem Levene-Test zur Überprüfung der Varianzhomogenität und der Kollektivszugehörigkeit als unabhängige Variable wurden für alle abhängigen Variablen mit dem Programm SPSS für

Windows 6.1.3 durchgeführt. Beim Vergleich der Belastung zwischen den Stationstypen (Faktor „Station") wurde zusätzlich ein Tukey-B-Post-Hoc-Test durchgeführt. Die Vertrauenswahrscheinlichkeit wurde auf 95% gesetzt.

Ergebnisse

Belastung am Arbeitsplatz: Unterschiede zwischen Kollektiven

Der Vergleich zwischen Krankenschwestern mit bzw. ohne Vorgeschichte von LBD hinsichtlich der Belastung am Arbeitsplatz wurde nur für die Schwestern der chirurgischen Stationen durchgeführt, da nur bei diesem Stationstyp genügend vollständige Messungen für die Analyse verfügbar waren (Kontrollgruppe/LBD-Gruppe: $n = 7/5$, Alter $28,4 \pm 6,1/26,6 \pm 4,5$ Jahre, Gewicht $58,9 \pm 9,5/64,44 \pm 10,3$ kg). Es zeigte sich, daß die Arbeitsplatzbelastung für beide Kollektive gleich ist (Tabelle 4). Die Höhe der Gesamtbelastung während einer Schicht liegt deutlich (ungefähr Faktor 10) unter der kritischen Dosis nach Pangert [19, 50] (Tabelle 4). Insgesamt qualifizieren nach der Methode von Pangert nur ca. 7,8% der Arbeitszeit als belastend, was Werten aus der Literatur entspricht (z.B. 6% in [19]).

Dies kann in zweierlei Hinsicht interpretiert werden: Zum einen heißt dies, daß eine Schwester, die eine Vorgeschichte von LBD hat, nach Abklingen dieser Symptomatik wieder normal zur Arbeit eingesetzt werden kann; zum anderen, daß die Arbeitsbelastung von Schwestern mit einer Vorgeschichte von LBD nicht höher ist als bei Schwestern ohne diese Vorgeschichte. Dieses Ergebnis der quantitativen Messungen wurde durch die semiquantitative Videoauswertung für ein weit größeres Kollektiv, welches die Schwestern aus der Ambulanz, der Neurologie und dem QZ beinhaltet, bestätigt (Tabelle 10).

Da keinerlei Unterschiede in der Belastung zwischen den Krankenschwestern mit bzw. ohne Vorgeschichte von LBD gefunden wurden, werden im folgenden die Ergebnisse für das Gesamtkollektiv der Schwestern von chirurgischen Stationen ($n = 12$) dargestellt. Die Maxima der gemessenen Rumpfwinkel bewegen sich an der oberen Grenze der Gesamtbeweglichkeit der LWS [28] (Tabelle 5). Die hohen gemessenen Torsionswinkel könnten durch Hautverschiebungen bzw. eine begleitende Torsion der BWS zu erklären sein.

Die Maxima der gemessenen Momente und Knochenkontaktkräfte liegen sehr hoch (Tabelle 5). Sie treten jedoch nur für sehr kurze Zeiträume auf (Tabellen 6 und 7).

Wenn man die kritische Grenze für die Kompressionskraft L5/S1 nach NIOSH [28] (ca. 6500 N entspricht ca. 10 KG) als Grundlage sieht, dann lie-

Tabelle 4. Ausgewählte Parameter der quantitativen Messungen am Arbeitsplatz vs. LBD (nur für Chirurgie; *KG* Körpergewicht; kritische Dosis nach Pangert = $7,5 \cdot 10^6$ Ns pro Schicht)

Gruppe	n	Rumpfflexion > 80°		Belastende Zeiträume	Dosis pro Schicht	Maximales Extensions-moment	Maximale Kompresions-kraft	Mittlere Kompressions-kraft
		[% Zeit]	[h]	[% Zeit]	[Ns]	[Nm]	[KG]	[KG]
Kontrolle	7	$4,3 \pm 3,4$	$12,6 \pm 12,0$	$8,1 \pm 8,0$	$7,0 \cdot 10^5$	-450 ± 95	$10,5 \pm 0,9$	$2,4 \pm 0,3$
LBD	5	$2,6 \pm 2,9$	$15,0 \pm \;\,8,4$	$7,4 \pm 2,4$	$9,6 \cdot 10^5$	-497 ± 82	$9,7 \pm 0,9$	$2,4 \pm 0,4$

Tabelle 5. Maximalwerte der 3-dimensionalen LWS-Winkel und resultierende Schnittmomente sowie der Knochenkontaktkräfte (*r* rechts, *l* links)

	LWS-Winkel [°]		Resultierendes Gelenkmoment [Nm]			Knochenkontaktkraft [KG]	
	Max	SD	Max	SD		Max	SD
Flexion	64,8	16,9	174,2	56,0	Anterior	2,5	1,9
Extension	30,0	10,0	469,3	89,4	Posterior	2,4	0,2
Seitbeugung r	32,1	15,8	219,8	78,4	Lateral r	2,2	1,1
Seitbeugung l	29,4	7,9	236,1	78,2	Lateral l	2,4	1,1
Torsion r	38,8	21,6	126,7	49,5			
Torsion l	43,6	37,7	107,6	39,1	Vertikal	10,2	1,0

gen im Durchschnitt 0,12 % der Arbeitszeit über diesem Wert. Wenn man die Grenze für häufiges Heben nach NIOSH (ca. 3500 N entspricht ungefähr 6 KG) anlegt, dann liegen 4,9 % der Arbeitszeit über diesem Wert. Insgesamt kann festgestellt werden, daß kurzzeitige hohe Belastungen als typisch für die Beschäftigung einer Krankenschwester auf einer chirurgischen Station bezeichnet werden können. Abbildung 8 zeigt den zeitlichen Verlauf der Kompressionsbelastung L5/S1 für eine exemplarische Messung, welche diese Charakteristik verdeutlicht.

Belastung am Arbeitsplatz: Unterschiede zwischen Stationstypen

Der Vergleich in der Belastung zwischen den unterschiedlichen Stationen zeigt signifikante Unterschiede in der Gesamtarbeitsplatzbelastung zwischen den Stationen (Tabelle 8). Die Ambulanz zeigt eine signifikant niederere Gesamtbelastung als das Querschnittszentrum (QZ), weist gleich-

Tabelle 6. Verweildauer in den unterschiedlichen LWS-Winkelklassen [% Meßzeitraum]

LWS-Winkelklassen		Zeit [%]	SD [%]
75–0°	Flexion	0,1	0,2
60–75°	Flexion	1,2	1,5
45–60°	Flexion	3,2	5,1
30–45°	Flexion	6,8	3,3
15–30°	Flexion	21,2	14,3
0–15°	Flexion	41,9	12,6
0–15°	Extension	22,4	14,2
15–30°	Extension	3,2	5,4

Tabelle 7. Verweildauer in den unterschiedlichen Kompressionskraftklassen [% Meßzeitraum]

Kompressionskraftklassen [KG]	Zeit [%]	SD [%]
> 12	0,0	0,0
11 bis 12	0,02	0,01
10 bis 11	0,1	0,1
9 bis 10	0,3	0,5
8 bis 9	0,8	0,7
7 bis 8	1,6	0,8
6 bis 7	2,1	0,8
5 bis 6	3,2	1,0
4 bis 5	5,6	1,6
3 bis 4	10,7	2,4
2 bis 3	22,7	2,3
1 bis 2	40,6	5,7
0 bis 1	12,3	5,2

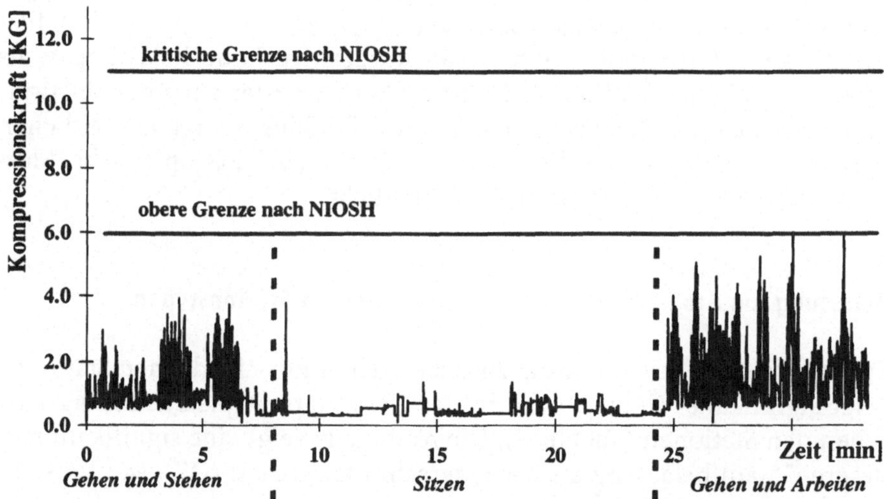

Abb. 8. Zeitliche Darstellung der Kompressionsbelastung der Bandscheibe L5/S1 für die ersten 30 min der Frühschicht einer Probandin

zeitig jedoch die höchste Rate von Schwestern mit einer Vorgeschichte von LBD von allen Stationen auf (Tabelle 8).

Die Aufschlüsselung der Belastungen in die Haupttätigkeitskategorien zeigt die hohe Variation bestimmter Tätigkeitsanteile zwischen Stationen gleichen Typs und innerhalb der Stationen selber (Tabelle 9). Auf allen Stationen stellen die Tätigkeiten „Arbeiten am Bett", „Stehen" und „Gehen" die am häufigsten vorkommenden Tätigkeiten dar [42].

Tabelle 8. Objektive Bewertung der Belastung auf den Stationen ermittelt durch Videoanalyse (*100* leicht, *300* schwer). Unterschiedliche Hochzahlen indizieren einen signifikanten Unterschied zwischen den Stationen ([2] vs. [3] p = 0.04)

Station		n	LBD-Rate [%]	Belastung	
				Punkte [1]	SD [1]
QZ		5	40	110,5[2]	10,4
Chirurgie	C	8	50	100,0	5,7
Neurologie		5	20	99,6	18,1
Chirurgie	A	5	60	96,5	9,1
Chirurgie	B	4	25	89,1	13,5
Ambulanz	B	4	75	84,1[3]	14,3

Tabelle 9. Prozentualer Anteil der 9 Tätigkeitsgruppen an der Gesamtzeit, unterteilt nach Stationen

Prozentualer Anteil der Tätigkeiten je Station [%]

Tätigkeiten	Chirurgie A (n = 5)	Chirurgie B (n = 4)	Chirurgie C (n = 8)	Neurologie (n = 5)	QZ (n = 5)	Ambulanz B (n = 4)
Transport	4,5 ± 2	4,6 ± 1	2,3 ± 1	2,0 ± 2	3,1 ± 2	1,5 ± 1
Gehen	14,3 ± 4	16,6 ± 4	11,5 ± 2	7,5 ± 2	10,7 ± 3	14,9 ± 7
Umlagern	0,1 ± 0	0,0 ± 0	1,0 ± 1	2,9 ± 2	5,3 ± 4	0,2 ± 0
Arbeiten am Bett	25,0 ± 10	20,7 ± 13	36,3 ± 6	32,5 ± 18	34,6 ± 12	20,2 ± 15
Arbeiten am Rollstuhl	3,9 ± 5	3,0 ± 5	0,6 ± 1	4,8 ± 2	3,7 ± 4	1,3 ± 1
Schreiben im Stand	4,9 ± 5	14,5 ± 7	4,8 ± 4	6,0 ± 6	4,1 ± 3	6,5 ± 5
Sitzen	3,5 ± 3	6,3 ± 7	0,1 ± 0	8,3 ± 14	3,6 ± 5	9,0 ± 14
Stehen	19,6 ± 6	15,4 ± 5	15,4 ± 5	11,8 ± 4	15,5 ± 6	16,2 ± 5
Pause	23,8 ± 3	17,8 ± 5	27,6 ± 7	23,1 ± 10	19,1 ± 7	29,3 ± 14

Psychosomatische Faktoren

Die Analyse der subjektiven Bewertung der Schwere der unterschiedlichen Tätigkeiten erwies sich als äußerst interessant. Die Schwestern mit einer Vorgeschichte von LBD fühlen sich signifikant höher belastet als Schwestern ohne Vorgeschichte, obwohl die objektive Belastungsanalyse ergab, daß sie eigentlich genau gleich belastet sind (Tabelle 10). Diese Dis-

Tabelle 10. Objektive (mittels Videoanalyse) und subjektive Bewertung der Belastung am Arbeitsplatz vs. LBD (*100* leicht, *300* schwer). Unterschiedliche Hochzahlen indizieren einen signifikanten Unterschied zwischen den jeweiligen Werten ([2] vs. [3]: p = 0.01)

Gruppe	[n]	Belastung				
		Objektiv		Subjektiv		
		Punkte	SD	Punkte	SD	
Kontrolle	17	98,7	13,3	77,5[2]	29,5	
LBD	14	96,3	13,9	116,6[3]	48,3	

Tabelle 11. Objektive und subjektive Bewertung der Belastung auf den unterschiedlichen Stationen (*100* leicht, *300* schwer). Unterschiedliche Hochzahlen indizieren einen signifikanter Unterschied zwischen den jeweiligen Werten ([2] vs. [3] p = 0.04, [4] vs. [5] p = 0.04)

Station		Belastung					
		Objektiv			Subjektiv		
		Rang	Punkte	SD	Rang	Punkte	SD
QZ		1	110,5[2]	10,4	3	95,9	21,2
Chirurgie	C	2	100,0	5,7	2	105,3	34,8
Neurologie		3	99,6	18,1	5	81,8[4]	71,3
Chirurgie	A	4	96,5	9,1	6	66,9[4]	18,5
Chirurgie	B	5	89,1	13,5	4	82,8	40,1
Ambulanz	B	6	84,1[3]	14,3	1	136,3[5]	54,1

krepanz wird besonders deutlich, wenn man die objektive und subjektive Einschätzung auf den verschiedenen Stationen gegenüberstellt: Die Schwestern der Ambulanz fühlen sich physisch signifikant am meisten belastet, obwohl sie de facto signifikant am wenigsten belastet sind (Tabelle 11).

Interessant ist zudem, daß die durchschnittliche physische Belastung für und von allen Schwestern nur als „leicht" eingeschätzt wurde. Dies ist bedingt durch die langen Zeiten während einer Schicht mit geringfügiger körperlicher bzw. ohne Belastung.

Diskussion

Messungen am Arbeitsplatz können nicht die gleiche Qualität und Genauigkeit von Ergebnissen liefern wie Labormeßsysteme. Es war auch nicht das Ziel dieser Untersuchung, ein weiteres Laborexperiment durchzuführen [1, 2, 23–27, 36, 37], sondern vielmehr die Belastung dort zu erfassen, wo sie wirklich auftritt. Die Genauigkeit des entwickelten Arbeitsplatzmeßsystemes darf in der sagittalen und frontalen Ebene als gut bis befriedigend bezeichnet werden. Die in dieser Studie berechneten Maximal- und Dosiswerte entsprechen größenordnungsmäßig den vergleichbaren Werten in der Literatur [16, 19]. Die Ergebnisse der hier vorgestellten Arbeitsplatzmessungen erlauben jedoch Aussagen, die deutlich weiter reichen als die Interpretation solcher Standardparameter: Die kontinuierlich erhobenen Daten ermöglichen zusätzlich Aussagen über Fragestellungen hinsichtlich Zwangshaltungen oder z. B. Ruhephasen von Gelenken. Durch die gleichzeitige Überprüfung anderer, für die Ätiologie von LBD wichtiger Faktoren können auch die Zusammenhänge bzw. die Wechselwirkungen zwischen Faktorengruppen untersucht werden.

Die Ergebnisse dieser Studie sollten mit Vorsicht interpretiert werden. Es muß berücksichtigt werden, daß die Anzahl der untersuchten Schwestern gering war, auch wenn sich die Kollektive anderer Studien in der gleichen Größenordnung bewegen. Eines der Hauptziele dieser Studie war es, eine Methodologie zur Messung der Belastung direkt am Arbeitsplatz während der Arbeitszeit zu entwickeln und einzusetzen. Die Anzahl der letztendlich ausgewerteten Datensätze verdeutlicht den Pilotcharakter der vorliegenden Studie: Bedingt durch anfängliche technische Probleme konnten nur 15 der insgesamt 35 durchgeführten Messungen für die Analyse herangezogen werden. Es darf jedoch festgestellt werden, daß dies die ersten Messungen dieser Art überhaupt waren, und deswegen ist eine vorsichtige Interpretation angebracht.

Die typische Belastung im Krankenpflegeberuf ist geprägt durch hohe, aber selten auftretende Belastungsspitzen, was einen großen Unterschied zu Berufen mit zyklischen Arbeitsabläufen darstellt (bei Kernformern werden z. B. 37 % der Schicht als belastend bezeichnet [19]). Die durchschnittliche Belastung über eine Schicht kann als „leicht" bezeichnet werden und liegt deutlich unterhalb des kritischen Werts der Dosismodelle [19]. Unterschiede in der körperlichen Belastung zwischen den unterschiedlichen Stationen wurden quantifiziert und entsprechen den allgemeinen Vorstellungen.

Wenn man diese Ergebnisse mit den gleichzeitig ermittelten individuellen Faktoren in Zusammenhang bringt, ergeben sich ganz neue Aspekte:

- es gibt keinen Unterschied in der Arbeitsplatzbelastung zwischen den Kollektiven mit und ohne Vorgeschichte von LBD,
- die Station mit der geringsten physischen Belastung zeigte die höchste Auftretenshäufigkeit von LBD,

- Schwestern, die objektiv ermittelt am wenigsten belastet waren, schätzten ihre eigene Belastung am höchsten ein,
- individuellen Faktoren wie muskuläre Leistungsfähigkeit und Beweglichkeit zeigten signifikante Unterschiede zwischen den beiden Kollektiven [41, 43],
- bei indirekter Ermittlung der durchschnittlichen physischen Schwere der Arbeit ergibt sich der Wert „leicht", bei direkter Befragung der Probandinnen der Wert „schwer",
- in den letzten 20 Jahren ist die Anzahl von LBD in den USA um 2700 % gestiegen [52], obwohl im gleichen Zeitraum sämtliche physischen Arbeitsplatzparameter gesenkt wurden.

Es zeigen sich hier gewisse Widersprüche hinsichtlich der traditionellen Sichtweise der Ätiologie von LBD. Es hat den Anschein, daß der maßgebliche Faktor nicht die Belastung am Arbeitsplatz an sich ist, sondern daß vielmehr individuelle Faktoren eine gewichtige Rolle spielen. Wenn man ganz isoliert die Ergebnisse dieser Studie betrachtet, dann drängt sich der Eindruck auf, daß die physische Belastung am Arbeitsplatz nicht LBD-fördernd sondern eher -senkend ist. Dies entspricht neueren Erkenntnissen in der Literatur, wo Krankenschwestern mit niedrigerer Belastung am Arbeitsplatz häufiger LBD zeigten [8]. In diesem Zusammenhang ist auch eine Studie an Wirbelsäulen von Verstorbenen interessant. Videman [66] untersuchte die Wirbelsäulen von Verstorbenen auf morphologische Schädigungen und korrelierte die Befunde mit den von den Familien erfragten Vorgeschichten von körperlicher Belastung und Rückenbeschwerden. Das Ergebnis zeigt zwar einen Zusammenhang zwischen Rückenbeschwerden und körperlicher Arbeit, jedoch *keinen* Zusammenhang zwischen morphologischer Schädigung und Schwere der Arbeit.

Wenn man die aufgeführten Fakten zusammen betrachtet, dann erscheint es wenig sinnvoll, einen direkten Zusammenhang zwischen Arbeitsplatzbelastung im Krankenpflegeberuf und morphologischer Schädigung bzw. LBD aufstellen zu wollen. Die hohen relativen Risiken, die in der Literatur für bestimmte Stationstypen berichtet werden, basieren alle auf Befragungen [20 – 22, 57, 65]. In der vorliegenden Studie hat sich gezeigt, daß die Befragten meist nicht oder nur schwer zwischen physischer und psychischer Belastung trennen können. Die hoch eingeschätzte Belastung in der Ambulanz mag auf die hohe Streßbelastung für diesen Stationstyp zurückzuführen sein.

Die Bewertung der physischen Belastung am Arbeitsplatz mittels Dosismodellen [47 – 49] mag für Berufe mit hoher durchschnittlicher Belastung anwendbar sein (typischerweise bei zyklischen Belastungen, z. B. Maurer), für Berufe mit stark wechselnder täglicher Belastung wie im

Pflegeberuf ist sie es eher nicht. Eine Erklärungsmöglichkeit hierfür bietet das Intervallmodell, bei welchem davon ausgegangen wird, daß nicht die absolute Größe der Belastung, sondern der Wechsel zwischen unterschiedlichen Belastungen im Berufsleben zu Problemen führt [46]. Bewertungen, die auf Maximalwerten beruhen [3], sind ebenfalls als kritisch zu betrachten, da diese Fälle meist durch das Auftreten von traumatischen Verletzungen im Rahmen von Arbeitsunfällen abgedeckt sind. Die Angabe eines absoluten Grenzwertes erscheint etwas unsinnig: Es kann nicht sein, daß für eine kleine, schmächtige Schwester die gleichen Maximalwerte gelten sollen wie für eine große, kräftige Schwester. Grenzwerte sollten deshalb im Vielfachen des Körpergewichtes angegeben werden.

Die hier getroffenen Aussagen betreffen die Grundbelastung, nicht aber die Spitzenbelastung: Es soll ganz deutlich festgestellt werden, daß Maximalbelastungen im Krankenpflegeberuf vermieden werden müssen und sämtliche Anstrengungen zur Verhinderung derselben dringend notwendig und sinnvoll sind.

Individuelle Faktoren wie muskuläre Leistungsfähigkeit, eine positive Arbeitseinstellung, gutes Arbeitsklima, körperliche Fitneß und Beweglichkeit werden normalerweise unterbewertet, obwohl eindeutige Zusammenhänge zwischen diesen Faktoren und LBD gezeigt wurden. Es bestehen in der Zwischenzeit sogar Ansätze für Erklärungsmodelle, warum und wie die Muskulatur die knöchernen Substanzen entlasten könnte [46, 55], was die Bedeutung der Muskulatur und auch einige klinische Ergebnisse (z. B. auch die Diskrepanz zwischen bildgebenden Verfahren und Funktion [7]) erklären könnte.

Schlußbemerkungen

Die Größe der physischen Belastung am Arbeitsplatz spielt gemäß der Berufskrankheitenverordnung eine große Rolle in der Begutachtung der BK 2108. Konsequenterweise wurden vielfältige Versuche angestellt, diese physische Belastung zu quantifizieren bzw. Parameter zu identifizieren, welche zur Beurteilung herangezogen werden können. Alle vorliegenden Ansätze haben das Prinzip: „mehr Belastung ist schlechter" als Grundlage. Dieses Prinzip mag für Berufe mit hoher Gesamtbelastung zutreffend sein, für Berufe mit einzelnen Spitzenbelastungen sollte die Richtigkeit dieses Prinzips angezweifelt werden. Bei diesen Berufen muß davon ausgegangen werden, daß eine Vorbereitung des Körpers (bzw. des Muskelkorsetts) auf die selten auftretenden Spitzenbelastungen notwendig und verletzungspräventiv ist. Da die Belastung am Arbeitsplatz anscheinend nicht als Trainingsreiz ausreicht, müssen zusätzliche Anstrengungen unternommen werden, um diesen Schutz aufzubauen. Diese These wird durch die Ergebnisse unterstützt, daß Schwestern mit einer höheren Grundlast weniger häufig LBD aufweisen. Der Ansatz, eine gewisse Anzahl von belastenden Vorgängen (z.Z. sind dies ca. 16) als Voraussetzung für eine Schädigung zu sehen, sind wenig sinnvoll und wissenschaftlich nicht haltbar. Zudem sollte berücksichtigt werden, daß eine Trennung zwischen physischer und psychischer Belastung zwar möglich, aber nicht sinnvoll erscheint, da für keinen der beiden Aspekte alleine ein Kausalzusammenhang mit der Häufigkeit von LBD bewiesen wurde.

Eine weitere Problematik liegt in der Dramatisierung der Arbeitsplatzbelastung. Hohe Belastungen des Alltages wie Koffertragen, Bierkistentragen, Treppensteigen mit Einkaufstüten oder Kleinkindern auf dem Arm gelten weithin als unkritisch, wogegen Belastungen am Arbeitsplatz, die sich in der selben Größenordnung bewegen, von vorne herein als gefährlich angesehen und deswegen auch als legitime Ursachen von LBD anerkannt werden. Eine Aufklärung in diese Richtung kann durchaus einen positiven Einfluß auf das Verhalten der Betroffenen haben: In England gibt es einige Ansätze zur Entdramatisierung der Arbeitsplatzbelastung und zur Entdramatisierung von Rückenschmerzen im Allgemeinen, welche auch schon erste Erfolge zeigen [10, 54, 60].

Die Problematik, welche mit der Erfassung der Belastung am Arbeitsplatz verbunden ist, wird durch diese Studie sicher nicht verringert. Den Autoren ist es jedoch nicht möglich, die etablierte Vorgehensweise hinsichtlich der Einschätzung der Arbeitsplatzbelastung in der Ätiologie von LBD im Rahmen der BK-2108-Begutachtung mit wissenschaftlichen Ergebnissen zu unterstützen. Der Grundsatz „mehr ist schlechter" widerspricht der Erfahrung aus den Trainingswissenschaften und den Erfahrungen bei der Heilung nach Verletzungen. Vielmehr könnte genau das Gegenteil der Fall sein: Die ständige Abnahme der körperlichen Leistungsfähigkeit und Fitneß der Gesellschaft im Ganzen macht plötzlich normale Alltags- oder Berufsbelastungen zu kritischen Überbelastungen. Eine weitere Reduzierung der physischen Grundbelastung am Arbeitsplatz könnte deswegen genau das Gegenteil vom beabsichtigten Ergebnis bewirken. Die Reduzierung der Spitzenbelastungen im Sinne der Überbelastung muß natürlich weiter ein Ziel der Arbeitsplatzgestaltung bleiben.

Die Entstehung von LBD (Abb. 9) wird von vielen Faktoren beeinflußt. Die Ergebnisse dieser Studie und der neueren Studien in der Literatur geben Anlaß zum Zweifel, ob die Annahme, daß die Häufung von LBD im Pflegeberuf hauptsächlich durch die Höhe der physischen Belastung hervorgerufen wird, richtig ist. Es erscheint angebracht, die nicht-physische Belastung in der Begutachtung der BK 2108 im gleichen Rahmen einzubeziehen wie die physische Belastung. Zudem erscheint es angebracht, die

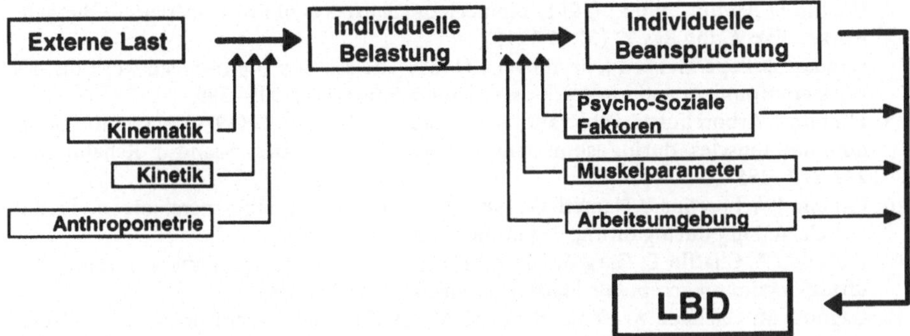

Abb. 9. Einflußfaktoren und Zusammenhänge für das Entstehen von LBD

gefährdete Population zum einen zur präventiven Kräftigung der Rumpfmuskulatur zu motivieren und zum anderen über die Größe der Arbeitsplatzbelastungen im Vergleich zu Alltagsbelastungen kritisch aufzuklären,
um einen weiteren Anstieg von LBD zu vermeiden.

Literatur

1. Adams M, Dolan P (1991) A technique for quantifying the bending moment acting in vivo. J Biomech 24 (2):117–126
2. Adams M, Dolan P, Hutton W (1987) Diurnal variations in the stresses on the lumbar spine. Spine 12 (2):130–137
3. Badger D (1981) NIOSH Work Practice Guide for Manual Lifting. Cincinnati, USA: DHHS (NIOSH) Publication No. 81–122
4. BG Merkblatt 2108 (1993) Merkblatt fuer die Aerztliche Untersuchung zu Nr. 2108 (Bandscheibenbedingte Erkrankungen der LWS durch langjaehriges Heben oder Tragen schwerer Lasten). Unfallversicherung (4). Berufsgenossenschaften, 266–268
5. Bigos S (1994) Acute low back problems in adults. Rockville, Maryland, USA: AHCPR Publication 95–0642
6. Bigos S, Battie M, Spengler D et al. (1992) A longitudinal, prospective study of industrial back injury reporting. Clin Orthop Relat Res 279:21–34
7. Boden S, Davis D, Dina T, Patronas N, Wiesel S (1990) Abnormal magnetic-resonance scans of the lumbar spine in asymptomatic subjects. J Bone Joint Surg Am 72:403–408
8. Burton K, Symonds T, Zinzen E et al. (submitted) Is ergonomic intervention alone sufficient to limit musculoskeltal problems in nurses? Occup Med
9. Burton K, Tillotson M, Main C, Hollis S (1995) Psychosocial predictors of outcome in acute and subchronic low back trouble. Spine 20:722–728
10. Burton K, Waddell G, Burtt R, Blair S (in press) Patient educational material in the management of low back pain in primary care. Bull Hosp Joint Dis
11. Carey T, Garett J, Jackman A, Sanders L, Kalsbeek W (1995) Reporting of acute low back pain in a telephone interview – Identification of potential biases. Spine 20:787–790
12. Chaffin D (1991) Biomechanical basis for prevention of overexertion and impact trauma in industry. In: Green G, Baker F (ed) Work, health, and productivity. Oxford Univ Press, New York Oxford, USA pp 100–112

13. Chaffin D, Ashton-Miller J (1991) Biomechanical aspects of low-back pain in the older worker. Exp Aging Res 17 (3):177–187
14. Damkot D, Pope M, Lord J, Frymoyer J (1984) The relationship between work history, work environment and low-back pain in men. Spine 9 (4):395–399
15. Ekholm J, Arborelius U, Fahlcrantz A, Larsson A, Mattsson G (1979) Activation of abdominal muscles during some physiotherpeutic exercises. Scand J Rehabil Med 249:279–285
16. Ekholm J, Arborelius U, Nemeth G (1982) The load on the lumbo-sacral joint and trunk muscle activity during lifting. Ergonomics 25:145–161
17. Freivalds A, Chaffin D, Garg A, Lee K (1984) A dynamic biomechanical evaluation of lifting maximum acceptable loads. J Biomech 17 (4):251–262
18. Gagnon M, Chehade A, Kemp F, Lortie M (1987) Lumbo-sacral loads and selected muscle activity while turning patients in bed. Ergonomics 30 (7):1013–1032
19. Hartmann H, Schardt A, Pangert R (1995) Wirbelsäulenbelastungen in ihrer Häufigkeit und Dauer in unterschiedlichen Berufen. Arbeitsmed Sozialmed Umweltmed 31: 213–216
20. Heliövaara M (1987) Occupation and risk of herniated lumbar intervertebral disc or sciatia leading to hospitalisation. J Chronic Disabil 40:259
21. Hofmann F, Michaelis M, Siegel A, Stössel U, Stroink U (1995) Bandscheibenbedingte Erkrankungen der Wirbelsäule – Untersuchungen zur Frage der beruflichen Verursachung. In: Wolter D, Seide K (Hrsg) Berufskrankheit 2108 – Kausalität und Abgrenzungskriterien. Springer, Berlin Heidelberg New York Tokio 47–64
22. Hofmann F, Michaelis M, Stössel U, Siegel A (1995) Belastungsexposition und Lendenwirbelsäulenbeschwerden bei Beschäftigten im Gesundheitsdienst. In: Pangert R (Hrsg) Heben und Tragen von Lasten. Thüringen: Ministerium für Soziales u. Gesundheit, S 67–77
23. Jäger M (1987) Biomechanisches Modell des Menschen zur Analyse und Beurteilung der Belastung der Wirbelsäule bei der Handhabung von Lasten. VDI Verlag, Düsseldorf (Fortschrittberichte VDI Reihe 17, Nr. 33)
24. Jäger M, Luttmann A (1987) Determination of spinal stress by biomechanical model calculations and comparison with spinal mechanical strength. In: Bergmann G, Koelbel R, Rohlmann A (eds) Biomechanics: basic and applied research. Martinius Nijhoff, Dordrecht pp 473–478
25. Jäger M, Luttmann A (1989) Biomechanical analysis and assessment of lumbar stress during load lifting using a dynamic 19-segment human model. Ergonomics 32 (1):93–112
26. Jäger M, Luttmann A (1992) The load on the lumbar spine during asymmetrical bimanual materials handling. Ergonomics 35 (7/8):783–805
27. Jäger M, Luttmann A, Laurig W (1992) Ein computergestütztes Werkzeug zur biomechanischen Analyse der Belastung der Wirbelsäule bei Lastmanipulationen: „Der Dortmunder“. Med Orthop Tech 112:305–313
28. Kapandji I (1985) Funktionelle Anatomie der Gelenke, Bd 3: Rumpf und Wirbelsäule. Enke, Stuttgart (Bücherei des Orthopäden. Bd 48)
29. Keller T, Holm S, Hannson T, Sprengler D (1990) The dependence of intervertebral disc mechanical properties on physiologic conditions. Spine 15 (8):751–761
30. Linbeck L, Arborelius U (1991) Inertial effects from single body segments in dynamic analysis of lifting. Ergonomics 34 (4):421–433
31. Main C, Burton K (1995) The patient with low back pain: who or what are we assessing? An experimental investigation of a clinical puzzle. Pain Rev 203–209
32. Marras W, King A, Joynt R (1984) Measurements of loads on the lumbar spine under isometric and isokinetic conditions. Spine 9 (2):176–187
33. Marras W, Lavender S, Leurgans S et al. (1993) The role of dynamic three-dimensional trunk motion in occupationally-related low back disorders. Spine 18 (5):617–628

34. Mayer T, Kondraske G, Mooney V, Carmichael TW, Butsch R (1989) Lumbar myoelectric spectral analysis for endurance assessment. A comparison of normals with deconditioned patients. Spine 14:986–991
35. McGill S (1991) Electromyographic activity of the abdominal and low back musculature during the generation of isometric and dynamic axial trunk torque: implications for lumbar mechanics. J Orthop Res 9 (1):91–103
36. McGill S, Norman R (1986) Partioning of the L4–L5 dynamic moment into disc, ligamentous, and muscular components during lifting. Spine 11 (7):666–678
37. McGill S, Norman R (1987) Effects of an anatomically detailed erector spinae model on L4/L5 disc compression and shear. J Biomech 20 (6):591–600
38. Moga P, Erig M, Chaffin D, Nussbaum M (1993) Torso muscle moment arm at intervertebral levels T10 through L5 from CT scans on eleven male and eight female subjects. Spine 18 (15):2305–2309
39. Morlock M, Bonin V, Deuretzbacher G, Schneider E (1997) A System to measure the loading of the lumbar spine at the workplace – system validation. Spine
40. Morlock M, Bonin V, Lehner M, Meyer K, Schneider E (1996) Beschwerden der Lendenwirbelsäule im Pflegeberuf: Untersuchung kausaler Faktoren. Erste Ergebnisse. In: Radandt S, Grieshaber R, Schneider W (Hrsg) Prävention von berufs- und arbeitsbedingten Erkrankungen II. monade, Leipzig, 190–212
41. Morlock M, Bonin V, Lehner M, Schneider E. (1996) Influence of the orthopaedic status on low back pain. Proceedings of the 10th European Society of Biomechanics Conference, Leuven, p 270
42. Morlock M, Bonin V, Schneider E (submitted) Subjective versus objective workplace loading in nurses with and without a history of occupationally-related low back disorders. Clin Biomech
43. Morlock M, Bonin V, Schneider E (1997) Workplace loading does not differentiate between nurses with and without LBP but trunk muscle performance does. In: Andersson G (ed) Transactions of the 43rd Annual Meeting of the Orthopaedic Research Society, vol 23, p216
44. Morlock M, Nigg B (1988) Dynamic and quasi-static models of the foot. In: de Groot G, Hollander A, Huijing P et al. (eds) Biomechanics XI-A. Free University Press, Amsterdam, pp 410–416
45. Morlock M, Nigg B (1991) Theoretical considerations and practical results on the influence of the representation of the foot for the estimation of internal forces with the models. Clin Biomech 6:3–13
46. Morlock M, Schneider E, Bonin V (1995) Messung der Belastung im LWS-Bereich. In: Pangert R (Hrsg) Heben und Tragen von Lasten. Ministerium für Soziales u. Gesundheit, Thüringen 38–48
47. Pangert R, Hartmann H (1987) Ein Mass für die Belastung der Wirbelsäule. Z Ges Hyg 33:307–309
48. Pangert R, Hartmann H (1989) Ein einfaches Verfahren zur Bestimmung der Belastung der Lendenwirbelsäule am Arbeitsplatz. Zentralbl Arbeitsmed 39:191–194
49. Pangert R, Hartmann H (1991) Dosismodell zur Beschreibung beruflicher Einflüsse auf Beschwerden im Bereich der Lendenwirbelsäule beim Heben und Tragen. In: Hofmann F, Stössel U (Hrsg) Arbeitsmedizin im Gesundheitsdienst. Gentner, Stuttgart, S 225–231
50. Pangert R, Hartmann H (1994) Kritische Dosis für die berufliche Belastung der Lendenwirbelsäule als gutachtliche Entscheidungshilfe. Zentralbl Arbeitsmed 44:124–130
51. Pope M (1989) Biomechanics of the Lumbar Spine. Ann Med 21:347–351
52. Pope M (1993) Spinal biomechanics. In: Bouisset S (ed) Book of abstracts of the XIVth International Society of Biomechanics Congress. Paris, France, pp 10–11
53. Raspe H, Kohlmann T (1993) Rückenschmerzen – eine Epidemie unserer Tage? Dtsch Ärztebl 90 (44):2165–2169

54. Roland M, Waddell G, Moffett J, Burton K, Main C, Cantrell T (1996) The back book. The Stationary Office, St. Crispins, Norwich, UK
55. Schmidt H, Sasse S, Schneider E, Schümann U, Schultz J-H (1994) Die Lastverteilung auf die defektüberbrückenden Gewindestangen im Ringfixateur bei lanstreckigem Knochendefekt. Hefte Z Unfallchir 241:238–241
56. Seide K, Wolter D (Hrsg) (1995) Bisherige Erfahrungen in der Begutachtung im Pflegebereich. In: Berufskrankheit 2108 – Kausalität und Abgrenzungskriterien. Springer, Berlin Heidelberg New York Tokio, S 162–168
57. Stubbs D, Buckle M, Hudsons P (1983) Back pain in the nursing profession, I. Epidemiology and pilot methodology. Ergonomics 26:755–765
58. Sward L, Eriksson B, Peterson L (1990) Anthropometric characteristics, passive hip flexion, and spinal mobility in relation to back pain in athletes. Spine 15:376–382
59. Symonds T, Burton K, Tillotson K, Main C (1996) Do attitudes and beliefs influence work loss due to low back trouble? Occup Med 46:25–32
60. Symonds T, Burton K, Tillotson M, Main C (1995) Absence resulting from low back trouble can be reduced by psychosocial intervention at the workplace. Spine 20:2738–2745
61. Tracy M, Gibson M, Szypryt E, Rutherford A, Corlett E (1989) The geometry of the muscles of the lumbar spine determined by magnetic resonance imaging. Spine 14:186–193
62. Troup JD, Foreman TK, Baxter CE, Brown D (1987) Volvo award in clinical sciences. The perception of back pain and the role of psychophysical tests of lifting capacity. Spine 12:645–657
63. van Dieen J (1993) Functional load of the low back. CIP Gegevens Koninklijke Bibliothek, Proefschrift Vrije Universiteit te Amsterdam
64. van Ruiven A, Hof A, Schroeer H (1993) A comparison of five patient lifting techniques by EMG of the erector spinae muscles. In: Bouisset S (ed) Book of abstracts of the XIVth ISB Congress. Paris, France pp 1392–1393
65. Venning P, Walter S, Stitt L (1987) Personal and job-related factors as determinants of incidence of back injuries among nursing personnel. J Occup Med 29 (10):820–825
66. Videman T, Nurminen M, Troup J (1990) Lumbar spinal pathology in cadaveric material in relation to history of back pain, occupation, and physical loading. Spine 15 (8):728–740
67. Videman T, Nurminen T, Tola S, Kuorinka I, Vanharanta H, Troup JD (1984) Low-back pain in nurses and some loading factors of work. Spine 9:400–404
68. Waters T, Putz-Anderson V, Garg A, Fine L (1993) Revised NIOSH equation for the design and evaluation of manual lifting tasks. Ergonomics 36 (7):749–776
69. Wolter D, Mehrtens G, Seide K, Brandenburg S, Reme T, Grosser V (1996) Zusammenhangsbegutachtung Berufskrankheit 2108. BGW, Hamburg
70. Zwerling C, Ryan J, Schootman M (1993) A case-control study of risk factors for industrial low back injury. Spine 18 (9):1242–1247

Personengebundenes Meßsystem zur Registrierung äußerer Belastungsgrößen bei beruflichen Hebe- und Tragetätigkeiten

R. Ellegast, J. Kupfer und D. Reinert

Einleitung

Präventive Maßnahmen am Arbeitsplatz setzen, ebenso wie BK-Feststellungsverfahren, die Kenntnis arbeitsplatzspezifischer Belastungsdaten voraus. Bei Belastungen des Muskel-Skelett-Systems gehören hierzu insbesondere die extern auf den Arbeitnehmer einwirkenden Kräfte sowie die aus der Tätigkeit resultierenden Körperhaltungen und -bewegungen. Bei der Tätigkeitsanalyse werden einwirkende Kräfte üblicherweise abgeschätzt oder im Labor mit stationären Kraftmeßplattformen bzw. im Feldversuch mit mobilen Systemen (z. B. Kraftmeßsohlen) bestimmt. Bei der zeitgleich mit dem Arbeitsvorgang (also nicht retrograd mit Fragebögen) ausgeführten Erfassung von Körperhaltung und -kinematik lassen sich prinzipiell 3 Verfahren unterscheiden:

- Aufzeichnung des Arbeitsvorganges durch Beobachtungspersonen [8, 15],
- Aufzeichnung mit bildgebenden Verfahren (z. B. Video, Infrarotkamera) [1],
- personengebundene Meßsysteme [3, 13, 16].

Beim ersten Verfahren werden Arbeitshaltungen und gehandhabte Lastgewichte in vorher fest definierten Zeitintervallen von Arbeitsplatzbeobachtern registriert und in einem Aufnahmebogen festgehalten („Papier- und Bleistiftmethode"). Neben der hohen Subjektivität bei der Datenaufnahme und daraus resultierenden Fehlern ist das Verfahren nicht geeignet, dynamische Vorgänge in ausreichender Weise aufzulösen. Um die Schwierigkeiten der synchronen Zuordnung zu vermeiden, werden im zweiten Verfahren Film- oder Videoaufzeichnungen von der Arbeitsplatzsituation angefertigt, so daß eine von der Meßdatenerfassung zeitlich getrennte Auswertung möglich wird. Diese Auswertung ist allerdings sehr zeitaufwendig – für die Messung einer Arbeitsschicht in der Regel bis zu mehreren Wochen [6] – und daher für umfangreiche Studien mit hoher Probandenzahl wenig praktikabel. Dreidimensionale IR-Kamerasysteme

Berufsbedingte Erkrankungen
der Lendenwirbelsäule
Hrsg.: D. Wolter/K. Seide
© Springer-Verlag Berlin Heidelberg 1998

(z. B. VICON, Fa. Oxford Metrics) ermöglichen eine genaue, räumliche Bewegungsanalyse. Typische Einsatzgebiete sind Laboruntersuchungen, in denen Bewegungsabläufe von ausgesuchten Teilarbeitsvorgängen nachgestellt werden. Nachteilig an dieser sehr genauen Meßmethode ist, daß sie unter realen Praxisbedingungen sehr schwer einsetzbar ist. Darüber hinaus ist eine Bewegungsanalyse nur in einem sehr begrenzten Raumbereich möglich, so daß ortsveränderliche Arbeitsplätze nicht untersucht werden können. Bei personengebundenen Meßsystemen wird die kontinuierliche Registrierung der Körperkinematik mittels Sensoren, welche am Probanden angebracht sind, realisiert. Dieses Verfahren ist vielseitig einsetzbar, setzt allerdings voraus, daß die Sensorik

– den Probanden bei der Ausübung seiner Tätigkeit nicht behindert und
– über lange Meßzeiten reproduzierbare Daten liefert, aus denen die Körperkinematik rekonstruiert werden kann.

Das personengebundene Meßsystem des BIA

Projektanforderungen

Zur Erstellung von Erhebungsbögen für Belastungsdaten der LWS und HWS wurden sog. „Pflichtparameter" mit den gewerblichen Berufsgenossenschaften abgestimmt [10]. Ausgehend davon entschied sich das Berufsgenossenschaftliche Institut für Arbeitssicherheit (BIA) 1994, ein personengebundenes Meßsystem zur Registrierung von Körperkinematik und Bodenreaktionskräften im Rahmen einer Machbarkeitsstudie zu entwickeln. Wichtigste Eigenschaften des Systems sollten eine ausreichende Praxistauglichkeit sowie eine vielseitige, branchenübergreifende Einsatzmöglichkeit an unterschiedlichen Arbeitsplätzen sein.

Methodisches Herangehen

In den vergangenen drei Jahren ist es weitgehend gelungen, diese an das System gestellten Anforderungen zu erfüllen: Die Praxistauglichkeit wird durch eine robuste und einfach anzubringende Sensorik ohne externe Kabelverbindungen gewährleistet. Ein mit berufsspezifischen Gegebenheiten (Arbeitskleidung, am Körper getragenes Arbeitsgerät u. a.) verträgliches Anbringungsdesign ermöglicht einen vielseitigen Einsatz. Neben der kontinuierlichen Registrierung der Körperkinematik und der Bodenreaktionskräfte erfolgt eine Onlineerkennung und -speicherung von Bewegungsvorgängen und Körperhaltungen nach dem Klassifikationsschema der finnischen OWAS-Methode [8].

Meßanordnung

Die Meßanordnung besteht aus den in Abb. 1 dargestellten Komponenten. Potentiometersensoren werden eingesetzt, um in der Sagittalebene Hüft- und Kniewinkel zu messen. Die Bewegung des Oberkörpers wird mittels Gyroskop-, Inklinometer- und Potentiometersensoren in 3 Dimensionen vermessen. Dabei werden der Flexions- (im LWS- und im oberen BWS-Bereich), Verdrehungs- (Torsion) und Seitneigungswinkel (Lateralflexion) des Oberkörpers gemessen. Die Anbringung erfolgt auf der Kleidung und wird gegen Verrutschen gesichert. Es bestehen individuelle, auf Körperumfang und -größe bezogene Einstellmöglichkeiten. Alle Daten werden in einem Mikrocontrollersystem am Probanden vorverarbeitet und gespeichert. Die Kapazität der verwendeten Speicherkarten des tragbaren Systems ist auf eine Gesamtmeßdauer von bis zu 8 h ausgelegt. Zeitgleich zur Körperwinkelbestimmung werden die Bodenreaktionskräfte mit Hilfe eines für die Orthopädie entwickelten Fußdruckmeßsystems (pedar System, Fa. novel) registriert. Grundlage für die Bestimmung des Lastgewichtes während dynamischer Bewegungen ist ein biomechanisches Menschmodell [2]. Dabei dienen dem Modell die gesamten gemessenen kinematischen Informationen (Winkel, Winkelgeschwindigkeit, -beschleunigung) als Eingabegrößen. Durch Vergleich der gemessenen

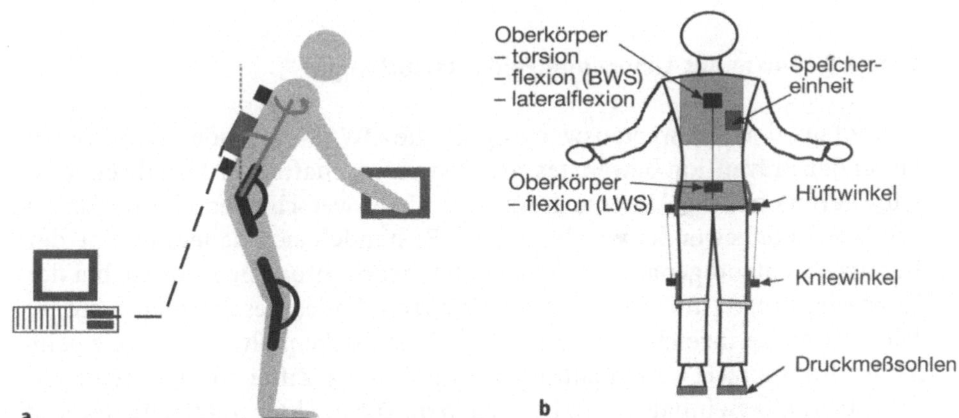

Abb. 1. Meßanordnung des BIA-Systems: **a** Seitenansicht, **b** Ansicht von hinten

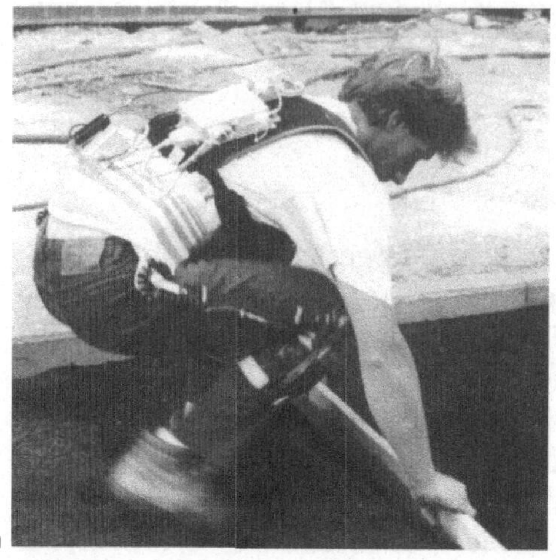

Abb. 2. Praxiseinsatz des Systems zur Untersuchung der Tätigkeit „Pflasterer": a Sensoranbringung, b Computerfigurdarstellung

mit der mittels Modell vorhergesagten Bodenreaktionskraft kann dann auch während dynamischer Bewegungsabläufe auf das gehandhabte Lastgewicht rückgeschlossen werden.

Abbildung 2 a zeigt die Anbringung des Systems am Probanden während einer Praxismessung. Die durch die Messung erhaltenen Daten können zur Steuerung einer Computerfigur (s. Abb. 2 b) verwendet werden. Im derzeitigen Stadium des Systems ist die Armhaltung noch nicht in die Messung integriert, in Abb. 2 b wurde sie der realen Arbeitshaltung (Abb. 2 a) angeglichen.

Erste Ergebnisse aus Labor- und Felduntersuchungen

Grundlage der Meßwertauswertung ist die OWAS-Methode [8]. Diese ist ein in der Prävention bewährtes, arbeitswissenschaftliches Verfahren, welches bereits bei der Untersuchung von vielen verschiedenen Tätigkeiten erfolgreich angewendet wurde [4, 7, 9]. Es handelt sich dabei um eine der bereits einleitend genannten Arbeitsplatzbeobachtungsmethoden, bei der Körperhaltungen mittels eines vierziffrigen Codes beschrieben werden. Die 1. Ziffer kennzeichnet vier verschiedene Rückenhaltungen. Die zweite Ziffer differenziert 3 Armhaltungen. Durch die 3. Ziffer werden neun unterschiedliche Beinhaltungen beschrieben. Die 4. Ziffer unterscheidet drei Lastgewichtsstufen (unter 10 kg, zwischen 10 und 20 kg, über 2 kg). Ausgehend von einer reduzierten OWAS-Matrix [11] erfaßt das BIA-Meßsystem inzwischen alle OWAS-Körperhaltungen (Armhaltungen ausgenommen).

In Abb. 3 ist die Messung eines Hebevorgangs dargestellt. Dabei sind den im Bewegungsvorgang enthaltenen OWAS-Codes Farben[1] zugeordnet, um den zeitlichen Ablauf anschaulich wiederzugeben.

Das BIA-Meßsystem nimmt neben der Winkeldatenspeicherung eine Onlineerkennung und -speicherung der ermittelten OWAS-Codes und des Zeitpunktes ihrer Änderung vor. Dadurch und mit Hilfe der in Abb. 2b dargestellten Computerfigur kann die Messung sofort nach ihrer Beendigung überprüft und ggf. mit Videoaufnahmen verglichen werden. Anschließend folgt eine – im Falle des beschriebenen Projektes vollständig computerisierte – statistische Auswertung der OWAS-Codes.

In Abb. 4 ist die Häufigkeitsverteilung der OWAS-Matrix (Bein- und Oberkörperhaltungen) als prozentualer Anteil der Gesamtmeßzeit für die in Abb. 2 erwähnte Praxismessung dargestellt. Aus dieser statistischen Auswertung der OWAS-Codes werden vier verschiedene Belastungsgrup-

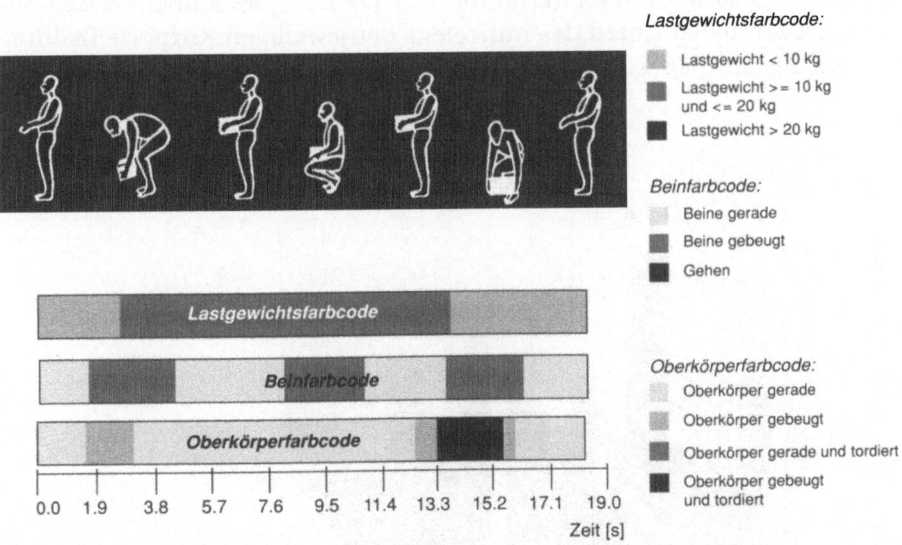

Abb. 3. OWAS-Farbcodedarstellung für einen Tätigkeitsablauf (ab Zeitpunkt t = 0 s in der Reihenfolge: Stehen, Aufnahme eines Lastgewichtes (10 kg) mit gebeugtem Oberkörper und gebeugten Beinen, Last halten, Kniebeuge mit Last, Last halten, Last mit gebeugtem und tordiertem Oberkörper sowie gebeugten Beinen absetzen)

---

[1] Die Darstellung erfolgt hier in Graustufen.

pen (Maßnahmeklassen) abgeleitet [17], welche auf der Einschätzung von Experten basieren [12]:

- *Maßnahmenklasse 1: Die Arbeitshaltung ist normal. Maßnahmen zur Arbeitsgestaltung sind nicht notwendig.*
- *Maßnahmenklasse 2: Die Körperhaltung ist belastend. Maßnahmen, die zu einer besseren Arbeitshaltung führen, sind in der nächsten Zeit vorzunehmen.*
- *Maßnahmenklasse 3: Die Körperhaltung ist deutlich belastend. Maßnahmen, die zu einer besseren Arbeitshaltung führen, müssen so schnell wie möglich vorgenommen werden.*
- *Maßnahmenklasse 4: Die Körperhaltung ist deutlich schwer belastend. Maßnahmen, die zu einer besseren Arbeitshaltung führen, müssen unmittelbar getroffen werden.*

Jeder OWAS-Körperhaltung ist eine der vier Maßnahmenklassen zugeordnet, so daß aus ihrer Häufigkeitsverteilung (Abb. 4) direkt eine Häufigkeitsverteilung der Maßnahmenklassen gebildet werden kann (Abb. 5). Die Körperteilhaltungen werden nach OWAS gesondert ausgewertet. Dabei ergibt sich die Einteilung in die vier OWAS-Maßnahmenklassen aus dem prozentualen Anteil des Auftretens der jeweiligen Körperteilhaltung an der Gesamtmeßzeit.

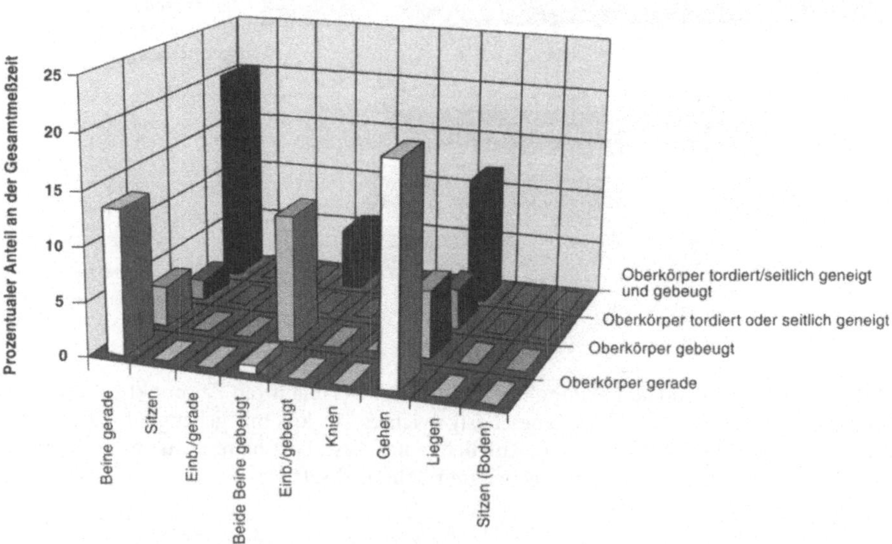

Abb. 4. Häufigkeitsverteilung der OWAS-Körperhaltung für eine dreistündige Messung einer Tätigkeit beim Pflastern

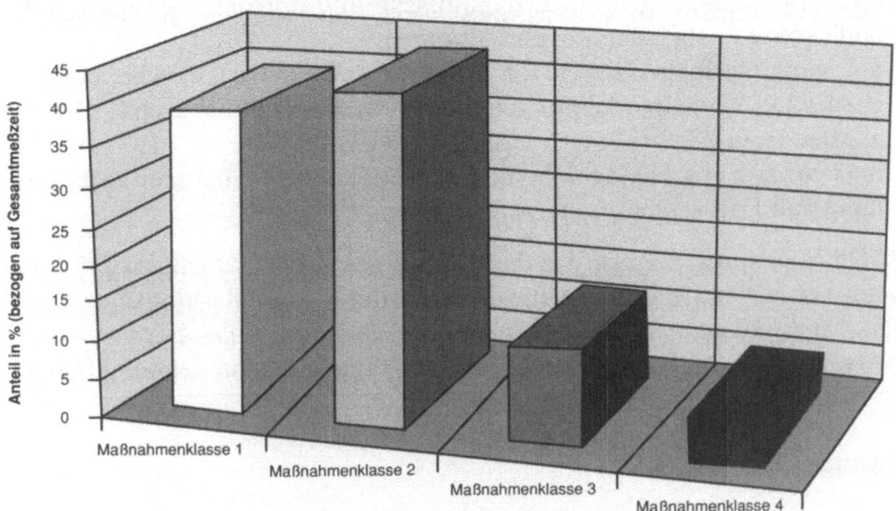

Abb. 5. Häufigkeitsverteilung der OWAS Maßnahmenklassen für Praxismessung „Pflasterer" bezogen auf die gesamte Körperhaltung

Zusammenfassung und Ausblick

In seinem jetzigen Entwicklungsstadium wurde das System im Labor und in mehreren Praxiseinsätzen im Bauwesen und in der Forstwirtschaft erfolgreich erprobt. Ferner fand ein Vergleich der Meßdaten mit denen eines Referenzverfahrens (VICON, Fa. Oxford Metrics) statt, der nach ersten Auswertungen eine Abweichung der Winkeldaten von unter 10 % ergab.

Mit dem beschriebenen Meßsystem ist es möglich, die Berufsgenossenschaften bei der Ermittlung beruflicher Gesundheitsgefährdungen, die durch Heben und Tragen von schweren Lasten sowie durch extreme Rumpfbeugehaltungen entstehen können, effizient zu unterstützen und insbesondere auch bei nicht stationären Arbeitsplätzen konkrete Aussagen zur Belastungssituation zu machen.

Geht man vom derzeitigen Stand der Erfassungsgenauigkeit von Belastungsdaten für die Prävention, erst recht für BK-Feststellungsverfahren, aus, bei denen in der Regel nur Schätzwerte zu Lastgewichten und Körperhaltungen ohne Zeitbezug zum Tagesschichtverlauf zugrundegelegt werden können, so ist das mit der Machbarkeitsstudie realisierte System bereits ein wesentlicher Fortschritt bei der Datenerfassung. Darüber hinaus ergeben sich aus den über eine Arbeitsschicht aufgenommenen Winkeldaten zusätzliche Möglichkeiten der Bewertung und der Arbeitsgestaltung, wie etwa:

- die Differenzierung in hoch dynamische und normale Bewegungsabläufe sowie in statische Körperhaltungen,
- die Nutzung der Meßwerte als Eingabedaten für dynamische, biomechanische Modellberechnungen sowie für derzeit diskutierte Dosisansätze [5, 14],
- die Optimierung von Arbeits- und Pausenregimen, evtl. unter Einbeziehung von Herzschlagfrequenzmessungen.

Größte Bedeutung messen wir der Chance bei, daß das Meßgerätesystem später von vielen Anwendern für die Ermittlung von Belastungsdaten, die dann für weitergehende, epidemiologische Untersuchungen herangezogen werden können, bei sehr unterschiedlichen Tätigkeiten Verwendung findet.

Literatur

1. Deuretzbacher G, Rehder U (1996) Die Bestimmung der Kompressionskräfte in der lumbalen Wirbelsäule: eine neue Methode für die orthopädische Risikobewertung von Arbeitsplätzen. Orthop Praxis 6:261–268
2. Ellegast RP (1995) Entwicklung eines biomechanischen Modells zur Bestimmung des gehandhabten Lastgewichtes während dynamischer Arbeitsvorgänge. Diplomarbeit Institut für Angewandte Physik, Universität Bonn
3. Ellegast RP, Kupfer J, Busse S, Reinert D, Reis W (1996) A concept for recording stress parameters during the performance of occupational tasks. In: Hoffer JA, Chapman A, Eng JJ, Hodgsen TE (eds) Proceedings of the Canadian Society of Biomechanics, IXth Biennial Conference, Burnaby, Canada, pp 326–327
4. Engels JA, Landeweerd JA, Kant Y (1994) An OWAS-based analysis of nurses working postures. Ergonomics 37:909–919
5. Hartung E, Dupuis H (1994) Verfahren zur Bestimmung der beruflichen Belastung durch Heben und Tragen schwerer Lasten oder extreme Rumpfbeugehaltungen und deren Beurteilung im Berufskrankheiten-Feststellungsverfahren. BG 7:452–458
6. Jäger M, Jordan C, Luttmann A, Dettmer U, Bongwald O, Laurig W (1997) Dortmunder Lumbalbelastungsstudie. Wissenschaftlicher Schlußbericht zum Forschungsvorhaben „Ermittlung der Belastung der Wirbelsäule bei ausgewählten beruflichen Tätigkeiten", Institut für Arbeitsphysiologie an der Universität Dortmund, Abteilung Ergonomie, Ardeystr. 67, 44139 Dortmund
7. Kant IJ, Notermais JHV, Borm PJA (1990) Observations of working postures in garages using OWAS and consequent workload reduction recommendations. Ergonomics 33:209–220
8. Karhu O, Kansi P, Kuorinka I (1977) Correcting working postures in industry: A practical method for analysis. Appl Ergon 8:199–201
9. Kivi P, Mattila M (1991) Analysis and improvement of working postures in the building industry: Application of the computerized OWAS method. Appl Ergon 22:43–48
10. Kupfer J, Christ E (1996) Ergonomische Kennwerte als Grundlage der Prävention. BG 2:166–169
11. Kupfer J, Christ E (1995) Lifting and carrying heavy loads, working in an extreme body bending position: A concept for investigating physical strain at the workplace. „From Research to Prevention. Managing Occupational and Enviromental Health Hazards"-Conference, Finnland

12. Mattila M, Karwowski W, Vilkki M (1993) Analysis of working postures in hammering tasks on building construction sites using OWAS. Appl Ergon 24:405–412
13. Morlock M, Bonin V, Lehner M, Meyer K, Schneider E (1996) Beschwerden der Lendenwirbelsäule im Pflegeberuf: Untersuchung kausaler Faktoren. Erste Ergebnisse. In: Radandt S, Grieshaber R, Schneider W (Hrsg) Prävention von berufs- und arbeitsbedingten Gesundheitsstörungen und Erkrankungen – 2. Erfurter Tage. monade, Leipzig, S 215–238
14. Pangert R, Hartmann H (1987) Ein Maß für die Belastung der Wirbelsäule. Z Ges Hyg 33:307–309
15. Rohmert W, Landau K (1979) AET – Das arbeitswissenschaftliche Erhebungsverfahren zur Tätigkeitsanalyse. Huber, Bern
16. Snijders CJ, van Riel MPJM (1987) Continuous measurements of spine movements in normal working situations over periods of 8 hours or more. Ergonomics 30:639–653
17. Stoffert G. (1985) Analyse und Einstufung von Körperhaltungen bei der Arbeit nach der OWAS-Methode. Z Arb Wiss 39:31–38

Instabilität als Schmerzursache bei Bandscheibenschäden – Untersuchungen mit dem Fixateur externe[1]

H.-J. WILKE, K. FISCHER, B. JEANNERET, C. SCHULTHEIS, F. MAGERL und L. CLAES

Einleitung

Die Ursache von Rückenschmerzen ist in vielen Fällen unbekannt. Es gibt Theorien, daß unphysiologische Bewegungen an Wirbelsäulensegmenten für Rückenschmerzen verantwortlich sein können (Abb. 1).

Verschiedene Autoren spekulieren, daß eine Hypomobiliät, d. h. eingeschränkte Bewegungen [3, 4, 13] für Rückenschmerzen verantwortlich sind. Andere glauben, daß eine Hypermobilität, v. a. bei Translationen in a. p.-Richtung, Rückenschmerzen verursachen, weil Bänder, Bandscheibe oder andere Wirbelsäulenstrukturen dabei zu stark beansprucht werden [8, 11, 12]. Wiederum andere Autoren glauben, daß Relativbewegungen zwischen den einzelnen Wirbeln, die von dem normalen Bewegungsumfang oder vom normalen Bewegungsmuster, also den gekoppelten Bewegungen, abweichen, Schmerzen hervorrufen können [10, 19]. Gertzbein et al. [6] haben *in vivo* und *in vitro* die Rotation des Bewegungszentrums untersucht, welches sie Centrode nannten, und fanden, daß dieses in degenerierten Wirbelsäulensegmenten weit entfernt von der normalen Lokalisation liegt [2, 6, 7, 21]. Eine weitere Möglichkeit als Ursache für Rückenschmerzen, die diskutiert wird, ist eine große neutrale Zone als Ausdruck einer Instabilität [17, 18].

Diese Vermutungen stützen sich auf verschiedene Untersuchungmethoden, die meist mit Hilfe der funktionellen Röntgendiagnostik durchgeführt werden [1, 3, 4, 8, 11, 24]. Mit keiner dieser Untersuchungen war es jedoch bisher möglich, kontinuierliche Messungen während verschiedener Bewegungsabläufe durchzuführen. Ferner lieferten die meisten beschriebenen Methoden keine Information über die 3dimensional gekoppelten Bewegungen, sondern betrachteten diese Bewegungen nur in den entsprechenden Ebenen. Solche 3dimensionalen Bewegungsmuster wurden bisher nur durch *In-vitro*-Untersuchungen bestimmt [14, 18, 20, 21, 26, 27].

[1] *Danksagung.* Diese Studie wurde unterstützt von der Berufsgenossenschaft für Gesundheitsdienst und Wohlfahrtspflege in Hamburg.

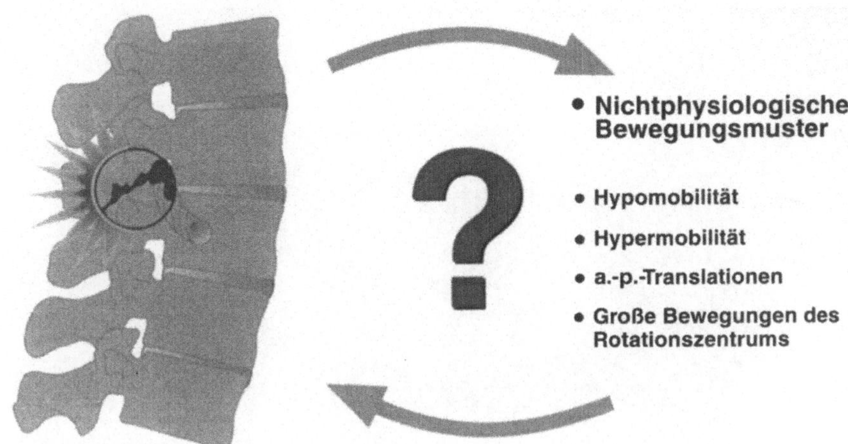

Abb. 1. Mögliche mechanische Ursachen für Rückenschmerzen

Ziel der vorliegenden Studie war es, die Bewegungsausmaße und die dreidimensionalen Bewegungsmuster von Rückenschmerzpatienten *in vivo* während verschiedener Übungen zu messen. Diese sollten mit Normalwerten verglichen werden, um die abweichenden Bewegungen mit den auftretenden Schmerzen zu korrelieren. Für diese Studie bietet der Fixateur externe, der primär für diagnostische Zwecke eingesetzt wird, eine einzigartige Möglichkeit, ohne zusätzliche Belastung für den Patienten die Bewegungen, direkt über Schrauben, die in den Wirbelkörpern der schmerzverursachenden Segmente implantiert sind, zu messen.

Material und Methoden

Um bei Patienten mit extremen Wirbelsäulenschmerzen eine Voraussage über den Erfolg einer Wirbelsäulensegmentfusion machen zu können, wird der Fixateur externe (Abb. 2) vermehrt zur temporären Ruhigstellung als diagnostisches Hilfsmittel eingesetzt [5, 9, 15, 22, 23]. Kann durch die Fixateur-externe-Ruhigstellung eine Schmerzausschaltung erreicht werden, so ist eine Indikation zur Fusion gegeben. Ist dies nicht der Fall, so sind andere Gründe oder andere Bewegungssegmente als Ursache anzunehmen.

Dieses Verfahren wird v. a. von Prof. Magerl in St. Gallen favorisiert, in dessen Klinik wir diese Studie durchführten [9].

Messungen an Patienten, die mit dieser Methode behandelt werden, bieten somit die außergewöhnliche Chance *In-vivo*-Daten zu erheben,

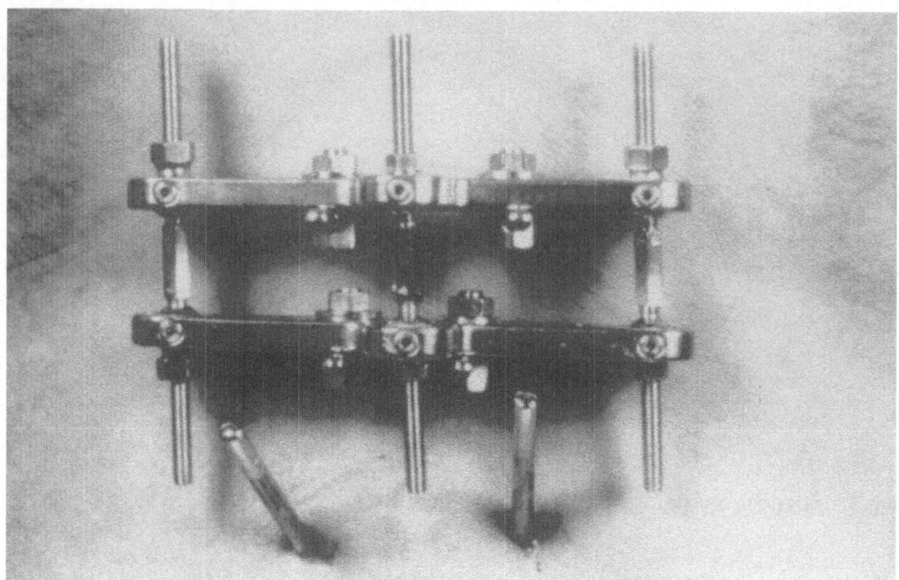

Abb. 2. Fixateur externe nach Magerl für diagnostische Zwecke

die mit Wirbelsäulenschmerzen ursächlich in Verbindung gebracht werden. Da man über die Schanz-Schrauben von außen eine direkte Verbindung zu den im Körperinneren liegenden Wirbeln des Patienten hat,
kann man ohne zusätzliche Beeinträchtigung des Patienten und somit
ohne ethische Bedenken direkt die dreidimensionale Segmentbewegung
erfassen.

Für diese Instabilitätsmessungen wurde ein Goniometermeßsystem,
das in unserer Abteilung entwickelt wurde, eingesetzt [25]. Es konnte direkt an den Enden der Schanz-Schrauben des Fixateur externe befestigt
werden und somit direkt Bewegungen des überbrückten Wirbelsäulenab-
schnittes erfassen.

Sieben bis zehn Tage nach der Implantation der Schanz-Schrauben, d. h.
nachdem der Wundschmerz weitgehend abgeklungen war, wurde zum
Zweck der Messung am Patienten der Rahmen des Fixateurs abgenom-
men. Nun konnte das Goniometermeßsystem direkt an den Schrauben-
enden angeflanscht werden (Abb. 3). Die Messung der intersegmentalen
Beweglichkeit wurde bei verschiedenen aktiven Übungen des Patienten
durchgeführt.

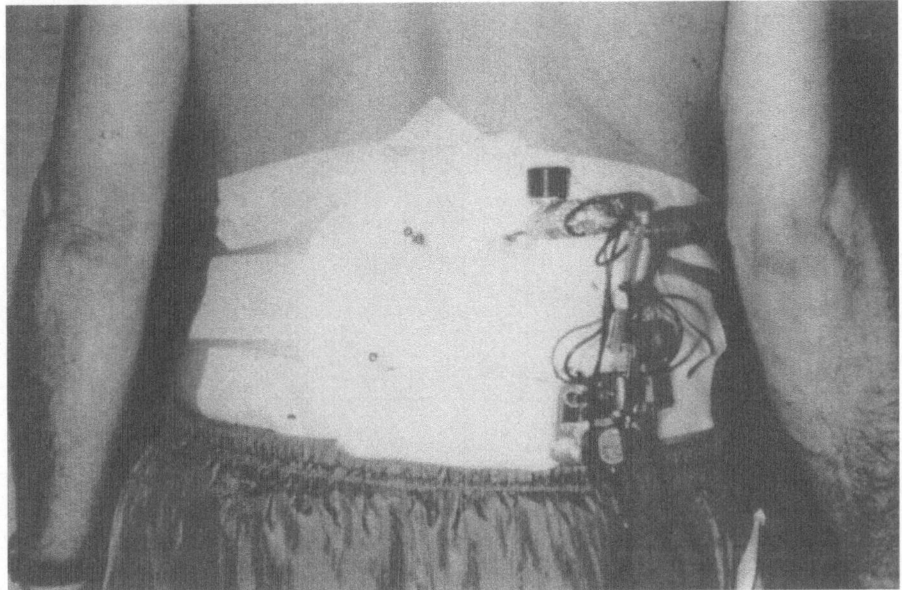

Abb. 3. Goniometermeßsystem zur Bestimmung 3dimensionaler Bewegungen, aufgesteckt auf die Enden der Schanz-Schrauben

1. Serie

In der ersten Serie mit 9 Patienten (2 Frauen, 7 Männer) mit einem Durchschnittsalter von 47 Jahren (37–55 Jahre) wurden die meisten über zwei Segmente (L4–S1), nur ein Patient monosegmental (L3–4) versorgt. Die 3dimensionale Wirbelsäulenbewegung konnte deshalb oft nicht monosegmental betrachtet werden.

Die Patienten wurden gebeten, im Stehen ihre Wirbelsäule soweit wie möglich, d.h. soweit es ihre Schmerzen zuließen, zu flektieren und zu extendieren (Abb. 4). Danach wurde die maximal mögliche Rotation und Seitneigung jeweils nach links und nach rechts gemessen.

2. Serie mit Schmerzhebel

Aufbauend auf den Erfahrungen der ersten Serie wurden in einer zweiten Serie weitere 9 Patienten (2 Frauen, 7 Männer) mit einem Durchschnittsalter von 45,9 Jahren (31–59 Jahre) untersucht, die so ausgewählt waren, daß sie alle monosegmental das Segment L3–4 mit dem Fixateur überbrückt hatten.

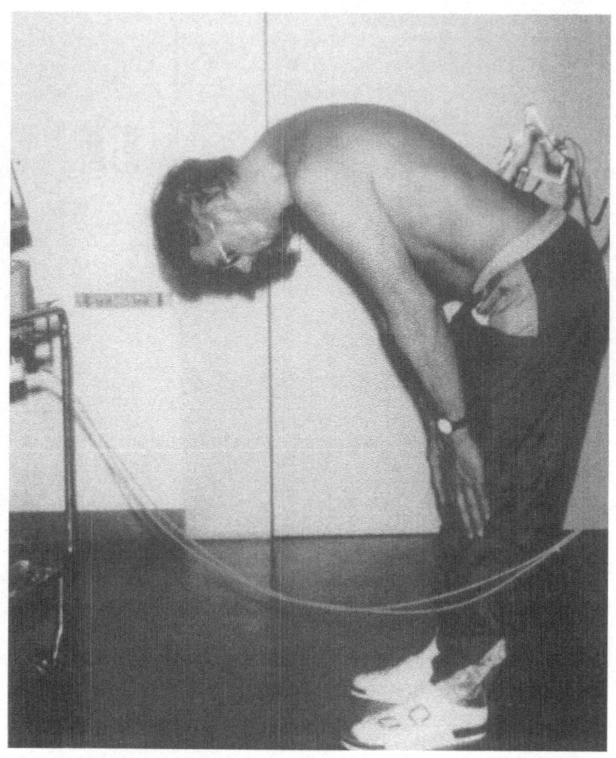

Abb. 4. Patient bei maximaler Flexion

Bei diesen Patienten wurden die gleichen Bewegungen in den Hauptbewegungsebenen wie oben, jedoch nicht nur im Stehen, sondern zusätzlich im Sitzen, untersucht. Auch wurden dynamische Messungen beim Gehen durchgeführt. Der Einfluß durch das Heben von Gewichten (5 kg) sollte ermittelt werden, indem der Patient die gestreckten Arme ohne und mit Gewicht bis in die waagrechte Position brachte.

Bei diesen Patienten wurde außerdem versucht, den Schmerz über einen mit Dehnungsmeßstreifen ausgerüsteten „Schmerzhebel" semiquantitativ zu erfassen. Die Patienten drückten dazu während den Übungen entsprechend der Stärke der Rückenschmerzen den Hebel fest zusammen und erzeugten dadurch ein „Schmerzsignal", das vom Meßrechner mitaufgezeichnet wurde (Abb. 5). Über einen zusätzlichen Kanal konnten mit einem Joystick Signale als Markierungen, z.B. immer für den linken Schritt, gesetzt werden.

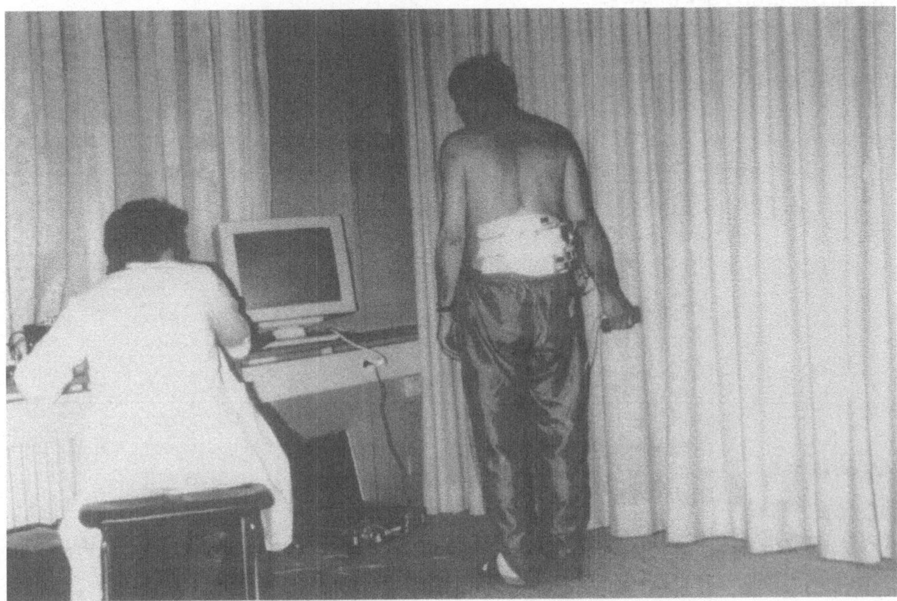

Abb. 5. Patient wird gebeten, während seinen Übungen den „Schmerzhebel" entsprechend der Schmerzstärke zu drücken. Dies erlaubt eine semiquantitative Erfassung des Schmerzes während der Übungen der Patienten

Datenverarbeitung

Bei den Messungen interessierten uns die 6 Bewegungskomponenten der Relativbewegungen (Rotationswinkel in Grad, Translationen in mm) der Bezugspunkte (Abb. 6). Als Bezugspunkt wurden hier die Wirbelkörpermittelpunkte definiert. Um diese im Koordinatensystem des Patienten zu berechnen, mußte eine anschließende Koordinatentransformation durchgeführt werden.

Dazu mußte die Orientierung der Schanz-Schrauben und somit der beiden Goniometerachsen sowie die Strecken zwischen den Flanschmittelpunkten und der interessierenden Wirbelkörpermittelpunkte bekannt sein. Diese Winkel und Strecken wurden durch kaudokraniale und seitliche Photographien sowie durch seitliche und a.-p.-Röntgenaufnahmen bestimmt.

Die Software wurde speziell für diese Untersuchung angepaßt und an einem Plastikmodell getestet. Dabei wurde eine Auflösung unter optimalen Bedingungen von ca. 0,1° für Rotationen und 0,1 mm für Translationen erreicht.

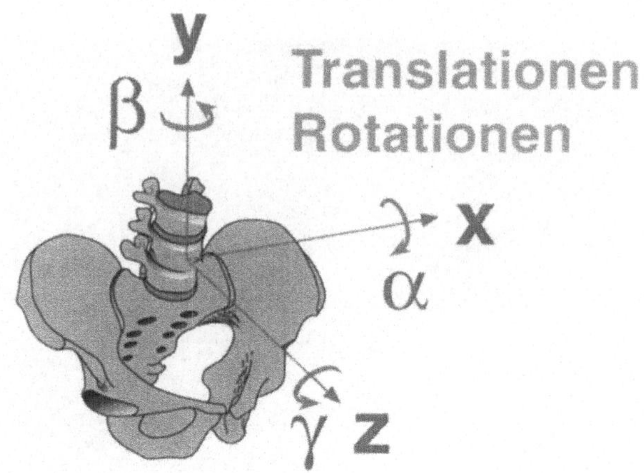

Abb. 6. Definition der 6 Bewegungskomponenten einer dreidimensionalen Bewegung eines Wirbelsäulensegmentes

Ergebnisse

Qualitativ können die Ergebnisse wie folgt zusammengefaßt werden.

- Es wurden starke individuelle Unterschiede der Bewegungsausmaße gefunden.
- Die Compliance der Patienten ist sehr unterschiedlich. Manche bewegten sich noch deutlich über eine erhebliche Schmerzgrenze hinaus, andere wollten sich offensichtlich wegen der Schmerzen kaum bewegen. Bei einigen Patienten scheint auch der psychische Aspekt eine bedeutende Rolle zu spielen. Aus diesem Grund wurden für die zweite Serie von vornherein nur Patienten mit einer guten Compliance ausgewählt.
- Mit dem Schmerzhebel konnte semiquantitativ der Schmerz bestimmt werden. Eine Korrelation zwischen Schmerzhebel und der entsprechenden Schmerzangabe der Patienten auf einer Schmerzskala von 0–10 zeigte, daß die Patienten in der Lage waren, den Schmerzhebel zweckmäßig einzusetzen (Abb. 7).
- Im allgemeinen korrelierte der Schmerz mit dem Bewegungsausmaß, d.h. je größer der Bewegungsumfang war, desto stärker waren die Schmerzen (Abb. 8).
- Bei der Flexion und Extension waren teilweise eindeutige Bewegungen mit reinen Kippbewegungen in der Sagittalebene (Winkel α) zu finden. Teilweise waren diese Bewegungen von Rückenschmerzpatienten mit einer Seitneigung gekoppelt, wenig mit einer axialen Rotation, d.h. es handelte sich meist um unsymmetrische Bewegungen.
- Grundsätzlich kann festgestellt werden, daß die Patienten von allen Übungen die Seitneigung am besten ausführen konnten. Es wurden durchweg klare, eindeutige Bewegungskurven gemessen. Die Intensität der Schmerzen war hier am geringsten.

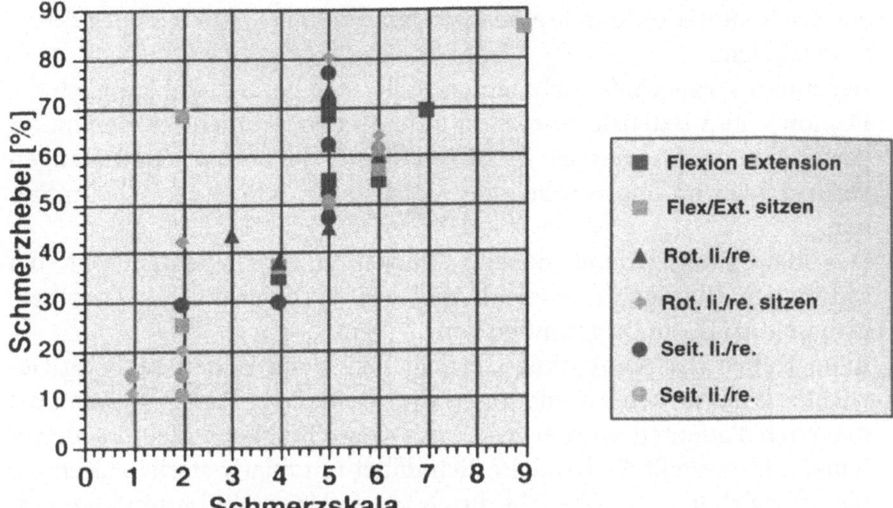

Abb. 7. Korrelation Schmerzhebel – Schmerzskala

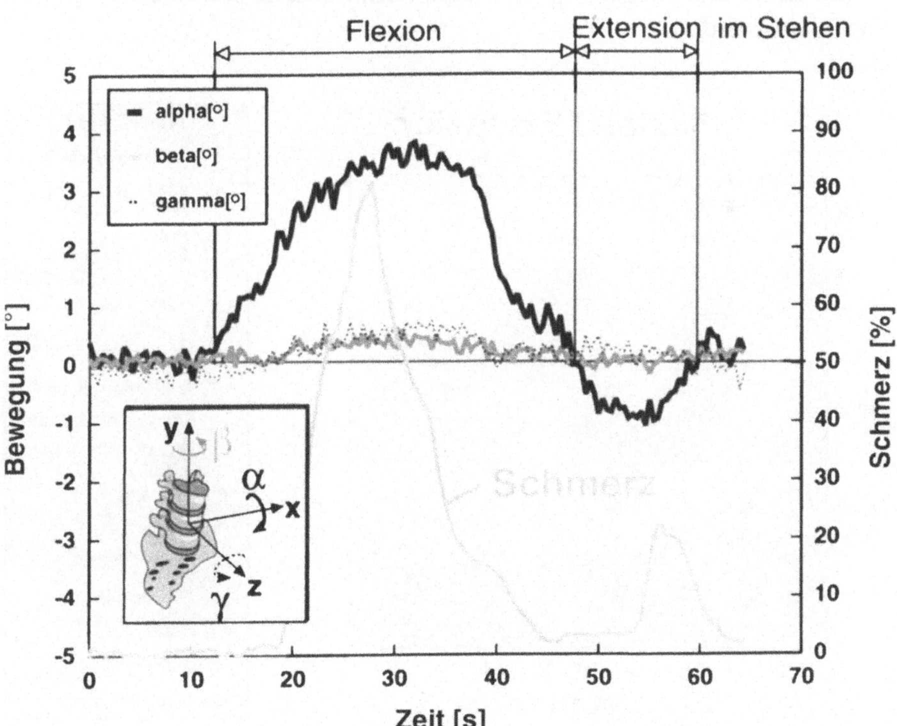

Abb. 8. Der Schmerz korrelierte i. allg. mit dem Bewegungsausmaß, d. h. je größer die Bewegung war, desto stärker waren die Schmerzen

- Axiale Rotation bereitete dagegen häufig Schwierigkeiten. Teilweise wurde die Rotation durch eine Kombination aus Seitneigung und Flexion erreicht.
- Bei einem Vergleich der Schmerzen stellte sich heraus, daß lediglich die Flexions- und Extensionsbewegung im Stehen deutlich schmerzhafter gewesen zu sein schien als im Sitzen. Sämtliche anderen Bewegungen verursachten im Sitzen scheinbar gleichstarke Schmerzen wie im Stehen.
- Das Bewegungsausmaß unserer Rückenschmerzpatienten war bei sämtlichen Übungen kleiner als das, welches von anderen Forschergruppen für Gesunde gefunden wurde (Abb. 9–11).
- Beim Heben der Arme ohne Gewicht bzw. beim Heben des 5 kg-Gewichtes konnten keine eindeutigen Unterschiede gefunden werden. Bei manchen Patienten wurden trotz des Gewichthebens kleinere Bewegungen festgestellt. Es handelte sich dabei um relativ starke Patienten, die offensichtlich das Gewicht durch muskuläre Stabilisation kompensieren konnten. Bei anderen Patienten mit einer schwachen körperlichen Konstitution wurden größere Bewegungen ermittelt, die durch eine Gewichtsverlagerung und durch eine zusätzliche Beckenkippung erreicht wurden.

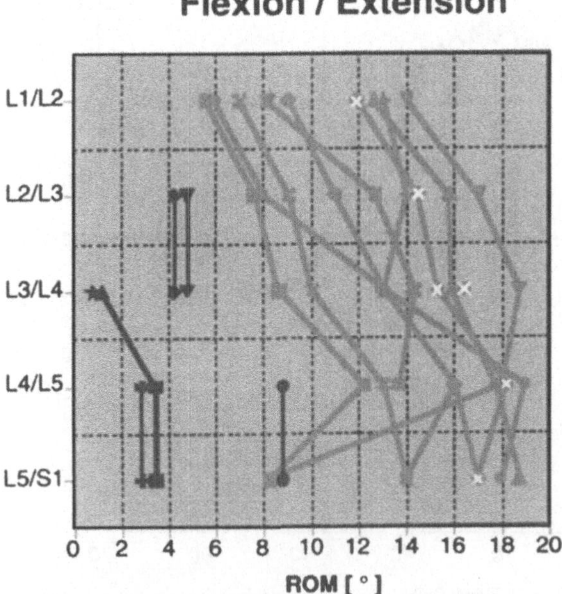

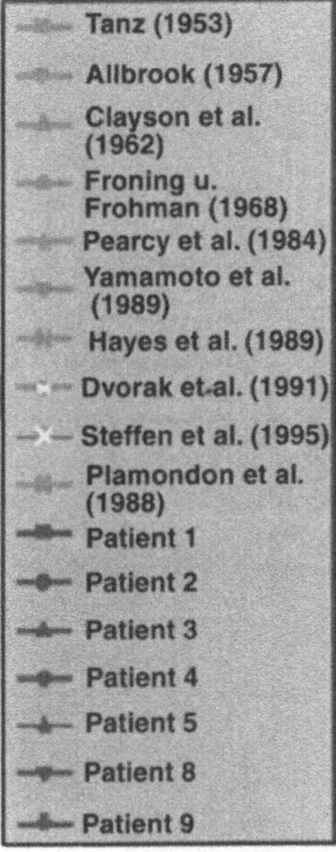

Abb. 9. Bewegungsumfänge von Rückenschmerzpatienten bei Flexion plus Extension im Vergleich mit Normalwerten aus der Literatur

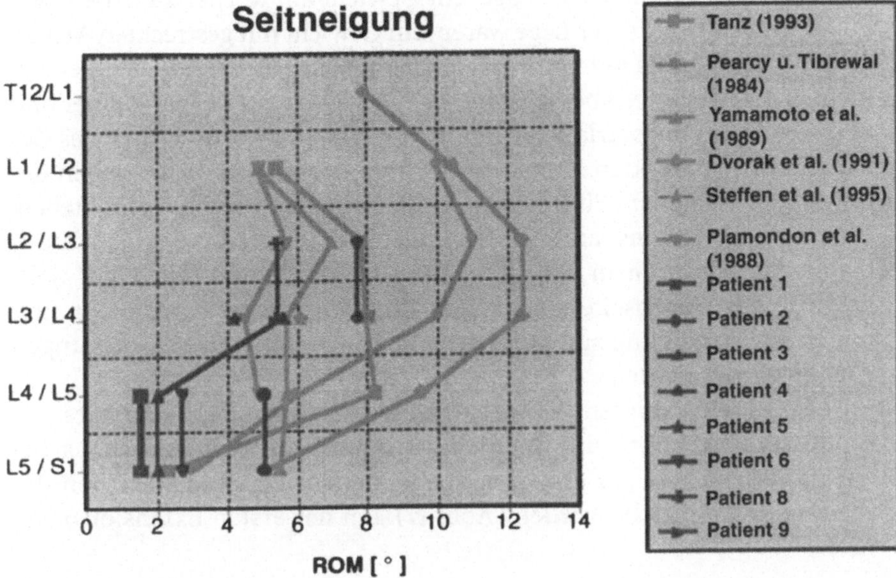

Abb. 10. Bewegungsumfänge von Rückenschmerzpatienten bei Seitneigung zu einer Seite im Vergleich mit Normalwerten aus der Literatur

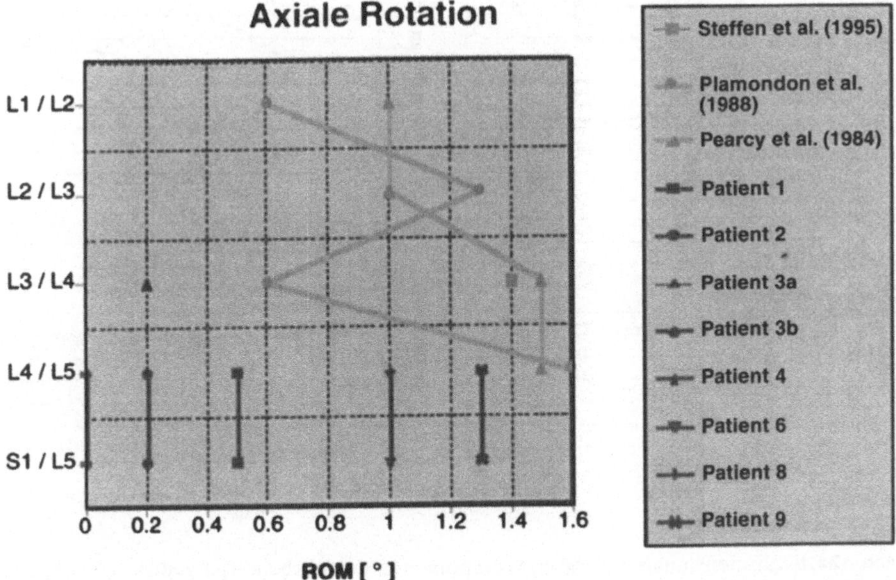

Abb. 11. Bewegungsumfänge von Rückenschmerzpatienten bei axialer Rotation zu einer Seite im Vergleich mit Normalwerten aus der Literatur

- Alle Patienten waren in der Lage, ein Gewicht am Körper zu heben, wohingegen nicht alle in der Lage waren, ein Gewicht mit gestreckten Armen zu heben. Es konnte gezeigt werden, daß bei allen Patienten die intersegmentalen Bewegungen beim Heben des Gewichtes am Körper kleiner und in ihrem Bewegungsverlauf harmonischer waren, als beim Heben des Gewichtes mit gestreckten Armen. Die Wirbelbewegungen beim Heben der Gewichte schienen im Sitzen etwas größer gewesen zu sein als im Stehen.
- Während des Gehens fand bei den meisten Patienten im Segment L3–4 eine axiale Rotation in Schrittrichtung in Verbindung mit einer Seitneigung zur Gegenseite statt. Diese Kopplung einer axialen Rotation mit einer Seitneigung zur Gegenseite konnte bei fast allen Bewegungen nachgewiesen werden.
- Im allgemeinen zeigten die durchgeführten Messungen eine gute Reproduzierbarkeit. Um eine deutliche Ausnahme handelte es sich v. a. bei einem Patienten in der ersten Serie, bei dem zweimal die gleichen Bewegungen untersucht wurden (Abb. 12). Bei der ersten Extensionsmes-

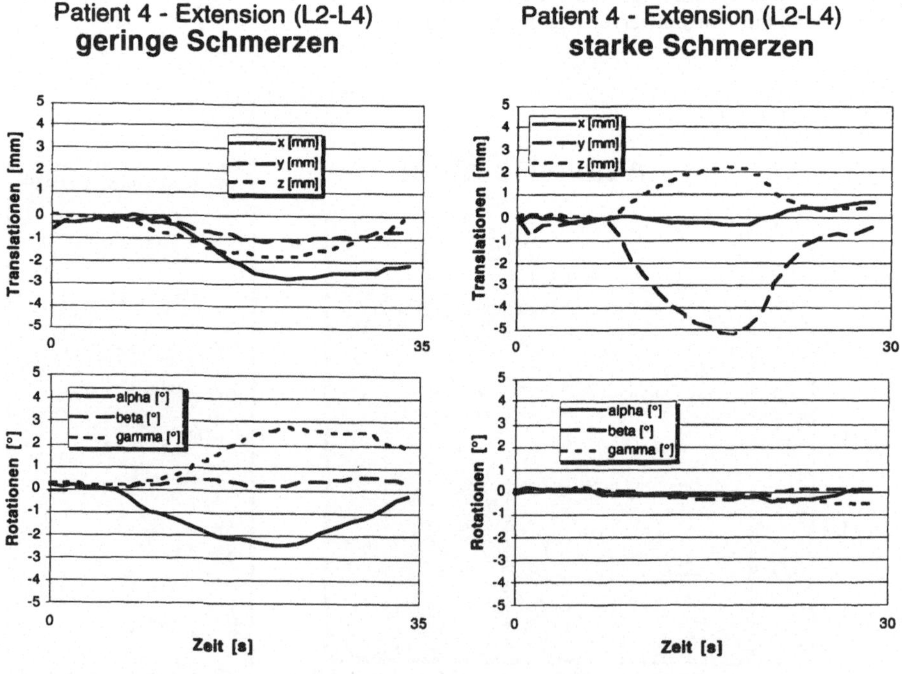

Abb. 12a, b. 3dimensionale Bewegungskomponenten des Wirbelkörperzentrums L2 relativ zum Zentrum L4 während maximaler Extension desselben Patienten; **a** Patient hatte kaum Schmerzen. Extension wurde durch gekoppelte Rotationen erreicht; **b** Patient hatte starke Schmerzen. Bei der scheinbar gleichen Extensionsbewegung traten nur Translationen auf

sung fand eine stark unsymmetrische Bewegung statt, eine Extension (α) kombiniert mit einer ungefähr gleich starken Seitkippung der Wirbel (γ) nach rechts und zudem kombiniert mit einer leichten Rotation (β) nach links. Bei diesem ersten Mal wurde die Extension vom Patienten bei erträglichen Schmerzen ausgeführt. Beim zweiten Mal klagte der Patient über extreme Schmerzen in der Lumbalgegend. Der Vergleich dieser Ergebnisse mit denen der ersten Messung zeigte ein vollständig anderes Bewegungsmuster. Bei der zweiten Messung fand in den zwei überbrückten Segmenten L2 – L4 keine Kippung oder Rotation, sondern eine reine Translation zwischen den Wirbeln statt.

– Den gemessenen Bewegungskurven konnten teilweise bestimmte Schäden an anatomischen Strukturen zugeordnet werden. So stellte sich heraus, daß bei Patienten, die an einer extraforaminalen Diskushernie litten, die Relativbewegung zwischen den Wirbeln so gesteuert wurde, daß die Belastung auf die geschädigte Struktur möglichst gering blieb und somit der Schmerz sehr wahrscheinlich verringert wurde (Abb. 13).

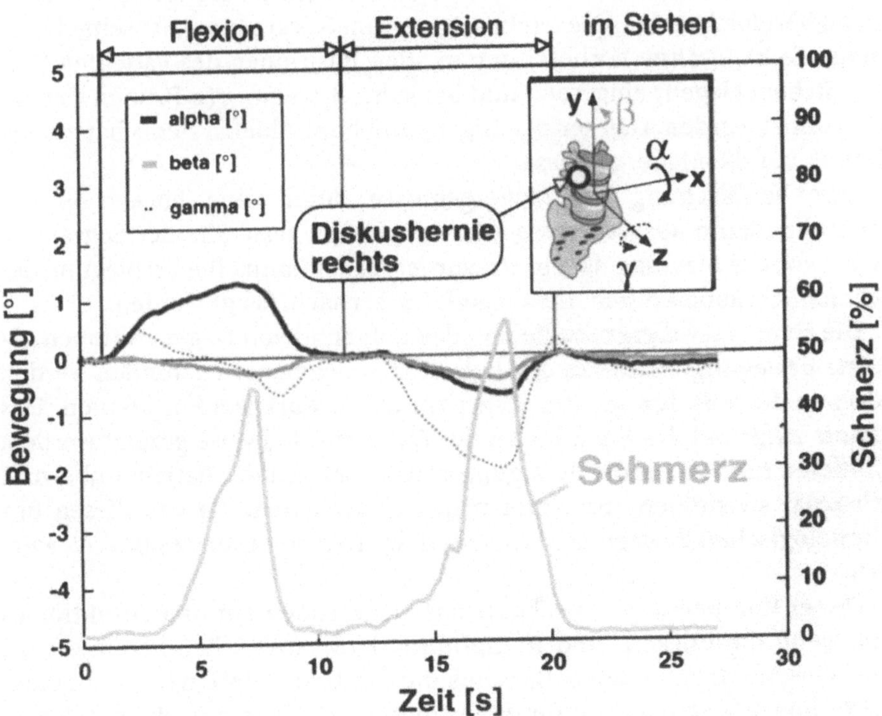

Abb. 13. Bei zunehmenden Schmerzen versuchte ein Patient, diese durch Ausweichbewegungen zu verringern (hier wird die Diskushernie rechts durch eine Seitneigung nach links entlastet)

Diskussion

In der vorliegenden Studie konnte erstmals *in vivo* kontinuierlich die 3dimensionale Beweglichkeit von Wirbelsäulensegmenten und des Iliosakralgelenkes bei unterschiedlichen Übungen gemessen werden.

Es handelte sich bei den Patienten in St. Gallen um ein Patientengut, das wegen extremer Rückenschmerzen einer Behandlung mit dem Fixateur als Diagnoseverfahren unterzogen wurde.

Diese Meßmethode gab uns zusammen mit dem Fixateur externe für diagnostische Zwecke die Möglichkeit, ohne zusätzliche Belastung für den Patienten interessante Daten über das Bewegungsausmaß der einzelnen Gelenke, sowie Erkenntnisse über komplexe gekoppelte Bewegungen zu ermitteln, zu denen bisher sehr widersprüchliche Ergebnisse vorlagen oder verschiedene Vermutungen existierten. Über die semiquantitative indirekte Schmerzmessung konnte zusätzlich der Schmerz mit diesen Bewegungsmustern verglichen werden.

Das Goniometermeßsystem, das hier zum Einsatz kam, ist ein relativ einfach zu handhabendes Meßsystem. Der Vorteil dieses Meßinstrumentes im Vergleich zu komplexen Bewegungsanalysesystemen ist seine Flexibilität. Es kann ohne Vorbereitung in allen Positionen des Patienten (Sitzen, Stehen, Liegen) eingesetzt und bei jeder Bewegung (z. B. beim Gehen) mitgeführt werden. Das geringe Eigengewicht des Meßsystems hat keinen Einfluß auf die Meßergebnisse.

Eine Verfälschung der Meßergebnisse durch eine Lockerung der Schrauben kann ausgeschlossen werden, da der feste Sitz der Schrauben direkt vor der Messung überprüft wurde. Ferner kann eine Verbiegung der Schanz-Schrauben durch die Muskulatur vernachlässigt werden.

Die Hypothese dieser Studie war, daß aufgrund von Degenerationen gestörte Bewegungsmuster in den betroffenen Segmenten gefunden werden können, die mit der Art der Degeneration erklärt werden können. Das konnte aufgrund der Komplexität der Daten nur teilweise gezeigt werden. Größeren Einfluß auf die Bewegungsmuster scheint der Patient unbewußt muskulär auszuüben, um Schmerzen auszuweichen, die von diesen unphysiologischen Bewegungen aufgrund der Degeneration resultieren würden.

Dieser Kompensationsmechanismus kann jedoch nur dann funktionieren, wenn die Rücken- und Rumpfmuskulatur ausreichend trainiert ist. Rückenschmerzpatienten sollten aus diesem Grund in einem moderaten Maße ihre Rücken- und Rumpfmuskulatur kräftigen, um diese entsprechend einsetzen zu können.

Zusammenfassung

Als Ursache für Rückenschmerzen werden in vielen Fällen unphysiologische Bewegungen verantwortlich gemacht. Diese konnten mit herkömmlichen Methoden jedoch nie direkt gemessen werden.

In der vorliegenden *In-vivo*-Studie wurde erstmals direkt die intersegmentale Bewegung von Wirbelsäulensegmenten von 18 Rückenschmerzpatienten bei aktiven Bewegungen gemessen. Diese einzigartige Möglichkeit war durch das klinisch angewandte Diagnoseverfahren mit dem temporären Fixateur externe zur Abklärung einer klinischen Instabilität gegeben.

Die Bewegungsumfänge bei Schmerzpatienten waren i. allg. deutlich kleiner als bei Gesunden. Die Schmerzen waren meist proportional zum Bewegungsausmaß, d. h. mit zunehmender Bewegung wurden die Schmerzen stärker. Es konnte jedoch kein direkter Zusammenhang zwischen Schmerz und Instabilität gefunden werden. Komplexe gekoppelte Bewegungen können somit nicht auf eine Instabilität zurückgeführt werden, sondern werden eher unbewußt vom Patienten zur Vermeidung schmerzhafter intersegmentaler Bewegungen durchgeführt.

Literatur

1. Allbrook D (1957) Movements of the lumbar spinal column. J Bone Joint Surg [Br] 39B:339–345
2. Cossette JW, Farfan HF, Robertson GH, Wells RV (1971) The instantaneous center of rotation of the third lumbar intervertebral joint. J Biomech 4:149–153
3. Dvorak J, Panjabi MM, Chang DG, Theiler R, Grob D (1991) Functional radiographic diagnosis of the lumbar spine. Flexion-extension and lateral bending. Spine 16:562–571
4. Dvorak J, Panjabi MM, Novotny JE, Chang DG, Grob D (1991) Clinical validation of functional flexion-extension roentgenograms of the lumbar spine. Spine 16:943–950
5. Esses SI, Botsford DJ, JPK (1989) The role of external spinal skeletal fixation in the assessment of low-back pain. Spine 14:594–600
6. Gertzbein MD, Holtby R, Tile M (1984) Determination of a locus of instantaneous centers of rotation of the lumbar disc by moire fringes. Spine 9:409–413
7. Gertzbein SD, Wolfson N, King G (1988) The diagnosis of segmental instability *in vivo* by centrode length. International Society for the Study of the Lumbar Spine, p 602
8. Gianturco C (1944) A Roentgen analysis of the motion of the lower lumbar vertebrae in normal individuals and in patients with low back pain. Am J Roentgenol 52:261–268
9. Jeanneret B, Jovanic M, Magerl F (1994) Percutaneous diagnostic stabilization for low back pain. Correlation with results after fusion operations. Clin Orthop 304:130–138
10. Kirkaldy-Willis WH, Farfan HF (1982) Instability of the lumbar spine. Clin Orthop 165:110–123
11. Knutsson F (1944) The instability associated with disk degeneration in the lumbal spine. Acta Radiol 25:593–609
12. Malmivaara A, Laitinen M-L, Savolainen A, Tallroth K, Zitting A, Kaitila I (1993) Lumbar spine mobility in marfan syndrom. Eur Spine J 2:230–234

13. Mensor MC, Duvall G (1959) Absence of motion at the fourth and fifth lumbar interspace in patients with and without low-back pain. J Bone Joint Surg [Am] 41A: 1047–1054
14. Nachemson AL, Schultz AB, Berkson MH (1979) Mechanical properties of human lumbar spine motion segments. Influence of age, sex, disc level, and degeneration. Spine 4:1–8
15. Olerud S, Sjostrom L, Karlstrom G, Hamberg M (1986) Spontaneous effect of increased stability of the lower lumbar spine in cases of severe chronic back pain. The answer of an external transpeduncular fixation test. Clin Orthop 203:67–74
16. Panjabi MM (1992) The stabilizing system of the spine. Part I. Function, dysfunction, adaptation, and enhancement. J Spinal Disord 5:383–389
17. Panjabi MM (1992) The stabilizing system of the spine. Part II. Neutral zone and instability hypothesis. J Spinal Disord 5:390–396
18. Panjabi MM, Oxland TR, Yamamoto I, Crisco JJ (1994) Mechanical behavior of the human lumbar and lumbosacral spine as shown by three-dimensional load-displacement curves. J Bone Joint Surg Am 76:413–424
19. Pearcy M, Portek I, Shepherd J (1985) The effect of low-back pain on lumbar spinal movements measured by three-dimensional X-ray analysis. Spine 10:150–153
20. Rolander SD (1966) Motion of the lumbar spine with special reference to the stabilizing effect of posterior fusion. An experimental study on autopsy specimens. Acta Orthop Scand 90:1–144
21. Seligmann JV, Gertzbein SD, Tile M, Kapasouri A (1984) Computer analysis of spinal segment motion in degenerative disc disease with and without axial loading. Spine 9:566–573
22. Soini JR, Harkonen HI, Alaranta HT, Seitsalo SK (1994) External fixation test in low back pain. Function analyzed in 25 patients. Acta Orthop Scand 65:87–90
23. Soini JR, Seitsalo SK (1993) The external fixation test of the lumbar spine. 30 complications in 25 of 100 consecutive patients. Acta Orthop Scand 64:147–149
24. Tanz SS (1953) Motion of the lumbar spine. A roentgenologic study. Am J Roentgen 69:399–412
25. Wilke H-J, Ostertag G, Claes L (1994) Dreidimensionales Goniometermeßsystem zur Analyse von Bewegungen mit sechs Freiheitsgraden. Biomed Tech 39:149–155
26. Wilke H-J, Wolf S, Claes LE, Arand M, Wiesend A (1995) Stability increase of the lumbar spine with different muscle groups. A biomechanical in vitro study. Spine 20:192–198
27. Yamamoto I, Panjabi MM, Crisco T, Oxland T (1989) Three-dimensional movements of the whole lumbar spine and lumbosacral joint. Spine 14:1256–1260

Biomechanische Untersuchung an der degenerativ veränderten LWS und ihre Korrelation zur bildgebenden Diagnostik

J. Heinze, C. Eggers, B. Reimann, M. Morlock und E. Schneider

Die Diskusdegeneration sowie die allgemeinen degenerativen Veränderungen an der Wirbelsäule werden als eine der möglichen Ursachen für Rückenschmerzen (Low Back Pain: LBP) von vielen Autoren diskutiert. Der große Komplex LBP findet in der Zusammenhangsbegutachtung bei der Berufskrankheit (BK 2108–2110) große Bedeutung in der Frage, ob ein berufsbedingtes Leiden an der Wirbelsäule vorliegt oder nicht. Gegenstand dieses Kapitels ist die Untersuchung der Biomechanik innerhalb eines Bewegungssegmentes der humanen LWS, um deren Morphologie in Abhängigkeit zur radiologisch ermittelten Degeneration zu dokumentieren.

Häufig besteht eine Diskrepanz zwischen der bildgebenden Diagnostik und dem klinischen Beschwerdebild [2, 6, 20, 24]. Boden veröffentlichte 1990 eine Studie über die abnormalen NMR-Befunde der LWS bei asymptomatischen Personen. Bei den 67 asymptomatischen Probanden zeigten bereits 1/3 substantielle Abnormalitäten in der NMR-Untersuchung [5]. Davon wiesen 20% der unter 60jährigen eine Hernie des Nucleus pulposus auf, in einem Fall wurde eine Spinalkanalstenose nachgewiesen. Bei den über 60jährigen wiesen bereits 36% eine Hernie des Nucleus pulposus und 21% eine Spinalkanalstenose auf.

Der Diskus unterliegt mit zunehmendem Alter einer Degeneration. Dieses äußert sich u. a. in einer Abnahme seiner Elastizität mit verminderter „Stoßdämpferfunktion" unter axialen Lasten [22]. Ein Ausfall oder eine Einschränkung der stoßdämpfenden Diskusfunktion führt einerseits zu einer stärkeren Belastung im Segment, eine segmentale Instabilität andererseits zu einer mechanischen Über- oder Fehlbelastung der Facettengelenke und der ligamentären Strukturen. Zeichen einer daraus resultierenden physiologischen Reaktion sind im Röntgen- und CT-Bild sichtbar in Form der subchondralen Verdichtungen, Gelenkflächenrauhigkeiten, -verformungen und evtl. Kapselossifikationen. Die Hauptmanifestation der Beschwerden sind an der unteren LWS im Segment L4/5 und L5/S1 lokalisiert. Die Klärung der Korrelation zwischen Radiologie und Biomechanik kann von Bedeutung für die Frage der Begutachtung von Schmerz-

Berufsbedingte Erkrankungen
der Lendenwirbelsäule
Hrsg.: D. Wolter/K. Seide
© Springer-Verlag Berlin Heidelberg 1998

patienten sowie hilfreich bei der Indikationsstellung zu einer operativen Funktion sein [10]. Zur Unterstützung der gestellten Diagnose einer segmentalen Instabilität wurde 1982 von Posner eine Punkteskala „Checklist for the Diagnosis of Clinical Instability in the Lumbar Spine" entwickelt [25]. *In vivo* kann eine bestehende segmentale Instabilität aufgrund der reflektorischen Anspannung der paravertebralen Muskulatur maskiert sein und somit der klinischen Diagnostik entgehen. Der zentral im Diskus liegende Nucleus pulposus beansprucht 30–50 % der Zwischenwirbelscheibenquerschnittsfläche und besteht hauptsächlich aus Keratansulfat und Hyaluronsäure. Der gallertartige, unter Druck stehende Kern aus einem nahezu durchsichtigen und lockeren Netzwerk aus fibrösen Fasern hat nach der Geburt den höchsten Wassergehalt, dieser nimmt dann mit zunehmendem Alter stetig ab [23]. Der Gallertkern wirkt bei der Belastung wie ein Wasserkissen, das nach allen Seiten den axialen Druck verteilt und die Kollagenfasern des Anulus fibrosus dabei unter Spannung setzt. Dem Nucleus pulposus fällt überwiegend die Aufgabe zu, die vertikalen Spannungen gleichmäßig auf den ganzen Wirbelkörperquerschnitt zu übertragen. Dank seiner hydrodynamischen Eigenschaften vermag er dies auch, wenn sich der Abstand zwischen den Wirbelkörpern bei der Bewegung im Segment ungleichmäßig verändert. Nachemson et al. zeigten als erste durch eine *In-vivo*-Messung des intradiskalen Druckes, welche Lasten bei verschiedenen Körperpositionen auf den Diskus einwirken. Neben diesen Kompressionsbelastungen wird der Diskus zeitweilig auch unter Zug belastet, so z. B. in der Extensionsbewegung, bei der im ventralen Diskusbereich eine Zugbelastung zu verzeichnen ist [4].

Voraussetzung für das Verständnis der bei echten Bandscheibenerkrankungen auftretenden klinischen Erscheinungen und Verläufe ist die genaue Kenntnis der anatomischen Verhältnisse, die Junghanns (1951) im Begriff des „Bewegungssegmentes" zusammengefaßt hat [12]. Demnach besteht das Bewegungssegment (Functional Spinal Unit: FSU) aus dem gesamten Bewegungsraum zwischen zwei Wirbelkörpern, die die knöcherne Grundlage des Segmentes bilden und funktionell durch die Zwischenwirbelscheibe und die kleinen Wirbelgelenke miteinander verbunden sind. Insgesamt besteht ein mechanisches Gleichgewicht der Wibelsäulenstruktur, da die Bänder unter Spannung und die Bandscheiben unter Kompression stehen.

Der Bandapparat ermöglicht eine gute und sicher geführte Beweglichkeit in der Wirbelsäule bei geringer Kraftaufwendung durch die Muskulatur, solange sich das entsprechende Bewegungsausmaß im Bereich der neutralen Zone befindet. Ein größeres Bewegungsausmaß erfordert einen wesentlich höheren Energieaufwand durch die Muskulatur, da die ligamentären Strukturen außerhalb der neutralen Zone der Bewegung im Segment einen Widerstand entgegensetzen.

Die Wirbelkörper sind untereinander über drei Gelenke verbunden. Ventralseitig über den intervertebralen Diskus als fibrokartilaginäres Element sowie im dorsalen Pfeiler über die paarig angelegten Facettengelenke als typische von einer Gelenkkapsel umgebene Synovialgelenke. Eine sichere Artikulation im Bewegungssegment setzt eine einwandfreie „Gebrauchsfähigkeit" der drei gelenkigen Strukturen voraus. Sobald eine der drei Komponenten Schaden nimmt, kommt es zu einer Mehrbelastung der übrigen Gelenke und damit langfristig zum sekundären Gelenkverschleiß oder zur Diskusveränderung. Die Rolle dieser drei „Stabilisatoren" variiert in Abhängigkeit von der Bewegung und der einwirkenden Last erheblich [7]. Nach Dunlop et al. nimmt die Belastung der Facettengelenke mit der Abnahme der IVR-Höhe zu [9]. Aufgrund der anatomischen Gegebenheiten der Intervertebralgelenke kommt es dabei zu einer geringen Retrolisthesis, die wiederum der erhöhten Facettengelenkbelastung entgegenwirkt, aber durch Inkongruenz eine Fehlbelastung mit konsekutiver Spondylarthrose erzeugt, welche sich im Röntgenbild darstellen läßt. Es wird angenommen, daß es im Rahmen einer physiologischen Reaktion u. a. durch die Ausbildung von Randexophyten zu einer Restabilisierung kommt (1. temporärer Dysfunktion, 2. instablier Phase und 3. (Re-)Stabilisierung) [3, 14].

In vivo bedeutet die segmentale Instabilität bzw. Gefügelockerung grundsätzlich eine „Individualisierung" der Bewegungsfunktion im betroffenen Segment, die dem kollektivistischen Konstruktions- und Bewegungsprinzip der Wirbelsäule widerspricht. Eine reflektorische Muskelaktivität in Form einer Tonuserhöhung (Reflexhypertonus) kann der Gefügelockerung *in vivo* entgegenwirken. Folge dieser unphysiologischen Dauerbeanspruchung der Muskulatur ist eine entsprechende Versorgungsstörung; Ischämie, Hypoxie und Azidose in der Muskulatur können die Folgen sein. Der Circulus vitiosus wird deutlich und eine Ursache des LBP denkbar. Ist dann die Muskulatur erschöpft oder nicht mehr in der Lage, die Hypermotilität zu kompensieren, entsteht wiederum das vermehrte Bewegungsausmaß, d. h. eine Instabilität. Der Faktor der reflektorischen Muskelanspannung wird bei dieser *In-vitro*-Untersuchung keine Bedeutung haben können, da das Segment L4/5 unabhängig von den äußeren Einflüssen, wie z. B. der Muskulatur, untersucht wurde.

Die Wirbelsäulen (TH 12-S1) wurden innerhalb der ersten 48 h nach dem Tod entnommen und, um ein Austrocknen zu verhindern, vakuumverpackt, katalogisiert und bei –20° Celsius eingefroren.

Anhand der Nativbilder wurden die degenerativen Veränderungen an der gesamten LWS erfaßt. Die Höhe der Intervertebralräume wurde nach Farfan vermessen und deren Höhenabnahme im Vergleich zu den Nachbarsegmenten bestimmt. Das Auftreten der Exophyten wurde in Abhängigkeit von ihrer Stärke beurteilt, sowie Band- oder Diskusverkalkungen erfaßt. Weiterhin in die Auswertung einbezogen wurden der Zustand der Facettengelenke, der Bandscheibenquerschnitt sowie der Diskuszustand im MR- + CT-Bild.

Die radiologische Beurteilung der LWS führte zur Einteilung in vier Degenerationsgruppen anhand eines Scores, der sich an der makroskopischen Einteilung der degenerativ veränderten Bandscheibe nach Miller (Friberg u. Hirsch 1945) sowie an der Einteilung nach Nachemson (1960) orientiert [19, 21].

Die Wirbelsäulenbelastungsmaschine (WSBM) diente zur Erfassung des Bewegungsausmaßes in einem Segment bei definiert aufgebrachten Momenten. Die WSBM wurde 1989 von Kortmann u. Schümann für Stabilitätsuntersuchungen an der instrumentierten Wirbelsäule entwickelt [15].

Die auf Raumtemperatur gebrachten Proben werden in die WSBM gespannt und ausgerichtet, anschließend erfolgt die Erfassung der spezifischen Nullstellung der Wirbelkörper zueinander. Die axiale Vorlast von 400 N wird unmittelbar vor der Bewegungsanalyse aufgebracht, dabei wurde peinlichst genau darauf geachtet, daß dadurch kein Moment auf das Segment wirkte.

Nach Abschluß der Bewegungsmessung wurde das Präparat aus der WSBM entnommen und für die nachfolgende Creepuntersuchung vorbereitet. Dazu wurden die Facettengelenke beiderseits entfernt und das Segment in feuchten Kompressen stehend bei 5 °C im Kühlschrank über 24 h gelagert (Hysteresis) [13]. Am Folgetag wurde jedes Präparat nach Angleichung an die Raumtemperatur einem Creeptest mit 400 N unterzogen.

Die statistische Auswertung der Daten erfolgte mit dem Programmpaket SPSS for Windows (Version 6.0.3). Die Zusammenhänge zwischen den einzelnen Variablen wurden mittels linearer Regressionsanalyse überprüft. Unterschiede zwischen Degenerationsgruppen wurden mittels einfaktorieller Varianzanalayse und einem TUKEY-B post-hoc-Vergleich auf Signifikanz getestet. Chi^2-Tests wurden bei nominal skalierten Daten angewandt. Die Vertrauenswahrscheinlichkeit für alle Tests betrug 95% ($\alpha = 0,05$).

30 humane lumbale Wirbelsäulen kamen zur Auswertung (Altersgruppe 20–66 Jahre, Mittel 48 Jahre, m:f = 4:6). Verteilt auf die unterschiedlichen Degenerationsgruppen ergab sich folgende durchschnittliche Altersverteilung: nicht degenerativ veränderte Gruppe (0°) bei 43,7 Jahren, (1°) bei 48,8 Jahren, (2°) bei 52 Jahren und (3°) bei 66 Jahren. Nach radiologischer Klassifizierung ergab sich folgende Aufteilung: 11 Präparate ohne Degenerationszeichen (0°), 14 Präparate mit leichten (1°), 4 mit mäßigen (2°) und lediglich nur eines mit schweren Zeichen der Degeneration (3°). In unserem Untersuchungsgut zeigen 9 von 14 Präparaten

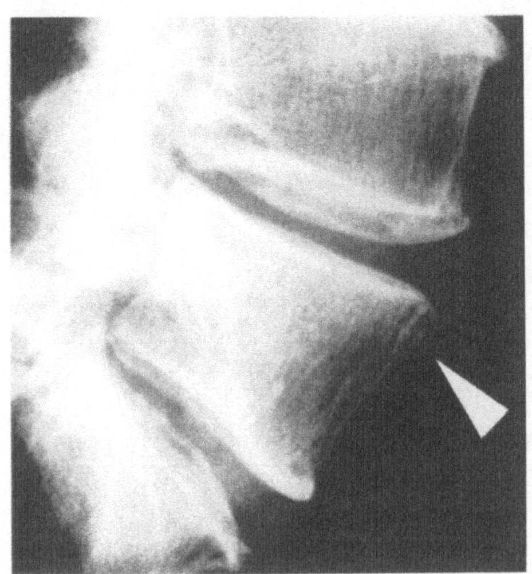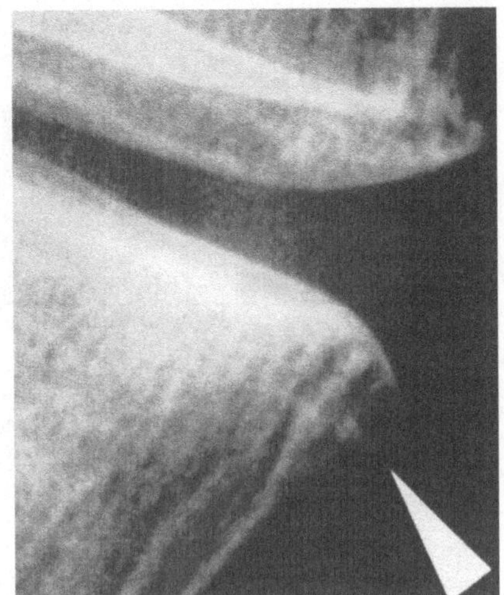

Abb. 1. Der Traktionsosteophyt. Der submarginale Traktionsosteophyt ventral im Bereich der Deckplatte LWK 5

(64,9%) der Gruppe (1°) einen sog. Traktionsosteophyten als submarginalen Exophyten (s. Abb. 1). In der Gruppe der nicht degenerativ veränderten Segmente (0°) ist dieser nur in einem Fall angedeutet nachzuweisen (einer von 11: 9,1%), in der Gruppe (2°) ebenfalls nur einmal (ein Fall von vier: 25%), dieser ist jedoch sehr kräftig ausgeprägt und weder im Nativbild noch im CT eindeutig vom Krallenosteophyten zu unterscheiden.

In der Auswertung für die maximal erreichte Extension und Flexion der einzelnen Degenerationsgruppen zeigte sich, daß die Gruppe mit leichter Degeneration (1°) ein größeres Bewegungsausmaß in der Flexionsbelastung zeigt als die Gruppe ohne und diejenigen mit schweren radiologisch nachweisbaren Veränderungen (Abb. 2).

Statistisch nicht erfaßbar (weil nur 1 Fall in der „Gruppe 3°"), aber doch als interessanter Aspekt zu erwähnen ist, daß das Präparat mit den stärksten degenerativen Veränderungen nahezu keine Bewegungen mehr zuließ. Dieses Segment war nahezu komplett eingesteift. In diesem Fall ließ sich bei der Belastung von 10 Nm maximal eine Flexion von 0,15° erzeugen, dagegen konnte noch eine verhältnismäßig große Extension von 0,51° verzeichnet werden.

Aus diesen Daten ist die Tendenz (nicht signifikant) zu einer größeren Flexionsbeweglichkeit bei leicht degenerativ veränderten Segmenten im Vergleich zu den übrigen Degenerationsgraden sichtbar. Mit weiterer Zunahme der Degeneration nimmt das Bewegungsausmaß dann bis zur fast vollständigen Einsteifung im Segment ab.

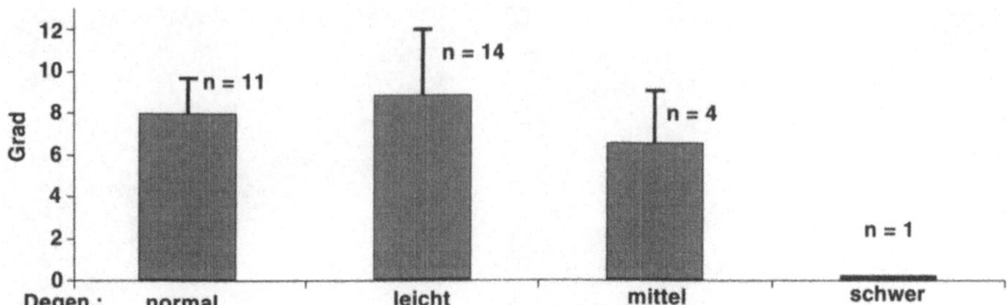

Abb. 2. Maximale Flexion bei 10 Nm. Das Flexionsausmaß der 4 Gruppen bei 10 Nm. Die Gruppe der leicht degenerativ veränderten Segmente zeigt das größte Flexionsausmaß bei einer Belastung von 10 Nm. Mit weiterer Zunahme der Degeneration nimmt die Flexion ab, bis zur fast vollständigen Einsteifung

In der Extensionsbelastung konnte mit Zunahme der Degeneration eine kontinuierliche Abnahme in der Bewegung aufgezeichnet werden. Es war also kein vermehrtes Bewegungsausmaß in der Gruppe der leicht degenerativ veränderten Segmente nachweisbar, wie zuvor in der Flexionsbelastung beschrieben.

Der Verlauf der Geradensteigung (Abb. 3) nimmt in der nicht degenerativ veränderten Gruppe von seinem Maximalwert bei 2 Nm stetig in seinem Wert ab. In der Gruppe 1° zeigt sich dagegen ein kontinuierlicher Anstieg bis 3 Nm, die Werte bleiben dann bis zu einem Moment von 6 Nm in ihrer Steigung nahezu konstant und fallen mit weiterer Zunahme der Belastung ab. Folglich nimmt in einem normalen Segment die Beweglichkeit mit Zunahme des Momentes ab, d. h. die Steifigkeit im Segment wird mit Zunahme des Momentes größer. Schon bei leichten degenerativen Veränderungen verändert sich die Elastizität: Die Beweglichkeit steigt mit Zunahme des Momentes an, bleibt dann bis zu einem Moment von 6 Nm in seiner Größe nahezu konstant, um dann mit weiterer Belastung wieder

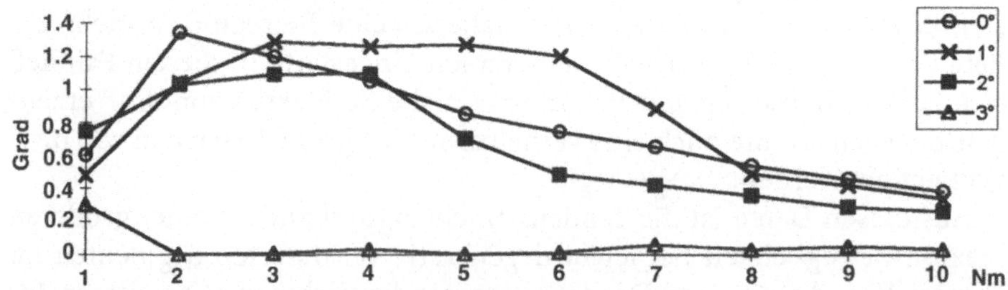

Abb. 3. Die Steigung der Geraden in der Flexion. Aufgetragen ist die Steigung der Geraden in der Flexionsbewegung zum jeweiligen Moment für alle 4 Degenerationsgruppen (0°–3°)

der normalen Bewegung wie in der nicht veränderten Gruppe angeglichen zu werden. Es ist ersichtlich, daß sich die Zunahme der Beweglichkeit in der Gruppe mit leichten Veränderungen im Bereich der mittleren Belastung lokalisieren läßt. Ähnlich deutet sich auch das Bewegungsverhalten in der Gruppe 2° an, jedoch nimmt der Bewegungsausschlag früher ab als in der zuvor beschriebenen Gruppe 1°.

Zwischen der Extensions- und Flexionsbewegung ist die neutrale Zone für die sagittale Translation in der Gruppe (1°) mit 0,048 mm ausgesprochen klein gegenüber den anderen Gruppen (0°, 2°, 3°) mit 0,26 ± 0,01 mm. Außerhalb der neutralen Zone, d.h. im Bereich der elastischen Zone oder eben zu Beginn der Momentbelastung, ist in der Gruppe (1°) bei geringen Lasten während der Flexionsbelastung weiterhin die kleinste sagittale Translation zu verzeichnen; erst ab einer Last über 4 Nm ansteigend, nimmt die sagittale Translation hier deutlich gegenüber den anderen Gruppen so stark zu, daß die sagittale Translation am Ende der Flexionsmessungen wiederum in der Gruppe (1°) am größten ist (Abb. 4).

Die Auswertung der Creepergebnisse zeigt eine Abnahme der Creeprate mit Zunahme der Degeneration. Zwischen der Gruppe ohne degenerative Veränderungen und der Gruppe mit leichten Veränderungen besteht jedoch kein Unterschied in der Lastverschiebungskurve. Mit Zunahme der weiteren Degenerationsmerkmale verläuft die Kurve deutlich flacher, und das Ausmaß der axialen Translation ist weitaus geringer (Abb. 5).

Die moderne bildgebende Diagnostik – CT und NMR – bringt neben der Nativradiologie Befunde zur Darstellung, die im Rahmen der Zusammenhangsbegutachtung vom Gutachter in Beziehung zu den geklagten Beschwerden gebracht werden, sie beantwortet jedoch nicht die Frage nach deren Relevanz [5, 8, 16]. Unsere Ergebnisse zeigen, daß eine Beziehung zwischen dem biomechanischen Verhaltensmuster und dem radiologischen Befund besteht. Das Flexionsausmaß in der Gruppe mit leichten

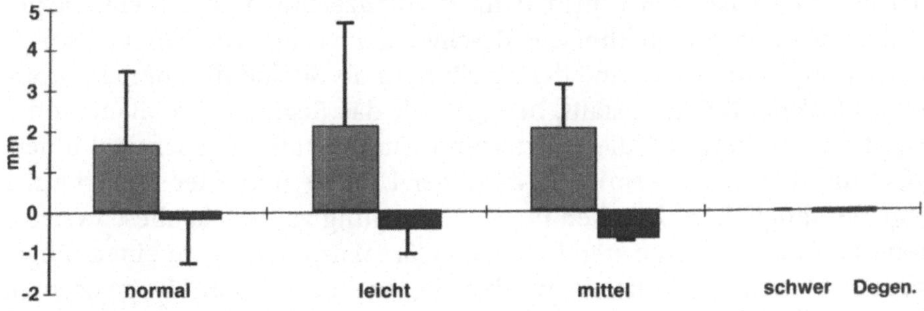

Abb. 4. Die maximale sagittale Translation bei 10 Nm in der Flexionsbewegung (+) und Extensionsbewegung (–)

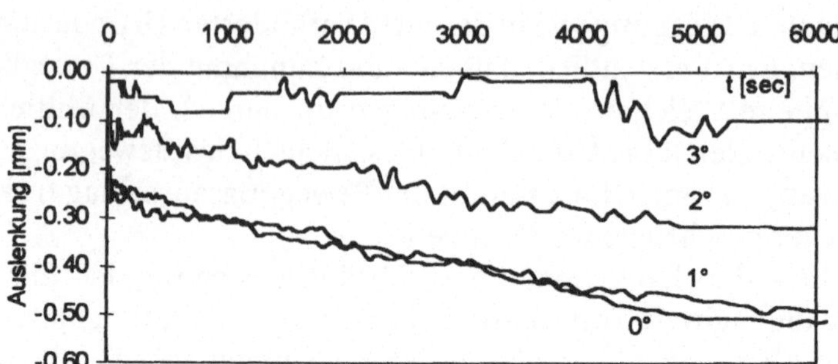

Abb. 5. Vergleich im Creepverhalten der unterschiedlichen Degenerationsgruppen (0°–3°). Aufgezeichnet ist die axiale Translation gegen die Zeit in Sekunden unter der Last von 400 N. Hinweis: Die Werte der Creepuntersuchung des schwer veränderten Segmentes (3°) liegen im Bereich der Meßgenauigkeit

degenerativen Veränderungen ist größer als das der Gruppen ohne oder mit schwereren Veränderungen. Dabei ist erstaunlicherweise die neutrale Zone gerade in dieser Gruppe deutlich kleiner als in den Vergleichsgruppen. Dieses wiederum zeigt den noch größeren Unterschied im Bewegungsausmaß der elastischen Zone gegenüber den nicht oder schwerer veränderten Segmenten. Das Bewegungsausmaß der nicht degenerativ veränderten Segmente deckt sich mit den Angaben aus der Literatur und wird als das physiologische Extensions- und Flexionsausmaß angenommmen. Demzufolge kann das Bewegungsausmaß in der Gruppe mit leichten Veränderungen durchaus als pathologisch bezeichnet werden, denn die Segmente weisen eine überdurchschnittliche Bewegung auf. Wenn die klinische Instabilität ihre Entsprechung *in vitro* findet, ergibt sich die Frage, ob diese Hypermotilität *in vivo* kompensiert werden kann. Hier spielt der Faktor „Muskelaktivität" eine entscheidende Rolle. Es ist durchaus denkbar, daß durch einen erhöhten Muskeltonus diese Hypermotilität unter der gleichen Last *in vivo* primär nicht aufzuzeichnen ist. Ob ein solches hypermobiles Segment klinische Beschwerden verursacht, hängt entscheidend vom Trainingszustand der Muskulatur ab. Sobald die kompensatorische Muskelaktivität ausfällt, bewegt sich das Segment im „Band- oder Facettenglenkbereich", diese Strukturen sind bekanntlich sensibel innerviert und könnten hiermit bei ständiger Überlastung oder Anspannung eine der möglichen Ursachen für die Erzeugung von Rückenbeschwerden sein. Ebenso führt eine ständige muskuläre Anspannung zu einem überhöhten Muskeltonus und damit über die Ausbildung von Myogelosen zu Beschwerden. Im Fall der Überbelastung der Facetten oder der ligamentären Strukturen scheint auf Dauer eine physiologische Reaktion in Form der sichtbaren degenerativen Veränderungen vorprogrammiert zu sein. Der Körper versucht, und wie man anhand der Ergebnisse sehen kann, mit Erfolg, dieser Hypermotilität entgegenzuwirken. Schon in der neutralen Zone ist das Segment mit leichten degenerativen Veränderungen wesentlich steifer als in den Vergleichsgruppen, was durchaus Ausdruck einer ersten mechanischen Kompensation gegen die Hypermotilität zu sein scheint. Der physiologische Nucleus pulposus als Wasserkissen zwischen der Grund- und Deckplatte des Segmentes verliert mit der Degeneration seinen Wassergehalt: Im nicht degenerierten Segment ist der Nucleus für das Ausmaß der neutralen Zone hauptverantwortlich, denn die Grund- und Deckplatte führt auf diesem „Wasserball" unter einer axialen Belastung einen (labilen) Halteversuch aus. Nimmt nun der Wassergehalt ab, ist dieser Halteversuch ähnlich der Zunahme der Reibung bei einem platten Autoreifen deutlich eingeschränkt und die neutrale Zone wird damit kleiner [18]. Die Kollagenfasern des Anulus fibrosus werden jetzt bei der Bewegung unter zunehmender Last nicht mehr so stark unter Spannung gesetzt [11], so daß hiermit auch die Zunahme des endgradigen Bewegungsausmaßes erklärt werden kann.

Diese Mechanismen unterstützen die Hypothese von McNab, nach der der submarginale Exophyt als Traktionsosteophyt anzusehen ist. Er entsteht als Reaktion auf einen dauernden Reiz (Instabilität/Hypermotilität) durch eine vermehrte Zugbelastung des vorderen Längsbandes mit Aktivierung der Osteoblastentätigkeit, bzw. er setzt dort einen Vorgang analog der enchondralen Ossifikation in Gang, so daß schließlich der submarginale Exophyt entsteht [17]. Aufdermaur beschreibt die Spondylophyten als Folge von mikro- oder makrotraumatisch entstandenen Einrissen in der Diskusperipherie, die ein Vorwölben und Vorpressen von Diskusanteilen begünstigen [1]. Beide Theorien gehen von der Annahme aus, daß sowohl die Kontinuitätsunterbrechung zwischen anulus fibrosus und Wirbelkörper – in der Folge also eine pathologisch vermehrte segmentale Beweglichkeit – als auch die Anspannung des ventralen Längsbandes durch nach ventral verlagertes Diskusgewebe an den Ansatzstellen des Ligamentes eine erhöhte Zugspannung und Zerrung auslösen – der submarginale Spondylophyt formalgenetisch praktisch ein Traktionsosteophyt ist [17].

Die objektivierbaren radiologischen Befunde sollen in der Zusammenhangsbegutachtung das sichtbare morphologische Substrat der Wirbelsäulenveränderungen beschreiben können. Dabei ist nach Ludolph nicht ausschließlich der bandscheibenbedingte bildtechnische Befund, sondern die bandscheibenbedingte Funktionseinbuße von gutachterlicher Bedeutung [16]. In der Zusammenhangsbegutachtung gilt die Frage der Gewichtung des bildgebenden Befundes. Der radiologische Befund kann dem ärztlichen Gutachter den Beweis eines Schadens an der Bandscheibe und der Wirbelsäule nur zu einem gewissen Teil abnehmen.

Zusammenfassung

Das Wissen um die Biomechanik in einem Bewegungssegment ist in der Begutachtungsfrage von nicht unwesentlicher Bedeutung. 30 humane Wirbelsäulensegmente der Höhe L4/5 mit unterschiedlichen degenerativen Veränderungen wurden einer radiologischen und biomechanischen Untersuchung unterzogen. Nach dem radiologischen Befund, aufgeteilt in vier Degenerationsgruppen, lassen sich Unterschiede im Bewegungsverhalten unter gleicher Lastapplikation feststellen. Segmente mit leichten Zeichen der Degeneration zeigen eine größere Flexion, sagittale und axiale Translation als normale oder stärker degenerativ veränderte Präparate. In der Extensionsbelastung nimmt das Bewegungsausmaß kontinuierlich mit Zunahme der Degeneration ab. Inwieweit die in der Flexion gemessene Hypermotilität bzw. Instabilität *in vivo* durch die Aktivität der paraspinalen Muskulatur kompensiert werden kann und damit vor einer Fehl- und Überbelastung im Bewegungssegment schützt, hängt auf Dauer vom Trainingszustand der Muskulatur ab.

Literatur

1. Aufdermaur M (1978) Die pathol. Anatomie der deformen Arthrose und Spondylose. Ther Umsch 35:141–146
2. Badke A, Bilow H (1995) BK 2108 – Praxis der Begutachtung. Akt Traumatol 25:279–283
3. Benini A (1989) Das lumbale Bandscheibenleiden und seine Folgen: Segmentale Instabilität, Bandscheibenvorfall, lumbale Wirbelstenose – Wandel eines Volksleidens. Schweiz Rundsch Med (Praxis) 78: Nr 31/32
4. Berkson MH, Nachemson A, Schultz AB (1979) Mechanical properties of human lumbar spine motion segments – Part 2: Responses in compression and shear; influence of gross morphology. J Biomech Eng 101:53
5. Boden D, Davis DO, Dina TS, Patronas NJ, Wiesel SW (1990) Abnormal MR scans of the lumbar spine in asymptomatic subjects. J Bone Joint Surg Am 72 (3):403–408
6. Chafetz NI, Mani JR, Genant HK, Morris JM, Hoaglund FT (1985) CT in LBP syndrome. Orthop Clin North Am (United States) 16 (3):395–416
7. Cochran GB von (1988) Biomechanik des Orthopäden, Bd 51. Enke, Stuttgart, S 170–179
8. Curtius F (1968) Von medizinischem Denken und Meinen. Enke, Stuttgart
9. Dunlop RB, Adams MA, Hutton WC (1984) Disc space narrowing and the lumbar facet joints. J Bone Joint Surg Br 66 (5):706–710
10. Haid RW, Dickmann CA (1993) Instrumentation and fusion for discogenic disease of the lumbosacral spine. Neurosurg Clin North Am 4 (1):135–148
11. Harris RI, Macnab I (1954) Structural changes in the lumbar intervertebral discs. Their relationship to low back pain and sciatica. J Bone Joint Surg Br 36 (2):304–322
12. Junghanns H (1951) Die funktionelle Pathologie der Zwischenwirbelscheiben als Grundlage für klinische Betrachtungen. Langenbecks Arch Klin Chir 267:393–417
13. Kazarian LE (1975) Creep characteristics of the human spinal column. Orthop Clin North Am 6 (1):3–18

14. Kirkaldy-Willis WH, Farfan HE (1982) Instability of the lumbar spine. Clin Orthop Relat Res 165:110–123
15. Kortmann HR, Lindmüller U, Wolter D, Engwicht B (1989) Computergesteuerte pneumatische Belastung und dreidimensionale on-line-Messung der Bewegungsauslenkung humaner Wirbelsegmente. Langenbecks Arch Chir (Suppl II) 1047
16. Ludolph E, Besig K (1994) Bandscheibenbedingte Erkrankungen (BK Nr 2108,-09,-10 BeKV). Akt Traumatol 24:316–318
17. Macnab I (1971) The traction spur. An indicator of segmental instability. J Bone Joint Surg Am 53:663–670
18. Macnab I (1986) Disc degeneration and low back pain. Clin Orthop Relat Res 208:3–14
19. Miller JAA, Schmatz C, Schultz AB (1988) Lumbar disc degeneration: Correlation with age, sex, and spine level in 600 autopsy specimens. Spine 13 (2):173–178
20. Murata M, Morio Y, Kuranobu K (1994) Lumbar disc degeneration and segmental instability: A comparison of magnetic resonance images and plain radiographs of patients with low back pain. Arch Orthop Trauma Surg 113:297–301
21. Nachemson AL (1960) Lumbar intradiscal pressure. Experimental studies on postmortem material. Acta Orthop Scand Suppl XLIII
22. Nachemson AL (1981) Disc pressure measurements. Spine 6 (1):93–97
23. Panagiotacopulos ND, Pope MH, Krag MH, Block R (1987) Water content in human intervertebral discs, Part I + II. Measurement by MRI. Spine 12 (9):912–924
24. Parkkola R, Rytökoski U, Kormano M (1993) MRI of the disc and trunk muscles in patients with chronic low back pain and healthy control subjects. Spine 18 (7):830–836
25. Posner I, White III AA, Edwards W, Hayes WC (1982) A biomechanical analysis of the clinical stability of the lumbar and lumbosacral spine. Spine 7 (4):374–389

Kapitel 14

Mikroarchitektur und degenerative Veränderungen der Wirbelsäule

G. Delling, M. Amling, H. Ritzel und M. Hahn

Einleitung

Als Folge von Fehlbelastungen treten mit zunehmendem Lebensalter degenerative Veränderungen an der Wirbelsäule auf. Umfassende morphologische Analysen der Pathogenese dieser Veränderungen mit modernen Techniken sind in der Literatur nur begrenzt zu finden.

Es ist seit langem bekannt, daß Knochengewebe auf mechanische Belastungen eine Adaption aufweist. Diese kann in Form von „physiologischen" Umbaureaktionen des Knochengewebes bis hin zu „pathologischen" Frakturen erfolgen. Alle diese Veränderungen sind auf eine aktive Leistung der Knochenzellen zurückzuführen, oder haben, wie im Fall der Fraktur, eine zelluläre Reaktion zur Folge. Lange Zeit galt dabei der Ab- oder Zunahme der Knochenmasse das größte Augenmerk [3]. Erst in den letzten Jahren hat sich die Überlegung durchgesetzt, daß nicht die Knochenmasse, sondern primär die 3dimensionale Konfiguration und Orientierung der trabekulären Strukturelemente von zentraler Bedeutung für die biomechanische Festigkeit von spongiösem Knochengewebe ist [6, 7, 13a, 16]. Mit unterschiedlichen Verfahren konnte gezeigt werden, daß die altersbedingten Veränderungen des Knochengewebes eine Veränderung der Mikroarchitektur der Spongiosa darstellen und in geringerem Maße auch eine Minderung der absoluten Knochenmasse [8, 19]. Diese Strukturveränderungen können für die Festigkeit der Wirbelkörper viel gravierender sein, als der parallel zu beobachtende moderate Knochenmasseverlust vermuten ließe.

Um berufsbedingte, degenerative Veränderungen der Wirbelsäule zu erkennen und ihre Entstehung analysieren zu können, mußte zunächst eine Basis durch umfangreiche quantitative Untersuchungen skelettgesunder Wirbelsäulen geschaffen werden. Nur bei Kenntnis der „normalen" Mikroarchitektur sowie deren altersbedingten Veränderungen [1, 9] gelingt es, degenerativ-pathologische Veränderungen pathogenetisch zu interpretieren. Degenerative und generalisierte Osteopathien können sich außerdem gerade bei Menschen nach der 4. Lebensdekade überlagern. Aus diesem Grund war es wichtig, auch Wirbelsäulen von Fällen mit einer Osteoporose in die Untersuchung miteinzubeziehen.

Darüber hinaus sollte der Versuch unternommen werden, Variationen der Wirbelkörperkortikalis und die Strukturveränderungen im Grenzbereich zwischen Wirbelkörper und Zwischenwirbelscheibe als mögliche Ausgangspunkte degenerativer Veränderungen zu analysieren.

Ziel der Studie sollte es dabei sein, Veränderungen der Mikroarchitektur, als Zeichen einer veränderten Belastungssituation, möglichst in der Frühphase zu erfassen und Möglichkeiten zu erarbeiten, diese Veränderungen mit Hilfe nicht-invasiver Techniken sichtbar zu machen. Dies gelingt z. Z. nur, wenn degenerative Veränderungen bereits in einem fortgeschrittenen Stadium sind. Über Beschwerden im Bereich der Wirbelsäule wird aber bereits berichtet, ohne daß deren Ursachen in konventionellen Röntgenbildern erkennbar sind.

In den letzten Jahren sind in der Abteilung Osteopathologie neue Präparations- und Untersuchungstechniken entwickelt und etabliert worden. Diese erlauben die kombinierte 2- und 3dimensionale Analyse der Knochenstruktur als morphologische Grundlage für das Verständnis der degenerativen Veränderungen [10]. Außerdem ist es möglich, mit Hilfe eines neuen Strukturparameters die Mikroarchitektur quantitativ zu erfassen.

Material und Methoden

Es konnten 37 Wirbelsäulen von Autopsiefällen untersucht werden. Dabei handelte es sich um 26 Wirbelsäulen von Skelettgesunden und 11 Wirbelsäulen von weiblichen Individuen mit klinisch manifester Osteoporose (58–94 Jahre). Die Altersspanne der skelettgesunden Fälle reichte von 17–90 Jahre und verteilte sich auf 13 Frauen und 13 Männer. Wirbelsäulen mit degenerativen Veränderungen von Beschäftigen im Gesundheitswesen waren nicht im Kollektiv. Es hat sich gezeigt, daß die anfängliche Planung, gezielt solche Wirbelsäulen aufzuarbeiten und zu untersuchen, nicht realisierbar war. 4 mm dicke Segmente, die jeweils 2–3 Wirbelkörper umfassen, wurden aus der Mitte der Wirbelsäule von C2 bis L5 in sagittaler Richtung entnommen, geröntgt und dann mit H_2O_2 und fließendem Wasser schonend vom Weichgewebe bzw. Knochenmark befreit. Nach Dehydratisierung und Entfettung erfolgte die Einbettung der Knochenproben in einen Spezialkunststoff (Technovit 7200, Kulzer). Die Polymerisation dieses Kunststoffes erfolgt durch Blaulichtexposition. Nach dem Aufkleben der vorgeschliffenen Proben auf einen Objektträger folgte mit einer automatischen Schleifmaschine (EXAKT) ein planparalleles Anschleifen des Präparates auf eine Dicke von 1 mm. Anschließend kann die polierte Oberfläche beliebig gefärbt werden. Bei guter Infiltration des Kunststoffes liegt die Eindringtiefe der Färbung unter 1 µm.

Bei Hellfeldbeleuchtung wird eine Betonung der angefärbten Oberfläche des Präparates erreicht (Abb. 1a). Es entspricht so einem konventionellen, artefaktfreien, histologischen Schnittpräparat und kann morphometrisch ausgewertet werden. Im Dunkelfeld zeigen sich in der Tiefe die korrelierenden 3dimensionalen Strukturelemente des 2dimensionalen Spongiosamusters an der gefärbten Oberfläche (Abb. 1b).

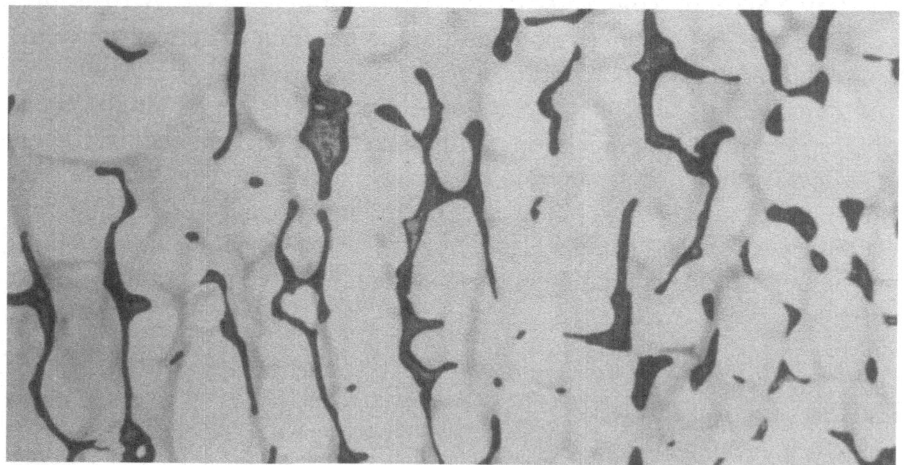

a

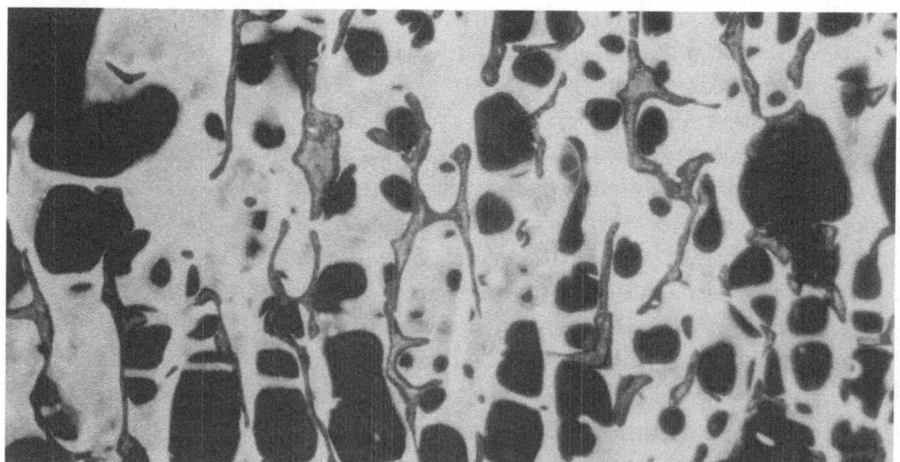

b

Abb. 1a, b. Oberflächengefärbte Blockpräparation in Hell- (a) und Dunkelfeldbeleuchtung (b) (oberflächengefärbtes Blockpräparat, 40×)

Mit dieser Technik ist es auch möglich, beliebige Strukturen in der Tiefe des Präparates zu identifizieren und diese für die Untersuchung gezielt anzuschleifen.

Die histomorphometrische Messung der Wirbelkörperspongiosa (BV/TV, TBPf, Tb.N. Tb.Th) und der Kortikalisdicke erfolgte mit Hilfe eines Bildanalysegerätes (Ibas 2000, Kontron). Die Auswertung der trabekulären Strukturelemente (Platten, Stäbe) sowie deren Orientierung (horizontal/vertikal) und die Untersuchung des Grenzbereiches zwischen Deckplatte und Bandscheibe wurde mit einem Stereomikroskop durchgeführt.

Als Hinweis einer lokalen Überbelastung der Spongiosa wurden die Mikrokallusformationen in einer Ebene (Oberfläche des Präparates) der Wirbelkörper von C2 bis L5 ausgewertet. Zusätzlich wurden ausgewählte Präparate rasterelektronenmikroskopisch untersucht.

Ergebnisse

Knochenvolumen. Die altersbedingte Abnahme des Knochenvolumens beträgt im Normalkollektiv durchschnittlich 0,5 % pro Jahr (Abb. 2). In der LWS ist der Verlust stärker ausgeprägt als in der HWS. Die Volumendifferenz zwischen benachbarten Wirbelkörpern ist dabei gering.

Bei den 11 Fällen mit Osteoporose liegt das Knochenvolumen generell etwas niedriger, wobei die HWS kaum, die LWS jedoch eine deutliche Abnahme des Knochenvolumens zeigt. An dieser Stelle muß aber auch auf die unterschiedlichen Altersspannen beider Gruppen hingewiesen werden.

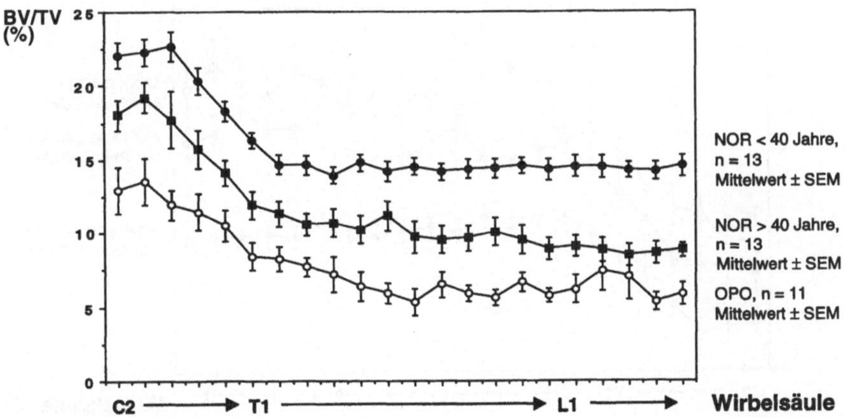

Abb. 2. Darstellung des Knochenvolumens (*BV/TV*) in der Wirbelsäule von skelettgesunden Individuen jünger und älter als 50 Jahre und von Fällen mit einer Osteoporose

Zwischen benachbarten Wirbelkörpern ergibt sich allerdings bei der Gruppe mit Osteoporose eine Varianz bezüglich des Knochenvolumens.

Intratrabekuläre Verknüpfung. Die intratrabekuläre Verknüpfung der Spongiosa läßt sich mit Hilfe des Trabecular Bone Pattern Factor quantitativ erfassen. Das heißt, auch kleinste Strukturunterschiede sind mit diesem Parameter objektiv darstellbar.

In der HWS der Normalfälle ist TBPf niedriger (d. h. bessere intertrabekuläre Verknüpfung) als in den kaudalen Wirbelsäulenabschnitten. Altersbedingt kommt es zu einer Verschlechterung der intertrabekulären Verknüpfung (Abb. 3).

Die Fälle mit einer Osteoporose sind gekennzeichnet durch eine drastische Abnahme der Verknüpfung der Trabekel untereinander.

Trabekelbreite. Mit zunehmendem Alter kommt es zu keiner signifikanten Abnahme der Trabekelbreite. Dies gilt auch für die Osteoporosen. Die in vielen Lehrbüchern beschriebene „atrophe Hypertrophie" der Trabekel ist nicht nachweisbar.

Trabekelausrichtung. Horizontale Trabekel und vertikale Trabekel sind grundsätzlich in gleichem Ausmaß vom altersbedingten Verlust betroffen. Hierbei ist allerdings die Auswahl des Meßfeldes von Bedeutung. In deckplattennahen Abschnitten überwiegt der Verlust horizontaler Trabekel. Bei Osteoporose kommt es zu einer Betonung der horizontalen und vertikalen Achsen; das Verhältnis horizontaler und vertikaler Trabekel bleibt aber gleich.

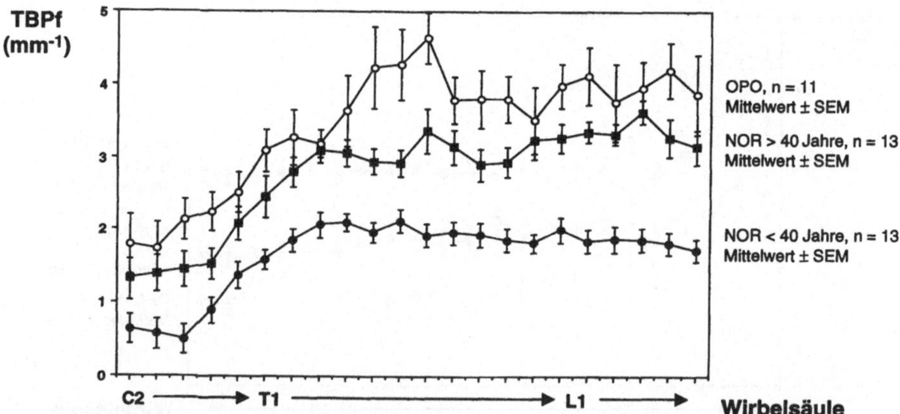

Abb. 3. Darstellung des Knochenvolumens (*BV/TV*) in der Wirbelsäule von skelettgesunden Individuen jünger und älter als 50 Jahre und von Fällen mit einer Osteoporose

Trabekelanzahl. Mit der oberflächengefärbten Blockpräparation ist eine Unterscheidung von platten- oder stabartigen Strukturelementen der Spongiosa möglich. Beide Gruppen werden als Trabekeldichte quantitativ bestimmt. Entgegen ersten Ergebnissen nehmen sowohl die Plattendichte als auch die Dichte an Stäben mit dem Alter ab.

Osteoporose ist gekennzeichnet durch eine deutliche Reduktion beider Strukturen.

Mikrokallus. Die Anzahl an Mikrokallusformationen ist ein Indiz für die biomechanische Insuffizienz des Trabekelwerkes unter einer gegebenen Belastung. Auch bei den skelettgesunden Fällen finden sich ab dem 50. Lebensjahr regelmäßig solche Formationen. Bei Frauen lassen sie sich wesentlich häufiger nachweisen als bei Männern. Bevorzugte Lokalisation sind die unteren Wirbelsäulenabschnitte (Abb. 4).

Bei den Fällen mit einer Osteoporose sind Mikrokallusformationen doppelt so häufig zu finden, wie in den Wirbelsäulen der skelettgesunden Individuen.

Kortikalisdicke. Die durchschnittliche Kortikalisdicke der Wirbelkörper beträgt rund 270 µm und ist damit deutlich dünner, als bisher bei Anwendung nicht-invasiver Techniken angenommen wurde (Abb. 5). Es gibt zwischen dorsal und ventral, aber auch zwischen HWS, BSW und LWS geringe Variationen in der Dicke. Eine signifikante Veränderung der Kortikalisdicke mit zunehmendem Alter oder auch Unterschiede zwischen Männern und Frauen können nicht nachgewiesen werden. Die Fälle mit einer

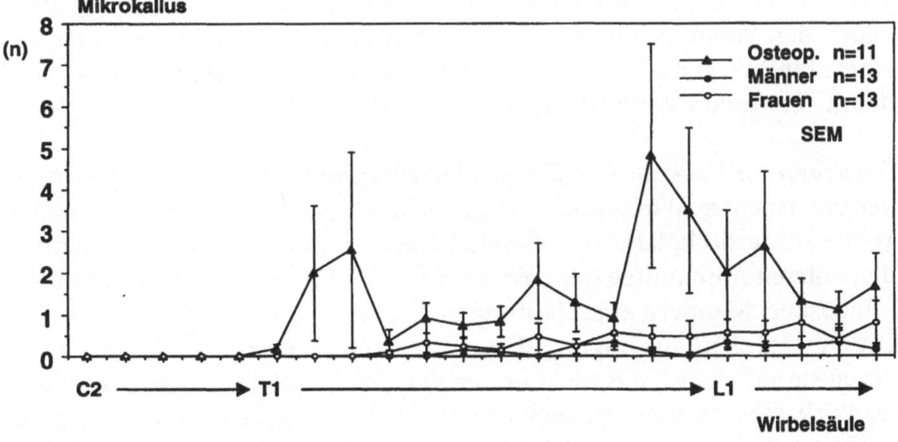

Abb. 4. Verteilung der Mikrokallusformationen in der Wirbelsäule von skelettgesunden Männern und Frauen sowie von Fällen mit einer Osteoporose

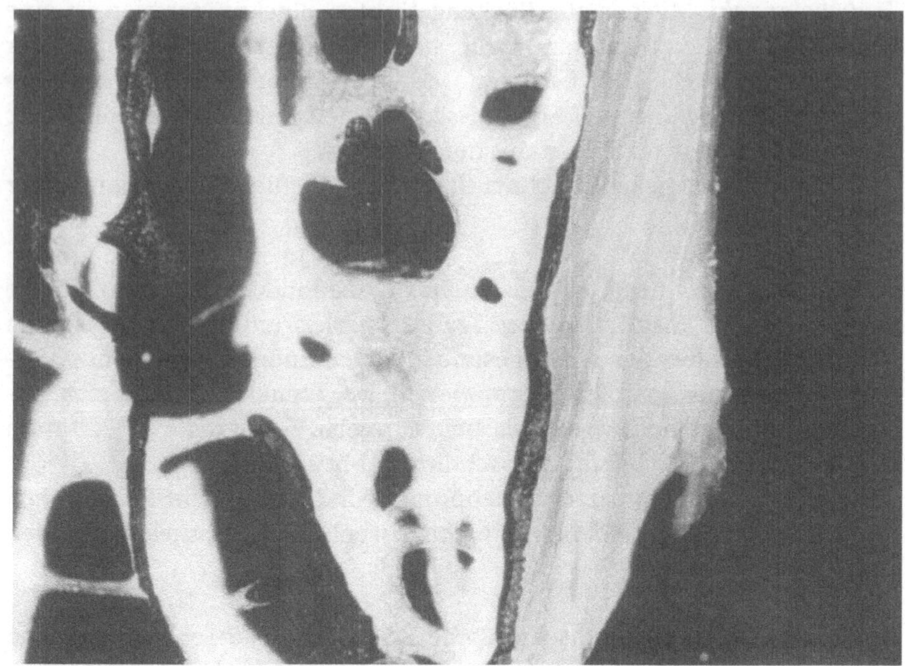

Abb. 5. Ventrale Kortikalis eines Wirbelkörpers. Ihre Dicke entspricht an dieser Stelle der der Trabekel (oberflächengefärbtes Blockpräparat, 40×)

Osteoporose zeigen je nach Lokalisation eine verminderte Kortikalisdicke von 15–30%. Diese war im Bereich der dorsalen Kortikalis stärker ausgeprägt als im Bereich der ventralen (C3 bis T6 p < 0,05 unterhalb von T6 p = n. s.). Die Ergebnisse lassen den Schluß zu, daß bei der Osteoporose neben den Veränderungen der Spongiosa auch der Verlust der Kortikalis einen Einfluß auf die biomechanische Festigkeit der Wirbelkörper und damit der Gesamtwirbelsäule hat.

Grenzbereich Deckplatte – Zwischenwirbelscheibe. Ein hoher Prozentsatz der untersuchten Wirbelsäulen zeigt Defekte in der Grenzschicht zwischen Wirbelkörperdeckplatte und Bandscheibe. Sie treten besonders häufig in den unteren Abschnitten der BWS auf (Abb. 6). Die Altersverteilung läßt zumindest bei Männern eine Häufung in den ersten 4 Lebensdekaden vermuten (Abb. 7). Die Ausprägung dieser Defekte ist unterschiedlich stark. Oft liegen sie auf einer Linie, nicht nur an der Unter- und Oberseite benachbarter Wirbelkörper, sondern auch über Bereichen, die mehrere Wirbelkörper umfassen. Dabei sind sie gehäuft zentral lokalisiert. Bei den mehr peripher lokalisierten Defekten überwiegen die dorsal liegenden.

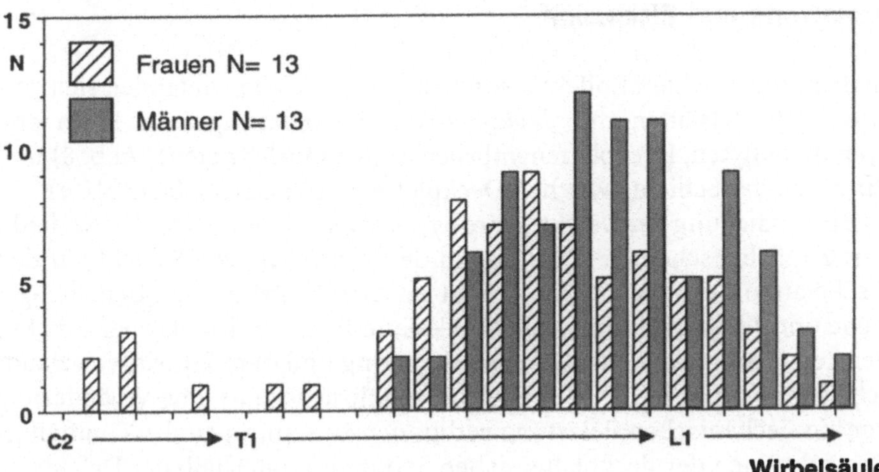

Abb. 6. Verteilung der registrierten Bandscheibendefekte an der Grenzschicht zwischen Deckplatte und Bandscheibe über die Wirbelsäule

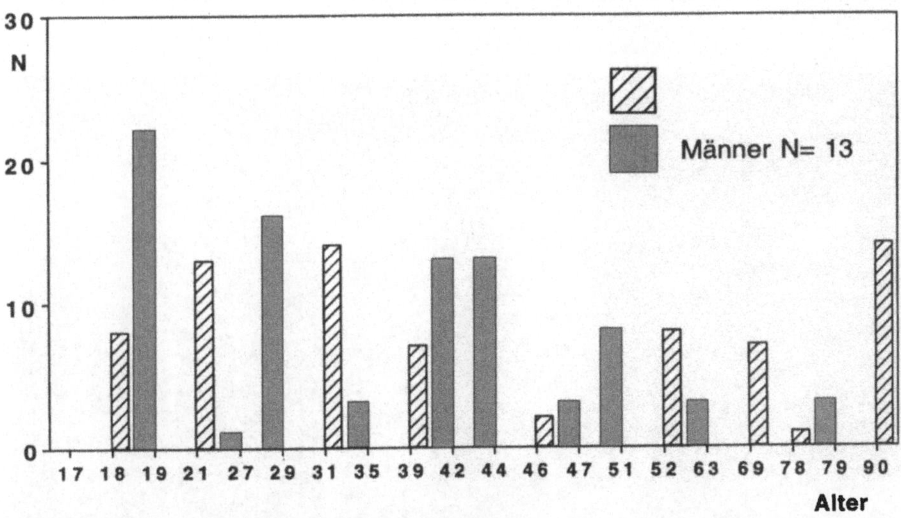

Abb. 7. Verteilung der registrierten Bandscheibendefekte an der Grenzschicht zwischen Deckplatte und Bandscheibe mit zunehmendem Alter

Bewertung und Diskussion

In dem untersuchten Kollektiv von insgesamt 37 Fällen befanden sich vereinzelt Wirbelsäulen mit degenerativen Veränderungen in Form von Spondylophyten, Deckplatteneinbrüchen (Schmorl-Knoten) (Abb. 8) und Einrissen der Schicht zwischen Deckplatte und Bandscheibe (Abb. 9).

Die Entstehung der Defekte wäre hypothetisch in folgender Weise denkbar: Zunächst scheinen sich Risse in der knorpelartigen Schicht auf den Deckplatten zu bilden. Dann dringt an diesen Stellen Bandscheibengewebe und Flüssigkeit durch die Deckplatte in den Wirbelkörper ein. Mit der Zerstörung der Deckplattenbeschichtung und dem Eintritt von Bandscheibenmaterial in die Wirbelkörpersongiosa scheint eine Veränderung der biomechanischen Belastung verbunden zu sein. So sind z. T. auffällige Destruktionen der deckplattennahen Spongiosa unterhalb der Defekte zu beobachten. Zumindest in den Randbereichen besteht offenbar ein besonders fester Verbund zwischen Deckplattenknorpel und knöchernen Anteilen (Abb. 10). Hohe Zugbelastungen, die durch den Aufbau der Bandscheibe gerade bei starker Kompression in den Randbereichen auftreten, könnten die Ursache der Risse, überwiegend im zentralen Bereich der

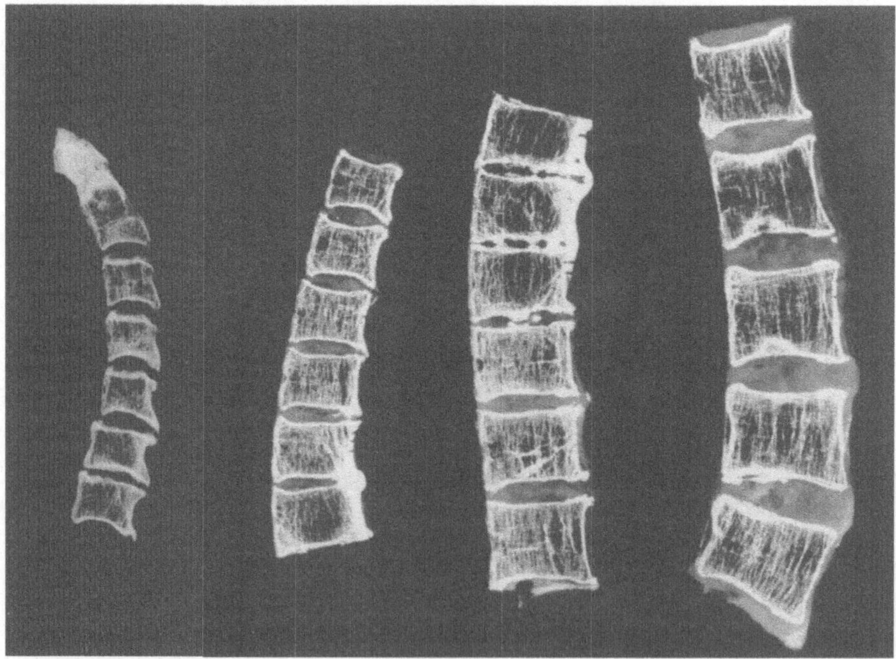

Abb. 8. Wirbelsäule mit degenerativen Verknöcherungen auf der ventralen Seite (Kontaktröntgenbild)

Abb. 9. Zentraler Defekt in einem frühen Stadium an der Deckplatte eines Wirbelkörpers mit Strukturveränderungen der angrenzenden Spongiosa (oberflächengefärbtes Blockpräparat, 40×)

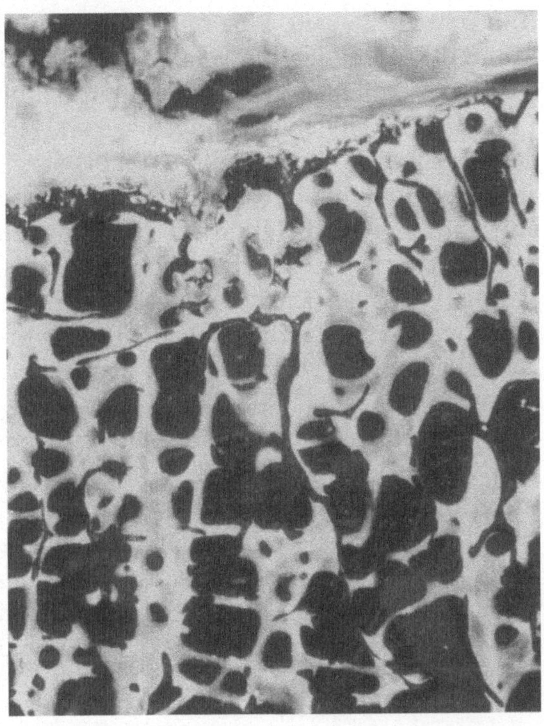

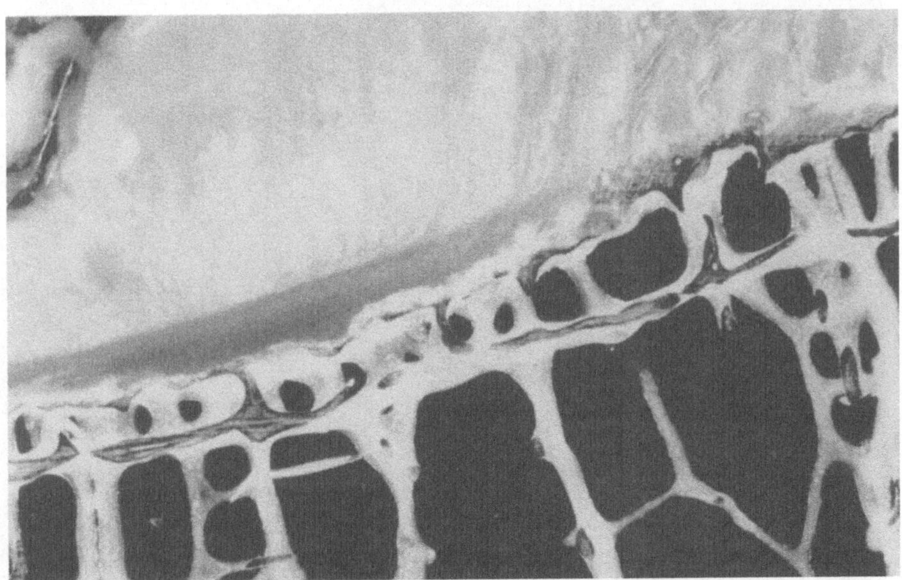

Abb. 10. Die Abbildung zeigt den Grenzbereich zwischen Bandscheibe und Deckplatte eines Wirbelkörpers (L2). Deutlich ist die aufgelockerte Struktur der Deckplatte und die auf ihr befindliche knorpelähnliche Schicht zu erkennen (oberflächengefärbtes Blockpräparat, 40×)

Knorpelschicht, sein. Eine eindeutige Zuordnung dieser Befunde ist aufgrund der fehlenden Information über mögliche Fehlbelastungen zu Lebzeiten der Patienten an unserem Material bisher nicht möglich.

Nach unseren Beobachtungen zeigen Wirbelsäulenabschnitte mit Schäden im Bereich der Deckplattenknorpelschicht auch Veränderungen der angrenzenden Spongiosastruktur in diesem Bereich. Fast immer ist hier eine auffällige Verdichtung der Spongiosa zu erkennen.

Es hat sich gezeigt, daß sog. Perforationen vielleicht der wichtigste Mechanismus des Knochengewebes zur Struktur- und damit Festigkeitsveränderung sind. Der Begriff Perforation beschreibt die komplette Durchtrennung von stabartigen Trabekeln bzw. die Durchbohrung von plattenförmigen Spongiosastrukturen (Abb. 11).

Perforationen lassen sich leicht in den oberflächengefärbten Blockpräparaten auffinden, und deren Bedeutung für die Veränderung der Mikroarchitektur läßt sich gut erkennen. Sie sind das Resultat einer abnorm tiefen Resorptionsleistung offenbar spezieller Osteoklasten. Diese formen keine flachen Lakunen wie beim Remodelling, sondern bohren schmale, aber tiefe Kanäle. Diese sind bei Kenntnis des Phänomens dann auch in konventinellen Schnittpräparaten erkennbar. Es wird daher die Existenz

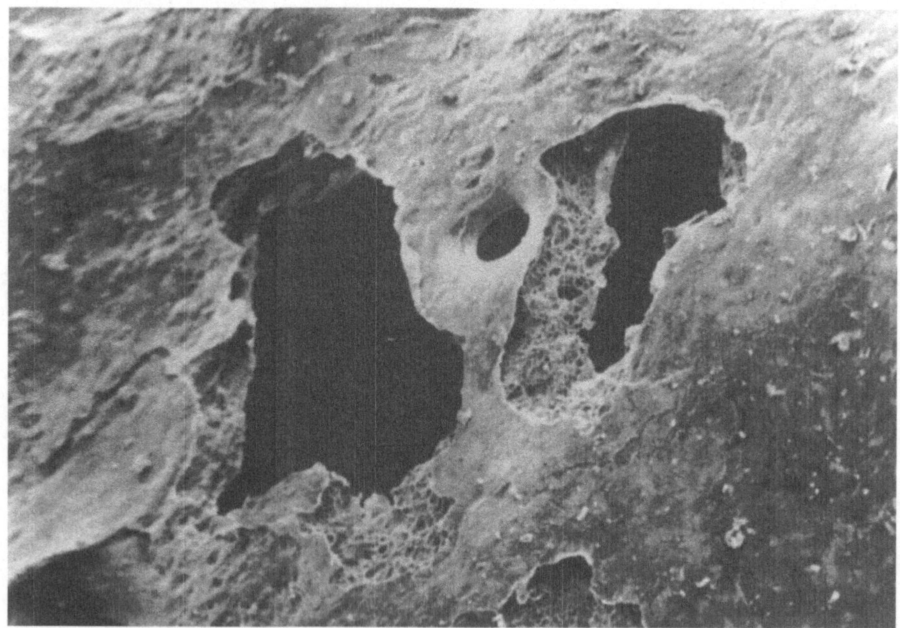

Abb. 11. Perforation eines plattenartigen Trabekels mit gut erkennbaren Spuren der osteoklastären Resorption (REM-Aufnahme 200×)

sog. „Killerosteoklasten" bzw. ein spezieller Funktionszustand regulärer Osteoklasten, postuliert.

Qualitative Untersuchungen lassen bei Skelettgesunden einen Anstieg von Perforationen ab dem 50. Lebensjahr vermuten. Aufgrund methodischer Schwierigkeiten ist die direkte, quantitative Auswertung der Perforationsfrequenz innerhalb bestimmter Altersklassen bisher noch ein ungelöstes Problem. Mit der Messung des Vernetzungsgrades der Spongiosa, des Trabecular Bone Pattern Factor (TBPf), ist aber zumindest eine indirekte Bestimmung der Perforationsfrequenz über die Zunahme der Kontinuitätsunterbrechungen möglich [11]. Sie sind Ausgangspunkt für die „Verstabung", also der Umwandlung von Platten- in Stabtrabekel. Dieser Prozeß bestimmt im wesentlichen die altersbedingten Knochenstrukturveränderungen und ist z. B. auch bei Patienten mit einer Osteoporose in beschleunigtem Ausmaß zu beobachten. Er beginnt mit einer oder mehreren gleichzeitig erfolgenden Durchbohrungen eines plattenartigen Strukturelementes der Spongiosa durch Osteoklasten. Diese anfänglich kleinen Defekte werden durch weitere Resorption vergrößert, sie konfluieren und bilden einen großen Defekt. Da die ersten Perforationen häufig in der Mitte einer Platte auftreten, verbleiben zunächst im Randbereich der ehemaligen Platte stabartige Trabekel. Diese Veränderung der dreidimensionalen Mikroarchitektur kann man mit Hilfe des Strukturparameters TBPf erfassen. TBPf ist ein Wert für den Vernetzungsgrad einer Struktur und basiert auf der Überlegung, daß sich jedes Muster durch ein bestimmtes Verhältnis von konvexen zu konkaven Abschnitten charakterisieren läßt. Vereinfacht weisen zusammenhängende Muster viele konkave Abschnitte auf, unterbrochene Muster zeigen mehr konvexe Abschnitte. Die Zunahme von stabartigen Elementen führt zu einer Zunahme von konvexen Abschnitten im zweidimensionalen Präparat, woraus ein höherer Wert für TBPf resultiert, d.h. die Vernetzung nimmt ab.

Gravierende Folgen für die Festigkeit der Spongiosa hat die Perforation eines stabartigen Trabekels. Geht dieser Prozeß auch zunächst nur mit einem sehr geringen Substanzverlust einher, so ist im Gegensatz zur Perforation einer Platte, die primär nur zu Spannungsveränderungen innerhalb der Platte führt, die verbleibende „Trabekelmasse", in Form von zwei freien Enden, mechanisch funktionslos (Abb. 12).

Unsere Untersuchungen zeigen, daß Perforationen von platten- und stabartigen Trabekeln parallel ablaufen [18]. Dominieren in der Anfangsphase noch die Perforationen von Platten, findet mit zunehmendem Alter mehr Perforation von Stabtrabekel statt. Dies ergibt sich aber fast zwangsläufig, da plattenartige Strukturelemente kontinuierlich in stabartige transformiert werden und somit plattenartige Trabekel mit dem Alter abnehmen.

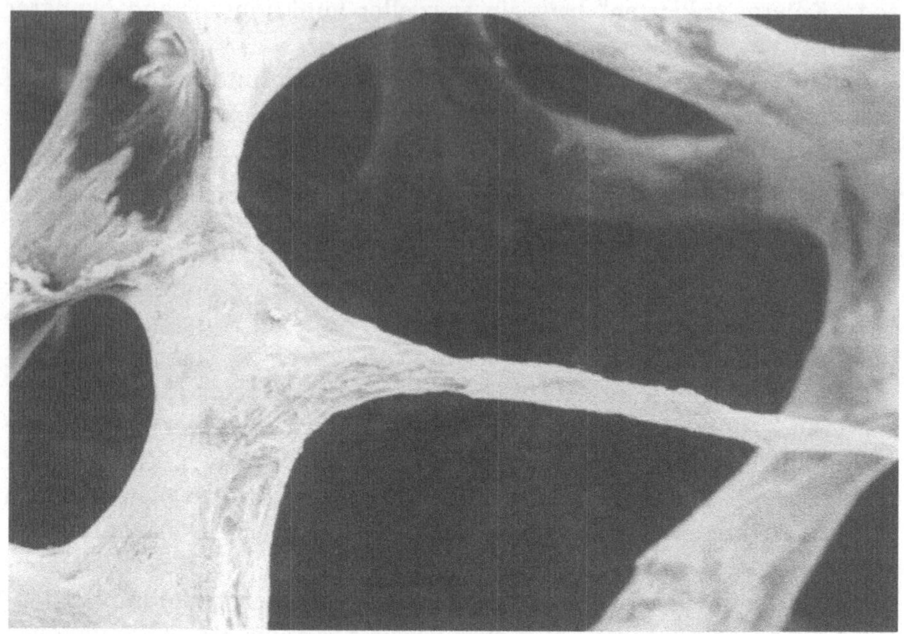

Abb. 12. "Freies Ende" in der Wirbelkörperspongiosa. Es stellt zwar Knochenmasse dar, ist aber mechanisch funktionslos (REM-Aufnahme 200×)

Auch wenn Perforationen einen wichtigen Mechanismus bei den alters- oder osteoporosebedingten Veränderungen des Knochengewebes darstellen [17], ist zu vermuten, daß sie bei der Entstehung von degenerativen Veränderungen eher eine untergeordnete Rolle spielen. Denn neben Veränderungen der Bandscheibe oder Schäden an der Knorpelschicht auf den Deckplatten der Wirbelkörper, dominieren degenerative Veränderungen in erster Linie durch zusätzliche Verknöcherungen. Diese Knochenbildungen scheinen das Resultat einer veränderten biomechanischen Situation zu sein, wobei noch ungeklärt ist, ob z. B. Bandscheibendegenerationen hierfür als Ursache oder als Folge der Verknöcherungen gesehen werden müssen.

Eindeutig ist der Zusammenhang zwischen Biomechanik und Mikrokallusformation. Histologisch bestehen Mikrokallusformationen aus unreifem Geflechtknochen, der an lokal überbelasteten Stellen des Knochengewebes gebildet wird [4, 12, 13] (Abb. 13).

Nicht zuletzt aufgrund der Ähnlichkeit zwischen Mikrokallus und normalem Frakturkallus, ist eine Beziehung dieser Struktur zu einer mechanischen Krafteinwirkung unstrittig. Allein die Frage, ob bereits lokale Belastungsspitzen ohne Fraktur des Trabekels für deren Entstehung ange-

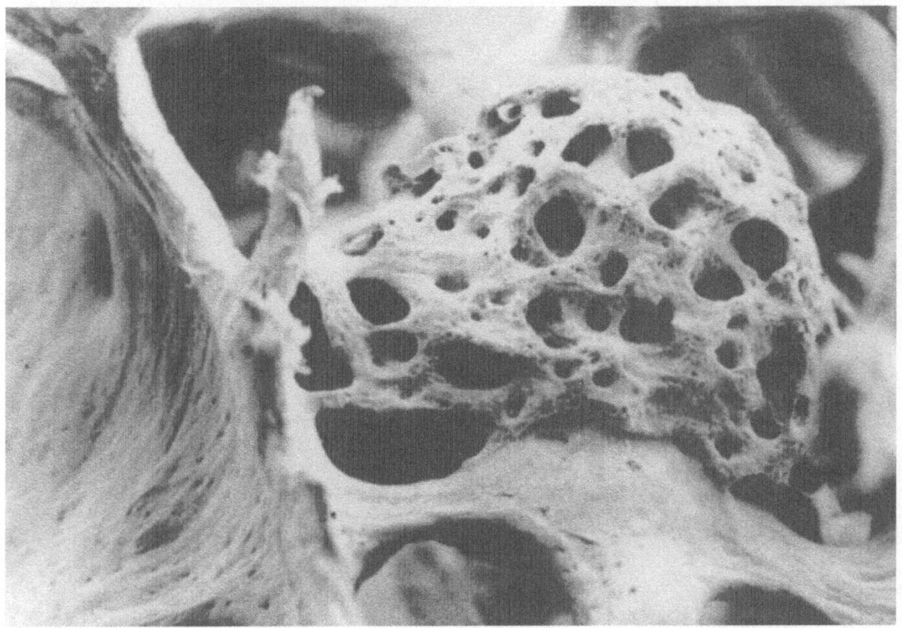

Abb. 13. Rasterelektronmikroskopische Darstellung einer ca. 1,5 mm großen Mikrokallus-formation mit einem Alter von ca. 3–4 Wochen (REM, 36×)

nommen werden können, ist unklar, denn in nur ca. ein Drittel der Mikrokallusformationen sind noch Reste des Frakturspalts nachweisbar (Abb. 14). In 63 % der Formationen gelang es nicht, den Frakturspalt nachzuweisen, da entweder eine ungünstige Präparationsebene vorlag, oder aber diese Mikrokallusformationen nicht auf einen kompletten Bruch des Trabekels zurückzuführen sind.

Im Rahmen des physiologischen Knochenbaus kommt der Mikrokallusformation gerade bei älteren Individuen eine bedeutende Rolle zu. Obwohl Indikator für eine relative Instabilität des spongiösen Knochens, ist die Existenz von MKF keineswegs ein negativer Prozeß, sondern ein physiologischer Reparaturmechanismus des Knochengewebes zur Stabilisierung und Erneuerung alten und spröden Knochens. Sogar die Entstehung vollständig neuer Trabekel kann auf diesem Weg realisiert werden. Die vereinzelt durch sehr starke Mikrokallusbildung entstehenden neuen Quervernetzungen können als Leitschienen für die Knochenzellen fungieren und sind damit Grundvoraussetzung zur Rekonstruktion rarefizierter Knochenstrukturen.

Ob und wie die Anzahl an Mikrokallusformationen als eine Art Indikator für eine Fehlbelastung der Wirbelsäule genutzt werden können, ist

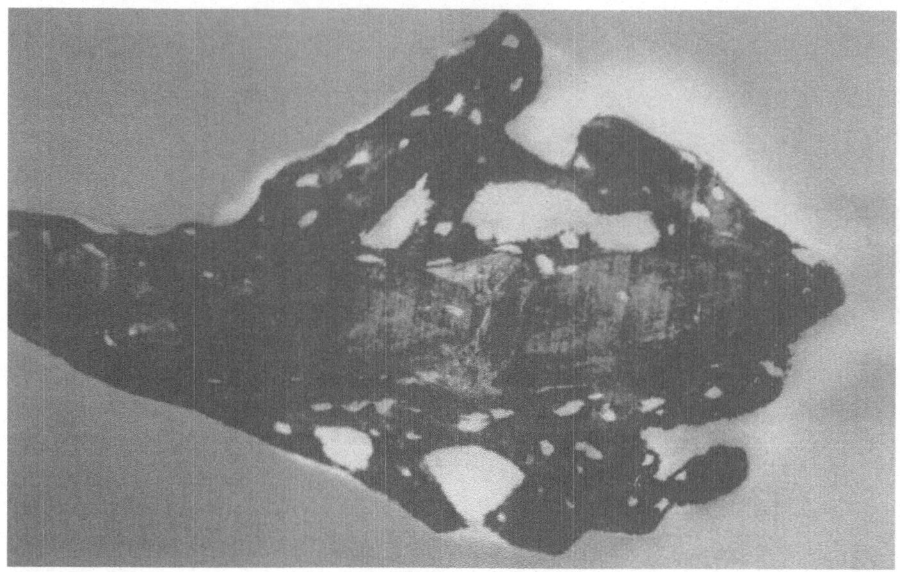

Abb. 14. Mikrokallusformation mit bereits mineralisierendem Frakturspalt (Oberflächengefärbtes Blockpräparat, 80×)

noch offen und bedarf der Klärung. Da Mikrokallusformationen gehäuft in Deckplattennähe auftreten, kann darüber spekuliert werden, ob nicht ein Zusammenhang zwischen Bandscheibenveränderung (Dämpfung?) und der Entstehung von Mikrokallus besteht. Sollte sich diese Überlegung bestätigen lassen, könnte durch einen Nachweis vermehrt auftretender Mikrokallusformationen (Röntgen, MR, CT, Szintigraphie) auf den Zustand der Bandscheibe geschlossen werden.

Bei Kenntnis der zugrundeliegenden Mechanismen ergibt sich vielleicht eine Möglichkeit, bereits kleine Defekte im „Weichteilbereich" der Wirbelkörper mit nichtinvasiven Techniken dedektieren zu können. Erste Versuche zur Erfassung von Knochenstrukturveränderungen mit hochauflösenden MR- oder CT-Techniken sind vielversprechend. Auch wenn die Blockpräparation gute Analysemöglichkeiten der Spongiosa bietet [2], bestehen Einschränkungen in der Anwendung. Die Histologie ist ein invasives Verfahren. Der zeitliche Ablauf der Veränderungen kann nur durch nichtinvasive Techniken zur Knochenuntersuchung (CT, MR, SPA, DPA, US) umgangen werden. Vernachlässigt man eine mögliche Strahlenbelastung, so sind diese Untersuchungsmethoden an großen Patientenkollektiven einsetzbar.

Inzwischen ist das Auflösungsvermögen, besonders das der high-resolution-computer-tomography (μm-CT), verbessert worden. Selbst Strukturanalysen der Spongiosa sind mit dieser Technik möglich [5, 14]. Ein weiterer Vorteil besteht darin, daß aus einzelnen Schichtaufnahmen 3-D-Rekonstruktionen erstellt werden können. Durch diese Datensätze ergibt sich z. B. die Möglichkeit, mit Hilfe entsprechender Rechner die Strukturveränderungen direkt im rekonstruierten 3-D-Bild in Mehrfachuntersuchungen zu verfolgen.

Es bleibt zu hoffen, daß sich die von uns erarbeiteten Grundlagen mit Hilfe dieser Techniken nutzbringend an Patienten umsetzen lassen, so daß Schmerzen verursachende Veränderungen der Wirbelsäule bereits in einem Stadium erkannt werden können, in dem noch gute Therapiemöglichkeiten bestehen.

Literatur

1. Aaron JE, Maskins NB, Francis RM, Peacock M (1987) Microanatomic and histological changes associated with trabecular bone loss with ageing and osteoporosis. Clin Orthop Relat Res 213:260–271
2. Amling M, Herden S, Pösl M, Hahn M, Ritzel H, Delling G (1996) Heterogeneity of the skeleton – Comparison of the trabecular microarchitecture of the spine, the iliac crest, the femur, and the calcaneus. J Bone Miner Res 11 (1):36–45
3. Amling M, Grote HJ, Pösl M, Hahn M, Delling G (1994) Polyostotic heterogeneity of the spine in osteoporosis – cellular mechanisms, morphology, clinical relevance. Bone Miner 27:193–208
4. Blackborn J, Hodgskinson R, Currey JD, Mson JE (1992) Mechanical properties of microcallus in human cancellous bone. J Orthop Res 10:237–246
5. Bonse U, Busch F, Günnewig O et al. (1994) 3D computed X-Ray tomography of human cancellous bone at verified (8 µm)^3 spatial and 10^{-4} energy resolution. Bone Miner 25 (1):25–38
6. Bouvier M (1989) The biology and composition of bone. In: Cowin SC (ed) Bone mechanics. CRC Press, Boca Raton, Fl, pp 1–14
7. Compston JE (1994) Connectivity of cancellous bone: Assessment and mechanical implications. Bone 15 (5):463–466
8. Delling G, Vogel M, Hahn M (1991) Morphologische Mechanismen für die Regulation der Knochenstruktur. Nieren Hochdruckkrankh 6:255–261
9. Delling G, Hahn M, Pompesius-Kempa M, Vogel M (1991) Pathologische Anatomie ossärer Veränderungen der Halswirbelsäule – spezielle quantitative Untersuchung zu Bau und Struktur der Spongiosa. In: Delank HW, Schnitt E (Hrsg) Zervikale Myelopathien – Aktuelle Aspekte. Hippokrates, Stuttgart. Die Wirbelsäule in Forschung und Praxis, Bd 113, S 11–20
10. Hahn M, Vogel M, Delling G (1991) Undecalcified preparation of bone tissue: report of technical experience and development of new methods. Virchows Arch A Pathol Anat 418:1–7
11. Hahn M, Vogel M, Pompesius-Kempa M, Delling G (1992) Trabecular bone pattern factor – a new parameter for simple quantification of bone microarchitecture. Bone 13 (4):327–330
12. Hahn M, Vogel M, Amling M, Ritzel H, Delling G (1995) Microcallus formationen of the cancellous bone – a quantitative analysis of the human spine. J Bone Min Res 10 (9):1410–1416

13. Hansson T, Roos B (1981) Microcalluses of the trabeculae in lumbar vertebrae and their relation to the bone mineral content. Spine 6:375–380

13a. Kleerekoper M, Villanueva AR, Stanciu J, Sudhaker Rao D, Parfitt AM (1985) The role of three-dimensional trabecular microstructure in the pathogenesis of vertebral compresson fractures. Calcif Tissue Int 37:594–597

14. Müller R, Hahn M, Vogel M, Delling G, Rüegsegger P (1996) Morphometric analysis of noninvasively assessed bone biopsies: Comparison of high-resolution computed tomography and histologic sections. Bone 18 (3):215–220

15. Odgaard A, Gundersen HJG (1993) Quantification of connectivity in cancellous bone with special emphasis on 3-D reconstruction. Bone 14:173–182

16. Ritzel H, Amling M, Vogel M, Pösl M, Hahn M, Werner M, Delling G (1996) Spongiosastruktur und polystotische Heterogenität bei Osteoporose. Pathologe 17:68–77

17. Vogel M, Hahn M, Delling G (1993) Relation between 2- and 3-dimensional architecture of trabecular bone in the human spine. Bone 14:199–203

18. Vogel M, Hahn M, Pompesius-Kempa M, Delling G (1989) Trabecular microarchitecture of the human spine. In: Willert, Heuck (Hrsg) Neuere Ergebnisse in der Osteologie. Springer, Berlin Heidelberg New York Tokyo, S 449–455

3 Internationaler Überblick

Kapitel 15

Back Pain in the Workplace:
A Threat to our Welfare States

A. L. NACHEMSON

The economies of some West European countries, including Germany, are not strong enough to fulfil the requirements of the European Monetary Union. One of the more important reasons for this, according to several economists, is increasing disability benefit expenditures.

Large sums are paid to people who are long-term or permanently disabled due to non-specific pain syndromes. The most prevalent of these is back pain.

Actually, some of the disabling pain syndromes we are today dealing with today are nomogenic diseases, i. e., they are diseases created by law or by politicians; conversely we could speak of iatrogenic disease, created by us physicians. There are many books [14, 24, 34, 39, 40, 69, 70] and articles on repetitive strain injury [28, 31, 61] and work-related musculoskeletal disorders.

Of all supposedly work-related causes of disability, back pain is the most prevalent in our industrialized nations [4, 9, 14, 65–67, 91]. However, we all have back pain sometimes [87, 88], irrespective of what we are doing and irrespective of age [65]. If you ask:"Have you had any back pain in the last month?" 40%–60% in any society [74] will respond: "Yes, I have had back pain". What we do with this is dependent on many things which I will discuss. The prevalence of back pain as a symptom has really very little to do with the load factor or repetitive strain for the spine.

In the mid 1980s I was asked by the Swedish government to do a review of what we then knew about back pain because they were finding it very expensive for the welfare state. I found [65, 66] that in 1971 1% of working people in Sweden that were insured had been absent from work due to back pain, increasing to 8% in 1987, and that patients also stayed away longer than they had before: 20 days increasing to 34 days per year. An international comparison around the end of the 1980s showed that 2% of employed Americans were absent each year due to low back pain [82]. Sweden in the late 1980s set a world record, but also, and this is even worse, we have a world record of subjects on permanent disability due to back pain, which increased by 6.0% from 1950 to 1990 [65]. In Sweden today out of a total population of 4.5-million between 18 and 65 years, we have approximately 400 000 unemployed. Long-term sickness absence (>1 year sheltered work, and disability pension account for another 650 000 out of productive work – the majority of them disabled due to unspecific pain disorders claimed to be work-related. About 70 % of those unspecified pain disorders are actually back pain. It is easy to understand that this is expensive and has helped to create a budget deficit such that we in Sweden can no longer properly support our hospitals and chronic care facilities to meet the population's demands for care without year-long waiting lists.

This is why I state that "disabling back pain is the end of the welfare state" [62]. Certainly we have to partially dismantle the welfare benefits all over Europe. We cannot simply support what we have been doing with the present insurance systems for non-specific pain syndromes, especially back pain, a "disease" that mostly recovers very quickly but where we also know that those that remain with pain after half a year or so are the ones that use 70 % – 80 % of the total expense for back pain [67, 82, 88]. We know the natural history and we also know that pain will recur and, furthermore, that not a single ergonomic or physiotherapeutic- or physician-run prevention program can prevent recurrence; at least nothing has been shown to do so in the scientific literature [31]. There is some evidence that if you can encourage people towards a healthier lifestyle you can diminish the number of days they stay away from work when they get a recurrence, but no one as yet has been able to prevent the actual rate of recurrence [7, 21, 22].

In one prospective study in Sweden 40 % recurred in one year [7], confirmed also by Abenhaim et al. [1]. There is an increased risk of recurrence when back pain is accident-related, when the patient is older, and when he/she has sciatica or osteoarthrosis of the hip [68]. The rate of recurrence tapers off, becoming less frequent after 3 – 5 years. It is wrong to give someone permanent disability at the age of 50 years due to back pain; he or she will improve greatly within a couple of years and will be medically fit to resume work.

Diagnosing Low Back Pain

It is not efficacious to take X-rays of patients with ordinary acute or subacute back pain because you cannot see pain. One-level disc degeneration, spondylosis, mild scoliosis, or low grad spondylolisthesis have all been demonstrated to have no predictive value; they are as common in people with pain as in people without pain [67].

We use unproven labels; our ability to diagnose "facet syndrome" has been disproven in several randomized trials. "Degenerative disc disease" –

we practically all have that over 30 years of age. "Isolated disc resorption": a common diagnosis to operate on in the USA, Great Britain, and other parts of the world; "segmental instability" is also undefined [65]. These are just diagnostic "waste baskets" into which we sort our patients. Abnormal diagnostic behavior, however, leads some patients into abnormal illness behavior; they become afraid and ask: "Can you cure degenerative disc disease?" Of course not. This could lead to a very sick person if they are unable to cope, which then leads to illness behavior [58, 86], which might lead us to do a lot of abnormal things in terms of treatment. Nowadays, we even have stronger sounding diagnostic labels, such as "black disc disease", as seen from magnetic resonance imaging (MRI). In some areas, especially in the USA, patients with this diagnosis are operated on because it is said to be a disease. It is just a few percent less water than in the adjacent discs and is a normal part of aging [5].

We do not know if these biological changes have anything to do with pain. Battié et al. [5] investigated 122 genetically identical twins of which one was smoker, the other not, one was performing hard physical work, the other was not, one was exercising a lot during free time, the other not – as much discordance between twins as possible. Then they took MRIs of their spines and sent them out to two unbiased radiologists who had no patient history knowledge. These authors then calculated, using various statistical methods, what factors could explain loss of water, or the "disc degeneration" seen on MRI. In the L4–S1 region where we think that most back symptoms arise only about 1.5% could be linked to the subjects' work loads or to what they did during their free time in the biomechanical sense. Most of the explanation for loss of water – disc aging – was genetically determined, while a large portion (40%) was inexplicable, but not mechanical. Thus study concludes that mechanical factors do not seem to induce disc changes – genetic factors are far more important.

In another study [12] the MRIs of 46 patients operated on for sciatica due to disc hernia were compared to 46 patients performing the same type of work, of the same age and sex, but who had never had sciatica and had never had back pain. These controls also had MRIs of the lumbar spine. The authors studied psychosocial factors and work perception factors in both patients and controls and found no less than 76% of the normal group exhibiting extensive disc hernia on MRI. There were two important differences between these two groups: the group that was operated was psychosocially much more disturbed than the concordant controls, and the disc hernia was located somewhat more laterally, pressing on the nerve root. So there is little support for telling a patient with back pain and some leg pain, and in whom a disc hernia has been diagnosed, that this is work-related. Such findings can obviously occur anyway, without pain in 76% of asymptomatic subjects. We know from Quebec [1] quite clearly that labeling patients makes them ill. We have to find another way of explaining to patients why they have pain. It just takes a little longer to tell them the truth which is that we do not know exactly which structure causes pain, but we do know what can help to alleviate it.

Strong muscles do not protect from back pain. In the Boeing study [8] we found that those who were super-strong did not have less back pain, rather the contrary; nor does spinal mobility tell you anything of predictive value [15, 20]. It can be useful, however, for a physiotherapist to follow the mobility in someone with back pain in order to give him positive psychological feed back when his mobility is increasing.

Many of us in the 1950s and 1960s thought that the work factors influencing low back pain and disability were those involving high lifting, strength, and bending positions [68, 78]. Today we can only say that these factors have something to do with time off work with back pain but whether these mechanical load factors have something to do with the first occurrence has not been proven. Nevertheless, I also thought this to be the case in the early 1950s when I started to do my disc pressure measurement [63], which is still the only method whereby we can directly measure the load in vivo on the spine. When standing upright and relaxed the lower lumbar discs carry about 40 – 50 kg of load in a normal man. The load on the spine is increased by bending forwards and when sitting unsupported the load is 40 % higher. How to lift is also interest: There has been and still is a debate on the proper manner – another area where Snook and collaborators have contributed important information. Both from direct pressure measurement and from the psychophysical measurements [78 – 80, 82] it is obvious than certain types of lifting and working positions should be avoided, and this in particular applies to twisted lifts. These findings from measurements on people correspond exactly with Jennifer Kelsey's [51] study on patients hospitalized for sciatica due to a suspected disc hernia: a six-fold increased risk of hospitalization with repeated twisted lifting as compared to no lifting.

Biomechanical studies trying to model the load on the spine [24, 52] and NIOSH [69] in their lifting guidelines have put out safe values, seemingly without any impact on back pain absenteeism in industry. Obviously there are other factors at play that are more important. Ergonomic changes alone have little effect [81, 83].

Robertson and Keeve [71] looked at the effect of compensation and occupational hazards resulting after inspections of different work places. They studied injury claims at several plants in different states over seven years; no less than 11000 man years. Inspections significantly reduced the numbers in the following year of objective injuries but not of non-specific low back pain. Rises in workers' insurance compensation significantly increased the number of objective injuries, but much more so the absence rate for back pain. There are other similar studies which clearly demonstrate increasing absence or work disability with increasing take-home pay [2, 23, 35, 37, 38, 48, 49, 65, 86].

Hall [41] has done some studies in Canada on his back clinic patients which has not yet published. He had approximately 5000 uninsured patients which, when asked "How did the back pain occur?" responded in 67% of cases that it was spontaneous. In the 6000 patients with insurance only 10% said this; in 90% it was related to work. In fact, all behave, although to a smaller extent, in the same manner. A study by an insurance physician, van Doorn [87], on low back disability among self-employed dentists, veterinarians, physicians, and physical therapists in the Netherlands demonstrated that the rate of back disability significantly increased with higher take-home pay and decreased with the increasing number of days deferred payment. We all react to economic incentives, an important factor that has received little attention in studies on the increased rate of back disability in the last decades [82, 91].

Consider these studies: shoulder tendon repair [60] work return in workers comp cases 42%, in non work comp cases 94%. Range of motion was the same. Carpal tunnel release [42]; workers comp return to work 12 weeks, non workers comp three weeks. Inguinal hernia repair 111 days, versus non comp 34 days [73]. A review [11] of insurance effects on recovery after head injury without any objective signs found in 1996: a strong robust demonstration that compensation prolongs symptoms and disability. In our efforts to be kind to people politicians and physicians perhaps have been doing the wrong thing. We are perhaps making people sicker by some insurance schemes.

I was able to convince politicians to some extent of the fact, with the help of Sweden's poor economy, that it might not be good to give non-objective, painfully "injured" patients 110% compensation [66]. This was the case before 1993 when politicians decided to change the system such that on day 1, work injury or not, there is no compensation, followed by only 75% for the next months. Only after 1 year of work incapacity is there a difference – those presumed with some certainty to have work-related injuries get more. I have now done a new calculation for what happened among all those covered by insurance in Sweden between the ages of 18 and 65. The overall reduction by 20% in take-home pay reduced the overall number of workers sick-listed for 1 month or more by 25%. For low back pain the reduction was 40%. This was the result of political interventions! Politicians should perhaps treat back pain, not doctors.

We also know that an adverserial workers compensation system increases the risk of chronicity and chronic disability [30–32, 35, 37, 65].

Attribution of blame, in particular towards employers, strongly correlates to pain behavior, mood disturbance, and poor response to treatment.

There are however, other factors [3, 8, 17]: job satisfaction and the sense of belonging. For all locomotor complaints, especially for low back pain, job satisfaction is the strongest independent variable [6].

In her study Vällfors [89] had 60 healthy controls picked by our insurance company and compared them to 60 patients with 6 weeks' absence and 60 with 3 months' absence. The physiotherapist and the physician looked at the work places and found no difference in work load to the controls; the work environment and work satisfaction were, however, very significantly worse in the back patients!

In the so-called Boeing study we looked at 3000 blue collar workers in the aircraft factory and followed them for four years [8]. We measured as many psychological and psychosocial variables as ergonomical and biomechanical and over the subsequent 4 years we had 250 people who reported that they were absent from work for one day or more due to back pain. Non-significant for this was work load, muscle strength, fitness, mobility, sex, and age. Significant factors were previous back pain, smoking, MMPI profile, and work APGAR. Simple questions: "Do you like what you are doing, do you like your fellow worker, do you like your foreman?" If the response to these is "No" there is a significantly increased risk of disabling back pain within the next year.

Hansson and collaborators [54, 57] have performed a number of studies in Gothenburg where motion meters were fixed to the back of our nurse aids and Volvo workers, to evaluate how much they bent and lifted every day. At the end of the day they were asked: "Was this a heavy day for your back?" They could grade it. The response: Good day or bad day for the back had nothing to do with the amount of lifting or bending these nurses and workers actually did. It had to do in the nurse aids with disturbances at work. For the factory workers it was correlated to stress hormones in the urine. Mental stress, irritation, and disturbances seem to be more important than mechanical load when rating heaviness, a finding corroborated in other studies [3, 17, 18, 30, 39, 76].

For low back disability psychosocial factors are more important than mechanical load and the few cross sectional studies that have looked at both mechanical and psychosocial factors found the latter more important.

One of my very first clinical studies was to look at the catapult-ejected pilots in the Swedish Royal Air Force in 1956 [43]. A total of 35% sustained fractures of the spine through the endplates with disc involvement, i.e., true disc injuries. This, in my view, is the only biomechanically induced demonstrable work-related injury of the disc. These pilots were all flying again within 2 months. In 1985 such pilots were reinvestigated by the Swedish Royal Air Force [75]; none had received permanent disability, and none had been absent for more than a few weeks due to back pain during the ensuing 20 years – most probably because they loved their work.

Psychosocial factors are important for disability due to unspecific pain syndromes: boring work, a poor work environment, social life with co-workers, and at home. A too caring a wife has been shown to be a negative factor for recovery. Substance abuse, insurance laws, legal involvement, all these factors can also influence back pain disability. These are the reasons why the International Association for the Study of Pain in a recent report [30] proposed that back disability can be work-related for perhaps the first 6–8 weeks; after that time it becomes "psychological" back pain and should not be looked upon or reimbursed as a work-related disease. This view is based on the biological findings that whatever injury there is, it should have healed within approximately six weeks.

The order of importance of the various factors predicting work absence varies between societies and that is why it is very difficult to extrapolate findings from a study done in Canada to the situation in the United States and from the United States to Germany or to Sweden because there are different circumstances influencing people [38, 64]. Therefore, separate studies must be done in the countries where we work if we want to change the overall views on disabling non-specific low back pain.

Convincing evidence of causation can only be obtained through experimental methods, that is randomized controlled trials, and there are non in this area. If I attempt to make an evaluation of the causes of temporary and permanent disability for low back pain at work I would estimate that in Sweden 5%–10% are biomechanical and physical, psychosocial factors account for 10%–20%, personal make-up such as fitness, smoking, coping abilities, and fear-avoidance account for 20%–30%, inappropriate treatment from labeling patients with some unproven diagnosis accounts for 20%, and then the most important factor in my view was the previously high levels of insurance in Sweden, accounting for 40%. That was, however, before 1993; now we have cut down sickness pay by 20%, resulting in overall reduction in disability in non-specific pain syndrome by 40%!

Biology

We have also studied disc biology for a change from biomechanical measurements. Among other things we studied the cells in the discs, how they are kept alive and how they get their nutrition. There are no vessels directly into the nucleus; all nutritients have to be carried by diffusion at long distances. We were able to demonstrate [44, 45] that motion is good for lumbar discs and for getting glycose and oxygen into the disc cells. Vibration is bad, which could tally with some of the studies that we have been doing in the workplace [70]. Smoking also seems to be bad for oxygenation of the discs. Fusion is very bad; to keep the motion segment immobile is counter-productive and one of the worst things we can do from a biological point of view. We know the saying that "if we do not use it, we lose it". We decrease muscle mass every day we do not use muscles, the skeleton becomes osteoporotic, the heart suffers, and there is poor oxygenation of the blood [13]. Our brains are also negatively affected by inactivity [13].

Muscles, bone, ligaments, cartilage, discs all fare badly when we rest. These structures happen to be those that exist in the low back which possibly can cause nociception. There are no other structures except the nerve roots; they cause sciatica when irritated. I am talking about ordinary non-specific low back pain. Now we know what happens when we do not load our spine. When people come back from a trip in outer space they have a lot of back pain. The Russian cosmonauts that stayed more than one week in space had to be carried away on stretchers when they came down to earth, in sharp contrast to the American lady astronaut who walked smiling from her 188-day space mission; she had put in 400 h of hard physical training!

Our own studies, as well as those of other scientist and clinician, have demonstrated that only 30 min exercise three times weekly can counteract the bad effects of rest on muscle, bone, ligament, cartilage, and disc [45, 50, 65]. Furthermore, we know from other experiments and clinical studies that when we make a cut and create an injury to these structures (muscles, bone, ligament, cartilage and disc) – and half of the population of animals or humans are resting the injured part and the other half is exercised within secure limits – the healing is much quicker and better in the groups subjected to controlled motion [65, 66].

Pain

There may be another factor which I am presently studying at Georgetown. We know that the brain is a pharmacy releasing chemicals into the cerebrospinal fluid and blood stream in response to emotions [64–66]. Maybe there are some people that have a different chemical response to nociception. We know that pain impulses are modulated at several levels in the central nervous system and by a great number of chemicals. We know that the nociceptive impulses can be facilitated in some cells in the cord by N-methyl-D-aspartate (NMDA) receptors which are important for pain memory. I these receptors are sensitized by chemical substances released from the brain it is possible that minor pain stimuli lead to the recurrence of a more severe pain state without further tissue damage in the periphery. Some of our chronic pain patients may have increased pain sensitivity or may lack pain-reducing substances.

The content of nerve growth factors (NGF) and substance P in the cerebrospinal fluid is increased in fibromyalgia patients compared to normal subjects. These substances facilitate pain sensations and are released from the brain. When studying patients with chronic low back pain we found that sensitivity to pressure at various parts of the body – excluding the low back – was related to these substances and could explain a considerable portion of the disability of these patients. It is possible that a diminished pain threshold due to a chemical abnormality is a disease in itself; perhaps chronic low back pain patients cannot secret enough pain-reducing factors or into the cerebrospinal fluid, produce too many pain-facilitating factors. Of course, the psychosocial factors also play a role here. As mentioned enflier, if you are dissatisfied, afraid, worried, and depressed there are far fewer pain-reducing substances released from the brain, but when you are happy, satisfied, and rested you do not feel the same type of nociceptive impulses as much [65, 66]. Also in the medulla oblongata, if you have diminshed sensory activitation resulting from bedrest or not working, you feel pain much more than if you are busy and active.

Treatment

Today there is an urge to only use evidence-based treatment methods [64]. Experience-based treatment will be insufficient in the future an will not be paid for by insurance companies and governments. Only those methods demonstrating efficacy in randomized trials will be allowed. The first important thing, however, is to examine the patient carefully since everyone with pain becomes a little worried [58, 90, 91]. Unless that worry is relieved some people are unable to cope [16]. So we have to rule out the "red flag diagnosis" [9]: cancer, infection, rheumatoid arthritis, osteoporosis, etc., and that is not difficult – we doctors are good at that. Then we have the "yellow" flags upon which we have to act. After only two to three weeks some patients have already developed fear avoidance and pain behavior [16] and we have to advise these patients better, investigate work-related problems, etc. We also need to intervene early with behavioral psychology-based treatment programs – at the workplace [7, 19, 26, 31, 46, 55, 56, 85].

The treatment itself is actually quite straightforward in the early phase of back pain: we just have to check the red flags, remove the patient's fear, advise on some form of pain control, and then tell them to continue with their normal activity. No injections, no special apparatus for physical therapy, nothing more than telling them to continue with their lives. This has been proven in randomized trials with a lot of patients in many different countries [29, 47, 59, 94]. This evidence-based, simplistic approach will soon revolutionize treatment for back pain, and help to reduce the number chronic back pain patients in the future. At present managed care- and protocol-based programs [93] have shown some success [77], while elaborate rehabilitation programs for chronic back pain patients have been less successful [53, 65, 84].

In the 1970s we created the Swedish Back School in Gothenburg based on disc pressure measurement, information, education, and advice for work and life. We performed a randomized trial [7] and found that the informed patients returned 1 week earlier to work than the group that got manipulation, and three weeks earlier than the placebo group. In addition, we found that return to work with some pain but with knowledge of how to handle the back did not result in more or longer recurrences the next year. Safely tell your patients: avoid twisted and very heavy lifts, then you can go back to work.

It has been said by many: "The single most effective manoeuvre that reduces pain is absorption by the patient at work". In a controlled trial, ergonomic teaching was far less effective in reducing absence due to back pain than personal contact [95]. A special nurse who called her employee and said: "You are a vital part of the hospital staff, your work is important and your job is waiting for you. Could we help you to come back?" reduced low back disability by 70%.

With regard to back schools, the few studies done at work sites have been positive [7, 26, 31]. The hospital- or clinic-based programs have been less positive. We ran another workplace study at Volvo [55], based on the behavioral psychology methods that I learned from Fordyce [30] in the 1980s. This of course applies when you know that the patient does not have a real pathoanatomically proven disease; in this case exercise should be recommended. The patient then asks: "How long shall I do my exercises?" We used to say "Until you have pain" which was sending the wrong signal to the patient. Instead he must fulfil a quota and then rest. The methodology has been thoroughly described [55]. Again, this prospective randomized trial at the workplace showed return to work seven weeks earlier for each worker, 19 weeks fewer low back pain disability over the next two years, and one permanent disability in the active program versus four with traditional treatment. A similar study, just repeated in

Canada by Loisel and his coworkers [56], confirmed these findings. The main message is that those careing for patients with low back pain mus go out and see what the workers are doing in their daily work and thei train them in a psychologically proper manner. In the Volvo study [55] we only counted as successful those who returned to their original worl without modification. It has been shown in some studies that modifying the workplace or giving the patients sheltered work may actually prolon sickness [14].

Prevention

Is prevention possible? This has not been clearly proven [10, 22, 31, 46, 81] being physically active does not seem to prevent the rate of recurrence, bu it diminishes the number of days taken off work when back pain recurs The Michigan Disability Study [46] looked at prevention using differen programs over several years. Ergonomic changes actually increased ab sence rates. Safety training had a positive effect, as did, in particular, pro active return-to-work programs at worksites.

In a large controlled study of postal workers in the US, Swedish-type back school had no preventive effect in the long term [27].

What Are the Solutions?

First of all it is time for us to distinguish what types of support will con tribute to our nations' future and which will undermine it. Obviously being too lenient and awarding suffering with 110 % of ordinary salarie: only leads to a depletion of our countries' budgets and there will be too little money left to treat the old and really sick. W have seen this in Swe den where we have had to cut hospital beds by 25 % as a result of insuffi cient funds, which in twin results in two-year-long waiting lists for tota joint replacements. Health care costs as a percentage of gross domestic product increased in the United States and in Canada to 1995. In Sweder we have had to decrease health care expentiture from 9.5 % to 7.5 % ir terms of percentage of gross domestic product.

In the last Olympic Games we saw young people running; no one ovei 40 won a gold medal. When we are older we move in a different fashion.

To improve health in tomorrow's society we should tackle decreasing spinal flexibility with increasing job market flexibility. You can rarely be a tree feller when you are 60 years of age. You have to do some other type o work and the unions have to allow for that work to be paid a little less.

This is a multidisciplinary problem. Politicians should be encouraged to promote healthy living, exercise, and non-smoking programs, and to avoid insurance disincentives and adverserial workers comperation insurances. Employers should be encouraged to improve work satisfaction, avoid twisted lifts, and improve employer/employer contact. We in the health professions should avoid improper labeling and medicalization, avoid giving patients diagnoses that have no truth to them, use only proven treatment methods, for which there are guidelines [9, 25, 36, 67, 72, 83, 93] and there will be even more guidelines in the next millennium, and we must also address psychosocial factors and illness behavior.

Advice on activiation, removal of fear, and pain control using non-steroidal anti-inflammatory drugs, acetaminophen or manipulation are proven "modalities" for most low back pain patients during the first couple of weeks. An immediate return to work is beneficial and in everyone's best interests patients will remain healthier and societies' basic welfare systems are saved.

References

1. Abenhaim L, Rossignol M, Gobeille D, Bonvalot Y, Fines P, Scott S (1995) The prognostic consequences in the making of the initial medical diagnosis of work-related back injuries. Spine 20 (7):791–795
2. Ambrosius VM, Kremer AM, Herkner PB, DeKraker M, Bartz S (1995) Outcome comparison of workers' compensation and noncompensation low back pain in a highly structured functional restoration program. J Orthop Sports Phys Ther 21 (1):7–12
3. Andersen JH et al. (1996) Distribution of some psychosocial risk factors in four departments of a textile plant performing the same kind of sewing machine work. Abstract: Risk assessment for musculoskeletal disorders. Nordic Satellite Symposium under the auspices of ICOH 96, National Institute of Occupational Health, Denmark, pp 27–28
4. Andersson GBJ (1997) The Epidemiology of spinal disorders. In: Frymoyer JW (ed) The adult spine, principles and practice, 2nd edn. Lippincott-Raven, Philadelphia, pp 93–142
5. Battié MC, Videman T, Gibbons LE, Fisher LD et al. (1995) Volvo award in clinical sciences. Determinants of lumbar disc degeneration. A study relating lifetime exposures and magnetic resonance imaging findings in identical twins. Spine 20 (24):2601–2612
6. Bergenudd H, Nilsson B (1988) Back pain in middle age; occupational workload and psychologic factors: an epidemiologic survey. Spine 13:58–60
7. Bergquist-Ullman M (1977) Acute low back pain in industry: a controlled prospective study with special reference to therapy and vocational factors. Acta Orthop Scand Suppl 170:1–117
8. Bigos S, Battié MC, Spengler DM et al. (1991) A prospective study of work perceptions and psychosocial factors affecting the report of back injury. Spine 1:1–16
9. Bigos S, Bowyer O, Braen et al. (1994) Acute low back problems in adults. Clinical practice guideline No 14. AHCPR Publication No 95-0642. Rockville MD: Agency for Health Care Policy and Research, Public Health Service, US Department of Health and Human Services

10. Bigos S, Holland J, Webster J et al. A methodological literature analysis concerning prevention and risks of reporting back injury claims and complaints at work. Rep Orthop Res Educ Found
11. Binder LM, Rohling ML (1996) Money matters: a meta-analytic review of the effects of financial incentives on recovery after closed head injury. Am J Psychiatry 153:1
12. Boos N, Nieder R, Schade V et al. (1995) The diagnostic accuracy of magnetic resonance imaging, work perception, and psychosocial factors in identifying symptomatic disc herniations. Spine 20:2613–2615
13. Bortz WM (1984) The disuse syndrome. West J Med 141:691–594
14. Burton AK, Battié MC, Main C (1997) The relative importance of biomechanical and psychosocial factors in low back injuries. In: Karnowski W, Marras W (eds) Handbook of industrial ergonomics. CRC Press (in press)
15. Burton AK, Battié MC, Gibbons L, Videman T, Tillotson KM (1996a) Lumbar disc degeneration and sagittal flexibility. J Spinal Disord (in press)
16. Burton AK, Tillotson KM, Main CJ, Hollis S (1995) Psychosocial predictors of outcome in acute and subchronic low back trouble. Spine 20:722–728
17. Burton AK, Tillotson KM, Symonds TL, Burke C, Mathewson T (1996d) Occupational risk factors for the first-onset of low back trouble: a study of serving police officers. Spine 21:2612–2620
18. Burton AK, Tillotson KM, Troup JDG (1989) Prediction of low-back trouble frequency in a working population. Spine 14:939–946
19. Burton AK, Waddell G, Burtt R, Blair S (1996) Patient educational material in the management of low back pain in primary care. Bull Hosp Jt Dis 55 (3):138–141
20. Burton AK (1987) Patterns of lumbar sagittal mobility and their predictive value in the natural history of back and sciatic pain. Doctoral Thesis: Huddersfield Polytechnic/CNAA
21. Cady LD, Bischoff DP, O'Connell ER et al. (1979) Strength and fitness and subsequent back injuries in firefighters. J Occup Med 21:269–272
22. Cady LD, Thomas PC, Karwasky RJ (1985) Program for increasing health and physical fitness of firefighters. J Occup Med 2:111–114
23. Carron H, DeGood DE, Tait R (1985) A comparison of low back pain patients in the United States and New Zealand. Psychosocial and economic factors affecting severity of disability. Pain 21:77–89
24. Chaffin DB, Andersson GBJ (1991) Occupational biomechanics, 2nd edn. Wiley, New York
25. Clinical Standards Advisory Group (1994) Back pain. Report of a CSAG committee on back pain. Charied by Michael Rosen, London
26. Cohen JE, Goel V, Frank JW et al. (1994) Group education interventions for people with low back pain: an overview of the literature. Spine 19:1214–1222
27. Daltroy LH, Iversen MD, Larson MG et al. (1997) A controlled trial of an educational program to prefent low back injuries. Engal J Med 337 (5):322–328
28. Editorial (1996) Repetitive strain injuries and cumulative trauma disorders. J Hand Surgery [AM] 21A:337
29. Faas A, Chavannes AW, Van Eijk JThM, Gubbels JW (1993) A randomized, placebo controlled trial of exercise therapy in patients with acute low back pain. Spine 18: 1388–1395
30. Fordyce WE (1995) Task force on pain in the workplace. In: Back pain in the workplace. Management of disability in nonspecific conditions. IASP Press, Seattle
31. Frank JW, Brooker A-S, DeMaio SE et al. (1996) Disability resulting from occupational low back pain. Part I and II: What do we know about secondary prevention? A review of the scientific evidence on prevention after disability begins. Spine 21:2908–2929
32. Fredrickson BE, Trief PM, VanBeveren P, Yuan HA, Baum G (1988) Rehabilitation of the patient with chronic back pain. A search for outcome predictors. Spine 13 (3):351–353

33. Friedlieb OP (1994) The impact of managed care on the diagnosis and treatment of low back pain: a preliminary report. Am J Med Qual 9 (1):24–29
34. Gordon SL, Blair SJ, Fine LJ (1994) Repetitive motion disorders of the upper extremity. American Academy of Orthopaedic Surgeons Workshop, Bethesda, Maryland
35. Greenough CG, Taylor LJ, Fraser RD (1994) Anterior lumbar fusion. A comparison of non compensation patients with compensation patients. Clin Orthop 300:303–337
36. Guidelines for the Management of Back-Injured Employees (1993) Workover Corporation, South Australia
37. Hadler NM, Carey TS, Garrett J (1995) The influence of indemnification by workers' compensation insurance on recovery from acute backache. North Carolina back pain project. Spine 20 (24):2710–2715
38. Hadler NM (1994) Backache and work incapacity in Japan. J Occup Med 36 (10): 1110–1114
39. Hadler NM (1992) Occupational muskuloskeletal disorders. Raven Press, New York
40. Hagberg M, Silverstein B, Wells R, Smith MJ, Hendrick HW, Carayon P, Pérusse M (1995) In: Kuorinka I, Forcier L (eds) Work related musculoskeletal disorders (WNSDs): a reference book for prevention. Taylor and Francis, London, reprinted 1995
41. Hall H (1996) Personal communication, Toronto
42. Higgs PE, Edwards D, Martin DS, Weeks PM (1995) Carpal tunnel surgery outcomes in workers. J Hand Surg 20A:354
43. Hirsch C, Nachemson A (1963) Clinical observations on the spine in ejected pilots. Aerospace Medicine 34:629–632
44. Holm S, Nachemson A (1982) Nutritional changes in the canine intervertebral disc after spinal fusion. Clin Orthop 169:234–258
45. Holm S, Nachemson A (1983) Variations in the nutrition of the canine intervertebral disc induced by motion. Spine 8:866–874
46. Hunt A, Habeck R (1993) The Michigan disability prevention study. Upjohn Institute for Employment Research, Michigan State University, Michigan Department of Labor, pp 1–30
47. Indahl A, Velund L, Reikeraas O (1995) Good prognosis for low back pain when left untempered: a randomized clinical trial. Spine 20:473–477
48. Infante-Rivard C, Lortie M (1996) Prognostic factors for return to work after a first compensated episode of back pain. Occup Environ Med 53 (7):488–494
49. Jamison RN, Matt DA, Parris WC (1988) Effects of time-limited vs unlimited compensation on pain behavior and treatment outcome in low back pain patients. J Psychosom Res 32 (3):277–283
50. Jarvinen MJ, Lehton MU (1993) The effects of early mobilisation and immobilisation on the healing process following muscle injuries. Sports Med 15:78–89
51. Kelsey JL, Githens PB, White AA (1984) An epidemiological study of lifting and twisting on the job and risk for acute prolapsed lumbar intervertebral disc. J Orthop Res 2:61–66
52. Keyserling WM, Herrin GB, Chaffin DB (1980) Isometric strength testing as a means of controlling medical incidents on strenous jobs. J Occup Med 22:332–336
53. Kleinke CL, Spangler AS Jr (1988) Predicting treatment outcome of chronic back pain patients in a multidisciplinary pain clinic: methodological issues and treatment implications. Pain (1):41–48
54. Lindell V, Hansson T (1990) Work load at an orthopedic department (in Swedish) Läkartidningen 87:2237–2239
55. Lindström I, Öhlund C, Eek C et al. (1992) The effect of graded activity on patients with subacute low back pain: a randomized prospective clinical study with an operant-conditioning behavioral approach. Phys Ther 72:279–293

56. Loisel P, Durand P, Abenhaim L, Simard R, Turcotte J, Esdaile JM (1996) The Sherbrooke model of management at back pain: description and preliminary results of its validations. Presentation at PREMUS' 95, Second International Conference on Prevention of Work-Related Musculoskeletal Disorders, Montreal, Quebec, Sept 24–28. Book of abstracts 426–428

57. Lundberg U, Granquist M, Hansson T et al. (1989) Psychological and physiological stress responses during repetitive work at an assembly line. Work Stress 3:143–153

58. Main CJ (1982) Chronic pain, distress, and illness behavior. In: Main CJ (ed) Clinical psychology and medicine: a behavioral perspective. Plenum, New York, p 372

59. Malmivaara A, Hakkinen U, Aro T et al. (1995) The treatment of acute low back pain – bed rest, exercises, or ordinary activity? N Engl J Med 332 (6):351–355

60. Misamore GW, Ziegler DW, Rushton JL 2nd (1995) Repair of the rotator cuff. A comparison of results in two populations of patients. J Bone Joint Surg Am 77:1335–1339

61. Mäkelä M (1993) Common musculoskeletal syndromes. Prevalence, risk indicators and disability in Finland. Thesis ML:123 Publicatons of the Social Insurance Institution, Helsinki

62. Nachemson AL (1994) Chronic pain – the end of the welfare state? Qual Life Res 3 (Suppl 1):S11–17

63. Nachemson AL (1981) Disc pressure measurements. Spine 6:93–97

64. Nachemson AL (1996) Low back pain in the year 2000 – "back" to the future. Bull Hosp Jt Dis 55 (3):119–121

65. Nachemson AL (1992) Newest knowledge of low back pain: a critical look. Clin Orthop 279 (8):8–20

66. Nachemson AL (1991) Ont i ryggen – orsaker, diagnostik och behandling. (In Swedish). SBU, Stockholm

67. Nachemson AL, Spitzer WO et al. (1987) Scientific approach to the assessment and management of activity-related spinal disorders. A monograph for clinicians. Report of the Quebec task force on spinal disorders. Spine 12(7S) (Suppl 1): S1–S59

68. Nachemson AL (1983) Work for all: for those with low back pain als well. Clin Orthop 179:77–85

69. National Institute for Occupational Safety and Health (1981) Work practices guide for manual lifting. In: DW Badger (ed) US Department of Health and Human Services, Division of Biomedical and Behavioral Science, Cincinnati. DHH (NIOSH) Publications 81–122

70. Pope MH, Andersson GBJ, Frymoyer JW, Chaffin DB (1991) Occupational low back pain: assessment, treatment and prevention. Mosby Year Book, St Louis

71. Robertson LS, Keeve JP (1983) Worker injuries: The effects of workers compensation and OSHA inspections. J Health Polit Policy Law 8 (3):581–597

72. Royal College of General Practitioners (1996) Clinical guidelines for the management of acute low back pain. (Waddell G, Feder G, McIntosh A, Lewis M, Hutchinson A: Low back pain evidence)

73. Salcedo-Wasicek C, Thirlby RC (1995) Postoperative course after inguinal herniorrhaphy. Arch Surg 130:29–32

74. Sanders SH, Brena SV, Spier CJ, Beltrutti D, McConnell H, Quintero O (1992) Chronic low back pain patients around the world: cross-cultural similarities and differences. Clin J Pain 8 (4):317–323

75. Sandstedt P, Rutberg P (1989) Skador efter raketstolsutskjutningar i svenska flygvapnet 1967–1987. Läkartidningen 86:1159–1161

76. Shannon HS, Walters V, Lewchuk W et al. 81996) Workplace organizational correlates of lost-time accident rates in manufacturing. Am J Ind Med 29:258–268

77. Shekelle PG, Markovich M, Louie R (1995) Comparing the costs between provider types of episodes of back pain care. Spine 20 (2):221–226

78. Snook SH (1971) The effects of age and physique on continuous work capacity. Human factors 13 (5):467–479
79. Snook SH (1985) Psychophysical acceptability as a constraint in manual working capacity. Ergonomics 28 (1):331–335
80. Snook SH (1989) The control of low back disability. The role of management. In: Kroemer KHE, McGlothlin JD; Bobick TG (eds) Manual material handling: understanding and preventing back trauma. American Industrial Hygiene Association, Akron, pp 97–101
81. Snook SH, Campanelli RA, Hart JW (1978) A study of three preventive approaches to low back injury. J Occup Med 20 (7):478–481
82. Snook SH, Webster BS (1987) The cost of disability. Clin Orthop 221:77–84
83. Snook SH, Webster BS (1992) The effectiveness of a standardized treatment protocol in reducing disability from low back pain. Presented at the International Scientific Conference on Prevention of Work-Related Musculoskeletal Disorders (PREMUS), Stockholm, May 12–14
84. Sullivan MD, Loeser JD (1992) The diagnosis of disability. Treating and rating disability in a pain clinic. Arch Intern Med 152 (9):1829–1835
85. Symonds TL, Burton AK, Tillotson KM, Main CJ (1995) Absence resulting from low back trouble can be reduced by psychosocial intervention at the work place. Spine 20:2738–2745
86. Taylor ME (1989) Return to work following back surgery: a review. Am J Ind Med 16 (1):79–88
87. van Doorn JWC (1995) Low back disability among self-employed dentists, veterinarians, physicians and physical therapists in the Netherlands. Thesis, Göteborg University
88. van Tulder MW, Koes BW, Bouter LM (1995) A cost-of-illness study of back pain in The Netzerlands. Pain 62 (2):233–240
89. Vällfors B (1985) Acute, subacute and chronic low back pain. Scand J Rehabil Med Suppl 11:1–98
90. Waddell G (1987) A new clinical model for the treatment of low back pain. Spine 12:632–644
91. Waddell G (1991) Low back disability: a syndrome of Western civilization. Neurosurg Clin North Am 2:719–738
92. Waddell G, Main CJ, Morris EW, DiPaola M, Gray ICM (1984) Chronic low back pain, psychologic distress, and illness behavior. Spine 9:209–213
93. Wiesel SW, Boden SD, Feffer HL (1994) A quality-based protocol for management of musculoskeletal injuries. A ten-year prospective outcome study. Clin Orthop 301:164–176
94. Wilkinson MJB (1995) Does 48 hours' bed rest influence the outcome of acute low back pain? Br J Gen Prac 45:481–484
95. Wood DJ (1987) Design and evaluation of a back injury prevention program within a geriatric hospital. Spine 12:77–82

Chapter 16

Occupational Factors and German Work-Related Disease 2108

M. H. POPE

Introduction

Low back pain (LBP) of occupational origin has reached epidemic proportions. It is a great burden both to industry and the medical community. The magnitude of the problem has been assessed by epidemiologic methods but it is important to note that the epidemiologic research on LBP has been hampered by methodological problems of definition, classification, diagnosis, and in quantifying physical exposures of etiologic importance.

LBP appears to be a problem throughout the industrialized world. Nachemson (1997, personal communication) reported that LBP represented one of the most severe threats to the Swedish social welfare system. Clearly German work-related disease 2108 which links disc disease or degeneration with LBP and occupational exposures will have a dramatic effect in Germany. Kelsey and White [29] and Kelsey et al. [30] estimated that there are over 25 million workers with LBP in the USA, of which 1.2 million are disabled. LBP represents the diagnosis in 10% of all chronic health conditions. In lost time due to sickness only upper respiratory illness exceeds LBP. Kelsey and White [29] estimate that approximately 2% of the workers in the United States have a compensable back injury each year, while Snook [48] found annual rates to range from 1% to 15%. The current annual cost of LBP in the USA is currently estimated to be between 50 and 100 billion dollars per year. Costs in Europe demonstrate similar trends. LBP has become the most expensive healthcare problem in the United States among the 20–50 age groups. However, only 25% of the cases account for most of the cost. As the duration of disability increases the total cost accelerates. LBP averages 21% of all compensable work injuries, but averages 33% of the cost. Medical costs account for 33% of the total cost and disability payments account for the remainder.

In this chapter, we will explore some methods for primary and secondary prevention, and examine the epidemiologic relationships between LBP and physical loading of the spine.

Risk Factors

General

This paper will concentrate on occupational factors but other factors can result in LBP, increased disc degeneration or increased disc loading and should be taken into account whilst evaluating the patient. Psychosocial factors can have an important influence on LBP disability [12]. As summarized by Pope et al. [45], other important patient factors are obesity, physical fitness, smoking history, height, and pregnancy.

Lifting

Numerous authors [i.e. 6, 13, 14, 27, 36, 37, 47, 49, 51] have related LBP to lifting excessive loads. In addition, Snook [48] found that a worker was three times more likely to have a compensable LBP injury if the job entailed excessive lifting. Magora [37] found that LBP also occurred in sedentary jobs-sitting itself is a plausible cause for LBP. The National Institutes for Occupational Safety and Health [42] have stated that: (a) one third of the US workforce is currently required to exert significant strength as part of their jobs; (b) overexertion was claimed as the cause of LBP by over 60%; (c) 500 000 overexertion injuries occur in the United States every year (5% of workers per year); (d) overexertion injuries account for a quarter of all occupational injuries although some industries report that over half a their injuries are caused by overexertion; (e) approximately two thirds of overexertion injuries involved lifting loads; (f) less than one third of patients with LBP returned to their previous job.

Posture

Sitting

There is increased risk of LBP in workers with jobs that demand a sitting posture, according to Hult [27], Lawrence [34], Kroemer and Robinette [32], Magora [35]. These studies also show an increase in symptoms in subjects with LBP who are required to sit for prolonged periods. Kelsey [28] found that men who spend more than half their work day in a car have a three-fold increased risk of disc herniation. It is unclear whether this is caused by the sitting posture or whole body vibration or by a combination of each of these factors. Nachemson and Elfstrom [41] and Andersson and Ortengren [3] have evaluated the sitting posture both by electromyographic (EMG) and intradiscal pressure measurements. Their work explains why both sedentary and other workers get LBP. The disc pressure can be very high in the worker bending forward at 20 degrees or more and the worker sitting in an unsupported posture. Westrim [55] and Berquist-Ullmann and Larson did not find sitting to be a substantial risk factor for LBP. These findings may be because in these cases seated work was physically lighter. However, there are physiologic reasons to change one's working posture to improve both disc nutrition and soft tissue tone. Kroemer and Robinette (1969) and Griffins (1960) have noted that postural fatigue and sickness/absence decrease when postural changes are required.

Standing

Pope et al. [45] have reported on the relationships between prolonged standing and LBP. However, there is no evidence that prolonged standing increases disc loads unless accompanied by twisting, lifting, or other risk factors.

Awkward Postures

EMG studies have clearly demonstrated the antagonistic activity and resulting higher disc forces in awkward postures. Snook et al. [48], Troup et al. [53], and Frymoyer et al. [20] have conducted studies in industry where twisting was found to be related to LBP.

Basmajian [9] reported antagonistic EMG activity of the deep trunk muscles during axial rotation and Morris et al. [40] found high levels of antagonistic activity in both abdominal and posterior back muscles which were explained by the apparent need to maintain the posture during twisting activities. Thus, the high levels of muscle activities and the resultant spinal loads in reaction to those contractions may be the reason for the apparent relationship between twisting and LBP. Sudden loading and awkward postures occur very commonly due to slipping, tripping, and falling.

Slipping, tripping, and falling are generally not thought of as a source of LBP injuries. However, Troup et al. [54] reported that 36% of LBP accidents were falls and many were due to slipping. Manning and Shannon [38] found that 70% of LBP accidents were due to either slipping, tripping, or falling. Andersson and Lagerlof [2] found that a high percentage of occupational accidents were due to falls, of which 42% were initiated by slipping and 14% by tripping. Grieve [23] has pointed out that slipping is often accompanied by manual materials handling since these exertions often result in shear forces at the foot-ground interface resulting in slipping. Magora [37] showed that the most expensive injuries for industry are those for which there is a traumatic event associated with the onset. These events are often slips and falls.

Pulling and Pushing

There is much less information regarding pushing and pulling activities and their role in work-related LBP. Magora [36] found increased LBP in those whose jobs involved reaching and pulling and NIOSH reported that 20% of injury claims for LBP involved pushing or pulling loads. Damkot et al. [18] measured pushing exposure by multiplying the weight of pushed objects by the number of pushing efforts required each day. The controls averaged 326 weight day units, and the severe LBP group averaged 1612 weight day units. There was a tendency for increased severity of LBP for those with increased pulling requirements. White and Panjabi [56] have shown that high disc loads and load to other structures result from pulling activities. Ayoub and McDaniel [8] found that body posture plays an important role in the force capability in both pushing and pulling, thus posture is probably very important in the etiology of pulling/pushing LBP injuries.

Whole Body Vibration

Frymoyer et al. [20] have shown a strong relationship between vehicular vibration and LBP. Kelsey [28] found that truck drivers were four times more likely than others to have a disc herniation. In addition, commuters traveling more that 20 miles/day have four times as much LBP and twice the incidence of herniated nucleus pulposus. Pope et al. [43] analyzed the vibration and found that many vehicles vibrate at a fundamental frequency similar to the natural frequency of the human body. If one measures the transmission of fibration through the human body in the laboratory, the natural frequency will be accompanied by enhanced transmission and a greater absorption of energy. Damkot et al. [18] suggested that exposure to vehicular vibration, lifting, pulling, and pushing combine as important risk factors for LBP. Thus, truck drivers may have a reduced capacity for manual material handling (1971).

Prevention

General

There are several alternative models for prevention but, unfortunately, none of these have been fully evaluated. The three main preventive approaches are: (1) selecting the right worker for the right job; (2) educating the worker in the correct working method; and (3) (most desirably) designing the job to the worker.

The physical requirements of all jobs should ideally be such that it is unnecessary to utilize worker selection test and restrict placements. However, this is unrealistic because of the large variability in the population and the difficulty of easily redesigning many industrial task. Thus, selection is one method that can possibly reduce the harmful physical effects due to a mismatch of the worker and the workplace. Andersson and Troup [4] raised some concerns about worker selection. These involve the safety, predictability, and practicality as well as ethical and legal concerns. In the USA it has recently become illegal to use tests of physical capacity to select workers unless related to the necessary functions of the job.

The most predictive part of a medical history is the identification of previous back problems [52]. Rowe [47] found that 83 % of those with LBP have recurrent attacks. Bigos et al. [12] found that previous LBP was the best prognosticator of future LBP.

If a specific strength or motion requirement is documented for a particular job, it is advisable to evaluate the worker's ability to do that job. If possible, the job requirement should be adjusted to the range of motion of the worker. The worker should not have to bend or stretch beyond his or her normal limits of motion. Bierring-Sorensen (1983, unpublished data) found that reduced spine motion combined with previous LBP indicated and increased risk of a future pain episode of LBP. In contrast, previously healthy subjects with lesser spine mobility had a decreased risk of LBP. Several means of documenting range of motion exist. We have compared several methods of measuring lumbar range of motion and have found that the Schober method has the best repeatability (1988).

Chaffin and Park [16] found in a study of a 1-year period that LBP was three times greater in workers who had strengths less than that required by their jobs. NIOSH [42] report that about one third of the workforce is required to exert near their maximum strength in the daily performance of their jobs. For these reasons preemployment strength testing has met with considerable enthusiasm and is being commercially promoted. Chaffin et al. [15] have suggested that specific placement and selection programs should be undertaken by industry based on strength performance.

The most commonly used strength tests are those based on static or isometric principles [15]. This method involves the static application of force in a given posture. Keyserling et al. [31] conducted a study in which subjects were strength-tested by an isometric method and then assigned to jobs in such a way that some were over stressed and others were under stressed. Although the follow-up interval was short, job matching based on strength criteria appeared to be beneficial. Isometric strength testing has, however, been criticized on technical grounds (lifting involves motion in several body positions) and on safety grounds (workers can overexert themselves and sustain injury while being tested) [12]. Isokinetic strength testing is widely used in sports medicine. In an isokinetic test the velocity of the lift stays constant but can be predetermined by the investigator. Certainly the closer such devices can accurately simulate the tasks specific to a certain industry the more valuable they will become. Isodynamic strength tests of lifting are also available commercially. In the tests, the velocity varies while the resistance is preset. Although this is a realistic functional test, little objective testing has been reported in the literature. Strength testing has little consensus based on the current experience of the predictive value. There is some promise that strength testing is preventative but it is important that the testing procedure be as specific to the job being sought by the worker as possible for ethical and legal reasons. It is logical that a worker should at least have the strength required to perform a job prior to having to perform that job. Another possibility is job simulation to see if the worker can do the job required.

Preemployment radiographic assessments of the lumbar spine are still used. As with any other preemployment screening procedure, predictive and safety factors must be considered. The American College of Radiology, the American Academy of Orthopaedic Surgeons and the American Occupational Medical Association concluded that the use of X-rays as the sole criterion for selection of workers was not justified and that workers should be protected from unnecessary radiation [1]. Houston [26] came out quite strongly against preemployment radiographs and stated that: (a) They have no predictive value; (b) the individual examined is exposed to the harmful effects of gonadal irradiation with no benefit to health; (c) an asymptomatic condition, which would not impede effective work, infringes on the civil right of equal opportunity and possibly even affects future insurability. However, a baseline radiograph or magnetic resonance imaging (MRI) could give some insight into disc status preemployment and used subsequently to se if employment affected the disc.

Another important preventive strategy is to measure what is actually going on in the workplace and to make appropriate recommendations for improvement. Worksite sampling should be carried out by a trained ergonomic evaluation team to document potentially harmful exposures or loads. This approach is successful for nonrepetitive or unstructured work but can also be helpful for routine, repetitive work which has not been previously analyzed. The evaluation team can observe the tasks and record the physically stressful exposures on a checklist or, more commonly, the tasks are video recorded. Later analysis will identify all tasks that are required of the workers, identify job postures which could be hazardous, measure the actual loads that are being handled, and record postural extremes. Often a job analyst will observe the worker and "check" the activities performed from the list. These lists of common manual task have been used in one study to improve job placement procedures with individual physical impairments [15].

Slipping is an important cause of LBP injuries. Measurement of slip resistance is not difficult. Strandberg [50], for example, listed more than 60 different meters to measure the slip resistance. The meters measure the frictional characteristics of the floor. If the slip resistance is greater then a worker is less likely to slip.

In complex loadings we have found it helpful to simulate the task in the laboratory. In these cases the worker can stand on a load cell and motions can be quantified by an automated computer-based motion analysis system. This enables the team to analyze all the intrinsic and extrinsic factors and make recommendations back to the industry.

Corlett et al. [17] developed a method to record potentially stressful postures which is called posture targeting. This procedure requires the job analyst to observe a worker at random times during the working day and to record the configuration of various body segments. However, the method is quite tedious and human observation errors are common.

We have developed a three-axis electrogoniometer (Fig. 1) available from Isotechnologies, Hillsboro NC, USA. This device is utilized in the workplace to determine the flexion-extension, axial rotation, and lateral bending of the trunk. These data are recorded on a protable data logger and subsequently analyzed by computer.

Quite often the forces applied by the worker are unknown. To obviate this problem we developed a hand-held load cell that quantifies the force applied by the worker in different directions. The technique is applicable to pulling and pushing activities as well as lifting. If necessary these data can be used in a computer model, such as that of Garg and Chaffin [21], to predict disc loads.

The standard for vibration measurement is given by ISO 2631. Accelerations are measured by a disc 250 mm in diameter made of molded rubber with an accelerometer inside. The disc is designed to sit comfortably between the ischial tuberosities and accelerations resulting are usually

Fig. 1. 3 axis electrogoniometer

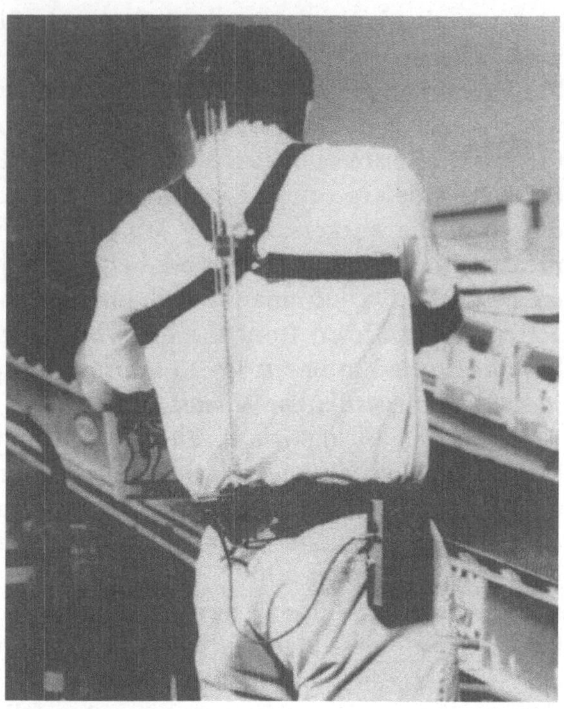

analyzed by means of a ride meter. Most ride meters compute and assign
a weighting factor to overall RMS acceleration based on tolerance curves.
Thus, it is possible for a worker to go though the normal driving task while
the accelerations on the spine are directly measured.

Other groups have utilized back school for prevention and treatment.
The back schools discuss such topics as physical health, general back education, lifting techniques, and the importance of psychosocial factors.
Most back schools stress there is a responsibility for recovery that tests
with the patient and that there may not be complete absence of pain. Controlled studies show that the back school is better than placebos and may
be economically superior to physical therapy and other forms of treatment [11]. It is probably that the back school is much less effective for
those with chronic LBP [33]. Even the information content in the back
schools can be controversial. Half of compensable LBP is associated with
lifting, but instructions for the "proper" technique have been a matter of
some controversy. The principle of safe lifting that has the greatest basis in
biomechanics of to hold the object as close to the body as possible. This is
more important than keeping a straight back [6]. It is important that the
worker utilizes a smooth lifting technique without jerking, thus minimizing the effect of dynamic loads on the spine. In those critical task involv-

ing twisting it is important to inform the worker that he should turn with the feet instead of twisting the trunk so as to reduce the torsional loads on the intervertebral discs [25].

Lifting

It is evident that the estimation of stresses on various parts of the musculoskeletal system during lifting activities will require a complex model that accounts fur such factors as: (a) Instantaneous positions an accelerations of the extremities, head and trunk; (b) changes in spinal geometry; and (c) strength variations with different muscle groups and people.

Recent efforts have been made to extend a biomechanical model to include: (a) An estimate of the stresses in the lumbosacral disc; (b) the addition of external loads on the hands (e.g., in a materials handling task); (c) an evaluation of the effects of various muscle groups' strength on the performance of the person being studied.

Abdominal pressure has been proposed as a major source of column support. Data obtained by Asmussen and Poulsen [7] would appear to limit the general effectiveness of the reflex mechanism. A maximum limit of 150 mm Hg appears to be possible with highly trained individuals, although 90 mm Hg is probably a more reasonable limit for the normal population. It should be noted though that this spinal relief may not be possible when a person is carrying a load for a sustained period. If assumed to be a well-developed reflex in an individual, abdominal pressurization can relieve approximately 10 % – 20 % of the lumbar spinal column compression.

The back-stooped posture when lifting a bulky load actually reduces the compressive loading on the L5/S1 disc below that predicted when lifting with a more erect back. The reasons for the larger compression forces when lifting with the back near vertical in this example are that: (a) The load moment arm is increased, and (b) the vertical component of both the body weight and hand forces add more directly to compressive forces on the more vertical spine. Of course, the shearing forces are greater when lifting with the back flexed. Also, depending on the precise curvature of the lumbar spine during the lift, the articular capsules and the posterior ligaments may be overstrained, especially with the more flexed torso posture required when performing a stoop type of lift. It appears that people often lift loads with their backs rather than their legs. In so doing, the maximize the energy necessary to move the body-load mass combination: Although it was commonly believed that "back lifting" was more stressful than "leg lifting", this does not appear to be so in regard to compression loading of the column, especially when lifting loads that are larger than can be brought between the knees or loads which are located horizontally away from the feet. Disc pressure measurements have shown the pressure to be similar when "back lift" and "leg lift" methods were compared, provided the moment arm to the load was kept constant.

In lifting, the weight is not the only important factor, and the dimensions of the load should be kept compact so that workers can minimize the spine load moment by keeping the load close to the center of gravity of the body. The load must be kept at a level such that the load moment does not exceed that recommended by NIOSH [42]. The NIOSH Workpractices Guide for Manual Lifting [42] gives the permissible load for a given posture for a person of a certain size. The guide clearly indicates the disadvantages of lifting loads above shoulder height with the suggested limits being as much as 50 % lower than in lifting loads at knuckle height. The guide specifically calls for the measurement of the object weight, the horizontal location of the hands, the vertical travel distance, the frequency of lifting, and the duration of the period during which lifting has occurred. All of these factors should be taken into account to minimize the total stress on the spine during a working day. As important as this guide is, it specifically does not include a number of important variables and the guide is only applicable to smooth lifting, two-handed symmetrical lifting in the sagittal plane, and the lifting of moderate width objects. In addition, the standing postures should be unrestricted, there should be good handles on the objects, favorable environmental conditions, and no other activities going on at the same time. If any of these other provisions to apply then the load should be reduced even further. When the object is large and heavy it is desirable to make available a hoist or crane to assist in its movement. This must be conveniently placed, otherwise the worker will not use it. Pushing or pulling force requirements which are often ignored should be made low, certainly below 225 N and the hands should be placed around the hip to waist level when making a maximum exertion so as to minimize spine load moments. The floor surfaces and areas where pushing and pulling activities occur must be kept clean and dry and workers should be instructed to use shoes with traction.

Posture

Sitting

Sitting is a position in which the weight of the body is transferred to the supporting area mainly by the ischial tuberosities of the pelvis and their surrounding soft tissues. Demending on the chair and posture, some proportion of the total body weight will also be transferred through the legs to the floor, as well as the backrest and armrests.

Three different types of sitting can be distinguished and will be referred to as anterior, middle, or posterior sitting postures. In the middle posture, the center of mass of the trunk is directly above the ischial tuberosities. This posture is quite unstable due to the isochial tuberosities acting as a pivot. When relaxed in a middle posture, the lumbar spine is either straight or in slight kyphosis. The anterior (forward leaning) posture is adopted most often when desk work is performed. In the anterior posture, the center of mass is in front of the ischial tuberosities while in the posterior (backward leaning) posture, the center of mass is behind the ischial tuberosities. This posture is obtained by a backward rotation of the pelvis resulting in kyphosis of the lumbar spine. It is a posture typically assumed in rest chairs and in chairs with reclining backrests such as lounge chairs.

In general, the posture of a seated person depends not only on the design of the chair, but on sitting habits and the task to be performed. The height and inclination of the seat of the chair, the position, shape, and inclination of the backrest, and the presence of other types of support all influence the resulting posture. The chair should also permit regular and easy alterations in posture, since continuous sitting in one position is a risk factor for LBP. Information on the biomechanics of sitting comes from radiographic studies, studies of the myoelectric activity of muscles, disc pressure measurements, and from studies of seat pan pressure. Radiographic studies show that the pelvis rotates backward and the lumbar spine flattens when sitting. Andersson et al. [5] found that changes in pelvic rotation influenced the shape of the lumbar spine. There must be compensation for this change in angle to keep the trunk upright [41].

In vivo pressures measured within a lumbar disc when sitting without a lumbar support have been found to be about 35 % higher than those when standing. To study the influence of supports, disc pressures have also been measured when sitting in different chairs with different back supports. These studies confirmed that the disc pressure is considerably lower in standing than in unsupported sitting. Of different unsupported sitting postures, the lowest pressure was found when sitting with the back straight. The reasons for this increased pressure in sitting postures are: (a) An increase in the trunk load moment when the pelvis is rotated backward and the lumbar spine and torso are rotated backward and the lumbar spine and torso are rotated forward; and (b) the deformation of the disc itself caused by the lumbar spine flattening.

Inclination of the backrest backward from vertical resulted in a decrease in disc pressure An increase in lumbar support resulted in decrease in disc pressure. The disc pressure measurements can be interpreted as follows: (a) When backrests are used, part of the body weight is transferred to them when a person leans back, reducing the load on the lumbar spine caused by the upper body weight; (b) an increase in backrest inclination (leaning the backrest more backward) means an increase in load transfer to the backrest and results in a reduced disc pressure; (c) the use of arm rests supports the weight of the arms, reducing the disc pressure; and (d) the use of a lumbar support changes the posture of the lumbar spine towards lordosis and hence reduces the deformation of the lumbar spine and corresponding disc pressure.

Typical seated office work has also been studied. In writing at a desk, a decrease in disc pressure was noted compared to the performance of other tasks. This was expected, since the arms can be well supported by the desk. Other office activities, such as typing and lifting a phone at arm's length, increased the pressure because of larger external load moments imparted to the spine during such tasks.

EMG has also been used to study the activity of back muscles when sitting. The EMG activity levels are important because high activities indicate muscle contractions. Generally, similar activity levels have been recorded when standing and sitting without a back support. There is general agreement that, in sitting, the activity decreases when: (a) The back is slumped forward in full flexion; (b) the arms are supported; or (c) a backrest is used.

Sitting in the workplace is a common posture in industry and is becoming more prevalent. Although sitting offers certain advantages, the seat design must be carefully thought out to avoid muscle fatigue or excessive spine loads. Available chairs vary considerably because there are many different opinions on user requirements. Regardless of usage, it is important to adjust the hair to fit the worker. Andersson et al. [5] showed that spinal stress could be minimized if the backrest was designed to be 110 degrees or more and the seat pan angle was 6 degrees, and if there were additional curved supports for the lumbar spine. The depth of the seat is important because it should, if possible, make it possible to use the backrest. This means that the seat pan should not be too deep. Interactions with the work surface must also be considered in seating. Tilting the work surface towards the worker is a good method of preventing unnecessary forward flexion of the neck and back. A semi-seated posture can also be an advantage in certain jobs.

Recently we have had very good results in reducing back discomfort in allowing workers to use a sit-stand workstation (Fig. 2). This reduces wear and tear on the disc by shifting load distribution and by enhancing fluid flow.

Fig. 2. a Adjustable height
worksurface by HON-sitting.
b Adjustable height worksurface by HON-standing

Adjustable-Height Worksurface by HON

Adjustable-Height Worksurface by HON

Standing

Muscular activity is required to maintain an upright posture, but as long as the body segments are well aligned with respect to the center of gravity, the activity is small. Any shift in the center of gravity of the trunk requires active counterblancing by muscle force to maintain equilibrium. Muscle forces are also required to counterbalance the moment caused by an outstretched arm, an external weight or any other force applied to the trunk, head, and upper extremities. The combined effect of all these forces upon the lumbar spine produces a moment that must be counterbalanced by the spinal muscles to maintain equilibrium. This moment is referred to in this paper as the load moment. A much more complex situation occurs when asymmetry prevails. In such postures-lateral flexion, rotation, and combinations thereof-other appropriate muscles will contract. In rotation and lateral bending, high levels of activity occur contralateral to the direction of postural asymmetries, while the activities on the ipsilateral side are small. The asymmetry in muscle activity can lead to unequal stress concentrations on the different component structures of the spine. To maintain low muscle forces and consequently low stresses on the spine structures when standing, an upright symmetric posture should always be advocated, and all material should be handled as close to the body as possible. Whilst objective studies are lacking it is often reported that a compliant mat under the feet will reduce subjective complaints of back fatigue in standing workers. These mats may well serve to attenuate impact to the discs.

Awkward Postures

Muscle force and thus disc pressure is increased in postures involving lateral bending or twisting [44]. In most cases these postures can be avoided by redesign of the workplace to ensure symmetric (sagittal) postures. Workplaces should be kept clear of hazards that workers must walk around and parts must be delivered at a convenient height in front of the worker.

Pulling and Pushing

To avoid high compressive forces in the disc the pulling or pushing hand force should be below 225 N. Several factors must be taken into account, vertical handles that can be grasped at various heights, large low-friction rubber wheels and two wheels that easily pivot. Again, the workplace floors must be clean and free of hazards. To minimize slipping and/or tripping problems the floors must be clean and dry and be high friction. Shoes should also be high friction.

Whole Body Vibration

Whole body vibration (WBV) has been shown to have many, and quite varied, effects on the human. An extensive description is given in Dupuis and Zerlett [19]. Of concern to the spine is the fatigue life of the tissues. Fatigue, which is defined as a loss of strength resulting from intermittent stresses over time, can lead to material failure. This can occur with relatively small stresses compared to those required for a static stress failure. A material's fatigue life (the number of loading cycles it can withstand) depends on the range of stress imposed. For most materials, there is a stress below which the material's fatigue life can be considered infinite. Even a small increase in that stress over that limit can cause a significant decrease in the material's fatigue life. *In vitro* experiments by us have demonstrated that an intervertebral disc can develop a tracking tear due to cyclic vertical vibration. This is increased if the vibration is asymmetric or the specimen is preloaded.

Mechanical studies have also been performed to evaluate the effect of vibrating the whole human body in various postures, in single or multiple directions. With mounting epidemiologic evidence associating LBP with WBV environments, there has been an increasing focus on the mechanical effect of occupational vibrations on the lower back. Most of this work has been related to seating and motor vehicles.

Basic studies of WBV have focused on the following mechanical parameters: resonant frequency, transmissibility, impedance, spinal muscle activity, and effects on the materials comprising the spine. The natural frequency is that frequency at which an object will freely vibrate after it has been struck mechanically, a bell being a good example. The frequency at which a simple spring-mass system will freely vibrate is proportional to the square root of the stiffness divided by the mass in a single degree of freedom system. For a given mass, the natural frequency depends on stiffness. When a structure having a particular natural frequency is moved by some periodic oscillating force at the structure's natural frequency resonance occurs, which has major mechanical consequences. In this situation, it takes very little additional energy to keep the structure vibrating at its natural level of frequency and the associated stress can lead on the structure's mechanical failure. Failure occurs because the structure oscillates at the maximum possible excursion, thus creating the greatest possible strains on the components. As a result, the structure is at its greatest susceptibility to fatigue failure.

In a vehicle, the primary source of WBV is the interaction of the vehicle and the ground surface; but, any component of the vehicle engine, wheels, or drive shaft, for example, can be a source. In some cars, driving 100 km/h over California expressways, the joints in the concrete slabs which are placed at 5 m vibration intervals causes WBV at 6 Hz, and in semitrailers, interaction between the trailer and the tractor may be an important source. Under some conditions, the natural frequency of the vehicle suspension is approached resulting in a violent response of the vehicle. Over very smooth ground the vehicle component (tires, for example) may excite the chassis and again the vibration may be excessive.

The natural frequency of a single degree of freedom structure can be determined by two means: acceleration transmissibility and driving point impedance. Using the acceleration transmissibility method (transmissibility = Acc_{out}/Acc_{in}) one determines the ratio of the output acceleration in the spine to the input caused by a given input or driving acceleration. At resonance, the ration Acc_{out} exceeds Acc_{in}. In mechanical driving point impedance studies, the driving force is divided by the structure's resultant velocity. Resonance occurs when both the driving force and resultant velocity are in phase and the impedance/frequency curve reaches a maximum.

Vibrational transmission can also be characterized by transfer functions, describing the relationship of input and acceleration and measured output acceleration at a point in the body. In frequency ranges where attenuation is low, resonances occur causing increases in the transfer function magnitude. In a standing subject, the first resonance occurs at the hip, schoulder, and head at about 5 Hz. In sitting subjects, resonance occurs at the shoulders at 5 Hz and to some degree also at the head. Furthermore, a significant resonance from shoulder to head occurs at about 30 Hz.

Mechanical studies to determine the resonant frequency of seated human operators subjected to vertical vibration have been summarized by Dupuis and Zerlett [19]. They generally found resonant frequencies to occur between 4–6 Hz when the upper torso vibrates vertically with respect to the pelvis, and between 10 and 14 Hz when there is a bending vibration of the upper torso with respect to the lumbar spine. Some of the above-mentioned studies also reported resonant frequencies of standing and supine subjects, and resonant frequencies of seated subjects as affected by side-to-side or fore/aft vibrations.

Using accelerometers implanted in the lumbar region Pope et al. [46] showed that the resonant frequency in the lumbar region of the vertically vibrated, seated operator was 4.5 Hz, an indication that the maximum strain was occurring in the seated operator's lumbar region at resonances of 4.5 Hz. These studies demonstrated that much of the dynamic response is due to the combined rotation and vertical compression of the pelvis-buttocks system.

The muscular effort of driving is considerable. This is the result of the forces necessary to maintain posture, to control the vehicle, and resist its movements. The components of vibration and shock may not be enough to cause acute injury, but lateral thrusts may add to the spinal stress. Thus there may be a symbiotic effect of fibration and posture.

Seat vibration increases the complexity of the seated problem. The seat itself is only one part of the sitting workplace. Cyclic loading should not exceed the ISO 2631 requirements. Vibration isolation seats should be used where possible and firm cushions with lumbar support should be employed. Poor postures should be avoided. If possible, supports for the arms and feet should also be used. The posture should permit the backrest to the used where possible. One method of reducing WBV is to reduce the vibration input. This can only be done by the choice of vehicle and by training drivers to choose the vehicle which they drive and to reduce vibrations by changing their driving speed and style. Much of this is within the control of the operator and can be influenced by training.

Other factors to bear in mind are that a hazardous exposure to WBV can be found in various forms including: driving off-road too fast or over a rough route, and driving on badly-paved surfaces in vehicles with poor suspension. Exposure to WBV is not the only cause of back pain. Other factors which can cause or increase back pain include: general posture, poor design of controls making them difficult to operate, and poor driver visibility making twisting and stretching necessary when driving. The employer should assess the health risks to workers from WBV and identify what is needed to control those risks and should ensure that the equipment provided for employees has been designed or adapted to minimize WBV.

There are things that can be done to reduce exposure to WBV. Ensure that vehicles and machinery are adequately maintained, particularly suspension components. Check the driver's seat to ensure it is in good repair and gives good support. Check whether a suspension seat is fitted suitable to the vibration characteristics of the machine and, if not, whether a suitable seat can be fitted. It may be necessary to consult the machine's manufacturer. If a suspension seat is fitted, ensure it is correctly adjusted to the operator's weight according to the manufacturer's instructions (some seats adjust automatically for driver weight). Ensure that where equipment in vehicle cabs can be adjusted, it is set to suit the size and reach of drivers intended to use it. Choose the right vehicle or machine for the ground surface and task. Check that vehicles have the right tires and that they are inflated to the correct pressure for the ground surface. Identify the vehicles or machines and work situations with the highest levels of vibration and arrange a rota for operators or drivers to reduce the time spent on them by individuals. Plan work site routes with the smoothest terrain. If possible, improve the ground surface over which vehicles have to be driven regularly, for example by repairing potholes, clearing debris, or leveling the ground surface out.

Having taken action to reduce risks from existing vehicles and machinery, longer-term measures to reduce vibration at source could include introducing a policy for buying low-vibration vehicles and machinery. In many cases machinery and equipment manufacturers are now required by law to reduce vibration to as low a level as technically possible and they should be able to provide you with information on vibration for their machine. Manufacturers or suppliers should be asked whether the machinery has been tested in the way employees will use it and advice should be sought from them on how to use and maintain the machinery to minimize the effects of WBV on the operators. Specific WBV education should include advice on sitting and posture, how to adjust the seat for good seating position and posture, and, where a suspension seat is fitted, for the driver's weight, especially when different people drive the vehicle. Ensuring tire pressures are correct, keeping speed low when crossing uneven terrain, steering the vehicle to avoid hitting objects and potholes, and varying work patterns to reduce exposure, where possible, are also important factors.

Summary

Occupational LBP is of major importance both economically and in terms of disability. The problem is getting worse each year and major steps should be taken toward prevention. Although often problematic, prevention is by far the treatment of choice. Epidemiologic studies clearly indicate the role of mechanical loads on the etiology of occupational LBP. It is essential that the basic occupational biomechanics be understood. Methods have been developed for measuring the mechanical environment of the worker. This information can be used to adapt the workplace to prevent injuries. It is probable that most mechanical risk factors along with psychosocial factors combine to total risk for LBP. The workers themselves need to be aware of the effects of personal factors such as level of general fitness, being overweight, and choice of leisure pursuits. Also, workers should report regular bouts of back pain as early as possible and seek nedical advice it they think occupational exposure is harming them. The :ombined efforts of the medical community, labor force, and management ιre required to create some impact in this problem.

References

1. American College of Radiology (1973) Conference on low-back X-rays in pre-employment screening, proceedings of meeting, Tuscon, 11–14 Jan, sponsored by NIOSH, contract HSM-00-72-153
2. Andersson R, Lagerlof E (1983) Accident data in the new Swedish information system on occupational injuries. Ergonomics 26 [1]:33–42
3. Andersson GBJ, Ortengren R (1974) Myoelectric back muscle activity during sitting. Scand J Rehabil Med Suppl 3:73–90
4. Andersson GBJ, Troup JDG (1991) Worker selection in occupational low back pain: assessment, treatment, and prevention. In: Pope et al. (eds) Occupational low back pain. Mosby Yearbook, Chicago
5. Andersson BJ, Ortengren R, Nachemson AL (1974) The sitting posture: an electromyographic and discometric study. Orthop Clin North Am 6:105–120
6. Andersson GBJ, Ortengren R, Nachemson A (1976) Quantitative studies of back loads in lifting. Spine 1:178–185
7. Asmussen E, Poulsen E (1968) On the role of the intra-abdominal pressure in relieving the back muscles while holding weights in a forward inclined position. Comun Dan Natl Assoc Infant Para 28:3
8. Ayoub MM, McDaniel JW (1974) Effects of operator stance on pushing and pulling tasks. Trans AIIA 6 [3]:185–195
9. Basmajian JV (1978) Muscles alive. Their functions revealed by electromyography. Williams and Wikins, Baltimore
10. Bergquist-Ullmann M, Larson U (1977) Acute low back pain in industry. A controlled prospective study with special reference to therapy and confounding factors. Acta Orthop Scand Suppl 1970:1–11
11. Berquist-Ullman M, Larson U (1977) Acute low back pain in industry. Acta Orthop Scand Suppl 170:1, 117
12. Bigos S et al. (1991) A longitudinal prospective study of industrial back injury reporting. Kappa Delta Award, AAOS, Anaheim
13. Brown JR (1973) Lifting as an industrial hazard. J Am Ind Hyg Assoc 34 [7]:292–297
14. Chaffin DB (1974) Human strength capability and low back pain. J Occup Med 16 [4]:245–254
15. Chaffin DB, Herrin GD, Keyserling WM (1978) Preemployment strength testing. An updated position. J Occup Med 20 [6]:403–408
16. Chaffin DB, Park KYS (1973) A longitudinal study of low back pain as associated with occupational weight lifting factors. J Am Ind Hyg Assoc 34 [12]:513–525
17. Corlett EN, Madeley SJ, Manenica I (1979) Postural targetting: a technique for recording working postures. Ergonomics 22 [3]:357–366
18. Damkot DK, Pope MH, Lord J, Frymoyer JW (1984) The relationship between work history, work environment and low back pain in males. Spine 9 [4]:395–399
19. Dupuis H, Zerlett G (1986) The effects of whole-body vibration. Springer, Berlin Heidelberg New York
20. Frymoyer JW, Pope MH, Costanza MC, Rosen JC, Goggin JE, Wilder DG (1980) Epidemologic studies of low-back pain. Spine 5 [5]:419–423

21. Garg A, Chaffin DB (1975) A biomechanical computerized simulation of human strength. AJIE Tr 7 [1]:1–15
22. Gill K, Krag MH, Johnson GB, Haugh LD, Pope MH (1988) Repeatability of four clinical methods for assessment of lumbar spinal motion. Spine 13 [1]:50–53
23. Grieve DW (1983) Slipping due to manual exertion. Ergonomics 26 [1]:61–72
24. Griffing JP (1960) The occupational back. Mod Occup Med 219–227
25. Hickey DS, Hukins DWL (1980) Relation between the structure of the annulus fibrosus and the function and failure of the intervertebral disc. Spine 5:106–116
26. Houston CS (1977) Pre-employment radiographs of lumbar spine. J Can Assoc Radiol 28 [3]:170 (editorial)
27. Hult L (1954) Cervical, dorsal, and lumbar spinal syndromes. Acta Orthop Scand Suppl 17:1–102
28. Kelsey JI (1975) An epidemiological study of acute herniated lumbar intervertebral discs. Rheum Rehabil 14 [3]:144–159
29. Kelsey JL, White AA (1980) Epidemiology and impcat on back pain. Spine 5 [2]: 133–142
30. Kelsey JL Pastides H, Bigbee G Jr (1978) Musculo-skeletal disorders: their frequency of occurrence and their impact on the population of the United States. Prodist, New York
31. Keyserling WM, Herrin GD, Chaffin DB (1980) Isometric strength testing as a means of controlling medical incidents in strenuous jobs. J Occ Med 22 [5]:332–336
32. Kroemer KH, Robinette JC (1969) Ergonomics in the design of office furniture. Industr Med Surg 38:115–125
33. Lankhorst GJ, Van de Standt RJ, Vogelaar TW, Van der Korst JK, Prevo AJH (1983) The effect of the Swedish back school in chronic idiopathic low back pain. Scand J Rehabil Med 15:141–145
34. Lawrence JS (1955) Rheumatism in coal miners: occupational factors. Brit J Industr Med 12:149–161
35. Magora A (1972) Investigation of the relation between low back pain and occupation: III. Physical requirements: sitting, standing and weight lifting. Ind Med Surg 41:5–9
36. Magora A (1973) Investigation of the relation between low back pain and occupation, IV. Physical requirements: bending, rotation, reaching and sudden maximal effort. Scand J Rehabil Med 5 [4]:186–190
37. Magora A (1974) Investigation of the relation between low back pain and occupation, VI. Medical history and symptoms. Scand J Rehabil Med 6:81–88
38. Manning DP, Shannon HS (1981) Slipping accidents causing low back pain in a gearbox factory. Spine 6 [1]:70–72
39. Mital MA, Ayoub MM, Asfour SS, Bethea NJ (1971) Relationship between lifting capacity and injury in occupations requiring lifting. Proceedings of the 15th Annual Meeting of the Human Factors Society, pp 496–573
40. Morris JM, Benner G, Lucas JB (1962) An electomyographic study of the intrinsic muscles of the back in man. J Anat 96:509–520
41. Nachemson AL, Elfstrom E (1959) Intravital dynamic pressure measurements in lumbar discs. A study of common movements, maneuvers and exercises. Scand J Rehabil Med 2 [Suppl 1]:1–40
42. National Institute for Occupational Safety and Health (1981) Work practices guide for manual lifting. Technical report 81–122, Cincinnati, Ohio: Division of Biomedical and Behavioral Science, NIOH
43. Pope MH, Wilder DG, Frymoyer JW (1980) Vibration as an aetiologic factor in low back pain. Proc Cont Eng Aspects of the Spine. Meeting Brit Orth Assoc and Inst Mech Eng, London
44. Pope MH, Andersson GBJ, Broman H, Swensson M, Zetterberg D (1986) Electromyographic studies of the lumbar trunk musculature during the development of axial torques. J Orthop Res 4 [3]:288–297

45. Pope MH et al. (1991) Occupational low back pain. Mosby Yearbook, Chicago
46. Pope MH, Wilder DG, Jorneus L et al. (1987) The response of the seated human to sinusoidal vibration and impact. J Biomech Eng 109:279
47. Rowe ML (1963) Preliminary statistical study of low back pain. J Occup Med 5 [7]:336–341
48. Snook SH (1980) Low back pain in industry. In: White AA, Gordon SL (eds) Symposium on idiopathic low back pain. Mosby, St. Louis, pp 23–28
49. Snook SH, Campanelli PA, Hart JW (1978) A study of three preventive approaches to low back injury. J Occup Med 20 [7]:478–481
50. Strandberg L (1982) Ergonomics applied to slipping accidents. In: Kvalseth TO (ed) Applied ergonomics: selected cases and practical issues. IPC Science and Technology Press, London
51. Svensson HO, Andersson GBJ (1983) Low back pain in forty to forty-seven year old men: work history and work environment factors. Spine 8 [3]:272–276
52. Taylor PJ (1968) Personal factors associated with sickness absence. A study of 194 men with contrasting sickness absence experience in a refinery population. Br J Ind Med 25 [2]:106–118
53. Troup DG, Roantree WB, Archibald RM (1970) Survey of cases of lumbar disability. A methodological study. Med Officers' Broadstreet, National Coal Board, UK
54. Troup DG, Martin JW, Lloyd DCEF (1981) Back pain in industry, a prospective survey. Spine 6 [1]:61–69
55. Westrin CG (1973) Low back sick-listing: a nosological and medical insurance investigation. Scand J Soc Med Suppl 7:1–116
56. White AA, Panjabi MM (1978) Clinical biomechanics of the spines. Lippincott, Philadelphia

Chapter 17

State of Research on Work-Related Low Back Disorders in Finland

H. RIIHIMÄKI

Epidemiological research on the relationship between work-related factors and low back disorders has a long tradition in Finland. Circumstances to conduct epidemiological studies in Finland are in many respects favorable: We have good register data available, the population is comparatively stable and homogenous and has a positive attitude towards participating in health surveys. In addition, we usually have easy access to work sites and our data protection and confidentiality regulations are fair.

Epidemiological studies on work-related back disorders have been directed to disc degeneration of the lumbar spine utilizing magnetic resonance imaging (MRI) and also to the occurence of low back pain using prospective study designs.

Disc Degeneration

Finnish Twin Study

Professor Videman from the University of Jyväskylä, together with his international team, has conducted a series of studies on risk factors of lumbar disc degeneration in identical twins. The subjects in the study on the role of commonly suspected risk factors and „twinship" [1] were selected from the Finnish Twin Cohort which contains virtually all sex-matched twin pairs born before 1958 and alive in 1975, including 2050 male identical twins. The study subjects comprised 115 identical twin pairs, aged 35–69 years (mean 49.4 years) discordant for at least one of the following factors: occupational materials handling, sedentary work, exercise participation, vehicular vibration, and cigarette smoking. Disc degeneration was assessed by MRI using signal intensity, disc height, and bulging as the signs of degeneration. A summary score was used as the measure of disc degeneration. Lifetime exposure to suspected risk factors was assessed with a structured interview.

In univariate analyses heavier occupational loading in terms of materials handling, lifting, bending, and twisting was associated with greater

Berufsbedingte Erkrankungen
der Lendenwirbelsäule
Hrsg.: D. Wolter/K. Seide

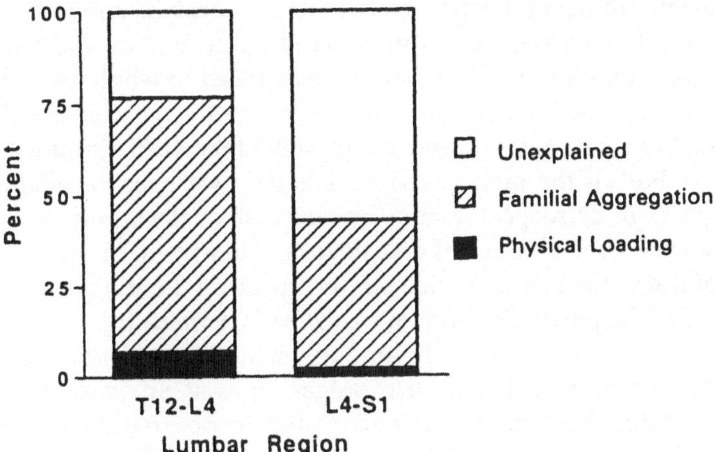

Fig. 1. The variability (adjusted R^2) in disc degeneration summary scores explained by physical loading and familial aggregation [1]

disc degeneration, particularly in the upper part of the lumbar spine. Conversely, longer times sitting at work were associated with less degeneration. Statistically significant associations were not found between disc degeneration and hours of occupational driving or heavy loading before the age of 20 years. In multivariate analyses, the effect of familial aggregation, reflecting genetic and shared early environmental influences, outweighed the effect of environmental loading. The former explained 75% of the variability in disc generation score in the upper and nearly 50% in the lower lumbar region. Physical loading explained 7% of the variation in the upper and 2% in the lower lumbar region. Particularly in the lower region much of the variation remained unexplained (Fig. 1).

The results of this study emphasize the importance of genetic and familial factors, but also show an effect of occupational load on disc degeneration. An interesting question that remains unanswered is a possible interaction between the effects of genetically determined susceptibility and external physical load on the development of lumbar disc degeneration.

Lumbar Disc Degeneration Among Men in Dynamic Physical Work, Machine Driving, and Sedentary Work

The effect of occupational load on lumbar disc degeneration is being studied at the Finnish Institute of Occupational Health by a research group lead by Professor Riihimäki. In 1991 (cross-sectional study) 164 men aged 40–45 years participated in the study in which MRI of the lumbar spine were taken and data on work-related factors, lifestyle, and individual factors were collected via a self-administered questionnaire and a structured interview. A total of 53 of the men were exposed to whole-body vibration and prolonged sitting (machine operators), 51 to dynamic physical work (construction carpenters), and 60 to sedentary work (municipal office workers). For all the men questionnaire data were also available from 4 and 7 years in retrospect. Signal intensity of nucleus pulposus and disc bulging were used as signs of disc degeneration [4, 5]. In 1995 a follow-up study of the subjects was carried out by repeating the study protocol of the 1991 study. The participation rate was 78% (128 men) [7].

In the cross-sectional study among carpenters posterior and among machine operators anterior disc bulges showed an increased risk but decreased signal intensity was not related to occupational load (Figs. 2 and 3). All signs of disc degeneration were statistically significantly related to a history of back accidents [5]. The 12-month prevalence of sciatic pain (low back pain radiating to the leg) was related to both anterior and posterior disc bulges but only weakly to decreased signal intensity. Local low back pain did not show a relation to the signs of disc degeneration [4]. According to the preliminary results of the follow-up study, the progress of disc degeneration, as measured by a summary score, was similar in the three occupational groups. The differences between the groups seemed to have developed before the age of 40 – 45 years.

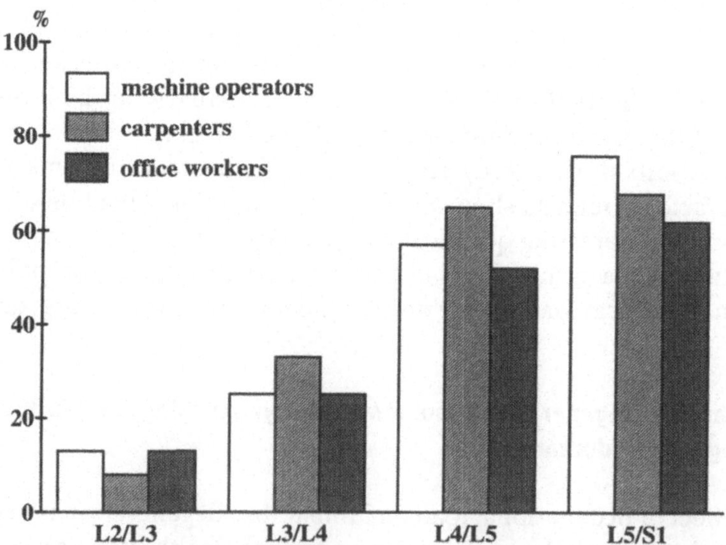

Fig. 2. The prevalence of decreased signal intensity in magnetic resonance imaging according to location and occupational group

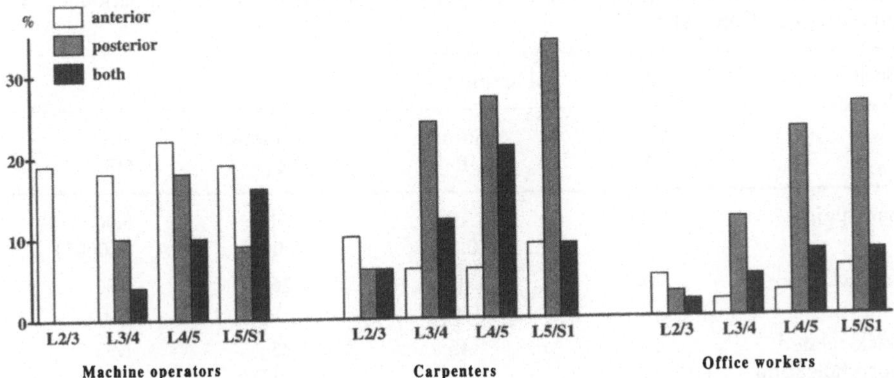

Fig. 3. The prevalence of disc bulges in magnetic resonance imaging according to location and occupation

The results of these studies give support to the hypothesis that physical load at work has a bearing on the development of lumbar disc degeneration. The results of the follow-up study are intriguing and warrant prospective studies of younger occupational cohorts.

Low Back Pain and Other Measures of Morbidity

Back Disorder Among Elite Athletes

A historical cohort of Finnish elite athletes (members of at least one Finnish national team between the years 1920 and 1965, aged less than 65 years in 1985; $n = 937$) has been studied with a reference group matched in age and residence ($n = 620$). Data on pensions were obtained for the years 1945–1985 and on hospitalization for the years 1968–1985 from national registers. The subjects were interviewed in 1985. Occupational loading was classified as none, some, moderate, or heavy.

After adjusting for age and type of sports, heavy occupational loading was associated with a significant increase in the risk of back pain and back-related pension. For sciatica and back-related hospitalization a trend was found that did not reach statistical significance (Table 1) [8].

Prospective Study of Metal Workers

A cohort of metal workers ($n = 902$) was followed for 10 years. In a recent paper by Leino and Hänninen [3] the effect of psychosocial factors on

Table 1. Back disorders among former athletes and referents. Effect of occupational loading. (Adapted from [8])

Back disorder	Occupational loading			
	None OR	Some OR	Moderate OR	Heavy OR
Back pain	1.00	1.19 (0.38)	1.74 (0.001)	3.06 (0.0005)
Sciatica	1.00	1.08 (0.63)	1.26 (0.14)	1.66 (0.08)
Back-related hospitalization	1.00	1.45 (0.27)	1.85 (0.07)	1.98 (0.24)
Back-related pension	1.00	1.39 (0.38)	1.82 (0.11)	3.45 (0.013)

Values given in parentheses are corresponding p values.

back morbidity, adjusted for age, the baseline morbidity, and physical load, was reported. Work satisfaction, work control, social relations, and overstrain were all associated with the physical finding score among female blue-collar workers, with work satisfaction and social relations also among male blue-collar workers. Only one significant association was detected for the symptom score among female and male blue-collar workers and among white-collar workers only one relation showed statistical significance (social relations with the physical finding score among women). An interesting feature of these results is that psychosocial factors seemed to predict better the occurrence of physical findings than that of symptoms. The role of psychosocial factors in back morbidity warrants further research with prospective study designs.

Prospective Study of a Healthy General Population Sample

A random sample of 262 adults from Turku aged 25, 35, 45, or 55 years was followed for 5 years using self-administered questionaires [2]. Heavy occupational musculoskeletal loading ($p = 0.005$) and high general occupational physical demands ($p = 0.04$) predicted future back pain. Also, back pain radiating to the lower limbs was associated with heavy occupational loading ($p = 0.008$) and general occupational physical demands ($p = 0.008$).

MUSKELI Project

At the Finnish Institute of Occupational Health a large research project within a big wood industry company, the MUSKELI project, on work-related musculoskeletal disorders has been under way since 1992. The leader of the research team is Dr. Viikari-Juntura. In the first phase the occurence and risk factors of low back pain, among other musculoskeletal symptoms, were studied and methods to assess musculoskeletal health and to measure work load were developed. In the second phase intervention studies and etiologic studies (a prospective follow-up and a case-referent study) are being carried out and also health and exposure assessment methods are being further developed. According to the results of the first phase, frequent twisted postures, frequent physical exercise at leisure, and much mental stress are associated with an increased risk of 1-year incidence of sciatic pain (pain for more than 30 days within 12 months). The risk factors for local low back pain were frequent bent postures and sleep disturbance, respectively [6].

Future Perspectives

Work-related low back disorders continue to be a challenge in epidemiological research. Many work-related risk factors, both physical and psychosocial, have been qualitatively identified but we lack knowledge about exposure-effect relationships. This knowledge is needed for setting standards and giving recommendations to prevent work-related low back disorders. Controlled longitudinal studies with good methods to assess both morbidity and exposure are needed, as well as controlled intervention studies.

References

1. Battié MC, Videman T, Gibbons L, Fisher LD, Manninen H, Gill K (1995) Determinants of lumbar disc degeneration. A study relating lifetime exposures and magnetic resonance imaging findings in identical twins. Spine 20:2601–2612
2. Kujala UM, Taimela S, Viljanen T, Jutila H, Viitasalo J, Videman T, Battié MC (1996) Physical loading and performance as predictors of back pain in healthy adults. Eur J Appl Physiol 73:452–458
3. Leino PI, Hänninen V (1995) Psychosocial factors at work in relation to back and limb disorders. Scand J Work Environ Health 21:134–142
4. Luoma K, Riihimäki H, Raininko R, Viikari-Juntura E, Lamminen A, Luukkonen R (1995) Low back pain in relation to disc degeneration of the lumbar spine, detected by magnetic resonance imaging. Book of abstracts. From research to prevention. Managing

occupational and environmental health hazards. Finnish Institute of Occupational Health. Helsinki, 20–23 March

5. Luoma K, Riihimäki H, Raininko R, Luukkonen R, Lamminen A, Viikari-Juntura E (1998) Lumbar disc degeneration in relation to occupation. Scand J Work Environ Health 1998 (in press)
6. Riihimäki H, Viikari-Juntura E, Takala E-P et al. (1993) Predictors of low back and lower limb pain in forest industry. Työ ja ihminen 7:254–271 (in Finnish)
7. Riihimäki H, Liuke M, Lamminen A, Luoma K, Korhola O (1997) Progress of disc degeneration in the lumbar spine in four-year follow up – a MRI study. Book of abstracts. International Society for the Study of the Lumbar Spine, Singapore, 2–6 June
8. Videman T, Sarna S, Battié MC, Koskinen S, Gill K, Paananen H, Gibbons L (1995) The longterm effects of physical loading and exercise lifestyles on back-related symptoms, disability, and spinal pathology among men. Spine 20:699–709

Kapitel 18

Bandscheibenerkrankungen und Wirbelsäulenbeschwerden im Pflegeberuf.
Die internationale Freiburger Wirbelsäulenstudie

F. Hofmann, M. Michaelis, M. Nübling und U. Stössel

Einleitung

LWS-Beschwerden treten in Pflegeberufen aufgrund der arbeitsbedingt starken Exposition und Beanspruchung der Wirbelsäule besonders häufig auf. Dies belegt eine Vielzahl internationaler Studien. Vor allem in den USA und in Nordeuropa liegt zur Frage der Prävalenz schon seit den Achtziger Jahren ein umfangreicher Datenbestand vor (z. B. [1, 2]). Er ist allerdings wegen der zumeist fehlenden Klassifikation der Beschwerden (Lumbalgie versus Lumboischialgie) häufig als unbefriedigend zu bezeichnen. In Deutschland liegt zur Frage von berufsbedingten Bandscheibenerkrankungen in Pflegeberufen kaum Schrifttum vor, weshalb es notwendig erschien, eine umfassende Studie durchzuführen, um der Frage der Berufsbedingtheit sowohl von LWS-Erkrankungen als auch von bandscheibenbedingten Wirbelsäulenerkrankungen im Rahmen der Diskussion um die BK 2108 nachzugehen.

Die seit Anfang der Neunziger Jahre durchgeführte „Freiburger Wirbelsäulenstudie" hatte u. a. zum Ziel, das Risiko für Pflegekräfte, im Vergleich zu anderen Berufsgruppen, durch eine bandscheibenbedingte Wirbelsäulenerkrankung berufsunfähig zu werden, zu quantifizieren. Dazu wurden umfangreiche Erhebungen mit unterschiedlicher Methodik durchgeführt. Die sieben Teilprojekte (TP) zeigt die folgende Kurzübersicht (für eine ausführlichere Beschreibung des ersten Teils der Untersuchung, s. Hofmann et al. [4]).

TP 1 (Querschnittstudie). Repräsentative Stichprobe bei berufstätigem Pflegepersonal (n = 3.332); Vergleichsstichprobe ohne Hebeexposition (Büroberufe, n = 1720). (Fragebogen).

TP 2 (Längsschnittstudie). Zehnjährige, noch laufende Kohortenstudie bei n = 500 Pflegeauszubildenden vom Ausbildungsbeginn bis zum Ende des siebten Berufsjahres (Fragebogen).

TP 3 (standardisierte orthopädische Funktionsdiagnostik). Als Ergänzung zu TP 2 während der Ausbildung der Pflegeschüler. Zweck: Korrelation der Wirbelsäulenbefunde mit den selbstberichteten lumbalen Beschwerden in dieser Gruppe (ca. 500) sowie einer Kontrollgruppe (n = 202).

TP 4 („Radiologie"-Fall-Kontroll-Studie). Zur Epidemiologie von Bandscheibenvorfällen und -protrusionen (347 Fälle), die mittels Kernspin- oder Computertomographie diagnostiziert wurden. Kontrollgruppe (Patienten von zwei Augen-/Zahnkliniken, n = 347). Fragebogen und CT-Befundanalyse.

TP 5 („Berufsausscheiderstudie). Besteht aus 2 Teilen. TP 5.1: Umfrage bei n = 113 Teilnehmern von aus dem aktiven Pflegedienst ausgeschiedenen Teilnehmern von Weiterbildungsmaßnahmen (Fragebogen); TP 5.2: Halbstandardisierte Interviews bei n = 100 Berufsausgeschiedenen der Kranken- und Altenpflege einschließlich orthopädischer Funktionsdiagnostik.

TP 6 („Stationserhebung"). Umfrage zur näheren Bestimmung der Belastungsexposition pflegerischer Arbeitsbereiche in Krankenhäusern unter Berücksichtung struktureller Merkmale (n = 679 Stationen) sowie zur qualitativen und quantitativen Ergonomieausstattung auf den Stationen (Fragebogen).

TP 7: (Internationaler Prävalenzvergleich von Wirbelsäulenerkrankungen in Pflegeberufen). Standardisierte Querschnittserhebung in der Tschechischen Republik, Frankreich, Norwegen und in Kamerun zum Vergleich mit den eigenen Daten (Fragebogen).

Dieser Beitrag beschäftigt sich mit Ergebnissen der Teilprojekte 1 (Querschnittstudie), 5 (Berufsausgeschiedene), 6 (Stationserhebung) und 7 (Internationaler Prävalenzvergleich).

Ausgewählte Ergebnisse

TP 1: Querschnittstudie

In der Studie wurde der allseits betonten multifaktoriellen Ätiologie von Wirbelsäulenerkrankungen durch die Erhebung einer Vielzahl von Themenkomplexen Rechnung getragen. Eine stichwortartige Beschreibung der einzelnen von uns erfaßten Risikofelder in diesem biopsychosozialen Modell ist der folgenden Aufschlüsselung zu entnehmen:

- *Berufliche Belastung:* Berufsgruppe, Dienstalter, Berufsbiographie, zusätzlich innerhalb der Pflegeberufe: Art der Einrichtung, Bettenzahl, Station, Hebehilfen etc.
- *Familiäre Belastungsfaktoren:* Pflege von Kindern, älteren Menschen und bettlägerigen Personen.
- *Freizeitbelastungen:* Intensität von potentiell wirbelsäulenschädigenden Freizeitaktivitäten, z. B. bestimmte Sportarten.
- *Biologische Faktoren*: Geschlecht, Alter, Größe, Gewicht, Body-mass-Index (BMI).
- *Status*: Schulbildungsniveau, Ausbildung.
- *Region/Kultur/Gesellschaft*: wichtig bei internationalen Studien; in diesem Fall Vergleich alte vs. neue Bundesländer.
- *Psychosoziale Faktoren*: Arbeitszufriedenheit, Schlafstörungen (dieser Bereich wird hier ausgeklammert).
- *Sonstige Risikofaktoren*: Rauchverhalten.

Als besonders relevant für den Studienaufbau unserer Querschnittstudie und die Validität der Resultate erscheinen uns drei Merkmale:

1. *Berufsbiographie:* Nur die detaillierte Erfassung der gesamten Berufsbiographie (also auch der Art und Dauer *früherer* Berufe) erlaubt es, zu unverzerrten Aussagen über Berufsrisiken zu gelangen.
2. *Interne Kontrollgruppe:* Gerade beim Thema Wirbelsäulenbeschwerden sind Studienergebnisse nach allgemeiner Erfahrung in hohem Maß von der konkreten Befragungssituation und der Frageformulierung abhängig. Die Erhebung von Prävalenzraten bei verschiedenen Berufsgruppen sollte deshalb unbedingt mit dem gleichen Instrument erfolgen; die Qualität von externen Validierungsversuchen ist in diesem Kontext fraglich.
3. *Schweregrad:* Die von uns bei der Auswertung vorgenommene Differenzierung zwischen den Symptomen eines Lumbalsyndroms i. allg. und einer Lumboischialgie oder Ischialgie im Besonderen macht die Analyse unterschiedlicher Schweregrade von Wirbelsäulenschädigungen möglich, wie es auch von Stößel [8] im Rahmen einer Literaturanalyse vorgeschlagen wurde.

Basis der vorgestellten Ergebnisse ist das berufsbereinigte Kollektiv von nunmehr noch 2207 Pflegekräften, die zuvor keinen anderen Beruf ausgeübt haben, und 1177 Büroangestellten, die ebenfalls bisher ausschließlich in nicht wirbelsäulenbelastenden Berufen tätig waren. Thema ist hier nicht die Darstellung der Prävalenzraten für die einzelnen Wirbelsäulenbeschwerden (vgl. hierzu [7, 6]), sondern die Frage, wievielmal häufiger derartige Erkrankungen in den Pflegeberufen vorkommen – die Frage nach dem relativen Risiko.

Ergebnisse. Die Beschwerdesymptome werden in Abb. 1 und Abb. 2 einerseits anhand des Schweregrads (s. unter 3), andererseits bezüglich der Zeitdimension in Punktprävalenz und Lebenszeitprävalenz unterschieden. Die abgetragenen Daten wurden für alle anderen in multivariaten Analyseverfahren ermittelten Einflußfaktoren adjustiert. Alle im folgenden berichteten Differenzen zwischen den beiden Berufsgruppen sind statistisch signifikant.

Wie aus Abb. 1 ersichtlich wird, liegt die Punktprävalenz des Lumbalsyndroms (PP LS) in den Pflegeberufen ungefähr doppelt so hoch wie in den nicht in dieser Weise belasteten Büroberufen. Gleiches gilt auf etwas niedrigerem Niveau für die Lebenszeitprävalenz dieses Symptoms (LP LS).

Ungleich stärker ist der Überhang der Erkrankungen in den Pflegeberufen für das gravierendere Symptom, die Lumboischialgie oder Ischialgie (Abb. 2): Die Punktprävalenz (PP LI/I) ist hier um das 4,5- bis 6,5fache überhöht, die Lebenszeitszeit-Prävalenz immer noch um das 2,5- bis 3,5-fache.

Daß diese selbstberichteten Beschwerdedaten in der Größenordnung durchaus valide sind – also wohl keinem krassen *over-reporting* unterlie-

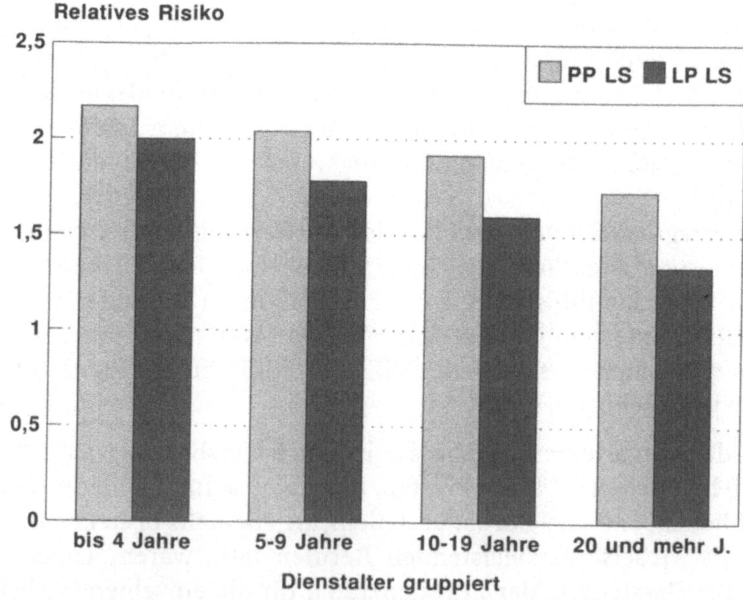

Abb. 1. Relatives Risiko Lumbalsyndrom in den Pflegeberufen im Vergleich zu Bürotätigkeiten. Punktprävalenz und Lebenszeitprävalenz; N_{max} = 3384 (2207 Pflege, 1177 Büro); berufbereinigte Stichproben; adjustiert nach allen weiteren Risiken

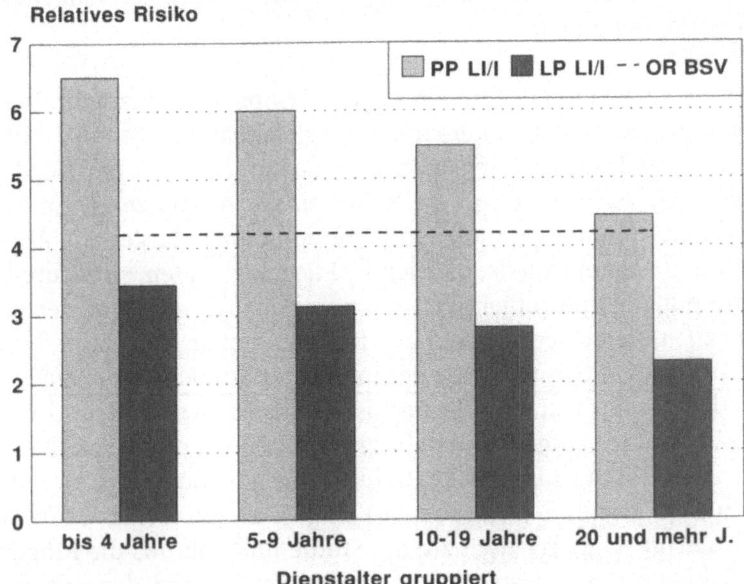

Abb. 2. Relatives Risiko Lumboischialgie/Ischialgie in den Pflegeberufen im Vergleich zu Bürotätigkeiten. Punktprävalenz und Lebenszeitprävalenz; N_{max} = 3384 (2207 Pflege, 1177 Büro); berufbereinigte Stichproben, adjustiert nach allen weiteren Risiken. Zum Vergleich: Odds-Ratio für Bandscheibenvorfälle bzw. -protrusionen in den Pflegeberufen (aus: „Radiologie"-Fall-Kontroll-Studie, TP4)

gen –, zeigt ein Vergleich mit dem in der Radiologiestudie (TP 4) aufgrund harter medizinischer Fakten ermittelten relativen Risiko (OR BSV = 4,2) für Bandscheibenvorfälle bzw. -protrusionen im Pflegeberuf. Dieser als Punktschätzung ermittelte Wert ist zu Vergleichszwecken in der Grafik als *gestrichelte Linie* abgetragen.

Als Fazit bleibt festzuhalten:

- Der Pflegeberuf und seine Belastungen stellen einen starken Risikofaktor für alle untersuchten LWS-Symptome und Bandscheibenerkrankungen dar. Auch bei der statistischen Kontrolle einer Vielzahl anderer Risikofaktoren (s. oben) und potentieller Störfaktoren bleibt dieser Befund ungeschmälert erhalten.

- Insbesondere bei den schwereren Symptomen, den Lumboischialgien und Ischialgien, muß in den meisten Fällen eine berufliche Auslösung vermutet werden.

- Angesichts dieser Ergebnisse erscheint die Praxis der relativ seltenen Anerkennung einer BK in den Pflegeberufen dringend überprüfungswürdig.

TP 7: Internationaler Prävalenzvergleich von Wirbelsäulenerkrankungen bei Pflegedienstangehörigen

Vorliegende internationale Studien sind im Hinblick auf Inzidenz, Prävalenz und Ätiologie nur selten miteinander vergleichbar [8]. Es wird selten ein standardisiertes Untersuchungsinstrumentarium (wie z. B. der Nordic Questionnaire, [5]) verwendet und die Kriterien zur Abgrenzung von Lumbalgien und Lumboischialgien werden nicht einheitlich dargestellt. Aber auch soziokulturelle Unterschiede, die sich in Pflegekonzepten, strukturellen Arbeitsbedingungen und subjektiven Schmerzwahrnehmungsmustern zeigen, können zu unterschiedlich hohen Prävalenzraten des LWS-Syndroms führen. Aus diesem Grund wurde der in unserer Studie eingesetzte Fragebogen aus dem Teilprojekt 1 ins Tschechische, ins Norwegische und ins Französische übersetzt, validiert und bei – allerdings nicht repräsentativen – Kollektiven in der Tschechischen Republik (Prag und Budweis), in Norwegen (Asker) und in Frankreich (Haguenau) eingesetzt. Ein afrikanisches Kollektiv in Kamerun (Douala) ergänzte die Studie und gab uns die Möglichkeit, unsere Zahlen mit denen aus einem Land zu vergleichen, das sich in vielerlei Hinsicht von der Berufsgruppe in hochentwickelten Industrieländern unterscheidet. Tabelle 1 gibt einen Überblick über die Struktur der Kollektive.

Die Gruppen sind leider nicht in allen Aspekten miteinander vergleichbar. Das norwegische Kollektiv ist relativ älter und hat die niedrigste durchschnittliche wöchentliche Arbeitszeit. Die afrikanischen und die tschechischen Befragten zeichnen sich durch eine höhere Arbeitszeit und eine äußerst schlechte ergonomische Ausstattung aus. Das afrikanische Team hat darüber hinaus einen sehr viel höheren Männeranteil.

Tabelle 1. Strukturmerkmale der internationalen Pflegekollektive

	Deutschland	Norwegen	Tschechien	Frankreich	Kamerun
Total N	3332	104	334	263	66
Anteil Frauen	87%	96%	100%	93%	58%
Mittleres Lebensalter	34.3 ± 10.5 J.	42.0 ± 12.0 J.	29.4 ± 10.4 J.	33.8 ± 8.3 J.	34.8 ± 7.0 J.
Mittleres Berufsalter	11.3 ± 8.6 J.	12.8 ± 8.1 J.	8.3 ± 8.4 J.	7.4 ± 6.6 J.	11.7 ± 0.6 J.
Mittlere wöchentliche Arbeitszeit (Stunden)	35.7 ± 8.2	30.5 ± 8.4	44.3 ± 4.4	38.2 ± 6.1	47.8 ± 0.1
Verfügbarkeit Hebehilfen	42%	86%	10%	42%	keine

Prävalenz des Lumbalsyndroms. Im Hinblick auf die Lebenszeitprävalenz in Abb. 3 ist das deutsche Kollektiv das einzige, das eine *konstant* hohe Beschwerdenrate bei steigendem Berufsalter aufweist. Das tschechische Kollektiv zeigt die höchste Prävalenzrate, während die Befragten in Kamerun unvergleichbar seltener Beschwerden angegeben haben. Dies erscheint erstaunlich, da verschiedene Belastungsaspekte darauf verweisen, daß eine sehr viel höhere Schmerzrate zu erwarten gewesen wäre; genannt seien hier nur die fehlende Verfügbarkeit technischer Hebehilfsmittel und die Arbeitszeit mit durchschnittlich 48 Wochenstunden. Diese Merkmale sind nur noch mit denen des tschechischen Kollektivs zu vergleichen.

Noch deutlicher wird der Erklärungsbedarf an soziokulturellen Unterschieden bei der Betrachtung der Lumboischialgieraten (s. Abb. 3). Das afrikanische Kollektiv hat in keinem einzigen Fall ein solches Symptom angegeben, während hier das deutsche die höchste Schmerzrate aufweist.

Die Verteilung in Abb. 4 läßt sich auch nicht als ein Zusammenhang zwischen Prävalenz- und Arbeitsunfähigkeitsraten aufgrund von Wirbelsäulenbeschwerden interpretieren: Das vergleichsweise gut mit Hebehilfen ausgestattete norwegische Pflegepersonal mit einer niedrigeren Lumboischialgierate wurde am häufigsten krankgeschrieben, während das

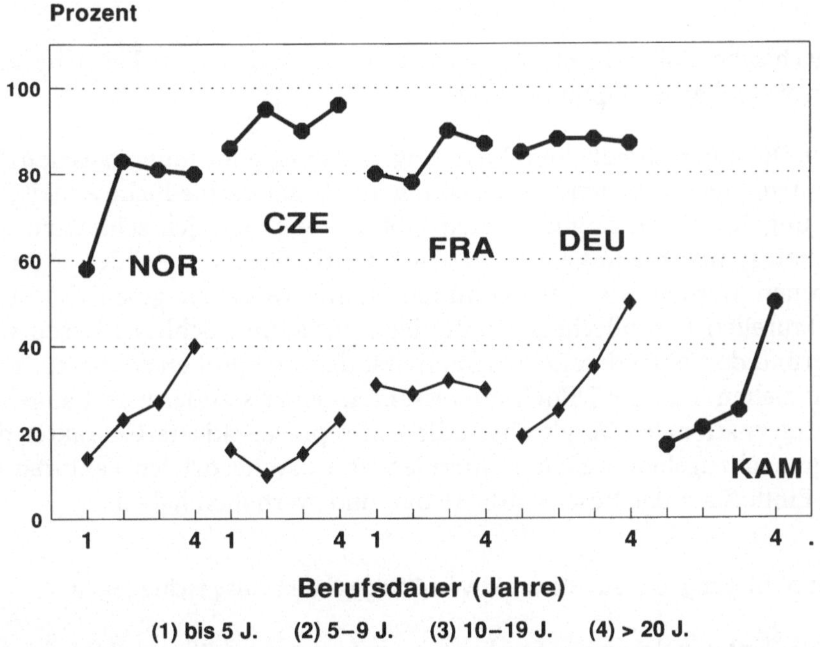

Abb. 3. Lebenszeit-Prävalenz Lumbalsyndrom und Lumboischialgie – Pflegekollektive verschiedener Länder

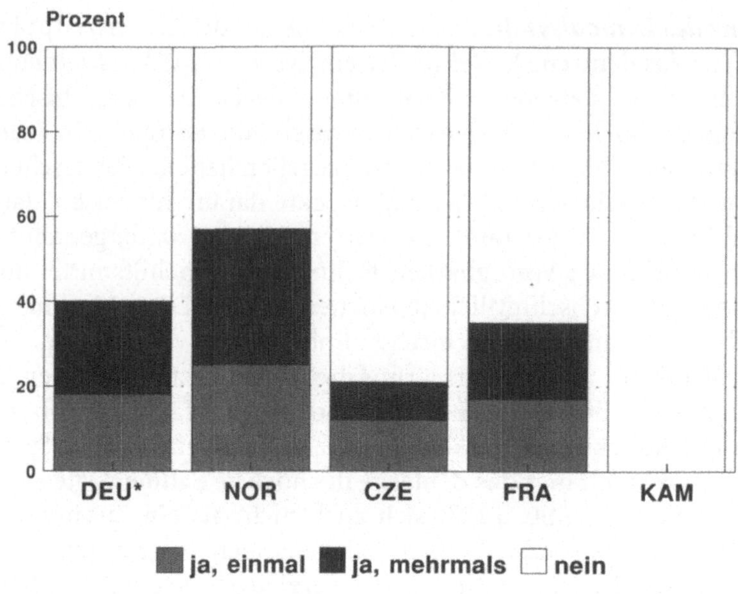

Abb. 4. Arbeitsunfähigkeit wegen Wirbelsäulenerkrankungen – Pflegekollektive verschiedener Länder

tschechische Kollektiv im Vergleich seltener und das afrikanische kein einziges Mal arbeitsunfähig wurde.

Fazit. Die unterschiedlichen Daten zeigen, daß es keine monokausalen Zusammenhänge zwischen der Belastung durch unterschiedliche Arbeitsbedingungen und Erkrankungsraten gibt. Daraus läßt sich schließen, daß Schmerzsymptome in verschiedenen Kulturkreisen verschieden wahrgenommen werden bzw. ein Krankschreibungsverhalten gesellschaftlich-strukturellen Besonderheiten unterliegt. Endgültige Schlüsse lassen sich aufgrund der fehlenden Repräsentativität der Stichproben an dieser Stelle nicht ziehen. Es wäre jedoch interessant, in einer standardisiert angelegten, internationalen Vergleichsstudie mit repräsentativem Charakter der Frage nachzugehen, welche kulturellen und psychosozialen Faktoren einen Einfluß auf das Beschwerdeerleben und -verhalten haben.

TP 5: Befragung bei aus dem aktiven Pflegedienst Ausgeschiedenen

Für die Untersuchung des Studienteils 5a wurden 113 Pflegekräfte, die aus dem aktiven Dienst ausgeschieden waren und an einer Weiterbildung zur

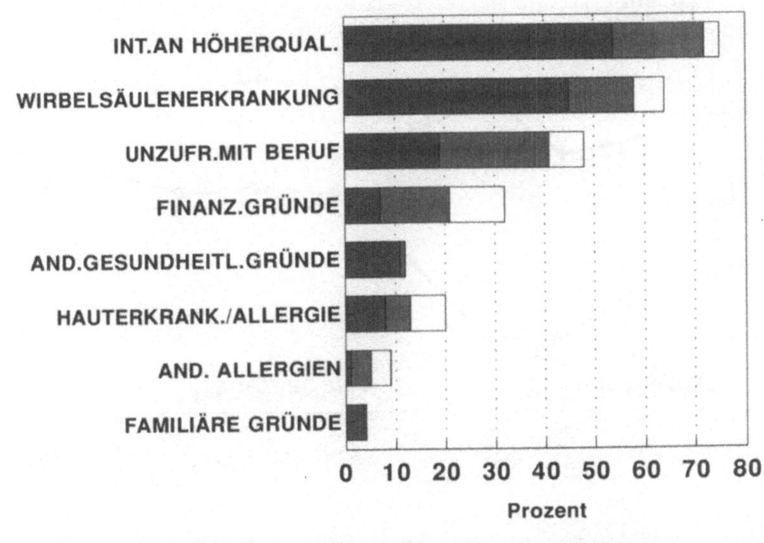

Abb. 5. Gründe für die Weiterbildung (Mehrfachnennungen; n = 113; Prozent fehlend zu 100 = "spielte keine Rolle")

Pflegedienstleitung bzw. zur Unterrichtslehrkraft teilnahmen, schriftlich befragt. Befragungsinhalte waren die Wichtigkeit von Gründen für die Fortbildung, die Anamnese von Wirbelsäulenbeschwerden und – retrospektiv – psychosoziale Aspekte am letzten Arbeitsplatz.

Gründe für die Weiterbildung. Das Interesse an einer Höherqualifikation stellt – wie leicht nachzuvollziehen ist – den entscheidenden Grund für die ehemaligen Pflegekräfte dar, an einer Weiterbildung teilzunehmen. Gleich an 2. Stelle stehen jedoch – wie vermutet – Wirbelsäulenbeschwerden oder -erkrankungen als *hauptsächlicher Grund* für eine berufliche Veränderung (Abb. 5). Statistisch gesehen besteht eine hohe Korrelation zwischen der Lebenszeitprävalenz des Lumbalsyndroms und seinem Stellenwert als Ausscheidungsgrund aus dem aktiven Pflegedienst (r = 0.7371; p < 0,01). Andere gesundheitliche Aspekte wie Allergien, finanzielle oder familiäre Faktoren spielen bei den meisten Befragten genauso wie andere Faktoren eine geringere Rolle. Lediglich die Unzufriedenheit mit dem Beruf ist für einige „Umsteiger" ein wichtiger Aspekt.

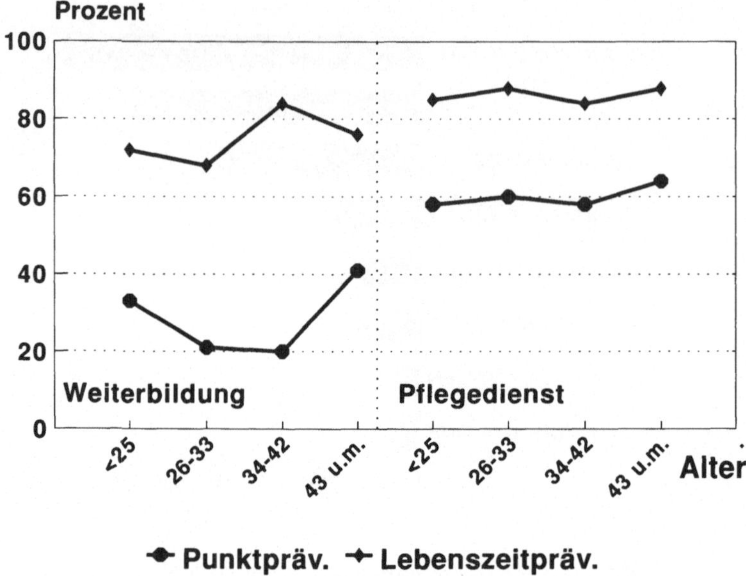

Abb. 6. Punkt- und Lebenszeitprävalenz des Lumbalsyndroms – Vergleich von Pflegekräften im Pflegedienst und in der Weiterbildung

Prävalenz von Wirbelsäulenbeschwerden. Die Prävalenz des Lumbalsyndroms zeigt Abb. 6 im Vergleich mit im Pflegedienst noch aktiven Berufstätigen aus dem Teilprojekt 1. Ein Alterseffekt im Hinblick auf die Lebenszeitprävalenz wird bei beiden Kollektiven nicht sichtbar, wie das bei anderen epidemiologischen Studien der Fall ist.

Die Aussagekraft der Punktprävalenz des Weiterbildungskollektivs ist allerdings gegenüber Studien eingeschränkt, die sich mit berufstätigem Pflegepersonal befassen, da die Befragten zum Zeitpunkt der Angabe nicht mehr in diesem Beruf tätig waren; deshalb erscheint es auch logisch, daß die Prävalenzrate des Lumbalsyndroms ca. 10 % niedriger ist als bei den noch aktiv im Beruf arbeitenden Beschäftigten. Es ist wahrscheinlich, daß sich die Symptome mit der Aufgabe der wirbelsäulenbelastenden Pflegetätigkeiten verringern.

Besonders interessant wird der Vergleich, wenn man das Lumbalsyndrom unter dem gravierenden Einzelsymptom der *Lumboischialgie* oder *Ischialgie* betrachtet, das durch das Merkmal der Nervenwurzelreizung eine manifeste Schädigung der Bandscheiben wahrscheinlich macht. Die – hier mittels der logistischen Regression geschätzte – Lebenszeitprävalenzrate einer Lumboischialgie ist bei dem Kollektiv der „Umsteiger" deutlich höher als bei den „Aktiven" (Abb. 7). Berücksichtigt wurde in

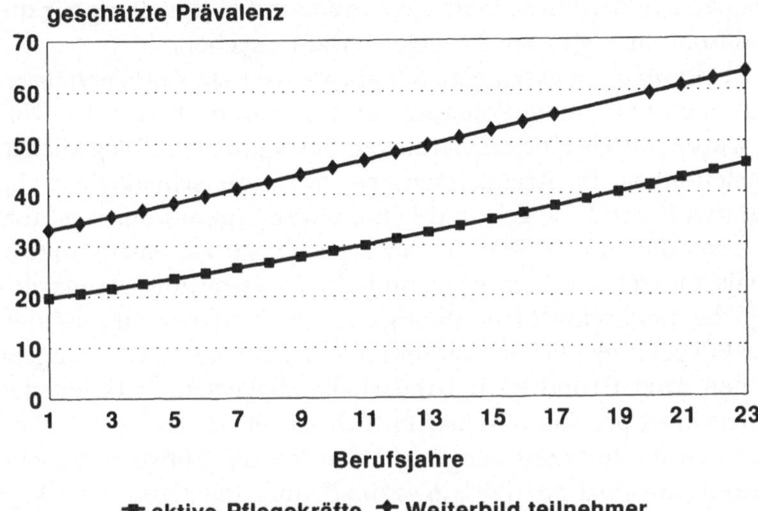

Abb. 7. Geschätzte Lebenszeitprävalenz der Lumboischialgie nach Berufsjahren – Vergleich von Pflegekräften

diesem Fall das *Berufs-* und nicht das Lebensalter der Beteiligten, um den Berufseffekt deutlicher herauszustreichen.

Fazit. Durch den fehlenden Altersanstieg (der durch die Auswahl des Kollektivs und bei einer Fallzahl von 113 als zufällig betrachtet werden muß) konnte ein „healthy worker effect" bei den aktiven Pflegekräften nicht im *statistischen* Sinn nachgewiesen werden; die im Vergleich höhere Rate von Lumboischialgiesymptomen bei den „Umsteigern" deutet jedoch darauf hin, daß die epidemiologische Erfassung von Wirbelsäulenerkrankungen im Pflegeberuf grundsätzlich unterschätzt wird, da die ernsthaft Betroffenen für Befragungen am Arbeitsplatz u. U. nicht mehr alle erreicht werden.

TP 6: Abschätzung der Wirbelsäulenbelastung bei Pflegetätigkeiten

Ziel des Teilprojektes 6 war die Abschätzung der Wirbelsäulenbelastungsexposition von Pflegekräften in verschiedenen Krankenhausfachbereichen in Abhängigkeit von bestimmten strukturellen Merkmalen. Die Analyse dieser Faktoren im Hinblick auf das Zustandekommen von Belastungssituationen sollte zur Erstellung eines Bewertungsstandards für

Arbeitsplätze in der Pflege beitragen und damit Hilfestellung für die Gutachtendurchführung in BK-Anzeigenverfahren geben.

Die Ergebnisse umfassen eine Stichprobe von 122 Krankenhäusern mit 679 Stationen und einem Potential von rund 19 000 Betten. Die Untersuchung wurde mittels einer schriftlichen Befragung von Pflegedienst- und Stationsleitungen in Krankenhäusern mit unterschiedlichem Versorgungsstatus (Grund-, Regel- und Maximalversorgung) durchgeführt. Neben Informationen zum Stationsschwerpunkt, zur Patientenstruktur, zum Personalschlüssel und zum ergonomischen Ausstattungsstandard wurde die tägliche durchschnittliche Häufigkeit verschiedener wirbelsäulenbelastender Pflegetätigkeiten erfragt und in einem Index zusammengefaßt.

Bei den zwei Grundtypen bandscheibenbelastender Tätigkeiten, die eine Pflegekraft pro Tag durchschnittlich zu verrichten hat („Heben/Tragen" und „Rumpftorsion/-beugung") wurden die Antwortmöglichkeiten „nie/selten", „1–5mal pro Tag", „6–10mal" und „über 10mal" vorgegeben. Im Rahmen der statistischen Analyse wurden zwei Summenindizes beider Tätigkeitstypen gebildet und standardisiert:

- *Index 1: „Heben/Tragen"* (Betten und Lagern von Patienten, Umsetzen, Umlagern oder Tragen von Patienten, Anheben von Patienten im Bett ohne Hilfsmittel, Tragen, Lagern schwerer Gegenstände, Patienten mobilisieren).
- *Index 2: „Rumpfbeugen und -torsion"* (Körperpflege bettlägeriger Patienten, Patienten ankleiden, Hilfe bei der Nahrungsaufnahme, Dekubitusprophylaxe, Wechseln von Verband, Infusion, Urinbeutel etc., Duschen von Patienten in Duschen mit Wannenrand, Baden von Patienten, Bettenmachen, Essensausgabe, Schieben von Gegenständen).

Die Indizes können Werte zwischen 0 und 3 annehmen. Der Wertebereich von 0–1 wird schematisch als „niedrige", von 1–2 als „hohe" und von 2–3 als „sehr hohe" Wirbelsäulenbelastungsexposition eingestuft.

Die Bewertung von Stationsleitungen in pädiatrischen Abteilungen ergaben den vergleichsweise höchsten Belastungsindex, gefolgt von chirurgischen und Abteilungen der Inneren Medizin. Eine Differenzierung in die beiden Teilindizes zeigt – wenn auch nur graduell – unterschiedlich hohe Belastungsprofile in den Aufgabenbereichen „Heben/Tragen" und „Rumpfbeugung und -drehung" auf verschiedenen Stationen. Bei beiden Indizes ist die Belastung auf den pädiatrischen Stationen am höchsten (Abb. 8).

Durchschnittlich gesehen, kann von keiner Station ein Indexwert zwischen 2 und 3 („sehr hohe Wirbelsäulenbelastung") referiert werden. Im Einzelfall wird der Maximalwert von 3 jedoch durchaus realisiert. Prinzipiell ist in der Praxis schon das Erreichen des Indexwertes 2,0 („hohe Be-

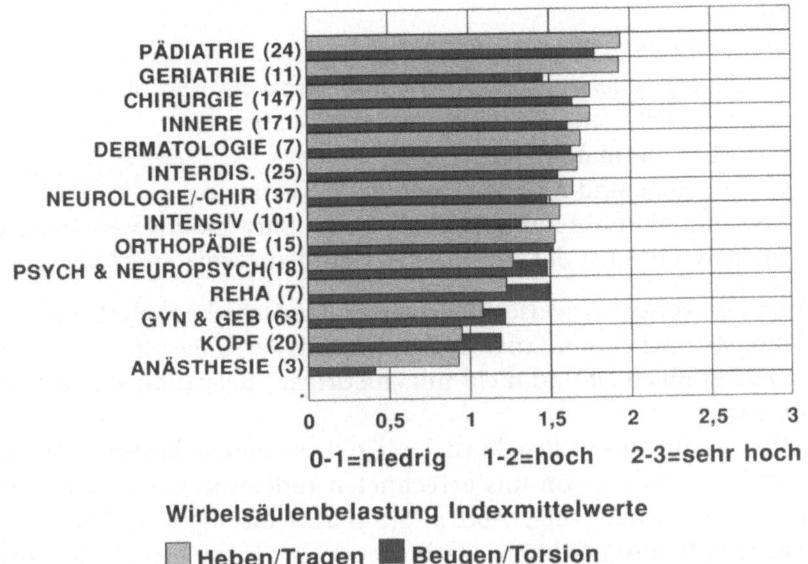

Abb. 8. Wirbelsäulenbelastungsindex (Index 1 „Heben/Tragen; Index 2 „Rumpfbeugung und -torsion"); Mittelwertvergleich beider Indices (*Zahlen in Klammern* valide Fälle in den Gruppen)

lastung") im Extremfall damit verbunden, daß eine Pflegekraft bis zu 40 bis 50mal täglich hebt oder trägt. Da die Werte um den Mittelwert teilweise – v. a. bei niedrigen Fallzahlen – beträchtlich streuen, muß auf unterschiedliche Einschätzungen auf Stationen gleichen medizinischen Typs, aber mit unterschiedlichen Schwerpunkten geschlossen werden. Bei der Betrachtung der Ergebnisse wird offensichtlich, daß die Höhe der durchschnittlichen Gesamtwirbelsäulenbelastung bei den gynäkologischen, den Rehabilitations-, Anästhesie- und „Kopf"-Stationen deutlich niedriger zu sein scheint als auf den übrigen Stationen.

Bei der Aufschlüsselung der Stationsbereiche nach *Krankheitsschwerpunkten der Patienten* wurden teilweise starke Inhomogenitäten bei der Wirbelsäulenbelastungsbeurteilung deutlich. Ein mit standardisierten Indexwerten vorgenommener Vergleich aller Subgruppen zeigte den niedrigsten Indexwert auf Anästhesiestationen. Die Belastung auf pädiatrischen Infektionsstationen ist z. B. 2,5mal und auf operativ arbeitenden orthopädischen Stationsbereichen 3,5mal so hoch wie auf Anästhesiestationen.

In folgenden Stationsbereichen kommt nach unseren Daten eine vergleichsweise geringere Wirbelsäulenbelastung vor als in anderen:

- Dialyse,
- konservative orthopädische Behandlung,
- gynäkologische/geburtshilfliche und gemischte Stationen,
- Augen-, HNO- und Zahnbehandlungs-Stationen,
- operative Dermatologie,
- geschlossene und Akutstationen der Psychiatrie,
- Rehabilitationsabteilungen (Ausnahme: Entwicklungsrehabilitation),
- Intensivstationen der Neurologie, Neurochirurgie und Anästhesie.

Trotz der vergleichsweise niedrigeren Bandscheibenbelastung in diesen Stationsbereichen muß man bedenken, daß der Unterschied in vielen Fällen nur graduell ist und nicht mit „niedriger" Belastung verwechselt werden darf.

Was es für eine Pflegekraft bedeutet, in einem bestimmten Arbeitsbereich mit einem von uns errechneten Indexwert eine gewisse Zeit gearbeitet zu haben, zeigt Abb. 9. Sie macht die *tägliche* Belastung eines beispielhaft ausgewählten Stationsbereichs (Knochen-/Unfallchirurgie) deutlich im Vergleich mit einer HNO/Zahnstation, für die eine eher niedrige Wirbelsäulenbelastung dokumentiert ist. Bedenken sollte man, daß es sich hierbei um Durchschnittswerte handelt, d.h. die Werte dürften in Wirklichkeit eher noch höher sein als die angegebenen.

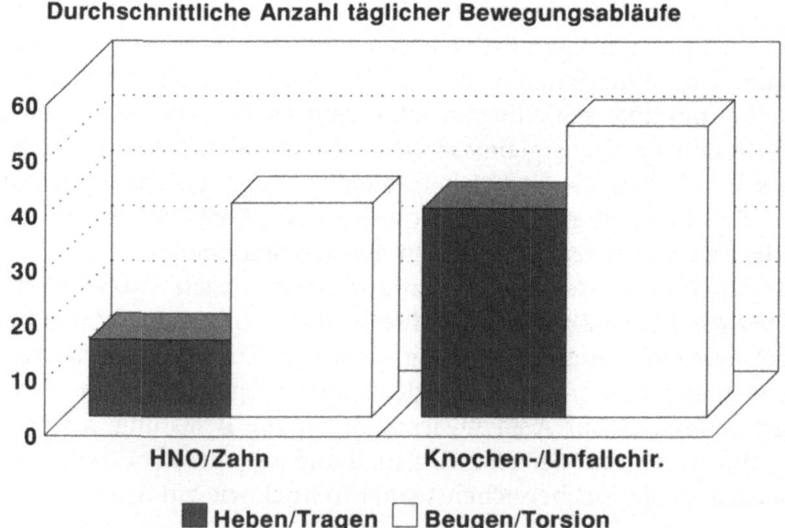

Abb. 9. Durchschnittliche Häufigkeit der täglichen Wirbelsäulenbelastung einer Pflegekraft – Vergleich von zwei beispielhaften Stationsbereichen

Die durchschnittliche Wirbelsäulenbelastung durch Heben und Tragen auf einer Knochen-/Unfallchirurgiestation ist nach unseren Erhebungen mehr als doppelt so hoch wie auf der HNO-Zahnstation. Da auf dieser Station im Vergleich jedoch nicht viel weniger Rumpfbeuge- oder Torsionsbewegungsabläufe anfallen, ist die Gesamtbelastung dort ebenfalls nicht als gering einzustufen. Wenn man nur die Hebe- und Tragetätigkeiten auf ein Arbeitsjahr hochrechnet, kommt man auf eine durchschnittliche Anzahl von 3080 (HNO-Zahnstationen) bzw. 8860 Bewegungen (Knochen-/Unfallchirurgie) für eine einzige Pflegekraft. Nach zehn Jahren Berufstätigkeit auf einer Knochen- und Unfallchirurgiestation hat eine Pflegekraft also im Schnitt 80 860 mal gehoben und getragen.

Zur Frage, welche strukturellen Faktoren bei Gutachten in BK-Anzeigenverfahren berücksichtigt werden sollten, wurde eine multiple Regressionsanalyse durchgeführt. Sie ergab einige signifikante Einflüsse $(p < 0{,}10)$ auf das Ausmaß der Wirbelsäulenbelastung von verschiedenen Stationstypen sowie weiteren strukturellen Einflußgrößen; es handelt sich jedoch in allen Fällen um niedrige bis sehr niedrige Korrelationen, so daß von einem *nennenswerten* Einfluß – statistisch gesehen – nicht gesprochen werden kann.

Es handelte sich um ein Krankenhaus der Maximalversorgung $(p = 0{,}13)$; Platzverhältnisse in den Patientenzimmern, v. a. längsseitig an der Wand stehende Betten: $p = 0{,}10$; Anteil nicht mobiler Patienten: $p = 0{,}24$; Anzahl Patienten $(p = 0{,}26)$; Verfügbarkeit von Hebehilfen: $p = 0.09$[1].

Fazit. Von einer einheitlichen Kausalbeziehung zwischen Stationstypen wie Orthopädie, Chirurgie, innere Medizin etc. sowie dem Ausmaß einer potentiellen Wirbelsäulenbelastung der Pflegekräfte kann nicht gesprochen werden. Da auch sonst keine *hoch* korrelierenden und damit verallgemeinerbare Faktoren gefunden wurden, die bei BK-Begutachtungen berücksichtigt werden müssen, sollte bei diesem Verfahren auf eine Einzelarbeitsplatzbetrachtung nur begrenzt verzichtet werden. Da die Typologisierung der Stationen bei der Verteilung der Ergebnisse jedoch eine gewisse Rolle spielt, können die Ergebnisse dieser Studie zumindest tendenzielle Hinweise für die Expositionsbewertung geben.

---

[1] Strukturelle Einflußfaktoren, die mit 90%iger Wahrscheinlichkeit einen signifikanten Erklärungsbeitrag für die Exposition von wirbelsäulenbelastenden Tätigkeiten leisten: Krankenhaustyp = Maximalversorgung (beta = 0,13); Platzverhältnisse in den Patientenzimmern (v. a. längsseitig an der Wand stehenden Betten (beta = 0,10); Anteil nicht mobiler Patienten (beta = 0,24); Anzahl Patienten (beta = 0,26); Verfügbarkeit von Hebehilfen (beta = 0,9).

Ausblick

Die Ergebnisse der internationalen Freiburger Wirbelsäulenstudie zeigen eindrucksvoll die große Belastung und Beanspruchung der Wirbelsäule im Pflegeberuf. Die hier vorgestellten Ergebnisse deuten die Wichtigkeit einer längsschnittlichen Beobachtung von Beschäftigten im Pflegeberuf an: Die entsprechende im Rahmen des Teilprojektes 2 laufende Längsschnittstudie, die zunächst für einen Zeitraum von 5 Jahren projektiert war, wird deshalb weitere 5 Jahre durchgeführt werden. Von ihrem Ergebnis wird es abhängen, inwieweit der im Merkblatt zur BK 2108 angegebene Zehnjahreszeitraum als Voraussetzung für die „Langjährigkeit" der wirbelsäulenbelasteten Tätigkeit weiter präzisiert werden kann. Möglicherweise wird es am Ende des Zehnjahreszeitraumes lohnend erscheinen, noch einmal eine Verlängerung um weitere fünf Jahre anzustreben. Schon jetzt macht sich allerdings die hohe Fluktuation im Pflegeberuf bemerkbar: Mehr und mehr Beschäftigte scheiden aus dem Beruf aus, so daß schon jetzt teilweise eine Auslese nach dem Prinzip des „healthy-worker-effects" zu beobachen ist.

Wichtigstes Ziel für die Zukunft ist die Planung und Durchführung von Interventionsstudien auf zumindest zwei Ebenen, nämlich:

- der Ausbildungs(Rückenschul)ebene und
- der Implementierung eines Systems von Hebehilfen.

Die Beobachtung des Interventionseffekts kann – wie die hier vorgestellten Studien zeigen – ohne große Schwierigkeiten mit den vorhandenen Erhebungsinstrumenten durchgeführt werden. Nicht nur das persönliche Interesse der Betroffenen sollte dabei im Vordergrund der Überlegungen stehen, sondern in Zeiten knapper werdender Ressourcen durchaus auch der betriebs- und volkswirtschaftliche Aspekt. Nur eine sinnvolle Intervention kann am Ende dazu beitragen, daß der hohe wissenschaftliche personelle und finanzielle Aufwand der hier vorgestellten Studien gerechtfertigt werden kann.

Literatur

1. Cato C, Olson DK, Studer M (1989) Incidence, prevalence, and variables associated with low back pain in staff nurses. AAOHN-J 37(8):321–327
2. Heliövaara M (1987) Occupation and risk of herniated intervertrebral disc or sciatica leading to hospitalization. Chron Dis 40:259–264
3. Hofmann F, Michaelis M, Stössel U, Siegel A (1995) Die „Freiburger Wirbelsäulenstudie" – Epidemiologie arbeitsbedingter Wirbelsäulenerkrankungen bei Beschäftigten im Gesundheitsdienst in Deutschland. Das Gesundheitswesen 57:467–475

4. Hofmann F, Michaelis M, Siegel A, Stößel U, Stroink U (1995) Bandscheibenbedingte Erkrankungen der Wirbelsäule – Untersuchungen zur Frage der beruflichen Verursachung. In: Wolter D, Seide K (Hrsg) Berufskrankheiten 2108 · Kausalität und Abgrenzungskriterien. Springer, Berlin Heidelberg New York Tokyo, S 47–61
5. Kuorinka I, Jonsson B, Kilbom A, Vinterberg H, Biering-Sörensen F, Andersson G, Jorgensen K (1987) Standardised Nordic questionnaires for the analysis of musculoskeletal symptoms. Appl Ergon 18(3):233–237
6. Nübling M, Michaelis M, Hofmann F, Stößel U (1997) Wirbelsäulenbeschwerden im Pflegeberuf – Eine Querschnittsuntersuchung. Gesundheitswesen 59:271–274
7. Nübling M, Michaelis M, Hofmann F, Stößel U (1996) Prävalenz von Lendenwirbelsäulenbeschwerden in Pflege- und Büroberufen – Eine Querschnittstudie. In: Hofmann F, Reschauer G, Stößel U (Hrsg) Arbeitsmedizin im Gesundheitsdienst, Bd 9. Edition FFAS, Freiburg, S 177–187
8. Stößel U, Hofmann F, Mlangeni D (1990) Zur Belastung und Beanspruchung der Wirbelsäule bei Beschäftigten im Gesundheitsdienst. Ergebnisse einer Literaturrecherche im Auftrag der Berufsgenossenschaft für Gesundheitsdienst und Wohlfahrtspflege, Hamburg (Eigendruck der BGW)

Chapter 19

Low Back Pain Caused by Occupational Lifting – Workmen's Compensation in Denmark

F. B. SVARRER

Background

The Danish workers' compensation scheme is about 100 years old. For a number of years, the Danish legislation on industrial injuries included only accidents, but in the course of the 1970s the Act was amended so that it also became possible to recognize occupational diseases. The Danish system is based on insurance companies. Private employers are under an obligation to take out industrial injuries insurance with an insurance company which has been licensed to effect industrial injuries insurance. In this way, the insurance companies pay out the compensation and defray the costs of administration of the worker's compensation scheme, whereas the National Board of Industrial Injuries makes the decisions regarding recognition of industrial injuries as well as payment of compensation.

The Industrial Injuries Concepts – List of Occupational Diseases

As mentioned earlier, industrial injuries can be recognized under Danish legislation either as accidents or as occupational diseases. An accident is defined in accordance with the definition used in general insurance law, namely:

A sudden and external event which occurs without the insured person's intention and has a harmful effect on the state of health of the person in question.

Occupational diseases are defined as:

Diseases which, according to medical or technical experience, are caused by the specific conditions to which groups of individuals within a particular occupation are more likely to be exposed than persons not engaged in that line of work.

In connection with the question of recognition of low-back diseases, we first and foremost have to deal with the field of occupational diseases. In this field we have the so-called mixed system in Denmark. This system is well-known to members of the European Union. For example, we base our work on a List of Occupational Diseases, which comprises diseases that can be recognized when a number of conditions have been fulfilled. After discussions with the Occupational Diseases Committee, the Director General of the National Board of Industrial Injuries decides which diseases should be included in the List of Occupational Diseases and what additional conditions need to be fulfilled. In practice this means that before the disease can be included in the list, actual epidemiologic findings need to prove a correlation between a specific type of exposure and a specific disease. Diseases other than those included in the List of Occupational Diseases may be recognized if it can be established for each specific case either that the disease fulfils the conditions for inclusion in the List or that it must be deemed to have been caused, solely or mainly, by the special nature of the work. These diseases can be recognized only after submission to the Occupational Diseases Committee.

The Occupational Diseases Committee

The Occupational Diseases Committee is set up by the Minister of Social Affairs and is composed of a chairman nominated by the National Board of Industrial Injuries, two members nominated by the Danish Confederation of Trade Unions, two members nominated by the Federation of Danish Employers, one member nominated by the National Board of Health, and one member nominated by the Working Environment Service. I myself have been Chairman of the Committee for a number of years. The two sides of industry thus have a great influence on the shaping of the List of Occupational Diseases, as well as the recognition of specific non-listed diseases.

Recognition of Low-Back Diseases in Retrospect

Previously, low-back diseases were almost only recognized in connection with accidents. Back diseases are not included in the List of Occupational Diseases, and it was only in the late 1980s that we found that sufficient knowledge had been collected for low-back diseases to be recognized as occupational diseases.

Over the years, the Occupational Diseases Committee had been discussing whether it would be possible and expedient to include low-back diseases in the list. In 1987, the Committee set up an expert sub-committee composed of representatives of the relevant scientific and medical organizations.

The tasks of the sub-committee were the following:

- To describe existing knowledge on the correlation between work and low-back disorders.
- To assess if, and according to what criteria, low-back diseases should be included in the List of Occupational Diseases.

In the spring of 1989, the expert sub-committee submitted a report on their work. It appeared from the report that the Committee had reached an agreement that under certain specific circumstances low-back diseases should be recognized as industrial injuries. Thus there was general agreement that low-back diseases could be caused by heavy lifting work. The committee did not take a position on whether other types of back-loading work (pushing, pulling, exposure to full-body vibrations) might also lead to low-back diseases.

The committee did not however, agree, on recommending that low-back diseases should be included in the List of Occupational Diseases. In my opinion this illustrates very well the slender evidence of any correlation.

As the Occupational Diseases Committee had already been processing a significant number of potentially work-related low-back diseases for some years, and the National Board of Industrial Injuries expected to receive an increasing number of reported low-back diseases in future, the committee decided that cases regarding recognition of low-back disease should be handled at special meetings.

At the same time it was decided that, with regard to conditions for recognition, specific cases were to be assessed on the basis of recommendations by the expert committee.

Against this background, the Occupational Diseases Committee have in recent years developed a practice for recognition of low-back diseases. For example, the Committee have set up a number of requirements regarding the extent, nature, and duration of the load, as well as requirements regarding the origin, nature, and development of the disease. The Committee have also set up requirements regarding the documentation to be produced in order to prove that the conditions have been fulfilled.

Present Practice

With regard to load, the basic principle is that there must have been daily lifting work totalling 10 tons or more for 8–10 years. At the same time, individual loads need to have weighed not less than 50 kg for men and not less than 35 kg for women. These requirements may be eased or modified if the circumstances in connection with the lifting work have been particularly difficult. For example, the requirements regarding the single lift may be reduced if there have been any so-called reduction factors, such as:

- Lifting above shoulder height
- More than one lift per minute
- Lifting involving a twisted lower back
- Lifting in a stooping position
- Lifting at more than half arm's length from the body.

The requirements for individual loads are reduced in proportion to the number of reduction factors present. However, individual burdens must weigh at least 8 kg for men and 5 kg for women.

Correspondingly, the requirements regarding total daily lifting may be reduced if:

- The lifting work has continued over more than 8–10 years
- The injured person is a woman or a particularly slight man
- The lifting has been performed over long distances
- At least three or four reduction factors have been present, and
- The individual loads have weighed at least 15–18 kg.

The requirements regarding the duration of the lifting work may be somewhat reduced if very large loads totalling 15–25 tons have been lifted every day. However, the lifting work must have stretched over at least 3–4 years.

If there have been extremely heavy single loads, i.e., 100 kg, and the lifting work has been performed under extremely awkward conditions, the disease may be recognized if the total daily quantity lifted amounts to not less than 3.5 tons, and the lifting work has been performed for at least 8 years. This last condition we base on a judgement delivered by the Danish Supreme Court.

People employed in the health care sector seldom fulfil these relatively strict load requirements. However, since several studies provide documentation that care personnel have a significantly higher risk of early retirement due to low-back disease, the Committee have nevertheless recognized a limited number of back diseases in care personnel.

Since it has not been definitely established which kind of loads are relevant in the development of low-back disease in care personnel, the Committee have decided that only the heaviest work in these categories may give relevant grounds for recognition of low-back disease in care personnel.

According to the Committee's practice in recognizing low-back disease in care personnel, the following conditions should be met:

- There must have been unusually heavy care work for 15 years or more. Unusually heavy care work is defined as caring for patients who need

care and mobility assistance for the major part of the working day under cramped or otherwise awkward space conditions, where no aid equipment has been used for lifting or has been used only occasionally, and where a great part of the work has been performed by one person alone, or
– There must have been extremely heavy care work for 10 years or more. Extremely heavy care work involves the same loads as in unusually heavy care work, but in addition the care person in question must have been in charge of one or several patients with unusually high needs of mobility assistance.

In addition to load requirements, there are requirements as to the cause of the disease, the nature of the disease, and how it developed. It should be a permanent low-back disease.

Therefore, passing complaints, such as acute low-back pain, are normally not recognized. The following complaints, however, are often recognized:

– Lumbago or sciatica with daily discomfort
– Degenerative diseases with daily discomfort
– Prolapsed disc.

Some diseases may by themselves lead to substantial chronic pain in the lower back. These diseases are the following:

– Low-lying morbus Scheuermann
– Morbus Bechterew
– Arcolysis with Spondylolistesis
– Severe idiopathic scoliosis
– Asymmetric lumbar vertebra.

These diseases are normally not recognized as industrial injuries. If they are present in addition to other diseases which may be work-related, any recognition will make reservations for the existing disease. This means that compensation will be granted only for that part of the back disease which in our opinion is due to the industrial injury.

It is a condition of recognition that there is a relevant connection in time between the disease and the lifting work. This means that the first symptoms need to have appeared some years after the back-loading work was commenced, and normally not more than five years after the heavy lifting work was terminated.

In each specific case there has to be documentation of how the disease was caused and of its nature and development, just as the extent and duration of the lifting work needs to be documented.

The National Board of Industrial Injuries collects the necessary documentation from, typically, the injured person himself, from the employer, and from doctors. In this connection, the clinics of occupational medicine make very good work descriptions.

The documentation may be difficult to obtain as it is often a question of working conditions that date far back in time. In cooperation with the two sides of industry, we have started working out a survey of loads in the line of industry in question, for instance the building industry.

What is characteristic of the Danish way of doing things is that we are "leaning on scientific knowledge". Everybody knows that heavy loads may lead to back disease, but experts disagree on when the injuries actually happen.

As pragmatic administrators we cannot wait for the experts to agree, and therefore the Occupational Diseases Committee have developed a practice through their handling of concrete cases. This practice is based to some extent on what the experts know. This we have been able to do as a result of the good cooperation between the two sides of industry.

Kapitel 20

Tendenzen in der EU

F. MEHRHOFF

Wer es wagt, Tendenzen auszusprechen, hat zunächst Fakten zu berücksichtigen. Rechtsgrundlagen gehören dazu, aber auch sozioökonomische Trends, v. a. aber rangiert der Zeitgeist. In Deutschland befindet sich der Sozialstaat derzeit ebenso im Umbau wie in anderen Ländern Europas und der Welt. Das hat sich 1997 auf dem Internationalen Kongreß über Arbeitsunfälle und Berufskrankheiten in München bestätigt.

Der Trend geht dahin, das Gesundheitsrisiko von bisher solidarischen Systemen auf die einzelnen Bürger zu verlagern. Sobald Versicherungsbeiträge steigen, werden Bestand und Aufgaben von Organisationen in Frage und auf den Prüfstand gestellt.

Was hat dieser Trend mit der BK 2108 zu tun? Die Berufsgenossenschaften, und damit die Arbeitgeber allein, finanzierten von 1993 bis 1995 ca. 20 Mio. DM für Maßnahmen zur Rehabilitation sowie für die Entschädigung dieser neuen Berufskrankheit. Die Maßnahmen zur Generalprävention kommen noch hinzu. In 3 Jahren wurden über 300 Fälle anerkannt, 1/3 bei Versicherten im Baugewerbe, ca. 1/4 in den Pflegeberufen und ca. 10 % im Metallgewerbe. Die Anerkennungen steigen. Im Jahre 1995 wurden fast so viel neue Fälle anerkannt wie im Zusammenhang mit allergischen Atemwegserkrankungen und fast so viel wie alle chemischen Berufskrankheiten (1er Gruppe in der BK-Liste) zusammen.

Wie sieht es in den anderen EU-Ländern aus? In keinem anderen Land findet sich eine Erkrankung der Wirbelsäule als Berufskrankheit in der BK-Liste. Dabei geht es wohlgemerkt nicht um Verletzungen der Wirbelsäule, die in mehreren Staaten zunehmen (Finnland, Portugal, Frankreich, Italien), sondern um die degenerativen Erkrankungen der Wirbelsäule. Die allgemeine Zurückhaltung bei der Anerkennung wird damit erklärt, daß es keine klare Abgrenzungskriterien zwischen den beruflich und außerberuflich erworbenen Erkrankungen der Wirbelsäule gibt. Hinzu kommen die oft hohen Nachweishürden bei der Erweiterung der BK-Listen, wie etwa in der Schweiz mit dem sog. 4fachen Risiko gegenüber der Allgemeinbevölkerung, und der Umstand, daß in einigen Ländern, wie etwa in Dänemark, sich die Beweislast in dem Moment umkehrt, also auf den Versicherungsträgern lastet, wenn eine Erkrankung in die BK-Liste aufgenommen wird.

Die meisten Erkrankungen der Wirbelsäule hat neben Deutschland Dänemark anerkannt. Aber diese Anerkennungen werden in jedem Einzelfall von einem ärztlichen Expertenkreis vorher begutachtet und über die sog. Öffnungsklausel, also nicht als Listen-BK, entschädigt. Der Expertenkreis berücksichtigt Kriterien zur Abgrenzung wie etwa die Dauer, die Tagesdosis und die Hebeposition. Eine Modellstudie hat 1993 ergeben, daß diese Kriterien in allen begutachteten Fällen berücksichtigt und damit vergleichbar waren, so daß daraus ein allgemeiner Konsens entwickelt wurde. Darunter befindet sich der Grundsatz: Je höher das Hebegewicht ist, desto kürzer kann die Belastungsdauer sein. Speziell zum Pflegepersonal wurden sehr hohe Hürden bei der Schwere der Tätigkeit angesetzt. Voraussetzung ist eine außergewöhnlich schwere Tätigkeit über 10 Jahre mit extrem hohem Pflegebedarf.

Außer in Dänemark liegen nur einige Entscheidungen in Einzelfällen über die sog. Öffnungsklausel vor. Denn die rechtlichen Hürden sind zum Schutze vor den unabgrenzbaren Schwierigkeiten und vor Beitragserhöhungen sehr hoch angesiedelt. Bei extrem hoher Belastung ordnen Gerichte Erkrankungen der Wirbelsäule, wie etwa in einem Fall in Belgien, in dem es um eine Krankenschwester ging, der beruflichen Sphäre zu, jeweils über die sog. Öffnungsklausel.

Aber ein genauer Blick in die einzelnen Rechtssysteme zu Berufskrankheiten erklärt die *Unterschiede* zu dem deutschen System. Die Berufsgenossenschaften bieten als einzige Träger der Unfallversicherung in Europa, neben Österreich und z. T. der Schweiz, ein vollständiges Angebot an Prävention, Rehabilitation und Entschädigung „aus einer Hand", jeweils mit dem Vorrang von Prävention und Rehabilitation. Dazu gehört auch der sog. § 3 BKV, der Auftrag an die Berufsgenossenschaften, bereits die Gefahr einer Berufskrankheit in Einzelfällen abzuwenden, etwa durch Umschulungen, wenn Berufskrankheiten drohen oder sich verschlimmern können.

In den Niederlanden gibt es das Sondersystem der Unfallversicherung überhaupt nicht. Dort wird nicht zwischen dem Kausalfaktor Beruf und dem der Privatsphäre unterschieden. In Dänemark leisten die Träger der Unfallversicherung nur Geldleistungen, überwiegend Abfindungen und dieselben noch bezogen auf den *Anteil der* beruflichen Verursachung – im Gegensatz zum Alles-oder-nichts-Prinzip. Dort und auch in Belgien müssen die Versicherten wegen des Blicks in Richtung Entschädigung eine BK beantragen mit recht kurzen Ausschlußfristen. Es gibt keine Anzeigepflichten der Ärzte und Unternehmer an die Unfallversicherung, wie in Deutschland, um dadurch sicherzustellen, daß frühzeitig Präventionsmaßnahmen eingeleitet werden.

Auch die *Beratung des Staates*, der in allen EU-Ländern die Kompetenz zur Änderung der BK-Liste innehat, gestaltet sich unterschiedlich. In Deutschland hat das Bundesministerium für Arbeit und Sozialordnung fast ausschließlich Arbeitsmediziner in den Sachverständigenbeirat berufen. In Frankreich hingegen sitzen auch Vertreter der Krankenversicherung und der Sozialpartner mit am Beratungstisch, wenn es darum geht, ob eine Krankheit in die BK-Liste aufgenommen und damit der Unfallversicherung zugewiesen wird.

Wie sehen diesbezüglich die Rechtsgrundlagen auf EU-Ebene aus? Eine Vereinheitlichung der unterschiedlichen Ordnungsprinzipien wird derzeit von der europäischen Kommission nicht betrieben. Die wäre auch rechtlich nicht zulässig. Denn im Gegensatz zum Arbeitsschutz ist dem EWG-Vertrag keine Grundlage zu entnehmen, über die eine verbindliche Rechtsverordnung erlassen werden kann, um Leistungen zur Entschädigung in der Unfallversicherung zu regeln, also wenn es um Anerkennungen als Versicherungsfall geht.

Die EU möchte aber auf die Entwicklung der BK-Listen in den einzelnen EU-Ländern Einfluß nehmen. Deswegen hat sie zuletzt im Jahre 1990 den EU-Mitgliedern die Annahme einer europäischen Liste der Berufskrankheiten empfohlen. Es gibt eine Hauptliste mit 92 Krankheiten und eine ergänzende Liste mit 49 Erkrankungen. Der Unterschied liegt in einer Abstufung der Wahrscheinlichkeit des beruflichen Zusammenhangs der Krankheit. Die Hauptliste ist z.T. umfangreicher als die deutsche BK-Liste, z.T. fehlen aber Erkrankungen, wie etwa zur Wirbelsäule, die nur in der deutschen BK-Liste enthalten sind.

Die Kommission hält es zum gegenwärtigen Zeitpunkt (Stand: Mai 1996) nicht für notwendig, die Empfehlung von 1990 durch eine verbindliche Rechtsvorschrift zu ersetzen. Sie beabsichtigt jedoch, diesen Aspekt bei einer Aktualisierung der europäischen BK-Liste, die noch vor dem Jahr 2000 vorgenommen werden soll, in Betracht zu ziehen. Dabei sollen die Erkenntnisse des wissenschaftlichen und technischen Fortschritts ebenso berücksichtigt werden, wie derzeitige Projekte, mit denen u.a. die Sammlung und Vergleichbarkeit der Daten über Berufskrankheiten sowie ihre epidemiologische Analyse verbessert werden soll. Umgekehrt ist in Deutschland die Übernahme der europäischen Liste 1:1 ebenfalls nicht geplant, ebenso wie in den meisten EU-Ländern.

Als weitere Ebene der Rechtsquellen sind die *zwischenstaatlichen Abkommen* anzusprechen. Die europäische BK-Liste richtet sich an die staatlichen Instanzen der einzelnen EU-Länder. Artikel 57 Abs. 1 der EWG-VO regelt hingegen den Ausgleich von Belastungen innerhalb der Mitglieder der EU. Unterstellt, ein Bauarbeiter, der über Jahre hinweg in Deutschland schwere Gewichte getragen hat, trägt jetzt weiter seine Lasten in Frank-

reich. Hat er einen Anspruch gegen einen Träger der Unfallversicherung
auf Maßnahmen zur Rehabilitation oder auf eine Rente, wenn sein Wirbelsäulenerkrankung auf die Berufstätigkeit zurückzuführen ist?

Fragen dieser Art werden häufiger, seitdem innerhalb der Europäischen
Union die Grenzen abgebaut werden und damit insoweit auch die berufliche Tätigkeit grenzenlos wird. Wandert aber ebenfalls die Berufskrankheit mit? Für die Entschädigung von Berufskrankheiten, die durch gefährdende Tätigkeiten in mindestens 2 oder mehr Mitgliedsstaaten der EU
entstanden sind, hat grundsätzlich der zuständige Träger des Staates zu
leisten, in dem zuletzt gefährdend gearbeitet worden ist. Dabei gibt es mitunter Auslegungsprobleme. Zum Beispiel geht es um die Frage, ob präventive Maßnahmen gemäß § 3 BKV in Deutschland, etwa eine berufliche
Umschulung, zu den ausgleichsfähigen Kosten im Sinne des genannten
Artikel 57 aufgefaßt werden, etwa gegenüber Österreich, wo solche Kosten
rechtlich nicht unter die ausgleichsfähigen Kosten einer Berufskrankheit
fallen, weil es einen § 3 dort nicht gibt.

Abschließend muß die Ebene unterhalb des Staates angesprochen werden, die Träger der gesetzlichen Unfallversicherung. Viele UV-Träger in
der EU haben sich zu einem *„Europäischen Forum der Unfallversicherung“*
zusammengeschlossen, um grenzübergreifend Kenntnisse und Erfahrungen auszutauschen und abzustimmen. Jährlich wechselnde Federführun-
gen stellen sicher, daß eine breite Akzeptanz und Themenauswahl Eingang in die Konferenzen dieses Forums finden. Zu Berufskrankheiten gab
es in den letzten Jahren bereits eine Handvoll Symposien, etwa auch zu
Wirbelsäulenerkrankungen im Jahre 1993.

Der *Austausch medizinischer Erkenntnisse* zum Ursachenfaktor Arbeit
innerhalb der EU wird für jedes Land immer bedeutender. Im Ärztlichen
Sachverständigenbeirat – Sektion Berufskrankheiten – im BMA fließen
ausländische Erfahrungen mit ein. Auch andere Länder, wie gerade etwa
die österreichische Unfallversicherungsanstalt (AUVA), fragen nach Ko-
operationen im Zusammenhang mit der Überarbeitung ihrer BK-Liste.
Dabei geht es um die Transparenz epidemiologischer Studien, aber auch
um die Berücksichtigung von unterschiedlichen Rechtssystemen. Besonders wichtig erscheint der Austausch von anerkannten Fällen außerhalb
der Liste, die in Deutschland über § 9 Abs. 2 SGB VII möglich ist. Auch in
anderen EU-Ländern finden solche „Wie-Berufskrankenheiten“ Eingang
in die Entschädigungspraxis und bieten den Rahmen für die Aufnahme
dieser Erkrankung in die jeweilige BK-Liste.

Neben dem Staat und den UV-Trägern sowie weiteren Gestaltungskräf-
ten trägt die *Ärzteschaft* zur Fortentwicklung der Berufskrankheiten in
der EU bei. Verschiedene Facharztgesellschaften sollten es übernehmen,
besondere Organisationen auf europäischer Ebene zu gründen. Einige Zu-

sammenschlüsse gibt es bereits. In diesem Umfeld lassen sich Informationen etwa über Kausalitäten zwischen Erkrankungen und Beruf ebenso auf den neuesten Kenntnisstand bringen wie zu Themen der Begutachtung von Berufskrankheiten.

Dabei darf auch die *Forschung* zu Ursachen zwischen den Krankheiten und der Arbeitswelt nicht zu kurz kommen. Sie ist auf der EU-Ebene zu fördern mit dem Ziel, neben Präventionsstrategien auch Abgrenzungskriterien zu finden, um den Übergang zur Entschädigung (Rehabilitation und Rente) bei Berufskrankheiten sicherer zu machen. Nur dafür ist die Unfallversicherung als ein von den Arbeitgebern allein finanziertes Sondersystem in Deutschland zuständig. Und nur wenn ein Mindestmaß an Forschungsansätzen koordiniert wird, vermeidet man Doppelforschungen.

Ein Dialog der Verantwortlichen innerhalb der EU ist notwendig, weil es bei dem Thema Berufskrankheiten auch um den Wettbewerb innerhalb der EU geht. Die Wirtschaftsunternehmen werden künftig noch stärker ihre Standorte von den Kosten und den Leistungen der jeweiligen sozialen Sicherungssysteme abhängig machen. Den deutschen Verbindungsstellen der UV-Träger kommt bei den zunehmenden Wanderungsbewegungen in Europa ein immer wichtigerer Beobachtungsstatus zu, um Tendenzen in der EU zu erkennen.

4 Begutachtung

Kapitel 21

Belastungen und Erkrankungshäufigkeit in der Metallindustrie

E. Hartung

Einleitung

An vielen Arbeitsplätzen im Metallgewerbe, insbesondere in größeren Betrieben mit Serienfertigung, konnte in den letzten beiden Jahrzehnten eine Reduzierung der Schwerarbeit durch Mechanisierung und Automatisierung erreicht werden. In bestimmten Bereichen gibt es jedoch auch heute noch Arbeitsplätze, an denen mit gewisser Regelmäßigkeit und Häufigkeit Lasten manuell gehoben und getragen werden müssen oder in extremer Rumpfbeugehaltung gearbeitet wird.

Art und Größe der Metallbetriebe und Bereiche mit Hebe- und Tragetätigkeiten

Anhand der Anzahl der Betriebe, differenziert nach Betriebsgröße (Zahl der beschäftigten Mitarbeiter), und der in der Bundesrepublik Deutschland im Metallbereich insgesamt beschäftigten 3,8 Mio. Personen, soll zunächst dargestellt werden, wie sich diese auf die Gesamtzahl der 138 000 metallverarbeitenden Betriebe verteilen (Tabelle 1, Abb. 1).

Aus Tabelle 1 ist ersichtlich, daß in ca. 91 000 Kleinbetrieben der Metallbranche, was etwa 66 % der Gesamtzahl der Betriebe entspricht, nur 362 000 Personen arbeiten. Die Zahl der Beschäftigten pro Betrieb beträgt etwa vier Personen. Auffällig ist weiterhin, daß lediglich in 350 Betrieben ca. 1,1 Mio. Personen tätig sind. Dies entspricht einem Durchschnittswert von etwa 3000 Personen pro Betrieb.

Abbildung 1 zeigt die prozentuale Verteilung der Betriebe und der zugehörigen Beschäftigtenzahlen. Danach sind etwa 50 % der in der Metallbranche beschäftigten Personen (ca. 1,9 Mio.) in nur 1,6 % der Betriebe (ca. 1500) tätig. Hiervon arbeiten mehr als die Hälfte, etwa 1,1 Mio., was etwa 28 % an der Gesamtzahl der Beschäftigen entspricht, in nur 0,25 % aller Betriebe.

Hinsichtlich einer regelmäßigen und häufigen Belastung durch manuelles Heben und Tragen schwerer Lasten sowie Tätigkeiten in extremer

Tabelle 1. Anzahl der metallverarbeitenden Betriebe und der beschäftigten Mitarbeiter in Abhängigkeit von der Betriebsgröße (Zahl der Beschäftigten)

Betriebsgröße/ Beschäftigte	Gesamtzahl der		Durchschnittliche Anzahl der Beschäftigten pro Betrieb
	Betriebe	Beschäftigten	
bis 9	91 100	362 000	4
10–19	19 800	285 000	14
20–49	16 200	503 000	31
50–199	8 100	751 000	93
200–499	1 600	500 000	300
500–999	500	327 000	650
≥ 1000	350	1 072 000	3100
Gesamt	137 700	3 800 000	

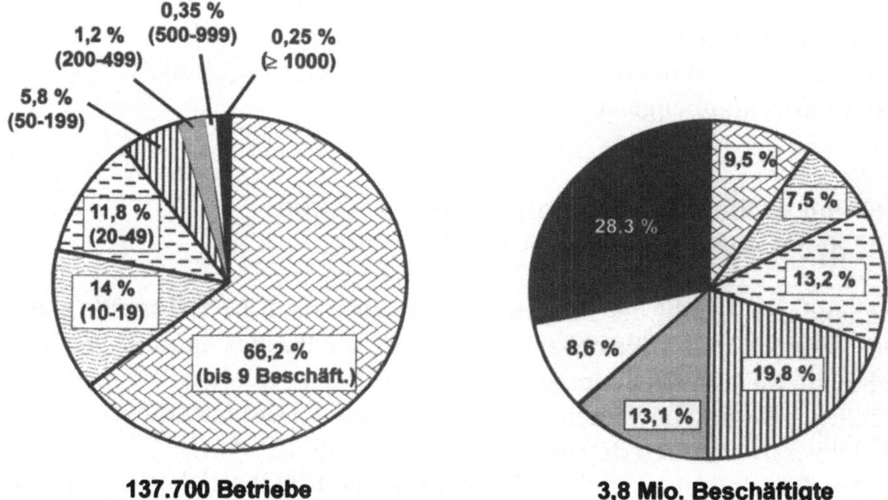

Abb. 1. Prozentuale Verteilung der metallverarbeitenden Betriebe nach Größe und der zugehörigen beschäftigten Mitarbeiter

Rumpfbeugehaltung und einer daraus resultierenden Gesundheitsgefährdung muß davon ausgegangen werden, daß in Kleinbetrieben, wie Schlossereien und Reparaturwerkstätten bedingt durch die wechselnden Tätigkeiten i. allg. keine entsprechende Belastung vorkommt. In Großbetrieben, in denen vorwiegend Serienfertigung, z. B. von Personenkraftwagen, stattfindet, kann ebenfalls davon ausgegangen werden, daß durch die Mechanisierung die manuelle Handhabung an vielen Arbeitsplätzen auf ein Minimum reduziert worden ist.

Durch eine Einteilung in unterschiedliche Unternehmenszweige und unter Berücksichtigung der dort zu verrichtenden Arbeitsaufgaben kann eine grobe Abschätzung dahingehend vorgenommen werden, in welchen Bereichen noch Belastungen durch Heben und Tragen von schweren Lasten zu erwarten sind (Tabelle 2).

Aufgrund der Vielfältigkeit der Produktion, der Art der Fertigung (Einzel- oder Serienfertigung), der Betriebsgröße und vielen weiteren Faktoren ist eine genaue Aussage zur Zahl der Arbeitsplätze, an denen mit gewisser Regelmäßigkeit und Häufigkeit Lasten gehoben und getragen werden müssen, die ein Risiko für eine Gesundheitsgefährdung der LWS darstellen, nur bedingt möglich. Eine Aussage zu Arbeitsbereichen, in denen z. T. noch häufig manuell Lasten in größerem Umfang gehandhabt werden müssen, kann unter Berücksichtigung der typischen Tätigkeitsmerkmale gemacht werden. Solche Bereiche und Tätigkeiten können sein:

- Gießereien (Teilbereich Gußputzerei und Handformerei),
- Stahl- und Walzwerke,
- Tätigkeiten an Gesenk- und Schmiedehämmern,
- Stahlbau (Brücken- und Schiffbau),
- Behälter- und Anlagenbau.

Tabelle 2. Anzahl der Betriebe bzw. eigenständigen Betriebszweige und der Beschäftigten im Metallgewerbe

Lfd. Nr.	Betriebsarten/Gewerbezweige	Anzahl der Beschäftigten	
		absolut	in %
1	Stahl- und Walzwerke, Schmieden, Gießereien etc.	126 000	3,3
2	Stahlbau/Schiffbau	27 000	0,7
3	Verarbeitung von Blechen	177 000	4,7
4	Herstellung von Werkzeugen	127 000	3,4
5	Herstellung von Metallwaren, Geräten, Stahlmöbel/Drahterzeugnissen	255 000	6,7
6	Herstellung von kleinen Maschinen	105 000	2,8
7	Herstellung von Kraftfahrzeugen	430 000	11,3
8	Maschinenbau	635 000	16,7
9	Schlossereien/Klempner/Installateure	255 000	6,7
10	Montage von Heizungsanlagen	150 000	3,9
11	Instandhaltung von Kraftfahrzeugen und Maschinen	405 000	10,7
12	Oberflächenbehandlung	45 000	1,2
13	Nebenbetriebe/Hilfsgewerbe	32 000	0,8
14	Sonstige	121 000	3,2
15	Kaufmännischer Teil/Sozialeinrichtungen	910 000	23,9
	Gesamt	3 800 000	100

Berufskrankheitenverdachtsanzeigen und Berufskrankheiten BK 2108–2110

Die Aufnahme der drei Berufskrankheiten von bandscheibenbedingten Erkrankungen der Wirbelsäule BK 2108–2110 führte auch bei den Metall-Berufsgenossenschaften zu einer großen Zahl von Verdachtsanzeigen auf eine Berufskrankheit und zu relativ geringen Fallzahlen von bestätigten Berufskrankheiten (Tabelle 3).

Die Tabelle zeigt für den Zeitraum von 1993–1995 die Anzahl der Verdachtsanzeigen, der insgesamt bestätigten Berufskrankheiten und der Berufskrankheiten mit Rente. Es ist ersichtlich, daß in dem dargestellten Zeitraum ca. 7800 Verdachtsanzeigen bei den Metall-Berufsgenossenschaften eingingen, die sich aufteilen in ca. 7000 BK 2108-, 500 BK 2109- und 200 BK 2110-Fälle, wobei im Jahre 1995 die Anzahl der Meldungen gegenüber 1993 sich um 50% reduzierte. Im gleichen Zeitraum wurden 68 Berufskrankheiten bestätigt und hiervon 56 mit Rentengewährung, wobei der Schwerpunkt eindeutig auf der BK 2108 lag.

Eine Auswertung der Berufskrankheiten für den Bereich der Süddeutschen Metall-Berufsgenossenschaft im Hinblick auf die ausgeübten Tätigkeiten ergab, daß insbesondere Schlosser, Schmiede sowie Former und Gußputzer betroffen sind.

Vergleicht man die Zahl der Berufskrankheiten „Wirbelsäule" in der Metallbranche mit anderen Gewerbezweigen ergibt sich die in Abb. 2 dargestellte Verteilung.

Die Abb. 2 zeigt, daß das Baugewerbe bei der Anzahl der Berufskrankheiten eindeutig an der Spitze liegt, gefolgt vom Metallbereich und dem Gesundheitsdienst.

Tabelle 3. Anzahl der Verdachtsanzeigen der Berufskrankheiten und Berufskrankheiten mit Rente für den Bereich der Metall-Berufsgenossenschaften

Jahr	Verdachtsanzeigen Berufskrankheiten			Berufskrankheiten insgesamt			Berufskrankheiten mit Rente		
	Nr. 2108 (LWS HuT)	Nr. 2109 (HWS HuT)	Nr. 2110 (LWS GKS)	Nr. 2108 (LWS HuT)	Nr. 2109 (HWS HuT)	Nr. 2110 (LWS GKS)	Nr. 2108 (LWS HuT)	Nr. 2109 (HWS HuT)	Nr. 2110 (LWS GKS)
1993	2985	214	73	–	–	1	–	–	1
1994	2521	161	60	24	1	2	21	1	2
1995	1586	103	80	38	–	2	31	–	–
Gesamt	7092	478	213	62	1	5	52	1	3

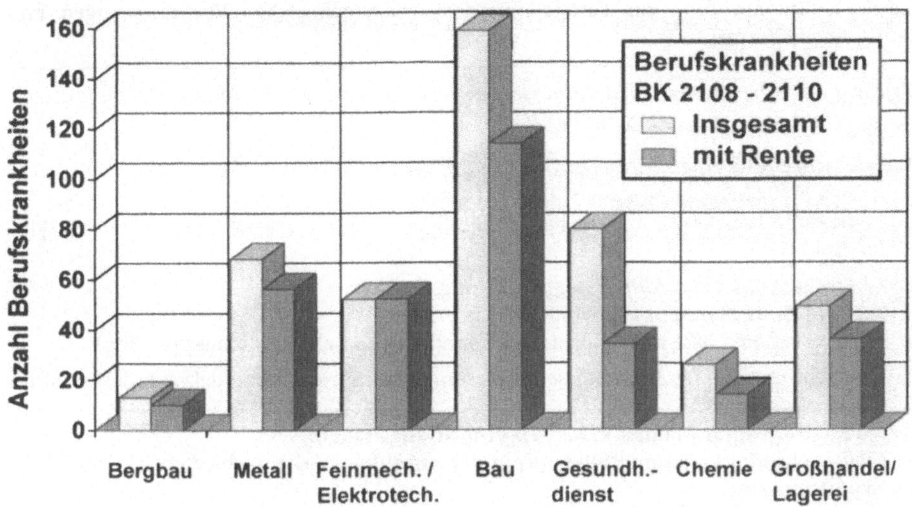

Abb. 2. BK 2108–2110 für ausgewählte Bereiche der gewerblichen Berufsgenossenschaften im Zeitraum 1993–1995

Die für das Berufskrankheitenfeststellungsverfahren notwendige Ermittlung und Beurteilung der beruflichen Belastung wird bei den Metall-Berufsgenossenschaften in zwei Stufen durchgeführt. Zunächst erfolgt mit einem einseitigen, standardisierten Kurzfragebogen eine schriftliche Befragung des Versicherten und der Beschäftigungsbetriebe zur Belastungshöhe und Dauer für jeden zurückliegenden beruflichen Tätigkeitsabschnitt.

Anhand der ausgefüllten Fragebögen wird durch den Technischen Aufsichtsbeamten eine Beurteilung der Belastung dahingehend abgegeben, ob eine Belastung in der Höhe und Dauer vorgelegen hat, bei der ein gesundheitliches Risiko sicher ausgeschlossen werden kann. Ist dies nicht möglich, wird vom Technischen Aufsichtsbeamten eine eingehende retrospektive Arbeitsplatz- und Belastungsanalyse durchgeführt und eine berufliche Gesamt-Belastungsdosis berechnet, die zur Beurteilung der haftungsbegründenden Kausalität herangezogen wird (Tabelle 4).

Bei der Bestimmung der Gesamtbelastungsdosis muß zunächst geprüft werden, ob aufgrund des Lastgewichtes und der Körper- und Armhaltung im Bereich der LWS Druckkräfte vorkommen, bei deren Überschreitung mit einem gesundheitlichen Risiko für die Wirbelsäule gerechnet werden muß. Als *Richtwert* für eine *kritische Druckkraft* wird für *Männer 3400 N und 2600 N für Frauen* gewählt, der sich an dem NIOSH-Verfahren orientiert und etwa dem Halten eines Gewichtes von 20 kg mit 30° Rumpfvorbeugung entspricht. Übersteigen die Druckkräfte diese Werte, sind sie bei der Tagesbelastungsdosis zu berücksichtigen.

Tabelle 4. Stufenprüfung zur Feststellung der arbeitstechnischen Voraussetzungen im Sinne einer BK 2108

Prüfung der arbeitstechnischen Voraussetzungen in 3 Stufen im Berufskrankheitenfeststellungsverfahren nach Nr. 2108 der BeKV

1. Überschreitung einer *kritischen Druckkrafthöhe* an L5/S1:
   > 3400 N für Männer bzw. > 2600 N für Frauen
   (Wirksame Druckkraft an L5/S1 in Abhängigkeit von Lastgewicht, Rumpf- und Armhaltung)
2. Überschreitung einer *Mindesttagesbelastungsdosis*:
   > 1700 Nh für Männer bzw. > 1300 Nh für Frauen
   (Druckkraft an L5/S1 multipliziert mit der effektiven Belastungsdauer pro Tag)
3. Überschreitung einer *Mindestgesamtbelastungsdosis* für die gesamte Dauer der beruflichen Tätigkeit:
   > $12,5 \cdot 10^6$ Nh für Männer bzw. > $9,5 \cdot 10^6$ Nh für Frauen
   (Tagesbelastungsdosis multipliziert mit der Anzahl der Arbeitsschichten/Jahr und den Expositionsjahren)

Ausgehend von der Annahme, daß für belastungsabhängige, vorzeitige degenerative Erkrankungen der Lendenwirbelsäule eine *Mindestbelastung pro Arbeitsschicht* über die Mehrzahl der jährlichen Arbeitsschichten und eine langjährige Belastung vorgelegen haben muß, ist bei der Berechnung der Belastungsdosis zunächst zu prüfen, ob eine Mindesttagesbelastungsdosis vorlag, bei deren Überschreitung ein Risiko angenommen werden muß.

Unter Berücksichtigung der genannten Druckkraft-Richtwerte und einer täglichen durchschnittlichen effektiven Belastungsdauer von 0,5 h, als Voraussetzung für eine regelmäßige und mit gewisser Häufigkeit vorhandene Hebe- und Tragetätigkeit, ergibt sich eine *Mindesttagesbelastungsdosis für Männer von 1700 Nh und für Frauen von 1300 Nh*. Liegen die ermittelten Tagesbelastungsdosiswerte oberhalb dieser Richtwerte, sind diese bei der Berechnung der Gesamtbelastungsdosis miteinzubeziehen.

Die Berechnung der beruflichen *Gesamtbelastungsdosis* D_{LWS}, die sich aus verschiedenen Zeitabschnitten mit unterschiedlicher Belastungshöhe zusammensetzen kann, erfolgt durch Aufsummierung der für die einzelnen Belastungsabschnitte vorliegenden Dosiswerte, die durch Multiplikation der Tagesdosiswerte mit der Anzahl der Arbeitsschichten pro Jahr und der Anzahl der Expositionsjahre bestimmt wurden.

Durch Vergleich der berechneten beruflichen Gesamtbelastungsdosiswerte mit einem festgelegten *Dosisrichtwert von $12,5 \cdot 10^6$ für Männer und $9,5 \cdot 10^6$ für Frauen*, der sich auf Erfahrungen in den neuen Bundesländern stützt und sich an epidemiologischen Studien orientiert, erfolgt die Entscheidung, ob eine BK-relevante Exposition vorlag oder nicht.

Das Dosisbewertungsmodell hat weiterhin den Vorteil, daß durch die Dokumentation der einzelnen Belastungsparameter (Lastgewicht, Körperhaltung, Dauer, Häufigkeit usw.), die zur Berechnung der Belastungsdosis herangezogen werden, zu jeder Zeit eine Anpassung an neue wissenschaftliche Erkenntnisse möglich ist.

Weiterhin spricht für ein Dosisbelastungsmodell, daß die unterschiedlichen Belastungsarten Heben und Tragen von Lasten, Tätigkeiten in extremer Rumpfbeugehaltung (BK 2108) und Ganzkörperschwingungen (BK 2110), die das gleiche Erkrankungsbild an der LWS betreffen, zusammenfassend beurteilt werden können. Das Dosis-Belastungsmodell für den Bereich der Ganzkörperschwingungsbelastung hat sich bewährt und wird generell in BK-Verfahren angewandt.

Die Frage, ob es zutrifft, daß der derzeitige lineare Ansatz bei der Berechnung der Dosis aus Belastungshöhe und Dauer auch extrem hohe Belastungsspitzen entsprechend ihren Wirkungen berücksichtigt, oder ob ein exponentieller Ansatz, wie dies für den Bereich der Schwingungen bereits Eingang gefunden hat, notwendig wird, sollte noch intensiv diskutiert und durch wissenschaftliche Untersuchungen untermauert werden.

Literatur

1. Hartung E (1995) Verfahren zur Ermittlung und Beurteilung der beruflichen Belastung durch Heben und Tragen schwerer Lasten. In: Konietzko J, Dupuis H (Hrsg) Handbuch der Arbeitsmedizin IV-7.8.3.1. ecomed, Landsberg
2. NN (1993–1995) Geschäfts- und Rechnungsergebnisse der gewerblichen Berufsgenossenschaften für die Jahre 1993 bis 1995. Hauptverband der gewerblichen Berufsgenossenschaften, Sank Augustin
3. Dupuis H, Hartung E (1994) Arbeitstechnische Voraussetzungen der Berufskrankheit Nr. 2110. BG 5:346–349

Grenzen der Ermittlung wirbelsäulenbelastender Tätigkeiten in der Krankenpflege durch den Technischen Aufsichtsdienst der BGW

T. Remé

Im berufsgenossenschaftlichen Anerkennungsverfahren, bei dem zu klären ist, ob ein bandscheibenbedingtes Wirbelsäulenleiden als Berufskrankheit anzuerkennen ist, wird in der Regel der Aufsichtsdienst der Berufsgenossenschaften damit beauftragt, die sog. arbeitstechnischen Voraussetzungen zu prüfen. Die Aufsichtspersonen sollen dabei ermitteln, ob der betroffene Versicherte berufliche Tätigkeiten ausführt oder ausführte, die nach Art und Dauer geeignet waren bzw. sind, die entsprechende Listenerkrankung hervorzurufen. Bei der Prüfung des Zusammenhangs zwischen der versicherten Tätigkeit und der Erkrankung kommt dieser Ermittlung naturgemäß eine hohe Bedeutung zu. Für das Vorliegen der arbeitstechnischen Voraussetzungen wird im Berufskrankheitenrecht der Vollbeweis gefordert. Diesen Vollbeweis bei den berufsbedingten Wirbelsäulenerkrankungen zu erbringen, stößt bisher bei allen Branchen auf große Probleme, da bis heute kein wissenschaftlich valides Dosismodell beim Heben und Tragen schwerer Lasten existiert, welches unabhängig vom Individuum Aussagen über die Gefährdung durch Lastgewicht, Frequenz des Hebens und Tragens sowie über die notwendige Dauer der Gefährdung (hier: Schicht und Lebensarbeitszeit) zulassen.

Bei der Ermittlung im Bereich der Pflegeberufe kommen noch einige Besonderheiten hinzu, die eine verläßliche Aussage über die gefährdende Tätigkeit zusätzlich erschweren. In den übrigen Branchen geht es bei der Manipulation von Lasten um Gegenstände (amorphe Lasten), deren Eigenschaften wie Gewicht, Lastenschwerpunkt usw. auch nachträglich noch gut ermittelt werden können. Außerdem liegen häufig monotone repetitive Vorgänge der biomechanischen Gefährdung zugrunde.

In den Pflegeberufen geht es hingegen überwiegend um das Heben und Tragen von Patienten, d. h. um lebende Lasten. Diese Tatsache bedingt einige Besonderheiten, die bei der Bewältigung toter Lasten nicht gegeben sind:

- unterschiedliche Gewichte (1–150 kg lassen sich bei rückwärtiger Ermittlung kaum festlegen),
- Eigenmobilität des Patienten (was kann der Patient noch selbst bzw. wie weit kann der Patient den Transfer selbst noch unterstützen),
- geistige Verfassung des Patienten (Verständnis über den Vorgang des Transfers, Verständnis von Kommandos bei der Transferaktion),
- psychische Verfassung des Patienten (ängstliche oder aggressive Abwehr),
- zusätzliche Randparameter (z.B. der Patient läßt sich schlecht durch entsprechende Körperfülle fassen, erschwerte Zugriffsmöglichkeit durch Schwitzen des Patienten),
- Einsatz(-möglichkeit) von technischen Hilfsmitteln.

Über diese den Vorgang des Hebens und Tragens stark beeinflussende Parameter können bei der Ermittlung durch die Aufsichtsperson verständlicherweise allenfalls pauschale Annahmen getroffen werden.

Des weiteren geht es beim Patiententransfer nicht um monotone, repetitive Manipulationen, sondern um einen komplexen, dynamischen Ablauf, dessen Einzelkomponenten nur schwer meßbar und beurteilbar sind (z.B. Transferaktionen beim Herausnehmen des Patienten aus dem Bett und Absetzen auf dem Rollstuhl).

Läßt sich durch diese Besonderheiten eine momentane pflegerische Tätigkeit schon schwer analysieren, so sind über Jahre bzw. Jahrzehnte zurückreichende Ermittlungen noch ungenauer. Diese sind aber für die Frage der Langjährigkeit (mehr als 10 Jahre) unabdingbar. Zu den beschriebenen Problemen kommt bei langzeitig zurückliegenden Erfassungen noch hinzu, daß sich im Gesundheitswesen in den letzten 20 Jahren eine rasante Entwicklung von

- Arbeitsinhalten,
- Arbeitsräumen,
- Bauten und
- Technik

vollzogen hat.

Arbeitsbedingungen, räumliche und bauliche Verhältnisse, technische Ausrüstungen aus länger zurückliegender Zeit, sind daher größtenteils nur aus der Erinnerung des Betroffenen, eines anderen Mitarbeiters des Betriebes oder des Unternehmers selbst möglich. Zusammenfassend muß gesagt werden, daß die Objektivierung der arbeitstechnischen Voraussetzungen bei der BK 2108 aufgrund fehlender wissenschaftlich abgesicherter Belastungs- und Beanspruchungsmodelle tatsächlich sehr schwierig ist. Im Bereich der Kranken- und Altenpflege existieren zusätzliche Be-

sonderheiten, die diesen Sachverhalt weiter erschweren. Die Aufsichtspersonen, die im Umfeld der Kranken- und Altenpflege die arbeitstechnischen Voraussetzungen ermitteln müssen, können daher nur bemüht sein,
bei der Beurteilung und Bewertung den realen Verhältnissen so genau wie
möglich gerecht zu werden.

Kapitel 23

Die spontane Entwicklung der Osteochondrose und Spondylose im Röntgenbild

M. WEBER

Wenn nach der spontanen Entwicklung der Verschleißerscheinungen an der Wirbelsäule gefragt wird, so geschieht dies in der Hoffnung, röntgenmorphologisch unterscheiden zu können, ob sich diese aus inneren oder äußeren Ursachen entwickelt haben. Schon 1964 hatte Löhr für den Fall, daß es den arbeitsbedingten Bandscheibenschaden gebe, postuliert, daß sich die Veränderungen an der Wirbelsäule bereits in einem Lebensalter zeigen müßten, in dem die „Erkrankung" i. allg. noch nicht häufig ist, die Veränderungen stärker sein müßten als „in den entsprechenden Altersklassen üblich" und eine „berufsspezifische Lokalisation" nachweisbar sein müsse [20]. Daß mechanische Einwirkungen tatsächlich zu einer Beschleunigung (acceleration) des ohnehin ablaufenden Verschleißes der Wirbelsäule führen, konnte von Löhr und zahlreichen anderen Autoren mittels epidemiologischer Studien nachgewiesen werden [31]. Ein „typisch berufsbedingtes Schadensbild" an der Wirbelsäule konnte bislang angeblich noch nicht eruiert werden [21, 27]. Die gilt sowohl für das Verteilungsmuster der Veränderungen an der gesamten Wirbelsäule als auch an einzelnen Wirbelsäulenabschnitten.

Die im umfangreichen Schrifttum zur Verursachung und Entwicklung der sog. degenerativen Veränderungen an der Wirbelsäule vertretenen, z. T. kontroversen und verwirrenden Beobachtungen und Ansichten lassen sich dann entwirren, wenn spondylotische und chondrotische Veränderungen voneinander unterschieden werden bei gleichzeitiger Berücksichtigung ihres Schweregrades und ihrer Lokalisation. Diese Differenzierung ist sinnvoll, da Spondylosen als Veränderungen am Anulus fibrosus eine andere formale und kausale Pathogenese haben, als Chondrosen, die eine Folge von Veränderungen an den Abschlußplatten sind [16]. Auf diesem Wege läßt sich sehr wohl das „typische berufsbedingte Schadensbild" an der gesamten Wirbelsäule identifizieren:

1. Linksverschiebung der Prävalenzkurve von Spondylosen und Chrondrosen im Röntgenbild.
2. Starke Progredienz vor dem 6. Dezennium von Chondrosen und Spondylosen.

3. Unverändertes spinales Verteilungsmuster von Chondrosen und Spondylosen.
4. Segmentale Kombinationsmuster (homologer Segmentbefall).
5. Verändertes lumbales Verteilungsmuster (Distalisierung der Chondrosen, Proximalisierung der Spondylosen mit „Segmentsprung" bei L 3/4).
6. Verändertes zervikales Verteilungsmuster (Proximalisierung der Spondylosen, Mitbefall von C 3/4).

Wie ein roter Faden zieht sich durch die gesamte epidemiologische Literatur der Hinweis auf eine „Linksverschiebung" der Prävalenzkurve von Spondylosen und Chondrosen bei Schwerarbeitern in Relation zu unterschiedlichsten Kontrollkollektiven.

Nach den pathologisch-anatomischen Untersuchungen von Junghanns [16] sind Spondylosen der BWS und LWS vor dem 19. Lebensjahr nur sehr selten anzutreffen, erst im vierten Dezennium werden sie häufiger, um dann bis zum 60. Lebensjahr die 90-%-Marke zu erreichen. Im Senium ist dann kein starker weiterer Anstieg mehr zu verzeichnen (Abb. 1). Zahlreiche radiologische Studien kommen im wesentlichen zur gleichen Prävalenzkurve, die Häufigkeiten sind etwas geringer, was damit zu erklären ist, daß pathologisch-anatomische Methoden sensitiver sind als radiologische [5a, 20]. Pathologisch-anatomische Untersuchungen zur Prävalenz der zervikalen Spondylose hat u. a. Aufdermaur [2] durchgeführt – mit etwa gleichem Ergebnis wie Junghanns [16], was die Prävalenz in Abhängigkeit vom Lebensalter betrifft.

Das von Hult [13, 14] radiologisch untersuchte Kontrollkollektiv von Leichtarbeitern zeigt eine lebensalterabhängige Prävalenzsteigerung der „disk degeneration" (gemeint ist damit die Spondylose) an der HWS (Abb. 2). Sein Kollektiv von Schwerarbeitern zeigt eine Linksverschiebung mit zunächst geringer und dann zunehmender Häufigkeitsdifferenz. Diese Differenz verliert sich mit zunehmendem Lebensalter wieder. In diesem Zusammenhang bedeutsam ist, daß vor dem vierten Dezennium und nach dem sechsten von Hult keine Untersuchungen durchgeführt worden sind, so daß nicht bekannt ist, wie sich die Veränderungen anfänglich und in fortgeschrittenem Lebensalter entwickelt haben. Die Linksverschiebung war in der ebenfalls von Hult durchgeführten sog. Munkfors-Studie [13] noch stärker ausgeprägt: Bedeutsam ist hierbei, daß die Untersuchungen nur zwischen dem 35. und 49. Lebensjahr durchgeführt worden sind und es sich bei dem Untersuchungskollektiv um Waldarbeiter und andere Schwerstarbeiter gehandelt hat, die schon seit dem 12. bis 15. Lebensjahr Schwerstarbeit geleistet haben. Die festgestellte Linksverschiebung ist somit möglicherweise nicht nur auf die körperliche Arbeit an sich, sondern auch den ungewöhnlich frühen Beginn der Lebens-

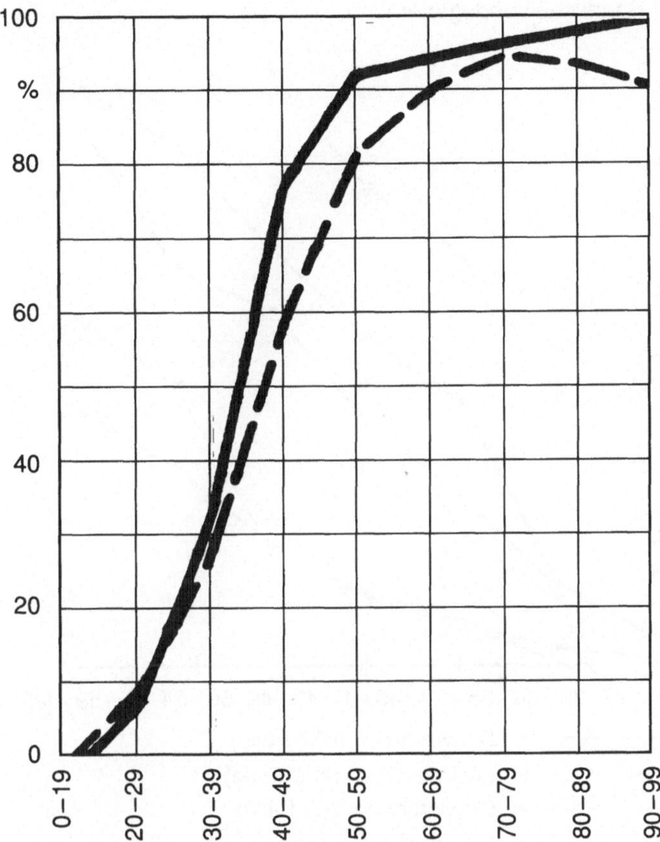

Abb. 1. Die Häfugkeit der Spondylosis deformans bei Männern (*durchgezogene Linie*) und Frauen (*gestrichelte Linie*) in verschiedenen Lebensaltern. (Nach Junghanns [16])

arbeitszeit zurückzuführen. Da nur etwa 1/5 der Schwerstarbeiter auch zeitweise Lasten auf der Schulter getragen haben, ist die Linksverschiebung an der HWS nicht damit zu erklären, daß im Sinne der BK 2109 eine besondere Belastung der HWS stattgefunden hat (Hult hat ohnehin bei der Analyse der Arbeitsbelastung der Waldarbeiter nicht angegeben, daß von diesen Lasten auf der Schulter getragen worden sind).

Hervorhebenswert ist, daß auch die von Hult untersuchten Gewichtheber nur im fünften Dezennium eine leichte Linksverschiebung aufweisen, die jedoch geringer ist als die der Schwerarbeiter!

Überraschend ist, daß Hult ab dem fünften Dezennium nicht etwa bei den Schwerarbeitern, sondern bei den Leichtarbeitern eine Linksverschiebung für „pronounced disk degeneration" festgestellt hat. Überraschend deswegen, weil an der LWS erwartungsgemäß die „pronounced disk degeneration" bei Schwerstarbeitern auch mit zunehmendem Lebensalter häu-

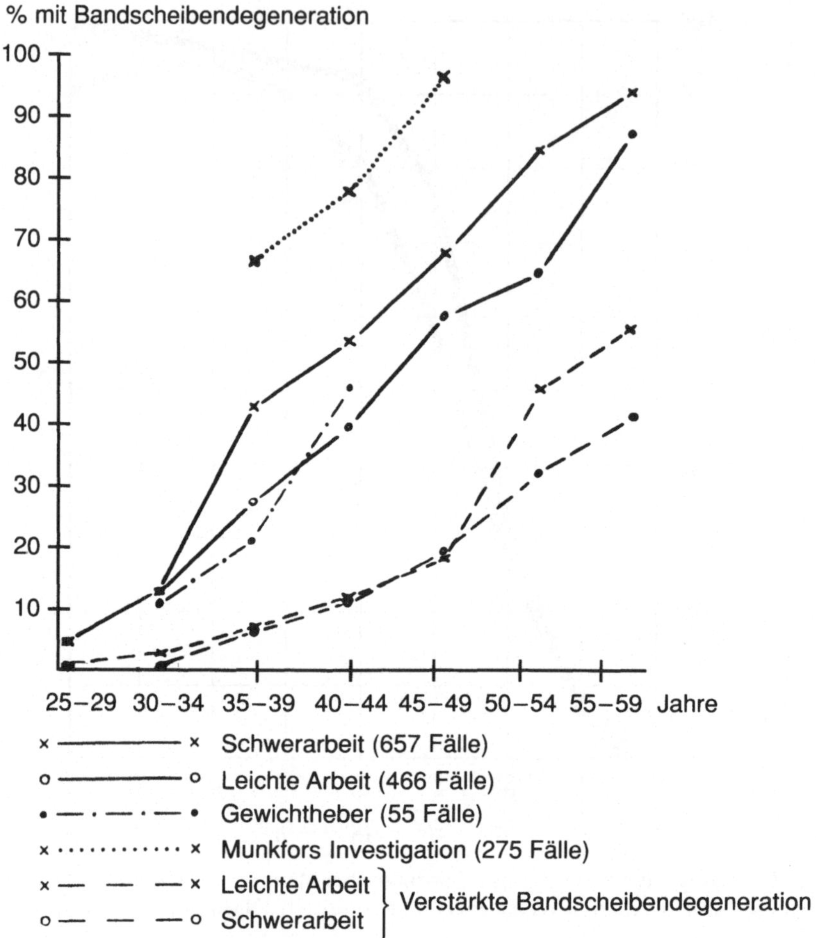

Abb. 2. Inzidenz röntgenologischer Zeichen der Bandscheibendegeneration an der HWS in den verschiedenen Altersgruppen

figer bleibt und zudem die quantitativen Angaben von Hult (s. Abb. 7) in Widerspruch stehen zur graphischen Darstellung der Untersuchungsergebnisse (vgl. Abb. 2). Danach muß es bei der Gestaltung der Legende zu einer Verwechslung von „light and heavy work" gekommen sein (Grosser, persönliche Mitteilung). Da er unter „pronounced disk degeneration" „pronounced osteophytes" mit zusätzlicher Verschmälerung des Zwischenwirbelraumes versteht, kann dies entweder bedeuten, daß schwergradige Spondylosen oder aber Chondrosen mit „traction spurs" (nach Macnab [22]) im Sinne einer segmentalen Instabilität häufiger sind. Da Schröter [28] bei ähnlichen Untersuchungen festgestellt hat, daß schwergradige Osteochondrosen und Spondylosen im Kontrollkollektiv häufiger sind und auch Spondylosen im Kontrollkollektiv häufiger sind und auch Kellgren et al. [17] zu den gleichen Ergebnissen gekommen sind, ist zu vermuten, daß tatsächlich bei Schwerarbeitern jenseits des 50. Lebensjahres schwerergradige osteochondrotische und spondylotische Veränderungen mit Chondrosen nicht etwa häufiger, sondern seltener sind. Möglicherweise ist dieses Phänomen damit zu erklären, daß Schwerstarbeiter im Vergleich zum Kontrollkollektiv nicht nur früher mit schwerer Arbeit beginnen (vgl. hierzu [5a], sondern diese auch früher einstellen. Lawrence führte das häufigere Vorkommen von Kreuzschmerzen nur darauf zurück, daß diese früher als sonst auftreten [19].

Die Abb. 3 zeigt die Linksverschiebung anhand der Untersuchungen von Schröter [28] an der BWS. Ebenso wie Hult u. a. stellte er ein früheres Auftreten der „Spondylosen" an diesem Wirbelsäulenabschnitt fest (wobei er unter „Spondylosen" schwergradige spondylotische und chondrotische Veränderungen verstand). Bemerkenswert ist nicht nur die Steilheit der Prävalenzkurve bei den Lastträgern, die eine zeitliche Verschiebung von

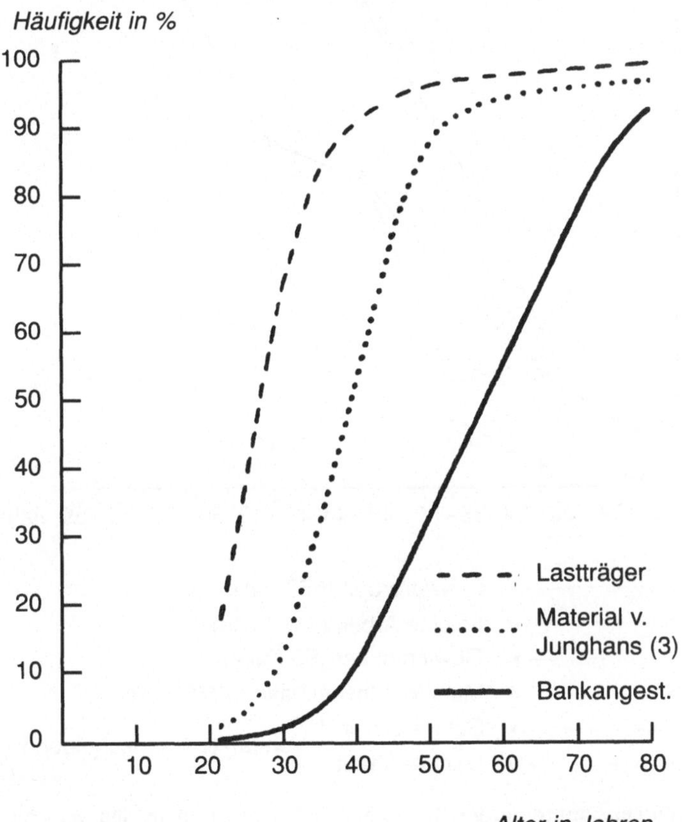

Abb. 3. Spondylosen der BWS

anfangs 10, später dann von 30 Jahren erkennen läßt mit Angleichung der Häufigkeit im 70. Lebensjahr.

Nach den Untersuchungen von Hult [13, 14] entsprechen die Gegebenheiten an der LWS prinzipiell denen an der HWS (Abb. 4). Hervorzuheben ist, daß die Linksverschiebung bei den Schwerarbeitern im fünften Dezennium die Prävalenzkurve der Schwerstarbeiter überschneidet. Bemerkenswert ist ferner die Annäherung der Prävalenzkurven der Vergleichs- und Kontrollgruppe zum 60. Lebensjahr hin. Entgegen den Verhältnissen an der HWS kommt es im fünften Dezennium bei Schwerarbeitern häufiger zur „pronounced disk degeneration".

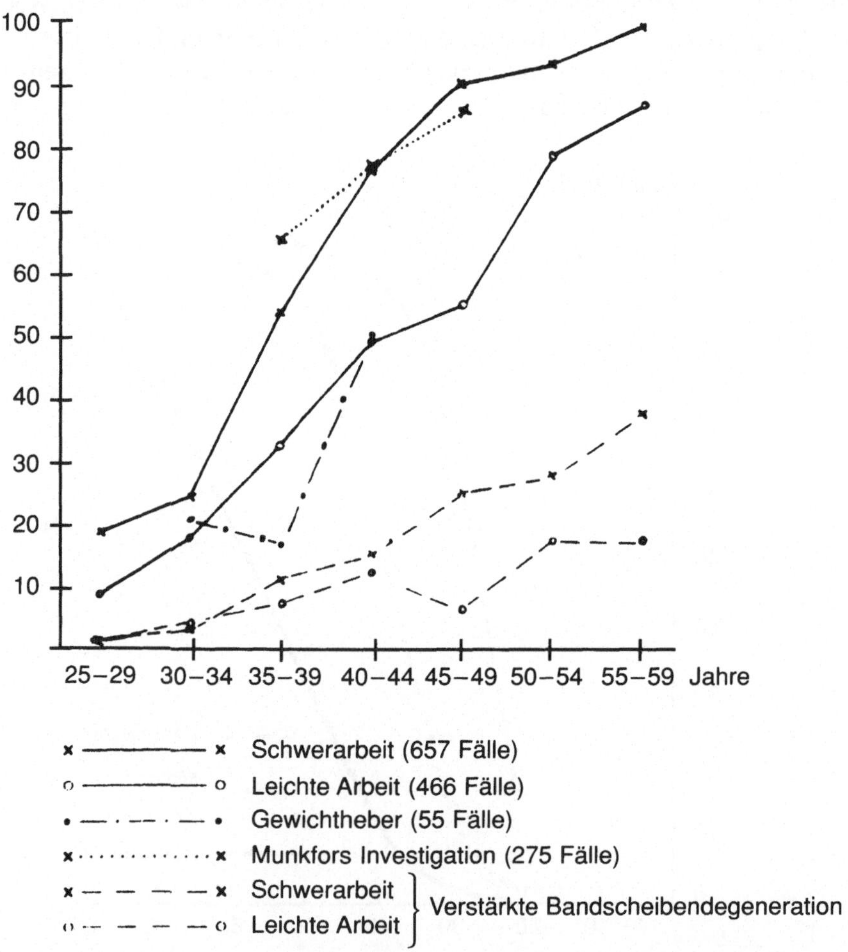

Abb. 4. Röntgensymptome der Bandscheibendegeneration in den verschiedenen Altersgruppen

Da Hult in seiner ersten Studie, der „Munkfors Investigation" [13] festgestellt hat, daß Schwerstarbeiter früher und häufiger leicht- und schwerergradige spondylotische und osteochondrotische Veränderungen aufweisen, kann sich die Linksverschiebung an allen Wirbelsäulenabschnitten nicht nur auf die spondylotischen Veränderungen beziehen. Das von ihm festgestellte different Verhalten der „pronounced disk degeneration" ist demnach methodisch dadurch zu erklären, daß in den beiden Studien die radiologischen Veränderungen mit unterschiedlichen Kriterien ohne eindeutige Trennung von spondylotischen und chondrotischen Veränderungen ausgewertet worden sind.

Nach den Untersuchungen von Billenkamp [5] sind spondylotische und chondrotische Veränderungen jenseits des 60. Lebensjahres in der Kontrollgruppe sogar häufiger als in der Untersuchungsgruppe (Abb. 5). Ähnliche Ergebnisse finden sich bei Hildebrandt [11] und Kellgren et al. [17]. Es kommt also offensichtlich im hohen Lebensalter zu einer überholenden Entwicklung der „Wirbelsäulenendegeneration", die damit erklärt worden ist, daß die Vergleichskollektive länger (weiter-)arbeiten.

Starke chondrotische Veränderungen sind vor dem 50. Lebensjahr generell selten, danach entwickeln sie sich nach den pathologisch-anatomischen Untersuchungen von Hildebrandt [11] in zunehmendem Maße von proximal nach distal an der LWS (Abb. 6). Von den über 80jährigen weisen mehr als 70 % schwere Chondrosen im Segment L5/S1 auf. Auch schwere spondylotische Veränderungen sind in zunehmendem Maße erst jenseits des 60. Lebensjahres anzutreffen (Abb. 7). Eine starke Progredienz von chondrotischen und spondylotischen Veränderungen, wie sie von Hult, Schröter u. a. vor dem 60. Lebensjahr bei Schwerarbeitern beobachtet wurden, ist also etwas Ungewöhnliches im Vergleich zu spontanen Entwicklung.

Nach den pathologisch-anatomischen Untersuchungen von Junghanns [16] setzt die Entwicklung der Spondylose der Wirbelsäule meistens im Bereich der BWS ein (Abb. 7). Durchschnittlich 10 Jahre später beginnt die Spondylose der LWS, wobei dann meist beide Wirbelsäulenabschnitte gleichzeitig betroffen sind mit stetig zunehmender Häufigkeit bis zum 80. Lebensjahr. Dementsprechend stellt auch Hult [13, 14] fest, daß an der BWS sowohl in der Untersuchungs- als auch in der Kontrollgruppe Verschleißerscheinungen früher auftreten als an den benachbarten Wirbelsäulenabschnitten.

Mittel- und schwergradige Spondylosen und Chondrosen sind nach den radiologischen Untersuchungen von Lawrence et al. [19] bei den 35jährigen an allen Wirbelsäulenabschnitten anzutreffen, wobei einzelne Segmente unterschiedliche Häufigkeiten des Befalles aufweisen (Abb. 8). Ausschließlich chondrotische Veränderungen sind am häufigsten an der

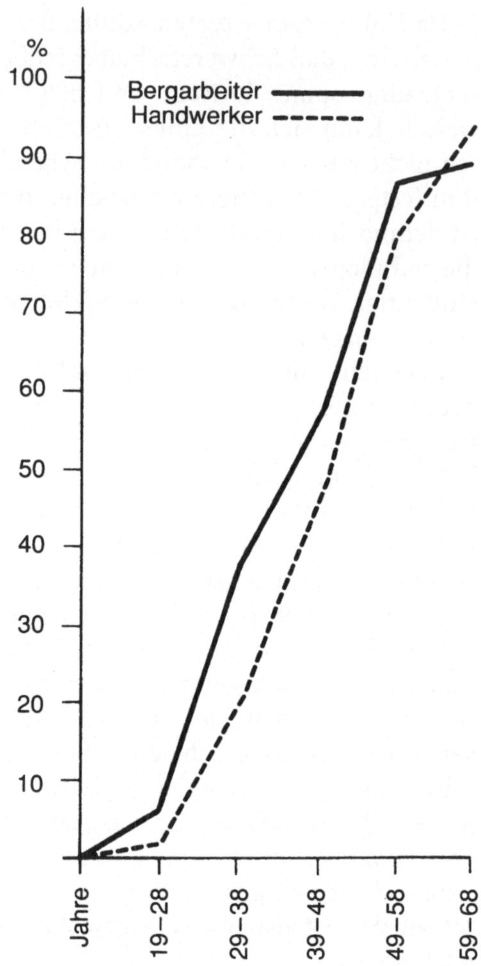

Abb. 5. Häufigkeit der Spondylosis deformans bei Bergleuten und Handwerkern

unteren HWS und der unteren LWS ([6, 7, 11] und andere). Nach den Untersuchungen von Hildebrandt [11] entstehen die chondrotischen Veränderungen an der LWS durchschnittlich etwa sechs Jahre vor denen an der HWS. An der BWS sind chondrotische Veränderungen nur selten nachweisbar. Nach den Untersuchungen von Hult [13, 14], Schröter [28, 29], Kellgren [17] u. a. ändert sich prinzipiell an diesem spinalen Verteilungsmuster durch die Einflüsse der Schwerarbeit nichts.

Die Häufigkeitsgipfel spondylotischer und chondrotische Veränderungen bei C 6/7, T 8/9 und L 3/4 (Abb. 8) werden mit der Wirbelsäulenform erklärt. Am häufigsten betroffen sind nämlich genau die Bewegungssegmente, die in den Scheitelpunkten der einzelnen Wirbelsäulenkrümmun-

Abb. 6. Häufigkeit schwerer Chondrosen in den einzelnen lumbalen Bewegungssegmenten in Abhängigkeit vom Lebensalter (*oberste Kurve* Bewegungssegment L5/S1, *unterste Kurve* Bewegungssegment L 1/2). (Nach [11])

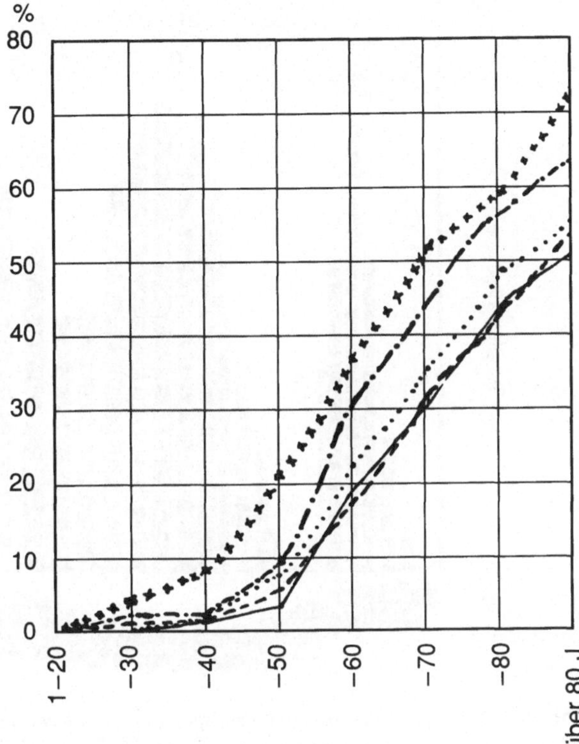

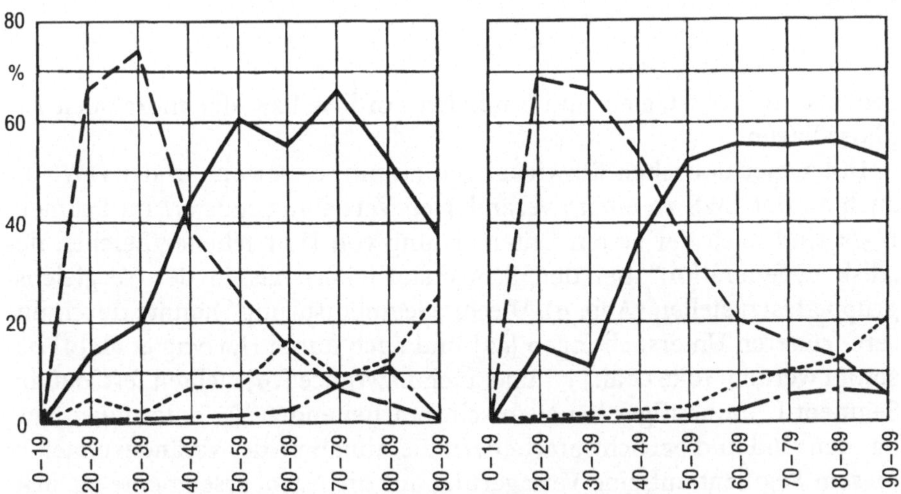

Abb. 7. Die Verteilung der Spondylosis deformans auf die LWS und BWS in den einzelnen Lebensjahrzehnten bei Männern und Frauen (*durchgezogene Linie* gleichmäßiges, geringes Befallensein von LWS und BWS, *gestrichelte Linie* Spondylosis deformans der BWS ohne Mitbeteiligung der LWS, *gepunktete Linie* starke Spondylosis deformans der LWS mit geringer Beteiligung der BWS, *Linie mit Punkten und Strichen* LWS und BWS stark befallen). (Nach Junghanns [16])

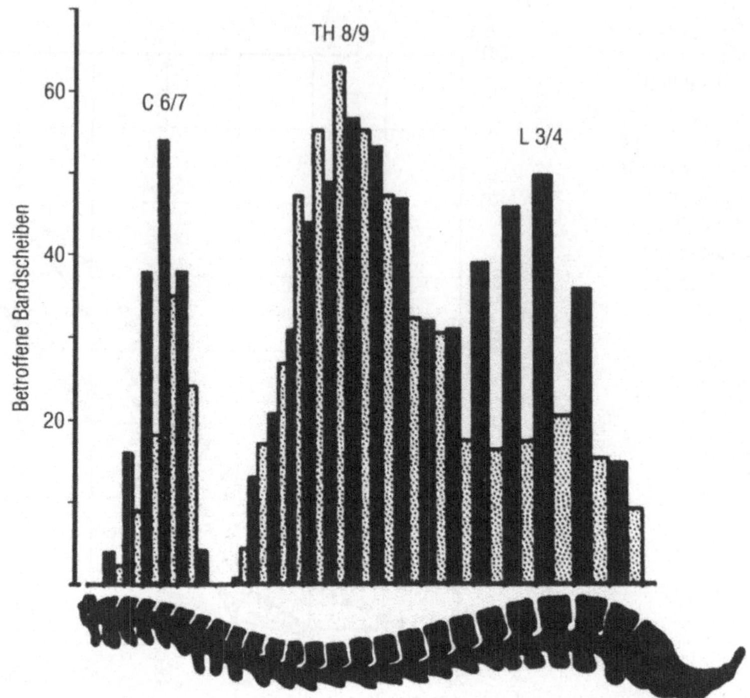

Abb. 8. Prävalenz zweit- bis viertgradiger degenerativer Veränderungen an den einzelnen Bandscheiben bei 100 Männern (*schwarze Säulen*) und Frauen (*gepunktete Säulen*), die 35 Jahre und älter sind

gen, also der zervikalen und lumbalen Lordose bzw. der thorakalen Kyphose liegen.

Unter mechanischen Einwirkungen kommt es sowohl an der HWS als auch an der LWS zu einem veränderten Verteilungsmuster: Im Segment L 3/4 sind nach der ersten Untersuchung von Hult seltener Zeichen der „disk degeneration" bei den Schwerstarbeitern als in der Vergleichsgruppe festzustellen (Abb. 9). Dieser „Segmentsprung" konnte durch unsere früheren Untersuchungen [32] und auch durch Hartwig et al. [9] bestätigt werden. Yoke et al. [33] und auch Lawrence [19] stellten fest, daß im Segment L 3/4 häufiger bei Nichtschwerarbeitenden Veränderungen vorhanden sind und bei Schwerarbeitern die Abnahme der Veränderungen in diesem Segment auf eine Verlagerung auf die Nachbarsegmente zurückzuführen ist, also eine Umverteilung stattfindet (Abb. 10).

An der HWS stellte Hult [13, 14] ebenso wie wir in unserer erwähnten Untersuchung im Segment C 3/4 bei Schwerstarbeitern häufiger Zeichen der „disk degeneration" im Gegensatz zur Vergleichsgruppe fest (Abb. 11). Zudem konnte Hult [13, 14] ebenso wie später Löhr [20], Yoke et al. [33]

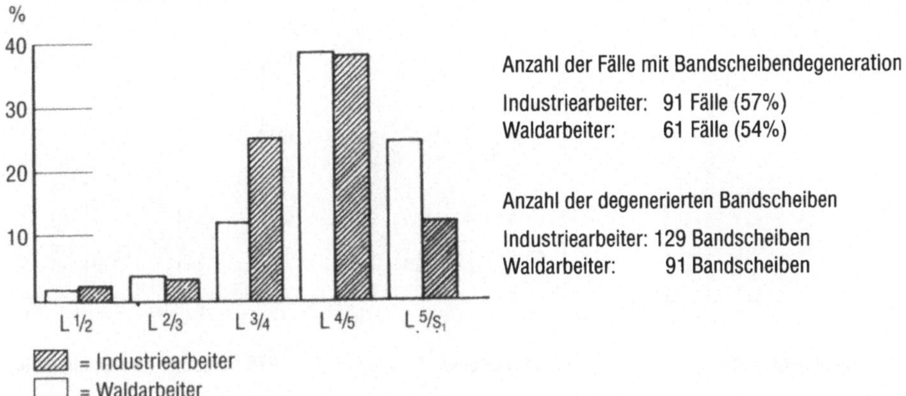

Abb. 9. Die Verteilung der Bandscheibendegeneration auf die verschiedenen lumbalen Bandscheiben bei Industrie- und Waldarbeitern

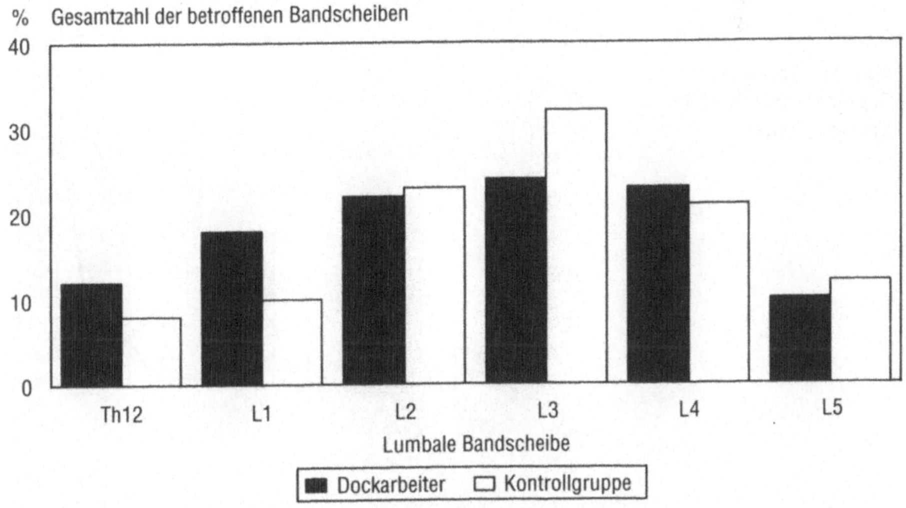

Abb. 10. Prozentuale Verteilung der Bandscheibenschäden auf die lumbalen Bewegungssegmente bei Dockarbeitern und in der Kontrollgruppe

und auch wir eine Häufung spondylotischer Veränderungen an der oberen LWS und analog eine Kranialisierung der Spondylosen an der HWS feststellen [12] (vgl. hierzu auch Schröter [29]).

Übereinstimmend wird von den Autoren, die sich mit den Einflüssen mechanischer Einwirkungen auf die Wirbelsäule beschäftigt haben, festgestellt, daß bei Schwerarbeitern häufiger mehrere Segmente gleichzeitig befallen sind als in Vergleichsgruppen [13, 14, 17, 19, 25, 26, 32, 33]. Hingegen

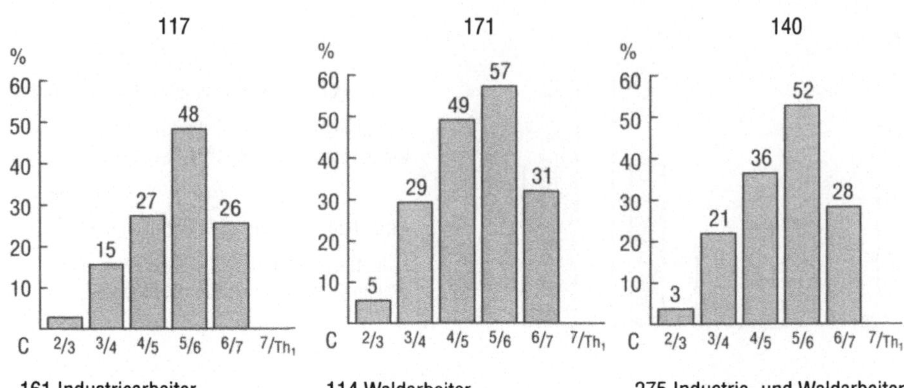

Abb. 11. Prozentuale Häufigkeit röntgenologischer Zeichen einer Bandscheibendegeneration an den verschiedenen Bandscheiben der HWS

Abb. 12. Gesamtbefall der Segmente mit Spondylose bei den Fachern

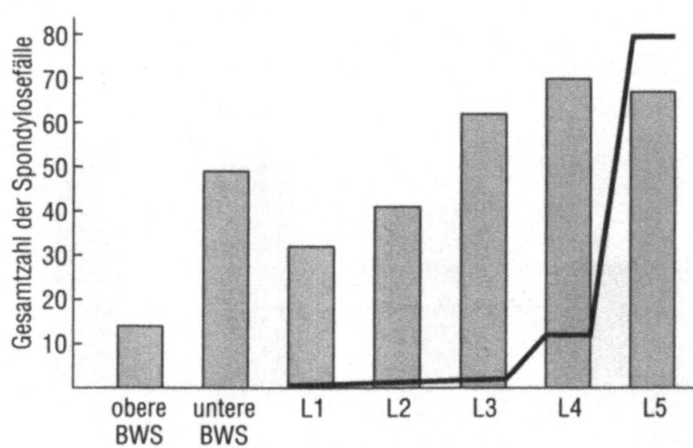

Tabelle 1. Lumbale Bandscheibendegeneration

Art der Bechäftigung	Anzahl der Arbeiter	Beschwerden			Anzahl der betroffenen Segmente				
		Keine	Leicht	Schwer	1	2	3	4	5
Bergarbeiter	84	7 (8%)	41 (49%)	36 (43%)	16	21	19	9	12
Handarbeiter	45	19 (42%)	18 (40%)	8 (18%)	8	7	9	1	1
Büroarbeiter	42	28 (67%)	11 (26%)	3 (7%)	8	1	2	3	0

sind bei Nichtschwerarbeitenden „degenerationsfreie" Segmente häufiger (Tabelle 1). Nach Horal [12], Junghanns [16], Kellgren et al. [17] und Ober [24] beginnt in jedem Wirbelsäulenabschnitt die Spondylose bzw. Chondrose monosegmental. Erst mit zunehmendem Alter dehnen sich die sog. degenerativen Veränderungen auf weitere Bewegungssegmente aus. Infolge der „Linskverschiebung" bedeutet dies zwangsläufig, daß bei Schwerarbeitern polysegmentale Veränderungen häufiger sind. Dementsprechend stellte auch Kellgren et al. [17] fest, daß bei Schwerarbeitern monosegmentale und bisegmentale Veränderungen sowohl in der Untersuchungs- als auch in der Vergleichsgruppe gleich häufig sind, polysegmentale Veränderungen jedoch in der Untersuchungsgruppe überwiegen (Abb. 14). (Ähnliche Ergebnisse auch bei Yoke et al. [33]). Nach Riihimäki et al. [26] haben Schwerarbeiter sogar fast doppelt so häufig bi- und polysegmentale Veränderungen. Demnach kommt der mono- und bisegmentale Bandscheibenschaden als BK 2108 oder 2110 nicht in Betracht, da es das vom Verordnungsgeber geforderte häufigere Vorkommen dieses Schadensbildes nicht gibt.

Vergleicht man die Lokalisation der Veränderungen an der HWS und LWS miteinander, so fallen sog. segmentale Kombinationsmuster auf [32]. Hierbei ist zu berücksichtigen, daß wegen der funktionellen Sonderstellung der sog. Kopfgelenke (C0–C2) und des Segmentes TH 12/L 1 das Bewegungssegment C 2/3 dem von L 1/2 entspricht, das von C 3/4 dem von L 2/3 usw. Typisch für mechanische Einwirkungen ist, daß funktionell gesehen homologe Segmente häufig gleichermaßen betroffen sind.

Diese Veränderungen lumbaler Kombinations- und Verteilungsmuster ist biomechanisch durch die Untersuchungen von Jäger et al. [15] plausibel zu erklären: Das Heben und Tragen schwerer Lasten führt insbesondere zu einer Drucksteigerung in der 4. und 5. Bandscheibe, während entlordosierende und rotierende Bewegungen bei der Rumpfbeugung zu einem Anstieg der Scherkräfte an der oberen LWS (und wohl auch in Analogie hierzu an der HWS) führen. Da zudem nach Junghanns [16] Chondrosen infolge von Schäden an den Abschlußplatten und Spondylosen durch Schäden im Anheftungsbereich des Anulus fibrosus an den Wirbelkanten entstehen, darf angenommen werden, daß – wie eingangs postuliert – „Schwerarbeit" und „Arbeiten in extremer Rumpfbeugehaltung" die spontan ablaufende „Wirbelsäulendegeneration" in allen Wirbelsäulenabschnitten infolge der dabei einwirkenden Druck- und Scherkräfte modifizieren.

Daß diese zeitlich befristete Modifikation des ohnehin ablaufenden Wirbelsäulenverschleißes als krankhaft einzustufen ist, ist in Anbetracht der vorrangigen Bedeutung psychosozialer Faktoren für die Entstehung von Rückenschmerzen eher unwahrscheinlich [1, 3, 4, 8, 10, 23, 30].

Literatur

1. Anderson JAD (1986) Epidemiological aspects of back pain. J Soc Occup Med 36:90–94
2. Aufdermaur M (1960) Die Spondylitis cervicalis. Hippokrates, Stuttgart (Wirbelsäule in Forschung und Praxis, Bd 17)
3. Bergenudd H, Nilsson B (1988) Back pain in middle age; occupational workload and psychologic factors: an epidemiologic survey. Spine 13:58–60
4. Bigos StJ (1992) A prospective evaluation of preemployment screening methods for acute industrial back pain. Spine 17:922–926
5. Billenkamp G (1972) Körperliche Belastung und Spondylosis deformans. Fortschr Röntgenstr 116:211
5a. Braun W (1969) Ursachen des lumbalen Bandscheibenvorfalles. Hippokrates, Stuttgart (Wirbelsäule in Forschung und Praxis, Bd 43)
6. Farfan HF (1979) Biomechanik der Lendenwirbelsäule. Wirbelsäule in Forschung und Praxis 80
7. Friberg S, Hirsch C (1950) Anatomical and clinical studies on lumbar disc degeneration. Acta Orthop Scand 19:222
8. Frymoyer JW (1992) Predicting disability from low back pain. Clin Orthop 279:101–109
9. Hartwig E, Eisele R, Kramer M, Kinzl L (1997) Die Begutachtung bandscheibenbedingter Erkrankungen der Lendenwirbelsäule. In: Weber M et al. (Hrsg) Wirbelsäulenschäden als Berufskrankheit. Fischer, Stuttgart, S 87
10. Heliövaara M, Mäkelä M, Knekt P, Impivaara O, Aromaa A (1991) Determinants of sciatica and low back pain. Spine 16:610
11. Hildebrandt A (1933) Über Osteochondrosis im Bereich der Wirbelsäule. Fortschr Röntgenstr 47:551
12. Horal J (1969) The clinical appearence of low back pain disorders in the city of Gothenburg, Sweden. Acta Orthop Scand Suppl 118
13. Hult L (1954) The Munkfors investigation. Acta Orthop Scand Suppl 16
14. Hult L (1954) Cervical, dorsal and lumbar spinal syndromes, a field investigation of a non-selected material of 1200 workers in different occupations with special reference to disc degeneration and so-called muscular rheumatism. Acta Orthop Scand Suppl 17
15. Jäger M, Huttmann A (1994) Biomechanische Beurteilung der Belastung der Wirbelsäule beim Handhaben von Lasten. Med Sach 90:161
16. Junghanns H (1968) Die gesunde und kranke Wirbelsäule in Röntgenbild und Klinik, 5. Aufl. Thieme, Stuttgart
17. Kellgren J, Lawrence JS (1952) Rheumatism in miners. Part II: X-ray study. Br J Industr Med 9:197
18. Lawrence JS, Aitken-Swan J (1952) Rheumatism in miners. Part I: Rheumatic complaints. Br J Industr Med 9:1
19. Lawrence JS (1955) Rheumatism in coal miners. Part III: Occupational factors. Br J Industr Med 12:249
20. Löhr E (1964) Ergebnisse einer Reihenuntersuchung von Fahrern als Beitrag zur Frage des arbeitsbedingten Bandscheibenschadens. Dtsch Ges Wes 19:2383
21. Ludolph E, Schröter F (1993) Die Berufskrankheiten „Wirbelsäule". Gutachtliche Überlegungen. BG 738
22. Macnab J (1977) Backache. Williams & Wilkins, Baltimore
23. Nachemson A (1992) Newest knowledge of low back pain. Clin Orthop 279:8
24. Ober G (1936) Über Spondylitis deformans der HWS. Dtsch Z Chir 246:666
25. Riihimäki H (1985) Back pain and heavy physical work: a comparative study of concrete reinforcement workers and maintenance house painters. Br J Industr Med 42:226–232

26. Riihimäki H, Wickström G, Hänninen K, Mattson T, Waris P, Zitting A (1989) Radiographically detectable lumbar degenerative changes as risk indicators of back pain: a cross-sectional epidemiologic study of concrete reinforcement workers and house painters. Scand J Work Environ Health 15:208–285
27. Rompe G (1993) Probleme eines Orthopäden bei der Begutachtung bandscheibenbedingter Erkrankungen der Lendenwirbelsäule. Arbeitsmed Sozialmed Präventivmed 28:86
28. Schröter G, Schlomka G (1954) Über die Bedeutung der beruflichen Belastung für die Entstehung degenerativer Gelenkleiden. Z Inn Med 9:1031
29. Schröter G (1971) Die Bedeutung von außergewöhnlicher Haltung und Belastung für die Entstehung von Abnutzungsschäden der Wirbelsäule (dargestellt an ausgewählten Berufsgruppen). Beitr Orthop 18:250
30. Venning PJ, Walter S, Stitt LW (1987) Personal and job related factors as determinants of incidence of back injuries among nursing personnel. J Occup Med 29:820
31. Weber M, Krämer J (1995) Die Beurteilung und Begutachtung der Berufskrankheiten 2108, 2109 und 2110. Orthop Praxis 11:1
32. Weber M, Morgenthaler M (1996) Röntgenologische Veränderungen der Wirbelsäule von Schwerarbeitern. Med Sach 92:112
33. Yoke CO, Ann TK (1979) Study of lumbar disc pathology among a group of dock workers. Ann Acad Med 8:81–85

Wertigkeit des MRT für die Kausalitätsbeurteilung bandscheibenbedingter Berufserkrankungen

E. Hartwig, R. Eisele, M. Kramer und L. Kinzl

Einleitung

Eine Berufskrankheit ist ein gesetzlich festgelegter Gesundheitsschaden, der im Zusammenhang mit der Ausübung einer beruflichen Tätigkeit entsteht oder von dem Berufausübenden bevorzugt und im engen zeitlichen Zusammenhang befallen werden [5]. Berufskrankheiten sind seit 1925 versicherungsrechtlich den Arbeitsunfällen gleichgestellt.

Mit der zweiten Änderung der Berufserkrankungsverordnung (BeKV) vom 18.12.1992 wurden die bandscheibenbedingten Erkrankungen der Wirbelsäule in das Erkrankungsregister der Berufserkrankungen neu aufgenommen.

Die BeKV 2108 umfaßt bandscheibenbedingte Erkrankungen der LWS durch langjähriges Heben oder Tragen schwerer Lasten oder durch langjährige Tätigkeiten in extremer Rumpfbeugehaltung, die zur Unterlassung aller Tätigkeiten gezwungen haben, die für die Entstehung, die Verschlimmerung oder das Wiederaufleben der Erkrankung ursächlich waren oder sein können. Analog gilt dieses für die Erkrankungen der HWS (BeKV 2109), für langjähriges Tragen schwerer Lasten auf der Schulter sowie für die Vibrationsbelastungen der LWS (BeKV 2110) [7, 11].

Voraussetzung für die Anerkennung einer Berufserkrankung ist die hinreichende Wahrscheinlichkeit des Zusammenhanges der beruflichen Tätigkeit mit dem bestehenden Krankheitsbild. Für die haftungsbegründende Kausalität der bandscheibenbedingten Erkrankung mit der beruflichen Tätigkeit wurden vom Gesetzgeber Richtlinien für Lastgewichte und Dauer der belastenden Tätigkeit angegeben.

Der Nachweis der haftungsausfüllenden Kausalität obliegt der klinischen Untersuchung mit Nachweis eines Funktionsdefizites der Wirbelsäule auf dem Boden eines bildtechnisch nachzuweisenden Bandscheibenschadens.

Die bandscheibenbedingte Erkrankung ist ein multifaktorielles Geschehen, wobei u.a. langjährig auf das Achsenskelett einwirkende mechanische Belastungen diese Veränderungen beschleunigen können [1, 3, 4, 6, 17].

In Anbetracht der Häufigkeit degenerativer Veränderungen des Achsenorgans besteht die Notwendigkeit der Abgrenzung zwischen einer anlagebedingten Entwicklung der Erkrankung und einer berufsbedingten Schädigung nach beruflich belastender Tätigkeit. Hierbei kommt dem segmentalen Verteilungsmuster der Bandscheibendegeneration besonderes Interesse zu [8, 9, 10, 19, 20].

Morphologische Veränderungen der geschädigten Bandscheibe lassen sich konventionell-radiologisch nicht darstellen, es zeigen sich Sekundärveränderungen wie Spondylose, Osteochondrose und Höhenminderung der Bandscheibenfächer. Diese treten jedoch erst mit einer Latenz auf und können trotz bestehender Bandscheibenschädigung fehlen (Abb. 1).

Die Kernspintomographie hingegen ermöglicht nicht nur die Darstellung therapierelevanter Bandscheibenvorfälle. Anhand des Wassergehaltes des Nucleus pulposus lassen sich degenerative Veränderungen der Bandscheiben frühzeitig darstellen [12, 13].

Ziel der Untersuchung ist die Darstellung der bisherigen Begutachtungen unter Einsatz der Kernspintomographie. Ein Abgleich der konventionell-radiologischen Befunde mit der segmentalen kernspintomographi-

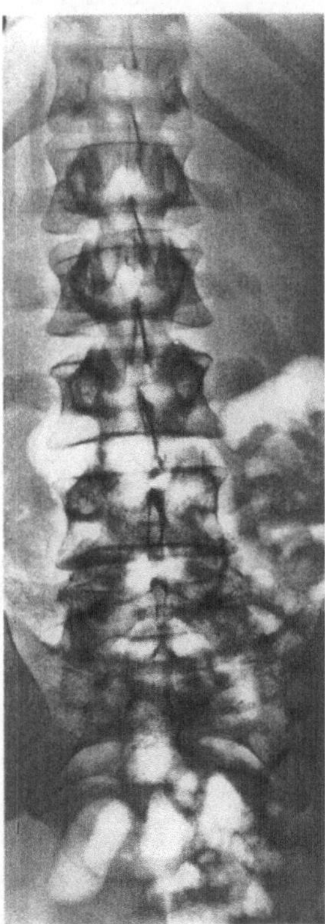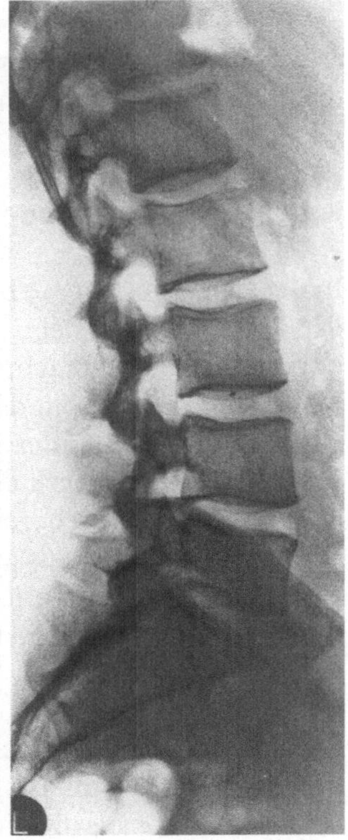

Abb. 1a. Altersentsprechender konventionell-radiologischer Degenerationsbefund eines 30jährigen Bauarbeiters

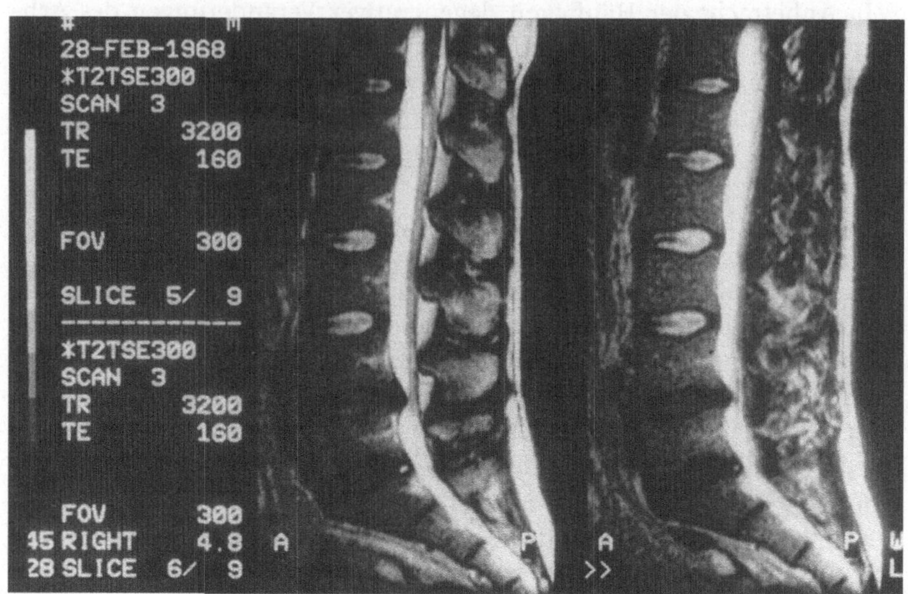

Abb. 1 b. Korrespondierende Kernspintomographie mit bisegmentaler Bandscheibendegeneration und Protrusionen in den unteren Bewegungssegmenten

schen Verteilung der degenerativen Veränderungen wird vorgenommen, um die Relevanz der Kernspintomographie in der Begutachtung zu klären.

Patienten und Methode

In der Zeit vom 1.1.1994 bis 31.7.1996 wurden insgesamt 325 Patienten mit der Frage einer bestehenden Berufserkrankung der Ziffer 2108–2110 in unserer Klinik begutachtet. Dabei handelte es sich in der überwiegenden Mehrzahl um Fälle bandscheibenbedingter Erkrankungen der LWS nach wirbelsäulenbelastender Tätigkeit.

Das Begutachtungskollektiv setzte sich zusammen überwiegend aus Patienten des Pflegebereiches (n = 155) und des Baugewerbes (n = 111), 59 Patienten kamen aus anderen Berufszweigen.

Bei insgesamt 145 Patienten erfolgte die Durchführung einer Kernspintomographie. Die arbeitstechnischen Voraussetzungen zur Anerkennung einer Berufserkrankung war bei diesen Patienten somit gegeben. Aufgrund der altersbedingt fortschreitenden Degeneration des Bandscheibengewebes wurden hinsichtlich des Degenerationsmusters lediglich Patienten im Alter von 35–50 Jahren ausgewertet, bei denen die haftungsbegründende Kausalität einer Berufserkrankung BK 2108 gegeben war.

Ausschlußkriterien waren anlagebedingte Wirbelsäulenerkrankungen sowie radiologisch nachweisbare relevante, belastungsferne degenerative Veränderungen.

Die Kollektive der begutachteten Patienten (Bauarbeiter und Pflegeberufe) wurden verglichen mit Patienten der gleichen Altersgruppe, bei denen wegen einer bandscheibenbedingten Erkrankung der LWS die Indikation zur Durchführung einer Kernspintomographie gestellt wurde.

Durch einen Fragebogen wurden wirbelsäulenbelastende Tätigkeiten in diesem Kollektiv erhoben in Anlehnung an die Vorgaben der BeKV. Patienten mit anamnestisch erfaßter belastender Tätigkeit oder mit im Merkblatt zur BK 2108 genannten Berufsgruppen wurden von der Auswertung ausgeschlossen.

Die kernspintomographische Untersuchung erfolgte an einem Gerät der Fa. Siemens. Als Standard wurde für die T1-gewichtete Spinechosequenz eine Repetitionszeit (TR) von ca. 500 ms und eine Echozeit (TE) von 20 ms gewählt. Zusätzlich erfolgte eine Untersuchung im T2-Modus (TR = 3200 ms, TE = 160 ms). Untersucht wurde in axialer und sagittaler Schnittführung bei einer Schichtdicke von 4 mm.

Bei den zur Begutachtung anstehenden Patienten wurde eine zusätzliche Röntgenuntersuchung des Achsenskelettes angefertigt.

Die Häufigkeit des Auftretens von Sekundärphänomenen bandscheibenbedingter Erkrankungen wurde übersichtsradiographisch mit dem kernspintomographischen Nachweis von degenerativen Veränderungen der Bandscheiben im Kollektiv aller begutachteten Patienten verglichen. Hierbei wurden kernspintomographisch lediglich der vollständige Verlust des „cleft-sign", Bandscheibenprotrusionen und Vorfälle erfaßt [12, 13].

Ergebnisse

Methodenvergleich zum Nachweis bandscheibenbedingter Erkrankungen. Ausgewertet hinsichtlich des qualitativen Nachweises von degenerativen Veränderungen der LWS wurden 145 Patienten, insgesamt also 725 Bewegungssegmente der LWS.

Eine Übereinstimmung zwischen Röntgenbild und Kernspintomographie fand sich in 501 Fällen, bei 128 Bewegungssegmenten erfolgte ein kernspintomographischer Nachweis einer Bandscheibendegeneration ohne Nachweis übersichtsradiographischer Veränderungen.

Röntgenologisch wurden Sekundärphänomene einer Bandscheibendegeneration in 96 Bewegungssegmenten nachgewiesen, in denen sich kernspintomographisch ein regelrechtes Signalmuster der betroffenen Bandscheiben zeigte (Abb. 2).

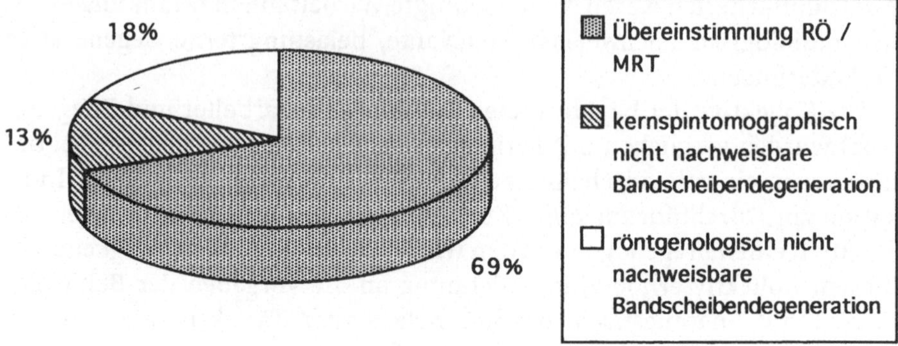

Abb. 2. Nachweis degenerativer Veränderungen übersichtsradiographisch und kernspintomographisch

Insbesondere in den unteren Bewegungssegmenten mit der häufigsten Inzidenz degenerativer bandscheibenbedingter Erkrankungen kommt es übersichtsradiographisch zu falsch-negativen Befunden. In der Altersgruppe von 35–50 Jahren entspricht dieses einer Häufigkeit von 29,6 % für die Etage L5/S1 und 26,9 % für die Etage L4/5. Da das segmentale Degenerationsmuster der belasteten Region ein Begutachtungskriterium darstellt, kann es übersichtsradiographisch zu Fehleinschätzungen kommen.

Gibt es belastungsspezifische segmentale Verteilungen degenerativer Veränderungen? Betrachtet man die prozentuale Verteilung der segmentalen Degenerationsmuster in den einzelnen Patientengruppen, so zeigt sich ein vermehrtes Auftreten der tri- und mehrsegmentalen Bandscheibendegeneration bei den belasteten Patientenkollektiven (Abb. 3). Monosegmen-

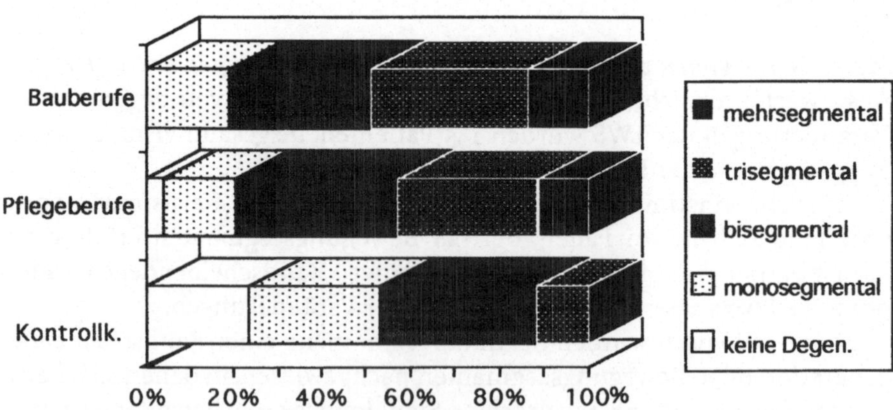

Abb. 3. Segmentverteilung bei bandscheibenbedingter Erkrankung der LWS

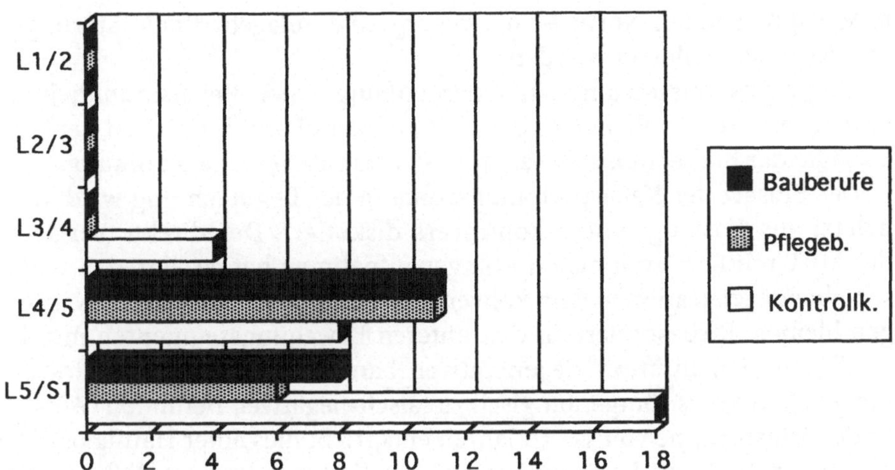

Abb. 4. Prozentuale Häufigkeit des Auftretens eines monosegmentalen Schadensbildes in den einzelnen Bewegungssegmenten der LWS

tale Schadensbilder traten im nicht belasteten Patientenkollektiv am häufigsten im lumbosakralen Übergangsbereich auf; bei beruflich gesicherter wirbelsäulenbelastender Tätigkeit fand sich die häufigste Lokalisation der kernspintomographisch nachgewiesenen monosegmentalen Discusdegeneration in der Etage L4/5 (Abb. 4). Das bisegmentale Schadensbild der bandscheibenbedingten Erkrankung der LWS tritt sowohl in wirbelsäulenbelasteten – als auch im nicht belasteten Kollektiv mit ähnlicher Häufigkeit auf. Auffällig ist bei Patienten mit wirbelsäulenbelastender Tätigkeit das Auftreten von Schadensbildern mit zwischengeschalteten intakten Bewegungssegmenten. Tri- und mehrsegmentale Schadensbilder fanden sich überwiegend in belasteten Kollektiven.

Bei Patienten ohne Belastung betrafen die degenerativen Veränderungen ausschließlich miteinander benachbarte Bewegungssegmente, während nach gesicherter Exposition ähnlich dem bisegmentalen Verteilungsmuster übersprungene Bewegungssegmente auftraten.

Unterschiedliche Degenerationsmuster zwischen Bauberufen und Pflegeberufen konnten nicht festgestellt werden.

Diskussion

In der Zusammenhangsbeurteilung der bandscheibenbedingten Erkrankung als Berufskrankheit sind die bildtechnischen Befunde zum Nachweis der haftungsausfüllenden Kausalität erforderlich. Ein Abgleich mit der altersentsprechenden Norm ist notwendig, und anlagebedingte Störungen müssen ausgeschlossen werden.

Eingangsvoraussetzung zur Anerkennung einer Berufskrankheit ist also neben der beruflichen Exposition und dem Funktionsdefizit der Wirbelsäule der bildtechnische Nachweis der Bandscheibenerkrankung.

Der Einsatz der Kernspintomographie in der Begutachtung wird nicht zuletzt aus Kostengründen kontrovers diskutiert. Der direkte Vergleich des MRT mit konventionellen Röntgenaufnahmen hat gezeigt, daß Bandscheibendegenerationen dem konventionellen Röntgenbild häufig verborgen bleiben. Insbesondere in den unteren Bewegungssegmenten mit der häufigsten Lokalisation degenerativer bandscheibenbedingter Erkrankungen kommt es röntgenologisch zu falsch-negativen Befunden (Abb. 1). In der Altersgruppe von 35–50 Jahren entspricht dies einer Häufigkeit von 29,6 % für die Etage L5/S1 und 26,9 % für die Etage L4/5, so daß eine Begutachtung der Wirbelsäule mit der Frage einer bandscheibenbedingten Erkrankung ohne Kernspintomographie rechtlich anfechtbar bleibt. Die hohe Sensitivität der Methode hinsichtlich degenerativer Veränderungen des Bandscheibengewebes [2, 15] darf nicht als Grund für die Unterlassung der Untersuchung angeführt werden; auch röntgenologisch-degenerative Veränderungen sind bereits in jungen Jahren nachweisbar und nicht zwangsläufig mit Beschwerden korrelierbar [6]. Das Wissen um eine bestehende Bandscheibendegeneration, die mit Beschwerden einhergeht, wird früher zu Präventionsmaßnahmen führen und so das Entstehen von Berufserkrankungen langfristig verhindern.

Vorteile der MRT gegenüber der Computertomographie (CT) sind die fehlende Strahlenbelastung, insbesondere bei der Untersuchung mehrerer Wirbelsäulensegmente, die Darstellung der gesamten LWS und die bessere Darstellung der neuralen Strukturen. Zeichen einer alleinigen Bandscheibendegeneration ohne Vorfall können im CT bis auf ein selten auftretendes Vakuumphänomen nicht dargestellt werden. Die Kosten einer CT-Untersuchung, die über mehrere Segmente erfolgen muß, um eine entsprechende Aussage machen zu können, sind nur unerheblich niedriger als die eines MRT.

Die Frage des Verteilungsmusters der Bandscheibenerkrankung im exponierten Wirbelsäulenabschnitt ist Gegenstand kontroverser Diskussionen. Bisherige Untersuchungen stützten sich auf die konventionell radiologische Diagnostik.

So fanden Wolter et al. [19] bei Krankenpflegekräften überwiegend ein monosegmentales Schadensbild. Eine plötzliche Maximalbelastung wurde als pathogenetischer Mechanismus der monosegmentalen Erkrankung bei Krankenschwestern angenommen [20]. Rehder u. Deuretzbacher berichteten über die Möglichkeit, Bandscheibenvorfälle durch Flexion und Rotation auszulösen.

Gegen oben genannten pathogenetischen Mechanismus spricht das gleichartige Verteilungsmuster der degenerativen Veränderungen bei Bauarbeitern und Krankenschwestern unter Mitbeteiligung der oberen Bewegungssegmente in der vorliegenden Untersuchung mit Anwendung der Kernspintomographie.

Weiterhin ergaben Bandscheibendruckmessungen *in vivo* sowohl in der Etage L3/4 [14] als auch in der Etage L4/5 [19] korrespondierend hohe Werte unter Belastung, was eine monosegmentale Verteilung unwahrscheinlich macht.

Dies würde die Forderung Ludolphs [10] nach mehrsegmentalem Befall der LWS für den rechtlichen Zusammenhang der bandscheibenbedingten Erkrankung mit der beruflichen Tätigkeit stützen. Eine Ablehnung einer Berufserkrankung wegen monosegmentalem Schadensbild ohne Kernspintomographie erscheint bei mangelnder Sensitivität des konventionellen Röntgenbildes hinsichtlich weiterer Veränderungen fragwürdig.

Der Einsatz der Kernspintomographie in der Begutachtung ist unseres Erachtens insbesondere bei jungen Patienten mit fehlenden radiologischen Sekundärveränderungen zu fordern. So können §3-Maßnahmen frühzeitig eingeleitet und manifeste Berufserkrankungen vermieden werden.

Literatur

1. Anderson GBJ (1991) The epidemiology of spinal disorders. In: Frymoyer JW (ed) The adult spine. Raven, New York, pp 107–146
2. Boden SD, Davis DO, Dina TS, Patronas NJ, Wiesel SW (1990) The incidence of abnormal lumbar spine MRI scans in asymptomatic patients: a prospective and blinded investigation. J Bone Joint Surg Am 72:403–408
3. Bolm-Audorf U (1992) Bandscheibenbedingte Erkrankung durch Heben und Tragen von Lasten. Med Orthop Tech 112:293–296
4. Frymoyer JW, Pope MH, Clemens JH, Wilder DG, Mac Pherson B, Ashikaga T (1983) Risk factors in low back pain. An epidemiological survey. J Bone Joint Surg Am 65:213–218
5. Krämer J (1993) Bandscheibenbedingte Erkrankung als Berufskrankheit. Orthop Mitt 4:298–301
6. Krämer J (1994) Bandscheibenbedingte Erkrankungen als Berufskrankheit. Arbeitsmed Sozialmed Umweltmed 29:70–74
7. Kramer J, Brandenburg (1995) Anerkennung von Wirbelsäulenschäden als Berufskrankheit. Dtsch Ärztebl 92: A – 2482–2487
8. Ludolph E, Besig K (1993) Die Berufskrankheiten „Wirbeläsule" – Ein- oder mehrsegmentales Schadensbild? Akt Traumatol 23:255–256
9. Ludolph E, Besig K (1994) Bandscheibenbedingte Erkrankungen. Akt Traumatol 24:316–318
10. Ludolph E, Schröter F (1993) Die Berufskrankheiten „Wirbelsäule" – Gutachterliche Überlegungen. Arbeitsmed Sozialmed Umweltmed 28:457–461
11. Mertens G, Perlebach E (1993) Die Berufskrankheitenverordnung. Schmidt, Berlin, S M 2108–2110

12. Modic MT, Masaryk TJ, Ross JS (1988) Imaging of degenerative disc disease. Radiology 168:177–186
13. Modic MT, Steinberg PM, Ross JS (1988) Degenerative disc disease assessment of changes in vertebral body marrow with MR. Imag Radiol 166:193–199
14. Nachemson AL (1981) Disc pressure measurements. Spine 6:93–97
15. Powell MC, Wilson M, Szypryt P, Symonds EM, Worthington BS (1986) Prevalence of lumbar disc degeneration observed by magnetic resonance in symptomless women. Lancet 2/8520:1366–1370
16. Venning P, Walter SD, Sitt LW (1987) Personal and job-related factors as determinants of incidence of back injuries among nursing personnel. J Occupat Med 29:820–825
17. Videmann T, Sarna S, Crites Battié M, Koskinen S, Gill K, Paananen H, Gibbons L (1995) The long-term-effects of physical loading and exercise lifestyles on back-related symptoms, disability and sinal pathology among men. Spine 20:699–709
18. Wilke A (1997) Lassen neue *in vivo*-Messungen des intradiscalen Druckes neue Schlußfolgerungen zu? (Internationales Symposium „Berufsbedingte Wirbelsäulenerkrankung" 17.3.–21.3.1997 Hamburg)
19. Wolter D, Seide K, Grosser V (1995) Ist die monosegmentale Manifestation bandscheibenbedingter Erkrankungen der Wirbelsäule mit dem Vorliegen einer Berufserkrankung zu vereinbaren? In: Wolter D, Seide K (Hrsg) Berufskrankheit 2108. Springer, Berlin Heidelberg New York Tokyo
20. Wolter D, Seide K, Siebert C (1997) Hat sich die These der bandscheibenschädigenden plötzlichen Maximalbelastung bestätigt? (Internationales Symposium „Berufsbedingte Wirbelsäulenerkrankung" 17.3.–21.3.1997 Hamburg)

Kapitel 25

Möglichkeiten und Wertigkeit technischer Untersuchungen zur Objektivierung von Rückenschmerzen

R. Eisele, G. Hege, W. Scheiderer, P. Katzmaier, M. Kramer, L. Kinzl, K. Stadmüller und E. Hartwig

Einleitung

Unsere Alltagserfahrungen legen die Vermutung nahe, daß Schmerz in den meisten Fällen ein körperliches Problem ist. Falls dies zutrifft, wäre zu erwarten, daß der somatische Befund weitgehend das Befinden der Patienten bestimmt, daß also bei Kenntnis des Befundes das Befinden, hier definiert als Schmerz, Behinderung und psychische Belastung, weitgehend geklärt ist.

Der körperliche Schaden ist definitionsgemäß die Folge einer auf den Körper von außen einwirkenden Ursache. Er ist begründet in einer negativen Beeinflussung einer anatomischen Struktur oder physiologischen Körperfunktion. Durch geeignete Untersuchungsmethoden ist der Schaden unabhängig vom Erleben und der Darstellung des Geschädigten vom Sachverständigen zu objektivieren. Es gibt bisher keine singuläre Untersuchungsmethode, analog der Audiometrie bei der Lärmschwerhörigkeit, die den „Schaden" bei einer Wirbelsäulenerkrankung „messen" könnte. Was es gibt, ist eine durch langjährige wissenschaftliche Erforschung und Diskussion herausgearbeitete Zusammenstellung von „objektiven Parametern", die zur Untersuchung des Schadens bei Low back pain herangezogen werden können [9, 22, 28, 37, 56].

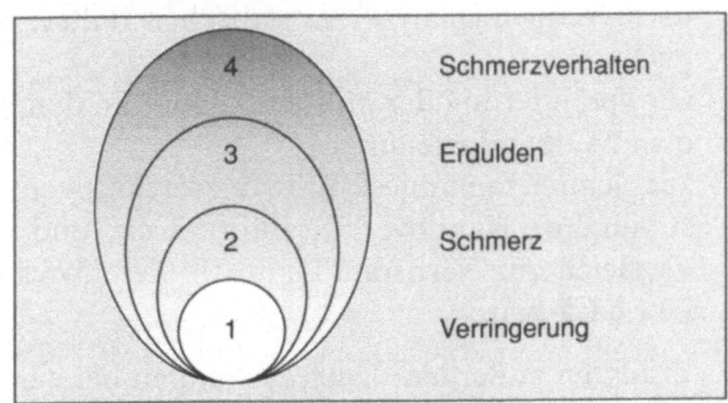

Abb. 1. Multidimensionales Schmerzmodell nach John Loeser 1982

Patienten mit Low back pain geben sich oft emotional betont. Studien haben gezeigt, daß psychosoziale Faktoren wie psychosozialer Background, Lebenseinstellung, Streß und neurotische Ansätze vermehrt angetroffen werden. Eine erhöhte Rate von Alkoholismus ist ebenfalls dokumentiert worden (Abb. 1) [1–5, 38].

In der vorliegenden Arbeit versuchten die Autoren organisch objektivierte degenerative bandscheibenbedingte Erkrankungen der Wirbelsäule mit den von den Patienten geäußerten Beschwerden zu korrelieren. Die organischen Veränderungen wurden durch verschiedenartige Untersuchungen gegenkontrolliert. Die geäußerten Beschwerden wurden durch Schmerzfragebögen dokumentiert und analysiert.

Material und Methode

In den Jahren 1994–1996 wurden an der Universität Ulm, Abteilung für Unfall-, Hand- und Wiederherstellungschirurgie, vergleichende Untersuchungen durchgeführt:

a) zur organischen Veränderung der Weichteilsäule bei Patienten (n = 40) mit chronischen Rückenschmerzen (kernspintomographisch gesicherte Bandscheibendegeneration) und einem gesunden Kontrollkollektiv (kernspintomographisch gesichert) (n = 40) mittels sonographischer Echogenitätsmessung der paravertebralen lumbalen Muskulatur durchgeführt,

b) zur Mobilitätseinschränkung der BWS und LWS in der Sagittalebene und Frontalebene bei Patienten mit Low back pain und degenativer Bandscheibenveränderung L4/5, L5/S1 und Zustand nach Operation sowie sechswöchiger Rehabilitation (n = 40),

c) zur Veränderung der Dynamik der thorakalen und lumbalen Bewegungssegmente bei gleichem Patientengut auf dem Laufband mit 3 km/h und 5 km/h bei 3 % Steigung,

d) zur Veränderung der Muskelaktivität (mycrovolt · s/integriertes EMG nach Frequenzanalyse) im statischen Halteversuch (gleiches Patientengut),

e) zur Veränderung der Muskelaktivität im dynamischen Meßversuch auf dem Laufband wie unter c,

f) zur Schmerzanamnese mit Auswertung von MPQ (Mcgill Pain Questionnaire), Hannover Disability Score und Pain Disability Index im Vergleich zur Kernspindiagnostik der LWS bei n = 178 Patienten mit Low back pain.

Es erfolgten außerdem Untersuchungen bei einem selektionierten Krankengut von 14 Piloten der Luftwaffe mit Zustand nach Bandscheibenvorfall und Zustand nach Operation (L4/5 und/oder L5/S1) sowie sechswöchiger Rehabilitation. Untersucht wurde analog der oben beschriebenen Messungen:

– die Mobilität der BWS/LWS,
– die Dynamik der BWS/LWS,
– die Muskelaktivität der paravertebralen lumbalen Muskulatur (statisch/dynamisch),
– die Schmerzanamnese.

Zu a. Um die ultrastrukturellen Echogenitätsveränderungen messen zu können, benutzten die Autoren ein Ultraschallgerät der Firma Hellige (PPG 680, Focus 1, Gain 67 Dezibel, STC Standard-Konfiguration mit einem 5,5 MHz-curved-Scanner). Die Echogenität des Muskels wurde durch den „L-Wert" bestimmt. Dieser Wert entspricht der am häufigsten aufgetretenen Graustufe im definierten Bereich. Die Echogenität wurde in Querschnitten des Erector spinae gemessen. Die Schnitte begannen im Niveau L1/L2 links und rechts, bis zur L5/S1, wobei eine Ratio errechnet wurde, welche die globale Echogenität des gesamten Muskelquerschnittes (L2) durch eine zentrale Echogenität (L1) (CAP, Computer assisted positioning) dividierte. Bei fünf Verstorbenen, welche im anatomischen Institut der Universität Ulm unfixiert untersucht werden konnten, erfolgte die histologische Gegenkontrolle zu den Ultraschallergebnissen. Eine Färbung der Muskelproben erfolgte in Hämatoxilin, v. Giemsa und Sudan Schwarz (Abb. 2).

Zu b. Die dreidimensionale Bewegungsanalyse der Wirbelsäule mit dem nichtinvasiven Aufnahme- und Meßsystem Zebris CM S50 ist in den letzten Jahren validiert worden [7, 17, 35]. Mit diesem Meßsystem ist es nicht allein möglich, die Bewegungsausmaße der Wirbelsäule, sondern auch dynamische Vorgänge, wie Segmentgeschwindigkeit und Segmentbeschleunigung zu messen. Es wurden zwischenzeitlich 40 Patienten mit operativ entferntem Bandscheibenvorfall (L4/5, L5/S1) und sechswöchiger Rehabilitation im Vergleich zu einem gesunden Kollektiv n = 40 hinsichtlich der Bewegungsausmaße, Segmentgeschwindigkeit und Segmentbeschleunigung der BWS und LWS in der Sagittal- und Frontalebene gemessen, um die mögliche schmerzhafte Bewegungseinschränkung dokumentieren zu können. In der BWS erfolgte die Markeranordnung alle zwei Wirbelkörper (Dornfortsätze C7, Th2, Th4, Th6, Th8, Th10 + Spinae iliacae posterior superior). In der LWS wurde jedes Segment (Dornfortsatz Th12, L1-L5 + Ref.-marker)) mit einem Marker versehen. Ein Segment wurde von 2 aufeinanderfolgenden Markern gebildet. Die Auswertung erfolgte mit dem Programm Spine screen 2.0 (Winkel immer zur Senkrechten).

Abb. 2a, b. Echogenitätsmessung der paraverte-
bralen Muskulatur mit-
tels Ratio Trace : Box =
L2 : L1. Technik der sonographischen Untersu-
chung (**a**); schematisier-
ter abdomineller Quer-
schnitt (**b**)

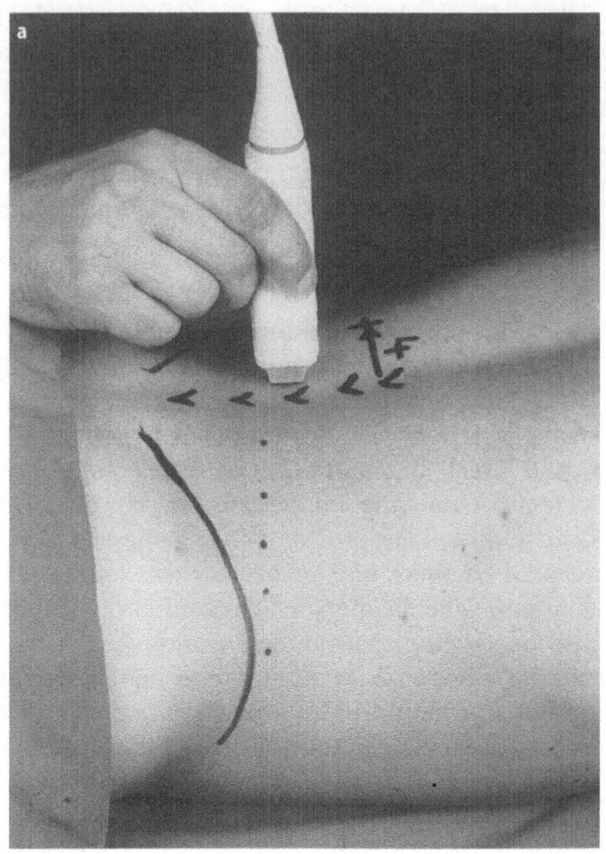

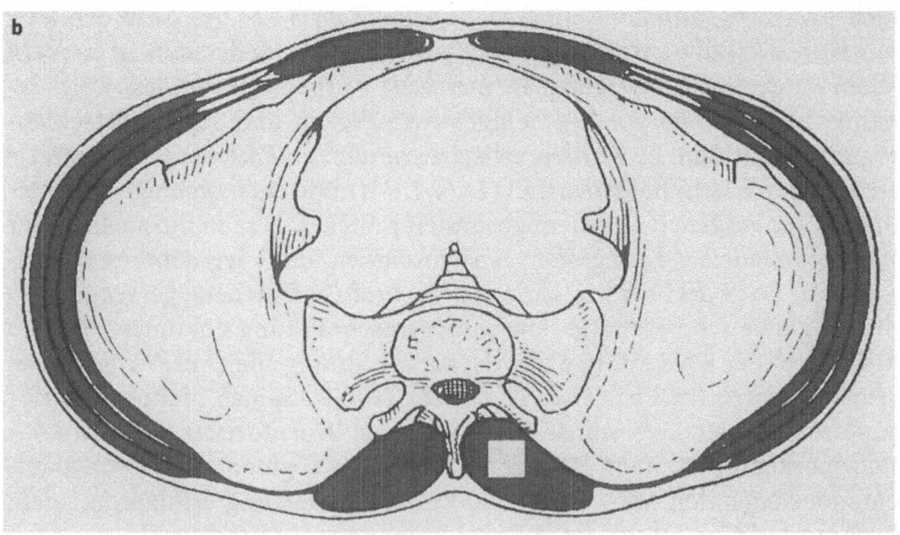

Zu c. Die dynamischen Messungen erfolgten mit der gleichen Meßmethodik wie unter b. Die Patienten bzw. die Probanden wurden auf einem Laufband mit 3 km und 5 km/h und 3 % Steigung gemessen. Beim Gehen auf dem Laufband interessierte die maximale Winkelgeschwindigkeit des Segmentes und die maximale Winkelbeschleunigung des Segmentes in Frontal- und Sagittalebene sowie maximale Inklination und Reklination und Seitneigung (Median) in einem Gehzyklus. Die angegebenen Winkel verstehen sich als Winkel des Meßsegmentes zur Senkrechten.

Zu d. Als objektives diagnostisches Verfahren bietet sich die Oberflächenelektromyographie zur Beurteilung der muskulären Funktionsstörung bei LBP an. Es wurden in Bauchlage die Dornfortsätze des dritten Lendenwirbelkörpers und des 11. Brustwirbelkörpers markiert. Auf Höhe des dritten Lendenwirbelkörpers wurden in 2 cm Abstand von der Mittellinie je zwei Elektroden auf der Haut über dem M. multifidus in Faserverlauf und in 5 cm Abstand von der Mittellinie auf dem Muskelbauch der Mm. longissimus und iliocostalis geklebt. In Höhe des 11. Brustwirbelkörpers wurden die Elektroden auf dem Muskelbauch des M. longissimus und des M. iliocostalis in deren Faserverlauf angebracht. In der Mitte zwischen Rippenbogen und Darmbeinschaufel lokalisierten wir die Elektroden für die Bauchmuskulatur in der mittleren Axillarlinie. Die Referenzelektrode wurde über der Vertebra prominens angebracht. Dadurch wurde der Cross-talk des topographisch kompliziert strukturierten Muskels Erector spinae minimiert.

Die bereits oben beschriebene Patienten- und Probandengruppe wurde im statischen Halteversuch gemessen. Ziel der Übung war es, die muskulären schmerzbedingten Defizite der autochthonen Rückenmuskulatur in der Statik aufzuzeigen. Der statische Versuch erfolgte in Bauchlage. Nach entspannter Lagerung in 30° Schräglage nach unten des Oberkörpers erfolgte die Kontraktionsphase, bei der der Oberkörper bis in die Horizontale angehoben werden mußte. Die unteren Gliedmaßen waren dabei fixiert. Nach 1 min Übungszeit erfolgte eine Relaxationsphase. Die Auswertung erfolgte mit einer Software der Firma Noraxon Myosoft 2000. Dabei wurde primär die Fiabilität der Messungen über Spektralanalyse der Frequenzen durchgeführt. Die Ergebnisse wurden in Mycrovolt (nach Glättung F = 20 integriertes EMG, mittlere Amplitude pro Übungseinheit) als Amplitude zwischen Patienten und Probanden in Form des Medians der individuellen mittleren Amplituden verglichen.

Zu e. Bei gleichem Patienten- und Probandengut wurde mit der oben beschriebenen Versuchsanordnung ein Laufbandtest durchgeführt. Die untersuchten Personen wurden bei 3 km und 5 km/h sowie 3 % Steigung gemessen. Verglichen wurde zwischen den Gruppen der Median der Aktivität (mittlere Amplitude in Mycrovolt · s) von jeweils sechs Gangzyklen (Übungseinheit).

Zu f. Es wurden 178 Patienten mit Low-back-pain mittels NMR der LWS erfaßt. Die Patienten wurden mittels eines Schmerzfragebogens analysiert. Die Schmerzanalyse erfolgte durch das MPQ (Mac Gill Pain Questionnaire), dem Hannover Disability Test sowie dem Pain Disability Index.

Zur standardisierten Erfassung der sensorischen, affektiven und kognitiv evaluativen Schmerzqualitäten gibt es eine Reihe von Verfahren, von denen der „Mac Gill Pain Questionnaire" (MPQ) von Melzack (1975) als der im angloamerikanischen Sprachraum am häufigsten verwendete und am besten überprüfte gelten kann. Der „MPQ" wurde zusätzlich für spezielle Patientengruppen modifiziert, so z.B. für Rückenschmerzpatienten („Back Pain Classification Scale", „BPCS") [29, 30, 33, 34, 40].

Die Einschränkung im täglichen Leben wurden durch zwei Tests beurteilt. Diese waren: Hannover-Score und Pain Disability Index (PDI) [15, 25, 41].

Beim Hannover-Test mit gegebenen 12 Fragen aus dem täglichen Leben mußten die Patienten angeben, wie gut die beschriebene Tätigkeit auszuführen sei. Nach Auswertung der Punkte wurde die Summe durch eine Konstante dividiert; E: 0,24 = x%. Das Ergebnis stellte die verbliebene Restfunktion des Patienten in Prozent dar.

Beim „Pain Disability Index" (PDI) gibt der Patient für sieben Lebensbereiche (familiäre und häusliche Verpflichtungen, Erholung, soziale Aktivitäten, Beruf, Sexualleben, Selbstversorgung und lebensnotwendige Tätigkeiten) jeweils auf einer zehnstufigen Skala den Grad seiner Behinderung durch die Schmerzen an. PDI ist ein Instrument zur Erfassung der subjektiven schmerzbedingten Beeinträchtigung. Es stellt ein international gebräuchliches Verfahren dar, um die Patienteneinschätzung der krankheitsbedingten, körperlichen Beeinträchtigung quantifizieren zu können [45].

Ergebnisse

Zu a. Der häufigste L1- und L2-Wert bei den gesunden Probanden (nur männliche Personen, Durchschnittsalter 32 Jahre) war 1 (0 = schwarz, 60 = strahlend weiß). In den Ebenen L4/L5, L5/Sl fanden sich geringfügig höhere L-Werte. Unter Berücksichtigung des Lebensalters gab es eine inkonstante Zunahme der L1- und L2-Werte bis auf einen Grauwert von 18.

Die Patienten (nur männliche Personen, Durchschnittsalter 39,5 Jahre) zeigten segmental höhere L1-und L2-Werte als die Probanden. Mit der L-Ratio (L2:L1) konnte die Homogenität des Muskels dargestellt werden. Die L-Ratio wurde mit den entsprechenden kernspintomographischen Schnitten der Patienten kontrolliert und in ihrer Aussage bestätigt. Die Probanden zeigten in jeder Schnittführung L-Ratio-Werte über 0,6. In der Patientengruppe fanden wir einen signifikanten Abfall der L-Ratios im erkrankten, aber auch in den angrenzenden Segmenten. In diesem Fall blieb der L-Ratio-Wert unter 0,5. Die pathohistologischen Untersuchungen bestätigten die Aussagekraft der L-Ratio, obwohl diese Technik allgemein nicht anerkannt ist. Es kommt bei L-Ratios unter 0,5 zu deutlichen Veränderungen der Muskulatur wie beispielsweise bindegewebige Degenerationen oder intra- und extrazelluläre Fetteinlagerungen (pathohistologisch) und Änderung des Signalverhaltens im MRT (Abb. 3–6).

Zu b. Bei der 3-D-Messung handelte es sich um 40 Probanden im Durchschnittsalter von 32,3 Jahren (12 weibliche und 28 männliche Probanden).

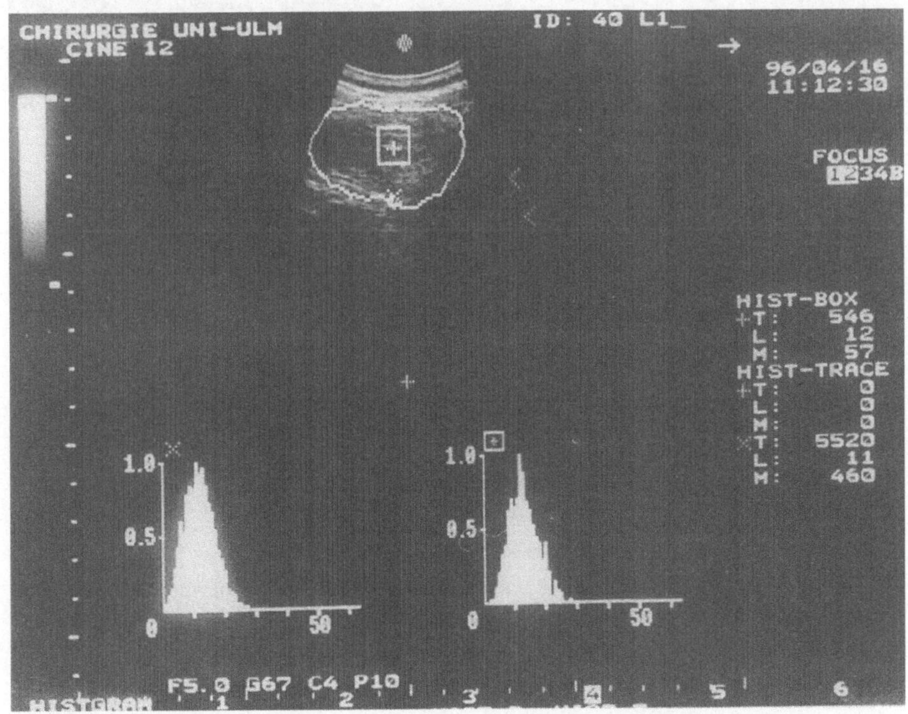

Abb. 3. Beispiel einer Untersuchung beim Gesunden; *L* häufigster Grauwert im definierten Bereich Range: 0–60; L1 = 12 (*Box*) L2 = 11 (*Trace*) Ratio = 0,92

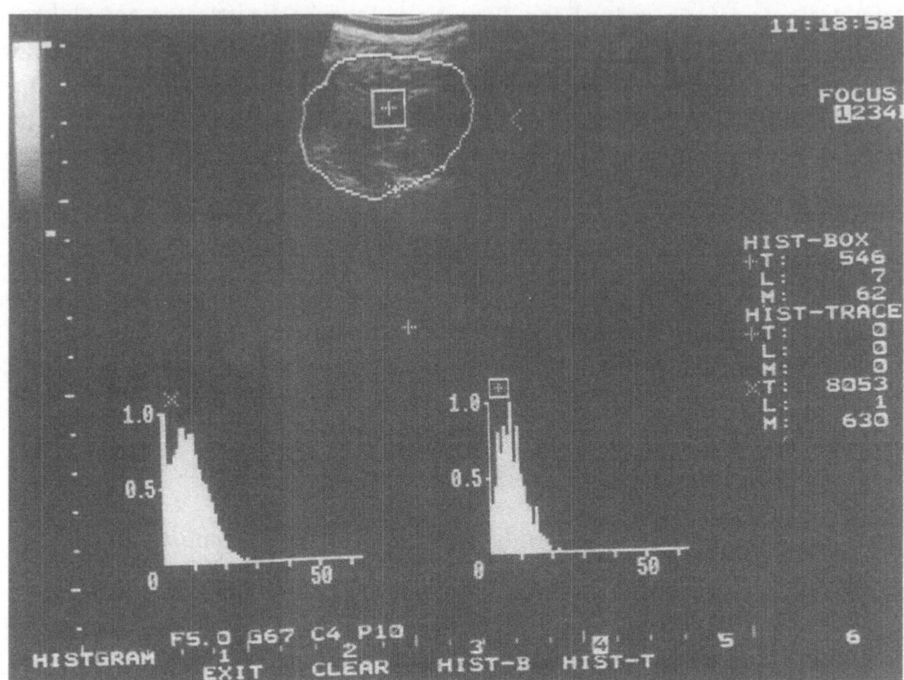

Abb. 4. Beispiel einer Untersuchung bei kernspintomographisch gesicherter Veränderung der paravertebralen Muskulatur; L häufigster Grauwert im definierten Bereich Range: 0–60; L1 = 7 (*Box*) L2 = 1 (*Trace*) Ratio = 0,142

L-Ratio und Bandscheibendegeneration 4/5, L5/S1 (n = 20)

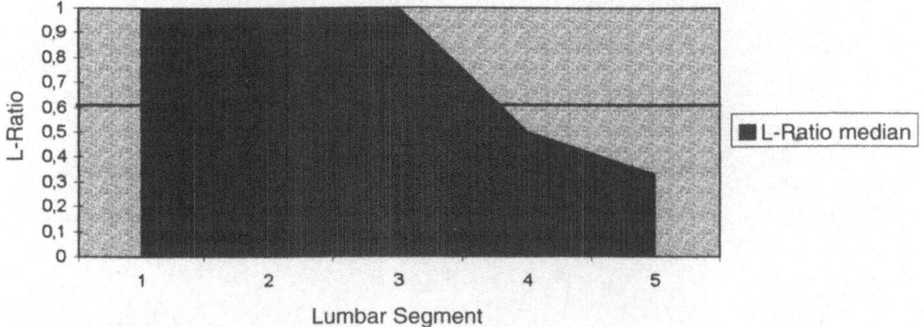

Abb. 5. Patienten mit chronischen Rückenschmerzen und kernspintomographisch gesicherter Bandscheibendegeneration, L 4/5 L5/S1

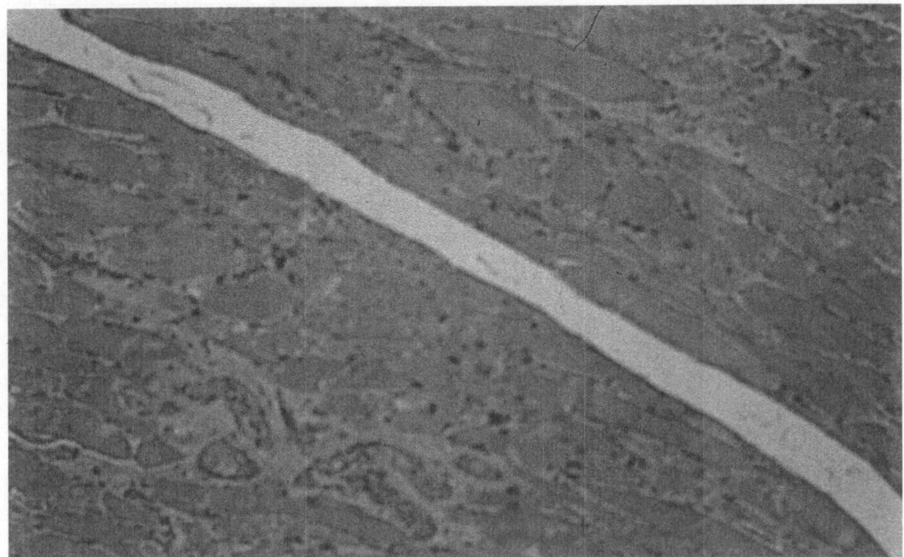

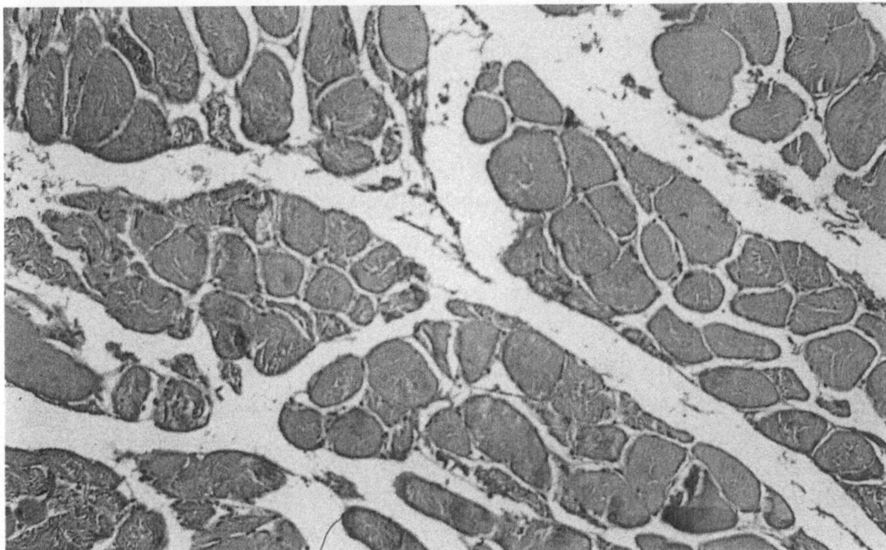

Abb. 6a, b. Pathohistologische Untersuchungen der paravertebralen Muskulatur im Vergleich zu sonografischen Echogenitätsveränderungen (Grauwertanalyse) hier: Schnitte in Sudan-Schwarz-Färbung; **a** Ratio > 0,6 Normalbefund und **b** Ratio < 0,5. Typisch sind die Fetteinlagerungen, die hier transparent zur Darstellung kommen

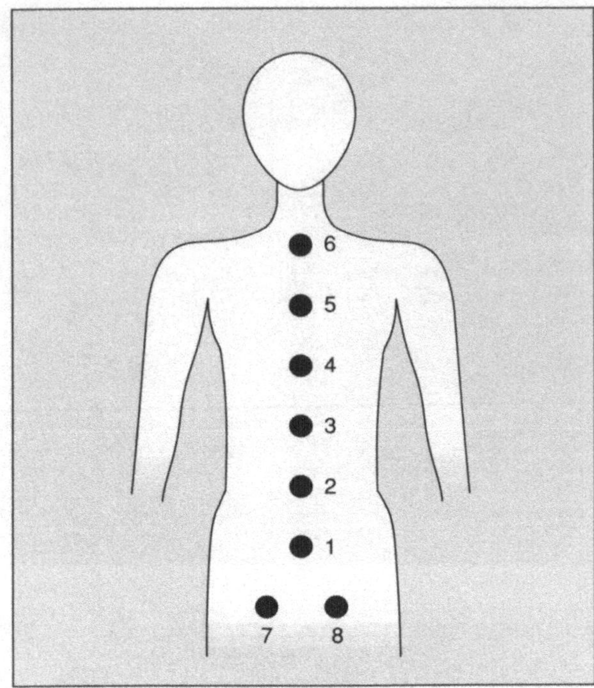

Abb. 7. Beispielhafte Darstellung der Markerplazierung

Die Patientengruppe wurde durch 8 weibliche und 32 männliche Personen mit dem Durchschnittsalter von 36,8 Jahren repräsentiert (Abb. 7).

Ergebnisse BWS

Bei der Beurteilung der Neutralhaltung zeigten sich eine deutliche Steilstellung der BWS bei den Kranken gegenüber den Gesunden.

Inklination/Reklination BWS

Der Vergleich der Medianwerte der maximalen Inklination in der Übungsebene erbrachte Differenzwerte zwischen 4 und 16° pro < Segment > zum Kontrollkollektiv zu ungunsten der Patientengruppe. Dabei waren die größten Unterschiede zwischen den Segmenten Th8 und Th10 und die geringsten zwischen C7 und Th2 zu dokumentieren. In der dazu senkrechten Ebene, also in der Frontalebene, waren in der maximalen Inklination die Winkelunterschiede zwischen den einzelnen Meßsegmenten maximal 1° groß. Bei der maximalen Reklination in der Übungsebene fanden sich für die Kranken größere Bewegungsausschläge als für die Gesunden. Dies machte sich mit einer Bewegungszunahme zwischen 3 und 6° < im Segment > bemerkbar. Die in der Übungsebene gemessene maximale Winkelgeschwindigkeit war bei den Kranken zwischen 2 und 5°/s höher. Die maximale Beschleunigung zeigte angedeutet diesen Trend (Metronom gesteuert).

Lateralflexion BWS

Bei der Seitneigung in der BWS in der Übungsebene fanden sich in der 0-Position keine signifikanten Unterschiede der Meßwerte von Gesunden und Kranken. Die Unterschiede der Segmentbewegung in der Übungsebene variierten zwischen 0 und 20°. Eine Asymmetrie der Bewegungsauslenkungen konnte im Median nicht festgestellt werden. Die maximale Übungsgeschwindigkeit in der Übungsebene war für die Segmente bei Gesunden und Kranken different. Es zeigte sich im Trend in der Seitneigung eine Tendenz zur Verlangsamung der maximalen Geschwindigkeit bei den Kranken um ca. 4°/s. Die maximalen Beschleunigungen reagierten in der gleichen Weise. In den senkrecht zur Übungsebene gemessenen Bewegungen der Segmente bei Seitneigung lagen die Einschränkungen unter 6°/s. Tendenziell zeigten Segmentwinkelbeschleunigung und -Geschwindigkeit also eine Verlangsamung (Abb. 8–10).

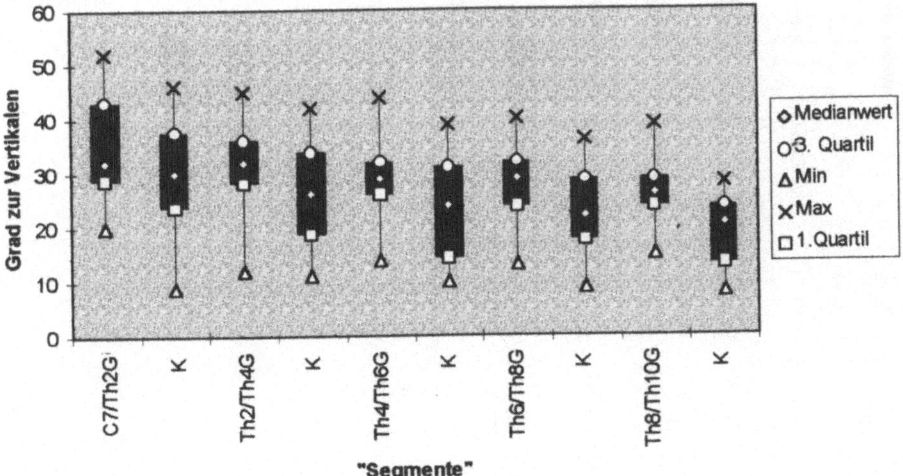

Abb. 8. Boxplotdarstellung der Funktion Seitneigen der BWS nach rechts in der Frontalebene bei Patienten (*K*) und gesunden Probanden (*G*), n = 40

                                                    R. Eisele et al.

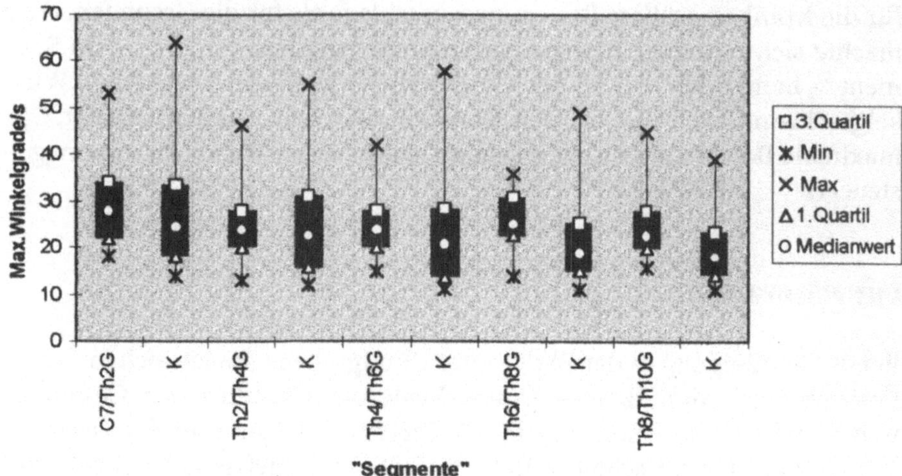

Abb. 9. Maximale Segmentgeschwindigkeit beim Seitneigen in der Frontalebene bei Patienten (K) und gesunden Probanden (G) in der BWS, n = 40

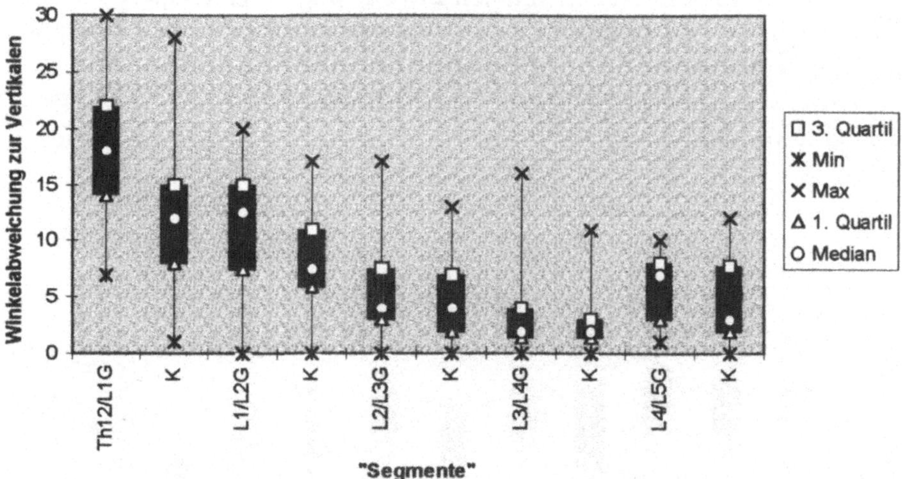

Abb. 10. Seitneigen frontal nach rechts bei Patienten (K) und gesunden Probanden (G) in der LWS, n = 40

Ergebnisse LWS

Inklination/Reklination LWS

In der Neutralposition fand sich auch eine angedeutete Steilstellung der operierten Wirbelsäule.

Bei der maximalen Inklination in der Übungsebene fanden sich Differenzen der beiden unteren Meßsegmente L3/4, L4/5 von bis zu 5° zugunsten der Operierten, während in den oberen Segmenten Th12/L1, L1/2, L2/3 bis 3° reduzierte Bewegungsausmaße für die operierten Patienten zu dokumentieren waren. Für die maximale Reklination setzte sich der Trend der Mehrbeweglichkeit der unteren beiden Segmente L3/4, L4/5 aber auch des Segmentes L2/3 bis zu 3° fort. Die oberen beiden Bewegungssegmente Th12/Ll und Ll/2 zeigten gleiche Bewegungsausmaße (median) zwischen krank und gesund. Die maximale Winkelgeschwindigkeit der Segmente war für die Kranken in allen Segmenten gegenüber den Gesunden in Flexion/Extension erhöht. Die maximalen Beschleunigungen in der Übungsebene ließen eine Interpretation nicht zu.

Lateralflexion LWS

Bei den Seitneigungen ergaben sich Differenzen zwischen gesund und krank, welche zwischen 2 und 5° bei Messung in der Übungsebene variierten. Die Bewegungsgeschwindigkeit war bei allen Bewegungssegmenten in der Patientengruppe verlangsamt. Eine Signifikanz konnte nicht nachgewiesen werden. Trotzdem zeigte der Trend eine Verminderung der maximalen Geschwindigkeiten zur Kontrollgruppe. Die Beschleunigungen waren entsprechend verändert.

Die in den senkrecht zu den Übungsebenen gemessenen Auslenkungen der Bewegungssegmente zeigten für die Medianwerte keine große Schwankung. Die Bewegungen lagen um maximal 1° different. Dies gilt für die Sagittalebene bei Übungen in der Frontalebene und auch für die Bewegungen in der Frontalebene bei Messung in der Sagittalebene (Abb. 10 und 11).

Dynamische Meßergebnisse auf dem Laufband

Zu c. Die max. Auslenkungswinkel der thorakalen Meßsegmente zur Senkrechten unterschieden sich nicht signifikant voneinander (1 und 3° median). Die dynamischen Messungen in der Sagittalebene zeigten Ausweichmanöver der Meßsegmente zur Senkrechten gemessen, welche bei den

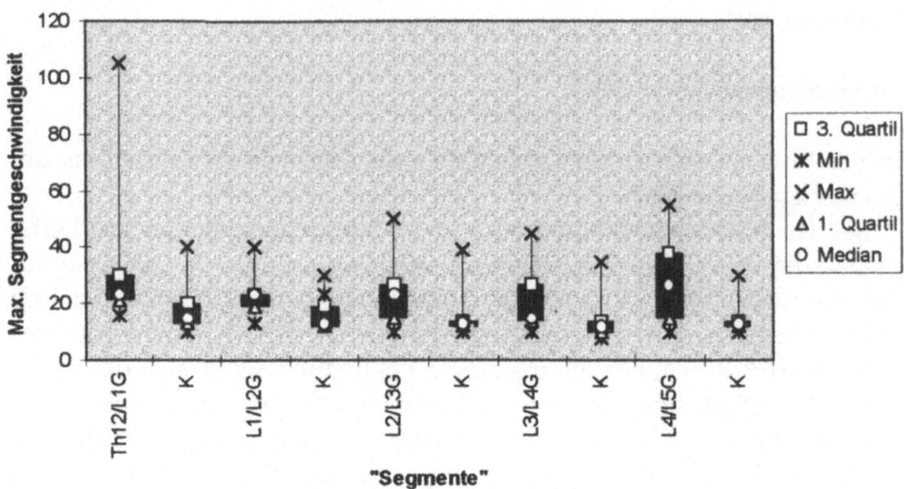

Abb. 11. Maximale Segmentgeschwindigkeit beim Seitneigen in Frontalebene bei gesunden Probanden (*G*) und Patienten (*P*), n = 40

Kranken gegenüber den Gesunden sich um maximal 3° unterschieden (median). In dieser Ebene waren die maximalen Winkelgeschwindigkeiten der Meßsegmente und die maximalen Beschleunigungen ebenfalls nicht signifikant different. Es ließen sich bei der Geschwindigkeit Unterschiede von 1–3°/s und Beschleunigungsdifferenzen bis zu 10°/s² beim Medianvergleich finden (Abb. 12).

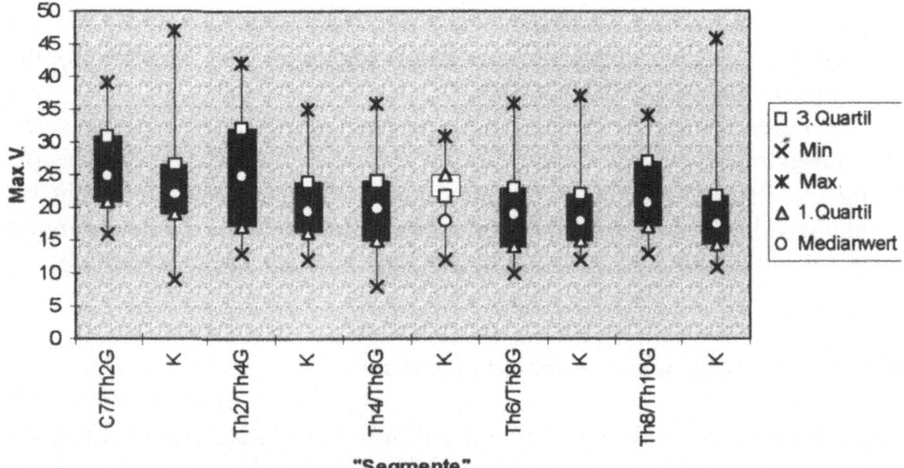

Abb. 12. Maximale Geschwindigkeiten der „Segmente" BWS in der Frontalebene bei 3 km/h. *K* Patienten, *G* gesunde Probanden, n = 40

In der dynamischen Messung der LWS waren die maximalen und minimalen Winkel für das Bewegungssegment Th12/L1 bis L2/3 identisch (beide Ebenen). In den Segmenten L3/4 und L4/5 kam es zu einer deutlichen Minderbeweglichkeit in der Frontalebene beim Gehen auf dem Laufband gegenüber den Gesunden. Die Auslenkungen der Segmente waren bei den Kranken um 2–5° geringer ausgeprägt. Die maximalen Geschwindigkeiten der Bewegungssegmente waren zwischen gesund und krank bis auf das unterste Bewegungssegment nahezu identisch. Das unterste Bewegungssegment L4/5 zeigte eine Differenz von –10°/s (maximale Geschwindigkeit) bei den Patienten. Entsprechend verhielt sich die maximale Beschleunigung (Abb. 13).

Die maximalen und minimalen Winkel in der Sagittalebene bei der dynamischen Messung zeigten kleinere Winkel bei den Patienten. Auch hier war keine Signifikanz nachzuweisen. Die Differenz der Bewegungssegmente zum gesunden Kontrollkollektiv variierte für alle Segmente zwischen 2 und 5°. Die maximale Geschwindigkeit in der Sagittalebene war für alle Bewegungssegmente bis auf das Segment L4/5 different. Die Bewegungen der operierten Patienten in der Sagittalebene waren um 2–5°/s verlangsamt. Diese Verlangsamung der Dynamik setzte sich auch bei der maximalen Beschleunigung in der Sagittalebene fort.

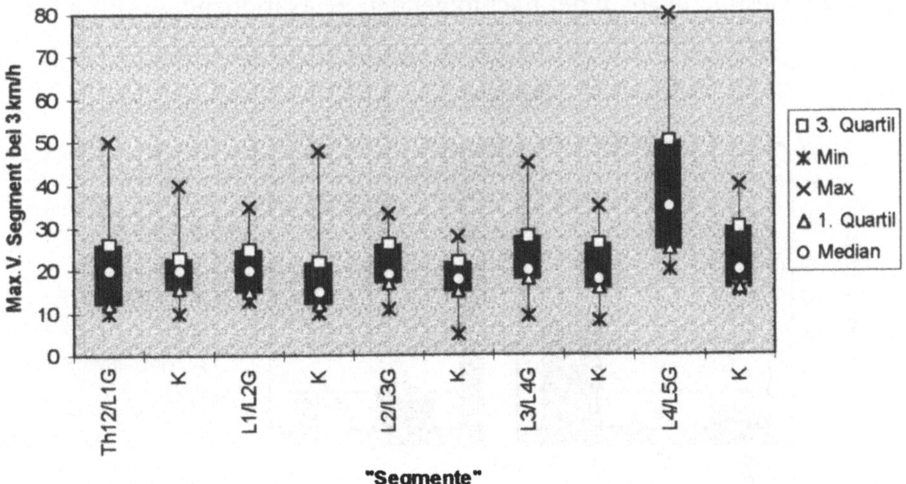

Abb. 13. Maximale Segmentgeschwindigkeit bei 3 km/h bei gesunden Probanden (*G*) und Patienten (*P*), n = 40

Ergebnisse statischer Versuch

Zu d. Die Messungen gliederten sich in eine Ruhephase und in die eigentliche Kontraktionsphase mit anschließender Relaxationsphase nach Beendigung der Übung. Die Kontraktionsphase wurde in 10 gleichlange zeitliche Intervalle eingeteilt und zur Beurteilung das Zeitintervall 2, 5 und 8 herangezogen. Das Zeitintervall 2 wurde für den individuellen Meßvorgang als 100 % gewertet, da die Amplituden interindividuell größte Schwankungen zeigen. Es wurden die Muskeln Multifidus, tiefer Erector spinae und oberflächlicher Erector spinae sowie die schrägen Bauchmuskeln jeweils links und rechts ausgewertet. Bei der Frequenzanalyse des Kontraktionsvorganges fiel zunächst bei dem M. multifidus beispielhaft auf, daß nach primärer 100 %iger Innervation das Frequenzverhalten im Sinne der Summation bei den Gesunden auf 95 % des Ausgangswertes sank, während bei der Patientengruppe die Frequenz bei nahezu 100 % über den gesamten Kontraktionsvorgang verblieb.

Die Mediane der individuellen mittleren Amplituden während der Kontraktionsphase zeigten für die Multifidus-Gruppe die höchste Amplitude (23 Mikrovolt für die Patienten und 39 Mikrovolt für die gesunde Kontrollgruppe) (Abb. 14). Diese Werte gelten für M. multifidus rechts wie links. In der Ruhephase waren die Amplituden der Patienten um 150 – 200 % über denen der Gesunden. Während der Übung fielen sie auf 60 % der Gesunden ab. In der nachfolgenden Relaxationsphase verharrten

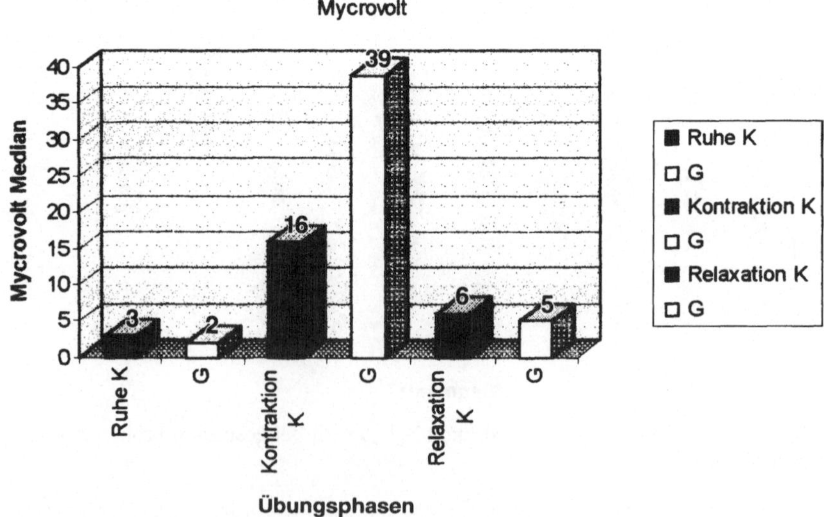

Abb. 14. Median der Amplituden bei gesunden Probanden (*G*) und Patienten (*P*) während Ruhe-, Kontraktions- und Relaxationsphase hier M. multifidus rechts, n = 40

die Amplituden 150 % über denen der gesunden Kontrollgruppe. Für den tiefen Erector spinae waren die Amplituden in der Ruhephase gleich und zeigten in der Übungsphase für die Patienten Amplituden von 50–60 % der Gesunden, um dann in der Ruhephase wieder auf gleiche Amplituden abzufallen. Für den M. erector spinae superficialis lagen die Amplituden für die Kranken in der Ruhephase um 150–200 % über denen der Gesunden. Während der Übung fielen die Amplituden der Patienten auf 80–85 % der Amplitudenhöhe der Gesunden ab. Während der nachfolgenden Relaxationsphase lag die Amplitude bei den Kranken um 175–250 % über denen der Gesunden. Bei den Messungen zeigte sich kein typisches globales Ermüdungsverhalten während der Kontraktionsphase. Bei den Probanden fand sich im Verlauf der Intervalle 2, 5, 8 keine Ermüdung. Bei den Patienten verringerten sich die Mediane der mittleren individuellen Amplituden beispielsweise beim M. multifidus rechts von 18 auf 15 Mikrovolt. Für den tiefen Erector spinae senkte sich der Median der individuellen mittleren Amplituden von 21 Mikrovolt auf 10 Mikrovolt ab; für die schräge Bauchmuskulatur zeigte sich ein inverses Bild. Während bei der Rückenmuskulatur die Mediane der mittleren individuellen Amplituden bei den Gesunden deutlich über denen der Kranken lagen, zeigten sich in der Bauchmuskulatur in der Ruhephase gleiche Amplituden, während in der Übungsphase bei der Patientengruppe höhere Amplituden (ca. 140 %) im Vergleich zu den Probanden auftraten. In der Ruhephase verblieben die Amplituden der Patientengruppe auf 150 % der Probanden.

Dynamischer Versuch

Zu e. Bei dem dynamischen Versuch wurde den Probanden und den Kranken zunächst eine Gelegenheit gegeben, sich an die Eigenarten des Laufbandes zu gewöhnen. Ausgewertet wurden bei beiden Geschwindigkeiten jeweils 6 Schritte des Probanden bzw. des Patienten, wobei immer das Auftreten des linken Fußes getriggert wurde. Die Probanden hatten eine mittlere Körpergröße von 179 cm. Die Patienten zeigten eine mittlere Körpergröße von 176,5 cm. Die Aktivitäten (Mycrovolt · Sekunde) der einzelnen Muskeln (Multifidus, Erector spinae profundus und superficialis sowie schräge Bauchmuskulatur) wurden als Mediane der 6 Schritte errechnet. Dabei zeigte sich, daß die Schritte der Patienten zeitlich um 10 % länger waren als die der gesunden Probanden. Der Median der individuellen Aktivitäten der ausgewerteten Muskeln bei 3 km/h zeigten in der Probandengruppe im Median Werte um 60–70 Mycrovolt · s (Zeitfenster für 6 Schritte ca. 6 s). Die höchsten Werte fanden sich in der Bauchmuskulatur bei den Gesunden, wo Werte beiderseits über 70 Mikrovolt · s dokumentiert werden konnten. Die Aktivitätsverluste gegenüber den Gesunden zeigten sich in der Patientengruppe im M. multifidus rechts auf 91% und beim M. multifidus links auf 90%. Der tiefe Erector spinae hatte rechts einen Aktivitätsverlust im Median auf 81% und links auf 77% der gesunden Kontrollgruppe. Der Erector spinae superficialis rechts zeigte eine Reduktion auf 86% der Kontrollgruppe und links auf 77% der Kontrollgruppe. Die Aktivitätsverluste bei den Bauchmuskeln waren bei den Kranken am höchsten. Hier zeigte sich, daß die rechte schräge Bauchmuskulatur nur 75% der gesunden Kontrollgruppe erreichte, während sogar auf der linken Seite die Aktivität auf 69% der gesunden Kontrollgruppe absank. Die am wenigsten beeinträchtigten Muskeln waren in diesem Versuch die M. multifidi!

Bei 5 km/h zeigten sich etwas veränderte Werte. Während die Aktivitäten der Muskeln der gesunden Probanden immer noch zwischen 60 und 70 Mikrovolt · s lagen, ergab sich eine Verschiebung des Aktivitätsspektrums bei den Patienten. Der M. multifidus rechts zeigte 80%, der linke 70% Aktivität der Kontrollgruppe, während der tiefe Erector spinae rechts 95% der gesunden Kontrollgruppe erreichte und der linke 82%. Der Erector spinae superficialis rechts erreichte 78% und der linke 85% im Median. Für die schräge Bauchmuskulatur verbesserte sich das Ergebnis links auf 87% und rechtsseitig 72% der gesunden Gruppe. Aufgrund der geringen Probandenzahl waren die Ergebnisse nicht signifikant, jedoch war der Trend eindeutig erkennbar (Abb. 15).

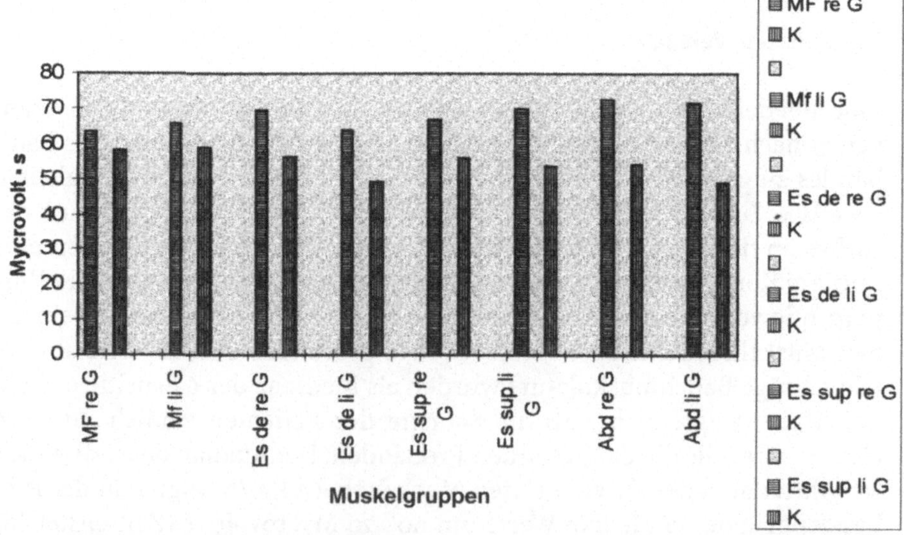

Abb. 15. Median der Aktivitäten (Mycrovolt · s) für definierte Schrittzyklen bei gesunden Probanden (*G*) und Patienten (*K*), n = 40

Schmerzanalyse mit MRT – Kontrolle der Bandscheibendegeneration

Zu f. Die Gruppe von 178 Patienten zeigte bandscheibenbedingte degenerative Veränderungen der LWS bei 33 Patienten mit einer monosegmentalen Bandscheibendegeneration. 50 Patienten hatten zwei nachweisbare Bandscheibendegenerationen. 87 Patienten hatten drei und mehr Bandscheibenveränderungen. Acht Patienten waren ohne kernspintomographisch nachweisbare Veränderungen der lumbalen Bandscheiben. Das MPQ dokumentierte bei 64% der Patienten Werte unter dem international validierten Durchschnittswert von 28 für Low back pain, während 36% über diesem Wert lagen. Dabei hatte die Anzahl der Bandscheibendegenerationen keinen Einfluß auf die Höhe des MPQ-Wertes. Der PDI erbrachte einen Mittelwert von 35 Punkten entsprechend 50% der maximalen Punktzahl. Hier wie auch bei MPQ fanden sich keine Verbindungen zu den kernspintomographisch nachgewiesenen Degenerationen (Signifikanzniveau $\alpha = 0{,}05$). Schließlich dokumentierte der Hannover-Test Restfunktionen zwischen 4% und 98% mit dem Durchschnittswert von 48%. Auch hier konnte zwischen der Schwere der Degeneration der lumbalen Bandscheiben und der Restfunktion keine Korrelation errechnet werden [16].

Die Untersuchungen bei den 14 Piloten der Luftwaffe ergaben bei der Bewegungsanalyse der BWS und LWS Normalwerte. Bei der Auswertung der EMG-Untersuchungen für den statischen Halteversuch fanden sich Amplituden- bzw. Aktivitätsverhalten wie in der gesunden Probandengruppe. Es fielen im Vergleich zu der gesunden Probandengruppe geringfügig erniedrigte Amplituden in der Übungsphase der einzelnen Muskelstränge auf, was für eine Muskelhypothrophie postoperativ spricht. Bei der Schmerzanamnese konnten die obengenannten Untersuchungen als nicht aussagekräftig gewertet werden. Das MPQ lag im Mittelwert bei 13. Beim PDI (max. 70) fanden sich Werte um 60. Bei der körperlichen Restfunktion verblieben 95% im Median (Hannover-Test) [17, 18].

Diskussion

Das multidimensionale Schmerzmodell von Loeser „multifaceted model of the components of pain" [30a] stellt klar, daß Nozizeption und Schmerzwahrnehmung bzw. Schmerzerleben (pain) wesensverschieden sind. Eine wesentliche Funktion des „pain behaviour" besteht darin, anderen die Existenz einer aktuellen Schmerzerfahrung mitzuteilen und sie damit zu „sozialisieren". Waddell hat das Schmerzverhalten in seinem „Glasgow-Illness-Model" (1987) in Illness-behavior und Sick-role differenziert und damit ausdrücklich auf soziale Normierungsprozesse hingewiesen [8, 41, 44, 52]. Es wird zwischen akutem und chronischem Schmerz unterschieden. Akute Schmerzen werden fast täglich erlebt. Die zeitliche Dauer von akutem Schmerz kann zwischen Sekunden bis maximal 1 Woche variieren, die Schmerzauslöser sind bekannt. Bei Wegfall des Verursachers löst sich das Schmerzempfinden auf. Chronisch ist der Schmerz dann, wenn die Schmerzempfindung über den normalen Heilungsprozeß hinausgeht: „persistis past the normal time of healing" [47, 53]. Die „normal time" wird in der Praxis über zeitliche Kriterien determiniert, es wird von einer Zeitgrenze über 6 Monate ausgegangen. Bei chronischen Schmerzen liegt häufig keine enge Verbindung zwischen dem Schmerz und dem auslösenden Faktor vor. Die Bedeutung und Funktion für den Organismus ist wesentlicher Faktor, weshalb man zwischen akutem und chronischem Schmerz unterscheiden muß. Chronische Schmerzen führen zu deutlichen Beeinträchtigungen auf verschiedenen Ebenen des Verhaltens und Erlebens [2]:

a) kognitiv-emotional (Befindlichkeit, Stimmung, Denken),
b) behavioral (verstärktes schmerzbezogenes Verhalten, Reduktion von Alternativverhalten),
c) sozial (Arbeitsunfähigkeit, Beeinträchtigung der Interaktion mit Familie, Freunden, Bekannten) und
d) physiologisch-organisch (Mobilitätsverluste).

Die Psychosomatik beschäftigt sich mit psychosomatischen und somatopsychischen Wechselwirkungen bei der Chronifizierung von Schmerzsyndromen. Beim chronischen Schmerz werden im Laufe der Zeit immer mehr Ebenen in Mitleidenschaft gezogen, d. h. auch anfangs nicht betroffene Regelsysteme. Chronischer Schmerz führt zu gestörter Motorik und motorische Fehlsteuerung verursacht Schmerzen. Nach Raspe [41] unter Zuhilfenahme des Loeser-Modells ist die Schmerzchronifizierung in folgenden Ebenen darzustellen:

– Pathomechanismen,
– Nozizeption,
– Schmerzerleben (Topographie, Dauer, Intensität, Kognitionen, Affekt),
– Leiden am Schmerz (Angst, Niedergeschlagenheit, Hilflosigkeit),
– Schmerzverhalten (Schmerzkommunikation, Behinderungen, Selbstbehandlung) und
– soziale *Nachteile* (Arbeits- und Erwerbsunfähigkeit).

Nach Schätzungen von Bonica u. Black (zitiert nach [54] leiden ca. ein Drittel aller Einwohner der Industrieländer an chronischen Schmerzen, davon (s. Nurpin Pain Report 1985) 16 % an Rückenschmerzen. In einer Übersichtsstudie zur Lage der Schmerzversorgung und Schmerzforschung in Deutschland kommt Seemann [43a] zu der Auffassung, daß ca. 3 Mio. Patienten an chronischen Schmerzen leiden und ca. 400 000 eine besondere schmerztherapeutische Behandlung benötigen. Nach Taylor u. Curran haben 75% bzw. 56% der erwachsenen Amerikaner mindestens einmal im Jahr Rücken- oder Kopfschmerzen. Chronischer Rückenschmerz ist in den USA die zweithäufigste Schmerzbeschwerde [43a]. Der Begriff „Rückenschmerz" soll akute und chronische (rezidivierende oder persistierende) Schmerzzustände im Bereich der Wirbelsäule zusammenfassen. 70% aller Schmerzzustände sind in der lumbosakralen Region lokalisiert (low back pain). Die jährliche Inzidenzrate wird auf etwa 15% geschätzt, dabei sind Männer und Frauen im gleichen Ausmaß betroffen. Am lumbosakralen Übergang fand phylogenetisch und findet immer wieder ontogenetisch die Aufrichtung aus dem Vierfüßlergang statt. Möglicherweise ist dies der entscheidende Grund dafür, daß sich in dieser Region mehr als 200 radiologische und anatomische Anomalien dokumentieren lassen, die für sich allein jedoch keinen Krankheitswert haben [54].

Die Geschichte der ätiopathogenetischen Vorstellungen und Therapie der Rückenschmerzen ist trotz einer zunehmenden epidemischen Verbreitung des Krankheitsbildes in den Industrienationen noch nicht endgültig geschrieben. Degenerative Wirbelsäulenveränderungen alltagssprachlich „Verschleiß" genannt, waren schon bereits an Dinosauriern und Neandertalern, aber auch an ägyptischen Mumien und Pueblo-Indianern nachgewiesen worden [10]. Deshalb ist es nicht übertrieben der gängigen Auffassung zu widersprechen, degenerative Veränderungen seien erst ein Phänomen der Neuzeit und Folge monotoner Arbeitshaltung [10]. Hinsichtlich der Ätiologiekonzeption von Rückenschmerzen gibt es zahlreiche wissenschaftliche Probleme, denn es existiert offensichtlich keine Ätiologie, die nicht ebenso Rückenschmerzen verursachen, wie asymptomatisch bleiben kann [10]. Ganz im Sinne des klassischen Pathologie-Modells wird die Bedeutung degenerativer Veränderungen für Ursache eines lumbalen Schmerzsyndroms ebenso überschätzt wie radiologisch sichtbare Anomalien. 70% der Bevölkerung weisen im 50. Lebensjahr eine asymptomatische degenerative Veränderung auf [38].

Diese Erkenntnis kann durch die von uns durchgeführten Untersuchungen bestätigt werden. Ein organisch dokumentierter Befund kann durch eine Vielzahl von organorientierten Untersuchungen bestätigt werden. Es fehlt jedoch jegliche Korrelation zwischen Schmerz und der kernspintomographisch dokumentierten mono-, mehrsegmentalen oder fehlenden Degeneration einer lumbalen Bandscheibe (Abb. 16). Dies kann auch an Schmerz- und Disabilityscores nachvollzogen werden. Mit der Echogenitätsveränderung der paravertebralen lumbalen Muskulatur nützt man einer der empfindlichsten dynamischen Strukturen bei Low back

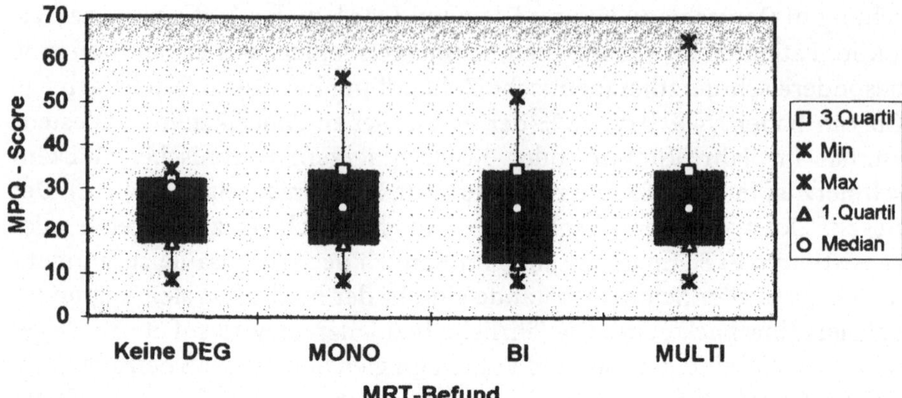

Abb. 16. MPQ-Score bei 178 Personen mit Low back pain und MRT-gesichertem Bandscheibenbefund

pain aus. Die Inhomogenität der muskulären Echogenität scheint mit der schmerzhaften funktionellen Beeinträchtigung der lumbalen Wirbelsäule gekoppelt zu sein [11, 13, 14, 16, 18,19, 23, 26, 27, 31, 32, 46, 48, 49, 57]. Letztlich kann jedoch nicht geklärt werden ob psychische Erkrankungen eine solche Veränderung auch provozieren können. Es gelingt jedoch zumindest, ein organisch-funktionelles Substrat für Rückenschmerzen zu lokalisieren, was mit der Bewegungsanalyse nicht zu erreichen ist. Die Bewegungsanalyse zeigt bei Patienten und Piloten unterschiedliche Ergebnisse, wobei die Bewegungen der Patienten tendentiell 6 Wochen postoperativ hinter denen der Probanden und denen der Piloten nachhinken. Die Piloten haben zu diesem Zeitpunkt bereits eine voll kompensierte Beweglichkeit. Es ist jedoch eindeutig darauf zu verweisen, daß alle Unterschiede in Statik und Dynamik nicht signifikant sind! Die statische und dynamische Oberflächenelektromyographie muß differenzierter betrachtet werden, wenn auch die Unterschiede knapp das Signifikanzniveau verpassen. Die besonders in der Relaxation deutlich erhöhten Amplituden beim statischen Halteversuch sind für Patienten nach Bandscheibenoperation typisch. In der Literatur wird dies auch generell für Patienten mit Low back pain beschrieben.

Die Schmerzscores der Piloten zeigen Normalwerte. Es stellt sich die Frage, inwieweit die bei Patienten gemessenen Defizite überhaupt schmerzrelevant sind (Abb. 17 und 18). Oder ob sie nur Ausdruck der postoperativen Angst sind, etwas falsch zu machen. Wenn bei gleichem organischem Schaden Menschen unterschiedlich reagieren, dann muß die Frage der Einstellung zur Krankheit diskutiert werden. Die bei Piloten vorhandene körperliche Leistungsfähigkeit und die hohe Motivation, wie-

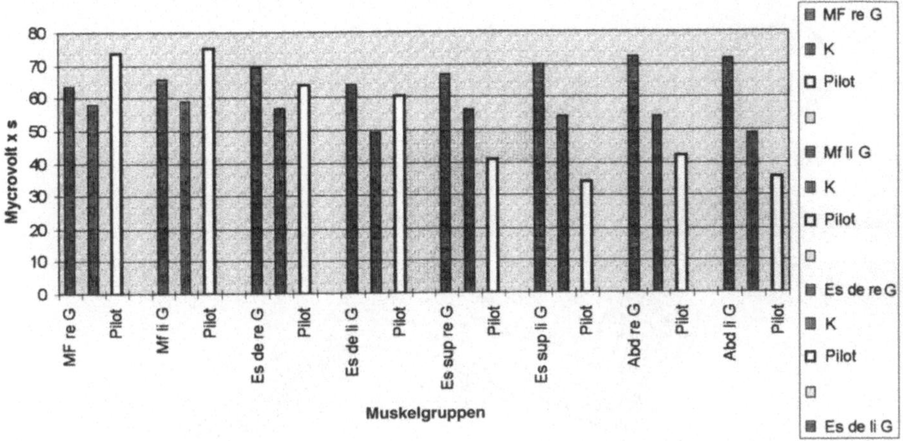

Abb. 17. Median der Aktivitäten wie bei Abb. 14 im Vergleich mit Luftwaffenpiloten (n = 14)

Abb. 18. Schmerzscore. (Nach [33a])

der zum Flugeinsatz zu kommen, spielen nach Ansicht der Autoren eine Schlüsselrolle [21, 24].

Die in der Arbeitsgruppe Kramer und Hartwig vorgestellte Methode invasiv die Soft tissue resistance beim HWS-Distorsionstrauma im EMG zu messen, scheint, durch andere Arbeiten bestätigt, eine weitere Möglichkeit Schmerzen zu messen, zu sein (De Luca). Dabei wird der Muskel in der ROI gedehnt und dessen Verhalten elektromyogaphisch dokumentiert. Bei gesunder Muskulatur kommt es im EMG zu einem Frequenzabfall im

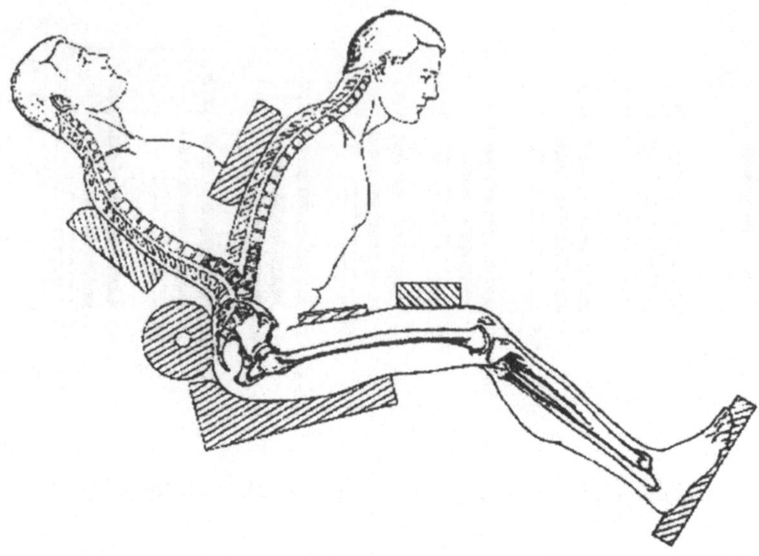

Abb. 19. Lumbar-Extension-Maschine. Isotonische dosierbare und visuell kontrollierbare Übungseinheit zur Behandlung von Patienten mit Low back pain

Sinne der Hemmung und des muskulären Nachgebens. Bei Schmerzpatienten steigt diese Frequenz bei Dehnung an, als Ausdruck des Widersetzens und des Versuchs, Schmerzen zu vermeiden [6]. Diese Veränderungen sind durch Muskeltraining zu verbessern.

Aus den Ergebnissen können unter Berücksichtigung der einzelnen Untersuchungsgruppen für die Rehabilitation wertvolle Impulse gegeben werden. So ist die vor herrschende Meinung, bandscheibenoperierte Patienten nicht frühzeitig auf das Laufband zu lassen, zu überdenken, zumal alle untersuchten Personen die Übung eher als angenehm und entspannend empfanden, nachdem sie sich an das Laufband gewöhnt hatten. Außerdem waren in der Dynamik die EMG-Unterschiede am geringsten. Statische Übungen (stabilisierende Übungen) scheinen am schmerzvollsten für die Patienten zu sein. Alternativ können hier isotonische Widerstandsübungen der Rückenstrecker auf geeigneten Trainingsgeräten zum Einsatz kommen [39, 43, 57] (Abb. 19).

Zusammenfassung

Technische Untersuchungen sind zur Erfassung von Rückenschmerzen generell nicht geeignet. Die Schmerzforschung konnte nachweisen, daß kein unmittelbarer Zusammenhang zwischen Befund und Befinden besteht.

Dies gilt für die vorliegende Arbeit insbesondere für die Bewegungsanalyse der Wirbelsäule, welche nur marginale Unterschiede zwischen krank und gesund zeigt und auch für die vergleichenden Untersuchungen zwischen Schmerz oder Disability sowie kernspintomographisch nachgewiesenen Bandscheibendegenerationen. Elektromyographische Untersuchungen, wie hier vorgestellt, zeigen im Trend am deutlichsten funktionelle Unterschiede zwischen krank und gesund. Dies gilt auch für die Echogenitätsveränderungen der paravertebralen lumbalen Muskulatur. Am deutlichsten wird dies in der Feinnadelelektromyographie bei der sich bei Schmerzpatienten die „soft tissue resistance" in typischer Weise verändert. Es ist jedoch bei EMG- und sonographischen Echogenitätsmessungen nicht bekannt, ob psychische oder andere Erkrankungen diese Veränderungen in der gleiche Weise provozieren können. Es erscheint jedoch als gesichert, daß bei pathologischen Befunden dieser Untersuchungen der Rückenschmerz als Ausdruck einer lokalen direkten Schädigung oder als „pain refered" tatsächlich besteht. Der paravertebralen „Weichteilsäule" kommt in der Behandlung von LBP größte Bedeutung zu, wenn man die funktionellen Ergebnisse der Piloten bei gleichem organischem Befund betrachtet. Sicherlich sind Piloten besser trainiert als der Durchschnittsbürger und legen postoperativ großen Wert darauf, den Trainingsverlust schnell auszugleichen. Aber das ist im Prinzip gerade der entscheidende Punkt in der Rehabilitation von Rückenschmerzpatienten, nämlich durch die Motivation ein Ziel mit der entsprechenden konsequenten Physiotherapie zu erreichen [36, 38, 50–52, 55].

Literatur

1. Basler H-D, Franz C, Kröner-Herwig B, Rehfisch HP, Seemann H (1993) Psychologische Schmerztherapie. Springer, Berlin Heidelberg New York Tokyo
2. Basler H-D, Kröner-Herwig B (1993) Psychologische Therapie bei Kopf und Rückenschmerzen. Springer, Berlin Heidelberg New York Tokyo
3. Berwald HG (1993) In: Basler H-D, Franz C, Kröner-Herwig B, Rehfisch HP, Seemann H (Hrsg) Psychologische Schmerztherapie. Springer, Berlin Heidelberg New York Tokyo 174–203
4. Bergenudd H, Nilsson B (1988) Back pain in middle age; occupational workload and psychological factors: an epidemiologic survey. Spine 12:58–60
5. Bigos SJ, Battie MC, Spengler DM et al. (1991) A prospective study of work perceptions and psychosocial factors affecting the report of back injury. Spine 16:1–6
6. Bochdansky T (1994) Die Messung der Muskulatur mittels oberflächlicher EMG-Ableitung: Möglichkeiten und Grenzen. In: Zichner L, Engelhardt M, Freiwald J (Hrsg) Rheumatologie/Orthopädie Bd 3: Die Muskulatur, sensibles, integratives und meßbares Organ. Ciba Geigy, Wehr, S 59–67
7. Braune W, Fischer O (1987) The human gaft. Springer, Berlin Heidelberg New York Tokyo
8. Cziske R (1983) Faktoren des Schmerzerlebens und ihre Messung. Revidierte Mehrdimensionale Schmerzskala. Diagnostica 29:61–64

9. Eggebrecht DB, Bautz MT, Brenig MJD, Pfingsten M, Franz C (1989) Psychometric evaluation. In: Camic P (eds) Assessing chronic. A multidisciplinary clinic approach. Springer, Berlin Heidelberg New York Tokyo, pp 71–90

10. Egle UT, Hoffmann SO (1983) Der Schmerzkranke. Schattauer, Stuttgart New York

11. Flicker PL, Fleckenstein JL, Ferry K et al. (1993) Lumbar muscle usage in chronic low back pain. Spine 18:582–586

12. Flor H, Turk DC, Birbaumer N (1985) Assessment of stress related psychphysiological reactions in chronic back pain patients. J Consult Clin Psychol 53:354–364

13. Fischer AQ, Carpenter DW, Hartlage PL, Caroll JE, Stephens S (1988) Muscle imaging in neuromuscular disease using computerized real-time sonography. Muscle Nerve 11:270–275

14. Fitzmaurice RJ, Cooper R, Freemont AJ (1991) A histomorphometric study of erector spinae muscle biopsies in patients with chronic low back pain and ankylosing spondylitis. J Pathol 163 (2):182

15. Frymoyer JW, Pope MH, Clemens JH et al. (1991) Clinical tests applicable to the study of chronic low back disability. Spine 16:681–682

16. Gibson MJ, Buckley J, Mawhinney R, Mulholland RC, Worthington BS (1986) Magnetic resonance imaging and discography in the diagnosis of disc degeneration: a comparative study of 50 discs. J Bone Joint Surg Br 68 (3):369–373

17. Goldmann J, Nadler G (1956) Electonics for measuring human motions. Science 124:807–810

18. Hadar H, Gadoth N, Heifetz M (1983) Fatty replacement of lower paraspinal muscles: Normal and neuromuscular disorders. Am J Neuroradiol 4:1087–1090

19. Harke HT, Grissom LE, Finkelstein MS (1988) Evaluation of the musculoskeletal system with sonography. Am J Röntgenol 150:1253–1261

20. Herter T (1991) Die gutachterliche Bewertung von Bandscheibenoperationen einschließlich des Postdiskotomie-Syndroms. Versicherungsmedizin 43:118–122

21. Holmes TH, Wolff HG (1952) Life situations, emotions and backache. Psychsom Med 14:18–33

22. Holmstroem EB, Lindell J, Moritz U (1992) Low back and neck/shoulder pain in construction workers occupational workload and psychosocial risk factors. Part 1. Spine 7 (6):663–671

23. Hoyt W-H, Hunt HJJ, De Pauw HH et al. (1981) Electromyografic assessment of chronic low back Pain syndrome. J Am Osteopath Assoc 80:57–59

24. Hultman G, Nordin M, Saraste H, Ohlsen H (1993) Body composition, endurance, strength, cross-sectional area, and density of MM erector spinae in men with and without low back pain. J Spinal Disord 6 (2):114–123

25. Jarome A, Richard D, Gross PhD (1990) Pain disability index: construct and discriminant validity. Arch Phys Med Rehabil 72:920–922

26. Jensen MC, Brant-Zawadzki MN, Obuchowski N, Modic TM, Malkasian D, Ross JS (1994) Magnetic resonance imaging of the lumbar spine in people without back pain. N Engl J Med 331:69–73

27. Kai M, Fukunaga T (1968) Calculation of muscle strength per unit cross-sectional area of human muscle by means of ultrasonic measurement. Int Z Angew Physiol 26:26–32

28. Lancourt J, Kettelhut M (1992) Predicting return to work for lower back pain patients receiving worker's compensation. Spine 17:629–640

29. Leavitt F, Garron D, Bieliauskas L (1979) Psychological disturbance and life event differences among patients with low back pain. J Consult Clin Psychol 48 (1):115–116

30. Leavitt F, Garron D, Whisler WW, Sheinkop MB (1978) Affective and sensory dimensions of back pain. Pain 4:273–281

30a. Loeser JD (1980) Low back pain. Res Publ Assoc Res Nerv Ment Dis 58:363–377

31. Mannion AF, Dolan P (1994) Electromyografic median frequency changes during isometric contraction of the back extensors to fatigue. Spine 19:1223–1229
32. McLoughlin RF, D'Arcy EM, Brittain MM, Fitzgerald O, Masterson JB (1994) The significance of fat and muscle areas in the lumbar paraspinal space: A CT study. J Comput Assist Tomogr 18 (2):275–278
33. Melzack R (1975) The McGill pain questionnaire: major properties and scoring methods. Pain 1:277–299
33a. Melzack R, Belanger E (1989) Habour pain: correlations with menstrual pain and acute low-back pain before and during pregnancy. Pain 36 (2):225–229
34. Melzack R, Torgerson WS (1971) One language of pain. Anesthesiology 34:50–60
35. Moritz WE, Shreve PL (1977) A system for locating points, lines, and planes in space. IEEE transactions on instrumentation and measurement, vol IM-26, No. 1
36. Naegele M, Karabensch F, Reimers CD, Hahn D (1983) Work for all. For those with low back pain as well. Clin Orthop 179:77–85
37. Nienhaus A (1992) Zur Frage berufsbedingter degenerativer Diskopathien im Lendenwirbelsäulenbereich. Arbeitsmed Sozialmed Präventivmed 27:415–422
38. Nilges P, Gerbershagen HU (1994) Befund und Befinden. Report Psychol 19/8: 12–25
39. Örtengren R, Andersson GBJ (1977) Electromyografic studies of trunc muscles, with special reference to the functional anatomy of the lumbar spine. Spine 2:44–52
40. Pollard CA (1984) Preliminary validity study of the pain disability index. Percep Motor Skills 59:974
41. Raspe H (1993) Schmerzepidemiologie. In: Egle UT, Hoffmann SO (Hrsg) Der Schmerzkranke. Schattauer, Stuttgart, S 60–77
42. Rauber A, Kopsch B (1987) Autochtone Rückenmuskulatur, M. erector spinae. In: Leonhardt H, Tillmann B, Töndury G (Hrsg) Anatomie des Menschen, Bd I: Bewegungsapparat. Thieme, Stuttgart New York, S 246–258
43. Robinson ME, Cassisi JE, O'Connor PD, MacMillan M (1992) Lumbar iEMG during isotonic exercise: Chronic back pain patients versus controls. J Spinal Dis 5:8–15
43a. Seemann AH (1987) Ein Überblick und Verlaufskontrolle chronischer Schmerzen für die Praxis. Schmerz 1:3–12
44. Stein C, Mendel G (1988) The German counterpart to McGill Pain Questionnaire. Pain 32:251–255
45. Thait RC, Chibnall JT, Krause S (1990) The pain disability index; psychometric properties. Pain 40:171–182
46. Thijssen JM, Oosterveld BJ (1990) Texture in tissue echograms. Speckle or information? J Ultrasound Med 9 (4):215–229
47. Traue HC, Kessler M, Cram JR (1992) Surface EMG topography and pain distribution in pre-chronic back pain patients. Intern J Psychosom 39:1–4
48. Van Holsbeeck M, Introsaso JH (1992) Musculoskeletal ultrasonography. Radiol Clin North Am 30 (5):907–925
49. Viemann T, Nurminen M, Troup JDG (1990) Lumbar spinal pathology in cadaveric material in relation to history of back pain, occupation, and physical loading. Spine 16 (8):728–740
50. Waddel G, Main C, Morris E (1982) Normality and reliability in the clinical assessment of backache. Br Med J 284:1519–1523
51. Wadell G, Sommerville D, Henderson D, Newton M et al. (1992) Objective clinical evaluation of physical impairment on chronic low back pain. Spine 17:617–628
52. Waddell G (1987) A new clinical model for the treatment of low back pain. Spine 12: 632–644
53. Waddell G, Main CJ, Morris EW, Dipaola M, Grey IC (1984) Chronic low back pain, psychologic distress and illness behaviour. Spine 9:209–213

54. Waryke B (1980) The neurology of back pain. In: Jayson M (ed) The lumbar spine and back pain, 2nd edn Pitman Medical, Turnbridge, Kent, pp 265–339
55. Wolf SL, Nacht M, Keffy JL (1982) EMG feedback training during dynamic movement for low back pain patients. Behav Ther 13:395–406
56. Wolter D, Seide K (Hrsg) (1995) Berufskrankheit 2108 Kausalität und Abgrenzungskriterien. Springer, Berlin Heidelberg New York Tokyo
57. Yashimoto K, Itami 1, Yamamoto M (1978) Electromyographic study of low back pain. Japan J Rehabil Med 15:252

Probleme und Kriterien für die Kausalitätsbeurteilung zur BK 2108 aus orthopädischer Sicht

J. Krämer, R. Haaker, R. Willburger, J. Ludwig und M. Wiese

Was bedeutet die BK 2108?

Unter dieser Berufskrankheit versteht man bandscheibenbedingte Erkrankungen der LWS durch langjähriges Heben oder Tragen schwerer Lasten oder durch langjährige Tätigkeit in extremer Rumpfbeugehaltung, die zur Unterlassung aller Tätigkeiten gezwungen haben, die für die Entstehung, die Verschlimmerung oder das Wiederaufleben der Krankheit ursächlich waren oder sein können.

Alle Erkrankungen, die direkt oder indirekt von den Bandscheiben ausgehen, werden als bandscheibenbedingt bzw. diskogen bezeichnet. Der Verordnungsgeber für die BK 2108 hat bewußt den Begriff „bandscheibenbedingte Erkrankung" gewählt und nicht etwa Spondylose, Osteochondrose oder Spondylarthrose. Spondylose und Osteochondrose, d.h. also Bandscheibenverschmälerungen mit reaktiven Veränderungen an den benachbarten Wirbelkörpern als Röntgenbefund, werden häufig unter den Diagnosen aufgeführt. Diese Begriffe stellen jedoch keine Erkrankungen für sich dar, sondern sind Bezeichnungen für regressive Veränderungen im Bewegungssegment, die mit Beschwerden einhergehen können, aber nicht müssen. Bei allen älteren Menschen lassen sich Spondylose und Osteochondrose nachweisen, unabhängig davon, ob sie Beschwerden haben bzw. hatten oder nicht.

Der zweite Teil der Verordnung zur BK 2108 bezieht sich auf mehrjährige belastende Tätigkeiten mit Heben oder Tragen schwerer Lasten sowie Tätigkeiten in extremer Rumpfbeugehaltung. Dabei sind für die Anerkennung einer bandscheibenbedingten Erkrankung als Berufskrankheit erforderlich:

- Mindestarbeitszeit von 10 Jahren in einer wirbelsäulenbelastenden beruflichen Tätigkeit,
- schwere Lasten müssen in einer gewissen Regelmäßigkeit und Häufigkeit in der überwiegenden Zahl der Arbeitsschichten gehoben oder getragen worden sein,

– anamnestischer, klinischer und röntgenologischer Nachweis eines Wirbelsäulenschadens, der mit Wahrscheinlichkeit auf berufliche Belastungen zurückzuführen ist.

In der Kausalitätsbeurteilung liegt die eigentliche Problematik für die Begutachtung.

Terminologie, Epidemiologie, bandscheibenbedingte Erkrankungen der LWS

Bandscheibenbedingte Erkrankungen der LWS aufgrund degenerativer, biomechanischer oder funktioneller Störungen werden als Lumbalsyndrome bezeichnet. Zwei Drittel aller Wirbelsäulensyndrome entfallen auf die LWS. Bleiben die Beschweren auf die Lumbalregion beschränkt, spricht man von lokalem Lumbalsyndrom. Strahlen die Schmerzen durch Wurzelkompression oder pseudoradikuläre Symptomatik in die unteren Extremitäten aus, so bezeichnet man dieses Krankheitsbild als pseudoradikuläres bzw. radikuläres Lumbalsyndrom. Sind die unteren beiden lumbalen Bewegungssegmente L4/L5, L5/S1 involviert, handelt es sich um eine Lumboischialgie.

In den Röntgenübersichtsaufnahmen ist in der Regel kein pathologischer Befund zu erheben. Die mitunter sichtbaren Bandscheibenverschmälerungen mit angrenzender Sklerosierung der Deck- und Bodenplatten als Osteochondrose sowie spondylotische Ausziehungen an den Wirbelkörperkanten als Spondylose sind nicht Ausdruck einer bandscheibenbedingten Erkrankung, sondern röntgenologisches Symptom der Bandscheibendegeneration. Das pathologisch-anatomische Korrelat zur Lumboischialgie sieht man im CT und Kernspintomogramm als Bandscheibenprotrusion mit noch erhaltenem Anulus fibrosus oder als Bandscheibenprolaps mit freiem Sequester im Wirbelkanal.

Bandscheibenbedingte Erkrankungen sind weit verbreitet. Es gibt kaum einen Menschen, der nicht irgendwann im Laufe seines Lebens an Beschwerden leidet, die auf degenerative Veränderungen seiner Zwischenwirbelabschnitte zurückzuführen sind. Pathologisch-anatomische Untersuchungen von Schmorl u. Junghans [24], Coventry et al. [5] und Hirsch [16] haben gezeigt, daß nach dem 30. Lebensjahr jeder Mensch degenerative Veränderungen an seinen Bandscheiben aufweist. Untersuchungen aus dem Arbeitskreis degenerativer Wirbelsäulenerkrankungen der Deutschen Orthopädischen Gesellschaft haben ergeben, daß jeder zehnte Patient in einer Allgemeinpraxis und jeder zweite Patient beim niedergelassenen Orthopäden den Arzt wegen einer bandscheibenbedingten Erkrankung aufsucht [21]. Jede vierte Arbeitsunfähigkeitsbescheinigung und fast jeder zweite Antrag auf Berufsunfähigkeitsrente bei den Rentenversicherungsträgern enthält die Diagnose „bandscheibenbedingte Erkrankung" [21]. Ein gewisses Ausmaß an Wirbelsäulenverschleiß mit daraus resultierenden Schulter-, Nacken-, Kreuz- und Ischiasbeschwerden ist dementsprechend heute als Volkskrankheit zu betrachten. Die Problematik der Begutachtung besteht darin, die durch berufsspezifische Belastungen verstärkt auftretenden bandscheibenbedingten Erkrankungen zu ermitteln, die das übliche Ausmaß (Volkskrankheit) überschreiten.

Prädiskotische Deformitäten

Die Abgrenzung eines durch berufliche äußere Einwirkungen verursachten oder verschlimmerten Wirbelsäulenverschleißschadens ist dadurch erheblich erschwert, daß aufgrund konstitutioneller Unterschiede die schicksalhafte Wirbelsäulendegeneration eine erhebliche Bandbreite aufweist. Hinzu kommen anlagebedingte Form- und Funktionsstörungen, die ihrerseits zu einem gehäuften Auftreten von bandscheibenbedingten Erkrankungen im Bereich der LWS führen.

Unter Diskose versteht man alle mit der Bandscheibendegeneration zusammenhängenden biomechanischen und pathologisch-anatomischen Veränderungen im Zwischenwirbelabschnitt. Es gibt anlagebedingte und erworbene Form- und Funktionsstörungen der Stütz- und Bewegungsorgane, welche die Diskose in einem oder in mehreren Bewegungssegmenten begünstigen. Sie werden prädiskotische Deformitäten genannt. Dabei kann die klinisch und röntgenologisch erkennbare Fehlstellung entweder in der Wirbelsäule selbst oder entfernt davon liegen. Mehr noch als die Präarthrosen stellen prädiskotische Deformitäten nur ein Krankheitspotential dar. Sie müssen nicht unbedingt mit Krankheitserscheinungen verbunden sein. In der Regel sind es Form- und Funktionsstörungen, die eine asymmetrische Belastung der Zwischenwirbelabschnitte im unteren Lumbalbereich verursachen. Dazu zählen Beinlängendifferenzen, Achsabweichungen der Wirbelsäule (Lordosen, Kyphosen, Skoliosen), asymmetrische Übergangswirbel, in Fehlstellung verheilte Wirbelfrakturen, juvenile Aufbaustörungen als M. Scheuermann usw. Art und Ausmaß der Folgeschäden dieser prädiskotischen Deformitäten sind im Fachgutachten von evtl. hinzugekommenen berufsbedingten Überlastungserscheinungen zu differenzieren.

Zielorgan untere LWS

Berufsbedingte Überlastungserscheinungen mit entsprechenden bandscheibenbedingten Erkrankungen sind am ehesten in den unteren beiden

Lumbalsegmenten, also L4/L5, L5/S1, zu erwarten. In diesem Abschnitt der LWS treten aufgrund intradiskaler Druckmessungen die größten Belastungen beim Heben, Tragen und Bücken auf. Dementsprechend finden sich hier die meisten degenerativen Veränderungen und bandscheibenbedingten Erkrankungen mit Bandscheibenprotrusion und Prolaps. Ein stärkeres Betroffensein der oberen LWS-Abschnitte ist eher auf anlagebedingte Faktoren, wie z. B. juvenile Aufbaustörungen (lumbaler M. Scheuermann), Skoliosen, Kyphosen und Wirbelkörperfehlbildungen, zurückzuführen.

Eine vorwiegend anlagebedingte Komponente einer bandscheibenbedingten Erkrankung muß auch angenommen werden, wenn alle Wirbelsäulenabschnitte gleichmäßig von degenerativen Veränderungen mit entsprechenden klinischen Symptomen betroffen sind. Bei der Erhebung der Anamnese und bei der manuell-segmentalen Untersuchung der Wirbelsäule finden sich dann regelmäßig klinische Erscheinungen in Form von Instabilitäten und Blockierungen mit entsprechenden Funktionsstörungen in sämtlichen Wirbelsäulenabschnitten, vornehmlich im Bereich der HWS und LWS.

Erheblichkeit der bandscheibenbedingten Erkrankung

Wenn die Voraussetzungen einer langjährigen berufsspezifischen Belastung der LWS vorliegen und im Fachgutachten anlagebedingte Veränderungen sowie eine generalisierte Wirbelsäulendegeneration ausgeschlossen sind und das Zielorgan untere LWS mit einer entsprechenden bandscheibenbedingten Erkrankung im Sinne eines lokalen, radikulären und pseudoradikulären Lumbalsyndroms vorhanden ist, muß festgestellt werden, ob es sich hierbei um eine unerhebliche Erkrankung im Sinne der Volkskrankheit Bandscheibenschaden oder um ein erhebliches Krankheitsgeschehen handelt, das letztlich für die Aufgabe der speziellen beruflichen Tätigkeit verantwortlich zu machen ist. Radiologische Kriterien mit dem Ausmaß der Spondylose und Osteochondrose im Segment L4/5, L5/S1 können aus den oben genannten Gründen hierfür nicht maßgebend sein. Anhaltspunkte für die Erheblichkeit einer bandscheibenbedingten Erkrankung im Bereich der LWS ergeben sich aus der Anamnese mit dem bisherigen Krankheitsverlauf und aus dem klinischen Befund, ggf. unter Einschluß bildgebender Verfahren wie CT und MRT. Wiederholte Arbeitsausfälle wegen lumbaler Wurzelsyndrome, Computer- und Kernspintomogramme mit nachgewiesenen Protrusionen und Prolapsen, ggf. ambulante fachorthopädische Behandlungen mit lokalen Injektionen oder stationäre Aufenthalte geben Hinweise für den Schweregrad bzw. die Erheblichkeit der vorliegenden Erkrankung. Unerheblich sind z. B. mäßige Kreuzschmerzen mit gelegentlichen Arztkontakten ohne die Notwendigkeit einer invasiven Diagnostik oder Therapie. Die Erheblichkeit einer bandscheibenbedingten Erkrankung im Lumbalbereich ist bei radikulärer Symptomatik gegeben mit entsprechenden Befunden im CT bzw. MRT. In der Regel resultieren daraus auch invasive therapeutische Maßnahmen mit lokalen Injektionen, intradiskaler Therapie oder Operation (Diskotomie). Auch die nach einer Bandscheibenoperation auftretenden Beschwerden (sog. Postdiskotomiesyndrom) sind als erheblich zu bewerten und führen in der Regel zur Aufgabe beruflicher Tätigkeiten, die mit Belastungen der LWS einhergehen.

§3 – Vorbeugende Maßnahmen

Nicht alle berufsinduzierten bandscheibenbedingten Erkrankungen sind so schwerwiegend, daß sie zur Berufsaufgabe zwingen. Vielfach wollen die Betroffenen unbedingt ihrer erlernten beruflichen Tätigkeit weiter nachgehen. Hierfür ist in der neuen Berufskrankheitenverordnung ein besonderes Vorsorgeprogramm vorgesehen. Gemäß §3 Abs. 1 der Berufskrankheitenverordnung hat der Versicherungsträger mit allen geeigneten Mitteln der Gefahr einer berufsbedingten Wirbelsäulenerkrankung entgegenzuwirken. Als vorbeugende Maßnahmen kommen in Betracht:

- technische Maßnahmen,
- arbeitsplatzbezogene Maßnahmen der Rückenschule,
- Rehabilitationsmaßnahmen, ambulant und stationär,
- orthopädietechnische Hilfsmittel.

In Rückenschulkursen erhalten die Betroffenen Anleitungen zum richtigen Heben, Tragen, Bücken, Sitzen und erlernen Übungen zur Kräftigung bestimmter Muskelgruppen, welche die Wirbelsäule stabilisieren. Selbst wenn Heben und Tragen schwerer Lasten sowie Arbeiten in gebückter Haltung für bestimmte Berufsgruppen unerläßlich sind, gibt es mit einer Rückenschule Möglichkeiten, die wirbelsäulenschädigenden Einflüsse zu reduzieren.

Ergebnisse der Begutachtung, Kasuistiken

Ärztliche Bescheinigungen und Gutachten werden häufig wegen bandscheibenbedingter Erkrankungen ausgestellt. Waren es früher besonders Kriegs- und Verfolgungsschäden, so sind heute vorwiegend Anträge

wegen Berufs- und Erwerbsunfähigkeit, Berufserkrankungen und Unfall-
verletzungsfolgen Gegenstand ärztlicher Begutachtungen und sozialge-
richtlicher Auseinandersetzungen. Bei Sozialgerichtsgutachten stehen
degenerative Wirbelsäulenerkrankungen am häufigsten im Mittelpunkt
(Abb. 1). Degenerative Vorschäden, wechselhafter Charakter der klinischen Symptome und mangelnde Objektivierbarkeit der Schmerzen erschweren die gutachterliche Beurteilung bandscheibenbedingter Erkrankungen. Bei allen gutachterlichen Untersuchungen muß man sich immer
auf den wechselhaften Verlauf bandscheibenbedingter Erkrankungen einstellen. Sowohl im Tag- und Nachtrhythmus als auch im Ablauf von Wochen, Monaten und Jahren, finden Änderungen des Krankheitsbildes statt,
die eine gerechte Beurteilung erschweren. Am Begutachtungstag trifft
man den zu Beurteilenden häufig im beschwerdefreien Intervall. Dann ist
man auf frühere Befunderhebungen in der Akte sowie auf die anamnestischen Angaben des Betroffenen angewiesen. Röntgenübersichtsaufnahmen geben für die Begutachtung bei bandscheibenbedingten Erkrankungen nur wenig Anhaltspunkte.

Zur Begutachtung im Rahmen eines Sozialgerichtsverfahrens kommt es
in der Regel dann, wenn der Antrag auf Anerkennung einer Berufserkrankung abgelehnt worden ist. In diesen Fällen sind in der Regel die beruflichen Voraussetzungen zur Anerkennung gegeben. Auch Wirbelsäulenan-
omalien sind meistens schon im Vorfeld ausgeschlossen. Es verbleiben
bandscheibenbedingte Erkrankungen der LWS, bei denen es um die Frage
der Erheblichkeit geht. Bei unseren bisherigen Begutachtungen für Sozial-

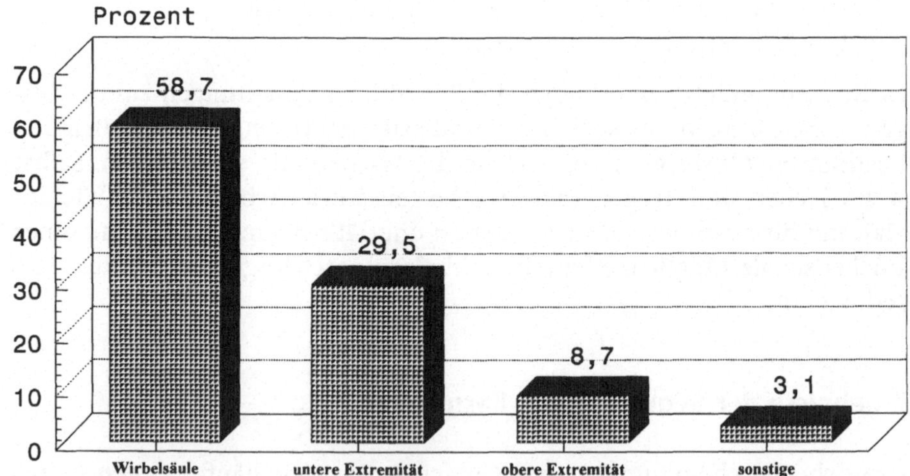

Abb. 1. Verteilung der Hauptkrankheiten (in %) bei 981 fachorthopädischen Gerichtsgut-
achten der Orthopädischen Universitätsklinik Bochum

gerichte kam es bisher in 85 % der Fälle zur Ablehnung des Antrags, in der Regel wegen generalisierter Wirbelsäulenerkrankung oder wegen Unerheblichkeit des Schadens. Das heißt, in 15 % der Fälle kam es trotz der Ablehnung durch den Erstgutachter zur Anerkennung, weil u. E. nach eine erhebliche bandscheibenbedingte Erkrankung vorlag, die im Zusammenhang mit der beruflichen Belastung entstanden war.

Kasuistiken

Nr. 1. 51jährige Krankenschwester, seit 30 Jahren im Dienst, vorwiegend Chirurgie. Vor drei Jahren Bandscheibenoperation mit nachfolgenden Beschwerden im Sinne eines Postdiskotomiesyndroms Grad II. Sie ist seit einem Jahr erwerbsunfähig und bezieht eine BfA-Rente wegen ihres Bandscheibenleidens.
Gutachten: Anerkennung im Sinne der BK 2108 mit Beendigung bzw. Unterlassung der beruflichen Tätigkeit als Krankenschwester.

Nr. 2. 30jährige Krankenschwester, seit 8 Jahren im Beruf, seit 4 Jahren in Behandlung wegen HWS-, BWS- und LWS-Syndrom ohne radikuläre Ausstrahlung.
Gutachten: Bei unveränderter Verhaltensweise sind weitere LWS-Schäden zu erwarten. Deswegen § 3-Maßnahmem mit Rückenschule und ambulanter Rehabilitation.

Nr. 3. 59jährige Frau, die seit über 10 Jahren als Packerin arbeitet. Seit 10 Jahren rezidivierende Lumbalgien ohne Ausstrahlung. Röntgen: mäßige Spondylose, Osteochondrose, Osteoporose.
Gutachten: Keine BK 2108.

Nr. 4. 40jähriger Krankenpfleger, 10 Jahre Stationsdienst, jetzt Pflegedienstleitung, nur noch organisatorische Aufgaben. Seit drei Jahren Lumboischialgie. Zwei Computertomogramme: Protrusio L4/L5, L5/S1; konservative Behandlung.
Gutachten: BG übernimmt die entstandenen Weiterbildungskosten.

Nr. 5. 48jährige Krankenschwester, seit 28 Jahren im Stationsdienst, zweimal Bandscheibenoperation, PDS II. Grades. Seitdem arbeitsunfähig, Antrag auf Berufs- bzw. Erwerbsunfähigkeitsrente.
Gutachten: Anerkennung BK 2108. Beendigung der beruflichen Tätigkeit (Unterlassung).

Zusammenfassung und Ausblick

Probleme für die Kausalitätsbeurteilung zur BK 2108 aus orthopädischer Sicht ergeben sich aus der Tatsache, daß anlagebedingte von berufsabhängigen Form- und Funktionsstörungen der Wirbelsäule nur schwer zu differenzieren sind. Wichtigster Teil der Begutachtung ist die Beurteilung der Erheblichkeit einer bandscheibenbedingten Erkrankung v. a. im Hinblick auf die Volkskrankheit Kreuzschmerz. Da keine Korrelation zwischen

Röntgenbefund und Beschwerdeausmaß besteht, ist der Gutachter bei der Kausalitätsbeurteilung auf die Daten aus der Anamnese sowie auf seinen klinisch-neurologischen Untersuchungsbefund angewiesen. Die neue Verordnung hat nicht nur Konsequenzen für Entschädigungsansprüche der Versicherten, sondern wird auch die Entwicklung von Präventionsstrategien fördern. Neben der ergonomischen Gestaltung der Arbeitsplätze geht es dabei v.a. um die Vorbeugung durch qualifizierte Rückenschulprogramme. Psychosoziales Umfeld und Zufriedenheit am Arbeitsplatz spielen dabei eine entscheidende Rolle.

Da der Bandscheibenvorfall im Zielorgan untere LWS nach entsprechend langer beruflicher Belastung als Berufserkrankung entsprechend BK 2108 einzuordnen ist, kommt der Therapie von Protrusionen und Prolapsen der Bandscheiben L4/L5 und L5/S1 eine zunehmende versicherungsrechtliche Bedeutung zu. Die Versicherungsträger (Berufsgenossenschaften) müssen sich in Zukunft mehr der Qualitätssicherung von lumbalen Bandscheibenoperationen bei ihren Versicherungsnehmern widmen.

Literatur

1. Andersson GBJ (1991) The epidermiology of spinal disorders. In: Frymoyer JW et al. (eds) The adult spine, principles and practice. Raven, New York, pp 107–146
2. Bigos S, Battié M, Nordin M, Spengler D, Guy D (1990) Risk factors in industrial low back pain. In: Weinstein J, Wiesel S (eds) The lumbar spine. Saunders, Philadelphia
3. Braun W (1969) Ursachen des lumbalen Bandscheibenvorfalls. In: Junghanns H (Hrsg) Die Wirbelsäule in Forschung und Praxis, Bd XLIII. Hippokrates, Stuttgart
4. Buetti-Bäuml C (1954) Funktionelle Röntgendiagnostik der Halswirbelsäule. Thieme, Stuttgart
5. Coventry MB, Ghormley RK, Kernohan JW (1945) The intervertebral disc: Its microscopic anatomy and pathology. Part II: Changes in the intervertebral disc concomittant with age. J Bone Joint Surg 27:233–251
6. De Blécourt JJ (1964) Einige Bemerkungen über die Bedeutung von Wirbelsäulenschäden anhand von Untersuchungen ganzer Bevölkerungen. In: Belart W (Hrsg) Rheumatismus in Forschung und Praxis, Bd II. Huber, Bern, S 149
7. Debrunner HU, Ramseiner EW (1990) Die Begutachtung von Rückenschäden. Huber, Bern
8. Fridberg SC, Hirsch C (1950) Anatomical and clinical studies on lumbar disc degeneration. Acta Orthop Scand 19:222
9. Frymoyer J, Pope M (1980) Epidemiologic studies of low back pain. Spine 5:419
10. Frymoyer JW, Ducker TB (eds) (1991) The adult spine. Raven, New York
11. Gross D (1966) Epidemiologie der rheumatischen Wirbelsäulenerkrankungen. In: Junghanns H (Hrsg) Wirbelsäule in Forschung und Praxis, Bd XXXIV. Hippokrates, Stuttgart
12. Havelka J (1980) Vergleich der Ergebnisse der Morbiditätsanalyse mit denen aus der arbeitsmedizinischen Tauglichkeits-Screening-Untersuchung der ausgewählten Tätigkeiten. Z Ges Hyg 26:181–187

13. Hedtmann A, Krämer J (1990) Prophylaxe von Wirbelsäulenschäden am Arbeitsplatz. Orthopädie 19:150–157
14. Heliövaara M (1987) Occupation and risk of herniated lumbar intervertebral disc or sciatica leading to hospitalization. J Chron Dis 40:259–264
15. Heuchert G (1988) Krankheiten durch fortgesetzte mechanische Überlastung des Bewegungsapparates. In: Konetzke G et al. (Hrsg) Berufskrankheiten – gesetzliche Grundlagen zur Meldung, Begutachtung und Entschädigung. Volk und Gesundheit, Berlin, S 104–113
16. Hirsch C (1955) The reaction of intervertebral discs to compression forces. J Bone Joint Surg Am 37:1188–1198
17. Hohl H (1958) Radiologische Zeichen degenerativer Veränderungen der Wirbelsäule. Radiol Clin (Basel) 27:65
18. Jäger M, Luttmann A, Laurig W (1990) Die Belastung der Wirbelsäule beim Handhaben von Lasten. Orthopäde 19:132–139
19. Kaplan RM, Deyo RA (1988) Back pain in health care workers. Occup Med 3:61–73
20. Kellgreen JH, Lawrence JS (1952) Rheumatism in miners. Part II: X-Ray study. Br J Industr Med 9
21. Krämer J (1994) Bandscheibenbedingte Erkrankungen, 3. Aufl, Thieme, Stuttgart
22. Krämer J, Brandenburg S (1995) Anerkennung von Wirbelsäulenschäden als Berufskrankheit. Dtsch Ärztebl 92, 38:1834–1839
23. Maintz G (1953) Gibt es Schädigungen der Wirbelsäule durch Preßluftwerkzeugarbeit? Hefte Unfallheilkd 44:154
24. Partridge REH, Duthie JJR (1968) Rheumatism in dockers and civil servants, a comparison of heavy manual and sedentary workers. Ann Rheum Dis 27:559–567
25. Reischauer F (1959) Autofahren und Wirbelsäule. Dtsch Med Wochenschr 84:617
26. Riihimäki H (1985) Back pain and heavy physical work: a comparative study of concrete reinforcement workers and maintenance house painters. Br J Industr Med 42:226–232
27. Riihimäki H, Wickström G, Hänningen K, Mattsson T, Pekka W, Zitting A (1989) Radiolographically detectable lumbar degenerative changes as risk indicators of back pain, a cross-sectional epidemiologic study of concrete reinforcement workers an house painters. Scand J Work Environ Health 15:208–285
28. Rompe G, Erlenkümper A (1992) Die Begutachtung des Bewegungsapparates, 2. Aufl, Thieme, Stuttgart
29. Schmorl G, Junghanns H (1968) Die gesunde und die kranke Wirbelsäule in Röntgenbild und Klinik. Thieme, Stuttgart
30. Schröter G, Rademacher W (1971) Die Bedeutung von Belastung und außergewöhnlicher Haltung für das Entstehen von Verschleißschäden der HWS, dargestellt an einem Kollektiv von Fleischabträgern. Z Ges Hyg 17:831–843
31. Steffen R, Krämer J, Hedtmann A (1991) Gesundheitsschäden an der Lendenwirbelsäule durch schweres Heben und Tragen. Arbeitsmed Sozialmed Präventivmed 26:194–196
32. Venning PJ, Walter SD, Stitt LW (1987) Personal und jobrelated factors as determinants of back injuries among nursing personnel. J Occup Med 29:820–825
33. Videmann T, Nurminen T et al. (1985) Low-back pain in nurses and some loading factors of work. Spine 9:400–404
34. Viernstein K, Hipp E, Oehler W (1969) Der lumbale Bandscheibenvorfall. Z Orthop 92:11
35. Wagenhäuser FJ (1969) Die Rheumamorbidität. Bern, Huber
36. Weigert M, Hipp E (1966) Haltungsstörungen und röntgenologische Veränderungen an der Lendenwirbelsäule beim Bandscheibenschaden. Z Orthop 101:313

37. Wickström G, Niskanen T, Riihimäki H (1985) Strain on the back in concrete reinforcement work. Br J Industr Med 42:233–239
38. Yoke CO, Ann TK (1979) Study of lumbar disc pathology among a group of dockworkers. Acad Med 8:81–85
39. Yoshida T, Goto M, Nagira J, Ono A, Fujita J, Goda S, Baudo M (1971) Studies on low back pain among workers in small scale construction companies. Jap J Industr Health 13:37–43

Erfahrungen bei der Begutachtung von 500 Angehörigen des Pflegeberufs am BUK Hamburg

K. Seide, V. Grosser und D. Wolter

Einleitung

Am Berufsgenossenschaftlichen Unfallkrankenhaus Hamburg wurden 500 Zusammenhangsgutachten über Angehörige des Pflegeberufes statistisch ausgewertet. Es interessierten insbesondere die Krankheitsbilder, die Wertigkeit der Beurteilungskriterien und die Ergebnisse der Begutachtung.

Methode

Alle Begutachtungen wurden nach einem standardisierten Verfahren durchgeführt [30]. Hierfür wurde ein 20seitiger Untersuchungsbogen entwickelt. Dieser erfaßte die anamnestischen, klinischen und radiologischen Befunde sowie das Ergebnis der Beurteilung. Die Auswertung erfolgte mit dem Computer unter Verwendung des Statistikprogramms SAS. Da es sich um Antragsteller im Rahmen eines Verwaltungsverfahrens handelte, war eine Vorselektion gegeben. Eine Begutachtung wurde dann veranlaßt, wenn berufliche Belastungen vorlagen und eine Bandscheibenerkrankung wahrscheinlich war. Im Rahmen der Begutachtung war deshalb insbesondere zu entscheiden, ob eine gegebene Erkrankung als anlage- oder berufsbedingt zu werten war. Ein Normalkollektiv zum Vergleich war nicht gegeben. Für die Auswertung wurden Teilkollektive mit und ohne langjährige Belastungen gebildet. Die Altersverteilung zeigte, daß Antragsteller ohne Belastungen im Sinne der BK im Mittel sieben Jahre jünger waren. Deshalb erfolgten alle Rechnungen unter Berücksichtigung des Alterseinflusses.

Ergebnisse

Das untersuchte Kollektiv umfaßte 400 weibliche und 100 männliche Antragsteller. Die untersuchten Antragsteller waren im Mittel 14 Jahre im Be-

Tabelle 1. Im Rahmen der Begutachtung gestellte Diagnosen (n = 500)

	%
Bandscheibenprolaps	54,2
Sonstige Bandscheibenerkrankung	27,2
Muskuläre Insuffizienz	18,8
Seitwärtsverbiegung der LWS $\geq 10°$	12,2
Fixierte Skoliose der LWS $\geq 20°$	1,2
Hyperlordose	10,6
Fehlstatik untere Extremität mit Auswirkung auf die Wirbelsäule	5,8
M. Scheuermann	13,2
Osteoporose	7,8
Verheilte Fraktur	0,6
Erkrankung Iliosakralgelenke	7,0
Isthmische Spondylolisthesis	5,6
Sonstige Fehlbildung	4,2
Psychisch bedingte Rückenschmerzen	2,8

ruf. Für 357 Antragsteller konnten langjährige Belastungen im Sinne der BK 2108 gesichert werden. Das pflegerische Fachgebiet zeigte dabei eine Häufung im Bereich der Altenpflege, der Chirurgie und der inneren Medizin.

Gemäß dem Text der BK 2108 war festzustellen, ob eine bandscheibenbedingte Erkrankung der LWS vorlag. Dieses war bei 81,4 % (407 Fälle) der Antragsteller der Fall (Tabelle 1). Zwei Drittel dieser Antragsteller hatten einen Bandscheibenvorfall erlitten. Als Erkrankung wurde dabei ein struktureller Schaden mit klinischer Symptomatik definiert. 82 % dieser Erkrankungen betrafen monosegmental oder bisegmental die beiden kaudalen Segmente, 18 % der Erkrankten zeigten einen mehrsegmentalen Befall (Abb. 1).

Durch Selektion der Fälle mit nachgewiesener langjähriger Tätigkeit, Bandscheibenerkrankung *ohne* feststellbare konkurrierende Ursachenfaktoren und zur beruflichen Verursachung *passendem* Verlauf, verbleiben 127 Fälle, bei denen die Kausalitätsbetrachtung *ausschließlich* anhand des Krankheitsmusters erfolgte (Abb. 2). In einem solchen Kollektiv fand sich die Mehrsegmentalität mit 12 % noch seltener.

Die Häufigkeit des Bandscheibenvorfalles zeigte eine deutliche Altersabhängigkeit mit einem Gipfel im mittleren Lebensalter (Abb. 3). Kein signifikanter Unterschied bestand zwischen den Gruppen mit und ohne Belastung. Es waren nahezu ausschließlich die zwei kaudalen Segmente befallen (Tabelle 2).

Die Häufigkeit der Chondrose zeigte in den statistischen Tests weder eine Abhängigkeit von der beruflichen Belastung noch vom Alter. Abbil-

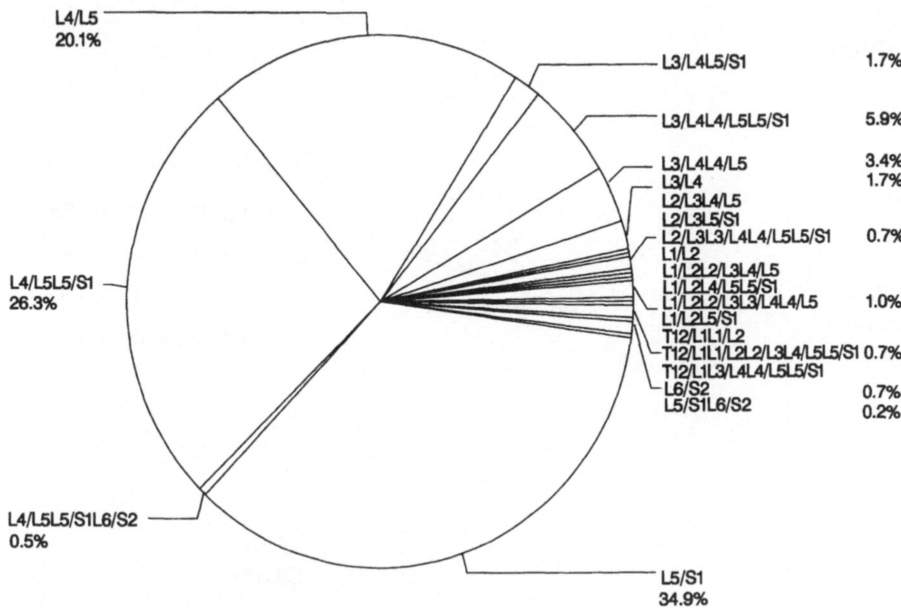

Abb. 1. Segmentverteilung bei Bandscheibenerkrankung (n = 407)

dung 4 zeigt die Anzahl der befallenen Segmente. Diese war nicht altersabhängig. Dieses erklären wir uns durch die Tatsache der Vorselektion, bei der die Chondrose offensichtlich das wesentliche Kriterium für das Vorliegen einer Bandscheibenerkrankung ist. Die Segmentverteilung (Tabelle 2) zeigt eine von L5/S1 nach kranial abnehmende Häufigkeit.

Für die Spondylose fand sich eine deutliche, signifikante Altersabhängigkeit. Auch hier wurde die Anzahl der befallenen Segmente bestimmt (Abb. 5). Im Alter unter 35 Jahren zeigte lediglich jeder zweite Antragstel-

Tabelle 2. Segmentverteilungen für Vorfall, Chondrose und Spondylose. Unterschieden wird in Fälle mit und ohne Belastung (n = 500, in %)

	Prolaps		Chondrose		Spondylose	
	ohne Belastung	mit Belastung	ohne Belastung	mit Belastung	ohne Belastung	mit Belastung
Th12/L1	0,0	0,3	1,4	2,0	4,2	7,3
L1/L2	0,7	0,8	0,7	3,4	6,3	12,6
L2/L3	0,0	0,1	1,4	4,2	8,4	18,2
L3/L4	2,1	4,8	7,7	10,4	23,1	28,0
L4/L5	34,3	26,9	41,3	39,5	32,2	36,4
L5/S1	39,8	33,1	63,6	61,6	28,7	36,1

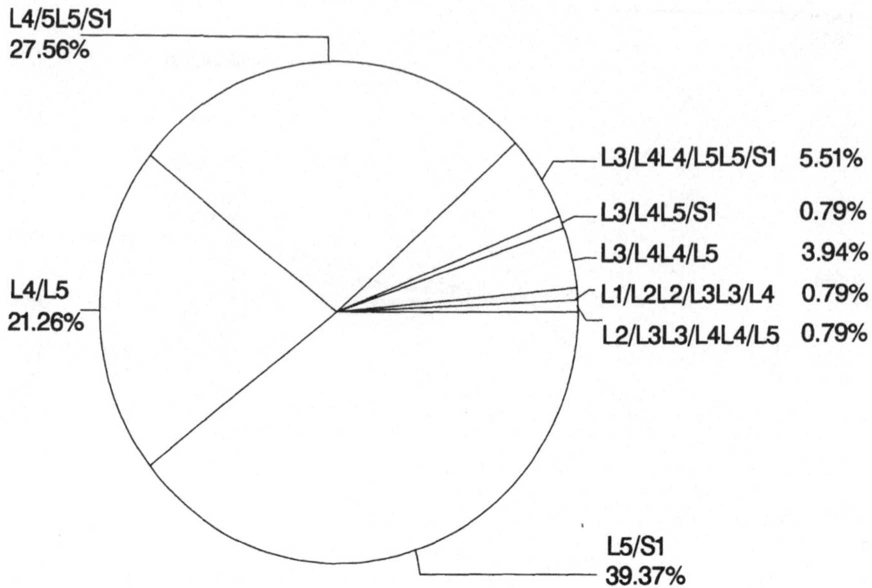

Abb. 2. Segmentverteilung bei Bandscheibenerkrankung – strenge Auswahl (s. Text, n = 127)

Abb. 3. Bandscheibenvorfall: Häufigkeit in Abhängigkeit von Alter und Belastung (n = 500)

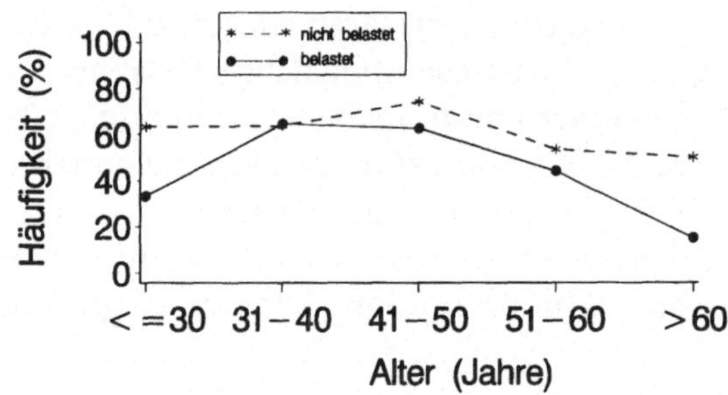

Abb. 4. Chondrose: Anzahl der befallenen Segmente in Abhängigkeit von Alter und Belastung (n = 500)

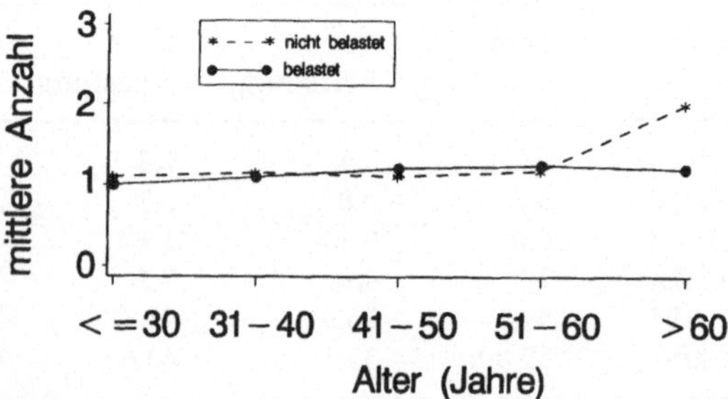

Abb. 5. Spondylose: Anzahl der befallenen Segmente in Abhängigkeit von Alter und Belastung (n = 500)

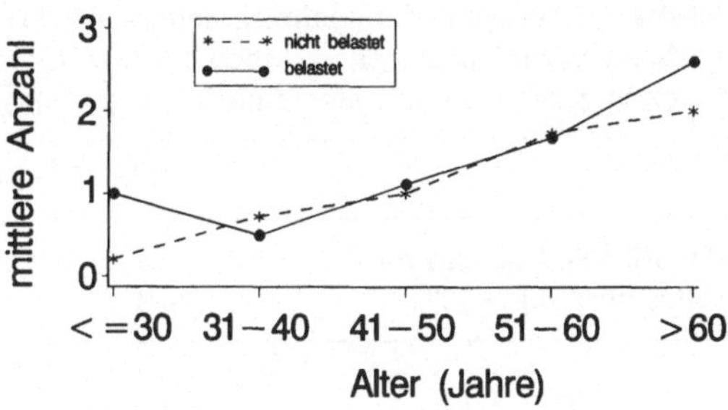

ler eine Spondylose. Demgegenüber war im Alter über 55 Jahre in über der Hälfte der Fälle eine *mehrsegmentale* Spondylose, d.h. mit drei und mehr befallenen Segmenten, vorhanden. Bei langjährigen Belastungen bestand häufiger ein Befall kranialer Segmente, entsprechend einem mehrsegmentalen Befall. Dies lag nicht an einem Einfluß der Belastung, sondern an der Tatsache, daß das belastete Kollektiv älter ist. Nach Ausschluß des Alters war ein signifikanter Einfluß beruflicher Belastungen unter den Bedingungen des Kollektivs nicht nachzuweisen. Rechnerisch ergab sich der Befall eines zusätzlichen Segmentes pro 15 Lebensjahre.

Abbildung 6 faßt den Entscheidungsablauf zusammen. Es wird ausgegangen von 100 % der Antragstellerinnen. 19 % litten nicht an einer Bandscheibenerkrankung. Für weitere 4 % waren keine langjährigen Belastun-

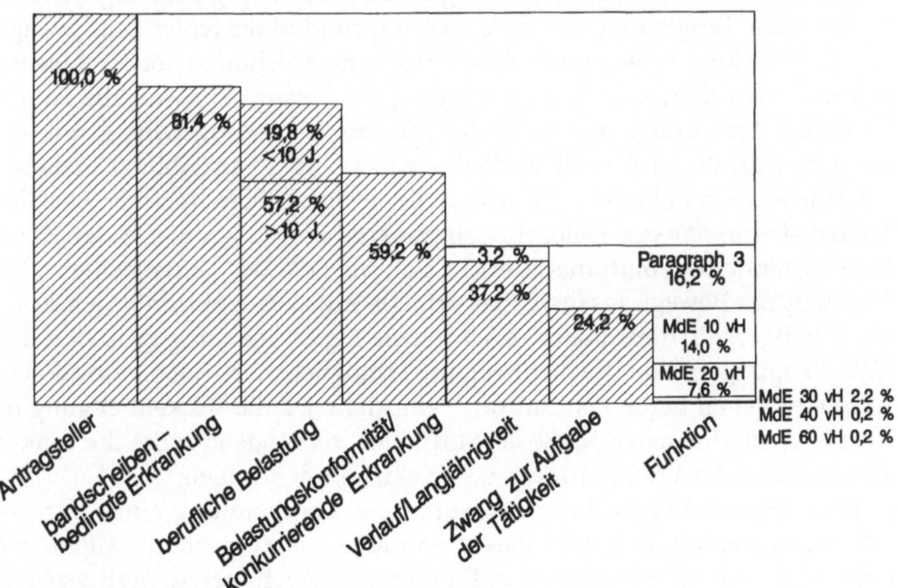

Abb. 6. Gutachterliche Beurteilung (n = 500)

Tabelle 3. Häufigkeit der mehrsegmentalen Erkrankung der LWS in Abhängigkeit vom Vorhandensein von Degenerationen der HWS/BWS bzw. einer Seitausbiegung $> 10°$ (Odds ratios, angegebene Werte sind signifikant, $p < 0{,}05$)

	Odds – Ratio
HWS/BWS-Degeneration	2,1
Seitausbiegung $> 10°$	4,4

gen gegeben. 18 % zeigten nichtbelastungskonforme Veränderungen oder konkurrierende Erkrankungen. Ein für die Begutachtung wichtiges Ergebnis unserer Auswertungen war, daß bei gleichzeitigem Vorliegen von anlagebedingten Degenerationen im HWS- und BWS-Bereich die Wahrscheinlichkeit einer mehrsegmentalen Chondrose oder Spondylose verdoppelt war. Diese Korrelation war unabhängig von der Belastung (Tabelle 3). Es ist bekannt, daß die Skoliose Einfluß auf die Bandscheibendegeneration hat. In unserem Kollektiv waren bei 12,2 % der Antragsteller Seitausbiegungen von mehr als 10 Grad festzustellen. Für diese fand sich viermal häufiger eine mehrsegmentale Spondylose (Tabelle 3).

Ein wichtiges ärztliches Entscheidungskriterium war der Krankheitsverlauf, insbesondere die Feststellung des Zeitpunktes der Erstmanifestation. Ein Auftreten einer manifesten Bandscheibenerkrankung vor Ablauf von zehn Jahren spricht gegen eine Berufserkrankung. Die Beurteilung des Verlaufes führte bei 22 % der Antragsteller zur Ablehnung einer BK.

Die Berufskrankheitenverordnung fordert den Zwang zur Aufgabe aller belastenden Tätigkeiten. Für 13 % war aufgrund eines fehlenden Zwangs zur Aufgabe aller belastenden Tätigkeiten eine Ablehnung vorzuschlagen. Ein wichtiges Kriterium zur Beurteilung des Zwangs zur Aufgabe ist die Funktion. Erstaunlich war, daß der mittlere LWS-Beugewinkel mit $33°$ noch im Normbereich nach Waddell – von $32{-}52°$ – lag (Abb. 7). Sensible Ausfälle wurden bei 17 % der Antragsteller festgestellt. Motorische Ausfälle fanden sich in 8 % der Fälle, ein Schweregrad von $< = 3$ in 2 % der Fälle. Eine Instabilitätssymptomatik ergab sich bei 11 % der Untersuchten. Die Messung des Bewegungsausmaßes erfolgte mit dem elektronischen Konturenmeßgerät Triflexometer, welches eine Unterscheidung zwischen der LWS-Beugung und der Beckenbeugung ermöglicht. Der Korrelationskoeffizient zwischen beiden ist mit 0,12 sehr klein. Da die Beckenbeugung in die üblichen klinischen Maße als Störfaktor *mit* eingeht, sollte die exakte Bestimmung der LWS-Funktion u.E. elektronisch erfolgen.

Bei 24 % der Begutachtungen wurde die Anerkennung einer Berufserkrankung empfohlen. Von diesen wurde der überwiegende Anteil mit einer MdE von 10 % begutachtet. Eine rentenberechtigende MdE war bei 10,2 % der Antragsteller vorzuschlagen. Hierunter fielen insbesondere

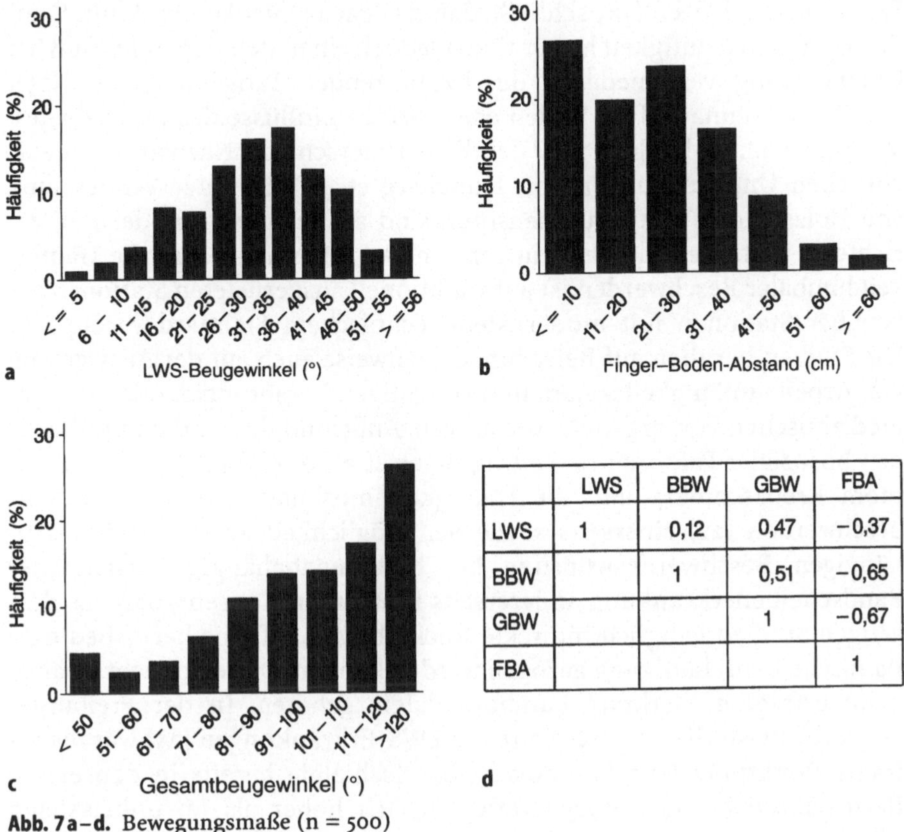

	LWS	BBW	GBW	FBA
LWS	1	0,12	0,47	−0,37
BBW		1	0,51	−0,65
GBW			1	−0,67
FBA				1

Abb. 7a–d. Bewegungsmaße (n = 500)

Fälle mit neurologischen Ausfällen. Bei 16% wurden §3-Maßnahmen empfohlen.

Diskussion

Grundlage für die Anerkennung einer BK 2108 in der Begutachtung war die Wertung des epidemiologischen Kenntnisstandes durch den ärztlichen Sachverständigenbeirat des Bundesministeriums für Arbeit und Sozialordnung [4].

Es gibt eine Vielzahl von Arbeiten, welche über eine zweifache und höhere Häufung von Kreuzschmerzen und Lumboischialgien bei Krankenschwestern berichten [1, 3, 6–11, 17, 23, 24, 26, 27]. Heuchert et al. [14] stellten kein erhöhtes Risiko chronischer Gesundheitsstörungen durch degenerative Wirbelsäulenerkrankungen bei Krankenschwestern fest. Wenige Untersuchungen beschäftigen sich mit der Aufschlüsselung nach

Fachgebieten. Jensen [16] schließt, daß das Fachgebiet keinen Einfluß auf die Krankheitshäufigkeit hat, er findet jedoch einen deutlichen Einfluß bei Untersuchung verschiedener durchzuführender Tätigkeiten. Tan [25], Mandel u. Lohmann [20] finden eher geringe Einflüsse des Fachgebietes, Venning et al. [26] jedoch sehr deutliche Unterschiede. Nach arbeitsmedizinischen Untersuchungen von Ljungberg et al. [18] unter Verwendung von Holzschuhen mit Drucksensoren sind auf technisch modern eingerichteten Stationen die Belastungen um ca. 50 % vermindert, die Häufigkeit lumbaler Beschwerden ist auf traditionell ausgerüsteten Stationen gegenüber Stationen mit modernstem technischem Standard verdoppelt. Die Studien beruhen auf Befragungen, teilweise auch auf der Auswertung von Arbeitsunfähigkeitszeiten und vorzeitigen Berentungen oder arbeitsmedizinischen Vorsorgeuntersuchungen. Aufgrund des starken Einflusses psychosozialer Faktoren (s. Beitrag Bigos et al., S. 415) [26] auf das Symptom Kreuzschmerz und die Häufigkeit muskulär bedingter Rückenbeschwerden [21] einerseits sowie der Möglichkeit einer belastungsabhängigen Beschwerdeauslösung bei berufsunabahängig entstandener Bandscheibenerkrankung andererseits besteht ein Konsens, daß aus derartigen Studien lediglich indirekte Rückschlüsse auf eine berufsbedingte Bandscheibenschädigung gezogen werden können. Diese Vorsicht ist auch beim erfragten Merkmal Lumboischialgie geboten. In der Freiburger Querschnittsstudie zur Prävalenz von LWS-Erkrankungen [23] war die erfragte Punktprävalenz Lumboischialgie/Ischialgie bereits in den ersten Berufsjahren bei den Pflegekräften 6,5fach höher als im unbelasteten Bürokollektiv, also zu einem Zeitpunkt, zu dem die beruflichen Belastungen noch nicht zu einer klinisch relevanten Bandscheibenschädigung geführt haben können.

Eine Häufung von Bandscheibenvorfällen/-protrusionen bei Pflegekräften fand sich in zwei Fallkontrollstudien. Nach Heliövaara [13] ist das Risiko von Krankenschwestern, wegen eines lumbalen Bandscheibenvorfalles stationär behandelt zu werden, um das 1,8fache erhöht. Statistische Signifikanz wurde nicht erreicht. Nach Hofmann et al. [15] sind Pflegekräfte mit mehr als zehn Berufsjahren bei kernspin- und computertomographisch diagnostizierten Bandscheibenvorfällen/-protrusionen 3,4fach überrepräsentiert (p < 0,05). Die Gesamtzahl der Probanden aus dem Pflegeberuf ist sowohl bei Heliövaara mit 31 als auch bei Hofmann mit 25 allerdings klein.

Nach den Richtlinien des technischen Aufsichtsdienstes der BGW sind im Pflegeberuf die arbeitstechnischen Voraussetzungen der BK 2108 als erfüllt anzusehen, wenn mindestens 16 schwere Hebevorgänge am Patienten pro Schicht in mindestens 120 Schichten pro Jahr für mindestens 10 Jahre ausgeführt wurden [30]. Für die Begutachtung ist eine exakte Dokumentation des Arbeitsumfeldes von außerordentlicher Bedeutung, da die subjektiv wahrgenommene und die objektive Belastung am Arbeitsplatz stark voneinander abweichen können [22].

Hebebelastungen in der Krankenpflege sind von denen bei repetitiven Tätigkeiten – etwa im Baugewerbe – zu unterscheiden [5] (s. Beitrag Rehder u.a., S. 78). Wir gehen davon aus, daß die im Pflegeberuf typischen kurzzeitigen hohen Belastungen beim Heben von Patienten (Abb. 8 und 9), darüber hinaus zusätzlich Spitzenbelastungen in Notfällen oder bei unkontrollierten Bewegungen der gehobenen Patienten, zur Schädigung des Faserrings der Bandscheibe führen. Da Schwestern in der Regel nicht speziell körperlich trainiert sind, können plötzliche Belastungen von diesen muskulär nicht ausreichend kompensiert werden.

In der Diskussion zur Kausalität wird von einigen Gutachtern der Unterscheidung des Krankheitsbildes an der LWS in monosegmental, d.h. nur eine Bandscheibe betreffend, bisegmental, d.h. zwei Bandscheiben betreffend, und oligosegmental/mehrsegmental, d.h. 3–5 Bandscheiben

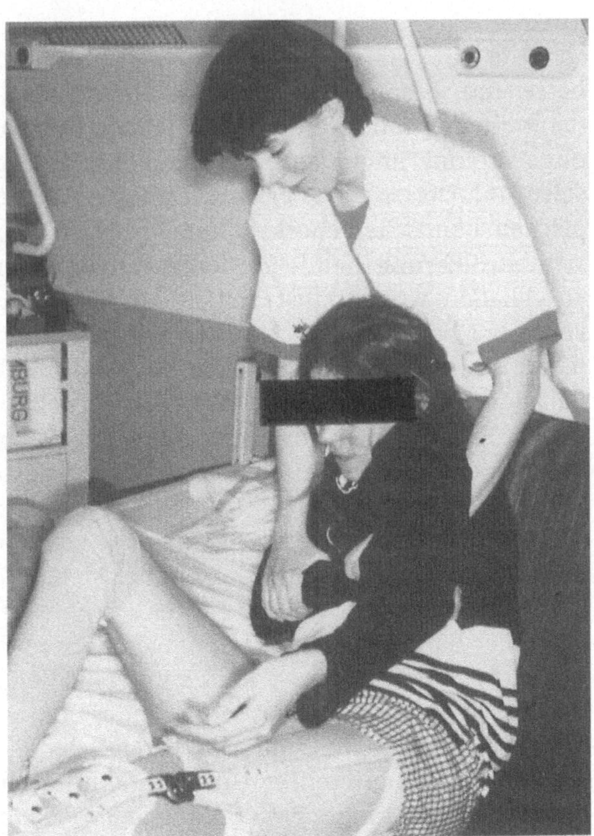

Abb. 8. Patiententransfer vom Rollstuhl ins Bett

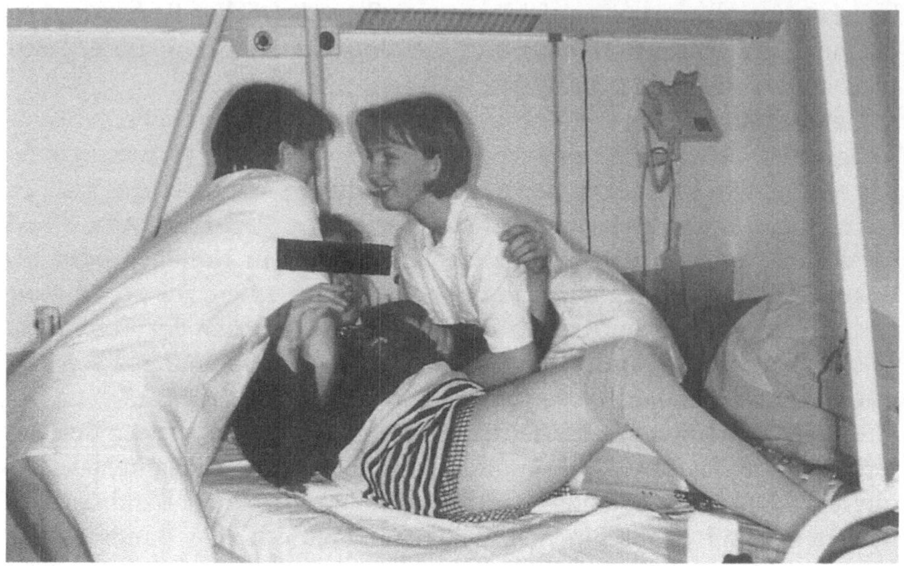

Abb. 9. Hochziehen einer Patientin im Bett

betreffend, besondere Bedeutung zugemessen. Gleichzeitig wird argumentiert, daß mono- oder bisegmentale Erkrankungen der unteren LWS ohne Veränderungen an der oberen LWS anlagebedingte Veränderungen seien [19]. Dieses wird begründet mit der Tatsache, daß es sich um die typischen Bandscheibenerkrankungen der nicht beruflich belasteten Gesamtbevölkerung handelt. Diesen Auffassungen können wir uns nicht anschließen, wobei selbstverständlich unsere Erfahrungen nur die Krankenpflege betreffen. Nach unserer Auffassung stellen die unteren Segmente sowohl unter alltäglichen Belastungen als auch unter beruflichen Belastungen eine „Schwachstelle" der Wirbelsäule dar und unterliegen in beiden Fällen den höchsten Belastungen. Es fand sich entsprechend bei der gutachterlichen Untersuchung kein belastungstypisches Schadensbild.

Geht man davon aus, daß die Inzidenz von Bandscheibenerkrankungen der LWS bei Krankenschwestern in belasteten Bereichen im Vergleich zur Normalbevölkerung um den Faktor 2 erhöht ist, so ergibt sich, daß etwa 50 % aller Bandscheibenerkrankungen dieser Gruppe berufsbedingt sind. Werden von den in dieser Studie untersuchten Antragstellern/innen nur diejenigen mit nachgewiesener mindestens zehnjähriger gefährdender Tätigkeit, passendem zeitlichen Verlauf der Erkrankung und ohne wesentliche konkurrierende Ursachenfaktoren betrachtet, so betraf die bandscheibenbedingte Erkrankung in 88,3 % mono- oder bisegmental die unteren beiden LWS-Segmente. Hieraus ist zu folgern, daß ein Anteil der monosegmentalen und bisegmentalen Erkrankungen der unteren beiden LWS-Segmente bei Pflegekräften berufsbedingt sein muß. Man kann deshalb aus den Ergebnissen der Studie schließen, daß ein monosegmentaler oder bisegmentaler Befall der unteren LWS in einer BK 2108 zu vereinbaren ist. Ein mehrsegmentaler Befall der LWS ist ebenfalls belastungskonform, wenn er im Bereich der unteren LWS betont ist.

Die Begriffe mono- bzw. mehrsegmental relativieren sich, wenn außer nativ-röntgenologischen auch kernspintomographische [12] oder pathologisch-anatomische [28] Veränderungen berücksichtigt werden. Hier finden sich auch bei nativ-röntgenologisch monosegmentalem Befall häufig Bandscheibenveränderungen in mehreren Segmenten.

Die mehrsegmentale Spondylose zeigt eine signifikante und sehr ausgeprägte Korrelation zwischen der Anzahl der befallenen Segmente und dem Alter. Sie ist also in vielen Fällen ein Normalbefund im höheren Lebensalter. In unserem Kollektiv ist ein als Kausalitätskriterium anzusetzender signifikanter Unterschied aufgrund langjähriger Belastungen nicht nachzuweisen. Für die mehrsegmentale Spondylose ist darüber hinaus eine Häufung bei Antragstellern mit Skoliose oder mit gleichzeitigen Bandscheibenveränderungen in anderen Wirbelsäulenabschnitten (HWS, BWS) festzustellen. Der mehrsegmentale Befall ist in diesen Fällen Befund einer anlagebedingten Erkrankung.

Eine erste Manifestation einer gesicherten Bandscheibenerkrankung vor Ablauf von 10 Jahren spricht gegen eine Berufserkrankung. Der Zeitpunkt des erstmaligen Nachweises einer relevanten bandscheibenbedingten Erkrankung war in unserem Kollektiv ein häufiges Kausalitätskriterium.

Die Berufskrankheitenverordnung fordert, daß ein Zwang zur Aufgabe aller belastenden Tätigkeiten besteht. Im Verlaufe unserer wachsenden Erfahrung handhaben wir dieses Kriterium zunehmend strenger. In Übereinstimmung mit der Literatur [29] zeigen unsere Erfahrungen, daß insbesondere nach erfolgreicher konservativer oder operativer Behandlung eines Bandscheibenvorfalls die präventive Aufgabe der belastenden Tätigkeit nicht erforderlich ist. Findet sich also eine gute Funktion, so wird der Gutachter Maßnahmen nach § 3 empfehlen.

Die Minderung der Erwerbsfähigkeit (MdE) ergibt sich aus der Ausprägung der Funktionseinschränkung. Besondere Bedeutung haben hier der neurologische Befund, der Nachweis nicht genügend kompensierter Instabilitäten und die Prüfung der LWS-Beweglichkeit. Unseres Erachtens sollte nicht darauf verzichtet werden, den LWS-Beugewinkel isoliert (z. B. elektronisch) zu messen (Abb. 10). Globale Meßwerte wie der Gesamtbeugewinkel oder der Finger-Boden-Abstand korrelieren nicht ausreichend mit

Abb. 10. Elektronische
Messung des LWS-Beuge-
winkels mit dem Triflexo-
meter (Fa. Orthotronic,
Wedel)

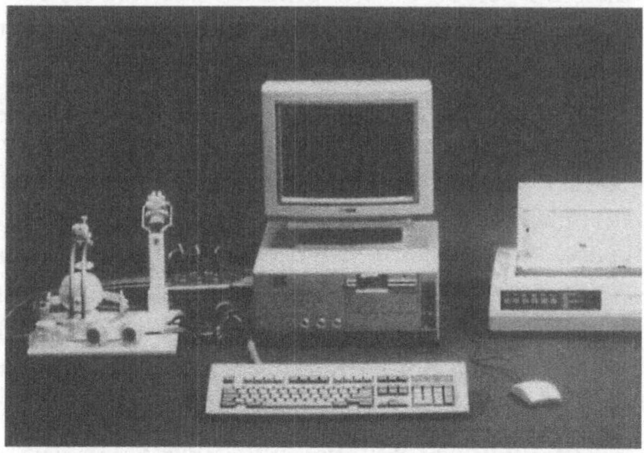

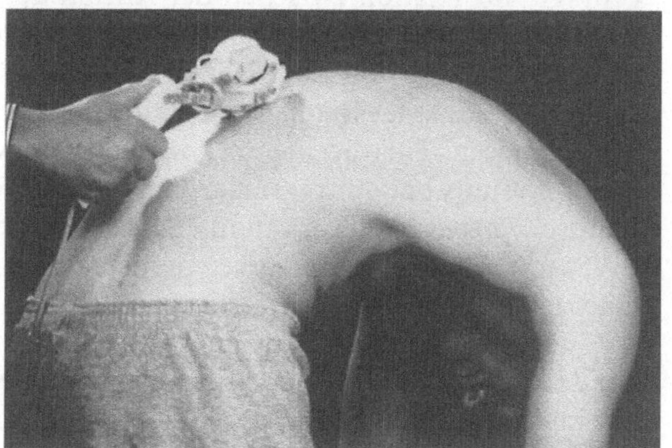

den tatsächlichen Bewegungseinschränkungen durch die LWS-Erkrankung. Die im untersuchten Kollektiv festgestellten Funktionseinschränkungen begründeten dabei relativ selten den Vorschlag einer rentenbe-
rechtigenden MdE.

Literatur

1. Abenheim L, Suissa S, Rossignol M (1988) Risk of recurrence of occupational back pain
   over three follow up. Br J Indust Med 45:829
2. Abschlußbericht des Forschungsprojektes der BGW (1997) Berufsbedingte Erkrankungen der Wirbelsäule bei Beschäftigten im Gesundheitswesen. Prävention – Rehabilitation – Begutachtung 2. Berufsgenossenschaft für Gesundheitsdienst (BGW), Hamburg
3. Baldasseroni A, Tartaglia R, Biggeri K (1991) Lombalgia da sforzo: studio casocontrollo
   tra i lavoratori die servizi sanitari du una unita sanitaria locale. Med Lav 82:515–520
4. Berufskrankheitenverordnung, Merkblatt zur BK 2108 (1993) Bundesminister für Arbeit und Sozialordnung (Hrsg). Bundesarbeitsblatt 3:50–53

5. Deuretzbacher G, Rehder U (1995) Ein CAE-basierter Zugang zur dynamischen Ganz-körpermodellierung – Die Kräfte in der lumbalen Wirbelsäule beim asymmetrischen Heben. Biomed Tech 40:93

6. Burgmeier AC, Blindauer B, Heckt MT (1988) Les lombalgies en milieu hospitalier: Aspects épidémiologiques et role des divers facteurs de risque. Rev Epidém Santé Publ 36:128–137

7. De Gaudemaris R, Blatier JF, Quinton D, Piazza E, Gallin-Martel C, Perdix A, Mallion JM (1986) Analyse du risque lombalgique en milieu professionel. Rev Epidem Santé Publ 34:308–317

8. Engkvist IL, Hagberg M, Linden A et al. (1992) Over-exertion back accidents among nurses aides in Sweden. Safety Sci 15:97–108

9. Estryn-Behar M et al. (1990) Strenous working conditions and musculosceletal disorders among femal hospital workers. J Occup Med 27 (7):518

10. Ferguson D (1970) Strain injuries in hospital employees. Med J Austr 2:376–379

11. Harber PH, Billet E, Gutowski M, SooHoo K, Lew M, Roman A (1985) Occupational low back pain in hospital nurses. J Occup Med 27 (7):518–524

12. Hartwig E, Kinzl L, Eisele R, Katzmeier P (1995) Bisherige Erfahrungen bei Bauarbeitern und Pflegeberufen mit der Begutachtung gemäß BK 2108. In: Wolter D, Seide K (Hrsg) Berufskrankheit 2108 Kausalität und Abgrenzungskriterien. Springer, Berlin Heidelberg New York Tokyo, S 169

13. Heliövaara M (1987) Occupation and risk of herniated lumbar intervertebral disc or sciatia leading to hospitalisation. J Chron Dis 40 (3):259

14. Heuchert G, Bräunlich A, Enderlein E et al. (1989) Fahndung nach Interventionsschwerpunkten zur Prävention chronischer Krankheiten bei im Gesundheitsdienst beschäftigten Frauen. Z Ges Hyg 35:693–696

15. Hofmann F, Michaelis M, Siegel A, Stößel U, Stroink U (1995) Bandscheibenbedingte Erkrankungen der Wirbelsäule – Untersuchungen zur Frage der beruflichen Verursachung. In: Wolter D, Seide K (Hrsg) Berufskrankheit 2108 Kausalität und Abgrenzungskriterien, Springer, Berlin Heidelberg New York Tokyo, S 47–61

16. Jensen R (1986) Work related injuries among nursing personnel in New York. Proceedings of the Human Factors Society – 30th annual meeting. Human Factors and Ergonomic Society, Toxbox 1369, Santa Monica 90406, USA

17. Kaplan JL, Deyo RA (1988) Back pain in health care workers. Occupational medicine. State Art Rev 3:61–73

18. Ljungberg AS et al. (1989) Occupational lifting by nursing aides and warehouse workers. Ergonomics 32 (1):59

19. Ludolph E, Besig K (1993) Die Berufskrankheiten „Wirbelsäule" – Ein- oder mehrsegmentales Schadensbild? Akt Traumatol 238:255–256

20. Mandel JH, Lohmann W (1987) Low back pain in nurses: the relative importance of medical history, work factors, exercise, and demographics. Res Nurs Health 10:165

21. Morlock M, Bonin V, Hansen I, Schneider E, Wolter D (1996) Die Rolle der Muskulatur bei bandscheibenbedingten Erkrankungen der Wirbelsäule. In: Radandt S, Grieshaber R, Schneider W (Hrsg) Prävention von arbeitsbedingten Gesundheitsgefahren und Erkrankungen. 3. Erfurter Tage. Monade, Leipzig, S 209–231

22. Morlock M, Bonin V, Meyer K, Schneider E (submitted) Subjective versus objective workplace loading in nurses with and without a history of occupationally related low back disability. Clin Biomech

23. Nübling M, Michaelis M, Hofmann F, Stößel U (1996) Prävalenz von Lendenwirbelsäulenerkrankungen in Pflege- und Büroberufen – Eine Querschnitssstudie. In: Hofmann, Reschauer, Stößel (Hrsg) Arbeitsmedizin im Gesundheitsdienst, Bd 9. Edition FFAS, Freiburg, S 177–187

24. Prezant B, Demers P, Stand K (1987) Back problems, training experience, and use of lifting aids among hospital nurses. In: Asfour SS (ed) Trends in ergonomics/Human factors, vol IV. Elsevier, Amsterdam, pp 839–842

25. Tan C (1991) Occupational health problems among nurses. Scand J Work Environ 26 (8):755

26. Venning P, Walter SD, Sitti LW (1987) Personal and job-related factors as determinants of incidence of back injuries among nursing personnel. J Occup Med 29 (10):820

27. Videman T, Nurminen T, Tola S, Kuorinka I, Vanharanta H, Troup JDG (1984) Low-back pain in nurses and some loading factors of work. Spine 9 (4):400

28. Videman T, Nurminen M, Troup J (1990) Lumbar spinal pathology in cadaveric material in relation to history of back pain, occupation, and physical loading. Spine 8:728

29. Weber H (1983) Lumbar disc herniation. A controlled, prospective study with ten years observation. Spine 8 (2):131

30. Wolter D, Mehrtens G, Seide K, Brandenburg St, Remé Th, Grosser V (1995) Zusammenhangsbegutachtung Berufskrankheit 2108. Prävention – Rehabilitation – Begutachtung 1. Berufsgenossenschaft für Gesundheitsdienst und Wohlfahrtspflege (BGW), Hamburg

Kapitel 28

Begutachtung der BK 2108–2110 – Erfahrungen in Duisburg

P.-M. HAX und G. HIERHOLZER

Von Juni 1993 bis Februar 1997 wurden an der Berufsgenossenschaftlichen Unfallklinik Duisburg-Buchholz 402 Begutachtungen in Wirbelsäulen-BK-Verfahren durchgeführt, 373mal wegen einer fraglichen Berufskrankheit nach Ziffer 2108 BeKV, 24mal wegen einer fraglichen BK 2108 und 2110, fünfmal wegen einer fraglichen BK 2110 und in keinem Fall zur Frage des Vorliegens einer BK 2109. 117 dieser Gutachten wurden für die Berufsgenossenschaft für Gesundheitsdienst und Wohlfahrtspflege (BGW) erstellt, 80 für Bau-BGen, 39 für Metall-BGen, 17 für die Bergbau-BG und 149 für verschiedene sonstige Versicherungsträger.

Die Anerkennung einer BK 2110 wurde in keinem Fall vorgeschlagen, 15mal die einer BK 2108. In diesen Fällen hatten die Versicherten neunmal als Maurer bzw. Betonarbeiter gearbeitet und je einmal als Fliesenleger, Möbelträger, Schlosser, Steinmetz, Tiefbauarbeiter und Waldarbeiter.

Neben den Gutachten wurden im Rahmen der Vorermittlung 396 beratungsfachärztliche Stellungnahmen nach Aktenlage verfaßt, wobei in 116 Fällen (ca. 30 %) die Vollermittlung und anschließende Begutachtung vorgeschlagen wurde.

Die genannten Zahlen sind aufgrund spezifischer Gegebenheiten nicht repräsentativ und können daher auch nur eingeschränkt für Vergleiche herangezogen werden. Die Autoren halten es daher für sinnvoller, gezielt drei Themenkomplexe herauszugreifen, die sich einerseits aufgrund persönlicher Erfahrungen bei der Begutachtung dieser neuen Berufskrankheiten als besonders wichtig herausgestellt haben, andererseits in ihrer Bedeutung von vielen Verwaltungen und vielen anderen Gutachtern bisher nicht ausreichend gewürdigt werden:

- Vorerkrankungsverzeichnis,
- TAD-Stellungnahmen,
- konkurrierende Faktoren.

Vorerkrankungsverzeichnis

In einer vollständigen chronologischen Auflistung aller Arbeitsunfähigkeitszeiten mit den dazugehörigen Diagnosen spiegelt sich meistens sehr gut der Krankheitsverlauf wider. Der Zeitpunkt des erstmaligen Auftretens von Rückenbeschwerden ist, wenn er schon weiter zurückliegt, den meisten Versicherten nicht mehr genau erinnerlich und läßt sich nach dem Vorerkrankungsverzeichnis häufig genauer datieren. Erfahrungsgemäß liegt er deutlich vor dem vom Versicherten angegebenen Termin. Das Alter zum Zeitpunkt des Beginns der Rückenbeschwerden und dessen zeitlicher Abstand zur Aufnahme der wirbelsäulenbelastenden Tätigkeit können bei der Beurteilung der Zusammenhangsfrage Bedeutung erlangen.

Das Vorerkrankungsverzeichnis kann darüber hinaus bei der Beantwortung der Frage helfen, ob die wirbelsäulenbelastende Tätigkeit tatsächlich wegen einer bandscheibenbedingten Erkrankung bzw. wegen der damit verbundenen Beschwerden aufgegeben werden mußte. Bejaht werden kann diese Frage nur, wenn kurz vor der Tätigkeitsaufgabe gehäuft entsprechende Arbeitsunfähigkeitszeiten belegt sind. Nicht selten ergibt sich aber aus der Auflistung der Arbeitsunfähigkeitszeiten mit den dazugehörigen Diagnosen, daß ein Versicherter in den letzten Jahren vor Aufgabe der Tätigkeit wegen anderer Erkrankungen gehäuft krankgeschrieben war und allenfalls gelegentlich wegen eines Rückenleidens, so daß sich ein Unterlassungszwang wegen Wirbelsäulenbeschwerden nicht objektivieren läßt.

Das vertragliche Ende eines Arbeitsverhältnisses wird meistens gleichgesetzt mit dem Zeitpunkt der Tätigkeitsaufgabe, obwohl der Versicherte oft schon Monate vorher wegen Krankheit nicht mehr gearbeitet hat. Dies ist so lange unerheblich, wie beide Termine nach dem 31. März 1988 liegen. Gelegentlich trifft man jedoch die Konstellation an, daß ein Arbeitsverhältnis zwar über den Stichtag hinaus andauerte, die rückenbelastende Tätigkeit jedoch schon vor dem 31. März 1988 aufgegeben wurde, so daß in einem solchen Fall die Rückwirkungsklausel nicht mehr greifen kann.

Bei der Durchsicht des Vorerkrankungsverzeichnisses ist nicht nur auf Ausfälle wegen Beschwerden oder Behandlungen an dem versicherten Wirbelsäulenabschnitt zu achten, sondern ebenso genau auf alle sonstigen Arbeitsunfähigkeiten. Einerseits können sie auf das Vorliegen konkurrierender Erkrankungen (s. unten) hinweisen. Andererseits kann sich aus der Gesamtheit aller krankheitsbedingten Ausfallzeiten ergeben, daß für bestimmte Zeiträume die arbeitstechnischen Voraussetzungen zur Anerkennung einer Berufskrankheit hinsichtlich der Regelmäßigkeit und Häufigkeit der Belastungen nicht mehr als erfüllt gelten können.

Aus datenschutzrechtlichen Erwägungen fordern einige Verwaltungen bei den Krankenkassen nur eine Auflistung derjenigen Arbeitsunfähigkeitszeiten an, die im Zusammenhang mit Wirbelsäulenleiden attestiert wurden. Sofern die Kassen dann trotzdem ein ungekürztes Leistungsverzeichnis schicken, werden die vermeintlich nicht relevanten Einträge von der Verwaltung geschwärzt. Aus dem zu Beginn dieses Abschnittes Gesagten und insbesondere aufgrund der Tatsache, daß viele internistische Krankheiten bzw. Symptome als konkurrierende Faktoren bei der Verursachung bandscheibenbedingter Erkrankungen einzustufen sind, worauf im Verlauf dieses Beitrages noch näher eingegangen werden soll, ergibt sich für den Gutachter die zwingende Notwendigkeit, ein wirklich lückenloses und unzensiertes Vorerkrankungsverzeichnis vorgelegt zu bekommen. Eine Zusammenhangsbegutachtung auf der Basis eines wirbelsäulenbezogenen Auszuges ist nach Ansicht der Autoren nicht möglich. Daraus ergibt sich zwangsläufig, daß datenschutzrechtliche Bedenken unberechtigt sind.

TAD-Stellungnahme

Bevor überhaupt die Frage des ursächlichen Zusammenhanges zwischen einer beruflichen Belastung und einer bandscheibenbedingten Erkrankung der Wirbelsäule aus medizinischer Sicht beantwortet werden kann, muß der Beweis über die Erfüllung der arbeitstechnischen Voraussetzungen geführt worden sein. Viele TAD-Stellungnahmen weisen nach Meinung der Autoren jedoch erhebliche Mängel auf, die nachgebessert werden müssen, bevor sich der Gutachter zur Zusammenhangsfrage äußern kann. Es sind insbesondere die folgenden Kritikpunkte zu benennen:

- unzulässige „Beweisführung",
- Nichtberücksichtigung von Ausfallzeiten,
- Nichtberücksichtigung des Stichtags,
- fehlende Genauigkeit und Plausibilität,
- Erfassung nicht wirbelsäulenbelastender Tätigkeiten,
- fehlender Konsens über einen Dosisgrenzwert.

Unzulässige „Beweisführung". Über die Erfüllung der arbeitstechnischen Voraussetzungen ist der Vollbeweis zu erbringen. Die nicht selten in TAD-Stellungnahmen zu findende Formulierung, daß für eine über einen bestimmten Zeitraum ausgeübte Tätigkeit die arbeitstechnischen Voraussetzungen „mit Wahrscheinlichkeit" erfüllt seien, kann daher nicht akzeptiert werden. Ebensowenig genügt es den Ansprüchen an eine Beweisführung, wenn eine TAD-Stellungnahme ausschließlich oder überwiegend auf einer Befragung des/der Versicherten beruht, und erst recht nicht, wenn diese telefonisch erfolgt, wie gelegentlich auch zu lesen. Es ist bekannt, daß die Betroffenen selbst auch bei dem Bemühen um korrekte Angaben die Häufigkeit und Intensität von Belastungen retrospektiv deutlich überschätzen [52]. Darüber hinaus erscheint eine derartige Einbeziehung des Anspruchstellers grundsätzlich problematisch und dürfte gegenüber allen sonstigen Situationen, in denen im juristischen Sinn ein Beweis zu führen ist, einzigartig sein. Die Bezugnahme auf Belastungskataster ist nur bei Berufen mit typischen, einförmigen und nahezu während der gesamten Schichtdauer regelmäßig anfallenden Belastungen zu akzeptieren, nicht jedoch bei Berufen mit sehr unterschiedlichen Belastungs- und Tätigkeitsprofilen. Gerade in den Pflegeberufen werden in sehr unterschiedlichem Umfang auch nicht rückenbelastende Tätigkeiten verrichtet, so daß die pauschale Anerkennung der arbeitstechnischen Voraussetzungen unter Verweis auf allgemeine Erfahrungen in der Krankenpflege der für diese Berufskrankheiten nicht zulässigen Praktizierung des Anscheinsbeweises entspricht.

Häufig wird in TAD-Stellungnahmen der Fehler begangen, die Tätigkeit auf einer *Intensiv*station mit einer besonders *intensiven* Belastung gleichzusetzen. Das Gegenteil ist der Fall: Intensivstationen haben in der Regel 6–8 Betten und sind häufig nicht zu 100% belegt.; die Tagschichten sind mit 3–4, die Nachtschicht ist mit mindestens 2 Pflegekräften besetzt; die Grundpflege wird bei jedem einzelnen Patienten normalerweise jeweils von 2 Pflegekräften gemeinsam verrichtet; diese heben die überwiegend beatmeten Patienten zum Waschen und zum Wechseln der Bettwäsche nicht an, sondern rollen sie wechselweise auf die linke und rechte Seite (Abb. 1).

Nichtberücksichtigung von Ausfallzeiten. Zur Prüfung des Kriteriums der Langjährigkeit einer beruflichen Wirbelsäulenbelastung werden häufig nur die Beschäftigungszeiträume addiert. Ausfallzeiten durch Krankheit, Schwangerschaften und Erziehungsurlaub oder Phasen geringerer Belastung bei vorübergehender Teilzeitbeschäftigung bleiben nicht selten unberücksichtigt. Liegt nur ein wirbelsäulenbezogener Auszug aus dem Vorerkrankungsverzeichnis vor, sind u. U. längere Ausfallzeiten nicht einmal bekannt (s. Kritikpunkt *Vorerkrankungsverzeichnis*). Die vollständige Berücksichtigung aller Ausfallzeiten kann zur Folge haben, daß eine zunächst scheinbar über dem Grenzwert von 10 Jahren liegende Gesamtbelastungszeit doch deutlich darunter liegt.

Nichtberücksichtigung des Stichtags. Viele TAD-Stellungnahmen enthalten lediglich eine pauschale Aussage dahingehend, daß über einen ausrei-

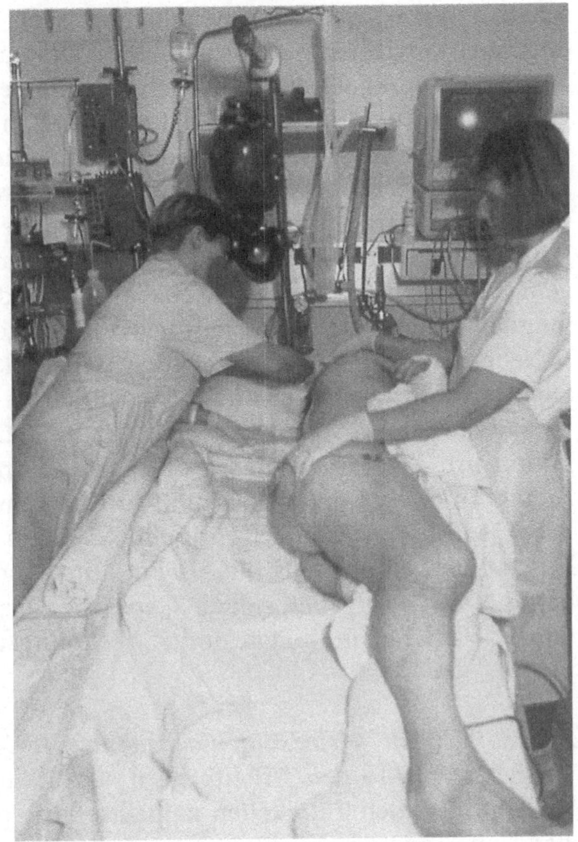

Abb. 1. Typischer Arbeitsablauf bei der Pflege eines beatmeten Intensivpatienten. Schädigungsrelevante Hebe- bzw. Tragebelastungen fallen nicht an

chend langen Zeitraum eine überdurchschnittliche berufliche Wirbelsäulenbelastung vorgelegen hat, ohne nach dem zeitlichen Verlauf zu differenzieren. Ein Maurer mag über Jahrzehnte eine schädigungsrelevante Tätigkeit ausgeübt haben. Wenn er aber nach dem 31. März 1998 als Polier nur noch überwiegend Aufsicht geführt hat, kann eine Berufskrankheit auch bei Vorliegen eines einschlägigen Krankheitsbildes nicht anerkannt werden. Gleiches kann beispielsweise auch für eine Krankenschwester gelten, die vor dem Stichtag zur Stationsschwester befördert wurde oder in einen Bereich mit geringer (z. B. Intensivstation) oder gänzlich fehlender Wirbelsäulenbelastung gewechselt hat.

Fehlende Genauigkeit: Bei zeitlich sehr weit zurückliegender Tätigkeit wird sich der Umfang einer beruflichen Wirbelsäulenbelastung mangels entsprechender Aufzeichnungen nur noch höchst ungenau ermitteln lassen. Andererseits finden sich in TAD-Stellungnahmen häufig grob geschätzte Werte, wo unter Ausnutzung aller verfügbaren Datenquellen durchaus wesentlich genauere Zahlen hätten angegeben werden können. Für Belastungsanalysen im Pflegebereich lassen sich beispielsweise Belegungs- und Operationsstatistiken heranziehen. Alle meßbaren Parameter sollten nicht nur geschätzt, sondern tatsächlich durch Wiegen, Messen, Zählen usw. exakt erfaßt werden. Die medizinische Beurteilung der Zusammenhangsfrage ist bekanntlich sehr schwierig. Wenn sie durch präzise Daten erleichtert werden kann, muß dies – auch wenn es aufwendig ist – genutzt werden. Als beispielhaft haben sich in diesem Punkt die TAD-Stellungnahmen der landwirtschaftlichen Berufsgenossenschaften gezeigt.

Neben einer nicht ausreichenden Genauigkeit ist bei manchen TAD-Stellungnahmen eine fehlende Plausibilität zu beklagen. Es ist beispielsweise schwer nachvollziehbar, daß ein selbständiger Tierarzt im Durchschnitt pro Arbeitstag in 7 h 10 Pferde und anschließend noch in 3 h 50 Kleintiere mit 3 Operationen und 10 Röntgenuntersuchungen behandelt haben soll, wenn er gleichzeitig angibt, allein im Rahmen seiner beruflichen Tätigkeit pro Jahr mit seinem Auto 35000 km zurückgelegt zu haben. Derartige Angaben sollten Skepsis hervorrufen und Anlaß geben, sie anhand von Behandlungs- und Abrechnungsunterlagen exakt zu überprüfen.

Erfassung nicht wirbelsäulenbelastender Tätigkeiten. Auf den von den Versicherten und den Arbeitgebern auszufüllenden Erfassungsformularen sind oft auch Tätigkeiten aufgelistet, die nicht als wirbelsäulenbelastend im Sinne der Merkblätter zu gelten haben, z.B. Venenpunktionen, Rasieren, Katheterisieren, Schieben von Betten oder Tragen von Lasten unterhalb der kritischen Grenze (z.B. Bleischürze). In der endgültigen TAD-Stellungnahme sollten diese Angaben nicht mehr enthalten sein. Sie machen die Stellungnahmen nur unübersichtlich und wecken bei den Versicherten unberechtigte Erwartungen.

Fehlender Konsens über einen Dosisgrenzwert. Aus Sicht der Gutachter ist besonders zu beklagen, daß bei den verschiedenen Versicherungsträgern teilweise sehr unterschiedliche Dosisgrenzwerte gelten. Die Extreme reichen von 16 Hebevorgängen mit kritischem Lastgewicht bei der BGW bis zu einem Zeitanteil ausschließlich wirbelsäulenbelastender Tätigkeiten von einem Drittel der Schichtdauer bei den Bau-Berufsgenossenschaften. Für die BGW genügen schon 16 kurze Hübe im Sekundenbereich mit einer Gesamthebezeit von wenigen Minuten, um die arbeitstechnischen Voraussetzungen als erfüllt anzusehen. Je nach Arbeitgeber können Angehörige von Pflegeberufen auch bei anderen Trägern der gesetzlichen Unfallversicherung versichert sein. Daraus kann sich die kuriose Situation ergeben, daß bei einer vergleichbaren Belastung in der Krankenpflege, aber unterschiedlichen zuständigen Berufsgenossenschaften in einem Fall eine Berufskrankheit der Wirbelsäule anerkannt, im anderen Fall abgelehnt und wegen fehlender Erfüllung der arbeitstechnischen Voraussetzungen nicht einmal eine Begutachtung veranlaßt wird. Eine Hausfrau und Mutter von zwei Kindern dürfte bei ihrer Arbeit in Haushalt und Familie an einem Tag ebenfalls leicht 16 relevante Hebevorgänge erreichen. Es stellt sich aus Sicht der Autoren die Frage, ob dieser Grenzwert mangels Unterscheidbarkeit von alltäglichen Belastungen überhaupt noch haltbar ist. Im übrigen zeigen die je nach Versicherungsträger sehr unterschiedlich angesetzten Dosisgrenzwerte, wie wenig wir bisher überhaupt von den Zusammenhängen zwischen mechanischen Belastungen und degenerativen Wirbelsäulenerkrankungen wissen.

Konkurrierende Faktoren

Es ist unbestritten, daß degenerative Wirbelsäulenerkrankungen eine multifaktorielle Genese haben. Der Einfluß beruflicher Belastungen ist durch zahlreiche epidemiologische Studien belegt, ist aber nur eine von zahlreichen möglichen Ursachen. Aufgabe des Gutachters ist es, zu beurteilen und auch plausibel zu begründen, ob im Einzelfall zurückliegende berufliche Belastungen eine wesentliche Rolle für die Entstehung einer bandscheibenbedingten Erkrankung gespielt haben. Dies setzt voraus, daß möglichst alle berufsfremden Ursachenkomponenten erkannt und in ihrer Bedeutung richtig eingeschätzt werden.

Belastungen in der Freizeit können nach Art, Intensität und Häufigkeit den beruflichen ähnlich sein oder sie sogar übersteigen. Möglich sind Belastungen durch Nebentätigkeiten, Gartenarbeit, Haushaltsarbeit, Pflege kranker Angehöriger oder bestimmte Sportarten. Sie werden sich zwar selten exakt ermitteln lassen, treten aber nichtsdestoweniger in Konkurrenz zu den beruflichen Einflüssen. Auf diese offensichtlichen berufsfremden Faktoren soll hier auch gar nicht näher eingegangen werden.

Ebenfalls nur am Rande soll auf konkurrierende Faktoren eingegangen werden, die in anlagebedingten oder berufsunabhängig erworbenen anatomischen Veränderungen an der Wirbelsäule zu sehen sind, wie Skoliosen, Folgezuständen einer juvenilen Aufbaustörung, Wirbelgleiten oder Traumafolgen. Sie sind augenfällig, und es ist deshalb davon auszugehen, daß sie in einem Gutachten bei der Diskussion der Ursachenzusammenhänge berücksichtigt werden. Ob sie eine derart große Bedeutung haben, daß dagegen berufliche Einflüsse unbedeutend erscheinen, hängt von den konkreten individuellen Gegebenheiten ab und muß stets anhand des Einzelfalls und unter Würdigung des gesamten Krankheitsverlaufs beurteilt werden.

Schwerpunkt dieses Absatzes sollen vielmehr die weniger offensichtlichen, teilweise erst seit wenigen Jahren in ihrer Bedeutung erkannten und in vielen Gutachten bisher überhaupt nicht berücksichtigten berufsfremden Ursachenkomponenten sein. Die Bedeutung der im folgenden zu benennenden Faktoren ist allerdings teilweise wissenschaftlich noch nicht ausreichend geklärt. Insbesondere ist z. T. noch unklar, ob es sich um eigenständige oder nur um Kofaktoren anderer, möglicherweise noch nicht erkannter Phänomene handelt.

Die Einflüsse, die im folgenden diskutiert werden, sind:

- Sitzen,
- Autofahren,
- Zahl der Schwangerschaften,
- Übergewicht/Körpergröße,
- Stoffwechselstörungen,
- Zigarettenrauchen.

Allenfalls für den Faktor Sitzen kann eine bandscheibenschädigende Wirkung als allgemein bekannt angenommen werden.

Sitzen. Prolongiertes Sitzen und Bewegungsarmut beeinträchtigen die Nährstoffaufnahme der Bandscheiben durch Diffusion mit der Folge der Bandscheibendegeneration [2, 54]. Es gibt zwar epidemiologische Studien, in denen beispielsweise bei Büroangestellten kein erhöhtes Risiko bezüglich des Auftretens von Rückenbeschwerden bzw. Bandscheibenvorfällen festgestellt wurde [46]. Büroangestellte üben jedoch häufig eine relativ abwechslungsreiche Tätigkeit aus, in denen Sitzperioden immer wieder unterbrochen werden können. Bei Untersuchungen an wirklich fast ausschließlich im Sitzen Beschäftigten, beispielsweise an Bildschirmarbeitsplätzen, wurde dagegen sehr wohl eine Häufung von Rückenbeschwerden beobachtet [48] (Abb. 2).

Videman obduzierte 86 Leichen von Männern unter 64 Jahren, bei denen nachträglich von den Familienangehörigen eine genaue Arbeits- und Krankheitsanamnese erhoben werden konnte. Er wies darauf hin, daß für degenerative Veränderungen an der Wirbelsäule wie im übrigen auch für viele andere Phänomene in der Biologie keine lineare Abhängigkeit von exogenen Einflüssen gegeben sei, sondern eine J- oder U-förmige. Eine Bandscheibendegeneration wurde von ihm beinahe genauso häufig bei Männern mit einem Sitzberuf wie bei Männern mit schwerer körperlicher Arbeit gefunden. Osteophyten wurden dagegen bei Männern mit schwe-

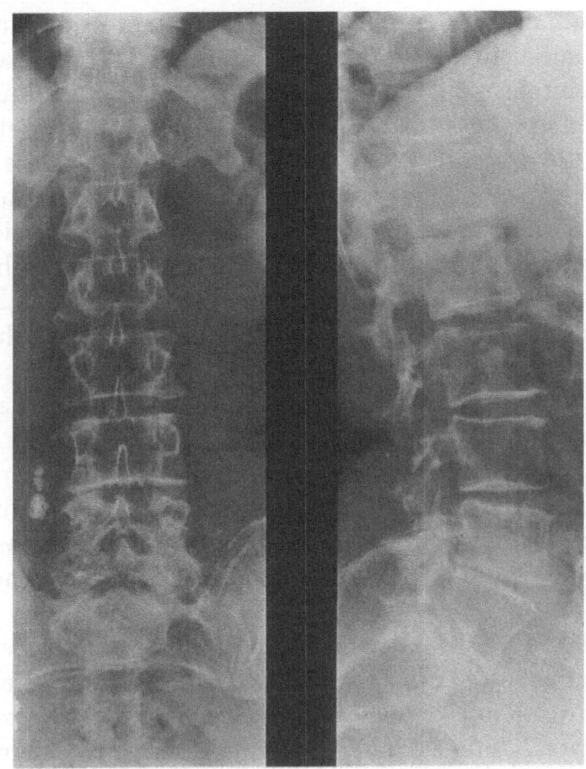

Abb. 2. LWS einer 57jährigen Frau, 4 Kinder; über 10jährige, ausschließlich sitzende Tätigkeit (visuelle Qualitätskontrolle in der Leiterplattenfertigung). Fortgeschrittene Osteochondrose L5/S1

rer körperlicher Arbeit deutlich häufiger gefunden als bei sitzend tätigen [54]. Schon Junghanns hatte im übrigen auf verschiedene Erscheinungsformen degenerativer Wirbelsäulenerkrankungen hingewiesen und eine differenziertere Betrachtung vorgeschlagen [30].

Ähnliche Schlüsse wie aus der Studie von Videman lassen sich aus den Ergebnissen von Evans ziehen. Er untersuchte die Prävalenz lumbaler Bandscheibendegeneration im MRT bei 38 Beschäftigten einer Firma mit einer überwiegenden Gehtätigkeit (mindestens 6 Meilen pro Tag) und 21 Beschäftigten desselben Unternehmens mit sitzender Tätigkeit (80 % Zeitanteil am Schreibtisch). Degenerative Bandscheibenveränderungen fanden sich generell am häufigsten bei L5/S1. Bemerkenswert sind die Ergebnisse der geschlechtsspezifischen Auswertung: Gehende weibliche Beschäftigte hatten in keinem Fall eine Degeneration der präsakralen Bandscheibe, dagegen sitzend beschäftigte Frauen in signifikant höherer Zahl. Bei den Männern wurde diesbezüglich keine statistisch signifikante Differenz gefunden [14].

Autofahren. Wenn hier vom Risikofaktor Autofahren gesprochen wird, ist damit nicht der Einfluß vertikaler Ganzkörperschwingungen im Sitzen gemeint. Es geht vielmehr um das Autofahren im normalen PKW auf Verkehrsstraßen. In den letzten 20 Jahren sind mehrere epidemiologische Studien veröffentlicht worden, in denen u. a. die Zusammenhänge zwischen regelmäßigem, längerem Autofahren und Rückenbeschwerden bzw. Bandscheibenvorfällen untersucht wurden. Alle diese Studien wiesen eine signifikante Häufung von lumbalen Rückenbeschwerden, teilweise auch von Bandscheibenvorfällen nach [4, 6, 15–17, 22, 24, 33, 34, 45, 55]. Die wesentliche schädigende Komponente beim Autofahren ist möglicherweise das bewegungsarme Sitzen über längere Zeit. Andererseits stellte Kelsey Abhängigkeiten von den gefahrenen Automarken bzw. vom Alter der Automodelle fest [34].

Sowohl für das Sitzen als auch für das Autofahren gilt, daß man auch in Ausübung seines Berufes bzw. auf den Wegen zur und von der Arbeitsstelle diesen Einflüssen unterliegen kann. Gleichwohl müssen sie bei der Begutachtung als berufsfremde, weil nicht versicherte Einflüsse gelten.

Zahl der Schwangerschaften. Lumbale Bandscheibenvorfälle treten bei Frauen am häufigsten bei L5/S1 auf. Isolierte Osteochondrosen bei L5/S1, teilweise mit keinen oder nur geringen Beschwerden verbunden, werden relativ häufig auch bei Frauen gesehen, die keine rückenbelastende Tätigkeit ausgeübt haben (Abb. 3). Auf eine geschlechtsspezifische Komponente sowie eine mögliche Abhängigkeit von der Zahl der Schwangerschaften wurde in der Literatur schon mehrfach hingewiesen. Diskutiert werden hormonelle Einflüsse während der Schwangerschaft. Der Einfluß der Zahl der Schwangerschaften bzw. der Zahl der Geburten auf die Häufigkeit von Rückenleiden wurde in mehreren epidemiologischen Studien der letzten Jahre untersucht, wobei jedoch eine signifikante Abhängigkeit nicht immer nachgewiesen wurde [15, 23, 32, 34, 41–43, 51, 53].

Übergewicht/Körpergröße. Wenn man davon ausgeht, daß regelmäßige Hebe- und Tragebelastungen bandscheibenbedingte Erkrankungen verursachen können, so müßte folgerichtig auch Übergewicht eine risikofördernde Wirkung haben, bedeutet es doch nichts anderes als eine – wenn auch eng am Körper, aber dafür ständig getragene – zusätzliche Last. Trotzdem konnten entsprechende Zusammenhänge epidemiologisch nicht immer nachgewiesen werden. Ähnliches gilt für die Körpergröße, wobei eine Risikoerhöhung offensichtlich eher für Männer als für Frauen anzunehmen ist [8, 9, 11, 18, 21, 24, 26, 34] (Abb. 4).

Wesentlich häufiger wird in der Literatur über eine Häufung von Kniegelenkarthrosen bei Übergewichtigen berichtet [25]. Der Nachweis solcher

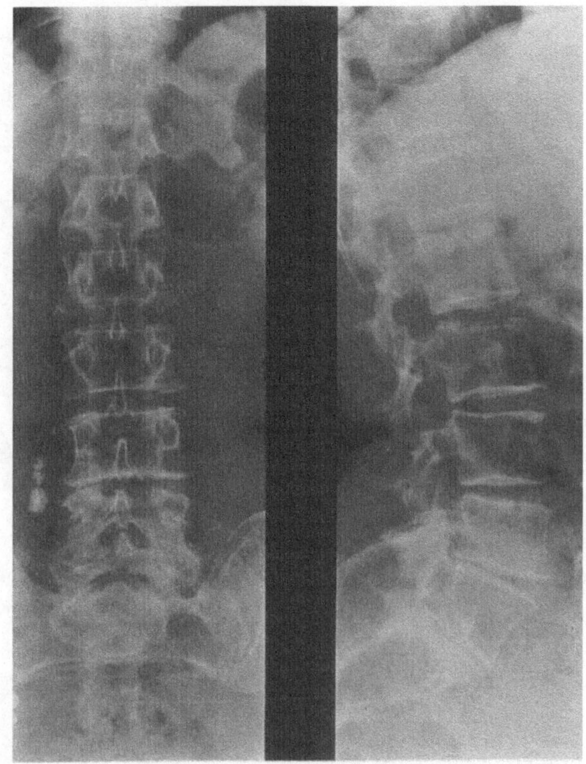

Abb. 3. LWS einer 38jährigen Frau, 3 Kinder, Raucherin, keine rückenbelastende Tätigkeit, stationäre Aufnahme wegen Kompressionsfraktur des 1. LWK. Nebenbefund: Osteochondrose L5/S1

Ursachen-Wirkungs-Beziehungen ist jedoch dadurch erschwert, daß gerade Übergewicht häufig mit anderen Faktoren kombiniert ist, denen ebenfalls eine arthrosefördernde Wirkung zugesprochen wird. Eine wissenschaftliche Klärung der Beziehungen zwischen Übergewicht und degenerativen Wirbelsäulenveränderungen erscheint um so bedeutsamer, als sich daraus gleichzeitig die Beantwortung der Frage ergeben könnte, inwieweit mechanische Faktoren dabei überhaupt eine Rolle spielen.

Stoffwechselstörungen. Die diffuse idiopathische Skeletthypertrophie (Syn.: Spondylosis hyperostotica bzw. M. Forestier) ist häufig assoziiert mit Stoffwechselstörungen, insbesondere dem Diabetes, aber auch mit Fettstoffwechselstörungen und Hyperurikämie (Abb. 5). Nach Angaben einiger Autoren soll es keine Rolle spielen, ob es sich um einen manifesten Diabetes mit Insulinabhängigkeit oder nur um eine subklinische Erkrankung mit pathologischem Glukosetoleranztest handelt. Ähnliches gilt bekanntlich auch für die diabetische Angiopathie.

Eigene Beobachtungen sprechen dafür, daß insbesondere Fettstoffwechselstörungen eine nicht unbedeutende Rolle spielen. Bei ausgeprägten degenerativen Wirbelsäulenveränderungen fallen nicht selten im LWS-

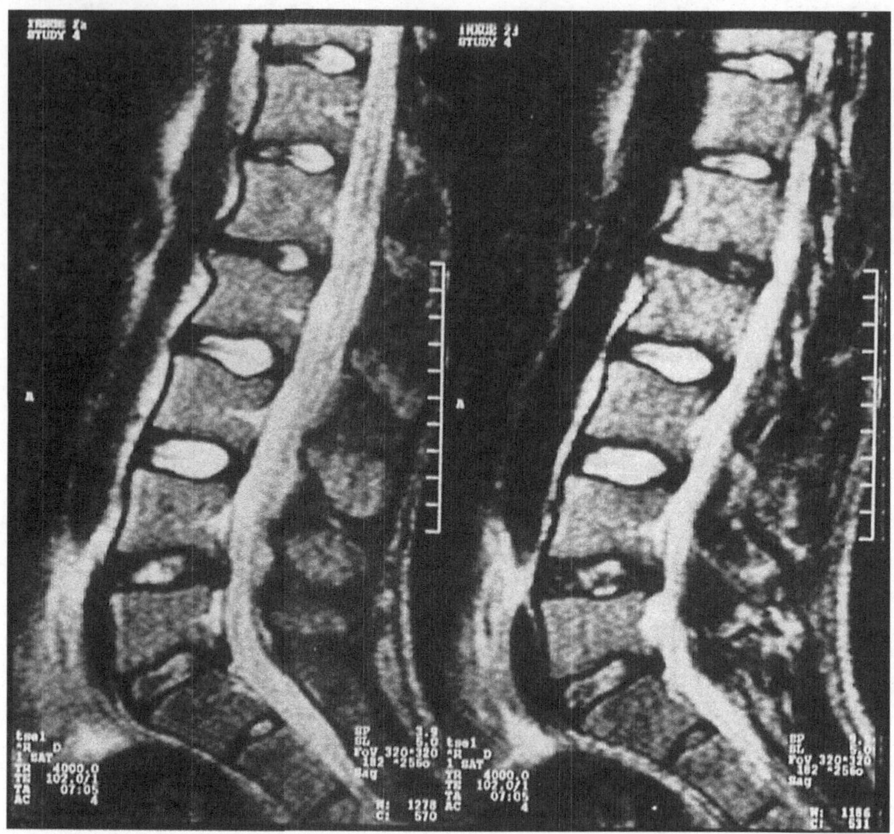

Abb. 4. MRT-Bilder eines 29jährigen Arztes, 204 cm groß, idealgewichtig. Dehydratation mehrerer Lendenbandscheiben und Bandscheibenprotrusionen bei L4/5 und L5/S1

Röntgenbild Gefäßverkalkungen auf. Laboruntersuchungen zeigen dann auch stets pathologische Lipidwerte (Abb. 6).

Ein Einfluß von Diabetes mellitus und Fettstoffwechselstörungen auf die Bandscheibendegeneration ließe sich pathophysiologisch durch die mit beiden Krankheitsbildern einhergehenden Gefäßveränderungen und Durchblutungsstörungen erklären, also durch eine chronische Unterversorgung der Bandscheiben mit Nährstoffen.

Zigarettenrauchen. Rauchen wird seit Jahrzehnten für eine Vielzahl von Erkrankungen mitverantwortlich gemacht. Daß es auch als ein bedeutender Risikofaktor für Wirbelsäulenbeschwerden und insbesondere die Bandscheibendegeneration gelten muß, ist allerdings erst seit einigen Jahren bekannt [13]. Erste Hinweise in der Literatur gab es Anfang der acht-

Abb. 5a,b. BWS und LWS eines 51jährigen Diabetikers mit Fettstoffwechselstörung. Breite, segmentüberbrückende Osteophyten an der BWS im Sinne einer diffusen idiopathischen Skeletthypertrophie (M. Forestier); ausgedehnte Kalkeinlagerungen in die Aortenwand auf dem LWS-Bild

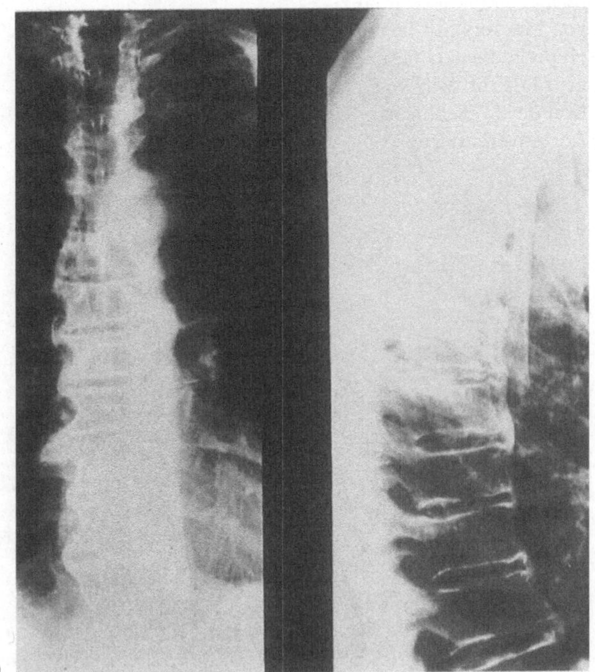

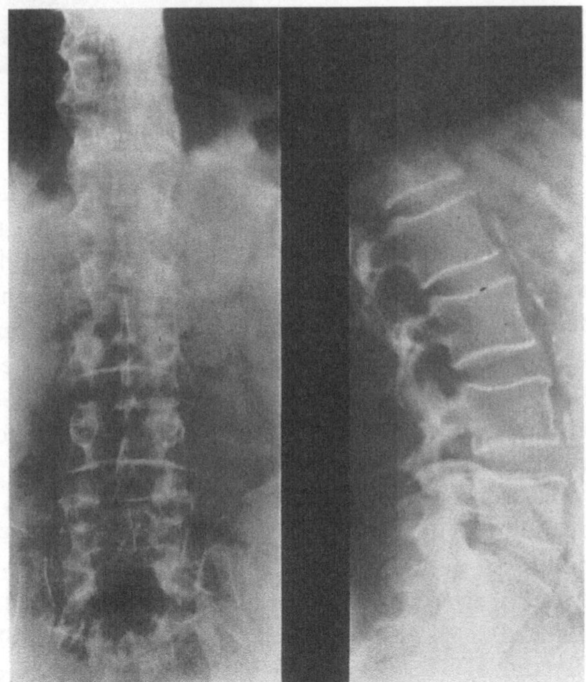

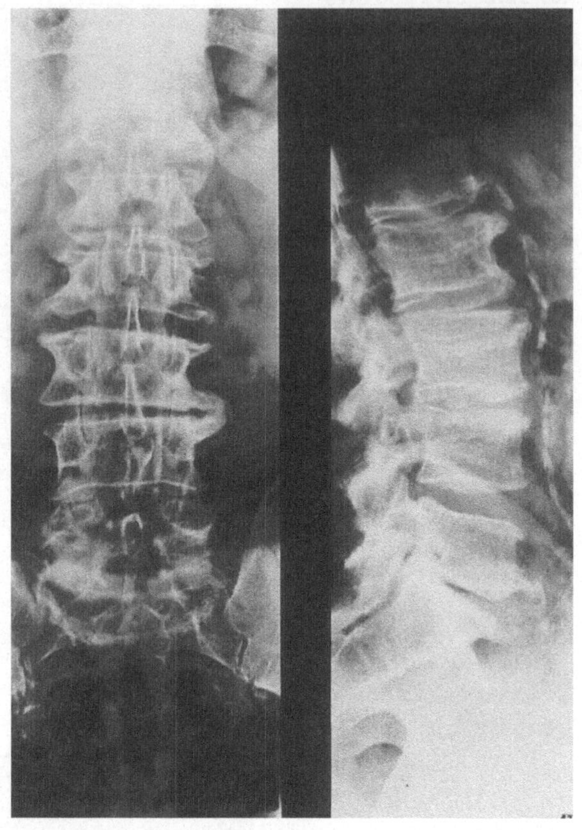

Abb. 6. LWS eines 56jährigen Maurers mit familiärer Hypercholesterinämie. Ausgeprägte diffuse Degeneration der LWS, langstreckige Aortenverkalkung

ziger Jahre. Inzwischen gibt es zahlreiche epidemiologische Studien, die u.a., teilweise auch ausschließlich diese Frage untersucht haben, außerdem einige experimentelle Untersuchungen, in denen direkt oder indirekt der Einfluß des Rauchens auf die Bandscheibendegeneration nachgewiesen wurde. Bemerkenswert ist, daß alle Autoren, die dieser Frage nachgegangen sind, auch entsprechende Zusammenhänge gefunden haben [1, 3, 5, 7, 10, 11, 15, 17, 20, 24, 28, 34, 37, 38, 44, 46, 47, 49, 50]. Lediglich für Pfeifen- und Zigarrenraucher scheint das Risiko nicht signifikant erhöht zu sein [35].

Es werden verschiedene Pathomechanismen diskutiert. Ob eine wiederholte Druckerhöhung in den Bandscheiben durch den bei Rauchern häufig zu beobachtenden chronischen Husten eine Rolle spielt, erscheint fraglich, weil sich die Erhöhung des relativen Risikos, einen Bandscheibenvorfall zu erleiden, auch auf die HWS bezieht. Teilweise wurde sogar für die HWS eine deutlichere Risikoerhöhung festgestellt als für die

LWS [1]. Es scheint sich also eher zum einen systemischen Effekt zu handeln. Eine wesentliche Rolle spielt dabei offensichtlich wiederum die nutritive Unterversorgung.

Auch experimentell läßt sich der negative Einfluß des Rauchens auf die Bandscheibenernährung belegen [19, 40]. Holm u. Nachemson wiesen im Tierexperiment nach, daß bei Inhalation von Zigarettenrauch die Nährstoffdiffusion an den Bandscheiben signifikant herabgesetzt wird [27]. Dies ist im wesentlichen durch die Vasokonstriktion von Transportgefäßen zu erklären. Als weitere Ursache wird die bei Rauchern anzutreffende Erhöhung der Blutviskosität diskutiert [12, 13, 39].

Als Ursachen einer bei Rauchern vermehrt anzutreffenden Bandscheibendegeneration kommen schließlich noch die Verringerung der fibrinolytischen Aktivität und Immunphänomene in Betracht [13, 29]. Auch die bei Rauchern häufiger zu beobachtende Osteoporose ist zumindest als ursächlicher Faktor von Rückenschmerzen zu berücksichtigen.

Das relative Risiko einer Bandscheibenerkrankung bei Rauchern wurde von An et al. mit 3,0 für die LWS und 3,9 für die HWS ermittelt. Es liegt damit beispielsweise deutlich über dem relativen Risiko eines lumbalen Bandscheibenvorfalles bei Angehörigen von Krankenpflegeberufen, das in der Regel mit knapp über 2 angegeben wird [11].

Kelsey schätzt, daß das Risiko, einen lumbalen Bandscheibenvorfall zu erleiden, pro 10 am Tag im Durchschnitt konsumierten Zigaretten um 20 % ansteigt [34].

Kombination mehrerer Risikofaktoren. Dem einen oder anderen der hier angesprochenen berufsfremden Faktoren mag jeweils für sich genommen nur eine nachrangige Bedeutung zukommen. Andererseits ist sehr häufig eine Kombination mehrerer Risikofaktoren zu beobachten. Deren Wirkungen dürften sich zumindest addieren, wenn nicht gar potenzieren. Deyo fand ein deutlich erhöhtes Risiko für einen lumbalen Bandscheibenvorfall bei der Kombination von Rauchen und Übergewicht [11] (Abb. 7).

Welche Teilfaktoren einer bandscheibenbedingten Erkrankung letztlich als wesentlich ursächlich und welche als unerheblich anzusehen sind, kann immer nur im Einzelfall nach sorgfältigem Abwägen aller Verursachungskomponenten und unter Berücksichtigung des gesamten Krankheitsverlaufs und der möglichst genau ermittelten Gesamtbelastungsdosis entschieden werden. Eine Zusammenhangsbeurteilung ist jedoch nur dann schlüssig und vollständig, wenn sie die oben angesprochenen berufsfremden Faktoren einbezieht. Insbesondere aus der nicht seltenen Kombination mehrerer dieser Faktoren kann sich eine erhebliche Gefährdung ergeben.

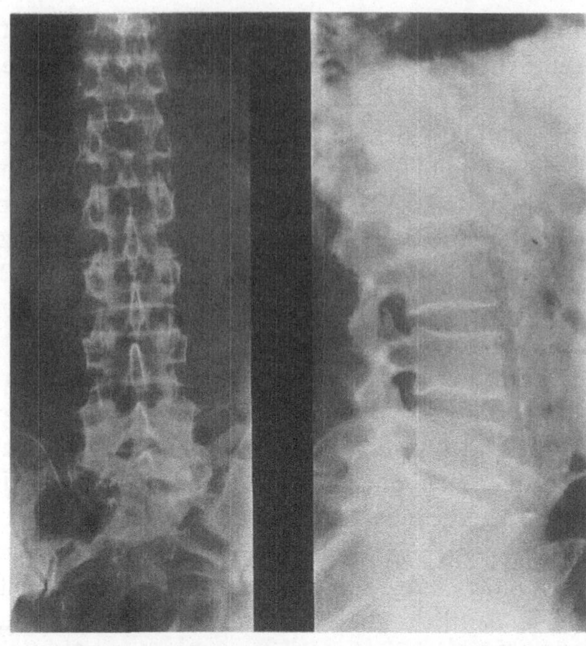

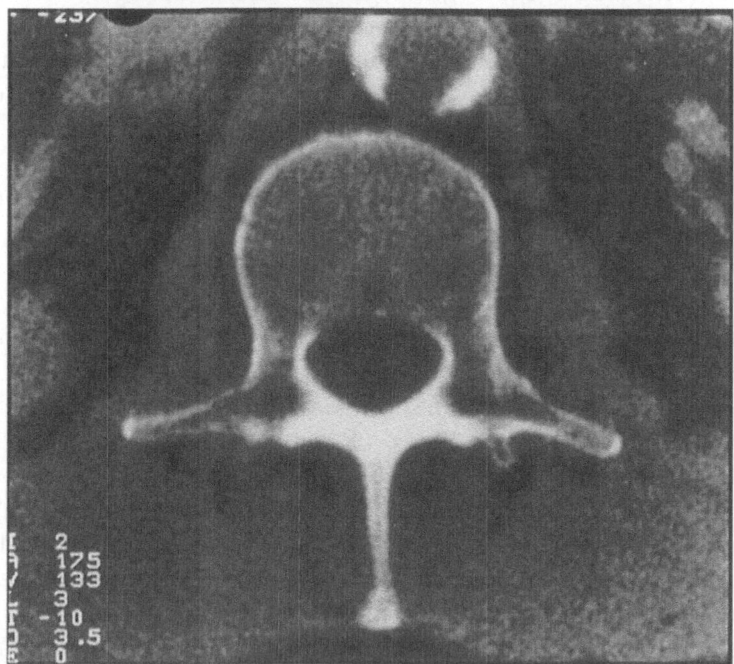

Abb. 7a, b. LWS eines 57jährigen Maurers mit arterieller Verschlußkrankheit (familiär gehäuft), ca. 30 kg Übergewicht, Nikotinabusus seit der Jugend. Monosegmentale Osteochondrose L5/S1, ausgedehnte Aortenverkalkung (a). CT-Schnitt mit Darstellung der Gefäßverkalkungen (b)

Zusammenfassung

Die knapp vierjährige Erfahrung in der Begutachtung der neuen Berufskrankheiten der Wirbelsäule an der Berufsgenossenschaftlichen Unfallklinik Duisburg-Buchholz läßt sich in folgenden drei Schwerpunkten zusammenfassen:

- Ein in zeitlicher und inhaltlicher Hinsicht vollständiges Vorerkrankungsverzeichnis ist unverzichtbar. Es lassen sich daraus zahlreiche Informationen gewinnen, die bisher in ihrer Bedeutung von vielen Verwaltungen und Gutachtern nur teilweise berücksichtigt werden.
- TAD-Stellungnahmen sind vom Gutachter kritisch zu würdigen. Nicht
  selten müssen ergänzende Ermittlungen oder Erläuterungen angefor-
  dert werden, wenn z. B. den Anforderungen an die notwendige Beweisführung nicht genügt wurde, die Daten zu ungenau oder nicht plausibel
  sind, oder wenn eine Differenzierung nach Zeitabschnitten fehlt.
- Bei der Zusammenhangsbeurteilung sind zahlreiche und v. a. auch sehr
  häufig anzutreffende mögliche konkurrierende Verursachungskomponenten zu berücksichtigen. Angaben zum Rauchverhalten, zu Auto-
  fahrgewohnheiten und zur Zahl der ausgetragenen Schwangerschaften
  bei Frauen dürfen in keinem dieser Gutachten fehlen. Außerdem sind
  durch Blutentnahme die wichtigsten Stoffwechselparameter zu be-
  stimmen.

Literatur

1. An HS, Silveri CP, Simpson JM, File P, Simmons C, Simeone FA, Balderston RA (1994)
   Comparison of smoking habits between patients with surgically confirmend herniated
   lumbar and cervical disc disease and controls. J Spinal Disord 7:369–373
2. Andersson GB (1981) Epidemiologic aspects of low-back pain in industry. Spine 6:53
3. Andersson GB (1992) Factors important in the genesis and prevention of occupational
   back pain and disability. J Manipul Physiol Ther 15:43–46
4. Backman AL (1983) Health survey of professional drivers. Scand J Work Environ
   Health 9:30–35
5. Battié MC, Videman T, Gill K, Moneta GB, Nyman R, Kaprio J, Koskenvuo M (1991)
   Smoking and lumbar intervertebral disc degeneration: an MRI study of identical twins.
   Spine 16:1015–1021
6. Biering-Sorensen F, Thomsen C (1986) Medical, social and occupational history as risk
   indicators for low-back trouble in a general population. Spine 11:720–725
7. Biering-Sorensen F, Thomsen C, Hilden J (1989) Risk indicators for low back trouble.
   Scand J Rehabil Med 21:151–157
8. Böstman OM (1993) Body mass index and height in patients requiring surgery for lumbar intervertebral disc herniation. Spine 18:851–854
9. Böstman OM (1994) Prevalence of obesity among patients admitted for elective orthopaedic surgery. Int J Obes 18:709–713

10. Cox JM, Trier KK (1987) Exercise and smoking habits in patients with and without low back and leg pain. J Manipul Physiol Ther 10:239–245
11. Deyo RA, Bass JE (1989) Lifestyle and low-back pain. The influence of smoking and obesity. Spine 14:501–506
12. Ernst E, Matrai A, Schölzl C, Magyarosy I (1987) Dose-effect relationship between smoking and blood rheology. Br J Haematol 65:485–487
13. Ernst E (1992) Rauchen ist ein Risikofaktor für Wirbelsäulenbeschwerden. Wien Klin Wochenschr 104:626–630
14. Evans W, Jobe W, Seibert C (1989) A cross-sectional prevalence study of lumbar disc degeneration in a working population. Spine 14:60–64
15. Frymoyer JW, Pope MH, Costanza MC, Rosen JC, Goggin JE, Wilder DG (1980) Epidemiologic studies of low-back pain. Spine 5:419–423
16. Frymoyer JW, Pope MH, Clements JH, Wilder DG, MacPherson B, Ashikaga T (1983) Risc factors in low-back pain. J Bone Joint Surg Am 65:213–218
17. Frymoyer JW 81992) Lumbar disk disease: epidemiology. Instr Course Lect 41:217–223
18. Gyntelberg F (1974) One Gyntelberg F (1974) One year incidence of low back pain among male residents of Copenhagen aged 40–59. Dan Med Bull 21:30–36
19. Hambly MF, Mooney V (1992) Effect of smoking and pulsed electromagnetic fields on intradiscal pH in rabbits. Spine 17:583–585
20. Hanley EN, Shapiro DE (1989) The development of low-back pain after excision of a lumbar disc. J Bone Joint Surg Am 71:719–721
21. Heliövaara M (1987) Body height, obesity and risk of herniated lumbar intervertebral disc. Spine 12:469–472
22. Heliövaara M (1987) Occupation and risk of herniated lumbar intervertebral disc or sciatica leading to hospitalisation. J Chronic Disc 40:259–264
23. Heliövaara M, Knekt P, Aromaa A (1987) Incidence and risk factors of herniated lumbar intervertebral disc or sciatica leading to hospitalisation. J Chronic Dis 40:251–258
24. Heliövaara M, Mäkelä M, Knekt P, Impivaara O, Aromaa A (1991) Determinants of sciatica and low-back pain. Spine 16:608–614
25. Hinz G, Pohl W (1977) Die Bedeutung des Körpergewichtes bei degenerativen Skeletterkrankungen. Z Orthop 115:12–20
26. Hirsch C, Jonsson B, Lewin T (1969) Low-back symptoms in a swedish female population. Clin Orthop 63:171–176
27. Holm St, Nachemson A (1988) Nutrition of the intervertebral disc: acute effects of cigarette smoking. Upsala J Med Sci 93:91–99
28. Järvinen P, Aho K (1994) Twin studies in rheumatic diseases. Semin Arthritis Rheum 24:19–28
29. Jayson MI, Keegan A, Million R, Tomlinson I (1984) A fibrinolytic defect in chronic back pain syndromes. Lancet 8413:1186–1187
30. Junghanns H (1979) Die Wirbelsäule in der Arbeitsmedizin. Teil II – Einflüsse der Berufsarbeit auf die Wirbelsäule. Hippokrates, Stuttgart
31. Kelsey JL (1975) An epidemiological study of the relationship between occupations and acute herniated lumbar intervertebral discs. Int J Epidemiol 4:197–205
32. Kelsey JL, Greenberg RA, Hardy RJ, Johnson MF (1975) Pregnancy and the syndrome of herniated lumbar intervertebral disc; an epidemiological study. Yale J Biol Med 48:361–368
33. Kelsey JL, Hardy RJ (1975) Driving of motor vehicles as a risk factor for acute herniated lumbar intervertebral disc. Am J Epidemiol 102:63–73
34. Kelsey JL, Githens PB, O'Connor T et al. (1984) Acute prolapsed lumbar intervertebral disc. An epidemiologic study with special reference to driving automobiles and cigarette smoking. Spine 9:608–613

35. Kelsey JL, Githens PB, Walter SD et al. (1984) An epidemiological study of acute prolapsed cervical intervertebral disc. J Bone Joint Surg Am 66:907–914
36. Kelsey JL, Githens PB, White AA 3d et al. (1984) An epidemiologic study of lifting and twisting on the job and rusk for acute prolapsed lumbar intervertebral disc. J Orthop Res 2:61–66
37. Leigh JP, Sheetz RM (1989) Prevalence of back pain among fulltime Unites States workers. Br J Ind Med 46:651–657
38. Manniche C, Asmussen KH, Vinterberg H, Rose-Hansen EB, Kramhöft J, Jordan A (1994) Analysis of preoperative prognostic factors in first-time surgery for lumbar disc herniation, including Finneson's and modified Spengler's score systems. Dan Med Bull 41:110–115
39. Mustard JF, Murphy EA (1963) Effect of smoking on blood coagulation and platelet survival in man. Br Med J 1:846–849
40. Ohshima H, Urban JPG (1992) The effect of Lactate and pH on Proteoglycan and Protein synthesis rates in the intervertebral disc. Spine 17:1079–1082
41. Ostgaard HC, Andersson GB, Karlsson K (1991) Prevalence of back pain in pregnancy. Spine 16:549–552
42. Ostgaard HC, Andersson GB (1992) Postpartum low-back pain. Spine 17:53–55
43. Ostgaard HC, Andersson GB, Schultz AB, Miller JA (1993) Influence of some biomechanical factors on low-back pain in pregnancy. Spine 18:61–65
44. Penttinen J (1987) Back pain and sciatica in Finish farmers. Helsinki Publication of the social Insurance Institution, Finland ML, p 71
45. Riihimäki H, Tola S, Videman JT, Hänninen K (1989) Low-back pain and occupation. A cross-sectional questionnaire study of men in machine operating, dynamic physical work, and sedentary work. Spine 14:204–209
46. Riihimkäki H, Viikari-Juntura E, Moneta GB, Kuha J, Videman T, Tola S (1994) Incidence of sciatic pain among men in machine operating, dynamic physical work, and sedentary work. Spine 19:138–142
47. Roncarati A, McMullen W (1988) Correlates of low back pain in a general population sample: a multidisciplinary perspective. J Manipul Physiol Ther 11:158–164
48. Rossignol AM, Morse EP, Summers VM (1987) Video display terminal use and reported health symptoms among Massachusetts clerical workers. J Occup Med 29:112
49. Ryden LA, Molgaar CA, Bobbit S, Conway J (1989) Occupational low-back injury in a hospital employee population. An epidemiologic analysis of multiple risk factors of a high-risk occupational group. Spine 14:315–329
50. Svensson HO, Vedin A, Wilhelmsson C, Andersson GB (1983) Low-back pain in relation to other diseases and cardiovascular risk factors. Spine 8:277–285
51. Svensson HO, Andersson GB, Hagstad A, Jansson PO (1990) The relationship of low-back pain to pregnancy and gynecologic factors. Spine 15:371–375
52. Uhl JE, Wilkinson WE, Wilkinson CS (1987) Occupational hazards in the work place. Back injuries among nursing personnel. Proceedings 22. International Congress on Occupational Health, Sydney, Australia
53. Videman T, Nurminen T, Tola S, Kuorinka I, Vanharanta H, Troup JDG (1984) Low-back pain in nurses and some loading factors of work. Spine 9:400–404
54. Videman T, Nurminen M, Troup JDG (1990) Lumbar spinal pathology in cadaveric material in relation of history of back pain, occupation, and physical loading. Spine 15:728–740
55. Walsh K, Varnes N, Osmond C (1989) Occupational causes of low-back pain. Scand J Work Environ Health 15:54

Welche Befunde sprechen für einen ursächlichen Zusammenhang beruflicher Belastung und Bandscheibenerkrankung

V. GROSSER, K. SEIDE und D. WOLTER

Einleitung

Bei der Beurteilung des Ursachenzusammenhangs sind der zeitliche Verlauf, die Belastungskonformität der bandscheibenbedingten Erkrankungen sowie die individuelle Veranlagung, dokumentiert durch degenerative Veränderungen an belastungsfernen Wirbelsäulenabschnitten, von grundlegender Bedeutung.

Bei speziellen konkurrierenden Ursachen wie

- skoliotischer Fehlhaltung der LWS,
- asymmetrischem lumbosakralem Übergangswirbel,
- M. Scheuermann,
- pathologischer Lordose der LWS,
- Spondylose/Spondylolisthesis,
- hypersegmentierter LWS,
- in Fehlstellung verheilten Wirbelfrakturen und Entzündungen sowie
- asymmetrischen Facettengelenken

sind jeweils besondere Kenntnisse über den natürlichen Krankheitsverlauf notwendig, um zu einer sachgerechten Abwägung zu kommen. Die Möglichkeit eines Zusammenwirkens zwischen anlagebedingten und beruflichen Faktoren ist zu bedenken, dies hat insbesondere bei der Spondylolisthesis Bedeutung [3]. Nähere Ausführungen zu den speziellen konkurrierenden Ursachen würden den Rahmen dieses Beitrages sprengen, es wird deshalb auf die Literatur verwiesen [1, 3, 8 – 12].

Zeitlicher Verlauf

Nach dem derzeitigen wissenschaftlichen Stand müssen die beruflichen Belastungen mindestens zehn Jahre einwirken, bevor es zu einer Häufung von bandscheibenbedingten Erkrankungen kommt.

Manifestiert sich eine gesicherte *bandscheibenbedingte* Erkrankung der LWS – abzugrenzen sind v.a. muskuläre Beschwerden, die in den ersten

Berufsjahren während der Gewöhnungsphase häufig sind – bereits vor Erreichen der Langjährigkeit, ergeben sich mehrere Konsequenzen:

- Der vor Ablauf von zehn Jahren eingetretene Schaden ist nicht berufsbedingt.
- Der weitere Verlauf in den primär betroffenen Segmenten ist in der Regel schicksalhaft.
- Aber auch für die primär *nicht* betroffenen Segmente ergeben sich Konsequenzen. Die vorzeitige Erstmanifestation dokumentiert, daß eine anlagebedingte Verschleißerkrankung der Bandscheiben vorliegt. Ein Fortschreiten der Erkrankung und ein Befall auch weiterer LWS-Segmente ist bereits im natürlichen Krankheitsverlauf zu erwarten. Ein wesentlicher zusätzlicher Einfluß fortgesetzter beruflicher Belastungen läßt sich in den meisten Fällen nicht erkennen.

In der Begutachtungspraxis ist daher eine spezielle Begründung erforderlich, wenn eine berufsbedingte Verschlimmerung angenommen und als wesentlich eingeschätzt wird.

Belastungskonformität

Nur beim Tragen von Lasten in aufrechter Körperhaltung sind die Kompressionskräfte in allen lumbalen Bandscheiben nahezu gleich. In Rumpfvorbeuge wird die untere LWS am stärksten belastet. Die Kompressionskräfte sind dort dann um bis zur Hälfte höher als in der oberen LWS [2].

Zusätzliche Belastungen entstehen durch verdrehte Haltungen des Rumpfes. Dabei ist zu berücksichtigen, daß die Wirbelgelenke der unteren beiden LWS-Segmente im Gegensatz zu den darüber gelegenen Segmenten weniger sagittal gestellt sind und deshalb einen geringeren Schutz gegen Torsionsbeanspruchungen bieten [9, 11].

Die Erfahrungen aus der Begutachtung haben in Übereinstimmung mit den Ergebnissen der Feldstudie von Hult (Abb. 1) bestätigt, daß die degenerativen Veränderungen mit dem eigentlichen Krankheitspotential, die Chondrosen, *unabhängig vom Beruf* in den unteren beiden Segmenten am häufigsten sind. Dabei ist zu betonen, daß nach Hult [5] die absolute Häufigkeit der berufsbedingten Chondrosen im Segment L5/S1 deutlich höher ist als in den darüber gelegenen LWS-Segmenten.

Je nach Art der Belastung sind jedoch Unterschiede festzustellen: Im Pflegeberuf ist der Befall überwiegend mono- oder bisegmental in den Segmenten L5/S1 und L4/L5. Bei Pflegekräften unter 50 Jahren sind Bandscheibenvorfälle die typische Manifestationsform. In den klassischen Schwerarbeiterberufen wird ein mehrsegmentaler Befall häufiger gese-

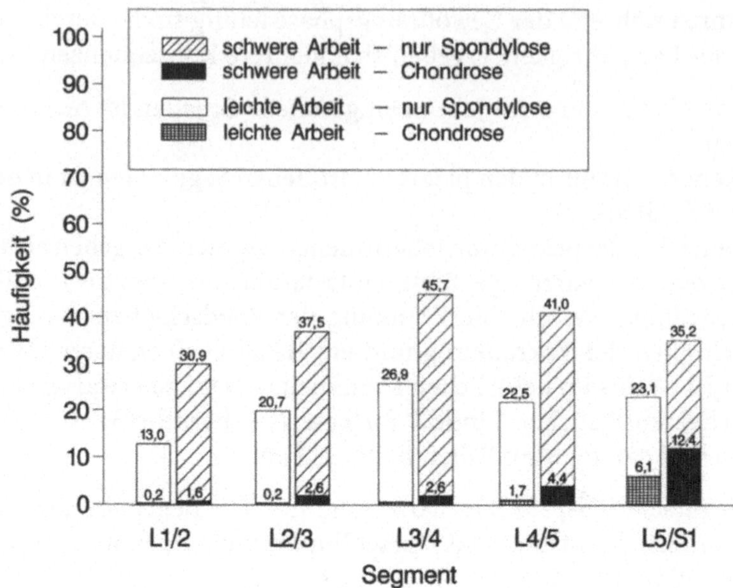

Abb. 1. Verteilungsmuster degenerativer LWS-Veränderungen in Abhängigkeit von der beruflichen Belastung. (Nach der Feldstudie von Hult 1954)

hen, wobei dies hauptsächlich durch berufsbedingte Spondylosen der mittleren und oberen LWS, z. T. aber auch durch mehrsegmentale Chondrosen bedingt ist [5]. Allerdings gibt es deutliche epidemiologische Hinweise, daß auch in den klassischen Schwerarbeiterberufen die Manifestationsform des Bandscheibenvorfalles nicht untypisch ist; so ist nach Heliövaara [4] das Risiko, wegen eines lumbalen Bandscheibenvorfalls stationär behandelt zu werden, in den Bauberufen auf das 2,3fache erhöht.

Bei monosegmentalem Befall hat der Kreuzbeinbasiswinkel einen signifikanten Einfluß darauf, ob die Erkrankung das Segment L4/5 oder das Segment L5/S1 betrifft. Ein flacher Kreuzbeinbasiswinkel begünstigt einen Befall des Segments L5/S1, ein steiler Kreuzbeinbasiswinkel des Segmentes L4/L5. Welches Segment zuerst betroffen ist, hängt also von der Orientierung der Bandscheibe im Raum ab. Dies weist auf die Bedeutung mechanischer Faktoren für die Entstehung monosegmentaler Erkrankungen hin.

Ein Bandscheibenschaden ist nichts Statisches, sondern er entwickelt sich im Laufe der Zeit. Unsere Untersuchungen bei Antragstellern aus dem Pflegebereich zeigen, daß die Häufigkeit der Mehrsegmentalität – definiert als Befall von mindestens drei Segmenten durch Chondrose, Vorfall oder Spondylose – mit dem Alter deutlich zunimmt (p = 0,0047).

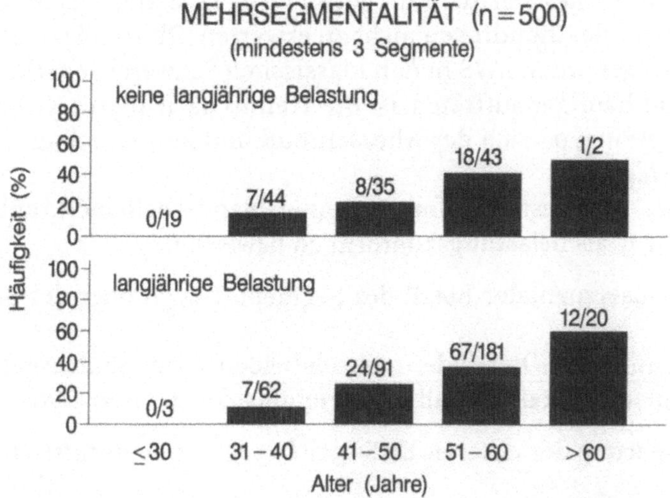

Abb. 2. Häufigkeit des mehrsegmentalen Befalls der LWS bei einem Begutachtungskollektiv aus dem Pflegeberuf in Abhängigkeit vom Alter und den beruflichen Belastungen

Dies gilt sowohl für die belastete als auch für die nicht belastete Gruppe (Abb. 2). Die Mehrsegmentalität kam dabei im wesentlichen durch Spondylosen der mittleren und oberen LWS zustande, während Chondrosen und Vorfälle überwiegend auf die unteren beiden LWS-Segmente beschränkt blieben.

Wenn wir Kriterien zur Belastungskonformität erarbeiten wollen, dürfen wir den Zeitfaktor nicht unberücksichtigt lassen. Die Abb. 3 stellt die Entwicklung des Schadensbildes an der LWS schematisch dar. Neben dem Alter und den beruflichen Belastungen ist auch die individuelle Veranlagung ein wichtiger Einflußfaktor. Ob bei der Begutachtung ein mono- oder mehrsegmentaler Befall festgestellt wird, hängt von allen diesen Faktoren und vom Zeitpunkt der Begutachtung ab. Wenn bei einer berufsbedingten LWS-Erkrankung die belastende Tätigkeit alsbald nach

Abb. 3. Schematische Darstellung der Entwicklung des Schadensbildes an der LWS

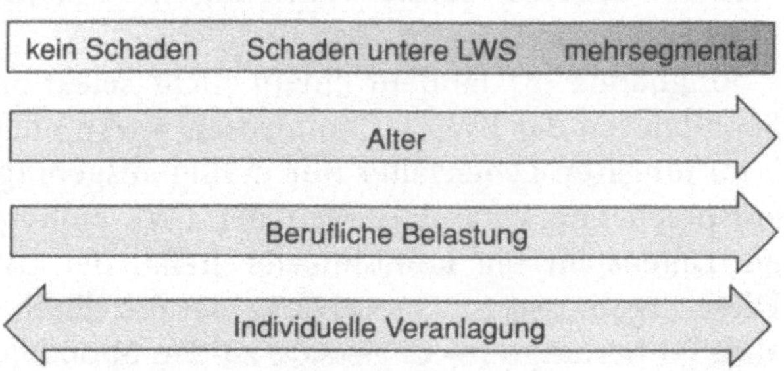

Manifestation eines Schadens an der unteren LWS aufgegeben wird, sind mehrsegmentale Chondrosen nicht zu erwarten. Obwohl Spondylosen im Bereich der gesamten LWS in den klassischen Schwerarbeiterberufen berufsbedingt häufiger auftreten, ist die Trennschärfe dieses Kriteriums im Einzelfall gering, da sich der Alterseinfluß und anlagebedingte Faktoren stark überlagern.

Folgende Manifestationsformen einer Bandscheibenerkrankung der LWS sind u. E. als belastungskonform zu bewerten:

- Ein monosegmentaler Befall des Segmentes L5/S1 oder des Segmentes L4/L5,
- ein bisegmentaler Befall der unteren beiden Wirbelsäulensegemente,
- ein mehrsegmentaler Befall mit Betonung der unteren LWS.

Eine Aussparung der unteren LWS spricht *gegen* eine Berufskrankheit.

Individuelle Veranlagung

Belastungskonformität ist jedoch nur eine Grundvoraussetzung für die Anerkennung eines Ursachenzusammenhanges. Wahrscheinlich ist ein Ursachenzusammenhang nur, wenn der Schaden an der LWS wesentlich über einen Befund hinausgeht, wie er im individuellen Fall auch ohne berufliche Belastungen zu erwarten gewesen wäre.

Es stellt sich hier die Frage, ob belastungsferne degenerative Veränderungen der Wirbelsäule eine starke individuelle Veranlagung zu einer Bandscheibenerkrankung erkennen lassen und welche Bedeutung diese Veranlagung im Vergleich zu den beruflichen Belastungen hat.

Hult [5] zeigte, daß in einem Normalkollektiv ohne schwere körperliche Arbeit die Häufigkeiten spondylotischer Veränderungen über alle Altersgruppen hinweg und die chondrotischer Veränderungen bis zur Mitte des 5. Lebensjahrzehnts in der HWS und LWS parallel verlaufen. Ab dem 45. Lebensjahr nimmt die Häufigkeit chondrotischer Veränderungen an der HWS schneller zu als an der LWS (Abb. 4). Kellgren u. Lawrence [7] kommen bei einer Stadtbevölkerung im Alter von 55 – 64 Jahren zu ähnlichen Ergebnissen.

Junghanns [6] fand in einem nicht selektionierten Sektionsgut, daß Spondylosen der BWS – Chondrosen waren nicht Gegenstand der Arbeit – im jüngeren Lebensalter nur mäßig ausgeprägt waren und meist ohne entsprechende Veränderungen der LWS einhergehen, während ab dem 40. Lebensjahr ein kombinierter Befall der BWS und LWS überwiegt. Diese Ergebnisse zur Spondylose werden durch die Untersuchungen von Hult [5] bestätigt. Im Gegensatz zu den Spondylosen sind nativröntgeno-

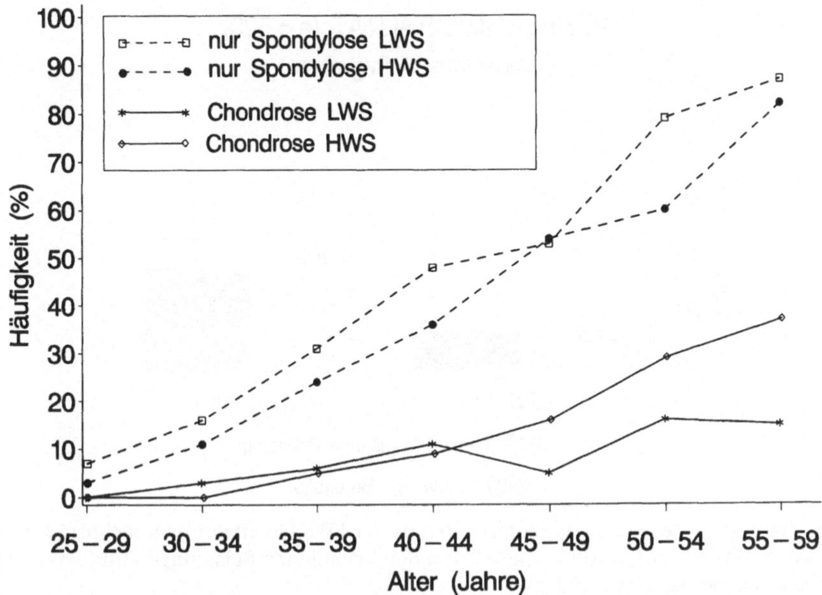

Abb. 4. Häufigkeit degenerativer Veränderungen der HWS und LWS in einem nicht selektierten Kollektiv ohne berufliche Belastung. (Nach Hult 1954)

logisch erkennbare Chondrosen der BWS selten, auch in der Altersgruppe von 55−59 Jahren wurden sie von Hult [5] nur in deutlich unter 10 % gesehen.

Wir haben in unserer Begutachtungspopulation aus dem Pflegebereich den Einfluß belastungsferner degenerativer Veränderungen auf die Häufigkeit der Mehrsegmentalität untersucht (Abb. 5).

Liegen weder degenerative Veränderungen der HWS oder der BWS vor, so ist der mehrsegmentale Befall der LWS insgesamt nicht häufig. Der Anteil mehrsegmentaler Veränderungen liegt in der beruflich belasteten Gruppe etwas höher. Statistisch handelt es sich hier jedoch nur um einen Trend (p = 0,1), Signifikanz wurde nicht erreicht.

Der Anteil mehrsegmentaler LWS-Veränderungen steigt erheblich, wenn belastungsferne Wirbelsäulenabschnitte befallen sind. Dies entspricht einer deutlichen Linksverschiebung. Dieser Einfluß ist in der alters- und skoliosekorrigierten logistischen Regressionsanalyse statistisch signifikant, unabhängig davon, ob HWS und BWS zusammen (p = 0,002), HWS allein (p = 0,019) oder BWS allein (0,01) betroffen waren. Ein zusätzlicher Effekt der beruflichen Belastungen war in der Gruppe mit degenerativen Veränderungen der HWS oder der BWS nicht erkennbar.

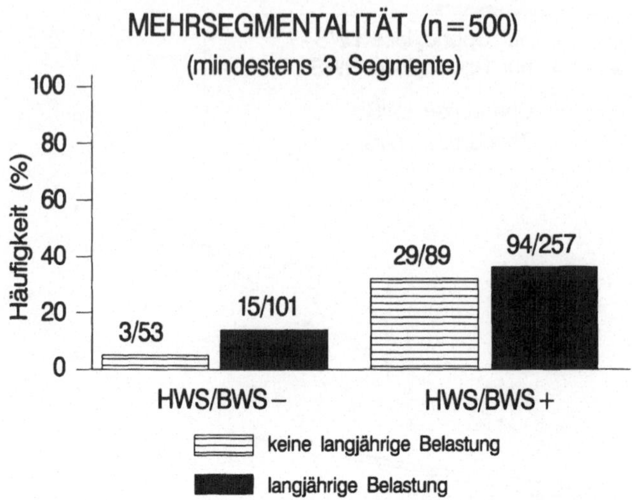

Abb. 5. Häufigkeit des mehrsegmentalen Befalls der LWS bei einem Begutachtungskollektiv aus dem Pflegeberuf in Abhängigkeit von den beruflichen Belastungen und vom Degenerationszustand der HWS und BWS

Schlußfolgerung

Für die Begutachtungspraxis ergeben sich u. E. folgende Schlußfolgerungen:

– Für die Begutachtung sind Nativröntgenbilder der gesamten Wirbelsäule – nicht nur der LWS – erforderlich.
– Durch degenerative Veränderungen belastungsferner Wirbelsäulenabschnitte dokumentiert sich eine eigenständige Bandscheibenerkrankung innerer Ursache, die sich auch an der LWS auswirkt und als wesentlicher konkurrierender Ursachenfaktor zu bewerten ist. Belastungsfern sind die HWS und die BWS. Degenerative Veränderungen der HWS bzw. BWS sprechen nicht gegen eine Berufskrankheit, wenn Belastungen im Sinne der BK 2109 (!) vorliegen oder wenn es sich um einen Mitbefall der unteren BWS als Fortsetzung eines mehrsegmentalen Schadens der LWS handelt.
– Degenerative Veränderungen der HWS, die ähnlich oder gar stärker als an der LWS ausgeprägt sind, schließen es in der Altersgruppe bis Mitte 40 weitgehend aus, einen rechtlich wesentlichen Ursachenzusammenhang mit den beruflichen Belastungen als wahrscheinlich anzuerkennen. Mäßige spondylotische Veränderungen der BWS haben in dieser Altersgruppe keinen wesentlichen Einfluß auf das Ergebnis der Begut-

achtung, nativröntgenologisch erkennbare Chondrosen der BWS sprechen gegen einen Ursachenzusammenhang.

- Bei älteren Antragstellern kann trotz gleichartig ausgeprägter degenerativer Veränderungen an HWS und LWS eine rechtlich wesentliche Teilursächlichkeit der beruflichen Belastungen diskutiert werden, wenn die beruflichen Belastungen *besonders* langjährig und intensiv waren. Lediglich erfüllte arbeitstechnische Voraussetzungen sind bei dieser Konstellation nicht ausreichend. Degenerative Veränderungen der HWS, welche stärker ausgeprägt sind als an der LWS, oder ein Mitbefall der BWS sprechen auch bei beruflich stark belasteten Antragstellern dagegen, daß sich die beruflichen Belastungen wesentlich ausgewirkt haben.

- Schwierig ist die Frage, wie ein klinisch relevanter lumbaler Bandscheibenvorfall – gemeint ist hier nicht der kleine Bandscheibenvorfall als „Zufallsbefund" im CT oder MRT – im Vergleich zu nativröntgenologisch dargestellten degenerativen Veränderungen der HWS oder BWS zu bewerten ist. Bei der Abwägung können die folgenden beiden Gesichtspunkte hilfreich sein: Wie weit war der allgemeine degenerative Prozeß zum Zeitpunkt des Vorfalls bereits fortgeschritten? Hat das Vorfallereignis das Krankheitsgeschehen auf Dauer oder nur vorübergehend beeinflußt?

Literatur

1. Brocher JEW (1973) Die Prognose der Wirbelsäulenleiden, 2. Aufl. Thieme, Stuttgart
2. Deuretzbacher G, Rheder U (1995) Ein CA-basierter Zugang zur dynamishen Ganzkörpermodellierung – Die Kräfte in der lumbalen Wirbelsäule beim asymetrischen Heben. Biomed Technik 40:93
3. Grosser V, Seide K, Schilling R, Wolter D (1996) Die Bedeutung der isthmischen Spondylolisthesis in der Begutachtung der Berufskrankheit der Lendenwirbelsäule. Unfallchirurg 99:470–476
4. Heliövaara M (1987) Occupation and risk of herniated lumbar intervertebral disc or sciatica leading to hospitalization. J Chron Dis 40 (3):259–264
5. Hult L (1954) Cervical, dorsal and lumbar spinal syndromes, a field investigation of a non-selected material of 1200 workers in different occupations with special reference to disc degeneration and so-called muscular rheumatism. Acta Orthop Scand Suppl 17:1–120
6. Junghanns H (1931) Altersveränderungen der menschlichen Wirbelsäule (mit besonderer Berücksichtigung der Röntgenbefunde). III. Häufigkeit und anatomisches Bild der Spondylosis deformans. Arch Klin Chir 166:120–135
7. Kellgren JH, Lawrence JS (1958) Osteo-arthrosis and disc degeneration in an urban population. Ann Rheum Dis 17:388–397
8. Krämer J (1994) Bandscheibenbedingte Erkrankungen. Ursache, Diganose, Behandlung, Vorbeugung, Begutachtung, 3. Aufl. Thieme, Stuttgart

9. Niethard FU (1981) Die Form-Funktionsproblematik des lumbosakralen Übergangs. Eine morphologische, experimentelle und röntgenologisch-klinische Studie. In: Junghanns H (Hrsg) Die Wirbelsäule in Forschung und Praxis, Bd 90. Hippokrates, Stuttgart, S 1–82
10. Rompe G, Pfeil J (1990) Fragen zur Begutachtung der isthmischen Spondylolisthesis. In: Matzen A (Hrsg) Wirbelsäulenchirurgie Spondylolisthesis Symposium Augsburg. Thieme, Stuttgart, S 21–28
11. Wiltse L (1971) The effect of the common anomalies of the lumbar spine upon disc degeneration and low back pain. Orthop Clin North Am 2:569
12. Wischnewski W, Pfeiffer A (1996) Der Morbus Scheuermann als Prädisposition einer späteren Wirbelsäulenerkrankung und sein Einfluß auf die Begutachtung im Berufskrankheitenverfahren. Versicherungsmedizin 4:126–128

Kapitel 30

Zeichnet sich aus meiner Sicht in der Begutachtungspraxis ein Wandel ab?

E. Ludolph

Die höchstrichterliche Rechtsprechung und „ihre" Fachleute

Der französische Ministerpräsident Pompidou hat nach den Maiunruhen in Paris folgendes Fazit gezogen: Es gäbe drei Wege zum Ruin: Frauen, Spiel und der Rat von Fachleuten. Der Ratsuchende ist dem sog. Fachmann ausgeliefert, zumal wenn dieser seine Meinung nicht streng auf Tatsachen gründet oder seine Kompetenz überschreitet. Fachmann kommt von „Fach" und bedeutet im Deutschen auch Schublade. Das Fach beinhaltet also Sachverstand und Begrenzung. Beide Bedeutungen des Wortes „Fach" treffen auf den ärztlichen Sachverständigen zu. Qualitätsmerkmale ärztlicher Gutachten sind fundierte Tatsachen und die Begrenzung auf medizinisch-naturwissenschaftliche Fragen.

Wohin der Rat von Fachleuten führen kann, zeigt die höchstrichterliche Rechtsprechung zu den Berufskrankheiten „Wirbelsäule". Nicht von ungefähr steht im Mittelpunkt die Frage, ob Veränderungen isoliert im Bereich der beiden unteren Segmente der LWS einen Zusammenhang mit wirbelsäulenbelastender Exposition anzeigen. Mir sind Entscheidungen von sechs Landessozialgerichten mit vier Meinungen bekannt. Jede der vorliegenden Entscheidungen folgt „ihrem" Sachverständigen. Vier Landessozialgerichte stellen zum sog. monosegmentalen Schadensbild auf die Verlaufs- und Belastungskonformität ab. Drei Entscheidungen verneinen einen Belastungszusammenhang dieses Schadensbildes, eine bejaht ihn. Die fünfte Entscheidung erkennt das Problem nicht, und die sechste arbeitet mit Beweiserleichterungen. Entschädigungsleistungen bei einem sog. monosegmentalen Bandscheibenschaden hängen z. Z. von der regionalen Zuständigkeit der Landessozialgerichte ab.

Kein ärztlicher Sachverständiger hat bisher zur Berufskrankheit „Wirbelsäule" den Stein der Weisen gefunden. Es gibt aber eine Reihe sehr ernst zu nehmender Argumente, die sich durch den Fortschritt der Diskussion vertieft, geklärt und verbessert haben. Alle diejenigen, die sich der öffentlichen und kontroversen Aufarbeitung der durch die Berufskrankheit „Wirbelsäule" aktualisierten Fragen gestellt haben, haben viele ihrer

Anfangsargumente relativiert bzw. anders gewichtet. Man versteht sich besser. Einzelne haben auch die Seiten gewechselt. Eine prinzipiell sachliche Annäherung kann ich aber nicht erkennen, insbesondere keinen „Wandel" der Begutachtungspraxis.

Der Konsens z. B., daß jede „bandscheibenbedingte Erkrankung" *möglicherweise* belastungsinduziert ist, wie er vielfach als Fortschritt zitiert wird, ist weder naturwissenschaftlich-medizinisch noch sozialrechtlich eine geläuterte Erkenntnis. Bei einem Schadensbild im Bereich des Achsenorgans, dessen Ursachen man letztlich nicht kennt, ist ein Belastungszusammenhang stets möglich. Dies war nie streitig. Diese Aussage reicht aber nicht aus, weil der Belastungszusammenhang nach den bisher gültigen sozialrechtlichen Vorgaben *wahrscheinlich* sein muß. Dieser in Gutachten viel zitierte und mißbrauchte Konsens ist eine Luftblase. Die Gutachten in ihrer Allgemeinheit haben sich bisher nicht gewandelt. Bei einer Berufskrankheit, deren Kodifizierung nicht allein medizinische Gründe hatte, sondern vom politischen Schub des Einigungsvertrages getragen wurde, war kaum zu erwarten, daß die Medizin eine tragfähige und konsensfähige Basis nachreicht – zumal alle orthopädisch-chirurgischen Berufskrankheiten den gesetzlich fixierten Anforderungen an die Kausalität (§ 551 RVO, § 9 SGB VII) nicht entsprechen können.

Sozialpolitik/Sozialrecht contra Medizin?

Eine einfache Lebensweisheit heißt: „Schuster bleib bei deinem Leisten". Wenn Sozialrechtler und Mediziner jeweils in ihrem *Fach* blieben, wäre ein wesentlicher Schritt zum „Wandel" getan.

Zur Umsetzung der Berufskrankheiten „Wirbelsäule" gibt es grundsätzlich zwei Argumentationsebenen:

- die medizinisch-naturwissenschaftliche und
- die sozialrechtliche.

Zu meinem Fachgebiet gehört allein die medizinisch-naturwissenschaftliche Argumentation. Die beiden Argumentationsschienen sind kein Gegensatz. Sie verhalten sich zueinander wie das Fundament zu seinem Überbau. Die sozialrechtlich – wertende – Argumentation überzeugt nur, wenn ihr medizinisch-naturwissenschaftliches Fundament stimmt. Die medizinisch-naturwissenschaftliche Argumentation hat sozialrechtlich wertende Entscheidungen umzusetzen. Sie hat sich also nach dem Überbau, den sie tragen soll, zu richten.

Die Grenzen sozialrechtlicher und medizinischer Kompetenz darf ich anhand des versicherten Merkmals „langjährig" darstellen. Was „langjährig" heißt, ergibt sich nicht aus dem Verordnungstext. Man kann den Wortlaut durchaus dahingehend interpretieren, daß „langjährig" z. B. sieben Jahre sind. Das ist grundsätzlich ein sozialrechtliches Problem. Wird der Mediziner gefragt, wie langjährig zu verstehen ist, so ist sein Orientierungspunkt die medizinisch-naturwissenschaftliche Finalität dieses Merkmals. Der Zweck des versicherten Merkmals „langjährig" ist es, Belastungszeiten zu erfassen, die generell geeignet sind, das Risiko struktureller Veränderungen im Bereich der Bandscheiben zu erhöhen. Welche Expositionsdauer nach den vorliegenden Erfahrungen das Risiko struktureller Veränderungen im Bereich der Bandscheiben erhöht, ist eine rein medizinische Frage. Erfahrungen z. B. der ehemaligen DDR, der Schweiz und zahlreiche andere Quellen gehen von einer Expositionszeit von 20 Jahren und mehr aus. Diese Information schuldet der Mediziner. Wenn der Sozialrechtler – wie geschehen – dies zum Anlaß nimmt, die Verordnungstreue des Mediziners anzuzweifeln, begibt er sich – um im Bild zu bleiben – in den Keller. Es bleibt ihm jedoch unbenommen, unter Berücksichtigung des medizinisch-naturwissenschaftlichen Arguments das versicherte Merkmal „langjährig" unter Berücksichtigung wertender sozialrechtlicher Überlegungen anders zu interpretieren. Dies hat der Mediziner zu respektieren.

Umgekehrt versteigt sich der ärztliche Gutachter in ihm verschlossene Höhen, wenn er argumentiert, es blieben nur wenige Fälle übrig, wenn man den Belastungszusammenhang des sog. monosegmentalen Schadensbildes als nicht wahrscheinlich ansehe. Die sozialpolitische Bedeutung einer Verordnung geht den ärztlichen Gutachter nichts an.

Diese Grenzüberschreitungen sind außerordentlich häufig. Der Rückgriff auf fremde Federn macht skeptisch gegenüber der Wertigkeit der medizinisch-naturwissenschaftlichen Argumentation.

Die „Fundamente" höchstrichterlicher Entscheidungen

Die Frage nach einem „Wandel" ist die Aufforderung, Bilanz zu ziehen. Dazu bieten sich die naturwissenschaftlich-medizinischen Überlegungen an, die sich in der Rechtsprechung niedergeschlagen haben. Es fragt sich, ob die dort erkennbaren Fundamente die darauf aufbauenden wertenden Entscheidungen tragen.

Wenn das Landessozialgericht Nordrhein-Westfalen z. B. argumentiert, es entspräche den Regeln der Logik, daß ein Schadensbild, das im Bevölkerungsquerschnitt weit verbreitet sei, *erst recht* belastungsinduziert verbreitet sei, dann ist das Wortspiel zwar verlockend. Das Argument führt aber in die Irre. Voraussetzung wäre, daß der menschliche Körper eine Fehlkonstruktion wäre, die sich bei bestimmungsgemäßem Gebrauch selbst zerstören würde. Medizinisch-naturwissenschaftlich ist es genau umgekehrt. Die Wirbelsäule und insbesondere die Bandscheiben „leben" von physiologischer Bewegung und Belastung. Dem entspricht dann auch die genau umgekehrte Logik. Je stärker die Verbreitung eines Krankheitsbildes im Bevölkerungsquerschnitt ist, um so geringer ist der – belastungsinduzierte – Ursachenanteil der versicherten Exposition für dieses konkrete Schadensbild. Ausfluß dieser medizinisch-naturwissenschaftlichen Überlegung ist z. B. die Umsetzung des Berufskrankheitenrechts in der Schweiz (Art. 9, Abs. 2 der Verordnung über die Unfallversicherung). Danach setzt eine berufsbedingte Verursachung voraus, daß das Erkrankungsrisiko der exponierten gegenüber der nicht exponierten Bevölkerung 4:1 betragen muß. Bei Krankheitsbildern, die sich bei über 25 % der Bevölkerung finden, ist eine Anerkennung als Berufskrankheit ausgeschlossen. Diese Spruchpraxis zieht die Konsequenz aus der Erkenntnis, daß die Belastungsabhängigkeit umgekehrt proportional zu Verbreitung einer Krankheit ist.

Nachfolgende – anatomisch-funktionelle – Überlegung des LSG Nordrhein-Westfalen baut ebenfalls nicht auf Fels. Das Heben einer Last von nur 10 kg könne im Bereich des untersten Segmentes der LWS (L5/S1) schon mit einem dramatischen Druckanstieg von 61 kg auf 727 kg verbunden sein. Deshalb sei es überzeugend, daß gerade die unteren Segmente belastungsinduziert verändert seien. Vielleicht sollten derartig einfache Argumente von vornherein skeptisch machen. Wenn das ein tragfähiges Fundament wäre, müßte es seit langem in die öffentliche Diskussion Eingang gefunden haben:

- Die Zahlen – 61 kg zu 727 kg – sind in dem zur Diskussion stehenden Kontext bereits falsch. Sie berücksichtigen nicht die muskuläre Entlastung der LWS.
- Die Überlegung selbst entspricht nicht der Fragestellung. Denn es geht nicht um den absoluten Belastungsanstieg in einem Segment, sondern um das Belastungsgefälle von der oberen zur unteren LWS.
- Die Überlegung vernachlässigt den Bauplan der LWS und das bestimmungsgemäße Belastungsgefälle. Daß die Überlegung zum Zusammenhang zwischen der physikalischen Mehrbelastung und Bandscheibenschäden im Bereich der beiden unteren Segmente der LWS falsch ist, zeigt sich bei der Diskussion der BK 2110. Bei weitestgehend gleichartiger Belastung aller Segmente der LWS durch Ganzkörperschwingungen im Sitzen und abnehmender Belastbarkeit der LWS vom untersten zum obersten Segment müßte – unter Beachtung des anatomisch-funktionellen Aufbaus der LWS – das oberste Segment „erst recht" gefährdet/verändert sein.

Die konkurrierende Kausalität und ihr Fundament

Die Anhänger der Belastungsinduziertheit des sog. monosegmentalen Schadensbildes argumentieren mit der *konkurrierenden* Kausalität. Das medizinisch-naturwissenschaftliche Fundament dieses Rechtsbegriffes bedeutet, daß zwei Ursachen zur Erreichung eines Erfolgs um die Wette laufen (concurrere: zusammenlaufen, um die Wette laufen). Die Theorie von der konkurrierenden Kausalität hat ihren – medizinisch-naturwissenschaftlich begründeten – Ursprung im Bereich der toxisch- und chemischbedingten Berufskrankheiten. Denn Nikotin und die Lunge angreifende Dämpfe z. B. konkurrieren bei der Verursachung einer krankhaften Veränderung der Luftwege. Jede Noxe für sich bedeutet ein Gesundheitsrisiko. Die gesundheitsschädlichen Auswirkungen beider „Gifte" addieren sich, wenn sie sich nicht sogar potenzieren. Die Theorie der konkurrierenden Kausalität ist der sozialrechtliche Überbau der sog. Dosistheorie. Diese paßt nicht auf die orthopädisch-chirurgischen Berufskrankheiten und erst recht nicht auf die Berufskrankheiten „Wirbelsäule". Die Entscheidungen, die mit der konkurrierenden Kausalität argumentieren, unterstellen, daß die sog. normale Bewegung und Belastung die Ursache für die weite Verbreitung bandscheibenbedingter Erkrankungen im Bereich der unteren Segmente der HWS und der LWS sei. Die als wirbelsäulenbelastend versicherte Exposition komme zu dieser hinzu und schädige erst recht. Der gleiche Gedankengang liegt der These zugrunde, sog. monosegmentale Schadensbilder seien Anfangsbefunde eines belastungsinduzierten Schadensbildes und der darauf aufbauenden Aussage, ein sog. monosegmentales Schadensbild werde jedenfalls belastungsinduziert „verschlimmert". Wenn man sich erinnert, daß bis zur Kodifizierung der Berufskrankheiten „Wirbelsäule" es gemeinsamer Standard war, daß sog. normale Bewegung und Belastung nicht nur „gesund", sondern unverzichtbarer Bestandteil jeder präventiven Maßnahme waren, dann können diese Thesen nicht stimmen. Die wohltuende Wirkung trainierter Belastung auf eine anlagebedingt minderbelastbare Wirbelsäule zeigen Verlaufsbeobachtungen bei Leistungssportlern und Schwerarbeitern auf, die zu der Aussage geführt haben, daß Schwerarbeit vor Rückenbeschwerden „schützt".

Es soll nicht verschwiegen werden, daß die Ursachen für die weite Verbreitung des sog. monosegmentalen Bandscheibenschadens nicht gesichert sind. Insbesondere können keine Alternativen benannt werden. Der These, „bandscheibenbedingte Erkrankungen" isoliert der beiden unteren Segmente der LWS seien belastungsinduziert, können also auch nur Thesen entgegengestellt werden. Als pathophysiologische Alternativursachen werden benannt z. B. Bewegungsarmut – auch im Kindes- und Jugend-

alter –, Nikotinmißbrauch sowie Folge- bzw. Begleiterkrankungen/-veränderungen bei Übergewicht (Stoffwechselstörungen). Gegen die sog. normale Belastung als Anfangsdosis, die Dosistheorie, die Theorie von der
konkurrierenden Kausalität und der belastungsinduzierten „Verschlimmerung" sprechen nicht nur die bisher unstreitigen Grundlagen präventiver Überlegungen – die Wirbelsäule lebt von der Bewegung und Belastung –, sondern auch die großen Bevölkerungsstatistiken, anatomischfunktionelle und physikalische Überlegungen sowie eine mittlerweile
deutlich angewachsene Zahl von Verlaufsbeobachtungen.

Das Fundament für die sozialrechtliche These, die als wirbelsäulenbelastend versicherte Exposition sei neben normaler Belastung eine konkurrierende Ursache für ein sog. monosegmentales Schadensbild, ist wurmstichig. Es kann den sozialrechtlichen Überbau nicht tragen.

„Wandel" bedeutet Wendung zum Besseren bis hin zum Guten. Das
Bundessozialgericht hat die Medizin im Beschluß vom 31.05.1996 dazu
aufgefordert. Dies setzt voraus, daß wir zum medizinischen Fundament
der Berufskrankheiten „Wirbelsäule" ehrlich sind, daß wir aufhören, uns
gegenseitig fragwürdige Statistiken vorzulegen und daß wir uns dazu bekennen, daß die Berufskrankheiten „Wirbelsäule" – wie alle orthopädischchirurgischen Berufskrankheiten – ihre Wurzeln in einer Zeit haben, als
die heute gesetzlich normierten Kausalitätsanforderungen noch keine
Gültigkeit hatten. Die „bandscheibenbedingte Erkrankung" ist das Ergebnis einer gemeinsamen Tagung aller deutschen Gewerbeärzte im Herbst
1949, die jedoch ausschließlich im Bereich der damaligen sowjetischen Besatzungszone (DDR) kodifiziert wurde. Es gibt ärztliche Erfahrungen zu
belastungsinduzierten Wirbelsäulenveränderungen. Diese unterscheiden
zwischen der

1. belastungsinduzierten Manifestation eines Bandscheibenschadens und
   der
2. belastungsinduzierten bandscheibenbedingten Veränderung (Erkrankung).

Nach dem Verordnungstext – Voraussetzung einer langjährigen Exposition – kann die belastungsinduzierte Manifestation eines Bandscheibenschadens vom Verordnungsgeber nicht gemeint sein. Die belastungsinduzierte Veränderung erfordert aber, wenn ein Belastungszusammenhang
nicht nur möglich, sondern wahrscheinlich sein soll, mehr als ein Schadensbild, wie es im Bevölkerungsquerschnitt weit verbreitet ist. die Anforderungen an die Belastungskonformität von Schadensbild und Verlauf
resultieren aus den Kriterien, die in Vergangenheit und Gegenwart der
Umsetzung anderer orthopädisch-chirurgischer Berufskrankheiten zugrundelagen und -liegen. Die Überlegungen setzen an Schadensbildern

an, die pathophysiologisch, physikalisch und in ihrem Verlauf belastungs-konform sind, also Zeichen der stattgehabten Belastung erkennen lassen. Dies ist das medizinisch-naturwissenschaftliche Fundament, auf dem die sozialrechtliche Umsetzung der Berufskrankheiten „Wirbelsäule" auf-bauen kann. Wie dieser Aufbau erfolgt – mittels eines „non liquet" oder Beweiserleichterungen –, ist kein medizinisches Problem. Der ärztliche Sachverständige hat sich aus dieser Diskussion herauszuhalten. Anderer-seits haben aber auch sozialrechtliche/sozialpolitische Erwägungen ihre Grenzen einzuhalten und dürfen die Medizin nicht „vor ihren Karren spannen".

Gerichtsentscheidungen und ausgewählte Literatur

1. Erlenkämper A (1996) Sozialrechtliche Erwägungen zur Zusammenhangsbeurteilung der Berufskrankheiten Nr. 2108 bis 2110. BG 846–860
2. Kentner M, Bachmeier W, Menges R, Wilken A (1993) Beschwerden und Erkrankungen im Bereich des Stütz- und Bewegungsapparates – Mögliche Mitursachen im beruflichen Bereich und Präventivmaßnahmen. Zentralbl Arbeitsmed Arbeitsschutz Ergonomie 11:370–387
3. Krüger W (1991) Verschleißkrankheiten der Wirbelsäule als Berufskrankheit. Arbeitsmed Sozialmed Präventivmed 26:9–129
4. LSG Hessisches, Urteil vom 4.6.1996, Az: L-4/V – 832/92 u. 906/92
LSG Niedersachsen, Urteil vom 6.6.1996, in HVBG-INFO 30/1996, 2678–2682
LSG Nordrhein-Westfalen, Urteil vom 26.9.1995, in HVBG-INFO 3/1996, 176–188
LSG Rheinland-Pfalz, Urteil vom 26.2.1996, Az: L 7 U 190/95
LSG Thüringen, Urteil vom 16.11.1995, in HVBG-INFO 10/1996, 738–746
LSG Schleswig-Holsteinisches, Urteil vom 18.9.1996, Az: L 8 U 95/95
5. Ludolph E (1993) Zum Beweis der Schadensanlage aus gutachtlicher Sicht. In: Hierholzer G, Kunze G, Peters D (Hrsg) Gutachtenkolloquium 8. Springer, Berlin Heidelberg New York Tokyo
6. Porter RW (1987) Does hard work prevent disc protrusion? Clin Biomech 2:196–198
7. Pressel G (1985) Der chronische Meniskusschaden als Berufskrankheit. Bau-BG, Frankfurt
8. Ramseier EW, Debrunner HU (1989) Rückenschäden und Arbeitsplatz. Therapeutische Umschau 46:815–820
9. Schreiner Ch, Steffen R, Krämer J (1995) Stellenwert bildgebender Verfahren in der Bewertung einer Berufskrankheit nach Nr. 2108. Arbeitsmed Sozialmed Umweltmed 30:317–320
10. Weber M, Morgenthaler M (1996) Röntgenologische Veränderungen der Wirbelsäule von Schwerarbeitern. Med Sach 92:112–116

Kapitel 31

Computerunterstützte Begutachtung zur BK 2108

K. Seide, V. Grosser, B. Kowald und D. Wolter

Einleitung

Medizinische Gutachten werden auf der Grundlage des Standes der Wissenschaft sowie der gesetzlichen Vorgabe erstellt. Die besondere Problematik der BK 2108 ist, daß einerseits bandscheibenbedingte Erkrankungen der LWS in der Bevölkerung auch ohne berufliche Belastungen häufig sind, andererseits schädigende berufliche Belastungen keineswegs obligat eine bandscheibenbedingte Erkrankung der LWS zur Folge haben. Die Abwägung, ob im Einzelfall die beruflichen Belastungen eine wesentliche Ursache oder Teilursache für die Entstehung oder Verschlimmerung einer bandscheibenbedingten Erkrankung der LWS sind, ist deshalb schwierig. Bei Vorliegen von speziellen konkurrierenden Ursachen sind jeweils besondere Kenntnisse über den natürlichen Krankheitsverlauf notwendig, um zu einer sachgerechten Abwägung zu kommen. Gerade bei der Zusammenhangsbegutachtung der BK 2108 ist ein systematisches Vorgehen unabdingbar, um zu einer nachvollziehbaren Beurteilung zu kommen, welche alle bedeutsamen Umstände des Einzelfalles berücksichtigt.

Im Rahmen des Forschungsprojektes konnten wir ein umfangreiches Wissen zusammenstellen und eine Beurteilungsstrategie entwickeln. Dabei entstand die Idee, diese Erkenntnisse im Rahmen eines Computerprogrammes anderen zur Verfügung zu stellen. Als Anschlußprojekt wurde deshalb eine entsprechende Software entwickelt, welche nach Eingabe anamnestischer Daten unter Auswertung der Untersuchungsbefunde einen Beurteilungs*vorschlag* anbietet. Besonders eignet sich das Programm zum Training von Einsteigern. Es enthält aber auch eine systematische Wissensbasis, welche für erfahrene Gutachter hilfreich sein kann. Auch nicht primär medizinisch geschulte Beteiligte im Begutachtungsverfahren – z.B. die Sachbearbeiter der Berufsgenossenschaften – können anhand des Programmes die Systematik der medizinischen Entscheidung nachvollziehen.

Material und Methode

Im Rahmen des Forschungsprojektes der Berufsgenossenschaft für Gesundheitsdienst und Wohlfahrtspflege wurden 500 Angehörige des Pflegeberufes gutachterlich untersucht und eine intensive Literaturrecherche durchgeführt. Es wurde ein Entscheidungsschema entwickelt, nach welchem die gesetzlichen Anforderungen der BK auf der Grundlage des aktuellen wissenschaftlichen Kenntnisstandes geprüft werden können. Das Entscheidungsschema wurde in ein formal logisches Regelwerk eingebracht und hierbei ein Computerprogramm erstellt. Zur Anwendung kam ein Personalcomputer. Die Programmierung erfolgte unter Benutzung der Autorensoftware „Authorware" von Macromedia. Das erstellte Programm kann auf einer Compactdisk zur Verfügung gestellt werden.

Ergebnisse

Das Programm besteht, vereinfacht ausgedrückt, aus von uns definierten Bildschirmmasken, wobei jeweils durch Anklicken von Tasten auf andere Bildschirmmasken übergegangen werden kann oder anhand eines Menüs ein gewünschtes Vorgehen bestimmt wird (Abb. 1). Die einzelnen Menüpunkte können in systematischer Reihenfolge oder nach Wahl des Gutachters gezielt bearbeitet werden. In den Eingabemasken werden die Angabefelder durch Anklicken mit einem Haken (= ja), einem Minus (= nein) oder einer Waage (= keine Angabe) belegt (Abb. 2). Das Programm übernimmt dabei Ergebnisse bereits bearbeiteter Algorithmen in das aktuelle Fenster. Röntgenbilder und Erläuterungen zu typischen Krankheitsbildern sind in das Programm integriert (Abb. 3). Aus dem aktuellen Fenster ist ein Zugriff auf relevante wissenschaftliche Daten möglich (Abb. 4). Referenzen auf aktuellem Stand können aus der Literaturdatenbank abgerufen werden (Abb. 5).

Die Entscheidungsregeln müssen, damit ein Computer damit arbeiten kann, im Sinne der Aussagenlogik vorliegen. Eine bandscheibenbedingte Erkrankung liegt z. B. vor, wenn sich in den bildgebenden Verfahren (Röntgen, ggf. CT, NMR) ein über einen altersentsprechenden Befund hinausgehender Bandscheibenschaden darstellt *und* der nachgewiesene Bandscheibenschaden ein korrelierendes klinisches Krankheitsbild hat.

Das Hauptmenü umfaßt drei Möglichkeiten: rechtliche Grundlagen, Begutachtung und Literatur. Klickt man nun „Begutachtung", so erscheint eine Maske, auf welcher nacheinander oder in beliebiger Reihenfolge die einzelnen Schritte der Begutachtung aktiviert werden können (Abb. 1).

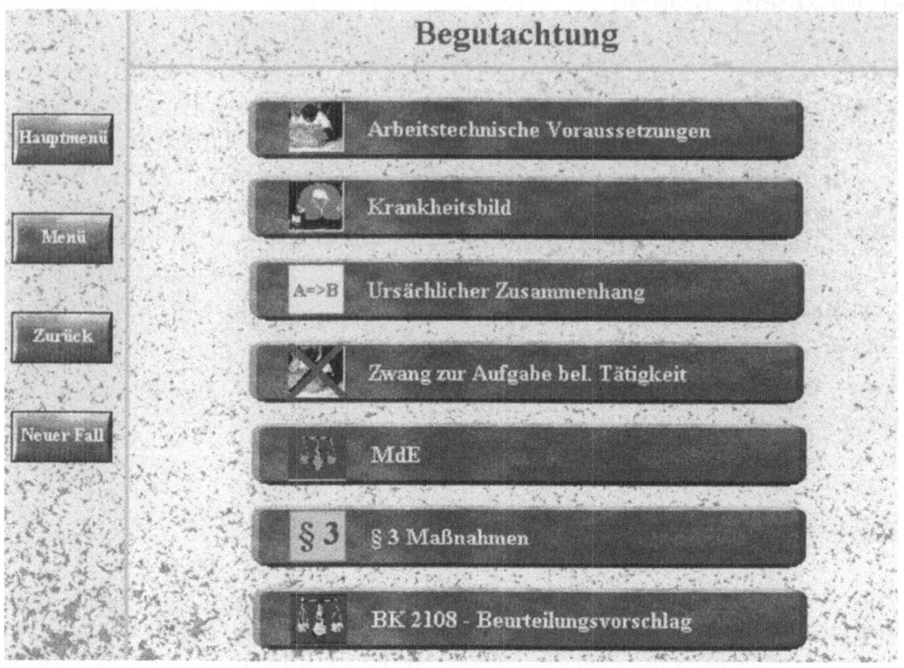

Abb. 1. Menü Begutachtung

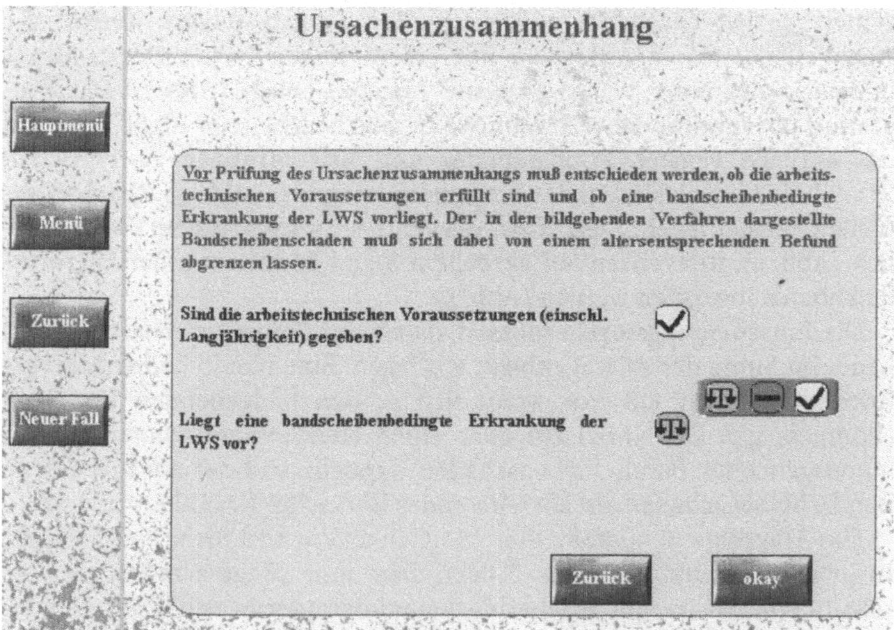

Abb. 2. Eingabemaske

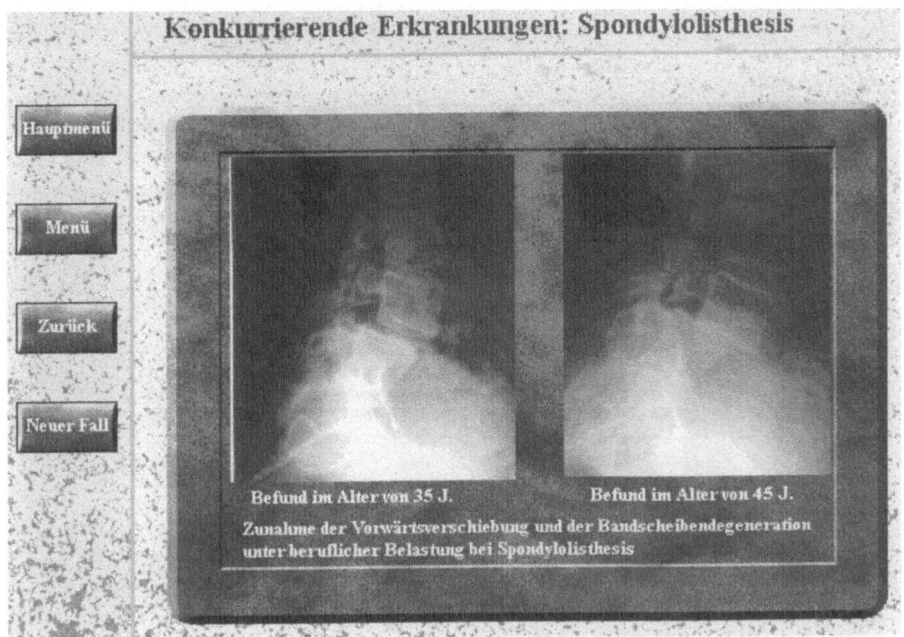

Abb. 3. Fallbeispiel

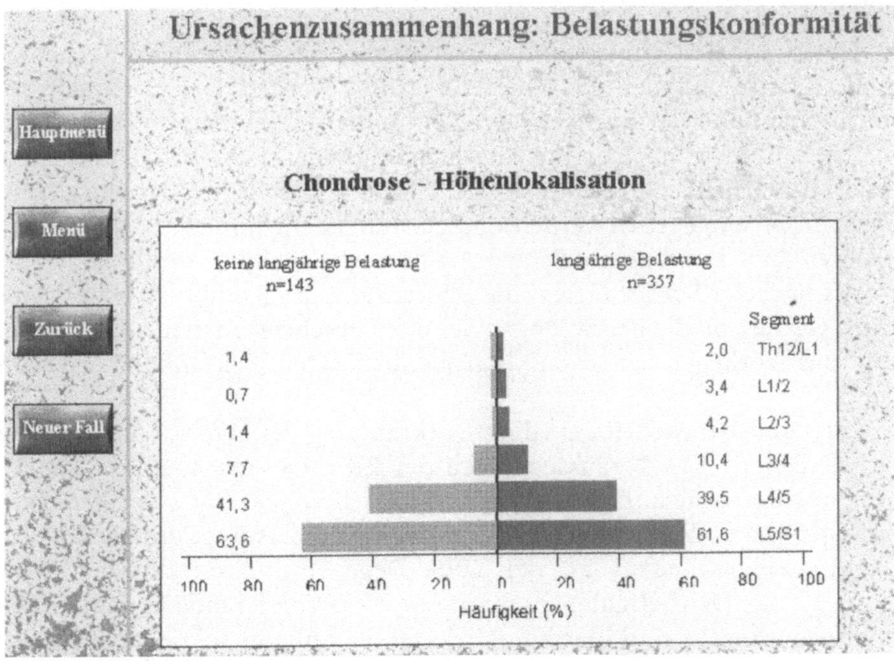

Abb. 4. Stand des Wissens

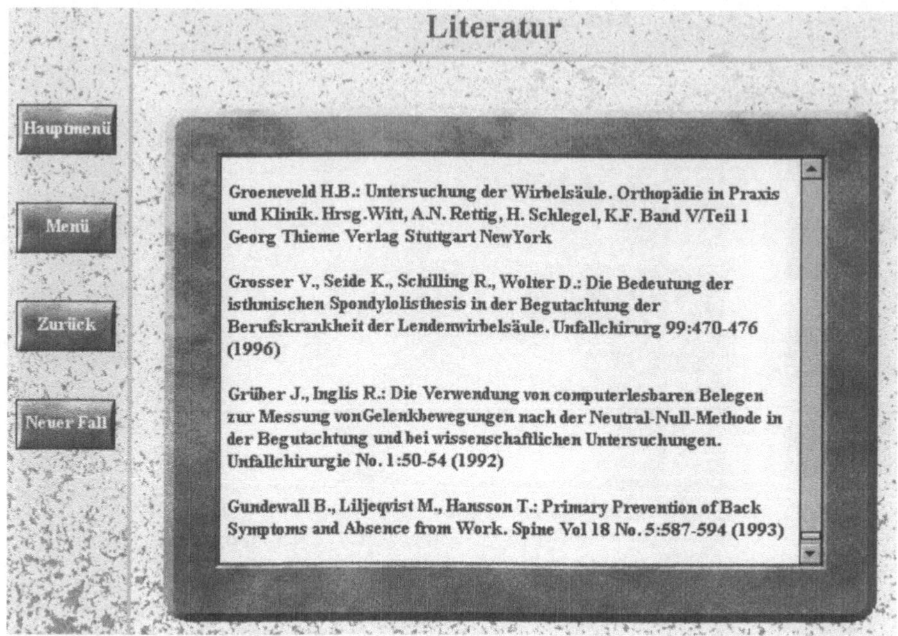

Abb. 5. Literatur

Unter „Arbeitstechnische Voraussetzungen" kann eine kleine Rechenta-
belle als Hilfe für den Gutachter aufgerufen werden. Der Computer berechnet anhand der angegebenen Zeiträume für diejenigen Tätigkeiten,
bei denen der Gutachter die Anerkennung bejaht, die Dauer und sum-
miert diese. Falls man sich über die Belastung bereits im Klaren ist, kann
auch direkt eingegeben werden, ob Belastungen im Sinne der BK 2108 vorgelegen haben und ob die Bedingung der Langjährigkeit erfüllt ist.

Als nächster Schritt erfolgt die Beurteilung des Krankheitsbildes. Hier
wird geprüft, ob die Bedingungen der oben beschriebenen formalen Regel
für das Vorliegen einer bandscheibenbedingten Erkrankung gegeben
sind.

Liegt eine bandscheibenbedingte Erkrankung der LWS vor und sind die
arbeitstechnischen Voraussetzungen der BK 2108 einschließlich der Bedingung der Langjährigkeit gegeben, so ist die Kausalität zu prüfen. Dies
erfolgt anhand der Kriterien zeitlicher Verlauf, Belastungskonformität des
Bandscheibenschadens an der LWS, Degenerationszustand der belastungsfernen Wirbelsäulenabschnitte und konkurrierende Ursachen. Die
logischen Regeln sind hier komplizierter, da anhand spezieller Hinweise
auch die Wahrscheinlichkeit und die Wertigkeit des Einflusses der festge-

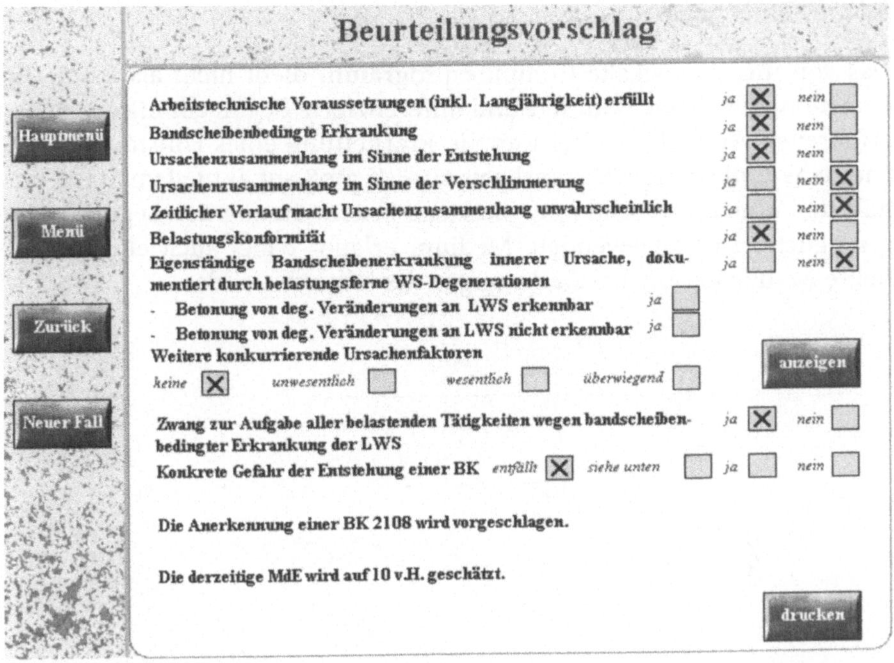

Abb. 6. Beurteilungsvorschlag

stellten konkurrierenden Ursachen abgeschätzt werden muß. Falls anhand der eingegebenen Informationen die Kausalität nicht geklärt wäre, gibt das Programm Hinweise zum weiteren Vorgehen.

Die Entscheidung des Gutachters zur Berufskrankheit ergibt sich aus Kausalität und Funktionsstörung. Kriterien zur Empfehlung von § 3-Maßnahmen sind neben Kausalität und Dauer der beruflichen Belastung insbesondere die Gefahr einer Verschlimmerung der Erkrankung und die im Einzelfall möglichen medizinischen oder arbeitstechnischen Maßnahmen.

Aus dem Menü Begutachtung heraus kann zu jedem Zeitpunkt der Bearbeitung ein Beurteilungsvorschlag (Abb. 6) abgerufen werden. Falls ein Fall noch nicht ausreichend bearbeitet wurde, gibt das Programm an, welche Punkte noch vervollständigt werden müssen. Der Beurteilungsvorschlag kann ausgedruckt werden.

Schlußbemerkung

Das von uns entwickelte Computerprogramm dient nicht als Ersatz für eine individuelle, sachkundige und differenzierte Begutachtung durch den erfahrenen Arzt. Unser Ziel war die Erarbeitung eines Hilfsmittels, welches eine umfassende Wissensbasis zur BK 2108 auf aktuellem Stand enthält und eine aktive und systematische Unterstützung der Begutachtung ermöglicht. Das angewendete Medium erlaubt dabei auch eine permanente Aktualisierung bei Änderungen des Wissensstandes.

5 Prävention und Rehabilitation

Bisherige Erfahrungen der Berufsgenossenschaften mit rehabilitatitiven Maßnahmen bei LWS-Erkrankungen

S. Brandenburg

Vorbemerkungen

Das Berufskrankheitenrecht sieht eine Erbringung rehabilitativer Maßnahmen durch einen Unfallversicherungsträger im Zusammenhang mit den BK 2108–2110 (bandscheibenbedingte Erkrankungen der LWS bzw. HWS) unter zwei Gesichtspunkten vor:

Maßnahmen zur medizinischen und/oder beruflichen Rehabilitation nach Eintritt einer Berufskrankheit. Insoweit ist zu beachten, daß der Versicherungsfall bei den BK 2108–2110 voraussetzt, daß die berufsbedingte Erkrankung der LWS bzw. HWS zum Unterlassen aller Tätigkeiten gezwungen hat, die für die Entstehung, Verschlimmerung oder das Wiederaufleben der Erkrankung ursächlich waren oder sein können. Die unter diesen Voraussetzungen gemäß den §§ 27 ff. SGB VII (medizinische Heilbehandlung einschließlich stationärer Behandlung) sowie gemäß §§ 35 ff. SGB VII (berufsfördernde Leistungen zur Rehabilitation) zu erbringenden Leistungen dienen ausschließlich dem Zweck der Rehabilitation, insbesondere der Beseitigung oder Linderung der Erkrankungsfolgen und nach Möglichkeit der Erlangung einer neuen beruflichen Lebensgrundlage. Bei Berufskrankheiten mit dem versicherungsrechtlichen Merkmal des Unterlassungszwangs zielen die nach Eintritt des Versicherungsfalls zu erbringenden Leistungen dagegen nicht auf eine Fortsetzung der bisher ausgeübten – wirbelsäulenbelastenden – Berufstätigkeit.

Maßnahmen zur Rehabilitation vor Eintritt einer Berufskrankheit. Das Unfallversicherungsrecht wird gerade im Bereich der Berufskrankheiten von dem Grundsatz getragen, daß einem Versicherten trotz einer gesundheitlichen Beeinträchtigung mit allen geeigneten Mitteln eine Fortsetzung der bisher ausgeübten Berufstätigkeit ermöglicht werden soll. Es bedarf dazu bei Berufskrankheiten eines Instrumentariums, welches es erlaubt, schon dann, wenn im Einzelfall der Eintritt einer die Tätigkeitsaufgabe erzwingenden Berufskrankheit droht, geeignete Präventivmaßnahmen, auch in Form von medizinischen Rehabilitationsmaßnahmen, einzuleiten. Diese Möglichkeit wird durch § 3 Abs. 1 der Berufskrankheitenverordnung (BKV) eröffnet. Auf die Erfahrungen der BGW mit einem speziellen rehabilitativen Maßnahmekonzept, welches auf der Grundlage des § 3 Abs. 1 BKV entwickelt wurde, soll in diesem Beitrag eingegangen werden. Zunächst sollen einige allgemeine Erläuterungen zu den Voraussetzungen der Anwendbarkeit des § 3 BKV und zu den vorgesehenen Maßnahmen gegeben werden.

Gewährung vorbeugender Maßnahmen gemäß § 3 Abs. 1 BKV

Gemäß § 3 Abs. 1 BKV hat der Unfallversicherungsträger, wenn im Einzelfall die Gefahr besteht, daß eine Berufskrankheit entsteht, sich verschlimmert oder wiederauflebt, mit allen geeigneten Mitteln dieser Gefahr entgegenzuwirken. § 3 Abs. 1 BKV erlangt zunächst dann Bedeutung, wenn die Anerkennung einer berufsbedingten Wirbelsäulenverschleißerkrankung im Sinne der BK 2108–2110 nur deshalb ausgeschlossen ist, weil ein Zwang zum Unterlassen der gefährdenden Tätigkeiten – noch – nicht gegeben ist. Es ist aber auch zu entscheiden, ob im Einzelfall eine Gefahr im Sinne des § 3 Abs. 1 BKV schon dann festzustellen ist, wenn das in allen 3 Tatbeständen geforderte Merkmal der Langjährigkeit der Einwirkung im Sinne der aus den Merkblättern für die ärztliche Untersuchung [1] abgeleiteten Definition noch nicht erfüllt ist. Dabei ist folgendes zu beachten:

Ausgangspunkt für ein Tätigwerden des Unfallversicherungsträgers auf der Grundlage des § 3 Abs. 1 BKV ist, wie vom Bundessozialgericht mehrfach entschieden [2], eine konkret individuelle Gefahr hinsichtlich der Entstehung, der Verschlimmerung oder des Wiederauflebens einer Berufskrankheit. Da die Vorschrift somit an eine individuelle Gefahrerhöhung aufgrund des Gesundheitszustandes des Versicherten anknüpft, bilden medizinische Aussagen die notwendigen Entscheidungsgrundlagen. Alle Umstände des Einzelfalles sind dabei zu berücksichtigen. Dazu gehören insbesondere Art und Ausmaß der mit der Berufstätigkeit verbundenen Belastungen der Wirbelsäule, das aktuelle Krankheitsbild, Art und Ausprägung von anlagebedingten Erkrankungen und Funktionsbeeinträchtigungen sowie die Beobachtung des Erkrankungsverlaufs.

Die für eine Anwendung des § 3 Abs. 1 BKV geforderte Prognose über den – weiteren – Verlauf einer Wirbelsäulenerkrankung in Abhängigkeit von spezifischen beruflichen Belastungen stellt besondere Anforderungen an den medizinischen Gutachter. Aus der Vielzahl der Versicherten mit arbeitsabhängigen Wirbelsäulenbeschwerden müssen jene Betroffenen herausgefiltert werden, bei welchen im Falle einer Fortsetzung der – wirbelsäulenbelastenden – Berufstätigkeit mit der Entstehung einer BK 2108 *konkret* zu rechnen ist. Die maßgeblichen Gründe müssen in einem Gutachten nachvollziehbar dargelegt werden. In Zusammenarbeit mit gutachterlichen Sachverständigen aus dem Berufsgenossenschaftlichen Unfallkrankenhaus Hamburg wurden bei der BGW Kriterien erarbeitet, unter welchen bei Wirbelsäulenerkrankungsfällen eine Anwendung des § 3 Abs. 1 BKV in Frage kommt:

1. Objektivierung eines – beginnenden – Krankheitsbildes im Sinne der BK 2108 einschließlich röntgenmorphologischer Veränderungen.
2. Chronischer oder chronisch-rezidivierender Krankheitsverlauf mit beginnenden Funktionsbeeinträchtigungen.
3. Nachweis beruflicher Wirbelsäulenbelastungen, die nach Art und Intensität die Voraussetzungen der BK 2108 erfüllen; die für eine Anerkennung als Berufskrankheit bzw. zur Erfüllung des Merkmals der Langjährigkeit geforderte Mindestdauer der Einwirkung muß nicht bereits vorliegen; in der Regel ist aber eine Beobachtung des Erkrankungsverlaufs über mehrere Jahre unerläßlich (s. auch 4a).
4a. Anhaltspunkte für eine Verschlechterung der objektiven Befunde infolge der beruflichen Wirbelsäulenbelastungen
oder
4b. sonstige besondere Risikofaktoren für die Entwicklung einer belastungsbedingten Wirbelsäulenerkrankung, z. B. eine ausgeprägte Segmentinstabilität nach einem Bandscheibenvorfall.

Maßnahmen nach § 3 BKV bei Wirbelsäulenerkrankungen

Nur dann, wenn im Falle der Bejahung einer konkreten Gefahr im Sinne von § 3 Abs. 1 BKV andere Abhilfemaßnahmen wie eine Benutzung von Hilfsmitteln, Änderungen der Arbeitsweise und Arbeitsorganisation, Therapie- und Trainingsmaßnahmen, zur Gefahrbeseitigung nicht ausreichen, ist gemäß § 3 Abs. 1 Satz 2 BKV als Ultima ratio von Seiten des Unfallversicherungsträgers ein Hinwirken auf eine Unterlassung der gefährdenden Tätigkeiten vorgesehen. Maßnahmen der beruflichen Rehabilitation gehen dann zu Lasten des Unfallversicherungsträgers; ggf. sind Übergangsleistungen zum Ausgleich eines Minderverdienstes gemäß § 3 Abs. 2 BKV zu gewähren. Vorrangig sind aber die Erfolgsaussichten von Maßnahmen zu prüfen, die auf eine gefahrlose Fortsetzung der bisher ausgeübten Tätigkeit gerichtet sind.

Besondere Bedeutung kommt in diesem Zusammenhang einem Angebot an geeigneten Therapie- und Trainingsmaßnahmen zu, die den

Versicherten zu einer gefahrlosen Fortsetzung der wirbelsäulenbeanspruchenden Tätigkeiten befähigen sollen. Angesprochen sind insoweit nicht allgemeine Rückenschulprogramme im Sinne der Primärprävention, die bereits vielerorts angeboten werden, sondern qualifizierte Maßnahmen für Versicherte, bei denen eine – beginnende – bandscheibenbedingte Erkrankung bereits vorliegt. Vom Arbeitskreis „Wirbelsäulenerkrankungen" beim HVBG wurde ein Rahmenkonzept für Therapie- und Trainingsmaßnahmen im Rahmen des §3 BKV bei Wirbelsäulenerkrankungen entwickelt. Dieses Programm sieht folgende Eckpunkte vor:

1. Vorrang ambulanter oder teilstationärer Maßnahmen vor stationären Maßnahmen; nach Möglichkeit berufsbegleitende Maßnahmenangebote.
2. Interdisziplinäre Maßnahmegestaltung mit folgenden kombinierten Elementen:
   - gezieltes körperliches Aufbautraining,
   - allgemeines Verhaltenstraining (rückenschonende Verhaltensweisen),
   - berufsspezifisches Seminar- und Trainingsprogramm.
3. Maßnahmedurchführung unter ärztlicher Leitung (Anamnese, individueller Therapie- und Trainingsplan, Beratung, Abschlußbericht für den Unfallversicherungsträger).
4. Bündelung verschiedener Fachdiszplinen bei der Maßnahmekonzeption und -durchführung, insbesondere: Sportpädagogen, Psychologen, Krankengymnasten, Ergotherapeuten, ggf. Praxisanleiter für berufsspezifische Lern- und Trainingsinhalte.

Therapie- und Trainingsmaßnahmen bei Versicherten aus Krankenpflegeberufen

Seit 1994 bietet die BGW den Versicherten aus Krankenpflegeberufen, sofern gemäß den oben genannten Kriterien eine konkrete Gefahr der Entstehung einer BK 2108 zu bejahen ist, eine Teilnahme an dem ambulanten Rücken-Rehabilitationskolleg im Reha-Zentrum City Hamburg des Berufsgenossenschaftlichen Unfallkrankenhauses an. Dieses Rücken-Rehabilitationskolleg wurde in Übereinstimmung mit den vom Arbeitskreis „Wirbelsäulenerkrankungen" beim HVBG entwickelten Grundsätzen (s. oben) konzipiert. Bestandteil dieser dreiwöchigen teilstationären Maßnahme ist nicht nur ein intensives ärztlich kontrolliertes Therapieprogramm, sondern darüber hinaus ein berufsspezifisches Lern- und Trainingsprogramm zur Vermeidung von Überbeanspruchungen der Wirbelsäule bei der Verrichtung pflegerischer Tätigkeiten. Entsprechend ausgestattete Übungsräume stehen zur Verfügung.

Das Maßnahmeprogramm gliedert sich im wesentlichen in folgende Teile:

1. Ärztliche Anamnese und Befunderhebung, individueller Therapie- und Trainingsplan.
2. Theoretische Wissensvermittlung über Anatomie, Hebe- und Tragetechniken.
3. Praktisches Training: Rückenschule, funktionelle Gymnastik, Belastungs- und Bewegungsanalyse, Einüben arbeitsspezifischer Bewegungsmuster, Üben spezieller Transfertechniken aus der Kinästhetik oder Bobath-Pflege, Üben des sachgerechten Einsatzes kleiner und großer Hilfsmittel.
4. Abschlußuntersuchung und Abschlußgespräch, Berichterstattung an die Berufsgenossenschaft mit Bewertung des Maßnahmeerfolgs und der Aussichten für einen Verbleib am bisherigen Arbeitsplatz.

Den Teilnehmern am Rücken-Rehabilitationskolleg wird von der BGW nach etwa einem Jahr die Teilnahme an einem einwöchigen Wiederholungskurs angeboten.

Im Zeitraum von Oktober 1994 bis März 1997 haben an dem Rücken-Rehabilitationskolleg in Hamburg 235 Versicherte der BGW teilgenommen. Eine Auswertung der Falldaten im März 1997 ergab folgendes Bild:

- 83 % der Teilnehmer konnten die bisherige Tätigkeit in der Krankenpflege weiter ausüben.
- 8 % der Teilnehmer hatten die Tätigkeit aufgegeben.
- In 9 % der Fälle war die Frage eines Verbleibs am Arbeitsplatz noch offen.

In Abb. 1 ist die berufliche Entwicklung bei den Teilnehmern am Rückenkolleg noch einmal mit weitergehenden Differenzierungen dargestellt. Diese vorläufige Auswertung anhand der Versicherungsfalldaten der BGW kann eine wissenschaftliche Bewertung des Erfolges der oben dargestellten Maßnahme nicht ersetzen. Gleichwohl kann aufgrund der bisherigen Erfahrungen eine positive Zwischenbilanz gezogen werden. Das Konzept einer berufsspezifischen Therapie- und Trainingsmaßnahme im Rahmen von §3 Abs. 1 BKV bei Versicherten mit Wirbelsäulenerkrankungen scheint erfolgversprechend. Die BGW wird nach diesem Maßnahmekonzept weiter verfahren.

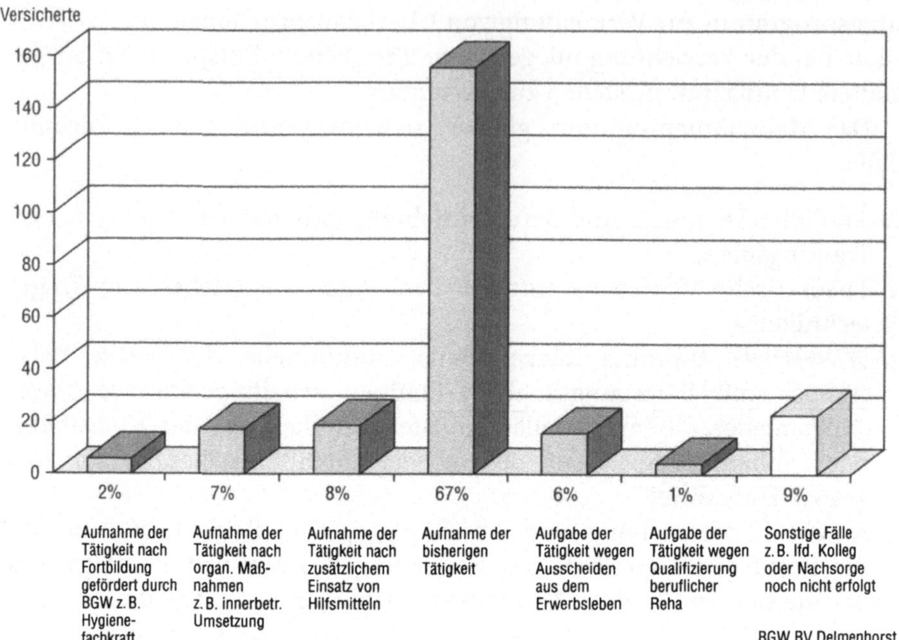

Abb. 1. Ergebnisdokumentation nach Teilnahme am Rückenkolleg im Reha-Zentrum Hamburg, beobachtet an 235 Versicherten der BGW in der Zeit vom 17.10.94 bis 14.3.97

Literatur

1. Merkblätter für die ärztliche Untersuchung bei den BK-Nrn. 2108–2110, Hrsg. Bundesministerium für Arbeit und Sozialordnung, Bundesarbeitsblatt 3/1993, S. 50–58
2. Bundessozialgericht, Urt. v. 22.8.1975 – 5 Rkn U 5/74, BSGE 40, 146; Urt. v. 22.3.1983 – 2 RU 22/81 Meso B 70/126; BSG, Urt. v. 5.8.1993 – 2 RU 46/92, Aktueller Informationsdienst des Hauptverbandes der gewerblichen Berufsgenossenschaften 1993, 2314

Brauchen wir eine Vorsorgeuntersuchung für Berufe mit Belastung der Wirbelsäule aus arbeitsmedizinischer Sicht

M. Spallek

Beschwerden am Stütz- und Bewegungsapparat und hierbei v. a. Probleme an der Wirbelsäule sind aus arbeitsmedizinischer Sicht einer der häufigsten Gründe für einen Antrag auf Wechsel des Arbeitsplatzes. In einem Großbetrieb der metallverarbeitenden Industrie waren im Jahre 1994 mehr als die Hälfte aller arbeitsmedizinischen Begutachtungen zur Frage eines Arbeitsplatzwechsels mit muskuloskelettalen Beschwerden begründet (Abb. 1). Auch in der Krankheitsartenstatistik des Bundesverbandes der Betriebskrankenkassen stehen diese Erkrankungen seit Jahren kontinuierlich mit an der Spitze [3].

Bei genauer beruflicher Anamnese der betroffenen Werksangehörigen lassen sich naheliegende Zuordnungen zu bestimmten Werksbereichen mit einem erhöhten Anteil an körperlicher Schwerarbeit treffen. Tätig-

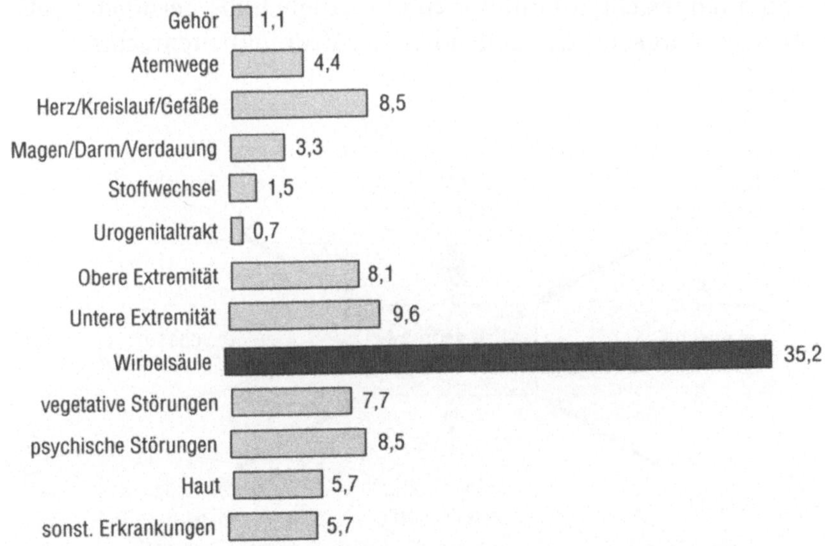

Abb. 1. Prozentuale Verteilung nach Diagnosegruppen bei arbeitsmedizinischen Begutachtungen wegen Arbeitsplatzwechsel, Volkswagen AG Werk Kassel 1994

keitsanalysen mit biomechanisch begründeten Berechnungsverfahren für die Arbeitsbelastungen können in diesen Arbeitsbereichen hilfreich sein, um eine Überbelastung nachzuweisen und ergonomische Veränderungen der Arbeitsplätze durchzuführen. Es finden sich aber auch unerwartet Hinweise auf Arbeitsbereiche, in denen keine körperliche Schwerarbeit vorliegt, beispielsweise im Büro oder auf Bereiche, die bereits ergonomisch optimiert wurden [9].

Diese Ergebnisse ergänzen die Analysen über Einflußfaktoren bei Wirbelsäulenerkrankungen, die den ausgeübten Beruf als eine wesentliche Ursache zuordnen (Abb. 2). Bei der in Abb. 2 dargestellten monokausalen Betrachtungsweise mit Zentrierung der Einflüsse auf die Wirbelsäulenerkrankungen treten allerdings die Wechselwirkungen der individuellen Einflußfaktoren untereinander völlig in den Hintergrund. So wird nicht berücksichtigt, daß monotone Tätigkeiten oder persönliche Unzufriedenheit, beispielsweise aufgrund privater Lebensumstände, auf den „Risikofaktor" Beruf einwirken können und diesem dadurch einen höheren Stellenwert suggerieren.

Auswertungen der sog. „Boeing-Studie" konnten zeigen, daß Zufriedenheit bzw. Unzufriedenheit am Arbeitsplatz sowie psychosoziale Faktoren die wesentlichsten individuellen Risikofaktoren für Rückenbeschwerden darstellen [1, 2]. Neuere Untersuchungen bestätigen diese Ergebnisse mit Hinweisen auf weitere Einflußmöglichkeiten durch „Coping-Faktoren" wie niedriges Einkommen oder Scheidung [4]. Zusätzlich muß mitberücksichtigt werden, daß in der Bundesrepublik von den in Abb. 2 dargestellten Einflußfaktoren lediglich die berufliche Belastungssituation aufgrund des geltenden Berufskrankheitenrechts finan-

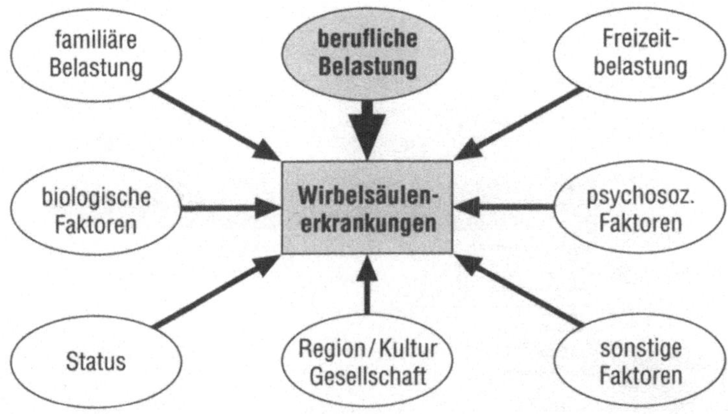

Abb. 2. Modell für Einflußfaktoren bei Wirbelsäulenerkrankungen. (Nach Nübling [5])

zielle Kompensationsleistungen auslösen und damit auch ein Anspruchsverhalten verursachen kann.

Das Anforderungsprofil eines Arbeitsplatzes im Hinblick auf wirbelsäulenbelastende Tätigkeiten zu erstellen, ist ein komplexes Verfahren. Neben physikalischen Faktoren wie Lastgewicht, Stapelhöhe und Abstand zur Last müssen auch arbeitssystembedingte Einflüsse wie Schichtarbeit, Häufigkeit der Lasthandhabung oder Arbeiten unter Zeitdruck mit in das Analyseergebnis eingehen. Ein einfaches Belastungs-Beanspruchungs-Modell, wie es für viele Gefahrstoffexpositionen am Arbeitsplatz anwendbar ist, vermag den beruflichen Risikofaktoren für Wirbelsäulenerkrankungen daher nicht gerecht zu werden. Das Ergebnis einer arbeitsmedizinischen Vorsorgeuntersuchung für Berufe mit Wirbelsäulenbelastungen wird auch nicht nur durch den einfachen Vergleich des individuellen Leistungsprofils des Mitarbeiters zum Anforderungsprofil des Arbeitsplatzes bestimmt und kann daher nicht in einer simplifizierten Ja-Nein-Entscheidung ausgedrückt werden. Vor allem aktuelle wissenschaftliche Erkenntnisse, die Beachtung individueller körperlicher als auch ergonomischer Kompensationsmöglichkeiten, aber auch die sozialmedizinischen Konsequenzen der ärztlichen Entscheidung spielen eine große Rolle (Abb. 3).

Ziel der arbeitsmedizinischen Vorsorgeuntersuchung ist nicht eine therapeutische Indikationsstellung, sondern das zuverlässige Verhindern von arbeits- oder berufsbedingten Erkrankungen oder Schäden durch gezielte Präventionsmaßnahmen. Bei Wirbelsäulenerkrankungen ist es aufgrund der vielfältigen Einflußfaktoren sehr schwierig, mit arbeitsmedizinischen

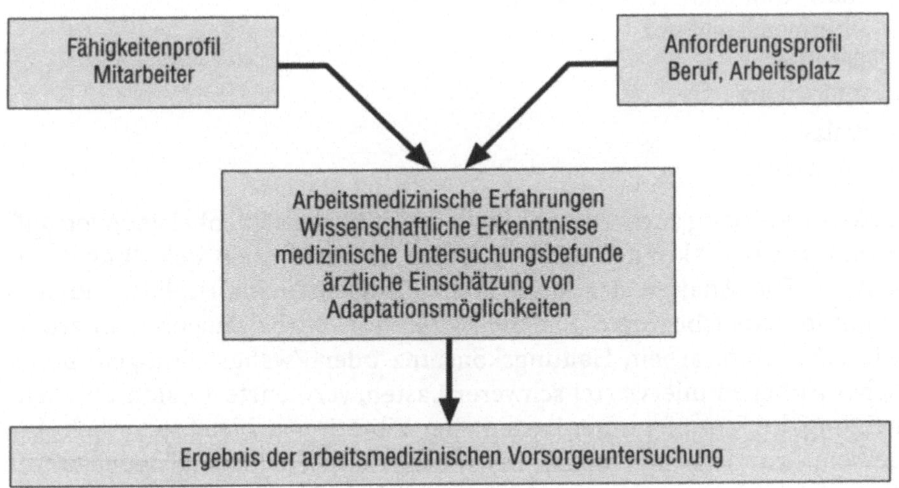

Abb. 3. Arbeitsmedizinische Vorsorgeuntersuchungen

Vorsorgeuntersuchungen nach zuverlässigen und eindeutigen Prädiktoren für Wirbelsäulenbeschwerden zu suchen, um damit eine effektive individuelle Prävention gewährleisten zu können. Auflistungen über wirbelsäulenbelastende Berufe können fast nach Belieben ergänzt oder verändert werden und sie werden nie vollständig sein können (in Anlehnung an [6]):

- Alten- und Krankenpflege,
- Bauarbeiter,
- Bergmann,
- Draht- und Rohrzieher,
- Feinblechner,
- Fleischer,
- Gärtner,
- Gießer,
- Heizer,
- Klempner,
- Ladearbeiter,
- Lastenträger im Speditionsgewerbe,
- Maurer,
- Metallarbeiter,
- Müllmann,
- Plattenleger,
- Rohrleger,
- Schauerleute,
- Schmied,
- Stahl- und Stahlbetonarbeiter,
- Steinbrucharbeiter,
- Tischler,
- Viehzüchter,
- Walzwerker,
- Zimmermann.

Unklar ist bislang auch, welcher Stellenwert Wirbelsäulenbelastungen aufgrund privater Aktivitäten im Vergleich zu beruflichen Belastungen zukommt. Die Analyse der ausgeübten Tätigkeiten im Hinblick auf bestimmte arbeitsbedingte Risikofaktoren für Wirbelsäulenbeschwerden, wie z.B. Schwerarbeit, Haltungskonstanz oder Zwangshaltungen, plötzliches Anheben unerwartet schwerer Lasten, vermehrte Torsion und Seitneigung des Rumpfes unter Lasten oder Vibrationen, bietet sicherlich eine bessere Grundlage als eine nur beruflich orientierte Risikogruppenzuordnung, kann aber auch nur unzureichend individuelle Einflüsse, wie z.B. Skoliosen etc., berücksichtigen. Dies zeigt die Schwierigkeiten, eine präventiv orientierte Risikogruppendefinition über eine berufliche Zuordnung zu ermöglichen.

Biomechanisch orientierte Grenzlastbetrachtungen, wie sie in der Begutachtung von Wirbelsäulenberufskrankheiten Berücksichtigung finden können, sind für die Prävention aus mehreren Gründen nicht sinnvoll. Sie suggerieren eine eindeutige, aber leider nicht existente Dosis-Wirkungs-Beziehung bzw. eine direkte Belastungs-Beanspruchungs-Reaktion, und damit die Möglichkeit, über das Erreichen einer Auslöseschwelle eine präventive Maßnahme begründen zu können. Eine derartige Grenzlastorientierung führt aber dazu, daß bei Erreichen der „Lebensgrenzlast" entsprechende Konsequenzen folgen müßten. Dann müßten, auch ohne daß konkret körperliche Schäden nachweisbar sind, Empfehlungen bis zur Aufgabe der belastenden Tätigkeit wegen Erreichen der Grenzlast oder Überschreiten der Auslöseschwelle gegeben werden. Ärztlich verordnete Einschränkungen für eine einzelne berufliche Tätigkeit, beispielsweise kein Heben und Tragen von Lasten über 10 kg, sind ebenfalls nicht sinnvoll und führen eher zur Intensivierung von Krankheitserleben als zu sinnvoller Prävention (Nachemson, persönliche Mitteilung).

Bleibt noch die Möglichkeit, über die in vielen orthopädischen Veröffentlichungen als „einzig verläßliches Kriterium" genannte positive Rückenanamnese eine Risikogruppendefinition zu versuchen [7]. Es ist zwar wenig wahrscheinlich, daß in der besonderen Situation einer arbeitsmedizinischen Eignungsuntersuchung, von der evtl. eine Einstellung oder Arbeitslosigkeit abhängt, immer ehrliche und zuverlässige Antworten gegeben werden. Aber dennoch ist eine ausführliche anamnestische Befragung unabdingbar, um Hinweise zu erhalten, die dann mit diagnostischen Methoden überprüft werden können. Vor allem die Frage nach früheren Rückenschmerzepisoden und die familiäre Anamnese haben sich in diesem Zusammenhang als hilfreich erwiesen [7].

Zu den diagnostischen Methoden gehören im arbeitsmedizinischen Bereich v. a. funktionell orientierte Untersuchungstechniken, wie sie auch in der Manualmedizin Anwendung finden (Tabelle 1). Tabelle 1 zeigt einen funktionell orientierten Untersuchungsablauf, der problemlos in der täglichen arbeitsmedizinischen Untersuchungspraxis eingesetzt werden kann und der eine hohe diagnostische Sicherheit bietet. Ergänzt durch Bestätigungs- oder Widerlegungstests, wie sie üblicherweise bei Gutachten Anwendung finden, geben diese Untersuchungsabläufe einen umfassenden Überblick über die aktuelle Funktion des Bewegungsapparates, beispielsweise bei Eignungs- oder Einstellungsuntersuchungen. Sie bieten außerdem eine sehr gute Grundlage für Verlaufsbeobachtungen bei bestimmten Mitarbeitern sowie zusätzlich die Möglichkeit, betriebsepidemiologische Untersuchungen in bestimmten Berufsgruppen durchzu-

Tabelle 1. Funktioneller Untersuchungsgang an der LWS

LWS-Untersuchung (unter arbeitsmedizinischen-orthopädischen Gesichtspunkten)		
Befunddokumentation		Norm
rechts	links	
1 LWS (im Stehen)		
Inspektion		
1.1 Extension/Flexion		30°/0/15 cm FBA
1.1.1 OTT		28/30/33 cm
1.1.2 SCHOBER		8/10/15 cm
1.2 Seitneigung		30/0/30
(oder Finger-Kniekehlen-Abstand in cm)		
1.3 Klopf-/Druckschmerz LWS		i.O.
1.3.1 des iliolumbalen Bereichs		i.O.
1.4 Seitrotation		30/0/30
1.5 Zehen/Fersenstand/-gang		i.O. (S1, L4, L5)
2 LBH Lenden-Becken-Hüftregion (im Liegen)		
2.1 M. ext. hall. longus/Eversion/Inversion		i.O. (L5, S1, L4)
2.2 Reflexe PSR/ASR		i.O. (L4, S1)
2.3 Lasegue		70–90
2.3.1 Bragard		i.O.
2.4 Hüfte Extension/Flexion		0/0/130
2.4.1 Außenrotation/Innenrotation		50/0/40
2.4.2 PATRICK-Hyperabduktionsphänomen		neg. oder in cm
2.4.3 Abduktion/Adduktion		40/0/30
2.5 Adduktionstest		i.O.
2.6 Quadrizepstest		i.O.
2.7 Sensibilität		i.O.
3 Bestätigungstests		
3.1 Langsitztest		i.O.
3.2 Reklinationstest		i.O.

führen [10]. Funktionell orientierte Untersuchungstechniken sind leicht zu erlernen und helfen, unnötige Röntgenuntersuchungen zu vermeiden, die für die Vorhersage von Wirbelsäulenschäden nur eine untergeordnete Rolle spielen [8].

Zusammenfassend bleibt zu sagen, daß arbeitsmedizinische Vorsorgeuntersuchungen der Wirbelsäule unabdingbarer Bestandteil von Eignungs- und Einstellungsuntersuchungen sein müssen. Sie sollten jedoch nicht berufsgruppen- oder einwirkungsspezifisch angelegt sein, sondern sich problemorientiert an den Belangen des jeweiligen Betriebes ausrichten, um den Forderungen des Arbeitsschutzgesetzes optimal Rechnung tragen zu können. Die Orientierung an dem derzeitigen Konzept berufsgenossenschaftlicher Grundsatzuntersuchungen, der sog. G-Untersuchungen, ist aus diesen Gründen nicht sinnvoll.

Wichtig bleibt weiterhin die Suche nach zuverlässigen Prädiktoren auf der Basis funktionellen Denkens über die rein anamnestischen Patientenangaben hinaus. Es scheint möglich, im Rahmen von arbeitsmedizinischen Vorsorgeuntersuchungen mittels funktioneller Untersuchungstechniken des Bewegungsapparates in Verbindung mit Arbeitsplatzbelastungsdaten zukünftig eine bessere Datenlage zur Belastungs-Beanspruchungs-Reaktion der Wirbelsäule zu erhalten. Dann werden frühzeitigere Rehabilitationen und Wiedereingliederungen von Wirbelsäulenerkrankten möglich sein und auch nur selten noch absolute Nichteignungskriterien Anwendung finden müssen, die den einzelnen Mitarbeiter in seinem beruflichen Umfeld sehr einschränken. Berufliche Belastungen und die nachfolgenden Beanspruchungsreaktionen am Bewegungsapparat sind aufgrund der vielfältigen Einflußfaktoren kein ausschließlich arbeitsmedizinisches Problem. Die interdisziplinäre Zusammenarbeit zwischen Arbeitsmedizinern, therapeutisch orientierten Fachrichtungen und den Unfallversicherungsträgern muß daher intensiviert werden, um effektivere Präventionsmöglichkeiten zu erarbeiten und diese ausreichend zu validieren.

Literatur

1. Battie MC, Bigos SJ (1989) Industrial back pain complaints: a broader perspective. Spine 14:852–856
2. Bigos SJ, Battie MC, Fisher LD, Fordyce WE, Hansson TH, Nachemson AL, Spengler MD (1991) A prospective study of work perceptions and psychological factors affecting the report of back injury. Spine 16:1–6
3. Krankheitsarten 1994 (1996) BKK-Bundesverband (Hrsg) Essen
4. Krüger H, Läubli TH (1997) Rückenbeschwerden bei Schweizern und Gastarbeitern: Arbeitsbelastung, Coping und Chronifizierung. In: Schmahl FW (Hrsg) Gefährdungen des Menschen in der heutigen Arbeitswelt. Schmidt, Berlin, S 179–192
5. Nübling M, Michaelis M, Hofmanne F, Stößel U, Dietz S (1996) Wirbelsäulenerkrankungen im Pflegeberuf – eine Querschnittsuntersuchung. In: Münzberger E (Hrsg) Verh Dtsch Ges Arbeitsmedizin. Gentner, Stuttgart, S 135–140
6. Riihimäki H (1991) Low-back pain, is origin and risk indicators. Scand J Work Environ Health 17:81–90
7. Rompe G (1975) Begutachtungsprobleme und berufliche Aspekte der Rehabilitation von Bandscheibenschäden. Prakt Orthop 6:217–225
8. Rowe ML (1982) Are routine spine films on workers in industry cost- or risk-benefit effective? J Occup Med
9. Spallek M (1996) Prävention am Arbeitsplatz in einer Leichtmetallgießerei. In: Jerosch J, Witting U, Brunsmann D (Hrsg) Berufsbedingte Erkrankungen der Wirbelsäule – die Berufskrankheiten 2108, 2109, 2110 – Arbeitsplatzgestaltung und orthopädische Begutachtung. Enke, Stuttgart, S 54–58
10. Spallek M, Kuhn W (1996) Beanspruchung des Bewegungsapparates bei Bildschirmarbeitern. In: Münzberger E (Hrsg) Verh Dtsch Ges Arbeitsmedizin. Gentner, Stuttgart, S 141–146

Brauchen wir eine Vorsorgeuntersuchung für Berufe mit Belastung der Wirbelsäule – aus medizinischer Sicht

G. ROMPE

Epidemiologische Ansätze zur Begründung von Wirbelsäulen-Vorsorgeuntersuchungen

Wirbelsäulenprobleme sind die häufigste „Krankheit" der Arbeitnehmer unter 45 Jahren [20]. 1 % aller Arbeitstage fallen wegen Kreuzschmerzen aus. 16 % einer Großstadtbevölkerung konnten wegen Kreuzschmerzen im vergangenen Jahr mindestens acht Tage ihrer Arbeit nicht nachgehen [21]. 60 – 80 % aller Arbeitnehmer haben Kontakt mit dem Arbeitsmediziner wegen Rückenproblemen. Aber auch in der Durchschnittsbevölkerung werden Kreuzschmerzen für das vergangene Jahr von 70 % der Befragten angegeben [24].

Wirbelsäulenveränderungen sind keine Erfahrung der Neuzeit. Sie wurden nicht nur im alten Ägypten [7], sondern auch im alten Rom und in Deutschland in der Zeit des 12. bis 15. Jahrhunderts [27] beobachtet. Die *Krankheitsbewertung* unterliegt allerdings kulturellen Einflüssen. So sollen Rückenschmerzen in Oman bei geringem ärztlichem Versorgungsgrad mehr als Lebensschicksal, denn als Krankheit erlebt werden [35].

Die häufigen *Arbeitsausfallzeiten* einerseits bzw. Beschwerden der Patienten andererseits rufen den Arbeitsmediziner auf den Plan. Arbeitsmedizin und Prävention in der Arbeitsmedizin lassen sich nach dem dualen Prinzip einteilen [31]. Gewerbeaufsichtsamt und staatlicher Gewerbearzt auf der einen Seite [32, 34], Betriebsarzt und Berufsgenossenschaften auf der anderen Seite [14] sahen in der Prävention immer schon eine wichtige Aufgabe, die auch in der Gesetzgebung verankert ist (SGB VII, §1 u. 14). Am besten organisiert ist die Prävention für den Bereich der Gefahrstoffe.

Risikofaktoren für wirbelsäulenbedingte Arbeitsunfähigkeiten

Risikofaktor Röntgenbefund

Die Erfahrungen mit dem Röntgenbefund sind außerordentlich divergent. Es gibt Hinweise über den krankheitsfördernden Einfluß einer Beinlängendifferenz [16] und das Gegenteil, d.h., daß eine Beinlängendifferenz ohne Bedeutung ist [28]. Ähnliches läßt sich sagen für Übergangswirbel [13, 28] und Wirbelgleiten [6, 28].

Heute neigt die Mehrzahl der Autoren dazu, eine *Röntgenuntersuchung* zum Nachweis von Risikofaktoren nicht bzw. *nicht ohne besondere Begründung* zu empfehlen [3, 29, 30], da Wirbelsäulenröntgenbefunde nicht in einen eindeutigen Zusammenhang mit Kreuzschmerzarbeitsunfähigkeiten gebracht werden konnten [7].

Risikofaktor Geschlecht

Daß nur 20 % der Kreuzschmerzarbeitsunfähigkeiten Frauen betreffen (bei 40 % weiblichen Arbeitnehmern), erklären Andersson [1, 2] sowie Boden et al. [7] damit, daß Frauenarbeit in der Regel leichtere Arbeit ist. Bei gleicher körperlicher Belastung fanden einzelne Autoren keinen Unterschied zwischen Kreuzschmerzangaben von Männern und Frauen, andere fanden die Frauen stärker betroffen [7]. Erst jenseits des 60. Lebensjahres klagen Frauen (wohl wegen der Osteoporose) häufiger über Kreuzschmerzen als Männer. Bigos et al. [5] betonen, daß die Kreuzschmerzen der Frauen höhere Kosten verursachen als die der Männer.

Sonstige Risikofaktoren

Eine positive Beziehung zwischen *Rauchen* und Kreuzschmerzen haben zahlreiche Autoren festgestellt [7]. Auf eine positive Beziehung zwischen großer *Körperlänge* und Kreuzschmerzhäufigkeit haben ebenfalls zahlreiche Autoren hingewiesen [3].

Dagegen wird der Einfluß mangelnder körperlicher Leistungsfähigkeit (*Fitneß*) unterschiedlich diskutiert. Bigos u. Battie [3] sahen ebenso wie Troup et al. [34] keinen Zusammenhang mit mangelnder körperlicher Fitneß, im Gegensatz zu den Feststellungen anderer Autoren, die Boden et al. [7] zitieren.

Risikofaktor schwere Arbeit

Nach Jäger et al. [17] hat nur $^1/_4$ einer Gruppe von Transportarbeitern keine Rückenschmerzanamnese. Heliövaara et al. [15] sowie Wickström et al. [38] sehen männliche Arbeiter der Unterschicht unter den Kreuzschmerzpatienten überrepräsentiert. Verglichen mit Anstreichern kommen *Kreuzschmerzen bei Arbeitern* mit schwerer körperlicher Arbeit *häufiger* vor.

Da bei älteren Personen, also auch jenseits des Erwerbslebens, klinische und röntgenologische Befunde der Personen, die schwere körperliche Arbeit geleistet haben, sich bisher nicht von den anderen unterscheiden, bleibt lediglich die zeitlich begrenzte Vorverlegung des Erkrankungsbeginnes bei Personen mit schwerer körperlicher Arbeit zu diskutieren [23, 36].

Psychosoziale Risikofaktoren

Viele Autoren sehen im Betriebsklima und psychosozialen Umfeld eine wichtige Ursache. White [27] spricht vom *sozioökonomischen Dilemma*. Anderson [1] vom psychologischen Dilemma. Offensichtlich spielt auch die Höhe der Lohnfortzahlung im Krankheitsfalle eine Rolle [25]. In diese Richtung zielt auch die aktuelle Diskussion über den „Krankenstand" in den obersten Bundesbehörden in Deutschland.

Solche Gedankengänge finden zunehmend Anerkennung, zumal kaum einsehbar ist, daß in den Industrieländern sich die Arbeitsverhältnisse so verschlechtert hätten, daß in den letzten 30 Jahren eine stärkere Wirbelsäulenbelastung der Arbeitnehmer resultiere. Als Konsequenz kommt es zu einem weltweiten Umdenken. Kreuzschmerzen werden heute als multimodales Problem gesehen, die Therapie wird aktiver mit dem Slogan „Return to work" [12].

Erfahrungen über orthopädische Sporttauglichkeitsuntersuchungen im Rahmen des Leistungssports

Vor allem dem Orthopäden und Durchgangsarzt Prof. Dr. O. K. Sperling ist zu verdanken, daß der Bundesausschuß Leistungssport über viele Jahre – aufbauend auf den Erfahrungen sportmedizinischer Untersuchungen des Landes Hessen – orthopädische Tauglichkeits- und Vorsorgeuntersuchungen betrieb [8, 9].

Es entstand ein riesiger Datenfriedhof. Brauchbare Veröffentlichungen aus diesem Material oder Entscheidungshilfen für die Wahl bestimmter Leistungssportarten hat es nicht gegeben, das Programm ist in der Zwischenzeit deutlich – nicht zuletzt wegen seiner Kosten – zurückgefahren worden.

Es hat sich gezeigt, daß sich die Motivierung zu einer ganz bestimmten Leistungssportdisziplin durch vermutete Risiken nicht beeinflussen läßt.

Ich selbst habe Höchstleistungssportler mit erheblichen, aus meiner Sicht deutlich einschränkenden Befunden an der Wirbelsäule betreut, die es sich nicht nehmen ließen, gewissermaßen meiner Sorge zum Trotz, Goldmedaillen, Weltmeister- oder Europameistertitel zu erreichen.

Während auf der einen Seite Wirbelsäulenschäden bei Speerwerfern, Delphinschwimmern, Ringern, im Kunstturnen und bei der rhythmischen Sportgymnastik sowie bei Kautschuk- und Klischniggartisten immer wieder beschrieben und heiß diskutiert werden, *führt der Erfolg der Sieger die Präventionsbemühungen* des Sportmediziners *ad absurdum* – jedenfalls bei vordergründiger Betrachtung.

Bei genauem Hinsehen waren aber vielfach vorzeitige Karriereabbrüche (Drop outs) vorhersehbar oder vermeidbar.

Aber erfolgreiche Sportler erinnern sich gern an ihre aktive Zeit, sie leiden wie selbstverständlich unter gewissen Folgen ihrer Aktivitäten, sie fühlen sich nach meiner Erfahrung nicht krank, sondern bleiben (lebenslang) begeisterungsfähig und hoch motiviert.

Stellenwert von Vorsorgeuntersuchungen

Prospektive Vorsorgeuntersuchungen der Wirbelsäule sind nach Bigos u. Battie (1991) von Biering-Sorensen (1985), von Troup u. Mitarb. (1987) und von Gyntelberg (1974) vorgenommen worden, ohne zu aufsehenden Ereignissen zu führen. Diese Untersuchungen führten zu der Erkenntnis, daß es keinen eindeutigen klinischen Befund gibt, auch nicht beim Bandscheibenvorfall (Andersson u. Deyo 1996).

So bleibt als einziges verläßliches Kriterium eine positive Rückenanamnese. 70–85 % der Kreuzschmerzpatienten gibt an, daß es sich nicht um die erste Kreuzschmerzattacke, sondern um ein Rezidiv handelt (Boden u. Wiesel 1992). Gerade bei einer Einstellungsuntersuchung werden solche anamnestischen Daten aber selten freiwillig mitgeteilt.

Nur 10 % der Kreuzschmerzpatienten hätte im Rahmen einer Einstellungsuntersuchung herausgefiltert werden können, und zwar am ehesten aufgrund der Anamnese; d.h. aber, es *gibt offensichtlich keine primäre, sondern nur eine sekundäre Prävention.*

Deshalb bleiben als **Ausschlußfaktoren für schwere körperliche Arbeit**

- Bandscheibenoperationen
- Wirbelgleiten
- Wirbelbrüche
- chronische Kreuzschmerzanamnese
- Wirbelsäulenbefunde mit einem Behinderungsgrad von mehr als 5 (Boden u. Mitarb. 1991).

Nicht empfehlenswert bei positiver Kreuzschmerzanamnese sind:

a) Berufe mit erheblicher körperlicher Beanspruchung auf Arbeitsplätzen:
   - In der Schwerindustrie, z. B. Gießereiarbeiter, Stahlarbeiter,
   - im Bergbau,
   - im Baugewerbe, z. B. Gleisbau,
   - in Speditionsbetrieben, z. B. Dockarbeiter,
   - in der Forstwirtschaft,
   - im Leistungssport (Gewichtheben, Judo, Ringen, Springen, Delphinschwimmen),
   - im Showgeschäft (z. B. Artisten und Catcher),
   - Fahrer von stark vibrierenden Fahrzeugen (Panzer, Erdbaumaschinen, Minenräum-
     boote),
   - Metzger,
   - Bäcker,
   - Kellner,
   - Krankenpfleger,
   - Chirurgen,
   - Zahnärzte,
   - Friseure.

b) Berufe mit Zwangshaltung und Dauerbelastung im Sitzen:
   - Arbeiten an Schreib- und anderen Büromaschinen,
   - Datenerhebung am Computer,
   - Zeichner,
   - Musiker.

c) Tätigkeiten mit Arbeiten in Zwangshaltung und Dauerbelastung im
   Sitzen oder Stehen:
   - Musiker,
   - Arbeiter an Schleif- und Webereimaschinen,
   - Arbeiter am Fließband.

Zusammenfassung

Eine verläßliche ärztliche *individuelle Primärprävention* gibt es nicht.

Plausibel ist eine *allgemeine* arbeitsmedizinische ergonomische *Pri-märprävention,* die sich auf den Arbeitnehmer (wechselnde körperliche Haltung und Belastung, Rückenschule, Fißneßtraining, Sport), auf den Arbeitsplatz (Vermeidung wirbelsäulenbelastender Tätigkeiten) und auf den Arbeitgeber (motivationsförderndes Arbeitsklima) bezieht.

Sinnvoll ist derzeit nur eine *Sekundärprävention.* Leitsymptom dazu ist nicht ein aktueller medizinischer Befund und nur höchst selten ein (Röntgen-)Bild. Absolut im Vordergrund steht die Bedeutung der Kreuz-schmerzanamnese.

Dazu müssen Gesetzgeber und Datenschützer nach Lösungsmöglich-keiten zu einer Verbesserung der *Kreuzschmerzanamnese bei Einstellungs-untersuchungen* suchen (etwa vergleichbar der Selbstanzeigepflicht bei Aufnahmeanträgen für GKV und PUV), damit nicht Versichertengemein-

Chapter 35

Reliable Science About Avoiding Low Back Problems at Work

S. J. Bigos, M. R. Wilson and G. E. Davis

Introduction

Back problems associated with work have become expensive, indeed the most expensive musculoskeletal problem for Western societies [7, 17, 21, 48]. The back is so expensive because it is the most common cause of disability awards for people in the United States of America for persons under 45 years of age [17]. Although the expense is most attributable to disability and worker's compensation in the industrial context, back problems seem almost unavoidable by the age of 50 and are the most common reason for a doctor's appointment after the common cold [18]. Many have recommended approaches to reduce the impact but have had little influence on outcon [35].

Different occupations hold members different standards. A physician has sworn on oath to put the health of the patient first. A medical professional must then make recommendations based not on hunches and impressions that have a high chance of being fallacious, but based upon factual science that limits bias. To do otherwise would be contrary to the sworn medical oath.

The origin of the medical oath as taken by the priests of Asklepios in ancient Greece was to avoid the wrath of society for bad results. The oath arose after Zeus slew Asklepios for becoming "presumptuous and greedy" [24]. The oath was probably also influenced by Hammurabi's code: "If the doctor, in opening an abscess, shall kill the patient, his hands shall be cut off." If, however, the patient was a slave, the doctor was simply obliged to supply another slave [24]. (This last qualifier may have lured more physicians into industrial medicine.)

The oath of Asklepios was based on putting the needs of the patient first to avoid questions of being presumptuous or greedy [28]. Later, the oath took on new meaning as rational inquiry was applied to medicine. Hippocrates is credited with the quote: "Experience is fallacious and judgment is difficult ... observe and find out for yourself, prove it so with many observations" [28]. The father of medicine goads us to spurn reliance upon our hunches and impressions, and to base our recommendations upon knowledge beyond those of the concerned grandmother, magician, or astrologer.

Then Abraham Flexner's report in 1910 [25] established that our medical schools in the United States need to be based upon the German system. He is quoted as demanding that medical recommendations need to be "related to science," not a "mysterious process" that might be crafted by snake oil salesmen [25].

Over the past nine decades, the term "science" has evolved into what is and is not reliable with improving ability to control for bias, applying the works of Francis Bacon, John Locke, and others to modern technology and methods [24, 35]. Thus, our oath to putting the patients' needs first, beyond our hunches and impressions, took another twist. We can now critically analyze information for its ability to provide either reliable evidence or hypotheses and hints that will require more scientific scrutiny to be dependable. Science has continued to improve our vision and consequently our ability to make more accurate recommendations to those seeking our advice.

Today, the scientific literature must no longer rely strictly on hypothesis-generating observations since recent technology now provides studies capable of reliable evidence. Reliable evidence demands sample groups to be similar (randomized or cohort), the intervention of action is similar (implicitly described), and the outcome criteria are similarly evaluated in all subjects. The reason for prospective studies is that they provide fewer opportunities for undetectable bias or error in population studies or trials of different interventions.

Nowhere is the need for differentiating between hypothesis-generating retrospective studies and reliable evidence from prospective efforts more obvious than in musculoskeletal problems. For years we were limited to hypothesis-generating studies as no reliable evidence efforts were available. Acting on retrospective case series, cross sectional studies of prevalence, or retrospective cohort evaluations led to many false conclusions and could be considered in some cases to have worsened the problems [20, 43].

The potential limitations of retrospective studies is best exemplified in Table 1. Since it is so difficult to control bias and since the data is usually gathered for reasons other than the study, the findings generally follow the original constructs and expectations of the authors. Thus, depending upon what the authors are seeking, the greater the chance that it can unintentionally become a self-fulfilling prophecy. For almost any individual, work site, radiological, and psychological factor there is at least one study of similar quality that says exactly the opposite of the other studies (see

Table 1) [12]. Authors' quotes about such articles include: "insurance company and absenteeism reports ... imcomplete and categorized for other purposes", "misleading", "generated controversy", "poor quality", "little progress", "expectant bias", "generates hypotheses not evidence", "cross-sectional exposure nondifferential misclassification ... significant bias in risk estimates", and "conflicting data" [1, 11, 15, 47].

It is very difficult to apply a methodological approach to retrospective data since many parts of the process and explanations of criteria are implicit or missing. Prospective methods demand more explicit planning. The process can better address the issues needed to assess the reliability of the data. Potential evidence can be gained even with soft or complicated outcome criteria like pain or memory of complaints. Was the process of randomization, criteria for grouping, intervention or observation, and criteria for evaluation adequate to critique the avoidance of potential bias? A prospective effort is not necessarily valid unless it provides sufficient information to evaluate internal and external validity. The opportunity is not available for most retrospective studies, even for case control studies. Hulley and Cummings judged the opportunity to scrutinize limited information with case control studies to provide only hypotheses, thus requiring further prospective study to gain reliable evidence about a particular subject [30].

Computers and clinical science have greatly enhanced the opportunity to make prospective efforts. Those with the potential to provide reliable evidence include prospective cohort studies and prospective trials. Even case control efforts that are considered to provide some potential with obvious intake and outcome criteria (cancer diagnosis and death rates at 5 years) do not seem to provide adequate information to go beyond the hypotheses for musculoskeletal problems [30].

A methodological process can be applied to prospective data as was the case in the Agency for Health Care Policy and Research guideline 14 [6]. While tedious, it provided an opportunity to establish screening criteria of articles, evidence table criteria for musculosketal problems and a means of eliminating or minimizing the bias of the evaluator. The process was first applied to the treatment of acute low back problems then modified to also look at risk and prevention of musculoskeletal problems, as in Table 2 [13].

Two methodologists led a review of almost 1400 abstracts for potential data, selecting over 750 articles for methodological categorization, screening, and the production of evidence tables on the most scientifically reliable literature, e. g., prospective trials, prospective cohort, and case control studies. A multi-disciplinary panel of experts evaluated the evidence tables and articles. The participants graded different aspects of each article according to specific methodological questions, rating 10 – 12 aspects

Table 1. Inconsistencies of retrospective risk factor studies of industrial back problems [12]

Factors	Back pain/Back claims		Herniated disk	
	Risk	No Risk	Risk	No Risk
Individual				
Age	Andersson[79p], Bergquist-Ullman[77], Bigos[86] Bistrom[54], Cady[85], Eklundh[67], Dehlin[76], Horal[69], Hult[54 (16)], Hult[54 (17)], Rowe[69], Rowe[63], Rowe[65], Svensson[83], Wistrin[70]	–	Brown[73], Hakelius[70], Hrubec[75], Kelsey[78], Kelsey[75], Spangfort[72], Valkenburg[82]	–
Sex	Bigos[86]	–	Brown[72], Spangfort[72]	–
Height	Lawrence[55]	Bigos[86], Ferguson[70], Hirsch[69], Hodgson[74], Hult[54 (16)], Hult[54 (17)], Rowe[65], Tauber[70], Westrin[73]	Hrubec[75], Kelsey[75r], Kelsey[75i]	Weber[78]
Weight	Brown[72], Ikata[65]	Bigos[86]	–	–
Posture	–	Bergquist-Ullman[77], Hodgson[74], Horal[69], Hult[54 (16)], Hult[54 (17)], Magora[75], Nachemson[69], Pedersen[75], Rowe[69], Sorensen[64]	–	–
Strength	–	Nachemson[69], Pedersen[75]	–	–
Scoliosis <80	–	Collis[69], Kostuick[80], Nachemson[68], Nilsonne[68]	–	–
Fitness level	–	–	Kelsey[75r], Kelsey[75i]	–
Spinal Mobility	Howell[84]	Sweetman[74]	–	–
Smoking	Frymoyer[80], Frymoyer[83], Svensson[83]	–	–	–
Radiographic				
Severe multi-disc degeneration	Andersson[79r], Bistrom[54], Caplan[66], Hult[54 (16)], Hult[54 (17)], Lawrence[55], Lawrence[69], Magora[76], Rowe[63], Rowe[65], Torgerson[76], Wiffling[73]	Bigos[92]	–	–

Moderate degeneration	–	–	Andersson[79r], Bigos[92], Hirsch[69], Horal[69], Hult[54] (16), Hult[54] (17), Hussar[65], Splithoff[53]	–
Congenital anomalies	Spangfort[72]	–	Bigos[92], Hodges[37], Horal[69], Hult[54] (16), Hult[54] (17), LaRocca[69], Redfield[71], Rowe[63], Splithoff[53]	Lokanden[62], Paillas[69], Tilley[70], Wiikeri[78]
Spondylolisthesis	–	–	Bigos[92], Hodgson[74], Rowe[71], Rowe[63], Splithoff[53]	Fischer[58], Horal[69], Hult[54] (17), Magora[80], Wiltse[69]
Work place				
Heavy Physical Work	Kelsey[75r], Kelsey[75i]	–	Partridge[68], Magnusson[90]	Anderson[63], Bergquist-Ullmann[77], Dehlin[76], Helander[73], Hult[54] (16), Hult[54] (17), Ikata[65], Kogstad[73], Lawrence[55], Magora[70], Magora[72], Navtig[70], Partridge[69], Rowe[69], Svensson[83], Westrin[70], White[66]
Sedentary Work	–	Kelsey[75r], Kelsey[75i], Kelsey[80]	–	Eklund[67], Kroeman[69], Magora[72]
Frequent Bend/Twist	–	–	Magnusson[90]	Magora[74s], Magora[74i]
Lifting (moderate)	Kelsey[75r], Kelsey[75i]	–	Bigos[86], Hult[54] (17), Ikata[65], Kelsey[80], Magora[72], Magnusson[90]	–
Frequent heavy lifting	–	–	Magnusson[90]	Ferguson[70n], Ferguson[70m], Ferguson[70w], Frymoyer[80s], Hult[54] (16), Hult[54] (17), Ikata[65], Junghans[79], Lawrence[55]
Vibration	–	–	–	Frymoyer[80i], Junghans[79]
Driving vehicles	–	Kelsey[75a]	–	Gruber[74], Hrubec[75], Troup[69]
Psychological				
Test results	–	–	Bergquist-Ullman[77], White[73]	Beals[72], Bigos[86], Wiesel[84], Wiltse[5]
Drug & alcohol abuse	–	–	–	Helander[73], Lokanden[62], Magora[73], Navtig[70], Westrin[70]

Table 2. Summary of prevention and risk studies for reporting occupational back problems

Study	Results	Evidence
Prevention		
Claims:		
Gundewall [27] Nurses and aides	Back muscle exercise program	Adequate
Redell [40] Baggage handlers	No lifting belts	Adequate
Complaints:	Exercise better than back school	Weak
Donchin [22] Hospital employees		
Risk: Prospective Cohort		
Claims:		
Rossignol [44] Aircraft manufacture	Prior compensation	Strong
Bigos [92] Aircraft manufacture	Job dislike distress > physical	Adequate
Cady [15] Firefighters	Low fitness	Weak
Ready [39] Nurses	No fitness*	Weak
Ready [39] Nurses	Prior compensation	Weak
Ready [39] Nurses	Smoking	Weak
Ready [39] Nurses	Job dissatisfaction	Weak
Chaffin [16] Electronics manufacture	Spine load	Weak
Dueker [23] Steel mill	No strength*	Weak
Mostardi [34] Nurses	No history of back pain	Weak
Mostardi [34] Nurses	No isokinetic lift/strength	Weak
Complaints:		
Riihimaki [42] Construction	History of back pain	Adequate
Leino [32] Metal manufacture	No strength	Adequate
Riihimaki [41] Construction	History of sciatica	Adequate
	Prior compensation	Weak
Pietri [37] Drivers	Drive motor vehicle	Some
Harber [29] Nurses	History of back pain	Weak
Risk: Case-Control		
Claims:		
Tsai [50] Mixed hourly	Non-work factors	Some
Ryden [45] Hospital employees	History of back pain	Some
Daltroy [19] Postal employees	History of back claim	Some
Nuwayhid [36] Firefighters	Life-threatening duty	Some
Zwerling [53] Postal employees	History of back pain	Some

on a scale of: 1, severe bias; 2, potential bias; or 3, no substantial bias. These scientific summaries were reviewed and discussed before seeking agreement as on: (a) What does the study suggest? (b) What are the limitations related to the study? and (c) How would you advise someone attempting to make a decision based upon this study (interpret scientific meaning based on the data presented)?

The articles on prevention trials, prospective cohort, and case control studies were categorized according to outcome data either as: (a) Administrative-recorded claim of a back injury at work, or (b) survey-complaints on inquiry about present or previous back problems as requested only for the purposes of the study.

With the marked variation in intake criteria, study variability, and outcome criteria it is impossible to do meta-analysis without making so many assumptions that bias is impossible to evaluate. At present we can say that adequate evidence in prospective trials shows that back muscle exercises prevented both complaints and claims in a study of hospital nurses as published by Gundewall et al. in 1993 [27], and that lifting belts did not prevent claims for airline baggage handlers, published in 1992 by Reddell et al. [40].

Risk factors studied in prospective cohort studies found strong evidence that the chance of future injury claims was increased in those with prior compensation claims in a study of hourly aircraft employees published by Rossignol et al. in 1993 [44]. Additionally, other studies provided adequate evidence that job dissatisfaction and distress in life were more important than physical factors in predicting the injury claims in hourly aircraft employees [2–5, 8–10, 26]. Risk factors studied in prospective cohort studies found adequate evidence that the chance of future solicited complaints (not claims) was increased in construction workers with both prior history of sciatica and history of back pain in studies by Riihimaki et al. in 1989 and 1994 [41, 42]. Another prospective cohort study found adequate evidence that differences in levels of tested lifting strength were not associated with differences in solicited complaints (not claims) in hourly metal manufacturing employees in a study by Leino et al. in 1987 [32]. Some evidence found risk in case control studies of injury claims in non-work factors in mixed occupational groups of hourly employees [50], history of back pain in hospital employees [45], history of back pain, and back claims in postal employees [19, 47], and after life-threatening duties, such as firefighters [36]. Some evidence found risk in a prospective cohort study of solicited complaints (not injury claims) in motor vehicle drivers [37], and weak evidence that exercise prevents complaints better than back school [22] and greater risk with low fitness [15], prior compensation, smoking, job dissatisfaction [39], spine load [39] and history of prior back pain [39]. Weak evidence was found for no association with claims or complaints relative to fitness [39], relative static strength [23], isokinetic lifting strength, or history of back pain [34].

Three claims prevention studies [31, 46, 52], a survey complaint prevention study [33], a cohort claim risk study [51], a cohort survey complaint risk study [49], and a case control claims risk study [38] provides inadequate information to scientifically evaluate reliability.

Discussion

While no one would suggest limiting our efforts to try new techniques to help workers to be healthy and productive, we must refrain from making sweeping assumptions from bias-laden hypotheses-generating studies. This is especially important as we contemplate making recommendations as to how society should route resources. Both the United States and the unification of Germany have proven that nothing is free. When we begin expensive projects that are unsuccessful the money usually comes out of the pockets of working people either directly in lower wages, fewer benefits, taxes, or impacting lives through higher interest rates. We have experienced major changes over the past 20 years in the USA as relative wages for American hourly employees have plummeted compared to other parts of the world, according to the USA Department of Commerce (see Table 3). This is partly due to unproven theories and speculations impacting our labor costs in a negative way, leading to lower wages as ever increasing amounts of money are needed for medical and occupation injury insurance or indemnity.

Our hourly employees are citizens who deserve better when recommendations may so greatly affect them. They deserve reliable efforts that will not only help employees stay healthy, but minimize the risk to their livelihood through unnecessary added labor costs that will eventually shrink their paycheck.

Table 3. Relative wages over 18 years with varying labor costs impacting wages (US Department of Commerce)

	Hourly wages	
	1975	1993
Germany	$ 6.35	$ 25.56
Switzerland	$ 6.09	$ 22.66
Austria	$ 4.51	$ 20.20
Japan	$ 3.00	$ 19.20
USA	$ 6.36	$ 16.79

Hippocrates proclaimed very adroitly: "To know is one thing, to think one knows is another. To know is science, to think one knows is ignorance" [24, 28]. Our citizens and hourly employees deserve our science, not our ignorance or sophism. We need to keep trying different methods of improving the plight of hourly employees. This can include great amounts of speculation and hypothesis. Yet, before we begin expensive programs we need real scientific efforts to assure that the impact is transferable and truly the result of our hypothesis. Only then can we assure employees that we have their best interests in mind. Only then can we offer them honest professional recommendations. Otherwise, society or the gods may again institute the law of Hammurabi. None of us want to return to the days of having our hands cut off should our efforts fail. We all hope that our suggestions will be based upon the most reliable science available and in alignment with the oaths of Asklepios and Hippocrates. Medical oaths were intended not only to protect the patient but also those who abide by them.

References

1. Andersson GB (1981) Epidemiologic aspects on low-back pain in industry. Spine 6:53–60
2. Battié MC, Bigos SJ, Fisher LD et al. (1989) A prospective study of the role of cardiovascular risk factors and fitness in industrial back pain complaints. Spine 14:141–147
3. Battié MC, Bigos SJ, Fisher LD et al. (1989) Isometric lifting strength as a predictor of industrial back pain reports. Spine 14:851–856
4. Battié MC, Bigos SJ, Fisher LD et al. (1990) Anthropometric and clinical measures as predictors of back pain complaints in industry: a prospective study. J Spinal Disord 3:195–204
5. Battié MC, Bigos SJ, Fisher LD et al. (1990) The role of spinal flexibility in back pain complaints within industry. A prospective study. Spine 15:768–773
6. Bigos S, Bowyer O, Braen G et al. (1994) Acute low back problems in adults. Clinical Practice Guideline No 14. AHCPR Publication No. 95-0643. Rockville, MD, Agency for Health Care Policy and Research, Public Health Service, US Department of Health and Human Services
7. Bigos SJ, Baker R, Lee S et al. (1994) Overcoming an adversarial system. J Musculoskel Med 6:17–24
8. Bigos SJ, Battié MC, Fisher LD et al. (1992) A prospective evaluation of preemployment screening methods for acute industrial back pain. Spine 17:922–926
9. Bigos SJ, Battié MC, Spengler DM et al. (1992) A longitudinal, prospective study of industrial back injury reporting. Clin Orthop 279:21–34
10. Bigos SJ, Battié MC, Spengler DM et al. (1991) A prospective study of work perceptions and psychosocial factors affecting the report of back injury. (Published erratum appears in Spine 16 [6]:688). Spine 16:1–6
11. Bigos SJ, Battié MC (1992) Risk factors for industrial back problems. In: Bigos S (ed) Seminars in spine surgery. Saunders, Philadelphia, 4 (1), pp 2–11

12. Bigos SJ, Battié MC (1987) Surveillance of back problems in industry. In: Hadler N (ed) Clinical Concepts in the regional musculoskeletal diseases. Grune and Stratton, New Mexico, pp 299–315
13. Bigos SJ, Holland J, Webster M et al. (1996) Prevention and risks of reporting occupational back problems: a methodologic literature analysis, presented ISSLS 1996 Course NY, New York (paper in preparation)
14. Burdorf A (1993) Bias in risk estimates from variability of exposure to postural load on the back in occupational groups. Scand J Work Environ Health 10:50–54
15. Cady LD, Bischoff DP, O'Connell ER et al. (1972) Strength and fitness and subsequent back injuries in firefighters. J Occup Med 21:269–272
16. Chaffin DB, Park KS (1973) A longitudinal study of low-back pain as associated with occupational weight lifting factors. Am Ind Hyg Assoc J 34:513–525
17. Cunningham LS, Kelsey JL (1984) Epidemiology of musculoskeletal impairments and associated disability. Am J Public Health 74:574–579
18. Cypress BK (1983) Characteristics of physician visits for back symptoms: a national perspective. Am J Public Health 73 (4):389–395
19. Daltroy LH, Larson MG, Wright EA et al. (1991) A case-control study of risk factors for industrial low back injury: implications for primary and secondary prevention programs. Am J Ind Med 20:505–515
20. Daltroy LH, Iverson MD, Larson MG et al. (1997) A controlled trial of an educational program to prevent back injuries. N Engl J Med 337 (5):322–328
21. Deyo RA, Tsui-Wu YJ (1987) Descriptive epidemiology of low-back pain and its related medical care in the United States. Spine 12:264–268
22. Donchin M, Woolf O, Kaplan L et al. (1990) Secondary prevention of low-back pain. A clinical trial. Spine 15:1317–1320
23. Dueker JA, Ritchie SM, Knox TJ et al. (1994) Isokinetic trunk testing and employment. J Occup Med 36:42–48
24. Encyclopedia Britannica 2.01 CD ROM, 1996
25. Flexner A (1910) Medical education in the United States and Canada. Carnegie Foundation for the Advancement of Teaching Bulletin, New York, No 4
26. Fordyce WE, Bigos SJ, Battié MC et al. (1992) MMPI scale 3 as a predictor of back injury report: what does it tell us? Clin J Pain 8:222–226
27. Gundewall B, Liljeqvist M, Hansson T (1993) Primary prevention of back symptoms and absence from work. A prospective randomized study among hospital employees. Spine 18:587–594
28. Haggard, Howard W (1996) The doctor in history. Barnes and Nobles Books, New York
29. Harber P, Pena L, Hsu P et al. (1994) Personal history, training, and worksite as predictors of back pain of nurses. Am J Ind Med 25:519–526
30. Hulley SB, Cummings SR (1988) Designing clinical research. Williams and Wilkins, p 80
31. Kellett KM, Kellett DA, Nordholm LA (1991) Effects of an exercise program on sick leave due to back pain. Phys Ther 71:283–291
32. Leino P, Aro S, Hasan J (1987) Trunk muscle function and low back disorders: a ten-year follow-up study. J Chronic Dis 40:289–296
33. Linton SJ, Bradley LA, Jensen I et al. (1989) The secondary prevention of low back pain: a controlled study with follow-up. Pain 36:197–207
34. Mostardi RA, Noe DA, Kovacik MW et al. (1992) Isokinetic lifting strength and occupational injury. A prospective study. Spine 17:189–193
35. Nachemson AL (1992) Newest knowledge of low back pain. A critical look. Clin Orthop 279:8–20
36. Nuwayhid IA, Stewart W, Johnson JV (1993) Work activities and the onset of first-time low back pain among New York City fire fighters. Am J Epidemiol 137:539–548

37. Pietri F, Leclerc A, Boitel L et al. (1992) Low-back pain in commerical travelers. Scand J Work Environ Health 18:52–58
38. Punnett L, Fine LJ, Keyserling WM et al. (1991) Back disorders and nonneutral trunk postures of automobile assembly workers. Scand J Work Environ Health 17:337–346
39. Ready AE, Boreskie SL, Law SA et al. (1993) Fitness and lifestyle parameters fail to predict back injuries in nurses. Can J Appl Physiol 18:80–90
40. Reddell CR, Congleton JJ, Huchingson RD et al. (1992) An evaluation of a weightlifting belt and back injury prevention training class for airline baggage handlers. Applied Ergonomics 23 (5):319–329
41. Riihimaki H, Wickstrom G, Hanninen K et al. (1989) Predictors of sciatic pain among concrete reinforcement workers and house painters – a five-year follow-up. Scand J Work Environ Health 15:415–423
42. Riihimaki H, Viikari Juntura E, Moneta G et al. (1994) Incidence of sciatic pain among men in machine operating, dynamic physical work, and sedentary work. A three-year follow-up. Spine 19:138–142
43. Robertson LS, Keeve JP (1983) Worker injuries: the effects of workers compensation and OSHA inspection. J Health Polit Policy Law 8:581–597
44. Rossignol M, Lortie M, Ledoux E (1993) Comparison of spinal health indicators in predicting spinal status in a 1-year longitudinal study. Spine 18:54–60
45. Ryden LA, Molgaard CA, Bobbitt S et al. (1989) Occupational low-back injury in a hospital employee population: an epidemiologic analysis of multiple risk factors of a high-risk occupational group. Spine 14:315–320
46. Shi L (1993) A cost-benefit analysis of a California county's back injury prevention program. Public Health Rep 108:204–211
47. Snook SH (1982) Low back pain in industry. In: White AA, Gordon SI (eds) Symposium on idiopathic low back pain. Mosby, St. Louis, p 23
48. Spengler DM, Bigos SJ, Martin NA et al. (1986) Back injuries in industry: a retrospective study. I. Overview and cost analysis. Spine 11:241–245
49. Troup JD, Foreman TK, Baxter CE et al. (1987) Volvo award in clinical sciences. The perception of back pain and the role of psychophysical tests of lifting capacity. Spine 12:645–657
50. Tsai SP, Bernacki EJ, Dowd CM (1991) The relationship between work-related and non-work-related injuries. J Community Health 16:205–212
51. Venning PJ, Walter SD, Stitt LW (1987) Personal and job-related factors as determinants of incidence of back injuries among nursing personnel. J Occup Med 29:820–825
52. Walsh NE, Schwartz RK (1990) The influence of prophylactic orthoses on abdominal strength and low back injury in the workplace. Am J Phys Med Rehabil 69:245–250
53. Zwerling C, Ryan J, Schootman M (1993) A case-control study of risk factors for industrial low back injury. The utility of preplacement screening in defining high-risk groups. Spine 18:1242–1247

Primär- und Sekundärprävention unter arbeitsmedizinischen und ergonomischen Gesichtspunkten

W. GABER

Rückenschmerzen stehen mit im Vordergrund der Erkrankungsstatistiken unserer Industriegesellschaft. Akute und chronische Rückenbeschwerden kosten die deutsche Volkswirtschaft jährlich 50 Millarden Mark, da ca. 60 Millionen verlorene Arbeitstage im Jahr bezahlt werden müssen (Grigelat, 1994). 80 % der westlichen Bevölkerung erfahren für einen gewissen Zeitraum diesbezügliche Beschwerden. Mitunter kommt jeder 5. Patient in der allgemeinmedizinischen Praxis und jeder 3. Patient einer orthopädischen Praxis wegen Rückenbeschwerden zum Arzt.

Ruckartiges Anheben von Lasten bei gleichzeitiger Rotation und Beugung prädisponiert für akute Schäden im muskuloskelattalen Bereich (Abb. 1).

Betriebs- und volkswirtschaftliche Kosten

Betrachtet man die Statistiken der Krankenkassen und der Berufsgenossenschaften, so muß man feststellen, daß die Erkrankungen des muskuloskelettalen Systems zu hohen Ausfallzeiten führen und erhebliche betriebliche und volkswirtschaftliche Kosten verursachen.

Abb. 1. Ruckartiges Heben von Lasten bei Drehung und/oder Seitneigung ist die häufigste arbeitsbezogene Ursache von Rückenbeschwerden

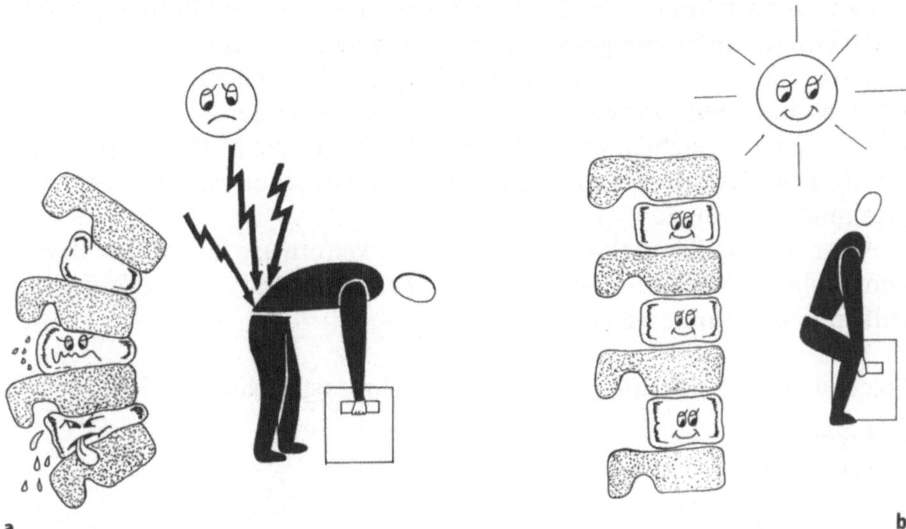

Abb. 2a, b. Korrekter und „unkorrekter" Bewegungsablauf mit der folge einer akuten Lumbalgie

Ein Ausfalltag eines Mitarbeiters kostet in der gewerblichen Industrie zwischen 600 und 800 DM/Tag in Abhängigkeit vom Qualifizierungsgrad des Mitarbeiters. Bei einer akuten Lumbalgie („Hexenschuß") addieren sich die Kosten bei einer Arbeitsunfähigkeit von ca. 10 Tagen schnell auf einen Betrag von bis zu 8000 DM/Mitarbeiter (Abb. 2).

Berücksichtigt man weiterhin, daß die Mitarbeiter im Regelfall während des Arbeitsprozesses nicht ersetzt werden, so resultieren zwangsläufig Mehr-/Fehlbelastungen der verbliebenen Mitarbeiter, welche es mit allen Mitteln zu verhindern gilt.

Reduktion der Beanspruchung durch ergonomisch sinnvolle Bewegungsabläufe

Unsere Industriegesellschaft und der damit verbundene Fortschritt hat dazu geführt, daß die Menschen ihren Lebensstil und ihre Umwelt verändert haben. Besonders im Bereich Bewegung wurden immer feinere Methoden erfunden, den Menschen vor „Bewegung generell zu schützen". Die Beanspruchung der Muskulatur hat sich von der dynamisch aktiven Form stark zur statisch passiven Form gewandelt. Die Beanspruchung der Muskeln wurde im beruflichen wie im privaten Bereich durch die Nutzung der unterschiedlichsten Hilfsmittel reduziert.

Durch die *betriebliche Prävention* (Vorbeugung am Arbeitsplatz) besteht die Möglichkeit, Verhaltens- und Verhältnisänderungen herbeizuführen. Denn häufig wird der Arbeitnehmer durch Verhältnisse am Arbeitsplatz zu unphysiologischen Arbeitsabläufen gezwungen.

Betrachtet man kritisch die Arbeitsplätze bei der Beurteilung von Rückenschmerzen, vorwiegend im Lendensäulenbereich, so muß man sich Gedanken machen, wie und in welcher Form die Mitarbeiter(innen) trainiert werden können, die bestehende Beanspruchung auf ein absolutes Minimum zu reduzieren (Abb. 3).

Aufgrund medizinisch-ergonomischer Erkenntnisse lassen sich Bewegungsabläufe mit sinnvollem Einsatz der Körperkraft *und* technischen Hilfsmitteln optimieren (Abb. 4–6).

Folgende Parameter müssen bei der Beurteilung beachtet werden:

- Arbeitshöhe,
- Arbeitssitz,
- Arbeitsumgebung,
- Greif- und Bewegungsraum,
- Bereich der optimalen Muskelkraft,
- Regeln für „richtiges Heben und Tragen",
- Reduktion der Eintönigkeit,
- Einteilung der Arbeit,
- Lärm und Vibrationen,
- Raum und Betriebsklima,

Abb. 3. Belastungen der Bandscheibe unter Berücksichtigung unterschiedlicher Gewichte und Neigungswinkel der Wirbelsäule

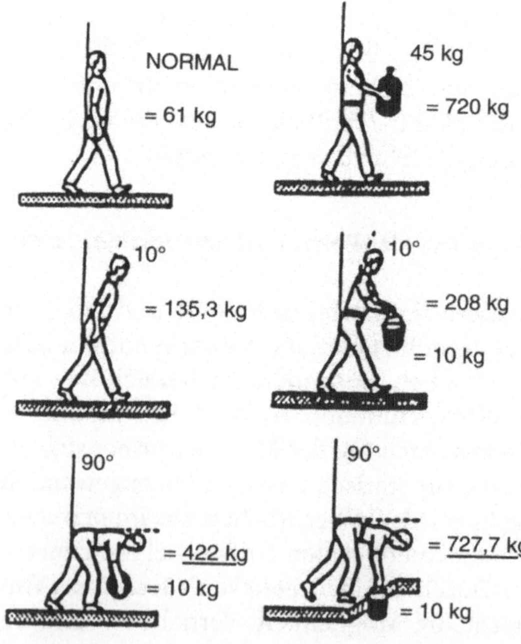

Abb. 4a, b. Memory Card

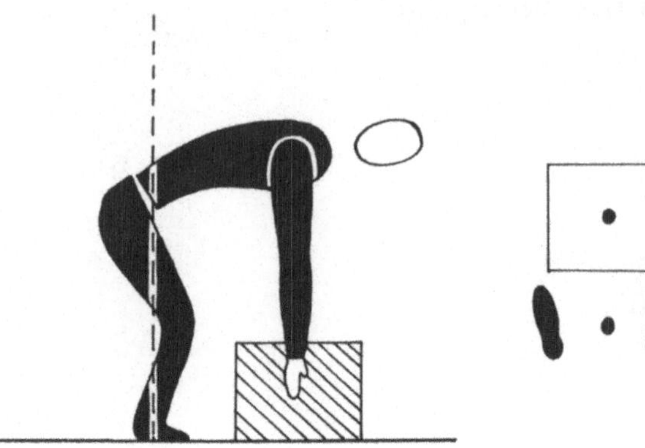

Abb. 5. Bei der Manipulation von Gewichten den Körperschwerpunkt über das Gewicht stellen, sicheren Halt suchen, mit beiden Beinen Bodenkontakt, den Rücken aufrecht halten, über die Beinmuskulatur arbeiten und mit beiden Armen gleichzeitig anheben

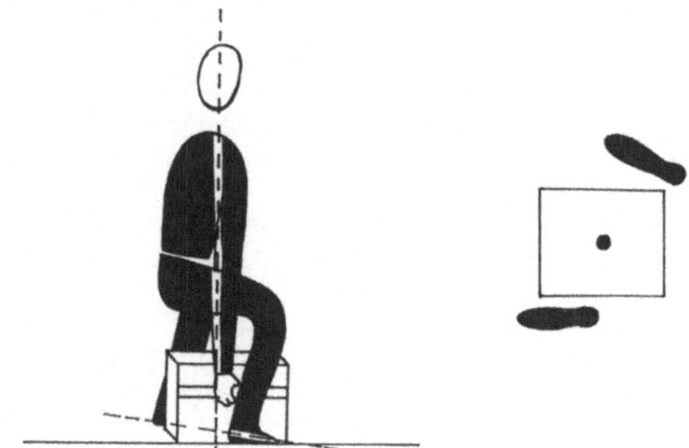

Abb. 6. Die Lasten möglichst nahe an der eigenen Körperachse transportieren

- Lastgewicht,
- Rumpfbeugewinkel,
- Rumpfdrehung,
- Einhändig/Beidhändig,
- Körpergewicht/Größe,
- Häufigkeit des Tragevorganges,
- Tätigkeit in extremer Haltung,
- Transportzeiten.

Risikofaktoren

Folgende Risikofaktoren werden von den Fachleuten (Arbeitsmediziner und Arbeitswissenschaftler) für das gehäufte Auftreten von Rückenschmerzen in der Arbeitswelt verantwortlich gemacht:

- Schwerarbeit,
- Fehlhaltung/Zwangshaltung,
- Seitneigung und Torsion der Wirbelsäule,
- Ruckartiges Heben,
- Monotone Arbeitsabläufe,
- Streß,
- Zeitdruck,
- (Nikotinabusus).

Jeder der aufgeführten Risikofaktoren kann über Jahre hinweg zu gesundheitlichen Schädigungen führen in Abhängigkeit von:

- Alter,
- Geschlecht,
- Körpergröße und Gewicht,
- Trainingszustand,
- Vorschädigungen.

Nicht berücksichtigt bei dieser Betrachtung wurden die Faktoren:

- Psyche,
- Arbeitsklima und die
- aktuelle Arbeitsmarktsituation.

Rechtliche Grundlagen

Betrachtet man die gesetzliche Verpflichtung (Arbeitsschutzgesetz u. a. m.) aller Verantwortlichen am Arbeitsschutz: „ ... der Arbeitgeber muß (... die Mitarbeiter vor Schäden am Arbeitsplatz zu schützen" ...), so muß man bedauerlicherweise feststellen, daß in vielen industriellen Bereichen aus den unterschiedlichsten Gründen wenig im Bereich der Prävention (Vorbeugung) getan wird.

Die Berufskrankheitenverordnung stellt nur einen Teil der gesetzlichen Verpflichtungen dar. Die Forderung nach *Prävention* läßt sich hierüber hinaus aus folgenden Gesetzestexten ableiten:

- BGB § 618 Fürsorgepflicht des Arbeitgebers,
- ASIG (Arbeitssicherheitsgesetz) § 3 ff.,
- Arbeitsschutzgesetz,
- Gesundheitsreformgesetz § 20,
- Berufskrankheitenverordnung § 3,
- Verordnung „Frauen auf Fahrzeugen" § 11 ff.,
- SGB VII, das die RVO ab dem 1.1.1997 ersetzt (verpflichtet die Unfall-

versicherungsträger, mit allen geeigneten Mitteln, Arbeitsunfälle und Berufskrankheiten sowie arbeitsbedingte Gesundheitsgefahren zu verhindern.

Betriebliche Rückenschule

Die *betrieblichen* Rückenschulen unterscheiden sich deutlich von den „normalen" Rückenschulen, welche von vielen Studios, Krankenkassen, Sportlehrern und und Krankengymnasten angeboten werden. Berücksichtigt man nicht die innerbetrieblichen Strukturen, die betriebstypischen Arbeitsabläufe, das Arbeitsklima und die spezifischen ergonomischen Rahmenbedingungen, so ist eine externe Rückenschule zwangsläufig zum Scheitern verurteilt.

Die Durchführung eines „normalen" Rückenschulprogrammes – losgelöst von den Bedürfnissen der Mitarbeiter und den Verhältnissen vor Ort – stellt nicht nur den Kursleiter (Trainer) vor schwerwiegende Probleme, sondern bietet den Mitarbeitern nur geringe Effektivität. Der Trainer wird direkt an der Umsetzbarkeit des Trainingsprogrammes in den betrieblichen Alltag gemessen.

Die betriebliche Rückenschule braucht eine klare – an den Bedürfnissen des Betriebes angepaßte – Zielsetzung.

Betriebliche Strukturen

Will man ein Rückenschulprogramm erfolgreich einem Betrieb unterbreiten, muß man sich einen Überblick über die innerbetrieblichen Strukturen verschaffen. Jedes Unternehmen hat eigene Probleme und „Eigenheiten", welche es für Außenstehende zu beachten gilt. Erste Priorität sollte der Arbeitsmediziner des Unternehmens sein.

Steht kein Arbeitsmediziner als Ansprechpartner zur Verfügung sollte sich der Trainer mit den Verantwortlichen folgender Abteilungen evtl. in Verbindung setzen:

- Geschäftsleitung,
- Betriebsrat,
- Arbeitssicherheit,
- Fachabteilungen, die betreut werden sollen,
- Betriebskrankenkassen,
- Berufsgenossenschaft.

Die Reihenfolge stellt keine Wertigkeit dar.

Umsetzung der Maßnahmen

Prinzipiell sollten die betroffenen Führungskräfte *vor* Beginn eines betrieblichen Rückentrainings im Rahmen einer Präsentation sensibilisiert werden. Vorab müssen jedoch folgende Punkte schon im Dialog von Trainer und Vorgesetzten geklärt sein:

- Zielsetzung des Trainings,
- Zielgruppe,
- Gruppenstärke,
- Dauer des Programmes,
- Kosten,
- Effizienzkontrolle.

Besonders hilfreich für die Erfolgskontrolle ist die Kontrolle vor Ort durch sog. „Cotrainer".

Bei den Cotrainern handelt es sich um langjährige Mitarbeiter im Vorarbeiterstatus mit sportlichen „Ambitionen", die intensiver trainiert werden.

Vorteil von Cotrainern

Status des Vorarbeiters, Erfolgskontrolle vor Ort (praxisnah) und Vorbildsfunktion. Die Möglichkeiten der Foto- und Videodokumentation sollte für Lehrzwecke auch im Rahmen der „Negativdarstellung" genutzt werden. Da die Mitarbeiter wenig Nutzen aus Poster bzw. Fachliteratur ziehen, hat sich die Ausgabe von kleinen abwaschbaren Memorycards bewährt, wo in leicht verständlicher Weise die wesentlichen Fakten des „Richtigen Hebens und Tragens" dargestellt werden.

Trainingskonzept

Als Trainingskonzept hat sich das individuelle Training von hierarchischen Gruppen bewährt im Sinne eines „Top-Down"-Ansatzes, welches letztendlich von allen Führungskräften – da informiert und eingebunden – inhaltlich mitgetragen wird.

- Sensibilisierung und Kurztraining der Führungskräfte,
- Training der Vorarbeiter,
- Training der Mitarbeiter,
- Training der Neueinstellungen (bevor sie der Dienststelle zur Verfügung stehen),
- Training der Auszubildenden,
- Training der Mitarbeiter aus den Bürobereichen.

Regeln

1. Es gibt kein Patentrezept für alle Mitarbeiter/innen.
2. Jedes Gepäckstück hat seine eigenen Probleme.
3. Langsam anheben.
4. Das Gewicht prüfen (Abb. 7).
5. Die Last nahe am Körper manipulieren (Abb. 5 und 6).
6. Keine Verdrehungen des Oberkörpers (Abb. 8).
7. Den Rücken nicht (so wenig wie möglich) beugen (Abb. 6).
8. In die Knie gehen (über die Beinmuskulatur arbeiten) (Abb. 5).
9. Immer mit beiden Armen anheben.
10. Nie ruckartig anheben.
11. Von Kollegen helfen lassen.
12. Technische Hilfsmittel nutzen.
13. Immer sicheren Halt/Griff suchen (Abb. 9).

Abb. 7. Gewichte prüfen: Jeder Mitarbeiter muß in Abhängigkeit vom Alter, Geschlecht und Häufigkeit der zu manipulierenden Last die zumutbaren Gewichte kennen. (Nach Hettinger)

Art des Lasttransports	Geschlecht	Alter (Jahre)	Zumutbare Masse einer Last in kg in Abhängigkeit von der Häufigkeit des Hebens und Tragens		
			selten < 5% der Schicht	wiederholt 5–10% der Schicht	häufig 11–35% der Schicht
Heben	Männer	15–18	35	25	20
		19–45	55	30	25
		> 45	50	25	20
	Frauen	15–18	13	9	8
		19–45	15	10	8
		> 45	13	9	8
Tragen	Männer	15–18	30	20	15
		19–45	50	30	20
		> 45	40	25	15
	Frauen	15–18	13	9	8
		19–45	15	10	10
		> 45	13	9	8

Grenzwerte (Richtwerte) für das Heben und Tragen von Lasten unter Optimalbedingungen – eine Literaturrecherche –

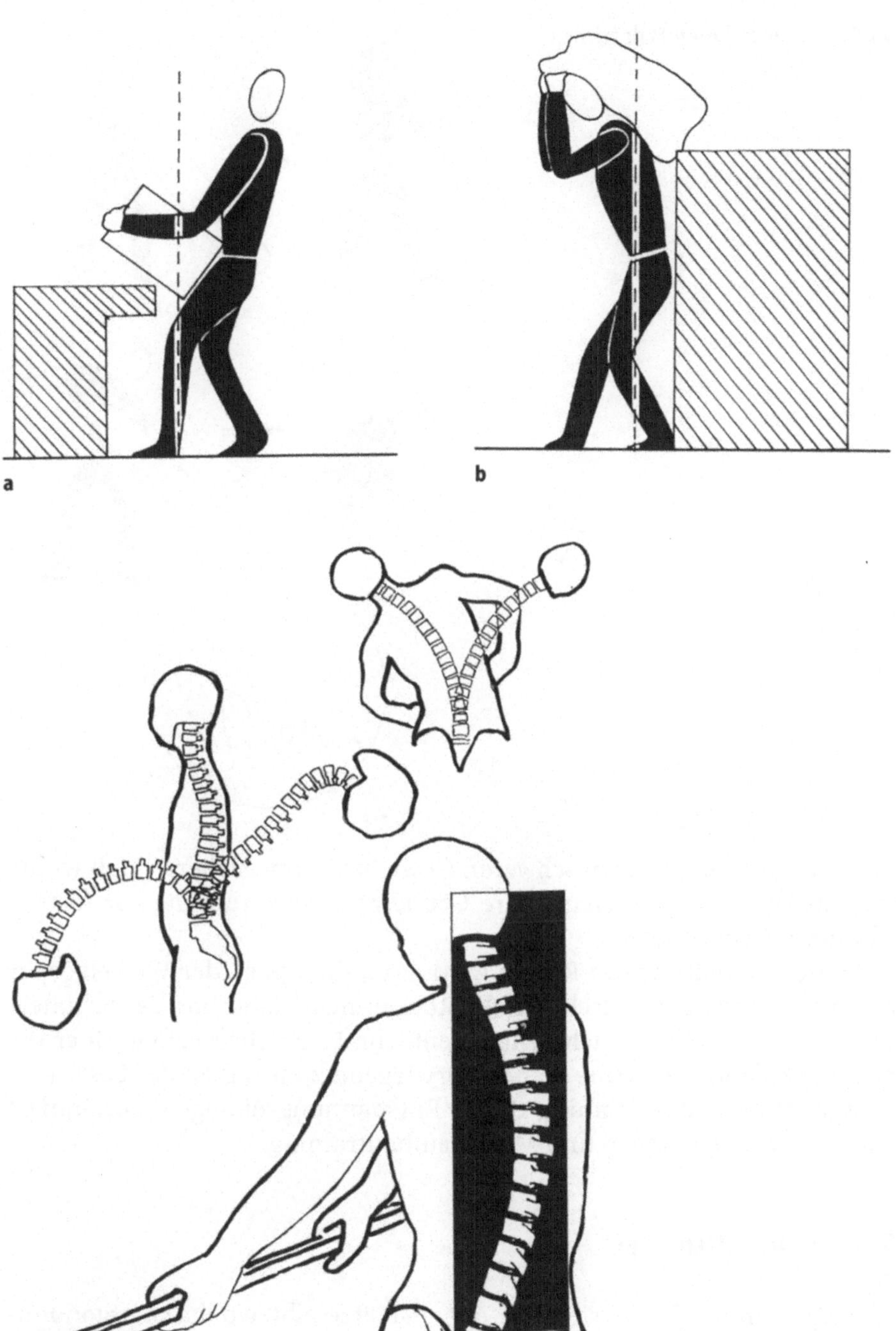

Abb. 8a–c. Die Rotation und Beugung der Wirbelsäule – speziell im Bereich der LWS – auf ein absolutes Minimum reduzieren

Abb. 9. Immer sicheren Halt suchen

Bei unhandlichen, runden schweren Gewichten ohne sicheren Halt ist die
Einhaltung der Regeln elementare Grundlage zur Verhütung vor folgen-
schweren Verletzungen.

Bei der Einhaltung der Regeln wird das „Abkippen" der Wirbelkörper
vermieden und die Bandscheibe, die Rückenmuskulatur und der Schulter-
gürtel geringer beansprucht. Die eigentliche Hebearbeit erfolgt über die
Beinmuskulatur. Die Arme dienen vorwiegend zum Halten der Lasten.

Ergänzt wird das Training durch Entspannungsübungen, kombiniert
mit Lockerungsübungen und Muskelaufbautraining.

Technische Hilfsmittel

Solange es in der Industrie noch Arbeitsplätze gibt, wo durch ergonomische Arbeitsplatzgestaltung *keine* Reduktion der Belastung und Beanspruchung möglich ist, muß der Mitarbeiter einem Trainingsprogramm
zugeführt und es müssen alle Möglichkeiten von technischen Hilfsmitteln
genutzt werden.

Im Bereich Schweres Heben und Tragen muß der Einsatz von *Rücken-stützbandagen (RSB)* individuell geprüft werden.

Bei korrekter Einweisung ist der Einsatz von Rückenstützbandagen in Kombination mit einem Rückentraining erfolgversprechend. Erfahrungen hierüber liegen in den USA seit 1984 in unterschiedlichen Publikationen vor. In der Bundesrepublik laufen z. Z. unterschiedliche Studien (z. B. FAG, Flughafen Frankfurt mit n = 209, Bauarbeiterstudie Hamburg u. a. m.) mit dem Ziel einer Effizienzkontrolle.

Zielsetzung bei der FAG Studie 1995 war hierbei:

- Reduktion der Beschwerden,
- Reduktion der Fehlzeiten (Arbeitsplatz bedingt),
- Reduktion des Medikamentengebrauches (bedingt durch Rücken-schmerzen).

Die Erwartungen an alle durchgeführten Untersuchungen bei der flächendeckenden Umsetzung innerhalb von Unternehmen sollten dennoch nicht zu hoch angesetzt werden, da einige Schwachstellen bei den bisherigen internationalen Untersuchungen nicht ausgeräumt werden konnten. Diese sind:

- Unterschiedliches Kollektiv,
- Unterschiedliches Alter,
- Unterschiede im Gewicht, Größe,
- Unterschiede in der muskulären Situation,
- Unterschiede der Nationalität,
- Gesundheitliche Vorschäden?,
- Außerberufliche Aktivitäten,
- Sportliche Aktivitäten.

Unbeschadet dieser möglichen Schwachstellen bei den internationalen Studien muß der positiven Resonanz der Mitarbeiter „Rechnung getragen werden" (Untersuchung Gaber 1995: Studie Flughafen Frankfurt/M.) individuell den Einsatz von Rückenstützbandagen zu testen.

Dennoch gelten die Aussagen von Bunch (1993):

Back Belts are not needed, if employees understand and use lumbar stabilisation techniques during material handling.

Back Belts will not reduce the occurrence of back injuries unless used properly.

Fazit

Das betriebliche Rückentraining muß ein fester Bestandteil eines integrierten Gesundheitskonzeptes in der gewerblichen Industrie werden. Nur sachkundige Rückentrainer mit ergonomischen Kenntnissen werden seitens der Geschäftsleitung und der Mitarbeiter als kompetente Berater ernst genommen. Eine qualifizierte Ausbildung kann z. Z. nur bei wenigen professionellen Veranstaltern (Forum Gesunder Rücken, Rehbergklinik St. Andreasberg, ARBED Luxembourg u. a. m.) wahrgenommen werden.

Das Rückentraining kann – wie auch der isolierte Einsatz von Rückenstützbandagen – nur ein kleiner Mosaikstein sein im Rahmen eines Präventionsgesamtkonzeptes, an welchem alle Führungsverantwortlichen aus den unterschiedlichen Fachabteilungen interdisziplinär teilnehmen müssen.

Kapitel 37

Technologie von Liftern

K. RALL und P. VON SCHROETER

Einführung

In vielen Fällen, in denen Lifter hilfreich oder sogar erforderlich wären, werden sie nicht eingesetzt.

Die umfangreichen Erhebungen von McGuire in Schottland [1] und der Freiburger Forschungsstelle Arbeits- und Sozialmedizin [2] untersuchen u. a. die Gründe für die Nichtbenutzung der Lifter (Abb. 1).

Die Ergebnisse beider Untersuchungen sind im einzelnen unterschiedlich, zeigen aber übereinstimmend, daß ein nennenswerter Prozentsatz bei Kriterien angegeben wird, die mit der Lifterkonzeption zusammenhängen, wie eine umständliche, schwierige Bedienung, hoher Zeitaufwand, großer Platzbedarf und eine in diesen Erhebungen nicht weiter präzisierte mangelnde Eignung.

Um detailliertere Erkenntnisse zur Feststellung von Mängeln bestehender Liftersysteme zu erhalten, hat der AWA[1] selbst eine Erhebung in Hamburger Krankenhäusern durchgeführt, bei der erfahrene Pflegekräfte

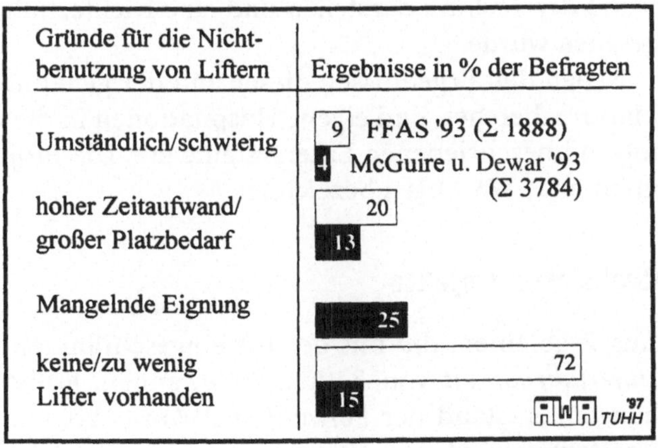

Abb. 1. Gründe für die Nichtbenutzung von Liftern; Studien von Dewar u. McGuire [1] und der Freiburger Forschungsstelle Arbeits- und Sozialmedizin

Gründe für die Nichtbenutzung von Liftern	Ergebnisse in % der Befragten
Umständlich/schwierig	9 FFAS '93 (Σ 1888) 4 McGuire u. Dewar '93 (Σ 3784)
hoher Zeitaufwand/ großer Platzbedarf	20 13
Mangelnde Eignung	25
keine/zu wenig Lifter vorhanden	72 15

---

[1] AWA = Arbeitsbereich Werkzeugmaschinen und Automatisierungstechnik der Technischen Universität Hamburg-Harburg.

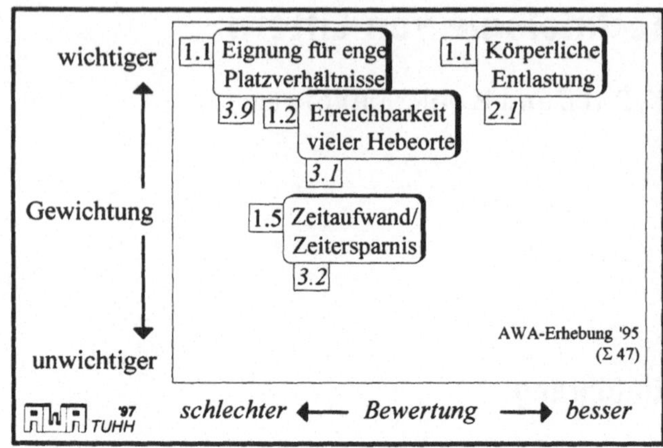

Abb. 2. Bewertungs-/Gewichtungsmatrix zur Zieldefinition für neue Lifterentwicklungen (Ausschnitt); Erhebung des AWA

zunächst ihre Lifter beurteilt und anhand derselben Kriterien anschließend Ziele für künftige Entwicklungen gewichtet haben.

Stellt man die wesentlichen Ergebnisse in Form einer Matrix aus Bewertung und Zielgewichtung zusammen (Abb. 2), so ist v. a. der Bereich einer schlechten Bewertung bei gleichzeitig hoher Gewichtung für den Entwickler wichtig. Die Kriterien in diesem Bereich sind vorrangige Entwicklungsziele, hier also die Eignung für enge Platzverhältnisse, die Erreichbarkeit vieler Hebeorte und auch das Kriterium Zeitaufwand bzw. Zeitersparnis durch einen Liftereinsatz.

Interessant ist, daß die ebenfalls als sehr wichtig eingestufte körperliche Entlastung bei den bestehenden Systemen auch weitgehend positiv bewertet wird. Kriterien in diesem Bereich der Bewertungs-/Gewichtungsmatrix sind bei einer Neuentwicklung unbedingt zu erfüllen, da sie den Stand der Technik darstellen und eine Nichterfüllung als Rückschritt angesehen würde.

Neben den Ergebnissen dieser und der genannten Erhebungen gingen Marktrecherchen und eigene Hospitationen in die Entwicklung der nachfolgend beschriebenen Liftersysteme ein. Die Projekte wurden chronologisch mit AWA 1 bis 4 bezeichnet.

Realisierte Projekte

Aus Problemen, die mit der oft eingeschränkten oder nicht möglichen *Unterfahrbarkeit* von Betten, Badewannen, Rollstühlen etc. zusammenhängen, entstand der *Portallifter AWA 1* (Abb. 3), mit dem alle Hebeorte *überfahren* werden.

Der Winkel zwischen den beiden Gestellbögen ist elektrisch auf die jeweiligen Gegebenheiten einstellbar. Bei großen Gestellwinkeln ergibt sich

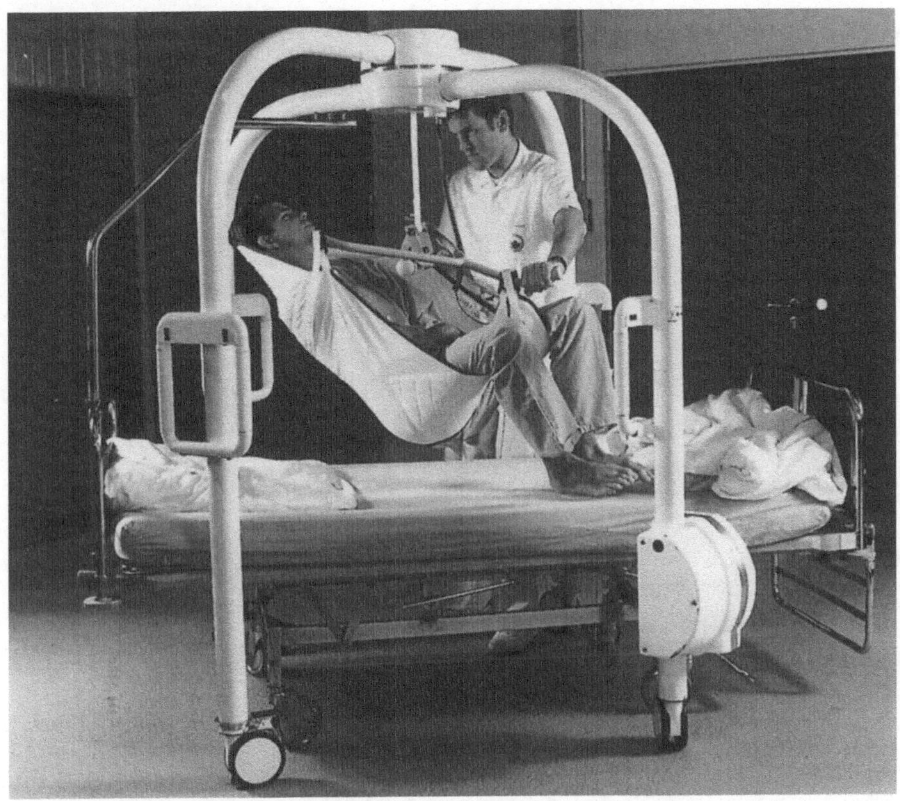

Abb. 3. Portallifter *AWA 1*

eine optimale Zugänglichkeit des Patienten von allen Lifterseiten und viel
Platz, beispielsweise zum Heben vom Boden. Bei mittleren Winkeln ist der
Lifter immer noch sehr standfest, läßt sich aber durch Türen und andere
Engpässe bewegen. Zum platzsparenden Abstellen können die Gestell-
bögen ganz zusammengedreht werden. Ein Betrieb in diesem Zustand ist
konstruktiv ausgeschlossen.

Der AWA 1 ist ein Tuchlifter mit elektrischem Gurthubantrieb und
kann zu zweit, aber auch allein bedient werden. Hierzu ist eine elektrische
Radsteuerung eingebaut, die das Manövrieren des Gerätes erheblich erleichtert.

Das bezüglich der Lasteinleitung mechanisch sehr günstige Gestell ermöglicht bei Ausrüstung mit einem entsprechenden Hubantrieb den Einsatz bei besonders schweren Patienten.

Der *Kombilifter AWA 4* ist eine Weiterentwicklung des geschilderten
Überfahrprinzips. Mit der elektrischen Winkelverstellung im oberen Ge-

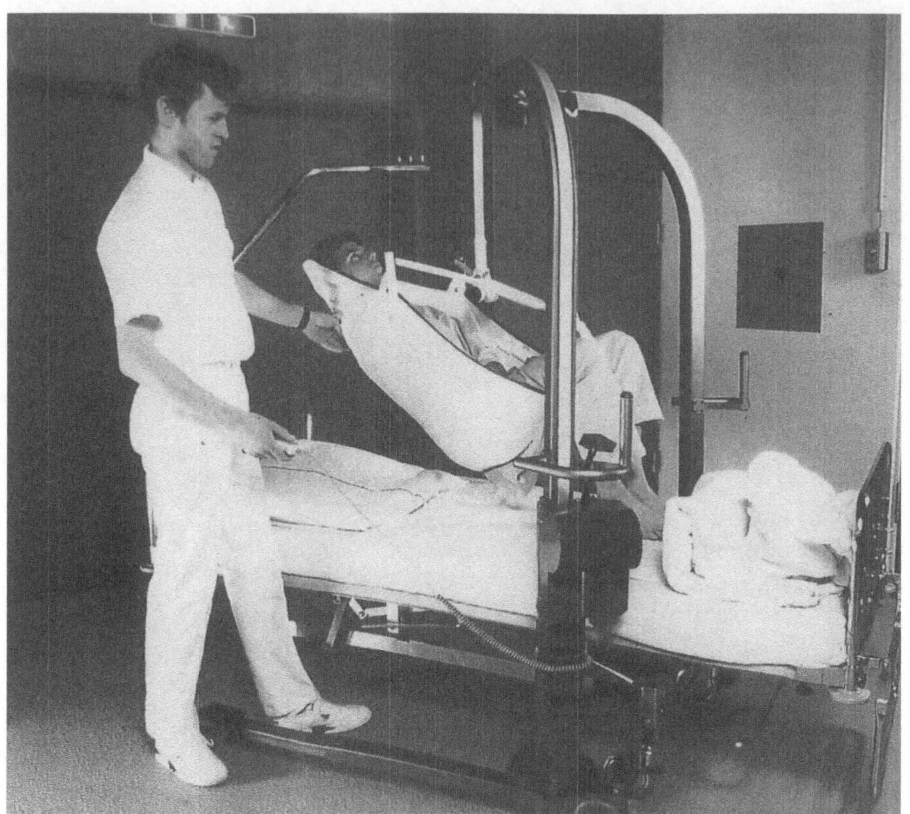

Abb. 4. Kombilifter *AWA 4*

lenk kann die Arbeitsweise der Zugänglichkeit des jeweiligen Hebeortes
angepaßt werden. Mit schmalem Gestell können Betten auf konventionelle Art *seitlich unterfahren* werden (Abb. 4), in der breiten Stellung
kann man aber auch – wie mit dem Portallifter – vom Fußende aus *dar-
überfahren*.

Eine elektromechanische Regelung hält die unteren Fahrgestellschenkel
unabhängig vom Winkel der Gestellbögen stets parallel.

Zum platzsparenden Abstellen wird auch bei diesem Lifter das Gestell
ganz zusammengedreht. Der AWA 4 ist für die im Krankenhauseinsatz z. Z.
übliche Belastung von bis zu 170 kg ausgelegt. Obwohl vielseitiger beim
Zugang des Hebeortes, ist dieser Lifter kompakter als der AWA 1.

Die beiden beschriebenen Lifterkonzepte beeinhalten eine konventionelle Hebetuchaufnahme. Um dem Wunsch nach Zeiteinsparung zu entsprechen und eine nahezu vollständige körperliche Entlastung zu errei-

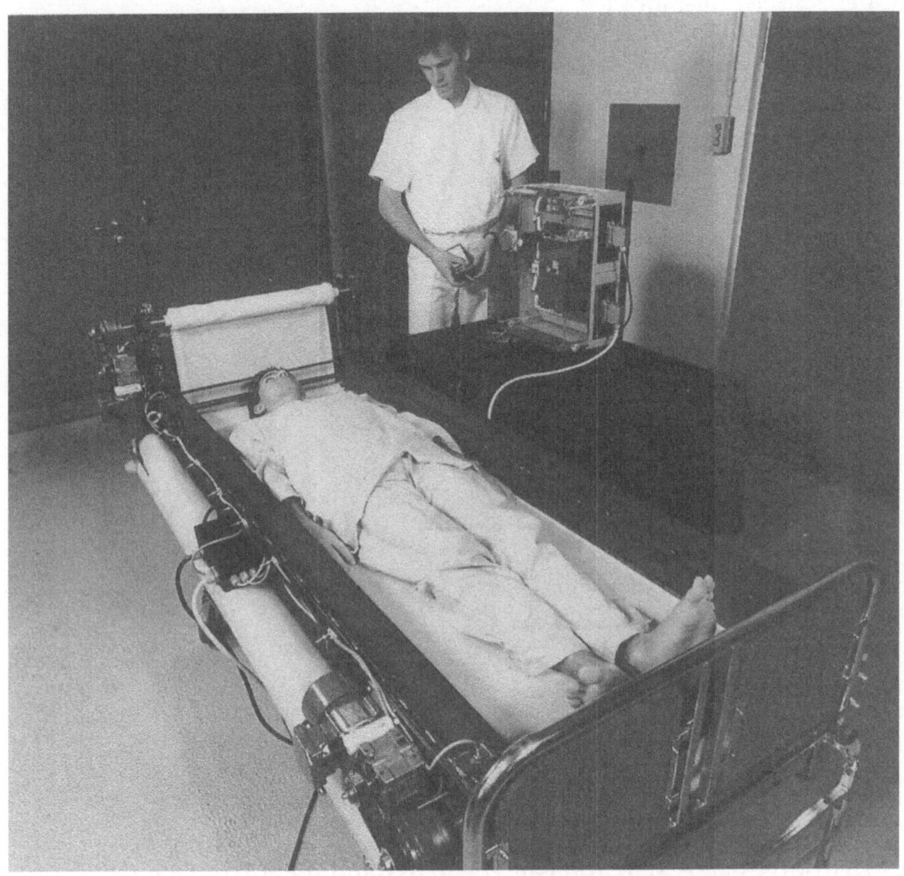

Abb. 5. Versuchsstand zur automatischen Patientenaufnahme *AWA 2*

chen, wurde die *automatische Patientenaufnahme AWA 2* entwickelt und im Rahmen eines Versuchsstands erprobt (Abb. 5).

Prinzipiell erfolgt dabei die Aufnahme durch ein automatisches Unterziehen des Hebetuches bei gleichzeitigem, kontinuierlichem Anschluß dieses Tuches an den Rahmen. Das Tuch wird dabei scherungsfrei unter dem Patienten abgerollt. Im Endzustand ist der zu Beginn leere Rahmen mit dem Hebetuch straff ausgefüllt und kann mit einem Liftersystem angehoben und transportiert werden.

Neben der angesprochenen Arbeitserleichterung erscheint dieses Unterziehprinzip auch für Spezialfälle in der *Intensivpflege* geeignet, bei denen das sonst zur Aufnahme erforderliche Drehen des Patienten nicht möglich ist.

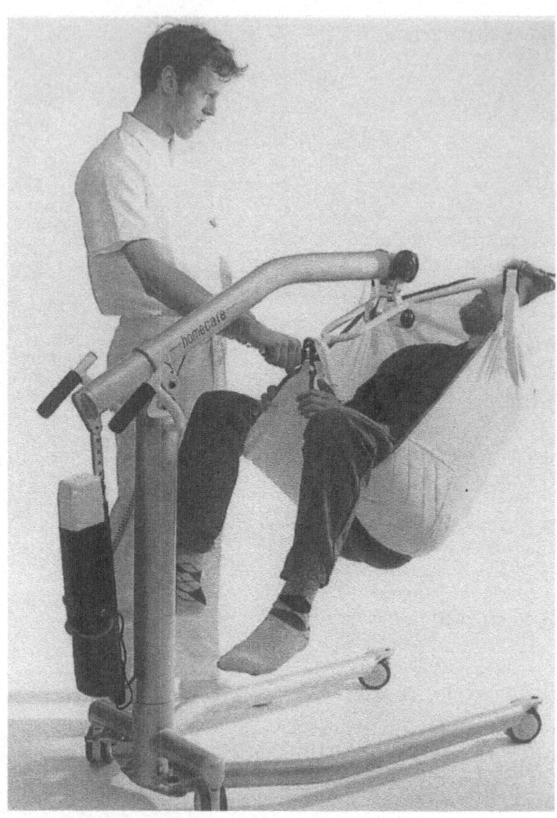

Abb. 6. Portabler Lifter *AWA 3*
für die häusliche Pflege

Der dargestellte, sehr robuste Versuchsstand dient lediglich der Erprobung des beschriebenen Funktionsprinzips und ist nicht für den Krankenhauseinsatz vorgesehen.

Das vierte Entwicklungsprojekt zielt auf den Bereich der *häuslichen Pflege* durch Angehörige und mobile Pflegedienste. Der *Portable Lifter AWA 3* (Abb. 6) wiegt trotz Ausrüstung mit einem elektrischen Hubantrieb weniger als 25 kg. Dieser Lifter ist aus Aluminium aufgebaut und für Patienten bis 120 kg ausgelegt. Er verfügt über eine konventionelle Hebetuchaufnahme.

Der AWA 3 läßt sich zum Transport mit wenigen Handgriffen in zwei handliche Einheiten zerlegen, die in jedem PKW-Kofferraum transportiert werden können. Zum Auf- und Abbau des Lifters ist kein Werkzeug erforderlich. Eine handliche Tasche nimmt Hebetücher und Akkus auf.

Die Fahrgestellbreite ist mechanisch in drei Positionen einzustellen. Im Betrieb kann zwischen der normalen und der gespreizten Stellung, beispielsweise zum Umfahren von Rollstühlen, gewählt werden; für den Transport werden die Fahrgestellschenkel zusammengeschwenkt.

Erprobung der Prototypen

Die Prototypen der beiden Lifter für die institutionelle Pflege (AWA 1 und 4) wurden im Berufsgenossenschaftlichen Unfallkrankenhaus Hamburg von 12 liftererfahrenen Krankenschwestern getestet und schriftlich bewertet. Neben den bereits aus dem Bau der Prototypen gewonnenen Erkenntnissen ergaben sich aus dieser Erprobung weitere wertvolle Hinweise für eine Überarbeitung der Lifterkonzepte. Die Ergebnisse aller Erprobungen lassen sich wie folgt zusammenfassen:

- Das Portalprinzip des AWA 1 ist gegenüber der sonst üblichen Kragarmbauweise mechanisch wesentlich günstiger. Dadurch ist dieser Lifter für den Schwerlasteinsatz prädestiniert. Der Platzbedarf ist höher als bei konventioneller Bauweise, allerdings ergibt sich daraus auch ein deutlicher besserer Zugang zum Patienten. Der Gesamteindruck des Lifters wird überwiegend als solide und sicher bezeichnet.
- Der Kombilifter AWA 4 ist sehr flexibel einsetzbar. Er verspricht bei einer Reduktion des Gewichts und einer technischen Vereinfachung gegenüber dem Prototypen einen erfolgreichen Einsatz bei verschiedenen, institutionellen Pflegeaufgaben.
- Die Funktion der automatischen Patientenaufnahme wurde grundsätzlich nachgewiesen. Kleinere konstruktive Mängel können im Zuge einer ersten Überarbeitung behoben werden. Für eine Integration dieses Prinzips in ein weit automatisiertes Liftersystem müssen reibungsarme Tuchmaterialien gefunden und der Aufbau gegenüber dem Versuchsstand wesentlich kompakter und leichter gestaltet werden.
- Der konsequente Leichtbau beim portablen Lifter AWA 3 erfordert besonders sorgfältige Festigkeitsnachweise, die bereits am ersten Prototypen sowohl im dynamischen Lebensdauertest als auch bei statischer Belastung bis zum Bruch mit hohen Sicherheiten erbracht wurden. Die kompakte Bauweise und das ungewöhnlich niedrige Gewicht lassen einen erfolgreichen Einsatz des AWA 3 in der häuslichen Pflege erwarten. Erste Vorserienmodelle wurden im Frühjahr 1997 erfolgreich erprobt und international präsentiert.

Die weitere Entwicklung der beschriebenen Lifterkonzepte erfolgt in Zusammenarbeit mit der Firma ARJO Ltd. in Gloucester, England.

Gestaltung liftergerechter Krankenzimmer

Neben ihrer praxisorientierten Gestaltung ist die Akzeptanz der Lifter auch von den Gegebenheiten in den Krankenhäusern abhängig. Daher wurde auch die Gestaltung liftergerechter Krankenzimmer in die Betrachtung mit eingeschlossen.

Dazu wurden in vier verschiedenen Hamburger Krankenhäusern[1] die Verhältnisse hinsichtlich des Liftereinsatzes untersucht. Für die künftige Einrichtung von Krankenzimmern mit regelmäßigem Liftereinsatz wird aufgrund der Untersuchungen die Erfüllung folgender Mindestanforderungen empfohlen:

1. Beidseitige Zugänglichkeit der Betten,
2. seitlicher Bettenabstand größer als 90 cm,
3. ungehinderte Durchgangsbreite von mindestens 1 m hinter dem Bettfußende,
4. Kopffreiheit überall mindestens 2 m,
5. ein Lifterabstellplatz im Zimmer (wurde in keinem Fall angetroffen).

Fazit

Die durch die Entwicklung und Erprobung der vorgestellten Prototypen gewonnenen Erkenntnisse weisen neue Wege für die Gestaltung praxisgerechter Patientenlifter. Eine konsequente Weiterverfolgung der neuen Konzepte verspricht einen positiven Beitrag zur Lösung des Akzeptanzproblems technischer Hilfen in der Krankenpflege. Dieser Effekt kann durch die Schaffung liftergerechter Bedingungen in Krankenhäusern und Pflegeinstitutionen gesteigert werden.

Zusammenfassung

Vor dem Hintergrund einer mangelnden Akzeptanz technischer Hebe- und Tragehilfen („Lifter") für die Krankenpflege hat der AWA im Rahmen des dreijährigen BGW-Forschungsprojektes „Berufsbedingte Wirbelsäulenerkrankungen im Gesundheitsdienst" neue Konzepte für solche Hilfen entwickelt.

Im Anschluß an eine Erhebung von Mängeln bestehender Systeme wurden im Laufe des Projektes drei Lifterprototypen und ein Versuchsstand entwickelt, gebaut und erprobt. Der Artikel faßt die Ergebnisse der Erhebung zusammen und stellt die vier realisierten Projekte vor.

---

[1] AK Barmbeck, AK Harburg, BUKH (Boberg) und Kreiskrankenhaus Pinneberg.

Literatur

1. McGuire T, Dewar B (1993) The assessment of moving and handling practices amongst nursing staff within Lothian Health Board. Hothian Health Board, Edinburgh, UK
2. Siegel A, Michaelis M, Hofmann F, Stößel U (1993) Wirbelsäulenerkrankungen im Pflegeberuf – eine Querschnittserhebung. Projektzwischenbericht
3. Rall K, Schroeter Ph v (1994–1996) Entwicklung von Hebe- und Tragehilfen für die Krankenpflege. Zwischenberichte 1994–96. In: Zwischenberichte 1994–96 zum Forschungsprojekt. Wirbelsäulenerkrankungen bei Beschäftigten im Gesundheitsdienst
4. Rall K, Schroeter Ph v (1998) Entwicklung von Hebe- und Tragehilfen für die Krankenpflege. Prävention Rehabil Begutacht 2:1998
5. Michaelis M, Stößel U, Hofmann F, Dietz S (1997) Prevention of low back pain by lifting equipment. An intervention study in nursing homes. Third International Conference „Occupational Health for Health Care Workers", Edinburgh 29. Juni – 2. Juli 1997
6. Rall K (1991) Einsatz von Hebe- und Transporthilfen in der stationären Krankenpflege. Fachtagung Heben und Tragen im Gesundheitsdienst, Düsseldorf, 5./6. März 1991
7. Bongwald O, Luttmann A, Laurig W (1995) Leitfaden für die Beurteilung von Hebe- und Tragetätigkeiten. Institut für Arbeitspshysiologie, Dortmund

6 Zusammenfassung der Diskussion

Kapitel 38

Diskussion

Zusammengefaßt und redigiert von V. GROSSER, K. SEIDE und D. WOLTER

Epidemiologie

Einigkeit besteht darüber, daß epidemiologische Studien eine exakte Diagnosestellung unter Einsatz bildgebender Verfahren erfordern, um für die Problematik der BK 2108 aussagekräftig zu sein. Nach Hansis besteht rein qualitativ am vermehrten Auftreten morphologischer Veränderungen der LWS durch berufliche Belastungen kein Zweifel. In bezug auf die Quantität und Lokalisation dieser Veränderungen seien die Kenntnisse jedoch unvollkommen, ebenso wie zur Quantität der erforderlichen Exposition. Rompe sieht noch einen erheblichen Forschungsbedarf, bevor man zu gesicherten Ergebnissen kommt. Weber weist darauf hin, daß die Studien zu berufsbedingten Erkrankungen der Wirbelsäule nicht nur aus epidemiologischer Sicht, sondern auch aus chirurgisch/orthopädischer Sicht erhebliche Mängel aufweisen. Er vertritt die Auffassung, daß die berufliche Belastung zu einer Akzeleration degenerativer Wirbelsäulenveränderungen führt (Linksverschiebung), daß sich aber die Befunde nach dem 60. Lebensjahr wieder angleichen. Häufungen von Bandscheibenvorfällen sind nach Webers Auffassung bei Schwerarbeitern nicht nachgewiesen. Die Studien von Braun und Heliövaara zeigten nur, daß körperlich schwer arbeitende Personen ein höheres Risiko hätten, wegen eines Bandscheibenvorfalles im Krankenhaus behandelt zu werden. Bei der Studie von Braun sei darüber hinaus die Auswahl der Kontrollgruppe äußerst problematisch erfolgt. Hierzu wurde angemerkt, daß die Studie von Heliövaara methodisch aussagekräftiger ist, da sie auf einer Gesamtpopulation von 57 000 Probanden beruht, welche über einen Zehnjahreszeitraum beobachtet wurden, in welchem es zu 336 stationären Behandlungen wegen lumbaler Bandscheibenvorfälle kam. Die Studie sei zumindest ein deutlicher Hinweis auf eine tatsächliche Häufung von Bandscheibenvorfällen bei Schwerarbeitern, da nicht grundsätzlich davon ausgegangen werden kann, daß Bandscheibenvorfälle bei Schwerarbeitern im Vergleich zu anderen Berufen häufiger stationär als ambulant behandelt werden. Wolter führt aus, daß die Qualität der epidemiologischen Studien unterschiedlich sei, auch Kritiker der BK müßten aber akzeptieren, daß es eine Abhängigkeit zwischen Belastung und Reaktion der LWS gibt. Nachemson weist darauf hin, daß außer der beruflichen Belastung viele andere Faktoren zu berücksichtigen sind, so die Genetik mit ihrem Einfluß auf das Kollagen, das unterschiedliche Schmerzverhalten verschiedener Menschen und unterschiedliche psychologische Einstellungen. Es würden so viele Unsicherheiten bestehen, daß man als Mediziner nicht empfehlen solle, den einen Wirbelsäulenerkrankten finanziell besser zu stellen als den anderen. Wolter antwortet darauf, daß die politische Entscheidung in Deutschland mit der Aufnahme der Bandscheibenerkrankung in die Berufskrankheitenliste bereits gefallen sei. Die Mediziner stünden jetzt vor der Aufgabe, diese rechtliche Vorgabe wissenschaftlich sachgerecht umzusetzen.

Berufliche Belastungen

Es besteht Konsens darüber, daß sich die beruflichen Belastungen von Krankenschwestern von denen der klassischen Schwerarbeiterberufe dadurch unterscheiden, daß keine repetetiven bzw. Dauerbelastungen vorliegen. Wolter, Rehder und Hoffmann vertreten die Auffassung, daß bei Krankenschwestern wiederholte Spitzenbelastungen bei dafür ungenügend trainierter und vorbereiteter Muskulatur zu Traumen führen. Über viele Jahre addieren sie sich zu einer manifesten Bandscheibenschädigung. Über die Bedeutung einer gut trainierten Rumpfmuskulatur besteht Konsens. Von Morlock und Hansis wird die Frage aufgeworfen, ob die Einzelbelastungen des Pflegeberufes wirklich so viel höher seien als in anderen Berufen, daß trotz der niedrigeren Zahl der Hebevorgänge noch eine Gefährdung bestehe. Bolm-Audorff betont, daß Bandscheibenbelastungen von 4000–6000 N nicht als gering oder mittelgradig zu bewerten seien, sondern Anlaß zur Besorgnis und zu Präventionsmaßnahmen gäben.

Auswirkungen von LWS-Erkrankungen auf das Erwerbsleben

Es besteht Übereinstimmung, daß Rückenschmerzen keineswegs immer bandscheibenbedingt sind, sondern daß neben muskulär bedingten Schmerzen häufig psychsoziale Faktoren die Ursache sind. Nachemson äußert, daß die hohe Zahl von langen Arbeitsunfähigkeiten und Berentungen wegen Rückenschmerzen zu etwa 10–15 % biomechanisch, zu 10–15 % durch die Organisation am Arbeitsplatz, zu weiteren 10–15 % oder etwas mehr durch die privaten Eigenheiten des Patienten (Rauchen, fehlende sportliche Betätigung, Psychologie) verursacht sei. 40 % würden aber von der Art des Disability-insurance-Systems abhängen. Pope führt aus, daß man trotz der unbestrittenen Bedeutung psychosozialer Faktoren nicht vergessen sollte, daß auch ungünstige ergonomische Verhältnisse am Arbeitsplatz die Wiederaufnahme der Arbeit verhindern können und daß man vielen Patienten durch kostengünstige ergonomische Veränderungen helfen könne, an ihren Arbeitsplatz zurückzukehren. Wolter unterstützt Nachemsons Ausführungen, daß in der Behandlung von Wirbelsäulenpatienten eine unnötige Immobilisation vermieden werden solle, die Funktion sei wichtig. Aufgabe der Mediziner sei es aber auch, zu differenzieren und zu erkennen, wann der Schmerz ein Zeichen einer organischen Wirbelsäulenerkrankung ist.

Berufsbedingte Krankheitsbilder und Konsequenzen für die Beurteilung des Ursachenzusammenhanges

Es besteht Einigkeit darüber, daß bei der Diskussion der berufsbedingten Krankheitsbilder an der LWS zwischen Chondrosen und Spondylosen unterschieden werden muß. Berufsbedingte Chondrosen seien in der unteren LWS betont. Berufsbedingte Spondylosen beträfen häufiger die obere LWS. Das eigentliche Krankheitspotential käme den Chondrosen zu, die Spondylosen seien eher als belastungsadaptive Reaktion zu bewerten. Im Gegensatz zu den klassischen Schwerarbeiterberufen wird in der Begutachtungspopulation aus dem Pflegeberuf eine Häufung von mehrsegmentalen Chondrosen und eine Häufung und Proximalisierung von Spondylosen nicht festgestellt, was darauf zurückgeführt wird, daß für die Bandscheibenschädigung im Pflegeberuf Spitzenbelastungen ursächlich seien und eine Dauer- bzw. repetitive Belastung sowie lang andauernde Zwangshaltungen in extremer Rumpfbeugung nicht vorlägen. Weber bemerkt, daß die Unterschiede zwischen den Begutachtungskollektiven z. T. auch darauf zurückzuführen seien, daß die Antragsteller aus dem Pflegebereich im Durchschnitt jünger seien als die Antragsteller aus anderen Berufen. Das unterschiedliche Verteilungsmuster von Chondrosen und Spondylosen lasse sich mit biomechanischen Untersuchungen, die Jäger und Luttmann auf dem Neuroorthopädie-Kongreß Frankfurt 1997 vorgestellt haben, gut erklären: Die Kompressionskräfte seien in der unteren LWS am höchsten, dies verursache Chondrosen. Die Scherkräfte seien in Abhängigkeit von der Tätigkeit im Bereich der oberen LWS am höchsten, dies verursache Spondylosen. Zur Frage der Mono- und Mehrsegmentalität führt Weber aus, daß Bandscheibenschäden immer zuerst in einem Segment aufträten, im Verlauf würden dann weitere Segmente befallen. Es wird deutlich, daß nach mehrheitlicher Meinung die Frage der Mono-, Bi-

bzw. Mehrsegmentalität in der Vergangenheit zu weit in den Vordergrund gerückt worden ist. Ludolph vertritt die Auffassung, daß es für einen Konsens in dieser Frage zu früh sei, da die Kenntnisse hierfür nicht ausreichend seien.

Nach Webers Interpretation ergibt sich aus der epidemiologischen Literatur, daß bei Schwerarbeitern auch Spondylosen der HWS gehäuft sind und weiter nach proximal reichen. Grosser weist darauf hin, daß im belasteten Kollektiv z.B. von Hult auch eine große Anzahl von Hafenarbeitern und Fleischträgern enthalten war, bei denen man gleichzeitige Belastungen im Sinne der BK 2109 annehmen müsse. Selbstverständlich sei die HWS auch bei Belastungen im Sinne der BK 2108 nicht unbelastet, sie sei jedoch belastungsfern. Es sei durchaus denkbar, daß es auch an der HWS zu der belastungsadaptiven Reaktion Spondylose komme, wenn die Belastungen im Sinne der BK 2108 nur intensiv genug seien und lange genug einwirkten. Weber stimmt zu, daß die epidemiologischen Studien im Gegensatz zur LWS an der HWS keine wesentliche Häufung von Chondrosen zeigen. Grosser folgert hieraus, daß für die Begutachtung auch weiter davon ausgegangen werden kann, daß sich durch chondrotische Veränderungen der HWS, welche dem Alter vorauseilen, eine eigenständige Bandscheibenerkrankung innerer Ursache dokumentiert. Dies entspreche auch der Bewertung der epidemiologischen Literatur durch die Sachverständigenkommission bei Einführung der BK 2108.

Einigkeit besteht darüber, daß ein Ursachenzusammenhang – von seltenen Ausnahmefällen abgesehen – nur wahrscheinlich ist, wenn die beruflichen Belastungen mindestens 10 Jahre eingewirkt haben.

Prävention und Rehabilitation

Rosenkranz und Bolm-Audorf befürworten die Einführung von Standards für die arbeitsmedizinische Vorsorgeuntersuchung der Wirbelsäule. Peretzki-Leid weist darauf hin, daß mehr als bisher bereits in der Ausbildung zu den Pflegeberufen rückengerechtes Verhalten und geeignete Hebetechniken vermittelt werden sollten.

Es wird bemerkt, daß der Erfolg der medizinischen Rehabilitation von der sozialen Situation, wie z.B. Arbeitslosigkeit, abhängt. Die Aussichten der medizinischen und beruflichen Rehabilitation durch Maßnahmen wie die Rückenschule werden dann als gut bewertet, wenn eine entsprechende Motivation des Patienten vorhanden ist oder im Rahmen der Maßnahme erreicht werden kann.

Springer und Umwelt

Als internationaler wissenschaftlicher Verlag sind wir uns unserer besonderen Verpflichtung der Umwelt gegenüber bewußt und beziehen umweltorientierte Grundsätze in Unternehmensentscheidungen mit ein. Von unseren Geschäftspartnern (Druckereien, Papierfabriken, Verpackungsherstellern usw.) verlangen wir, daß sie sowohl beim Herstellungsprozess selbst als auch beim Einsatz der zur Verwendung kommenden Materialien ökologische Gesichtspunkte berücksichtigen.
Das für dieses Buch verwendete Papier ist aus chlorfrei bzw. chlorarm hergestelltem Zellstoff gefertigt und im pH-Wert neutral.